COOPERAÇÃO E COMPROMISSO CONSTITUCIONAL NOS ESTADOS COMPOSTOS

ALESSANDRA SILVEIRA

COOPERAÇÃO E COMPROMISSO CONSTITUCIONAL NOS ESTADOS COMPOSTOS

Estudo sobre a teoria do federalismo e a organização jurídica dos sistemas federativos

Dissertação de Doutoramento
Faculdade de Direito
da Universidade de Coimbra

COOPERAÇÃO E COMPROMISSO CONSTITUCIONAL NOS ESTADOS COMPOSTOS

AUTORA
ALESSANDRA SILVEIRA

EDITOR
EDIÇÕES ALMEDINA, SA
Avenida Fernão de Magalhães, n.º 584, 5.º Andar
3000-174 Coimbra
Tel.: 239 851 904
Fax: 239 851 901
www.almedina.net
editora@almedina.net

PRÉ-IMPRESSÃO • IMPRESSÃO • ACABAMENTO
G.C. – GRÁFICA DE COIMBRA, LDA.
Palheira – Assafarge
3001-453 Coimbra
producao@graficadecoimbra.pt

Junho, 2007

DEPÓSITO LEGAL
260187/07

Os dados e opiniões inseridos na presente publicação
são da exclusiva responsabilidade do(s) seu(s) autores.

Toda a reprodução desta obra, por fotocópia ou outro qualquer processo,
sem prévia autorização escrita do Editor,
é ilícita e passível de procedimento judicial contra o infractor.

AGRADECIMENTOS

Para a feitura de uma dissertação de Doutoramento concorrem diversos esforços, afectos e intelectos. Por isso cumpre-me agradecer:

Ao contribuinte europeu das mais recônditas paragens que financiou as minhas investigações (no âmbito do III Quadro Comunitário de Apoio e através da Fundação para a Ciência e a Tecnologia). Só mesmo o ideário federativo do projecto europeu inspiraria tal *compromisso de solidariedade entre cidadãos que, apesar de estranhos, sentem-se responsáveis uns pelos outros* (*Jürgen Habermas*);

À Escola de Direito da Universidade do Minho, onde exerço actividades docentes – cujos alunos, funcionários, Departamento de Ciências Jurídicas Públicas e Presidência foram comovedoramente compreensivos com minhas indisponibilidades na fase conclusiva dos trabalhos doutorais;

À Faculdade de Direito da Universidade de Coimbra, onde fui buscar legitimação académica – e especialmente ao orientador Professor Doutor Gomes Canotilho, que nos melodiosos versos de *Chico Buarque, foi quem soprou essa toada/ que cobri de redondilhas/ para seguir minha jornada/ e com a vista enevoada/ ver o inferno e maravilhas.*

A presente dissertação de Doutoramento é dedicada ao meu marido Alexandre e meu filho Alessio, pelos doces momentos de convívio hipotecados ao cumprimento dos meus deveres académicos. Em vós, a minha paz.

PREFÁCIO

Esta obra é o coroamento da carreira académica da Doutora Alessandra da Silveira. Trata-se – e é uma nota que nos cumpre realçar – de uma carreira que tem tanto de atípica como de força de vontade. Foi nos anos em que fomos encarregados de reger a cadeira de Mestrado no âmbito da Secção de Ciências Jurídico-Políticas que podemos começar a avaliar as suas capacidades intelectuais. Demonstrava argúcia retórica e nítida inclinação para a discussão de temas rasgadamente teoréticos. Desde o início que a complexa problemática da forma de organização do Estado (federalismo, regionalismo) mereceu a sua atenção, desde logo porque procurava compreender o "segredo escondido" dos esquemas organizatórios do seu país natal – o Brasil. Não admira assim que a tese de mestrado tenha fornecido as primeiras sustentações teóricas para o trabalho de fôlego que constituiu a sua tese de doutoramento sobre os estados compostos. Não temos dúvida de que a Doutora Alessandra Silveira se perfila, hoje, como uma das principais especialistas da organização territorial do Estado.

A carreira universitária e científica é uma carreira atípica, dissemos. Deslocada para quadrantes culturais europeus e lutando arduamente para beneficiar de bolsas de estudo da Fundação para a Ciência e Tecnologia, só passados alguns anos logrou a aceitação como docente no Curso de Direito da Universidade do Minho. Compreende-se, assim, que nem sempre lhe foi possível uma suspensão reflexiva mais longa e aturada sobre os temas escolhidos para pesquisar. De qualquer forma, o leitor especializado facilmente detectará a fluência retórica e a capacidade aglutinadora da Doutora Alessandra Silveira. Por vezes, a sua escrita é brilhante e encantatória.

A título de conclusão, apenas mais uma nota. A Faculdade de Direito de Coimbra, ao possibilitar a concretização de sonhos académicos a vários juristas brasileiros no contexto do programa de doutoramento de que temos a honra de ser co-coordenadores ao lado do nosso distinto Colega e Amigo Doutor Jorge de Figueiredo Dias, sente-se honrada pela crescente procura de doutorandos vindos de um país da Comunidade de Países de Língua Portuguesa. No plano pessoal, não é preciso dizer que nos é particularmente grato assumir a cumplicidade deste "projecto cultural" sempre enriquecido com o "espanto" dos "intelectos e afectos".

Coimbra, 28 de Outubro de 2006

José Joaquim Gomes Canotilho

APRESENTAÇÃO DA TESE AO JÚRI

(Provas de Doutoramento prestadas na Sala dos Capelos da Faculdade de Direito da Universidade de Coimbra, em 26 de Fevereiro de 2006)

A tese de doutoramento que elaborei ocupa-se da *cooperação* entre as distintas esferas de poder nos *Estados compostos*, isto é, Estados que apresentam uma estrutura verticalizada de poder, ditos federais ou regionais. Numa concepção mais abrangente e rigorosa, seria correcto dizer que a tese versa sobre os *ordenamentos compostos*, ou sobre os *sistemas federativos*, ou ainda sobre os *sistemas decisórios multinível* – tendo em conta que o estudo contempla conformações políticas compostas que não se compadecem com a descrição moderna de Estado, como é o caso da União Europeia. Todavia um título mais abrangente ou sibilino poderia induzir o interlocutor em erro, coisa que se desejava evitar. Daí a opção pelo albergue seguro dos Estados compostos – sendo certo que a designação não deve ser interpretada num sentido restrito, porque os tempos que correm prenunciam distintas e variadas conformações/composições políticas, assim como a emergência de uma nova teoria do Estado não mais centrada na soberania.

Seja como for, a tese focaliza a *cooperação enquanto elemento fundador*, isto é, enquanto fundamento ou essência dos Estados compostos (não meramente devolvida à discricionariedade ou disponibilidade das suas componentes sistémicas). Não será por outra razão que a tese intitula--se COOPERAÇÃO e COMPROMISSO CONSTITUCIONAL, pois meu Orientador (Prof. Gomes Canotilho) convenceu-me de que uma dissertação de doutoramento tem de dizer logo a que veio, e a minha tratava da *cooperação enquanto compromisso* – assim ficava tudo dito.

E como foi que cheguei a este *compromisso constitucional de cooperação* nos Estados compostos? Quando decidi que havia espaço na doutrina portuguesa para uma investigação consistente sobre o fundamento e o funcionamento cooperativo dos Estados compostos, deparei-me logo com a seguinte perplexidade: não existe um modelo apriorístico de federação;

não existe um modelo pré-constitucional de Estado composto que seja útil para a análise concreta de um qualquer ordenamento; não é a Constituição que se adapta a um modelo composto previamente definido, ao contrário, o modelo define-se a partir das normas constitucionais de cada Estado composto, ou como prelecciona *Konrad Hesse*, cada Estado federal corresponde a uma *individualidade concreto-histórica constitucionalmente moldada*.

Entretanto, algo de comum teria de identificar estes sistemas tradicionalmente integrados na mesma categoria: a dos Estados federais – ou numa acepção mais ampla, a dos Estados compostos. Inquietava-me, portanto, a essencialidade ou o denominador comum dos Estados nos quais convivem uma pluralidade de esferas decisórias. E o mais intrigante é que em tais Estados, como sobejamente refere a doutrina, é praticamente impossível que a prossecução de uma política pública resulte da escolha de um só actor, isto é, cada unidade decisória deve ter em conta as estratégias seguidas pelas demais, porque as *decisões tomadas por cada ente governativo inserem-se inevitavelmente num sistema decisório global* (*Francesc Morata*). Desde logo fiquei convencida de que o funcionamento de um Estado composto se caracteriza, em maior ou menor grau, pela complementaridade, interdependência, interacção – e daí a minha perplexidade: Como é que se integram os poderes dispersos numa unidade funcional? Como é que se assegura o adequado funcionamento da totalidade sistémica, sem que os diversos decisores frustrem os projectos ou a prossecução dos interesses alheios? Que princípios ou padrões de comportamento presidem o exercício das competências e a interacção entre os poderes? Quais as coordenadas orientadoras do sistema de relações entre as distintas unidades governativas num Estado composto?

Tais inquietações levaram-me a reflectir sobre a existência de um *compromisso constitucional de cooperação* que aglutina, conserva, protege os Estados compostos contra as ameaças à boa governação. Influenciada pela doutrina estado-unidense (especialmente o texto de *Daniel Halberstam*, da *Michigan University*, intitulado *The duty to cooperate in federal systems*), constatei que todo e qualquer Estado composto assenta num compromisso cooperativo que orienta a condução dos interesses interdependentes. Os contornos do compromisso podem certamente diferir, mas sempre vincula a todas as unidades governativas, e incorpora necessariamente uma dimensão passiva (podendo ainda integrar uma dimensão activa). A dimensão passiva implica a moderação recíproca, a abstenção do exercício de competências formalmente acometidas (quando tal comprometa o sucesso sistémico), a proibição da omissão de auxílio. E a dimensão activa requer actores políticos decididamente empenhados em acções concertadas e na prestação conjunta de serviços.

Mas independentemente da inclinação pró-activa ou apenas passiva, o *compromisso constitucional de cooperação* sempre dita a lógica de funcionamento dos Estados compostos, que será aquela da manutenção do equilíbrio do conjunto. Para que o sistema federativo funcione adequadamente, os governos constituídos não podem perturbar a prossecução dos interesses alheios ou do interesse geral, e nem furtar-se a ajudar (dimensão passiva), e tanto quanto possível devem engendrar mecanismos de planeamento, gestão e prestação conjunta dos serviços que lhes competem (dimensão activa). Julgo que a teorização do *compromisso constitucional de cooperação* nestes termos bipolares deslinda algumas perplexidades jurídicas suscitadas pela doutrina, nomeadamente aquelas relativas à compatibilidade entre o carácter voluntário da cooperação, por um lado, e a sua conformação como dever judicialmente exigível, por outro – perplexidades que não raro induziram a doutrina a equivocadamente questionar a força vinculante da cooperação.

Ora bem, neste empenho de equacionar juridicamente a cooperação e demonstrar a existência de um *compromisso constitucional de cooperação* nos Estados compostos, tive de percorrer três núcleos teóricos fundamentais, a saber: 1) a *teoria do federalismo e das relações intergovernamentais* (que elucida a convivência entre as várias esferas de poder); 2) a *teoria da organização jurídica dos Estados compostos* (que aborda os problemas de direito público próprios dos Estados compostos); 3) a *teoria da cooperação* (que trata do sentido da cooperação enquanto conceito jurídico). No que respeita à *teoria do federalismo*, tentei captar o ideário federativo; recuei às origens do federalismo greco-romano e depois ao moderno federalismo inaugurado pela Constituição dos Estados Unidos da América de 1787, para demonstrar que a cooperação sempre figurou como elemento fundante dos sistemas federativos recentes e antigos; e fiz a Ciência Jurídica dialogar com outras áreas do saber que procuram justificar o federalismo, nomeadamente a Economia e a Ciência Política. Sobretudo os politólogos têm aqui obra feita: enfronharam-se no estudo das condicionantes da origem e estabilidade dos sistemas federativos, o que constitui o seu principal contributo. E a explicação politológica para a origem dos sistemas federativos funda-se na racionalidade dos actores envolvidos, ou seja, no reconhecimento mútuo das vantagens advindas da federação. Não é algo propriamente novo, *O Federalista* já o demonstrava: para *Madison* os actores políticos seriam motivados por interesses e o seu comportamento resultaria dos incentivos institucionais constitucionalmente moldados. A partir daí depreendi que a percepção das vantagens da integração pelos distintos entes federados (o que origina os Estados compostos) gera um compromisso cooperativo que será decomposto numa Constituição – é este compromisso que mantém unidas as diversas partes do todo. O que fiz foi tentar surpreender as normas constitucionais que decompõem tal compromisso de cooperação.

Resulta instigante para um jurista que os politólogos (nomeadamente as correntes neo-institucionalistas) interroguem-se sobre a seguinte questão: De que maneira a Constituição Federal consegue controlar a condução dos interesses federados, de modo a funcionalizar o correspondente sistema federativo? O dilema é resolvido politologicamente, claro: recorrem à teoria dos jogos e a teoria da escolha pública, porque entendem que a captação das estratégias decisórias adoptadas pelos governos de um Estado composto releva para a aferição da normatividade constitucional. Mas não chegam a soluções propriamente surpreendentes para os juristas. Não obstante, a intriga é boa. Qual intriga? Esta de saber em que medida a Constituição de um sistema federativo controla a condução dos interesses das distintas componentes sistémicas. Mas diferentemente dos politólogos, tento respondê-la a partir do sentido das normas constitucionais que decompõem o compromisso cooperativo, e a partir das tendências decisórias da justiça constitucional dos Estados compostos. Independentemente dos contornos que adquiram em cada experiência composta (histórico-concreta), os princípios da lealdade federal, da subsidiariedade, da primazia do direito federal, da participação integradora, da autonomia e da unidade – princípios jurídicos gerais que informam materialmente a actuação e o relacionamento dos poderes/ordenamentos – são continuamente invocados pelas justiças constitucionais no tratamento dos conflitos competenciais. Certamente porque decompõem o *compromisso constitucional de cooperação* que fundamenta a convivência harmoniosa dos distintos poderes, que orienta a partilha de responsabilidades prestacionais em qualquer ordenamento composto, que traduz a ideia de solidariedade e de co-responsabilidade de todos os actores políticos pela sorte do sistema.

Para além de percorrer a *teoria do federalismo* – e sempre no intuito de demonstrar a existência de um *compromisso constitucional de cooperação* que fundamenta os Estados compostos – também percorri a *teoria da organização jurídica dos Estados compostos*. Aqui tentei demonstrar em que medida o exercício das competências tem de ser cooperativamente orientado. Isto é, tentei evidenciar a necessidade de articulação e coordenação entre esferas de poder que estão subordinadas à mesma Constituição, e cujas normas são aplicadas ao mesmo território e idênticos destinatários – o que necessariamente determina a interacção e influência recíproca dos distintos ordenamentos. Neste título procurei surpreender o sentido dos princípios jurídico-constitucionais orientadores da partilha e exercício competencial, e ainda desvendar em que medida o exercício interdependente das competências afecta as relações entabuladas entre as distintas componentes sistémicas.

E finalmente percorri a *teoria da cooperação* – sempre perspectivada enquanto fundamento dos Estados compostos. Aqui convoquei os contributos da *teoria dos sistemas* (*Luhmann*) e da *teoria do consenso* (*Rawls*, *Habermas*) para demonstrar a inevitabilidade das interacções cooperativas num Estado composto. Afivelei a máscara da teoria sistémica por razões óbvias, posto que cuidei de *sistemas políticos complexos* – e a teoria sistémica efectivamente contribui para a explicação das conexões e transacções nos sistemas federativos. E se a teoria dos sistemas autopoiéticos revela as dificuldades da ordem constitucional em impor aos entes políticos o respeito pela dimensão passiva do *compromisso constitucional de cooperação* (por tratarem-se de subsistemas resistentes à hetero-regulação), também é certo que tal teoria fornece a justificação para o desenvolvimento da dimensão activa daquele compromisso (tendente a optimizar a prestação de serviços às populações). E quanto à invocação da teoria do consenso, também não há aqui qualquer mistério ou ocultação, tendo em conta que no decorrer da tese tento demonstrar a existência de um *compromisso constitucional de cooperação* decomposto em vários princípios constitucionais e inspirado precisamente num *ideal de consenso*. A teoria da cooperação do título final corresponderia ao fecho ou remate daquele empenho. A lógica de funcionamento dos Estados compostos é consensual: não é a lógica da unanimidade, é a lógica da maioria; não é a lógica do conflito que provoca fracturas, é a lógica do entendimento onde há desentendimento. *Rawls* e *Habermas* são os dois teóricos da actualidade que mais fecundamente trabalham as questões do consenso: o primeiro com o seu *consenso de sobreposição*, e o segundo com a sua *legitimidade pelo consenso*, ambos revitalizam a filosofia política de *O Federalista*. Como ensina *Viriato Soromenho-Marques*, a política federativa é percepcionada nos *Federalist Papers* como o mínimo denominador que transforma a pulsão para o conflito em cooperação, e que traça a rota dos interesses comuns, dos valores partilhados, da inter-relação. Seria a partir desta concepção moderna que os politólogos, nomeadamente através de *Carl Friedrich*, desenvolveriam a ideia de federalismo enquanto processo de reconhecimento mútuo, aprendizagem recíproca, concertação contínua – sempre resultante da existência de um acordo de vontades e de uma comunidade de interesses voltada à prossecução dos mais variados objectivos. O êxito/estabilidade de um sistema federativo depende do modo como as esferas de poder interagem – e os elementos orientadores desta interacção estão todos na Constituição. Pois eu os quis descodificar – donde decorre o interesse pelo ideal de consenso actualizado por *Rawls* e *Habermas*.

Quanto à estrutura discursiva, a tese é composta de duas partes: na primeira, tento captar os desdobramentos do *compromisso constitucional de cooperação* num específico Estado composto: o brasileiro. Forneço, portanto, as coordenadas teórico-práticas para para a compreensão da problemática cooperativa brasileira. Na segunda parte, tento explicar em que consiste o *compromisso constitucional de cooperação* e as razões da sua existência. Forneço, portanto, as coordenadas teóricas para a compreensão do *compromisso constitucional de cooperação* nos Estados compostos. Mas a segunda parte da tese não remete permanentemente para a primeira, porque neste segundo momento estive empenhada numa avaliação categórica da cooperação (que valesse para qualquer Estado composto, e não somente para o sistema federativo que serviu de teste laboratorial). Daqui se depreende que parti de uma intriga praxeológica e fui resgatar os elementos teóricos que a pudessem explicar. O que pretendia com isso? Captar a incompletude do projecto federal brasileiro a partir daquilo que seria a essencialidade dos Estados compostos. Por isso as duas partes da tese são complementares: quem lê só a primeira parte, relativa ao *Estado federal tetramembre* brasileiro, fica sem conhecer os elementos teóricos que lhe oferecem explicação (teoria do federalismo, teoria da organização jurídica do Estado composto, teoria da cooperação); quem lê só a segunda parte, relativa aos fundamentos teóricos, não consegue captar os desdobramentos do *compromisso constitucional de cooperação* num específico ordenamento composto, nem testar laboratorialmente a racionalidade operativa dos esquemas federativos.

O que me moveu neste empenho discursivo? Foi certamente a tentativa de *optimização das alternativas* tendentes a atingir o resultado da *convivência harmoniosa* dos entes políticos nos sistemas federativos. Mas para abordar compreensivelmente a espinhosa questão da tal convivência harmoniosa, tinha de encontrar um fio condutor – ei-lo: a cooperação –, caso contrário iria fatalmente perder-me pelos labirintos do federalismo, que de resto nem corresponde a uma problemática exclusivamente jurídica (este foi precisamente o erro de *Kelsen*, que com a *teoria do Estado federal trimembre* e com a *teoria da descentralização*, teria reduzido a explicação do Estado federal a uma questão de relacionamento entre ordenamentos ou a um problema de descentralização de ordens normativas, quando a fenomenologia dos sistemas federativos manifestamente não se restringe a isto). O que fiz foi apreciar a problemática dos sistemas federativos a partir da cooperação que os fundamenta. *John Rawls* ensina que os conflitos sobre a natureza da tolerância e da cooperação persistem na tradição democrática – e por isso podemos considerá-los conflitos profundos. Pois eu quis equacionar juridicamente o conflito profundo da cooperação. Mas como fazê-lo? Talvez olhando para as ideias fundamentais da cultura política, no intento de descobrir como e por que razão os povos engendram sistemas equitativos de cooperação ao longo do tempo. Seria um desafio ousado, eu sempre soube: a cooperação é um conceito fugidio, cuja descodificação ainda perturba e confunde a doutrina. Mas penso ter demonstrado que a cooperação (a partir do ideal de consenso que a inspira) substitui o conflito e a unilateralidade por soluções tendencialmente conciliatórias e discursivamente validadas – e disto depende a sobrevivência dos sistemas federativos.

E depende porque a grande questão subjacente aos agora chamados *sistemas decisórios multinível* será sempre aquela do equilíbrio estável entre forças centrífugas e centrípetas – ou melhor, o *equilíbrio instável*, como já foi sugerido pela doutrina. Pois fui buscar tal equilíbrio no *compromisso constitucional de cooperação*. Julguei ser o *timing* correcto para propugnar a ideia cooperativa enquanto fundamento dos sistemas federativos. E explico a razão. Quando decidi debruçar-me sobre tal temática – meados do ano 2000 –, recortava-se no horizonte uma espécie de movimento centrífugo orquestrado que inspirava cuidados. Eu quis saber o que se passava, se os Estados compostos sobreviveriam à crise, se dispunham de instrumentos jurídico-constitucionais para tanto. Alguns exemplos são suficientes para ilustrar minhas inquietações e justificar algumas opções discursivas.

No Brasil havia o recrudescimento do fenómeno da *guerra fiscal* entre os Estados-membros (ou daquilo que o Supremo Tribunal Federal define como a manipulação das alíquotas fiscais por motivos de atractividade empresarial). A Constituição Federal brasileira atribui aos Estados o poderosíssimo imposto sobre circulação de mercadorias e serviços – mas a eventual concessão de isenções, incentivos, ou benefícios fiscais que envolva tal imposto deve ser acordada entre os Estados através da celebração de convénios (há inclusive um órgão especificamente vocacionado para tal fim, o CONFAZ – Conselho Nacional de Política Fazendária). Acontece que isto não tem funcionado. Por várias vezes o Supremo Tribunal Federal manifestou-se sobre a *repulsa constitucional à guerra fiscal* e as restrições jurídico-constitucionais que afectam o exercício das competências dos Estados federados nesta matéria – sem entretanto conseguir conter a guerra.

Na Alemanha, curiosamente o sistema federal que mais longe levou a cooperação intergovernamental, avançava-se para uma etapa tendencialmente mais competitiva e conflituosa das relações entabuladas entre Federação e *Länder* e destes entre si – alegadamente porque as práticas cooperativas não se tinham revelado capazes de gerir a complexidade do período pós-reunificação. E tudo com o beneplácito do Tribunal Constitucional Federal, que através da defesa do carácter inovador da competição, atendeu aos interesses dos *Länder* pagadores e exigiu um novo enquadramento da compensação financeira, sob pena de inconstitucionalidade.

Nos Estados Unidos, durante a década de 90 do séc.XX, uma Suprema Corte que durante sessenta anos recusou-se a fazer frente à plasticidade do poder central (desde o *New Deal* de *Roosevelt*, mais precisamente), passa a sistematicamente julgar inconstitucionais as normas do legislador central, numa manifesta tentativa de circunscrição dos poderes centrais e recomposição de forças no cenário do Estado federal estado-unidense – o que levou alguns analistas a suspeitarem de uma tímida reinstalação dos Artigos de Confederação de 1781 e temerem pela estabilidade do sistema governativo.

No Canadá, em 1995, é realizado o referendo de acesso do Quebec à soberania (e consequente separação da federação canadiana), sendo que o NÃO vence por pequena margem – 50,6%. Em 1998 o Governo federal recorre à Suprema Corte, com o intuito de que a justiça constitucional declarasse que uma secessão unilateral, não aprovada pelas demais Províncias, violaria a Constituição. Entretanto, a Suprema Corte profere esta decisão espantosa: entendeu que substancialmente, a Constituição não autorizava a secessão; mas se a maioria clara dos quebequenses manifestasse a inequívoca vontade de não mais integrar o Canadá, então as demais Províncias e o Governo federal estariam obrigados a negociar com o Quebec as condições da sua soberania, porque princípios constitucionais não escritos assim o determinavam. Ora, desde que *Abraham Lincoln* enfrentou a maior crise constitucional dos EUA (Guerra de Secessão//1861-1865) com a afirmação de que os Estados federados não ostentavam qualquer estatuto jurídico fora da União, e que eles só existiam enquanto tal por terem como referência matricial a União, a teoria do federalismo tinha como adquirido que a hipótese de secessão seria inconcebível nos Estados federais. Vinha então a Suprema Corte canadiana reequacionar os dados.

Eram exemplos elucidativos de que tudo mudara – e naquela altura eu sequer podia prever outros impulsos centrífugos mais recentes como a rejeição da Constituição Europeia (por motivos que se prendem menos com o texto e mais com a crise de confiança no projecto europeu), nem a polémica em torno do novo Estatuto da Catalunha. E essa espécie de endosso centrífugo das Cortes constitucionais era um elemento manifestamente novo: o juiz constitucional é o garante do equilíbrio e da unidade nos sistemas federativos – e por conta disso a justiça constitucional é tendencialmente acusada de favorecimento do poder central. Os quebequenses até costumam dizer (ironicamente) que as decisões da justiça constitucional são como a torre de Pisa: pendem sempre para o mesmo lado, o do poder central. Pois eu quis saber em que consistia aquela reviravolta jurisprudencial e quais as suas consequências. O certo é que os Estados compostos sobreviveram – muito porque as justiças constitucionais souberam proteger a esfera de poder que se encontrava circunstancialmente em situação de vulnerabilidade. E acabei por concluir que não se tratava de uma tentativa de restauração do entendimento de autonomia/separação há muito substituído pelo de autonomia/participação. Era tão só a descoberta da subsidiariedade pelas justiças constitucionais dos Estados compostos, enquanto elemento do *compromisso constitucional de cooperação* – um compromisso do qual depende a estabilidade dos ordenamentos compostos e a integração de todas as componentes sistémicas. Por isso entendi ser o momento oportuno para o equacionar.

Mas há outra razão. Ao longo do tempo, muitos doutrinadores empenharam-se em fornecer uma explicação jurídica ao Estado federal. Tal percurso doutrinário está amplamente registado e documentado – mas de todos os contributos ditos clássicos, porventura só os de *Kelsen* terão resistido ao teste do tempo. Seja como for, qualquer inventário sobre a origem e natureza jurídica do Estado federal, tendente a responder se o mesmo seria juridicamente explicável, demonstra que os debates jurídicos em torno do Estado federal sempre estiveram ancorados no conceito de soberania. Ora, isto já não serve. É tempo de deslocar o centro de gravidade dos sistemas federativos da *soberania* para a *cooperação*. O conceito de soberania já não revela consistência para explicar grande coisa nos dias que correm. E se é certo que precisamos de uma nova teoria do Estado, que explique a transição do Estado soberano para o Estado não soberano, talvez a deslocação do centro de gravidade dos sistemas federativos seja de alguma utilidade. Sobretudo quando a Ciência do Direito Constitucional defronta o desafio do constitucionalismo europeu – onde concorrem distintas pretensões de soberania, autoridade decisória suprema, competência das competências. Ora, muito antes do alvorecer moderno do Estado soberano, a cooperação já brilhava altaneira como elemento fundador dos sistemas federativos. A cooperação é, portanto, prévia à soberania. Eis a indispensabilidade de um respeitoso retorno à teoria do federalismo – à procura de problematizações e soluções antigas para dilemas só aparentemente novos.

INTRÓITO

No ano em que concluímos a presente dissertação de Doutoramento (2004), ocorria na Europa um fenómeno sem precedentes: a reunificação de um continente assolado e ensombrado pelos dois grandes conflitos bélicos do séc.XX, os quais constituem uma etapa histórica desgraçadamente reconhecida como a *era da guerra total*[1]. Tanto o alargamento da União Europeia aos países do leste europeu dantes isolados pela *Cortina de Ferro* (em 1.º de Maio de 2004), quanto a assinatura do Tratado que institui uma Constituição para a Europa (em 29 de Outubro de 2004), traduzem a assunção de um compromisso de coesão ou de progressiva diminuição das antinomias regionais, em favor da tendencial equiparação das condições de vida e situações jurídicas em todo o território integrado. Mais: traduzem um compromisso de co-responsabilidade de todos os actores políticos envolvidos pela sorte do sistema europeu – ou pelo destino de uma *unidade diversa, harmónica e justa*. Só por esse feito jubiloso já se justificava a elaboração de um estudo sobre a teoria do federalismo, os princípios fundantes dos sistemas federativos e a sua observância, a problemática da repartição de competências, etc. – temáticas que só muito recentemente, e por força da construção europeia, despertaram o interesse da doutrina portuguesa.

Conforme ensina *Jürgen Habermas*, o projecto de integração europeia sugere uma nova forma de se conceber a identidade colectiva: já não mais a partir de um dado substrato histórico-cultural, e sim a partir da partilha de entendimento possível. O contexto em que tal projecto se desenvolve corresponderia a um *contexto de solidariedade forjado politicamente entre cidadãos que, apesar de estranhos, sentem-se responsáveis uns pelos outros*. E a utopia realizável subjacente ao arrojado projecto europeu seria aquela da *intersubjectividade*, segundo a qual só se consegue um acordo

---

[1] Sobre o sentido da chamada *era da guerra total* cfr. Eric Hobsbawm, *Era dos extremos – o breve século XX* (1914-1991), Companhia das Letras, São Paulo, 1996, págs. 29 e ss.

quanto àquilo que é do igual interesse de todos, se cada qual se dispuser a adoptar o ponto de vista do outro, a fim de realizar o que *Piaget* entendia por *descentração progressiva do ego*, isto é, a descentração da compreensão egocêntrica e etnocêntrica que cada qual tem de si mesmo e do mundo[2]. Eis a questão essencial do pluralismo. A propósito das sociedades pluralistas e multiculturais que integram a União Europeia, *Gustavo Zagrebelsky* diria que em tais contextos *a unidade deixou de ser um dado – e tem agora de ser construída*. Mas esta unidade que se constrói seria distinta da de outros tempos: já não representa uma pretensa homogeneidade popular que se organiza politicamente, mas talvez corresponda à ideia de *unidade comunicativa* (*Jürgen Habermas*), capaz de promover o *espaço deliberativo onde exista lugar para todos* (*John Rawls*). E as Constituições, nos tempos que correm, servem *para criar tal unidade, para fornecer as bases da convivência da diversidade, para*

---

[2] Sobre a lógica da intersubjectividade cfr. Jürgen Habermas, *L'éthique de la discussion et la question de la vérité*, Grasset, Paris, 2004, onde o Autor propõe a reestruturação intersubjectiva da racionalidade, ou seja, sugere que façamos depender a racionalidade não directamente do sujeito, mas da intersubjectividade, ou da descentração do ego e da nossa própria compreensão do mundo, a partir do confronto discursivo com as posições dos outros. Sobre as ideias de unidade comunicativa e de racionalidade discursiva cfr. Jürgen Habermas, *Between facts and norms*, The Mit Press, Cambridge/Massachusetts, 1996; Jürgen Habermas, *Más allá del Estado nacional*, Editorial Trotta, Madrid, 1997; Jürgen Habermas, *La inclusión del outro*, Ediciones Paidós Ibérica, Barcelona, 1999. Nestas obras Habermas revela-se preocupado com a instrumentalização do processo político pelas distintas forças sociais que destroem as condições de legitimação do *law making*. Por isso entende que a democracia não se pode fiar somente nos canais oficiais de deliberação política: depende do intercâmbio entre os canais de formação da vontade institucionalizados e a opinião pública partilhada informal e racionalmente (leia-se devidamente esclarecida sobre os melhores argumentos e interesses gerais). O Estado constitucional representaria o aparato de instituições e mecanismos capazes de converter o poder comunicativo dos cidadãos em acção administrativa eficaz e legítima. Habermas procedimentaliza o conceito rosseauniano de soberania popular precisamente porque sustenta que a legitimidade da política e da lei depende de uma rede difusa de processos comunicativos desenvolvidos nos espaços públicos informais. Pretende, portanto, projectar a possibilidade de soluções políticas discursivamente validadas – e não que os cidadãos atinjam um consenso relativamente a todas as questões, o que suprimiria a diversidade. O objectivo do discurso é criar entendimento onde há desentendimento, onde há conflito. O que importa é que todos os interesses envolvidos disponham de igual e efectiva oportunidade de se fazerem conhecer; é reencontrar o sentido do debate público ou reinventar a democracia; é promover a capacidade de apreciação crítica dos participantes no discurso, relativamente a si mesmos e aos outros.

manter unidas as distintas partes da sociedade pluralista, evitando a anomia e o conflito civil. O grande desafio do direito constitucional da actualidade seria, precisamente, o de *superar a ideia de que o poder político e a Constituição estão vinculados a um território e a um conceito de povo aparentemente homogéneo*[3]. Neste sentido, o projecto europeu revela-se auspicioso porque, como lucidamente interpretou Lucas Pires, tal projecto *interroga o constitucionalismo moderno centrado no Estado soberano e dá origem a um novo constitucionalismo baseado nos princípios fundamentais da cultura jurídica europeia – o constitucionalismo europeu* –, que funciona como uma *plataforma de entendimento entre as distintas perspectivas nacionais. Não traz ainda consigo a paz perpétua que Kant associava com os ideais de constituição republicana e república federativa. Mas com ele ficamos mais perto desse ideal*[4].

Tal perfunctória incursão pelos fundamentos filosóficos do projecto europeu serve ao propósito da justificação desta dissertação de Doutoramento – e do seu eventual interesse para a comunidade jurídica

---

[3] Sobre a ideia de que à Constituição compete a função primária de construir unidade e fornecer as bases da convivência pluralista cfr. Gustavo Zagrebelsky, *El derecho constitucional del pluralismo*, in Anuario de derecho constitucional y parlamentario, n.º 11, 1999. No mesmo sentido cfr. Konrad Hesse, *Constitución y derecho constitucional*, in Manual de derecho constitucional, Benda/Maihofer/Vogel/Hesse/Heyde (org), Marcial Pons, IVAP, Madrid, 1996, pág. 3.

[4] Sobre o constitucionalismo europeu enquanto plataforma de entendimento entre as distintas perspectivas nacionais cfr. Francisco Lucas Pires, *Introdução ao direito constitucional europeu*, Almedina, Coimbra, 1997. Sobre o tema ainda cfr. Francisco Lucas Pires, *A caminho de uma constituição política europeia?*, in Análise social, vol. XXVII, n.º 118-119/1992; Richard Bellamy/Dario Castiglione, *A constituição da União Europeia: alternativa republicana ao liberalismo*, in Análise social, vol. XXXIV, n.º 151-152/2000; Richard Bellamy, *Regime without a polity? The role of european constitutionalism*, Workshop multi-level constitutionalism – transatlantic perspectives. Cooperative federalism: the US and the EU, Faculdade de Direito da Universidade Nova de Lisboa, 2001 (policopiado); G. Federico Mancini, *The making of a Constitution for Europe*, in Common market law review, vol. 26, n.º 4/1989; Vlad Constantinesco, prefácio a Jörg Gerkrath, *L'emergence d'un droit constitutionnel pour l'Europe*, Institut d'etudes europeennes, Editions de l'Université de Bruxelles, 1997; Thomas Oppermann, *Il processo costituzionale dopo Nizza*, in Rivista trimestrale di diritto pubblico, n.º 2/2003; Juan José Solozábal Echavarría, *Constitución y ordem constitucional en la Unión Europea*, in Revista de estudios políticos, 119, Janeiro--Março/2003; Miguel Poiares Maduro, *Las formas del poder constitucional de la Unión Europea*, in Revista de estudios políticos, n.º 119, 2003; *Uma Constituição para a Europa*, Almedina, Coimbra, 2004 (a referida obra colectiva, que resulta de um Colóquio Internacional organizado pelo Instituto Europeu da Faculdade de Direito de Lisboa, reúne vários contributos sobre a temática do constitucionalismo europeu).

portuguesa. Ora, se a União Europeia funciona segundo a lógica federativa (visto que tanto o processo decisório multinível, quanto a aplicabilidade e o efeito directo das normas comunitárias, ou o primado do direito da União e a exigência de interpretação conforme, ou ainda a compensação financeira através dos fundos estruturais e de coesão – tudo aponta para uma federação), então toda a problemática relativa aos Estados compostos não lhe é alheia, ainda que a União não seja um Estado federal em sentido moderno. A pluralidade de ordenamentos que caracteriza tanto os Estados compostos, quanto a União Europeia, *suscita problemas estruturalmente idênticos* (*Pedro Machete*) –, designadamente as questões relativas à *distribuição de competências* entre o todo e as partes e à *articulação entre os vários centros de poder*, por força da comum subordinação à Constituição global e da aplicação simultânea das respectivas normas sobre os mesmos âmbitos pessoais e espaciais[5]. Por isso julgámos haver espaço na doutrina

---

[5] Sobre a ideia de que a pluralidade de ordenamentos suscita problemas estruturalmente idênticos nos Estados federais e na União Europeia cfr. Pedro Machete, *Os princípios de articulação interna de ordenamentos complexos no direito comparado*, *in* O direito, ano 124, Jan-Junho/1992. Sobre os caracteres federais desde há muito atribuíveis às Comunidades Europeias cfr. Paulo Pitta e Cunha, *Os impulsos federais na construção europeia*, *in* Revista da Faculdade de Direito da Universidade de Lisboa, vol.XLI, n.º 1, 2000, onde o Autor os elenca: *a duração ilimitada*; *a autonomia do aparelho institucional*; *a participação das instituições na revisão do Tratado*; *a assunção de competências em matérias importantes por efeito da renúncia dos Estados ao respectivo exercício*; *a detenção de poder legislativo pelas instituições comunitárias*; *a sujeição dos Estados-membros a decisões tomadas por maioria*; *o reconhecimento jurisdicional das situações de incumprimento*; *a existência de poder directo sobre os cidadãos dos Estados europeus*. Sobre o tema ainda cfr. João Mota de Campos, *Manual de direito comunitário*, Fundação Calouste Gulbenkian, Lisboa, 2000, págs. 239-245, onde o Autor reconhece que *a intervenção sistemática e permanente das Comunidades em vastos domínios que anteriormente dependiam da competência exclusiva dos Estados e cujas fronteiras são, aliás, mal definidas (o que permite uma inflação constante da esfera de competências comunitárias), é uma realidade que tem pouco a ver com a intervenção esporádica das organizações internacionais clássicas em domínios restritos, rigorosamente definidos, da actividade e da competência próprias dos Estados*. O Autor ainda refere as conclusões de P. H. Teitgen, segundo as quais o conjunto de caracteres inerentes ao sistema federal leva a concluir que os tratados comunitários consagram um certo federalismo funcional, o que permite que sejam interpretados com referência aos princípios fundamentais do federalismo. Sobre o federalismo europeu cfr. Francisco Lucas Pires, *Introdução ao direito constitucional europeu*, ob. cit., págs. 81-83, onde o Autor sugere que as Comunidades constituem a *emergência da primeira forma política verdadeiramente pós-moderna*, na qual *os modelos de autoridade hierárquica e de normação piramidal cedem lugar a estruturas e processos de interacção, coordenação, cooperação* – razão pela qual, a propósito

portuguesa para uma investigação séria e consistente sobre o fundamento e o funcionamento dos Estados compostos, enquanto sistemas federativos.

Não seria uma empresa fácil, porque o conceito de Estado composto é um conceito normativo, isto é, cada Estado composto corresponde a uma *individualidade concreto-histórica constitucionalmente moldada*, como sabiamente elucidou *Konrad Hesse*. Por isso não há um conteúdo apriorístico de federação ou um modelo pré-constitucional de Estado composto que seja útil para a análise concreta de um específico ordenamento. Não é a Constituição que se adapta a um qualquer modelo composto previamente definido; ao contrário, o modelo é definido a partir das normas jurídico--constitucionais de cada Estado federal/regional/autonómico[6]. Precisamente porque as federações variam, há quem inclusivamente preleccione que *a lógica das federações seria o federalismo* (*Michael Burgess*), aqui percepcionado enquanto ideologia política ou conceito de valor[7]. Mais do que uma diferença semântica, isto sugere a existência empírica de uma variedade

---

do seu formato político, se fala frequentemente em *federalismo cooperativo ou mesmo condomínio*, no qual se conjugam várias formas de autonomia. Sobre a ideia de que a Europa, mesmo sem uma Constituição expressamente federal, *constitui uma federação, isto é, um sistema político federal* cfr. Juan José Solozábal Echavarría, *Constitución y ordem constitucional en la Unión Europea*, in Revista de estudios políticos, 119, Jan--Março/2003, págs. 58-59, onde o Autor sustenta que *na Europa se repetem os caracteres próprios de un sistema federal que levam a cabo os propósitos básicos desta forma política, a saber, a articulação institucional do pluralismo territorial e a maximização da democracia. A União Europeia é, com efeito, um sistema político composto no qual coexistem dois níveis de autoridades diferentes com seu próprio âmbito territorial, que actuam de acordo com suas respectivas competências e sobre cuja observância decide uma instância jurisdicional independente*. Sobre a emergência de um *federalismo intergovernamental* na União Europeia cfr. Maurice Croisat/Jean-Louis Quermonne, *L'Europe et le fédéralisme*, Montchrestien, Paris, 1996.

[6] Sobre a inexistência de um modelo pré-constitucional de Estado federal cfr. Konrad Hesse, *Elementos de direito constitucional da República Federal da Alemanha*, Sérgio Fabris Editora, Porto Alegre, 1998; José Juan González Encinar, *El Estado unitario-federal*, Editora Tecnos, Madrid, 1985; David O'Brien, *The changing faces of federalism: the United States, the European Union, and comparative federalism*, Workshop multi-level constitutionalism – transatlantic perspectives. Cooperative federalism: the US and EU, Faculdade de Direito da Universidade Nova de Lisboa, 2001 (policopiado).

[7] Sobre a ideia de que a *lógica das federações é o federalismo*, enquanto ideologia política e conceito de valor, cfr. Michael Burgess, *Federalism as political ideology: interests, benefits and beneficiaries in federalism and federation*, in Comparative federalism and federation: competing traditions and future development, Michael Burgess/Alain Gagnon (org), Harvester Wheatsheaf, New York, 1993.

de práticas que incorporam os atributos federativos de acordo com as suas particulares vicissitudes, circunstâncias históricas, dinâmica económica, cultura política, etc. – por isso a invocação do federalismo *não identificaria um específico percurso e um idêntico destino (Alessandro Pace)*[8].

Todavia algo de comum teria de identificar os ordenamentos tradicionalmente integrados numa mesma categoria: a dos Estados federais, ou numa concepção mais ampla, a dos Estados compostos. Ainda que os modelos concretos de federação dependam das respectivas ambiências histórico-culturais, acreditávamos na hipótese de efectuar uma avaliação categórica do federalismo. É que aprendemos com *Rui Barbosa* que *tanto no mundo moral como no mundo físico, todas as coisas mudam sempre sobre uma base que não muda nunca*[9], e portanto intrigava-nos a *essencialidade* ou o *denominador comum* dos Estados que ostentam uma estrutura verticalizada de poder. Tudo se tornava ainda mais perturbador porque a doutrina sugere que em tais Estados é praticamente impossível que uma política pública resulte da escolha de um só actor: *o processo de elaboração e implementação das políticas públicas constitui a síntese das interacções entre uma multiplicidade de actores com interesses e estratégias distintas (Francesc Morata)*. Isto é, em tais contextos complexos cada unidade decisória deve ter em conta as estratégias seguidas pelas demais, porque *as decisões tomadas por cada nível governativo se inserem, inevitavelmente, num sistema decisório geral*. E logo fomos convencidas de que *o funcionamento dos sistemas político-administrativos compostos se caracteriza, em maior ou menor grau, pela fragmentação, a complementaridade, a interdependência, a interacção*[10], donde decorria a

---

[8] Sobre a ideia de que a invocação federalismo não identifica um específico percurso e idêntico destino cfr. Alessandro Pace (org), *Quale, dei tanti federalismi?*, Cedam, Roma, 1997. Sobre as várias acepções de federalismo cfr. L. Bassani/W. Stewart/A. Vitale, *I concetti del federalismo*, Giuffrè, Milano, 1995.

[9] Neste sentido cfr. Rui Barbosa, *Excursão eleitoral*, Ministério da Educação e Cultura, Rio de Janeiro, 1965, pág. 81 (Obras completas de Rui Barbosa, v. 36, t.1, 1909).

[10] Sobre a ideia de fragmentariedade, complementariedade, interdependência e interacção nos Estados compostos cfr. Francesc Morata, *Políticas públicas y relaciones intergubernamentales*, in Documentación administrativa, n.º 224/225, Out/1990-Março/ /1991. Sobre o funcionamento dos Estados compostos da actualidade, sobretudo as relações entabuladas entre os respectivos entes políticos cfr. Maurice Croisat, *Le fédéralisme d'aujourd'hui: tendances et controverses*, in Revue française de droit constitutionnel, 19, 1994; Maurice Croisat, *Lé fédéralisme dans les démocraties contemporaines*, Montchrestien, Paris, 1995; Arthur Benz, *Le relazione intergovernative nella*

nossa perplexidade: Como se integram os poderes constitucionalmente dispersos numa totalidade funcional? Como se assegura o adequado funcionamento da totalidade sistémica sem que os diversos decisores frustrem os projectos ou a prossecução dos interesses alheios? Quais as coordenadas informadoras do sistema de relações entre as distintas unidades governativas num Estado composto? Que fundamentos, princípios, ou padrões de comportamento orientam a condução do exercício competencial e o referido funcionamento fragmentário, complementar, interdependente, interactivo?

Tais inquietações levaram-nos a reflectir sobre a existência de um *compromisso constitucional de cooperação* (*Daniel Halberstam*) que aglutina, conserva e protege os Estados compostos contra as ameaças à boa governação. Isto é, um compromisso que fundamenta e controla a condução dos interesses federados no sentido de optimizar o funcionamento da respectiva organização composta. Se as Constituições têm naturalmente um carácter compromissório (e se servem precisamente para salvaguardar o pluralismo, criar a unidade, evitar o conflito civil), tanto mais compromissórias o serão quando se propõem organizar um Estado composto. É que todo e qualquer Estado composto assenta num *compromisso constitucional de cooperação* que orienta a condução dos interesses interdependentes. Tal conceito de compromisso não deve ser entendido no seu sentido vulgar (isto é, enquanto o resultado de concessões mútuas numa negociação), mas no específico sentido da *determinação de não se desviar de um certo curso de acção* (*Estella de Noriega*). O *compromisso constitucional de cooperação* aponta para a optimização das alternativas que

---

Germania federale degli anni ottanta, in Governo decentralizzato e federalismo, Giorgio Brosio (org), Il Mulino, 1995; Marcello Degni/Gennaro Iovinella (org), *Federalismo modello Germania*, Ediesse, Roma, 1995; Marcos Ribeiro de Moraes, *As relações intergovernamentais na República Federal da Alemanha*, Pesquisas n.º 22, Fundação Konrad Adenauer Stiftung, São Paulo; Nino Olivetti Rason/Lucio Pegoraro (org), *Esperienze federali contemporanee*, Cedam, Padova, 1996; Giorgio Brosio, *Equilibri instabili. Politica ed economia nell'evoluzione dei sistemi federali*, Bollati Boringhieri Editore, Torino, 1994; Franco Pizzetti (org), *Federalismo, regionalismo e riforma dello Stato*, G. Giappichelli Editore, Torino, 1998; Harald Fuhr, *O sistema federal da Alemanha: algumas reflexões sobre sua função para o desenvolvimento político e económico*, in 50 Anos da Lei Fundamental, Editora da Univ. de São Paulo, São Paulo; Ann O'M. Bowman, *American federalism on the horizon*, in Publius, The journal of federalism, vol. 32, n.º 2, Primavera/2002; Davis Cameron/Richard Simeon, *Intergovernamental relations in Canada: the emergence of collaborative federalism*, in Publius, vol. 32, n.º 2, Primavera/2002; Thomas Fleiner, *Recent developments of swiss federalism*, in Publius, vol. 32, n.º 2, Primavera/2002; Brian Galligan/John S. F. Wright, *Australian federalism: a prospective assessment*, in Publius, vol. 32, n.º 2, Primavera/2002.

permitem atingir o resultado da harmoniosa convivência dos distintos entes políticos. Trata-se, portanto, de um compromisso de solidariedade ou de co-responsabilidade de todos os actores políticos pela sorte da totalidade sistémica – ou pelo destino de uma *unidade diversa, harmónica e justa*[11].

Os contornos do compromisso podem diferir (posto que cada conjunto de normas constitucionais origina um específico modelo de Estado composto); mas sempre vincula todas as unidades governativas, porque constitui o fundamento de qualquer sistema federativo. O *compromisso constitucional de cooperação* incorpora necessariamente uma *dimensão passiva* (que implica a moderação recíproca, a abstenção do exercício de poderes formalmente acometidos quando tal comprometa o sucesso sistémico, a proibição da omissão de auxílio), e pode incorporar uma *dimensão activa* (que requer actores decididamente empenhados em acções concertadas). Mas independentemente da inclinação pró-activa ou apenas passiva, o *compromisso constitucional de cooperação* sempre dita a lógica de funcionamento dos Estados compostos, que será aquela da manutenção do equilíbrio do conjunto. Ainda que a Constituição de um Estado composto não o refira expressamente, o compromisso cooperativo é sempre inferível da teleologia da regulação constitucional naqueles sistemas federativos (caso contrário as justiças constitucionais dos Estados compostos não conseguiriam deduzir o princípio da *lealdade federal* das respectivas Constituições), pois para que o arranjo federativo funcione adequadamente, os governos constituídos devem abster-se de qualquer medida susceptível de pôr em causa os objectivos constitucionalmente acordados – isto é, não podem perturbar a prossecução dos interesses alheios nem furtar-se a ajudar (*dimensão passiva*), e tanto quanto possível devem engendrar mecanismos de planeamento, gestão e prestação conjunta dos serviços que lhes competem (*dimensão activa*).

---

[11] Sobre o compromisso constitucional de cooperação cfr. Daniel Halberstam, *The duty to cooperate in the federal systems: of harmony and voice*, Workshop multi-level constitutionalism – transatlantic perspectives. Cooperative federalism: the US and the EU, Faculdade de Direito da Universidade Nova de Lisboa, 2001 (policopiado), onde o Autor avança com uma breve tipologia da cooperação, nos termos da qual destaca a cooperação activa e a cooperação passiva. Sobre a ideia de compromisso no específico sentido da *determinação de não se desviar de um certo curso de acção* cfr. Antonio Estella de Noriega, *La paradoja de la subsidiariedad: reflexiones en torno de la jurisprudencia comunitaria relativa al artículo 3B (2) del Tratado de la Comunidad Europea*, in Revista española de derecho administrativo, n.º 101, Jan-Março/1999, págs. 80-81.

A presente dissertação empenha-se precisamente na captação do sentido do conceito jurídico de cooperação (ou do *compromisso constitucional de cooperação* que fundamenta os Estados compostos). O estudo ora apresentado focaliza a cooperação idealisticamente, enquanto *background* ou essência dos ordenamentos compostos – e não apenas enquanto mecanismo tendente a devolver-lhes funcionalidade. Da perspectiva instrumental da cooperação, manifestamente relacionada com a *dimensão activa* do compromisso e dependente da disponibilidade dos partícipes, já cuidámos em sede de Mestrado. Mas tal perspectiva procedimental corresponde apenas a uma específica parcela da problemática cooperativa – que em muito lhe transcende. Um amplo espectro doutrinário acaba por tratar da cooperação a partir dessa abordagem procedimental e necessariamente voluntária – mas ao tomar a parte pelo todo não penetra o âmago da questão cooperativa, cuja labilidade não raro induziu os doutrinadores a equivocadamente questionarem a sua força vinculante. Julgamos que a teorização de um *compromisso constitucional de cooperação* que funciona segundo uma lógica bipolar (dimensão *passiva* e dimensão *activa*) deslinda algumas das perplexidades jurídicas suscitadas pela temática que nos ocupa, nomeadamente a questão da compatibilidade entre o carácter voluntário da cooperação e sua configuração como um dever judicialmente exigível.

Ademais, o *timing* da discussão também nos pareceu oportuno. Não só porque o Tratado que institui uma Constituição para a Europa dá guarida ao princípio de lealdade que concretiza a *dimensão passiva* do *compromisso constitucional de cooperação* (art. I-5.º/2): *Em virtude do princípio da cooperação leal, a União e os Estados-membros respeitam-se e assistem-se mutuamente no cumprimento das missões decorrentes da Constituição. Os Estados-membros tomam todas as medidas gerais ou específicas adequadas para garantir a execução das obrigações decorrentes da Constituição ou resultantes dos actos das instituições da União. Os Estados-membros facilitam à União o cumprimento da sua missão e abstêm-se de qualquer medida susceptível de pôr em risco a realização dos objectivos da União* (note-se que o art.10.º do actual Tratado da Comunidade Europeia já consagra tal princípio, sendo o único ordenamento composto considerado no presente estudo a fazê-lo expressamente). Mas também porque o sistema federativo que mais longe levou a cooperação intergovernamental – o alemão – avança para uma etapa tendencialmente mais competitiva e conflituosa das relações entabuladas entre Federação e *Länder* e destes entre si (e de resto com o beneplácito do Tribunal Constitucional, que em 11 de Novembro de 1999 exigiu a emissão de um novo enquadramento legislativo da compensação financeira, sob pena de declaração de inconstitucionalidade da normativa então vigente), algo que já no início dos anos noventa levava *Peter Häberle* a reconhecer a aproximação de perigosos momentos de *separative federalism*[12]. Importa, portanto, impedir a confusão teórica entre aquilo que eventualmente corresponda à crise no funcionamento do amplo aparato de mecanismos e procedimentos cooperativos (*dimensão activa*), e aquilo que corresponde ao dever de não perturbar a prossecução dos interesses alheios ou do interesse geral, nem furtar-se a ajudar (*dimensão passiva*). A avalancha de críticas doutrinárias de que tem sido alvo o modelo cooperativo alemão não deve perturbar o entendimento de cooperação enquanto fundamento jurídico-constitucional dos ordenamentos compostos – sob pena de indevidamente se fragilizar o ideal de consenso que os inspira.

Admitimos que a abordagem conceptual da cooperação constitui um desafio ousado. Com *John Rawls* já aprendemos que os conflitos sobre a natureza da tolerância e da cooperação têm persistido na tradição democrática – e podemos por isso supor que se tratam de conflitos profundos. Para ligarmos esses conflitos às coisas conhecidas e básicas, devemos olhar para as ideias fundamentais da cultura política pública e procurar descobrir como e por que motivos os cidadãos e os povos concebem a sua sociedade como um sistema equitativo de cooperação ao

---

[12] Sobre o actual momento do sistema federal alemão, em manifesta transição de um modelo intrinsecamente cooperativo e fortemente procedimentalizado a outro mais competitivo e marcadamente conflitual cfr. Francesco Palermo/Jens Woelk, *Una lettura critica della recente dottrina costituzionalistica tedesca*, in Quaderni costituzionali, ano XXIII, n.º 2, Junho/2003, págs.414-418, com ampla bibliografia sobre as recentes discussões em torno da cooperação e do federalismo fiscal na Alemanha. Sobre as decisões do Tribunal Constitucional alemão que se eximem de reconhecer a inconstitucionalidade de uma norma (antes reconhecem que a norma *ainda* não se tornou inconstitucional) mas exortam o legislador a que proceda à correcção ou adequação da normativa em causa dentro de determinado prazo (sob pena de inconstitucionalidade) cfr. Gilmar Ferreira Mendes, *O apelo ao legislador (Appellentscheidung) na práxis da Corte Constitucional Federal alemã*, in Revista da Faculdade de Direito da Universidade de Lisboa, vol. XXXIII, 1992. Sobre a decisão de 11 de Novembro de 1999 do *Bundesverfassungsgericht*, nos termos da qual a lei de compensação financeira então em vigor restou considerada transitoriamente válida até 31 de Dezembro de 2004 (data a partir da qual tornar-se-ia nula se o legislador não tivesse revisto o regime jurídico da compensação financeira) cfr. Paul Bernd Spahn, *Da controvérsia sobre a compensação financeira na Alemanha*, in Federalismo na Alemanha e no Brasil, Wilhelm Hofmeister/José Brasiliense Carneiro (org), Fundação Konrad Adenauer Stiftung, Série Debates n.º 22, São Paulo, 2001.

longo do tempo[13]. Nesta ordem de ideias, e para equacionarmos juridicamente aquilo que são conflitos profundos, percorremos a *teoria do federalismo* (que elucida a convivência entre as várias esferas de poder), e a *teoria da organização jurídica do Estado composto* (que aborda os problemas de direito público próprios dos Estados compostos), para finalmente proporsmos uma *teoria da cooperação* (que trata do sentido da cooperação enquanto conceito jurídico). Tudo para enfrentar o desafio de efectuar uma avaliação categórica da cooperação – que constitui o *Leitmotiv* dos ordenamentos compostos. Tudo para tentar captar os meandros da racionalidade operativa que preside as relações intergovernamentais nos Estados compostos (ou que as deve presidir, porque de uma abordagem normativa se trata).

O regime jurídico-constitucional que serviu de laboratório às nossas investigações foi o ordenamento federal brasileiro. Julgávamos, na altura em que optámos por tal opção laboratorial, que interessava à academia portuguesa *redescobrir o Brasil*, através da compreensão actualizada do seu aparato institucional – razão à qual não era alheia a nossa própria nacionalidade e os afectos prometeicos que lhe andam associados. Não que o interesse da academia portuguesa pelas instituições brasileiras fosse recente – antes pelo contrário, tinha memória e os registos largamente o comprovavam –, mas tal interesse intensificou-se nos finais do século XX, porque as relações luso-brasileiras atingiram um novo estágio que ultrapassava o *discurso retórico da cultura, língua* e *afecto*, e consolidava-se como projecto estratégico político-económico que tinha, naturalmente, repercussões jurídicas. Mas logo em nossas primeiras incursões por tal opção laboratorial, tropeçámos na *intriga do Estado federal tetramembre*: a conformação federal brasileira não se adapta às construções lógico-jurídicas que tradicionalmente têm explicado os Estados compostos e as relações então entabuladas entre suas componentes. Isto porque a Constituição de 1988 reconheceu o Município como ente federado, dotado de autonomia política, legislativa, administrativa e financeira: é pessoa de direito público interno (arts.1.º e 18.º da Constituição Federal), titular de um poder normativo geral (não meramente regulamentar), com efeitos sobre quantos se encontrem em seu respectivo território. Por conta de tal *trilateralidade federativa* (*Paulo Bonavides*), só haverá uma espécie de

---

[13] Sobre o necessário recurso à abstracção no tratamento de *conflitos profundos* como seriam os relativos à tolerância e à cooperação cfr. John Rawls, *O liberalismo político*, Editorial Presença, Lisboa, 1997, págs. 68-69.

"hierarquia" entre leis (e as aspas são devidas ao facto de que tais relações regem-se pelo princípio da competência e não pelo princípio da hierarquia) quando não exista exclusividade competencial e as três entidades (União, Estado-membro e Município) regulem concorrentemente a mesma matéria, caso em que a lei municipal cede à estadual e esta à federal[14].

---

[14] Sobre a "hierarquia" das leis no ordenamento federal brasileiro cfr. Regina Maria Macedo Nery Ferrari, *Elementos de direito municipal*, Editora Revista dos Tribunais, São Paulo, 1993, pág. 66. O ineditismo da solução federal brasileira alimenta alguma controvérsia doutrinária sobre a natureza jurídica do Município. Sobre a questão cfr. Jorge Miranda, *Teoria do Estado e da Constituição*, Coimbra Editora, 2000, pág. 452, onde o Autor refere que *na particularíssima situação brasileira, os Municípios seriam entidades políticas integrantes da estrutura do Estado, embora não propriamente entidades estatais de segundo grau*; pelo mesmo diapasão afina José Afonso da Silva, *Curso de direito constitucional positivo*, Editora Revista dos Tribunais, São Paulo, 1990, pág. 408, onde o Autor afirma não existir *Federação de Municípios*, e sim *Federação de Estados* – estes é que seriam essenciais no conceito de qualquer federação, e não os Municípios; Raul Machado Horta, *Repartição de competências na Constituição Federal de 1988*, in Revista trimestral de direito público, n.º 2, pág. 11, onde o Autor expressa um entendimento algo confuso segundo o qual *o Município, não obstante a equivocada elevação a ente constitutivo da organização político-administrativa da República Federativa (art. 18.º), em inédita adopção, não participa na repartição federal de competências e, por isso, a Constituição reservou espaço próprio para enumerar a apreciável competência dos Municípios (arts. 29.º a 31.º)*. Em sentido distinto cfr. Celso Ribeiro Bastos, *Comentários à Constituição do Brasil*, Saraiva, São Paulo, 1988, pág. 232, onde o Autor explica que a partir do momento em que a Constituição brasileira alçou o Município à entidade condómina do exercício das atribuições que tomadas na sua unidade constituem a soberania, não poderia ser consequente consigo mesma se deixasse de reconhecer que a Federação estava a sofrer um processo de diferenciação acentuada relativamente ao modelo federal dominante no mundo, o qual congrega apenas a ordem jurídica central e as ordens jurídicas regionais, ou seja, a União e os Estados-membros; ainda no sentido do reconhecimento do Município como ente federado cfr. Hely Lopes Meirelles, *Direito municipal brasileiro*, Malheiros Editores, São Paulo, 1994, o qual sustenta ser o Município brasileiro entidade estatal integrante da Federação e que tal reconhecimento constitucional do Município como peça do regime federativo não se repetiria em nenhuma outra Federação dos nossos tempos, nas quais o Município habitualmente figura como circunscrição territorial meramente administrativa; Manoel Gonçalves Ferreira Filho, *O Estado federal brasileiro na Constituição de 1988*, in Revista de direito administrativo, Jan-Junho/1990, pág. 8, onde o Autor afirma que os municípios são, na actual Constituição, *indiscutivelmente entes federativos*; Paulo Bonavides, *Curso de direito constitucional*, Malheiros Editores, São Paulo, 1994, págs. 272-275, onde o Autor ressalta a dimensão federativa conferida ao Município pela Constituição de 1988 nos seguintes termos: *não conhecemos uma única forma de união federativa contemporânea onde o princípio da autonomia municipal tenha alcançado grau de caracterização política e jurídica tão alto e expressivo*

Seria um arranjo inédito na história dos ordenamentos compostos – muito embora lacunoso porque o Município, enquanto vontade periférica, não participa na formação da vontade federal nem estadual; não pode propor alterações à Constituição Federal; não exerce a função jurisdicional por mote próprio; os eventuais conflitos de competência que envolvam Municípios não se submetem directamente ao Supremo Tribunal Federal (como ocorre com os conflitos entre a União e os Estados ou destes entre si, nos termos do art.102.º/I/f da Constituição brasileira de 1988); e a Constituição Federal não prevê o controlo abstracto da constitucionalidade das leis ou actos normativos municipais (como o faz relativamente às leis ou actos normativos federais e estaduais, nos termos do art.102.º/I/a)[15]. E aqui o mais intrigante: apesar das fragilidades institucionais deste *federalismo municipalista*, será precisamente na esfera intermunicipal onde o *compromisso constitucional de cooperação* (e o ideal de consenso que o inspira) vai atingir maior vitalidade. É que a despeito de o legislador federal ainda não ter concretizado as disposições cooperativas da Constituição, e de não existir uma normativa que estabeleça um regime jurídico global de princípios, regras e procedimentos orientadores da cooperação

---

quanto aquele que consta da definição constitucional do novo modelo implantado no país com a Carta de 1988 (...) Se a nova Constituição do Brasil, compediando a autonomia municipal ainda não classifica o poder do Município como um poder estatal (pré-estatal ele já o é doravante fora de toda a dúvida), é evidente, contudo, que ao emprestar àquele ente uma natureza federativa incontrastável, o fez peça constitutiva do próprio sistema nacional de comunhão política do ordenamento; Toshio Mukai, *Competências dos entes federados na Constituição de 1988*, in Revista de direito administrativo, Abril-Junho/1991, pág. 88; Carlos Mário Velloso, *O Estado federal e os Estados federados na Constituição brasileira de 1988: do equilíbrio federativo*, in Revista de direito administrativo, Jan-Março/1992, pág. 19, onde o Autor ressalta que *os municípios compõem a estrutura federativa brasileira, sendo, por isso mesmo, entidades políticas dotadas de autonomia política, legislativa, administrativa e financeira* (arts. 18.º, 29.º, 30.º, 31.º e 34.º/VII/c).

[15] Sobre a impossibilidade de se afirmar a competência do Supremo Tribunal Federal para conhecer da acção directa de inconstitucionalidade de lei ou acto normativo municipal, sem que tal configure ilegítima ampliação dos poderes que a Constituição lhe confere cfr. Gilmar Ferreira Mendes, *Controle de constitucionalidade das leis municipais em tese – doutrina e jurisprudência*, in Revista de direito público, n.º 90, Abril-Junho/1989, onde o Autor sustenta que a aparente omissão do legislador constituinte (quanto à hipótese de invalidação directa de uma lei municipal pelo Supremo Tribunal Federal) configura em verdade um *silêncio eloquente* que há-de ser entendido como expressa vontade de restringir o controlo abstracto da constitucionalidade ao modelo expressamente definido no Texto Magno.

intergovernamental, os Municípios lá avançaram com a celebração de consórcios para a gestão e prestação conjunta de serviços às populações, porque restam competentes para tanto (cfr. art. 30.º Constituição brasileira de 1988, segundo o qual *"Compete aos Municípios: I) legislar sobre assuntos de interesse local; V) organizar e prestar serviços públicos de interesse local"*; cfr. ainda o art. 241.º da mesma Constituição, segundo o qual *"A União, os Estados, o Distrito Federal e os Municípios disciplinarão por meio de lei os consórcios públicos e os convénios de cooperação entre os entes federados, autorizando a gestão associada de serviços públicos, bem como a transferência total ou parcial de encargos, serviços, pessoal e bens essenciais à continuidade dos serviços transferidos"*).

Para compreendermos a *intriga tetramembre* do federalismo brasileiro captemos, em breves traços que serão posteriormente densificados, as distintas construções teóricas tendentes a explicar o Estado federal – ou a sua natureza jurídica[16]. Durante muito tempo a discussão sobre a natureza jurídica do Estado federal esteve ancorada no conceito de soberania: os debates em torno da Constituição dos Estados Unidos de 1787 consagrariam a teoria da *dupla soberania*, que consiste no reconhecimento do carácter soberano tanto à União quanto aos Estados-membros, nas suas respectivas esferas competenciais. Isto pressupunha a paridade entre ambos e o consequente fortalecimento dos entes federados nas eventuais situações de confronto com o poder central. Todavia o reconhecimento do poder originário e supremo (soberania) tanto à União quanto aos Estados-membros não tardou em revelar-se inconsistente e perigosa: sob o estandarte da soberania estadual, os rebeldes sulistas desencadeariam a mais grave crise constitucional dos Estados Unidos, a Guerra de Secessão (1861--1865). Com efeito, desde finais do séc.XIX tem sido demonstrado que a afirmação da soberania do ente federado resulta infundada. Aqui ainda restam fundamentais as conclusões de *Kelsen* sobre a unicidade e exclusividade da ordem soberana: é absolutamente impossível que a soberania pertença, simultânea e igualmente, a vários sistemas de normas ou a várias comunidades jurídicas às quais se reconheça autoridade suprema

---

[16] Sobre as várias construções teóricas que tentaram oferecer uma explicação jurídica coerente à estrutura federal cfr. Michel Mouskheli, *Teoría jurídica del Estado federal*, M. Aguilar Editor, 1931, Madrid; Ekkehart Stein, *Derecho político*, Aguilar, Madrid, 1973; Manuel García-Pelayo, *Derecho constitucional comparado*, Alianza Editorial, Madrid, 1984; Pablo Lucas Verdú/Pablo Lucas Murillo de la Cueva, *Manual de derecho político*, vol. I, Editorial Tecnos, Madrid, 1987.

em matéria de competência[17]. *Kelsen* rejeitaria a hipótese teórica da pluralidade de sujeitos soberanos e formularia a hipótese do *Estado federal trimembre*: União e Estados-membros estariam numa relação de coordenação sem que quaisquer deles fossem soberanos porque igualmente submetidos a um terceiro membro, a ordem global ou Constituição, a quem pertenceria a soberania e a competência das competências.

A teoria *kelseniana* do *Estado federal trimembre* suscita entretanto reservas porque a cisão entre Estado global e Estado superior é rejeitada pela experiência prática. Nos Estados compostos – como elucida *García de Enterría* –, os órgãos do Estado superior são-no, simultaneamente, órgãos do Estado global (vejam-se as instituições do poder constituinte e da justiça constitucional que sustentam a concepção de supraordenamento). É certo que tal simultaneidade não prejudica o funcionamento da Constituição como supraordenamento (ideia da competência das competências) relativamente a dois subsistemas ou ordenamentos igualmente subordinados. Mas esta idêntica subordinação dos ordenamentos federal e estadual à Constituição não implica que ambos estejam em posição paritária, como pretendia *Kelsen*: o ordenamento federal exerce inevitável supremacia sobre todos e cada um dos ordenamentos estaduais que integra – assim o é em nome da própria subsistência da organização geral[18]. E resta difícil admitir que não seja soberano quem decide definitivamente sobre o

---

[17] Sobre a unicidade e exclusividade da ordem soberana cfr. Hans Kelsen, *Teoria geral do Estado*, Arménio Amado Editor, Coimbra, 1938. Contestações mais recentes à tese da dupla soberania podem ser conferidas em Karl Loewenstein, *Teoría de la Constitución*, Editorial Ariel, Barcelona, 1976; Giuseppe de Vergottini, *Diritto costituzionale comparato*, Cedam, Padova, 1999; Louis Favoreu (org), *Droit constitutionnel*, Dalloz, Paris, 2001. A favor da dupla soberania cfr. G. Balladore Pallieri, *Diritto costituzionale*, Giuffrè, Milão, 1965; Paolo Biscaretti di Ruffia, *Le scelte costituzionali fondamentali dell'Italia e della Germania nel 1947/49 considerate dopo un quarantennio di attuazione*, in Rivista trimestrale di diritto pubblico, 1990; entre nós Jorge Miranda, *Teoria do Estado e da Constituição*, ob. cit.

[18] Sobre a inevitável supremacia do ordenamento federal sobre os ordenamentos federados cfr. Eduardo García de Enterría, *El ordenamiento estatal y los ordenamientos autonómicos: sistema de relaciones*, in Revista de administración pública, n.º 100-102, 1983, pág. 287. No sentido da rejeição da pretensa paridade entre a federação e suas componentes cfr. ainda Giuseppe de Vergottini, *Diritto costituzionale comparato*, ob. cit., pág. 392, onde o Autor elenca os elementos determinantes da supremacia federal, entre os quais a prevalência do direito federal sobre o direito federado, o controlo da repartição competencial em última instância pelos órgãos federais, a adopção de medidas coercivas pelos órgãos federais para garantir o respeito das obrigações assumidas, etc.

interesse geral que se impõe sobre os interesses particulares das distintas componentes sistémicas[19]. Tais reservas à doutrina do Estado federal trimembre levaram a doutrina alemã a engendrar a teoria do *Estado federal bimembre*, segundo a qual o Estado federal seria composto pela Federação e Estados-membros. Ou seja, a Federação integraria os Estados-membros, que lhe estariam submetidos nos termos constitucionalmente previstos, e seria entendida como superestrututra de carácter estatal resultante da união dos entes federados num Estado federal[20]. Seja como for, o *Estado federal bimembre* não amplia as possibilidades relacionais comparativamente à hipótese teórica do *Estado federal trimembre*. Isto é, a intergovernamentalidade ainda cinge-se às relações verticais entre Federação e Estados federados e às relações horizontais destes entre si.

A Constituição brasileira de 1988 acata os postulados da construção *kelseniana*. No art.18.º dispõe que a organização político-administrativa da República Federativa do Brasil compreende a União, os Estados, o Distrito Federal e os Municípios, *todos autónomos, nos termos desta Constituição*. Mas independentemente da explicação técnico-jurídica de Estado federal que se adopte (se *trimembre* como pretendia *Kelsen* ou *bimembre* como prefere o Tribunal Federal alemão – BVerfGE 13,53-77), o certo é que o Estado federal brasileiro amplia as possibilidades relacionais entre os entes territoriais porque introduz mais um nível à conformação federativa de poderes: o Município. A consagração do Município como ente federado releva não só porque impulsiona os esquemas democráticos de influência local (*inputs* locais) – o orçamento participativo seria disto

---

[19] Sobre a ideia de que num sistema baseado na distribuição territorial do poder é soberano quem decide sobre o *interesse geral* que condiciona a actuação dos demais entes territoriais cfr. Luis López Guerra, *Conflictos competenciales, interés general y decisión política*, in Revista del Centro de Estudios Constitucionales, Set-Dez/1988. Para o Autor, a ideia segundo a qual a soberania reside na Constituição resta conveniente porque suprime, ao menos em teoria, a supremacia de um órgão constitucional sobre os demais. Mas a solução dificilmente poderia adaptar-se à realidade. É que o conceito de soberania como *summa potestas* não surgiu de um mero capricho histórico, mas de uma necessidade concreta, qual seja, a existência de um interesse geral condicionante e limitador da esfera dos interesses individuais, que exige a adopção de decisões vinculantes e inapeláveis.

[20] Sobre a doutrina do Estado federal bimembre acolhida pelo Tribunal Federal alemão – BVerfGE 13, 53 (77), conhecida por Sentença de Hesse – cfr. Juan Joaquín Vogel, *El régimen federal de la Ley Fundamental*, in Manual de derecho constitucional, Benda/Maihofer/Vogel/Hesse/Heyde, Instituto Vasco de Administración Pública, Marcial Pons, Madrid, 1996, págs. 625-627.

um bom exemplo[21] –, mas também porque potencia a concertação de responsabilidades na prestação de serviços às populações. Ora, é sabido que qualquer Estado composto requer um contínuo empenho concertativo entre as várias componentes sistémicas que hão-de interagir permanentemente e moldar arranjos tendentes a reforçar os laços constitutivos do *foedus* (do pacto, da aliança, do compromisso fundante do correspondente Estado composto). Será precisamente este conjunto de pequenas interacções cooperativas que há-de manter o *equilíbio instável* da organização composta, algo que no federalismo brasileiro tem sido encomendado à esfera municipal. Daqui deriva que a reflexividade periférica do *federalismo municipalista* pode ter utilidade no estudo das soluções institucionais capazes de funcionalizar a organização jurídico-política dos Estados compostos. Também é certo que no seu conjunto ainda se trata de um *federalismo incompleto*, isto é, não conseguiu definir acordos e programas credíveis/factíveis para a actuação do seu próprio modelo de autonomia – de resto um desafio habitualmente penoso para qualquer Estado composto. Os entes federados brasileiros ainda não desenvolveram uma cultura cooperativa: regra geral, vigora entre as unidades governativas um isolacionismo contraproducente e alguma concorrência desleal. E a União, por seu turno, ainda não ousou avançar com um projecto global de integração periférica.

Também não deixa de ser preocupante que a federação brasileira ainda sofra da psicopatologia do *activismo constitucional*. No Estado federal brasileiro, a cooperação intergovernamental tem avançado na esfera das políticas públicas da saúde e da educação, para as quais a Constituição definiu um preciso e apertado modelo de relações, e optou por directivas concretas de acção. A cooperação tem progredido precisamente nas esferas *onde o constituinte optou por rigidificar soluções, onde recorreu a uma instrumentalidade normativa marcada pelo perfeccionismo e pelo pormenor* – algo que destoa das novas sugestões da teoria da Constituição, que apontam para uma *ordem fundamental necessariamente fragmentária* (*Gomes Canotilho*)[22]. Ou seja, a cooperação intergovernamental tem

---

[21] Sobre o orçamento participativo cfr. Boaventura de Sousa Santos, *Democracia e participação*, Edições Afrontamento, Porto, 2002; Yves Sintomer/Marion Gret, *Porto Alegre, a esperança de uma outra democracia*, Campo das Letras, Porto, 2003.

[22] Sobre o sentido do *activismo constitucional* cfr. José Joaquim Gomes Canotilho, *Estilo e norma constitucional. A propósito de direito constitucional técnico*, in Legislação n.º 16, Abril-Junho/1996. Sobre a armadilha da *Constituição analítica* cfr. Gilmar Ferreira Mendes, debatedor no painel *O nascimento do federalismo no Brasil: a herança de Rui Barbosa*, in Revista Federalismo, n.º 1, Brasília/DF, Set/2000. Sobre as novas

evoluído mais nos termos da Constituição-regra e do determinismo constitucional – e menos nos termos da Constituição-princípio e da decidida assunção de um compromisso cooperativo que oriente a condução dos interesses interdependentes. O projecto federal brasileiro resulta deficitário//incompleto porque o sistema político-jurídico ainda não soube (ou não quis) concretizar a Constituição cooperativa. Ainda não foi engendrado o instrumentário jurídico capaz de institucionalizar e funcionalizar as sugestões constitucionais. Esta omissão inquieta-nos porque a conformação vertical de poderes vertida na Constituição de 1988 busca fundamento, como de resto ocorre em qualquer Estado composto, num pacto de solidariedade ou de co-responsabilidade de todos os actores políticos pela sorte do sistema – ou pelo destino de uma *unidade diversa, harmónica e justa*. Será a convicção colectiva neste *compromisso cooperativo* plasmado na Constituição, mas aparentemente negligenciado, que há-de resgatar o adequado funcionamento daquele Estado composto. Todo o resto, reformas estruturais inclusive, hão-de vir por acréscimo. Foi por isto que tentámos captar-lhe o sentido.

Uma última nota sobre a sistematização dos conteúdos. Optámos por uma estrutura discursiva que apresenta primeiramente a intriga praxeológica do Estado federal *tetramembre* brasileiro e suas fragilidades cooperativas (opção laboratorial, I Parte) e seguidamente resgata os elementos teóricos que a pudessem explicar (fundamentos teóricos, II Parte). A solução de fornecer logo à partida as coordenadas teórico-práticas para a compreensão da problemática cooperativa brasileira, e só num segundo momento fornecer as coordenadas teóricas para a compreensão do *compromisso constitucional de cooperação*, não tencionou promover uma deslocada inversão dos cânones. Antes atendeu a uma evidência. Como já o referimos, não há um modelo apriorístico de Estado federal que seja útil para a análise concreta de um específico ordenamento composto. Ou seja, não é a Constituição que se adapta a um qualquer modelo federal previamente definido, ao contrário, *o modelo é definido a partir da Constituição de cada Estado federal* (*Konrad Hesse*). E qualquer teoria que não parta do estudo empírico de cada concreto ordenamento composto *estará sempre mais próxima de uma metafísica que de uma autêntica ciência da realidade*

---

sugestões da teoria da Constituição cfr. José Joaquim Gomes Canotilho, *Direito constitucional e teoria da Constituição*, Editora Almedina, Coimbra, 1998 e *Canotilho e a Constitução dirigente*, Jacinto Nelson de Miranda Coutinho (org), Renovar, Rio de Janeiro/São Paulo, 2003.

(*González Encinar*). Por isso apresentámos desde logo a problemática federativa que tencionávamos desconstruir (*desconstrução* aqui entendida no sentido que *Jacques Derrida* atribuiu ao termo, qual seja, o de revelar os limites dos elementos que compõem um dado objecto). E na sequência procurámos captar a incompletude do projecto federal brasileiro a partir do que seja a *essencialidade* dos Estados compostos. Se é correcto que as experiências compostas só limitadamente podem ser comparadas entre si, não é menos certo que em cada singular Estado composto podem ser individualizadas matizes do *compromisso constitucional de cooperação* que ajudam a perceber em que medida o direito constitucional *não configura apenas a expressão de um ser, mas de um dever ser* (*Konrad Hesse*). Portanto, a Parte I da dissertação capta os desdobramentos do *compromisso constitucional de cooperação* num específico Estado composto – o brasileiro; e a Parte II explica em que consiste o *compromisso constitucional de cooperação* e as razões da sua existência (para tanto percorremos a *teoria do federalismo e das relações intergovernamentais*, seguidamente a *teoria da organização jurídica do Estado composto*, e finalmente a *teoria da cooperação*). Assim foi porque aprendemos com *Fernando Pessoa* que *toda a teoria deve ser feita para poder ser posta em prática, e toda a prática deve obedecer a uma teoria. Só os espíritos superficiais desligam a teoria da prática, não olhando a que a teoria não é senão uma teoria da prática, e a prática não é senão a prática de uma teoria*[23].

---

[23] Sobre a complementaridade entre teoria e prática cfr. Fernando Pessoa, *in* Revista de Contabilidade, n.º 1, pág. 5, Jan/1926.

Parte I

COORDENADAS TEÓRICO-PRÁTICAS
PARA A COMPREENSÃO DA PROBLEMÁTICA
COOPERATIVA BRASILEIRA

Capítulo I

O COMPROMISSO CONSTITUCIONAL DE COOPERAÇÃO NOS DISTINTOS PERÍODOS DA HISTÓRIA FEDERATIVA BRASILEIRA (1891-1988)

Num texto publicado por ocasião dos dez anos da Constituição de 1988, *Luís Roberto Barroso* afirma que *o reequacionamento do federalismo no Brasil é um tema à espera de um autor*[1]. Não estamos certamente à altura de tal empreitada – que exigiria um artífice institucional do calibre de *Rui Barbosa*. Talvez o tema esteja à espera de vários contributos que indiquem, sectorialmente, os elementos tendentes a recompor as instituições federativas. Afigura-se-nos evidente que está por formular um discurso jurídico atento não só aos elementos constitucionais do federalismo brasileiro (posto que o conceito de Estado federal é normativo, isto é, cada Estado federal será uma *individualidade concreto-histórica constitucionalmente moldada*), mas atento também ao concreto funcionamento das relações entabuladas entre as distintas componentes sistémicas (avanços, recuos, e o que aconselha a experiência histórica nesta matéria), algo de que os politólogos se têm ocupado. É precisamente aqui onde tencionamos contribuir – posto não termos conhecimento de que o Estado composto brasileiro tenha alguma vez sido apreciado a partir do *compromisso constitucional de cooperação* que o fundamenta[2].

---

[1] Luís Roberto Barroso, *Dez anos da Constituição de 1988 (Foi bom pra você também?)*, *in* Revista de direito administrativo, 214, Out-Dez/1998, pág. 9.

[2] Vários Autores apreciaram o federalismo brasileiro a partir da conformação normativa de cada período constitucional, mas não à luz do *compromisso constitucional de cooperação* e do princípio da *lealdade federal* que dele necessariamente decorre. Cfr. Rosah Russomano, *O princípio do federalismo na Constituição brasileira*, Livraria Freitas Bastos, Rio de Janeiro/São Paulo, 1965, págs. 39 e ss; Ana Maria Brasileiro, *O federalismo cooperativo*, *in* Revista brasileira de estudos políticos, 39, Julho/1974, págs. 90 e ss; Oswaldo Trigueiro, *A evolução do regime federal brasileiro* (1980), *in* Antologia luso-brasileira de direito constitucional, Paulo Lopo Saraiva (org), Editora

A despretensiosa análise que se segue procura resgatar o tratamento normativo-constitucional daquele compromisso cooperativo a partir da natureza das relações intergovernamentais desenvolvidas em cada período constitucional. É que a incompletude do projecto cooperativo brasileiro desafia a doutrina jurídico-constitucional a entender o funcionamento das relações intergovernamentais desenvolvidas naquele sistema federal – o que necessariamente nos remonta ao período anterior à institucionalização da república federativa brasileira ou à génese do Estado composto que pretendemos descodificar. Só a partir daí se consegue avaliar as possibilidades e os limites do *compromisso constitucional de cooperação* naquele específico ordenamento composto, isto é, apreciar em que medida as normas constitucionais que densificam tal compromisso cooperativo realizam a sua pretensão de eficácia. Conforme ensina *Konrad Hesse*, a norma constitucional não tem existência autónoma em face da realidade: a sua essência reside na sua vigência. E a sua pretensão de eficácia não pode ser separada das condições históricas da sua realização, ou seja, do substrato espiritual que se consubstancia num determinado povo ou nas suas concepções sociais concretas. Mais: a norma constitucional *só se torna eficaz, adquire força activa e prestígio*, se for determinada pelo *princípio da necessidade*[3]. Ora, nada no federalismo brasileiro é mais necessário ou premente que a efectiva assunção do *compromisso constitucional de cooperação* e das normas que o densificam, predominantemente o *princípio da lealdade federal*. A solução do dilema federativo passa necessariamente por aqui: *decifra-me ou devoro-te*.

Brasília Jurídica, Brasília/DF, 1992, págs. 294 e ss; Luís Roberto Barroso, *Direito constitucional brasileiro: o problema da federação*, Forense, Rio de Janeiro, 1982, págs. 29 e ss.

[3] Sobre a pretensão de eficácia das normas jurídico-constitucionais cfr. Konrad Hesse, *A força normativa da Constituição* (trad. Gilmar Ferreira Mendes), Sérgio Fabris Editor, Porto Alegre, 1991, sobretudo págs.14-19. Sobre os limites e possibilidades das normas constitucionais brasileiras cfr. Luís Roberto Barroso, *O direito constitucional e a efectividade das suas normas*, Renovar, Rio de Janeiro, 1993, onde o Autor se propõe examinar *as potencialidades de um direito que incide sobre a realidade complexa de um país envelhecido em suas estruturas políticas, frágil em suas instituições jurídicas e opressivo em suas relações sociais.*

1.1. O federalismo ideal que antecedeu o Estado federal brasileiro e motivou a proclamação da República

No princípio eram as Capitanias: *autónomas entre si, nascidas ao acaso do povoamento, com personalidade regional própria e configuração nítida* (*João Camillo de Oliveira Torres*). Não havia o Brasil enquanto efectiva unidade política nos primeiros dois séculos da sua existência. Havia, isto sim, as Capitanias marcadamente descentralizadas em função da distância que as separava de Portugal. Consistiam em concessões inalienáveis e hereditárias cujos proprietários ostentavam prerrogativas feudais: concediam sesmarias aos colonos, escravizavam os índios, nomeavam os funcionários locais, decidiam os conflitos, condenavam à morte os peões, escravos e gentios. É certo que existiam governadores-gerais, mas a distância geográfica e as dificuldades de locomoção impediam a suficiência da acção do poder central. Somente com o Marquês de Pombal se extinguiram as Capitanias hereditárias, através da lenta integração de todas as doações perpétuas no património da Coroa portuguesa, o que veio restringir a força da descentralização. Mas não seria despropositado afirmar que o Brasil de hoje é produto da federação das Capitanias separadas e autónomas que se reuniram – ou foram reunidas – numa só nação e institucionalmente num só Estado. Como explica *João Camillo de Oliveira Torres*, até a sua Independência em 1822, o Brasil não passava da justaposição de unidades política, administrativa, económica e culturalmente estanques, sem comunicação interna ou outra sujeição comum que não o governo d'El Rei. Se as circunstâncias económicas em certa medida agrupavam as Capitanias do Nordeste, o certo é que o Sul e o Norte ignoravam-se cordialmente.

Durante o período histórico do Reino Unido (1815-1822) as antigas Capitanias foram elevadas à categoria de Províncias – mas continuavam sem qualquer outro elo comum que a sujeição à autoridade real. O desenvolvimento da sociedade brasileira processava-se através de núcleos disseminados pelo imenso território continental sem que qualquer deles exercesse influência sobre os demais. Cada qual ostentava características físicas, climáticas e sociais distintas – o que despertou o sentimento particularista que encontrou guarida e conforto na ideia de federação. A consciência da nacionalidade brasileira somente se fez possível pelo esforço constante, e por vezes rude, de se neutralizar a variedade de condições infra-estruturais então presentes – e mesmo quando a liderança política obrava num sentido centralizador, os distintos núcleos correspondiam antes federativa que unitariamente, posto que a variedade dos interesses provinciais demandavam soluções díspares para problemas necessariamente específicos. Por isso *Joaquim Nabuco* afirmaria que o federalismo foi uma constante na história política do Brasil. A própria Independência surge como um movimento unificador das Províncias geograficamente mais centrais em torno do Príncipe Dom Pedro com o intuito de conservar o conjunto em face da ameaça de disjunção – razão pela qual a Independência foi simbolicamente proclamada na Província (São Paulo) e não na Capital (Rio de Janeiro). O Império funcionou como uma espécie de *federação preventiva* – não fosse isso, afirmaria *Joaquim Nabuco, o Brasil não existiria enquanto realidade política*[4]. *E só a federação instituída em 1889 consolidaria em granito a unidade da pátria, porque converteria a unidade puramente oficial que só ao centro interessava, em interesse inteligível e benfazejo de cada uma das Províncias* (Rui Barbosa).

Na sequência da Independência em 1822, o Imperador dissolveu a primeira Assembleia Constituinte brasileira e outorgou a Constituição de 1824. A dissolução da Constituinte e a consequente outorga da Constituição deixariam marcas indeléveis no imaginário político-jurídico brasileiro. *Até onde a memória colectiva alcança, o interesse público foi cunhado para preservar e projectar o Estado* (Torquato Jardim) – não para tê-lo sob controlo[5]. A Constituição outorgada de 1824 instituiu um Estado unitário porque ainda não se concebia uma *monarquia federal* – mas também porque o Imperador temia que a autonomia política das Províncias, nas circunstâncias civilizatórias em que se encontrava o Brasil, significasse a entrega do poder à tirania dos interesses privados dos grandes proprietários de terra, face a uma população inerme pouco letrada e com reduzida consciência política[6]. A história confirmaria que somente as virtualidades

---

[4] Sobre as raízes históricas dos Estados-membros no Brasil, sobretudo o funcionamento das Capitanias cfr. Hermes Lima, *Federalismo e presidencialismo*, in Revista brasileira de estudos políticos, 7, Nov/1959, págs. 75-77; João Camillo de Oliveira Torres, *A formação do federalismo no Brasil*, Companhia Editora Nacional, São Paulo, 1961, págs. 83 e ss; Pinto Ferreira, *O regime dos Estados na federação brasileira*, in Revista de informação legislativa, n.º 1, Brasília/DF, 1964, págs. 5-6.

[5] Neste sentido cfr. Torquato Jardim, *A tridimensionalidade da descentralização do Estado brasileiro*, in Revista de informação legislativa, n.º 122, 1994.

[6] Neste sentido cfr. Aspásia Camargo, *Federalismo e identidade nacional. De utopia das elites à prática democrática* (texto policopiado gentilmente cedido pela Autora), onde se lê: *A ideia de transformar o país em uma Federação é das mais antigas (...) o ideal federativo empolgou as lutas regionais pela Independência, mas acabou sendo relegado por uma elite de letrados, formada em Coimbra, que temia os riscos de desintegração do antigo território colonial (...) os centralistas formados em*

integradoras do modelo federal conteriam os apelos e combates travados em nome da secessão – ou como ensinaria *Rui Barbosa, não se aprende a liberdade senão como se aprendem os idiomas: pela mera repetição dos actos. Se no início fazem rir, acabam por fazer-se admirar*[7].

A Constituição de 1824 traduzia a convicção de que as Províncias preexistiam como entidades histórico, social e administrativamente definidas e que representavam uma esfera política intermédia entre o Município e o Império. No art. 2.º a Constituição proclamava que *o território do Império do Brasil era dividido em Províncias*, na forma em que então se encontravam; e no art. 71.º reconhecia-se e garantia-se o *direito de todo cidadão intervir nos negócios da sua Província*, o que sugeria a existência de um bem comum provincial específico. Todavia as Províncias tinham Presidentes escolhidos pelo Imperador e as suas atribuições eram definidas em lei geral (arts.156.º e 166.º da Constituição de 1824). Os Conselhos Gerais das Províncias tinham atribuições restritas e seus actos restavam submetidos à Assembleia-Geral com sede na capital do Império (arts. 82.º a 88.º). Ora, não podia tal centralização resistir à prova da experiência – e as pretensões autonómicas das Províncias encontraram terreno fértil à afirmação quando da abdicação de Dom Pedro I em favor de seu filho Dom Pedro de Alcântara, em 7 de Abril de 1831[8].

A Constituição foi finalmente emendada. O Acto Adicional de 12 de Agosto de 1834 introduziu ampla autonomia legislativa nas Províncias: instituiu as Assembleias Legislativas Provinciais e excepcionou a revisão de suas decisões. A partir de então, os actos legislativos da Assembleia Provincial promulgados pelo Presidente da Província seriam remetidos à

Coimbra chamavam a atenção para o perigo de copiar instituições norte-americanas, como comprovava a desastrada experiência do México (...) o mal não residia no federalismo em si, mas no estágio civilizatório em que se encontrava o Brasil.

[7] As citações constam de Rui Barbosa, *Comentários à Constituição federal brasileira* (corrigidos e ordenados por Homero Pires), vol.I, Saraiva, São Paulo, 1932, pág. 71. Cfr. também *Obras completas de Rui Barbosa*, v. 17, t.1, 1890; Rui Barbosa, *A Constituição de 1891*, Ministério da Educação e Saúde, Rio de Janeiro, 1946; Josaphat Marinho, *Rui Barbosa e a federação*, Revista de informação legislativa, 33, n.º130, Abril-Junho/1996.

[8] Sobre o funcionamento da Província cfr. Aureliano Cândido de Tavares Bastos, *A província* (edição fac-similar), Memória brasileira, Senado Federal, Brasília, (1870) 1997; José de Castro Nunes, *Do estado federado e sua organização municipal*, Leite Ribeiro & Maurillo Editores, Rio de Janeiro, 1920, págs. 63-69; Pedro Calmon, *A federação e o Brasil*, Irmãos Pongetti, Rio de Janeiro, 1933, págs. 15-28; Paulo Bonavides/Antônio Paes de Andrade, *História constitucional do Brasil*, Editora Paz e Terra, Rio de Janeiro, 1991.

Assembleia e ao Governo-Geral e estariam sujeitos à revogação por parte deste último apenas quando *ofendessem a Constituição ou infringissem os direitos de outras Províncias, os tratados internacionais, ou os impostos gerais* (art. 20.º do Acto Adicional). Também se consagrou a inviolabilidade dos deputados provinciais pelas opiniões emitidas no exercício das suas funções – o que acabou por impulsionar a autonomia. Diz-se que o Acto Adicional só não foi mais longe porque um Senado reaccionário nomeado por Dom Pedro I em 1826 não permitiu as alterações progressistas pretendidas pela Câmara dos Deputados.

De qualquer forma, dentre as atribuições legislativas das assembleias provinciais figurava a disciplina de matérias tão relevantes quanto finanças provinciais e municipais, polícia e economia dos municípios mediante a iniciativa destes, desapropriação por utilidade pública provincial e municipal, instrução pública elementar, obras públicas locais, sistema penitenciário, administração local, autorização aos governos provinciais e municipais para contrair empréstimos, administração do património provincial, "civilização" dos índios. E as assembleias ainda votariam os orçamentos provinciais, sob proposta dos respectivos presidentes, e os municipais, sob proposta das respectivas câmaras. As presidências, todavia, continuavam a ser percepcionadas como delegações do governo central: a primeira autoridade da Província seria o Presidente eleito pelo Império, a quem competia sancionar ou vetar as leis provinciais, e chefiar tanto a administração especificamente provincial quanto a administração geral nas Províncias. Tal esquema não podia resultar: a assembleia legislativa e o presidente, dois poderes que se completam, não podiam descender de origens opostas. *Um parlamento com rei absoluto é casa para alugar* – relembraria *Tavares Bastos*.

Mas não se poderá dizer que as Províncias não aproveitaram largamente da liberdade legislativa então conquistada: nunca se viu entusiasmo igual na resolução doméstica dos problemas políticos e tamanha solicitude pelos interesses periféricos – apesar de a autonomia ser factualmente limitada pelos parcos recursos financeiros, reflexo da pobreza geral na altura. *Quase não se podia dar um passo na Assembleia-Geral por medo de intervir nas atribuições das assembleias provinciais* – refere *Tavares Bastos*, que elenca ilustrativamente alguns projectos legislativos cuja apreciação foi adiada até que as Províncias disciplinassem matérias conexas[9]. O sistema do Acto Adicional acarretava entretanto dificuldades

---

[9] Sobre a autonomia legislativa das Províncias introduzida pelo Acto Adicional à Constituição do Império (de 12 de Agosto de 1834) cfr. Aureliano Cândido de

práticas porque não instituía uma federação, mas um regime que integrava elementos centralizadores e descentralizadores, uma espécie exótica de *Império semi-federal*. A confusão decorrente das novas instituições, a inexperiência dos homens públicos, o exagero com que avultavam os erros dos funcionários provinciais despreparados, e a nostalgia da influência perdida pelo poder central, tudo concorreu precipitadamente para o descrédito do pensamento esboçado na reforma de 1834. Uma interpretação restritiva do Acto Adicional reclamou-se dois anos depois: *as assembleias anarquizam o país, restabeleça-se a centralização!*

A Lei de Interpretação n.º 105 de 12 de Maio de 1840 precisaria o conteúdo de algumas disposições do Acto Adicional e limitaria o seu alcance, nomeadamente no que respeita às atribuições das assembleias e presidentes provinciais. Nada entretanto justificava *o levante de tais clamores épicos*, haja vista os instrumentos de que o poder central dispunha para conter as leis provinciais eventualmente abusivas. Se algumas leis efectivamente incorreram na censura da falta de competência das assembleias provinciais, havia de se lamentar a negligência dos presidentes provinciais que consentiram ou não souberam obviar tais excessos, assim como o descuido com que o governo central deixou de promover a revogação das leis inconstitucionais. Todavia o desfecho foi outro. Ainda que não tenham concorrido para tanto, as assembleias provinciais passaram injustificadamente à história com a gravíssima acusação de tentarem dissolver a União – *hipérbole a que recorreram os conservadores para atenuarem o golpe de estado de 1840 (Tavares Bastos)*.

As usurpações de 1840 promoveram reacções inflamadas entre os juspublicistas da época. *Assis Brasil, Tavares Bastos, Joaquim Nabuco* e *Rui Barbosa* afinaram todos pelo mesmo diapasão – a unidade estava na federação: *Julgais unir estreitamente a comunhão brasileira apertando-a com os vossos regulamentos e sufocando-a na papelada das vossas secretarias? Engano manifesto! Estais sem dúvida, preparando a obra, talvez fatal, da dissolução do império*[10]. A unidade pretendida por tão

---

Tavares Bastos, *A província*, cit., pág. 85. Alguns dos documentos mais relevantes desse período (como o documento de apresentação do Acto Adicional à Regência pela Câmara dos Deputados para a sua promulgação, ou ainda a lei de 3 de Outubro de 1834 que disciplinou as atribuições dos presidentes das Províncias) podem ser consultados em Paulo Bonavides/Roberto Amaral (org), *Textos políticos da história do Brasil*, vol. I, Senado Federal – Subsecretaria de Edições Técnicas, Brasília/DF, 1996.

[10] As reacções inflamadas de Tavares Bastos contra a Lei de interpretação de 1840 podem ser conferidas em Aureliano Cândido de Tavares Bastos, *A província*, cit., pág. 399.

ilustres juristas *não consistia na uniformidade forçada dos elementos diversos*, e sim *na aproximação das faces comuns a esses elementos*, no estabelecimento de *laços de união que os prendesse e conduzisse para o mesmo fim sem os mutilar ou deturpar pelo constrangimento*[11]. Mas foi o *Manifesto* do Partido Republicano de 3 de Dezembro de 1870 que se fez o arauto do ideal federativo e desferiu o mais certeiro dos golpes no então desenganado Estado unitário – razão histórica pela qual merece parcial transcrição: *A Independência proclamada oficialmente em 1822 achou e respeitou a forma da divisão colonial. A ideia democrática, representada pela primeira Constituinte brasileira, tentou, é certo, dar ao princípio federativo todo o desenvolvimento que ele comportava e de que carecia o país para poder marchar e progredir. Mas a dissolução da Assembleia Nacional, sufocando as aspirações democráticas, cerceou o princípio, desnaturou-o, e a Carta outorgada em 1824, mantendo o statu quo da divisão territorial, ampliou a esfera da centralização pela dependência em que colocou as Províncias e seus administradores do poder intruso e absorvente, chave do sistema, que abafou todos os respiradouros da liberdade, enfeudando as Províncias à Corte, à sede do único poder soberano que sobreviveu à ruína da democracia (...) A centralização, tal qual existe, representa o despotismo, dá força ao poder pessoal que avassala, estraga e corrompe os caracteres, perverte e anarquiza os espíritos, comprime a liberdade, constrange o cidadão*[12].

O *Manifesto de 1870* confirmava as impressões de *Assis Brasil* segundo as quais *mais do que pela República, os brasileiros da época fremiam pela Federação*. Neste mesmo sentido *Rui Barbosa* confessaria que ele próprio era federalista antes de ser republicano: *Não me fiz republicano, senão quando a evidência irrefragável dos acontecimentos*

---

[11] No sentido de que a unidade estava na federação cfr. Assis Brasil, *A república federal*, Leroy King Bookwalter, São Paulo, 1888, pág. 209. Num sentido próximo cfr. ainda do mesmo Assis Brasil, *A unidade nacional*, Carlos Pinto & Cia Editores, Pelotas//Porto Alegre, pág. 19: "*A unidade reside na variedade. Entre todas as folhas de uma árvore a indagação mais escrupulosa não descobrirá duas perfeitamente semelhantes. (No entanto) formam um todo harmónico, uma unidade perfeita. Por mais que os homens tenham querido amalgamar os povos, nivelando-os arbitrariamente, não o têm conseguido. É preciso que nos convençamos disto: as leis são feitas para o povo, e não o povo para as leis. Não se conseguiu ainda reger toda a sociedade pela mesma norma.*"

[12] Para a consulta integral do *Manifesto de 1870* cfr. Carlos Medeiros da Silva, *Evolução do regime federativo*, in Cinco estudos, Fundação Getúlio Vargas, Rio de Janeiro, 1955.

me convenceu de que a monarquia se encrustara irredutivelmente na resistência à federação. Esse non possumus dos partidos monárquicos foi o seu fatal. A mais grave responsabilidade (...) do Império está na oposição obcecada, inepta, criminosa de uns, na fraqueza imprevidente e egoística de outros, contra as aspirações federalistas da nação. A federação teria demorado o advento do regime republicano por pouco tempo; mas teria poupado à república as dificuldades de organização com que temos arcado e continuaremos a arcar talvez por não breves dias[13]. Se a federação teria oxigenado o império e retardado, ainda que por pouco tempo, o advento da república, nunca o saberemos. Mas que *a federação foi a verdadeira causa da república* e que foi a *federação que lhe manteve o prestígio contra os erros indesculpáveis dos primeiros tempos* (Assis Brasil)[14] – disto estamos convencidos. O que efectivamente releva e se há-de reter destes tempos pré-republicanos é que o ideal político do federalismo antecedeu em muito a Federação instituída com a Proclamação da República em 15 de Novembro de 1889: a *federação*, afirmaria Joaquim Nabuco, *é um fenómeno de todo o nosso passado*.

Não se consegue perceber o histórico federal brasileiro, e sobretudo os recentes desdobramentos da redemocratização, a partir do entendimento dominante segundo o qual toda a tradição sociológica, jurídica e administrativa que teria desaguado na Constituição republicana de 1891 seria a do Estado unitário e da centralização portuguesa – e que tal *maldição da origem* explicaria a *fatalidade do desfecho*, isto é, as consequentes fragilidades institucionais brasileiras[15]. Tal entendimento não só resulta improcedente (na medida em que a dispersão e a disparidade dominaram os primeiros três séculos da história brasileira e a federação, como bem o elucidou *Rui Barbosa*, sendo em princípio uma medida essencialmente liberal, correspondeu, nas circunstâncias vigentes no Brasil de então, *a*

---

[13] Tal discurso de Rui Barbosa pode ser conferido em Rui Barbosa, *Comentários à Constituição federal brasileira*, cit., pág. 60.

[14] Sobre a ideia de que a federação foi a verdadeira causa da república cfr. Assis Brasil, *Do governo presidencial na república brasileira*, Companhia Nacional Editora, Lisboa, 1896, pág. 133.

[15] Em defesa do entendimento dominante que não partilhamos cfr. o discurso de Fernando Henrique Cardoso, proferido na 1.ª Conferência sobre federalismo cooperativo, realizado em Brasília/DF, entre os dias 9 e 11 de Maio de 2000 e posteriormente publicado na Revista Federalismo, Brasília, Setembro/2000, onde se lê: "A Federação, no Brasil, não foi um projecto fundador da nossa independência, como aconteceu nos EUA (...) foi a continuidade das características centralizadoras da monarquia portuguesa. Herdamos instituições centralizadoras."

uma reforma eminentemente conservadora, tendente a evitar o separatismo anunciado), como também não ajuda a romper com os legados autoritários dos dois períodos ditatoriais do séc.XX (na medida em que percepciona o centralismo como um elemento natural e inarredável da sistemática brasileira). Com sugere *Bolívar Lamounier*, há-de se evitar a cantilena da institucionalização equivocada, importada, exógena, alheia à orgânica e à história brasileiras – e portanto fadada ao fracasso[16]. Apesar das deficiências sempre saneáveis, o conjunto institucional brasileiro comporta elementos bons e originais – e por vezes os originais até coincidem com os bons.

1.2. O modelo autonomista da Constituição de 1891

O revolução militar que instituiu a República em 15 de Novembro de 1889 acolheu, inevitavelmente, o apelo federativo. O Decreto n.º1 do governo provisório dispunha nos seus arts. 1.º, 2.º e 3.º, que ficava proclamada provisoriamente e decretada como forma de governo da Nação brasileira – a República Federativa; que as Províncias do Brasil, reunidas pelo laço da federação, ficavam constituindo os Estados Unidos do Brasil; e que cada um desses Estados, no exercício da sua *legítima soberania*, decretaria em tempo oportuno a sua Constituição definitiva. De estranhar, unicamente, o emprego da expressão relativa ao *legítimo exercício da soberania pelos Estados*, o que corresponde a um lastimável equívoco em matéria tão elementar de teoria constitucional: o sistema federal não conhece Estados soberanos, mas tão-somente autónomos, de sorte que o emprego de tão infeliz expressão há-de ser entendida apenas como *um reforço verbal do contraste (Paulo Bonavides/Paes de Andrade)*, ou seja, *uma projecção da latitude descentralizadora alcançada pelas antigas Províncias*, agora integrantes de uma comunhão federativa, cujos membros foram dotados de um raio de autonomia política até então inconcebível[17]. A partir deste decreto inaugural todos os seguintes, sobretudo os decretos

---

[16] No sentido de que se há-de *recusar o postulado da institucionalização imitativa, abstracta, anémica*, e consequentemente *fadada ao fracasso* cfr. Bolívar Lamounier, *O nascimento do federalismo no Brasil: herança de Rui Barbosa*, in Revista Federalismo, Brasília, Set/2000.

[17] Sobre a equivocidade da expressão soberana dos Estados federados no Decreto n.º 1 que instituiu a república federativa no Brasil cfr. Paulo Bonavides/Paes de Andrade, *História constitucional do Brasil*, cit., pág. 211.

relativos ao processo de constitucionalização dos Estados, revelam uma desorientação constrangedora.

O Decreto n.º 7 expedido seis dias após a proclamação da República dissolvia as assembleias provinciais e previa que os novos Estados seriam transitoriamente administrados por governadores nomeados pelo governo provisório. O Decreto n.º 802 de 4 de Outubro de 1890 previa a convocação de assembleias estaduais até Abril de 1891, as quais receberiam poderes do eleitorado para aprovar as futuras constituições estaduais, que seriam previamente outorgadas pelos governadores, mas condicionadas à ulterior aprovação das assembleias estaduais, todavia desde logo postas em vigor no que concerne à eleição, composição e funções das mesmas, que se converteriam em órgãos legislativos ordinários logo que aprovassem as constituições. Ora, não se justificava que encontrando-se já eleita e prestes a reunir-se a Assembleia Constituinte nacional, o governo provisório se apressasse em autorizar os governadores a decretarem constituições estaduais que teriam necessariamente de se ajustar à Constituição federal. Ademais seria no mínimo discutível a competência do governo provisório para delegar, a governadores da sua livre nomeação, uma parcela de poder constituinte já integralmente devolvido pelo seu titular – o povo – a uma Assembleia eleita para organizar a República Federativa. O despropósito só não foi maior porque nenhuma das constituições estaduais elaborada pelos governadores foi aprovada pelas respectivas assembleias antes da entrada em vigor da Constituição federal, que fixou as linhas mestras da organização jurídico-política dos Estados.

A Constituição republicana de 1891 elaborou um sofisticado modelo de autonomia periférica inspirado no *federalismo dual* estado-unidense: competências legislativas alargadas, liberdade para contrair empréstimos internacionais, controlo integral da polícia e justiça. O formato ter-se-ia inevitavelmente aproximado da confederação não fosse o labor constituinte de *Rui Barbosa*, que habilmente conseguiu atenuar as tendências centrífugas invocando a interdependência entre União e Estados: *Ontem, de federação, não tínhamos nada; hoje não há federação que nos baste (...) partamos, senhores, desta preliminar: os Estados hão-de viver na União, não podem subsistir fora dela (...) a condição necessária da existência de todos, fracos ou fortes, grandes ou pequenos, pobres ou ricos, é a sua coesão, a solidariedade da sua vida integral no seio da federação organizada segundo os moldes práticos que a experiência nos indica (...) os Estados são os órgãos, a União é o agregado orgânico. Os órgãos não podem viver fora do organismo, assim como o organismo não existe sem os órgãos. Separá-los é matá-los (...) Não vejamos na União uma potência isolada no centro, mas a resultante das forças associadas disseminando--se equilibradamente até as extremidades.* Este discurso proferido na Assembleia Constituinte em 16 de Setembro de 1890 é porventura o primeiro contributo da doutrina juspublicista brasileira na apuração do sentido do *compromisso constitucional de cooperação* que então se forjava. Tendo em conta o díficil tratamento das duas questões mais espinhosas da Constituinte, quais foram, a repartição das rendas (autonomia financeira) e a intervenção federal nos Estados (autonomia política), *Rui Barbosa* temia pela correlação de forças entre União e Estados nos primeiros tempos da República Federativa – daí o apelo à interdependência e ao compromisso de solidariedade e co-responsabilidade de todas as componentes pela sorte do sistema. Tais preocupações revelar-se-iam absolutamente pertinentes.

    A Lei Fundamental de 1891 estabelecia que, respeitados os princípios constitucionais da federação, cada Estado reger-se-ia pela constituição e leis que adoptassem; reservava-se-lhes todo e qualquer poder ou direito que não lhes fossem negados por cláusula expressa ou implicitamente contida nas cláusulas expressas; cabia-lhes prover a expensas próprias às necessidades de seu governo e administração; a União prestaria socorros ao Estado que os solicitasse somente em caso de *calamidade pública*, cujo sentido só mais tarde se concretizou – exaustão de recursos locais, devidamente comprovada. Ora, nem todos os Estados se encontravam em condições de atingir semelhante resultado: a partir de tal igualdade de tratamento para tão desiguais condições de facto, não se podia razoavelmente esperar que todos desfrutassem homogeneamente daquela aventura autónoma. O desfasamento igualitário redundaria no mau emprego da liberdade. A Constituição de 1891 inspirou, portanto, condutas reservadas no domínio das relações intergovernamentais – tanto que o orçamento federal de 1893 não dispensava quaisquer recursos aos Estados federados, cujos serviços, era o que dispunha a Constituição, deviam ser mantidos às próprias custas. O poder central ignorava o que se passava na esfera administrativa e financeira dos Estados: ambos cumprimentavam-se, mas não se falavam.

    O resultado de tal política isolacionista foi o desordenado endividamento periférico, que em 1922 correspondia a 50% das dívidas contraídas pelo conjunto da federação desde 1824. Como não havia restrição legal expressa, os Estados levantavam empréstimos vultosos no mercado europeu para a construção de estradas de ferro e financiamento da produção rural. Mas como os Estados não tinham personalidade no plano internacional, os compromissos assumidos e não cumpridos em tempo hábil teriam de ser honrados pela República Federativa, ou seja, pela totalidade dos Estados-membros. Os desmandos financeiros só foram parcialmente contidos a partir da revisão constitucional de 1926, quando restou instituída a necessidade de autorização prévia do Senado Federal para a contracção de empréstimos por Estados e Municípios, e permitida a intervenção federal para a reorganização das finanças do Estado cuja incapacidade para a vida autónoma fosse revelada pela cessação dos pagamentos de sua dívida fundada por mais de dois anos. Do exposto se infere que neste período inaugural a federação brasileira deliberadamente descurou do vital equilíbrio entre recursos e encargos[18].

A Constituição deferia aos Estados a competência exclusiva para instituir e cobrar impostos sobre a exportação de mercadorias de sua produção, sobre a propriedade territorial rural e urbana, e sobre a transmissão de propriedade (art. 8.º); à União competia instituir e cobrar impostos sobre a importação de procedência estrangeira, e sobre o trânsito de navios (entrada, saída e estadia) (art. 6.º). Todavia tal simplicidade na partilha de recursos financeiros revelou-se aparente. O período de 1891 a 1910 é marcado pela insistente invasão dos Estados na órbita da competência federal: a União teve de arcar com o pagamento de indemnizações a países estrangeiros pelos impostos cobrados por alguns Estados sobre o trânsito de navios e mercadorias estrangeiras já tributadas pelo poder central, no exercício das suas competências tributárias. A propósito de tal recorrente invasão competencial, o Supremo Tribunal decidiria pela inconstitucionalidade das leis orçamentais do Estado da Bahia que instituíam imposto de exportação sobre mercadorias saídas daquele Estado para outros. A Estado da Bahia argumentava que a sua competência para instituir impostos sobre a exportação de mercadorias de sua produção englobava tanto a venda para países estrangeiros, quanto a venda para outros Estados da federação, posto que não se definira o sentido do termo exportação e nada justificava uma interpretação restritiva daquela disposição constitucional.

Rui Barbosa combateu o argumento defendendo o direito da União de regular e tributar o comércio entre os Estados. A decisão de incons-

---

[18] Sobre a política isolacionista vigente no período inaugural do federalismo brasileiro cfr. Raul Machado Horta, *Tendências do federalismo brasileiro*, in Revista de direito público, 9, págs. 8-10.

titucionalidade do Supremo Tribunal mereceu a calorosa discussão dos juspublicistas da época. *Rui Barbosa* aplaudiria as *recentes decisões judiciárias que, malsinadas como calamidade para os Estados, constituem, pelo contrário, a favor deles, a garantia essencial de um regime inteligente de prosperidade e respeito aos interesses mútuos, contra a embriaguez da autonomia e a avidez da sua inexperiência nas situações actuais.* Ao que *Amaro Cavalcanti* combateu: *o Supremo Tribunal é o primeiro a não ignorar que a consequência fatal da sua recente decisão (falo com todo o respeito) seria impossibilitar a vida financeira dos Estados. A vigorar a teoria nova, ainda que amparada pela decisão suprema, os Estados ficam sem a sua melhor parte das rendas, que é a proveniente do comércio estadual, e além disto terão de restituir o que têm inconstitucionalmente arrecadado (...) E onde iria parar a sorte da República, ao impulso de tão brilhante teoria?!* Em 12 de Novembro de 1896, a Lei n.º 410 reconheceria aos Estados o poder de tributar as exportações entre os entes federados.

Se em matéria financeira a União e os Estados mantinham-se como ilustres desconhecidos, em matéria política os laços de proximidade resultaram forçosamente estreitados pelo instituto *excepcional* da intervenção federal nos Estados. Embora restritivamente previsto no art. 6.º da Constituição de 1891, o instituto da intervenção federal restou instrumentalizado pelos interesses ilegítimos do poder central, que o abastardaram em grosseiras deturpações. Nos termos da Constituição, o governo federal *não poderia intervir em negócios peculiares aos Estados*, salvo para repelir agressão estrangeira ou de outro Estado, para manter a forma republicana federativa, para restabelecer a ordem e a tranquilidade nos Estados à requisição dos respectivos governos, para assegurar a execução das leis e sentenças federais. Segundo a douta interpretação de *Rui Barbosa*, normalmente, a União não poderia intervir, por isso a cláusula interventiva pressupunha a verificação de motivos reais que a justificassem. Não bastava que se arguisse a transgressão da forma republicana federativa ou que se acusasse a inexecução de leis ou sentenças federais para que o governo da União interviesse logo. Só interviria quando estivesse averiguada a existência de qualquer desses casos, e se sua realidade e gravidade fossem tais que não pudesse ser superada pelo próprio Estado--membro, isto é, se exigissem absolutamente a interposição da medida extraordinária para o restabelecimento da ordem legal. É que a ordem republicana federativa sempre pode sofrer, em qualquer Estado, violações acidentais e transitórias que não demandam a ingerência do poder federal para a manter.

Todavia os militares que fizeram a república não estavam habituados à fórmula federal do *self-rule plus shared rule*[19], nem às regras mais elementares de Estado de direito, nomeadamente aquela segundo a qual *todo poder encerra um dever – o de exercitá-lo apenas em condições que legitimem o seu uso e o de não deixar de exercitá-lo, desde que a situação o reclame*. Por isso o instituto da intervenção federal nos Estados e a consequente deposição dos governadores pelas armas federais foi transformado no mais poderoso instrumento político do arbítrio. As deposições estaduais provocaram o *Manifesto dos Treze Generais* ao qual o governo federal respondeu com a decretação do estado de sítio em Abril de 1892 – leia-se a suspensão das garantias constitucionais e a prisão de inúmeras autoridades políticas e militares. *Rui Barbosa* impetrou na altura sucessivos *habeas corpus* junto do Supremo Tribunal Federal, nos quais solicitava a protecção constitucional para diversas autoridades vítimas da omnipotência armada, cuja responsabilidade o jurista atribuía ao Presidente da República. Os pedidos restavam indeferidos em função da alegada incompetência do judiciário para apreciar a decretação do estado de sítio pelo executivo antes da emissão do juízo político do Congresso – qual Congresso se o primeiro Presidente da República, Marechal Deodoro da Fonseca, o havia dissolvido? Por um longo período – entre Setembro de 1893 e Outubro de 1894 – o Supremo Tribunal Federal sofreria pressões políticas do governo central, que se valeria da aposentação de uns ministros e da morosa nomeação de outros, para impedir a acção daquele órgão judiciário por falta de quórum[20].

Através da revisão constitucional de 1926 as hipóteses de intervenção federal foram largamente adensadas. Foi aditada a possibilidade de intervenção para assegurar a *integridade nacional* bem como o *respeito aos princípios constitucionais*, os quais foram discriminados em doze alíneas que abrangiam a forma republicana, o regime representativo, o governo presidencial, a independência dos poderes, a periodicidade das funções electivas, a inelegibilidade imediata dos governadores, a autonomia dos Municípios, a capacidade eleitoral, a representação das minorias, as

---

[19] A expressão *self-rule plus shared rule* cunhada por Daniel Elazar, um dos maiores especialistas da temática federativa da actualidade, traduz tão concisamente o funcionamento dos sistemas federais que se tornou clássica, cfr. Daniel Elazar, *Exploring federalism*, University of Alabama Press, Tuscaloosa, 1987.

[20] Sobre a intervenção federal nos Estados e as pressões exercidas pelo governo central sobre o Supremo Tribunal Federal cfr. Rosa Maria Godoy Silveira, *Republicanismo e federalismo*, cit., pág. 109-115.

garantias da magistratura, os direitos políticos e individuais, e a competência do legislativo para promover a reforma constitucional. Tão longo elenco de possibilidades em nada repercutia a confiança mútua e a lealdade federal que devem fundamentar os Estados compostos.

Todavia dessa ausência de lealdade para com os interesses alheios e de todos não se pode dizer que tenha sido uma via de mão única: também os Estados se revelaram exímios defraudadores dos compromissos constitucionalmente assumidos. Da mesma forma em que a Constituição de 1891 não se deteve na emuneração especificada dos poderes estaduais, também se absteve de elencar as suas obrigações para com o governo da União nas mais distintas circunstâncias. Só excepcionalmente o constituinte se referiu ao cumprimento de obrigações positivas – confira-se exemplificadamente a norma contida no art. 87.º que dispunha sobre a composição do exército federal a partir de contingentes que os Estados e Distrito Federal seriam *obrigados* a fornecer, em conformidade com a lei anual da fixação de forças. No entanto a ausência de disposições formais indicativas de um compromisso cooperativo não autoriza o reconhecimento da sua inexistência. O Estado federado corresponde a uma colectividade pública sujeita à supremacia do poder federal pela própria natureza e fins da organização política que integra. Não se compreenderia uma *União indissolúvel* cujos membros actuassem isolada e independentemente do poder federal que os congrega e se manifesta no governo-geral da federação. Ou seja, quer o compromisso cooperativo e as obrigações que dele decorrem resultem expressamente consagrados na Constituição quer não, elas forçosamente existem – e hão-de ser cumpridas na medida em que o interesse geral assim o reclame.

Contudo os Estados brasileiros, naquela fase inaugural da república federativa, já demonstravam não se terem compenetrado dos múltiplos deveres que lhes cumpriam nas suas relações com o governo federal que institucionalmente representava os poderes da União. Porventura em reacção contra a excessiva centralização do antigo regime, ou apenas iludidos pela falsa ideia de independência e soberania que as novas circunstâncias supostamente lhes facultavam, os Estados pareciam ignorar que o exercício dos poderes que ostentavam só teria legitimidade ou valor jurídico quando conforme à Constituição federal que a todos disciplinava. E que como partes integrantes de um todo uno, não podiam desautorizar o poder central a quem foi confiado velar pela integridade nacional nos termos constitucionalmente prescritos. *Amaro Cavalcanti* elenca algumas situações que nos idos de 1900 já davam conta de tal ausência de *lealdade federal* por ostensiva oposição estadual à execução de leis federais: tendo o governo federal recusado a extradição de um indivíduo solicitada pelo governo da República do Uruguai, certo juiz de direito de uma comarca fronteiriça do Rio Grande do Sul julgou-se investido de superior competência e entregou dito extraditando às autoridades da República vizinha; por ocasião do diagnóstico de certos casos de peste bubónica em Santos, Estado de São Paulo, as autoridades sanitárias dos Estados de Santa Catarina e Rio Grande do Sul julgaram-se investidas da competência de impor regras concernentes ao *comércio, navegação marítima*, e *saúde nos portos* (nomeadamente a obrigação de quarentenas) sem sequer ouvir o governo da União sobre tais matérias de exclusiva competência federal; por ocasião do alistamento eleitoral previsto na lei federal n.º 35 de 1892, as forças públicas estaduais dos Estados do Piauí, Ceará, Paraná e Rio de Janeiro foram acusadas de intervir e obstar o livre funcionamento dos trabalhos federais em diversos Municípios, etc.[21].

Isso não bastasse, os Estados consideravam-se inteiramente desobrigados de prestar informações ao poder central sobre actos intimamente relacionados com os interesses gerais de toda a federação. Ora, muito impropriamente merecerá o título de governo da União aquele que desconhece tudo quanto se passa nas suas partes componentes – nomeadamente no que concerne às condições de legalidade e desenvolvimento, ao serviço eleitoral, à administração da justiça, ao regime municipal, ao sistema tributário-financeiro, à força pública, à instrução pública, à saúde pública, ao comércio e indústria – cujo conhecimento o capacita para bem disciplinar os assuntos da sua competência nos Estados. E em não raros casos os Estados desatendiam às reclamações, recomendações ou até mesmo exigências do poder central quanto à prestação oportuna de esclarecimentos sobre matéria de serviço público. Nem sempre a desatenção se manifestava pela recusa ostensiva, mas quase sempre pela negligência ou omissão de resposta à recomendação feita, o que de qualquer forma tinha sempre a mesma consequência, qual seja, o prejuízo da prestação de serviço público às populações e o desprestígio da autoridade superior da federação. A não observância do direito federal por parte da justiça dos Estados, sobretudo no que respeita ao estatuto pessoal dos estrangeiros no Brasil, produziu embaraços diplomáticos com nações amigas e sujeitou a União ao pagamento de indemnizações perfeitamente evitáveis por não ter guardado ou

---

[21] Sobre as relações entre os poderes centrais e periféricos nos primeiros tempos da república federativa cfr. Amaro Cavalcanti, *Regime federativo e a república brasileira*, Imprensa Nacional, Rio de Janeiro, 1900, págs. 329-340.

feito guardar as condições e cláusulas relativas a tão importante objecto. Mais: a pretexto do exercício da competência para a emissão de títulos de dívida pública estadual, a maioria dos Estados dedicaram-se à ilegítima emissão de papel-moeda em concorrência com a moeda nacional – com a funesta consequência de comprometer a unidade monetária. A despeito da clareza das disposições constitucionais que devolviam à competência exclusiva da União tudo quanto se refirisse a questões monetárias; apesar de lei federal expressamente promulgada em 31 de Dezembro de 1898 contra o abuso cometido proibir terminantemente a circulação de moedas estaduais; e não obstante as insistentes reclamações do poder central, o facto é que em diversos Estados continuou a circular o papel-moeda ilegal das emissões proibidas.

Mas o elenco das deslealdades tinha ainda muito que se lhe acrescentasse: a Constituição devolvia à União a competência exclusiva para adoptar o regime conveniente à segurança das fronteiras (art. 34.º/16 e art. 64.º) e no entanto, através da alegação de imperativos distintos que só ao Rio Grande do Sul respeitavam, aquele governo federado fez ocupar as fronteiras sulistas da federação pelas forças estaduais e lá permaneceram a despeito das insistentes reclamações do poder central. E apesar de os Estados serem privados do direito de fazer a guerra, toda a matéria relativa à organização do aparelho policial lhes competia. Por conta disso armavam o número de cidadãos que lhes aprazia, adoptavam as armas e munições que lhes convinha, e impunham aos *exércitos estaduais* – apesar do destino exclusivamente policial que deviam ter – a disciplina que julgassem conveniente aos seus particulares intuitos. E ademais a própria autoridade do Supremo Tribunal Federal não restava devidamente acolhida pelos poderes estaduais que não raro escusavam-se de cumprir as ordens de *habeas corpus* daquela suprema instância jurisdicional[22].

Acresce que naqueles primeiros tempos o poder federal se mostrava impotente para impedir a fraude eleitoral arvorada em sistema e o arbítrio que por toda a parte se substituía ao voto livre e consciente na escolha dos representantes: a maioria dos governadores estaduais, suprimindo a verdade das eleições, mandava ao Congresso Nacional os indivíduos que melhor convinham aos seus interesses pessoais e partidários. A lei n.º 35 de de 26 de Janeiro de 1892 não conseguia obstar os abusos da cadeia

---

[22] Sobre as ordens de *habeas corpus* do Supremo Tribunal Federal não cumpridas pelas jurisdições estaduais entre 1895 e 1899 cfr. Amaro Cavalcanti, *Regime federativo e república brasileira*, cit., pág. 338.

de promiscuidades segundo a qual o governo estadual nomeava os conselhos municipais que compunham as mesas eleitorais e apuravam as eleições. Ora, nessas circunstâncias os senadores e deputados federais tinham a imagem e semelhança dos governos estaduais, a quem efectivamente deviam as suas respectivas nomeações. Diante de tamanha desmedida do poder estadual e do total alheamento do poder central relativamente ao que se passava nos Estados, um desconsolado *Rui Barbosa* desabafaria: *Eis o que vem a ser a federação no Brasil. Eis no que dá, por fim, a autonomia dos Estados, esse princípio retumbante, mentiroso, vazio de vida como um sepulcro, a cuja superstição se está sacrificando a existência do país, o princípio da nossa nacionalidade, oferecida em pasto às cobiças intestinas, até que outras a venham devorar*[23].

Percebe-se o desalento de quem tanto se empenhou no sucesso da federação. É que o mal-estar nas relações intergovernamentais de um Estado composto instala-se por várias formas, entre as quais o continuado desrespeito da Constituição, das leis e demais actos do poder federal por parte dos entes federados; o predomínio de um ou mais Estados sobre outros em função da sua relevância política, económica ou populacional; ou a desmesurada interferência do poder central na esfera da autonomia periférica. Ora, o período inaugural da federação brasileira nos oferece uma mistura bombástica de todos esses elementos! De quase nada valeria a autorização cooperativa constante do art. 65.º/I combinado com o art. 48.º/16 da Constituição de 1891, que facultava aos Estados a celebração de *ajustes e convenções sem carácter político* a serem aprovados pelo Presidente da República e submetidos à autoridade do Congresso. É certo que o défice de cooperação horizontal do período é parcialmente devido ao excesso de zelo do legislador constituinte que, no intuito de afastar a hipótese de alianças que abalassem os alicerces do sistema federal, acabou por minar as relações interestaduais tendentes a optimizar a prestação de serviços às populações – um fenómeno que também se registaria nos EUA, onde uma interpretação restritiva da *compact clause* do art. I secção 10 da Constituição estado-unidense inviabilizaria, até meados do séc. XX, a criação de entes interestaduais mediante acordo[24]. Mas mesmo que a

---

[23] Sobre o desencanto de Rui Barbosa para com a autonomia dos Estados cfr. Rui Barbosa, *Estados autónomos*, Jornal Imprensa, Rio de Janeiro, 25 de Novembro de 1898.

[24] Sobre a *compact clause* da Constituição estado-unidense que regula o fenómeno jurídico da cooperação horizontal (ou entre as unidades constitutivas do ordenamento federal) através do qual as partes acordam em constituir e interpor um ente organizativo

disposição constitucional sobre acordos interestaduais fosse mais inspiradora, dificilmente teria fomentado a lealdade das distintas componentes da federação para com os interesses alheios e os do conjunto.

A estrutura político-partidária da primeira República bem ilustra tal ausência de fidelidade federal. O partido político de então não tinha nem a dimensão nacional, nem a força, nem a representatividade que tiveram os conservadores e liberais do Império, cuja mensagem alcançava indistintamente as elites do país e em seu nome se alçavam ao poder. Quadros fragmentários de um sistema de base local e oligárquica, essas organizações frágeis, inconstantes e esparsas que inauguraram o sistema partidário republicano só tinham força para sustentar o *statu quo* dos privilégios políticos instalados, restando indiferentes às massas rurais e urbanas manifestamente marginalizadas do poder. Os partidos políticos estadualizados não expressavam, em nenhuma situação de crise, a vontade nacional. Funcionavam apenas como fachadas das oligarquias patriarcais, isto é, do sistema de privilégios e poder concentrado num grupo específico de pessoas empenhadas na conservação de tal estado de coisas. Através do aparelho partidário a força do coronel reproduzia historicamente, em plena madrugada do séc. XX, a mesma autoridade dos barões feudais medievos, o que convertia o Brasil numa *desigual e injusta federação de oligarcas*[25]. As oligarquias mais poderosas, concentradas no eixo São Paulo/Minas Gerais, forjaram geograficamente a célebre *política do café com leite* (numa alusão à lavoura cafeeira do primeiro e à produção leiteira do segundo), mediante a qual, em sucessão alternada, elegiam os presidentes da República – o que indisfarçavelmente desequilibrava a balança do pacto federativo em detrimento das unidades mais fracas da federação. De resto o problema das desigualdades econômicas regionais, já no nascedouro da república, impossibilitou a soma de esforços de todas as Províncias e

---

entre cada uma delas e os órgãos centrais cfr. Antonio La Pergola, *La cooperación entre los Estados miembros: sistema federal y compact clause en la Constitución de los Estados Unidos*, in Los nuevos senderos del federalismo, Centro de estudios constitucionales, Madrid, 1994, págs. 253 e ss. A *compact clause* proíbe a celebração de acordos interestaduais sem o consentimento do Congresso, ou textualmente: *No State shall, without the consent of the Congress, lay any duty of tonnage, keep troops, or ships of war in time of peace, enter into any agreement or compact with another State, or with a foreing power, or engage in war, unless actually invaded, or in such imminent danger as will not admit of delay*. A propósito da cooperação interestadual cfr. *infra* o título relativo à teoria jurídica da cooperação.

[25] Sobre os partidos políticos na primeira República cfr. Paulo Bonavides/Paes de Andrade, *História constitucional do Brasil*, cit., págs. 255-256.

torno de um projecto comum de discriminação de rendas: a concepção vitoriosa na Assebleia Constituinte beneficiaria aos Estados exportadores e na altura os mais ricos – São Paulo, Minas Gerais, Rio de Janeiro, Bahia, Pará e Amazonas – o que desde logo revelou o carácter originariamente hierárquico da federação brasileira[26].

Mas para além dessas controvérsias financeiras, eis o que efectivamente unia todas as Províncias: a pretensão de autonomia política, que naqueles tempos significava abolir o controlo central sobre a eleição do governo estadual e devolvê-lo à elite política da região. Como já o referimos, as dificuldades manifestadas pelo Império relativamente ao controlo do território continental brasileiro conduziram a uma engenharia institucional que fazia do presidente da Província o elo entre o governo central e as bases políticas regionais. O presidente provincial era nomeado pelo governo imperial e dispunha de vários instrumentos de cooptação da elite regional, nomeadamente a designação das autoridades municipais (policiais inclusive) e dos funcionários públicos, assim como a indicação dos candidatos a títulos nobiliárquicos tão cobiçados pelos fazendeiros. Cumpria ao presidente da Província garantir a continuidade dos grupos detentores do poder regional, independentemente de serem conservadores ou liberais. Estava ali, diafanamente encoberto, o arquétipo das relações políticas, económicas e sociais que predispõem à burocracia, ao paternalismo, à ineficiência e à corrupção – a que se chamaria *patrimonialismo*.

---

[26] Sobre as oligarquias regionais cfr. Luís Roberto Barroso, *O direito constitucional e a efectividade das suas normas*, Renovar, Rio de Janeiro, 1993, págs. 13-14, onde o Autor explica que em seu significado tradicional, ligado à etimologia do vocábulo, oligarquia designava entre os gregos o *governo de poucos*, ou o *governo dos ricos*, para o qual hoje se utiliza o termo *plutocracia*, também de origem grega (neste sentido Norberto Bobbio, *Dicionário de política*, 1986, pág. 835). Num sentido corrente, o termo oligarquia não identifica propriamente uma forma peculiar de governo, mas uma situação de facto em que o poder se concentra num restrito grupo de pessoas, ligadas por interesses económicos e políticos, de modo a gerar um sistema de privilégios voltado à autoconservação. No contexto específico da primeira República, o fenómeno oligárquico traduzia o predomínio da classe dos senhores territoriais encoberto por uma fachada falsamente democrática. A vida política brasileira gravitava em torno dessas oligarquias que dominavam o governo dos Estados e proviam as funções públicas. A autonomia federativa, idealizada na superestrutura jurídica, pervertia-se na infraestrutura oligárquica, que gerava ainda o subproduto do coronealismo, surgido da manipulação dos Municípios pelos chefes locais. As eventuais insubmissões ao esquema delineado eram punidas com a intervenção federal, instrumentalizada para a satisfação de propósitos políticos.

Os administradores designados ligavam-se ao monarca por laços de lealdade pessoal e por objectivos de retribuição material e prestígio social – a lealdade ao chefe, não ao Estado, e muito menos ao povo – e não por princípios de legitimidade e dever funcional[27]. Por conseguinte, na transição entre o império a a república, o ideal federativo honesta e legitimamente perfilhado por alguns confundia-se com este objectivo mais concreto e de inspiração duvidosa: a eleição dos presidentes de Província pelas elites regionais. Eis portanto dois dos dilemas fundantes da federação brasileira: a hierarquização dos Estados em função de critérios económico--financeiros a despeito da prolatada isonomia constitucional; e a subversão das regras do jogo eleitoral pelas elites estaduais oligárquicas. Uma réstia dessa fantasmagoria ainda insiste em assombrar a actuação dos governos periféricos – e é possível reconhecer tal espectro no excessivo poder que os governos estaduais exercem sobre os seus congressistas e lideranças políticas municipais, algo sem paralelo em outras experiências federais, e que lhes permite tanto empreender como atravancar os grandes projectos políticos no Congresso Nacional[28]. É que como sabiamente preleciona o sociólogo *António Barreto* ao tratar da realidade portuguesa – que neste aspecto é comparável à brasileira – *as mudanças, por mais fortes que sejam, nunca chegam para apagar totalmente o permanente,* e o que é

---

[27] Sobre o patrimonialismo cfr. Luís Roberto Barroso, *O direito constitucional e a efectividade das suas normas*, ob. cit., pág. 9, onde o Autor explica que tal vocábulo não se encontra dicionarizado na língua portuguesa. Trata-se de um conceito devido a Max Weber, *Ensaios de sociologia*, 1971, sendo posteriormente objecto de profunda reflexão por Raymundo Faoro, *Os donos do poder*, 1979. Tal disfunção administrativa teria sido introduzido no Brasil pelo colonialismo português, produto da monarquia absolutista, e traduz a ideia da gestão da coisa pública em obediência a pressupostos privatistas e estamentais, a ideia da autoridade não institucionalizada mas personalizada, a ideia do agente público moralmente descomprometido com o serviço público e sua eficiência e que se deixa corromper nem sempre pelo dinheiro mas pelo favor, devido ou buscado. Sobre o tema cfr. Keith Rosenn, *Brazil's legal culture: the jeito revisited*, in Florida international law journal, vol. I, n.º 1, 1984.

[28] Sobre o papel dos governadores no sistema federal da primeira República cfr. Fernando Luiz Abrucio, *Os barões da federação – os governadores e a redemocratização brasileira*, Editora Hucitec, Departamento de Ciência Política da USP, São Paulo, 1998, págs. 31-41. Para uma versão actualizada do papel dos governadores cfr. Fernando Luiz Abrucio/David Samuels, *A nova política dos governadores*, in Lua Nova – Revista de Cultura e política, n.º 40/41, 1997; Fernando Luiz Abrucio/Valeriano Mendes Ferreira Costa, *Reforma do Estado e o contexto federativo brasileiro*, Pesquisas n.º 12, Fundação Konrad Adenauer Stiftung, São Paulo, 1998.

permanente num povo ou numa nação, é a memória e a história que a faz, mesmo quando os factos a que se referem já não existem[29].

Durante a presidência Campos Sales (1898-1902) o Brasil envolveu-se numa grave crise financeira que demandava manobras e contenções desfavoráveis à maioria dos Estados. Diante das fragilidades da União frente aos Estados, aquele Presidente da República engendraria uma política intergovernamental cuja intencionalidade alimenta controvérsias doutrinárias: é entendida por alguns como uma fórmula para aproximar o governo federal dos estaduais, alicerçada no prestígio do Estado-membro (*Raul Machado Horta*), e por outros como um critério pragmático nas relações entre os distintos poderes com indisfarçáveis propósitos de controlo político (*Luís Roberto Barroso*). Ainda que se argumente que a chamada *política dos Estados* exprimia, originariamente, um *esforço de integração dentro do convívio federativo* e que encará-la como simples regra de dominação seria desconhecer as suas inspirações[30], o inegável é que a *política dos Estados* logo degeneraria em *política dos governadores* por via da celebração do seguinte pacto: os governos federados não obstariam a definição das políticas públicas nacionais, e em contrapartida o governo central ignoraria as arbitrariedades cometidas nos feudos estaduais. Estava engendrada a fórmula da substituição dos *princípios pelos interesses, do povo pelas facções, dos Estados federados pelos seus governantes, das autonomias pelas oligarquias* (*Paulo Bonavides/Paes de Andrade*).

Para captarmos os meandros de tal *política dos governadores* interessa perceber o significado político da transformação do presidente da Província do período imperial em governador do Estado do período republicano. É que apesar da transição de um período para outro, a concentração de poder na órbita do executivo estadual continuou a processar-se *exactamente nos mesmos termos* – à excepção de que a eleição do chefe do executivo estadual deixou de depender da vontade do poder central. Os conflitos entre governo central e estadual que dantes eram solucionados por um simples decreto imperial que substituía o delegado da vez por outro mais capaz, só poderiam agora ser solucionados pela intervenção, pela revolução, ou por algo mais simples que seduziu os governos civis sucessores dos

---

[29] Sobre a história e memória de um povo ou nação cfr. António Barreto, *Tempo de incerteza*, Relógio d'Água Editores, Lisboa, Novembro/2002, pág. 22.

[30] No sentido da defesa da sinceridade que teria inspirado a *política dos Estados* engendrada por Campos Sales cfr. Raul Machado Horta, *Tendências do federalismo brasileiro*, in Revista de direito público, n.º 9, págs.12-13 (texto também publicado in Revista brasileira de estudos políticos, n.º 28, Jan/1970).

militares: a espúria composição com as oligarquias estaduais que consolidasse a ambos os governos. A independência adquirida pelo poder estadual por via da eleição do governador pelas respectivas elites regionais marcou a génese do sistema federal brasileiro – e se traduziu no *excesso* e na *falta de compreensão cooperativa desse poder*. Se no âmbito nacional vigorava o pacto oligárquico da política dos governadores, no plano interno dos Estados imperava o domínio do governador sobre os coronéis que controlavam o poder municipal. Em ambas as relações o *elo mais forte era sempre o governador*[31].

As disfunções deste modelo inaugural dificultariam o estabelecimento de relações interdependentes entre União e Estados e denunciariam que nenhum projecto federal se completa lá onde a democracia e o Estado de direito ainda não fincaram raízes. Definitivamente, a Constituição de 1891 não correspondeu à *síntese normativa das instituições*, mormente no que concerne à assimilação do *compromisso constitucional de cooperação* pelos responsáveis da ordem jurídico-constitucional. Em 1930 os governos constituídos de três Estados da federação – Minas Gerais, Rio Grande do Sul e Paraíba – mobilizaram forças civis e militares contra o governo central e o derrubaram. Tal conjunção de forças liderada pelo gaúcho *Getúlio Vargas* suspendeu a ordem jurídico-constitucional de 1891 com promessas de *republicanização da República* – que lastimavelmente não se cumpririam.

1.3. As tendências centrípetas do modelo federal de 1934

O decreto n.º 19398 de 11 de Novembro de 1930 instituiu o governo provisório, dissolveu o Congresso Nacional, assembleias legislativas estaduais e câmaras municipais, suspendeu as garantias constitucionais, e excluiu da apreciação judicial os decretos e actos do governo provisório então instituído e seus interventores. Não deixou portanto dúvidas quanto à natureza do poder absoluto nascido das armas. *Getúlio Vargas* avigorou o governo central, alterou o padrão de relacionamento com as unidades estaduais, e fez da presidência da República o centro político-institucional do país. Iniciava-se uma nova fase da federação brasileira – com um perfil ostensivamente centralizador. Isto não significa que as elites regionais tenham perdido influência na cena política nacional: *Vargas* apenas as

---

[31] Sobre o poder dos governadores nos primeiros tempos republicanos cfr. Fernando Luiz Abrucio, *Os barões da federação*, ob. cit., págs. 37-41.

reacomodou num esquema de poder que tendencialmente as neutralizava porque valorizava outras personagens concorrentes, nomeadamente os municípios. Não se cuidou da restauração constitucional até 5 de Abril de 1933 – atrasadíssima, portanto – data em que o decreto n.º 22621 dispôs sobre a convocação da Assembleia Constituinte.

A Constituição de 1934 manteve a República Federativa proclamada em 1889, mas proibiu o legislativo bicameral – que durante a primeira República tinha sido o sistema adoptado pela terça parte dos Estados. O art.20.º instituía o legislativo unicameral: *o poder legislativo será exercido pela Assembleia Nacional, com a sanção do presidente da República*. O Senado Federal foi mantido com umas atribuições singulares, sendo deslocado do capítulo do poder legislativo para o capítulo da coordenação dos poderes. Teria a incumbência de *promover a coordenação dos poderes federais entre si, manter a continuidade administrativa, velar pela Constituição, colaborar na feitura de leis e praticar os demais actos da sua competência* (art. 88.º). A nova conformação senatorial não foi isenta de severas críticas. O constitucionalista *Levi Carneiro* diria desconhecer *esdruxularia maior* do que a de um órgão que sem integrar o poder legislativo, influísse decisivamente na elaboração das leis. E o deputado *Pedro Vergara* atestava a inutilidade de tal órgão meramente consultivo, que estaria inevitavelmente fadado a *desmoralizar-se submisso ao poder pessoal do presidente*. A maior absurdidade daquela inovação – verberariam os seus opositores – era que através do art. 91.º/VI a Constituição acometesse a um órgão não legislativo a estranha competência de suspender a execução, no todo ou em parte, de actos normativos julgados inconstitucionais pelo poder judiciário[32]. Também os Estados foram privados de

---

[32] Sobre a crise do sistema bicameral na constituinte de 1933, as singulares atribuições do Senado Federal na Constituição de 1934, assim como as críticas a tais inovações cfr. Paulo Bonavides/Paes de Andrade, *História constitucional do Brasil*, ob. cit., págs. 308-312. Sobre a competência do Senado para suspender a execução de actos normativos julgados inconstitucionais pelo poder judiciário (art. 91.º/VI da Constituição de 1934) cfr. Pontes de Miranda, *Comentários à Constituição de 1946*, 3.ª edição, 1960, pág. 462. No ordenamento jurídico brasileiro o controlo jurisdicional da constitucionalidade das leis não foi criação jurisprudencial, à semelhança do que sucedeu nos EUA. A Constituição republicana de 1891 já o consagrava ao admitir recurso para o Supremo Tribunal das decisões dos tribunais estaduais que questionassem a validade de normas constantes de tratados e leis federais. A lei n.º 221 de 20 de Novembro de 1894 esclareceu e confirmou categoricamente tal controlo jurisdicional: *os juízes e tribunais apreciarão a validade das leis e regulamentos e deixarão de aplicar aos casos ocorrentes as leis manifestamente incompatíveis com as leis e a*

Constituição (art.13.º/§10.º). A Constituição de 1934 também o chancelou, estabelecendo entretanto algumas inovações: submeteu o julgamento de inconstitucionalidade pelos tribunais a um quórum elevado, isto é, só por maioria absoluta dos votos de seus membros os tribunais poderiam julgar inconstitucional uma lei ou acto do poder público (art. 179.º); introduziu a acção directa de inconstitucionalidade interventiva (art.7.º/I/a/b) que condicionava a lei de intervenção federal nos Estados à declaração da sua constitucionalidade pelo Supremo Tribunal, à solicitação do Procurador-Geral da República; incluiu entre as competências do Senado aquela de *suspender a execução, no todo ou em parte, de qualquer lei ou acto, deliberação ou regulamento, quando houvessem sido declarados inconstitucionais pelo poder judiciário* (art. 91.º/VI), o que alterou sensivelmente a fiscalização da constitucionalidade. É que como esclarece Pontes de Miranda, *a tacha de inconstitucionalidade não tinha consequências formais no direito constitucional brasileiro de 1891-1934. A Constituição de 1934 não ousou transformar o julgamento in concreto, no caso examinado pelos juízes, em julgamento definitivo, geral, da lei, nem tampouco em apreciação in abstracto e derriscante da lei. Se bem que escritores norte-americanos falassem de veto judicial, o sistema dos Estados Unidos da América do Norte e do Brasil era o de simples julgamento, in casu, de inconstitucionalidade. Mas o art.91.º/VI da Constituição de 1934 criou algo de novo, algo de mais próximo do veto, se bem que só nos resultados, na eficácia, que é a suspensão da execução.* A Carta Política de 1937 retrocederia nessa matéria ao submeter a decisão de inconstitucionalidade, proferida pelos tribunais, ao crivo do presidente da República (art. 96.º/§ único), que se acaso considerasse a lei julgada inconstitucional necessária ao bem-estar do povo ou à promoção e defesa do interesse nacional, poderia submetê-la ao exame do Parlamento para que por maioria de 2/3 se tornasse sem efeito a decisão jurisdicional. A Constituição de 1946 restauraria o controlo difuso. Acolhendo as críticas ao papel do Senado na Constituição 1934, a Constituição de 1946 devolveria competências legislativas ao Senado Federal e consagraria no art. 64.º a hipótese de que o mesmo suspendesse a execução, no todo ou em parte, *de leis ou decretos declarados inconstitucionais por decisão definitiva do Supremo Tribunal Federal*. Esta circunstância *subtraiu ao Supremo Tribunal*, ensina Pontes de Miranda, *a possibilidade de alterar sua jurisprudência, para vir a reconhecer a constitucionalidade da lei. E isto porque, se o pretendesse fazer, poria em vigor lei suspensa, à qual faleceria força executória. No instante em que foi suspensa, deixou de ter existência. Se inexiste, não incide.* A Constituição de 1946 ainda previa a hipótese de fiscalização abstracta de constitucionalidade de normas estaduais e federais pelo Supremo Tribunal Federal, por iniciativa do Procurador-Geral da República (art. 8.º, §único). A Constituição de 1946 ainda manteria a acção directa de inconstitucionalidade interventiva e a exigência da maioria absoluta dos votos dos membros do tribunal para o julgamento da inconstitucionalidade. A Emenda Constitucional n.º 16 de 26 de Novembro de 1965 dispôs que a lei poderia disciplinar o processo de competência originária dos Tribunais de Justiça dos Estados para o julgamento da inconstitucionalidade de de lei ou acto municipal contrários à Constituição dos Estados. Esta inovação constitucional não seria entretanto acolhida pela Constituição de 1967, muito embora competência legislativa em certos domínios, nomeadamente em matéria processual civil e penal, que foram tranferidas à União para além do direito substantivo que já lhe cabia.

Foi mantida a amplitude da intervenção federal fixada pela revisão constitucional de 1926, nomeadamente a hipótese de intervenção para assegurar o respeito aos princípios constitucionais, onde cabia qualquer razão política ou mero pretexto partidário que o governo da União decidisse invocar. Não foi racionalizado o sistema de distribuição de rendas, sendo antes mantida a partilha arbitrária de recursos financeiros herdada do Império, que falseava a autonomia de alguns Estados depauperados. Não foram institucionalizados mecanismos de compensação financeira tendentes a atenuar as desigualdades regionais já naquela altura bastante acentuadas. Tudo isso condicionava negativamente as relações centro-periferia, posto que alimentava a política dos sólidos laços de lealdade pessoal, do assistencialismo político-partidário, e das transferências específicas mediante contrapartidas pouco lícitas. Não obstante, a União foi constitucionalmente encarregada de organizar o serviço nacional de combate às grandes endemias do país, o que incluía o custeio e a direcção técnico-administrativa nas zonas onde a execução do serviço excedesse as possibilidades dos governos periféricos (art. 140.°). A Constituição de 1934 ainda dispôs que o combate aos efeitos das secas obedeceria a um plano sistemático e permanente a cargo da União, que despenderia quantia nunca inferior a 4% da sua receita tributária com tais obras e serviços assistenciais (art. 177.°).

Por conta dessas disposições normativas há quem sustente que a Constituição de 1934 teria promovido a transição de *federalismo dual* (marcado pela não-interferência decisória entre as distintas esferas de

---

tenha mantido o controlo difuso e abstracto. A Constituição de 1967 instituiria entretanto uma acção directa de inconstitucionalidade interventiva dos Estados nos Municípios, promovida pelo chefe do Ministério Público local, e interposta junto dos Tribunais de Justiça dos Estados (art. 15.°/3.°/d). Sobre as competências do Supremo Tribunal na Constituição de 1946, sobretudo a *competência originária* (consagrada no art. 101/I e através da qual o Supremo processaria e julgaria, com exclusividade, os litígios entre União e Estados e destes entre si) e a *competência extraordinária* (exercida mediante a interposição de recurso extraordinário, através do qual o Supremo garantiria a supremacia da Constituição e a unidade interpretativa das leis federais) cfr. Rosah Russomano, *O princípio do federalismo na Constituição brasileira*, ob. cit., págs. 151--154. Sobre o controlo jurisdicional no direito constitucional brasileiro cfr. Carlos Mário da Silva Velloso, *Controlo da constitucionalidade na Constituição brasileira de 1988*, in Revista de direito público, n.° 92, Out-Dez/1989, págs. 47-52.

poder) para o *federalismo cooperativo* (marcado pela partilha decisória)[33]. Não podemos acolher integralmente tal entendimento doutrinário. Primeiro porque é duvidoso que o chamado *federalismo dual*, geneticamente atrelado à doutrina da *dupla soberania*, tenha alguma vez existido: é que a obra governativa nos Estados compostos não se processa através de compartimentos estanques, antes resulta da interacção dinâmica das diversas componentes, que são irremediavelmente afectadas pelas decisões alheias. Os seja, não há federação de Estados independentes, assim como não há federalismo que não seja essencialmente cooperativo – por isso a expressão *federalismo cooperativo* é redundante. Segundo porque nos parece redutor e equívoco sobrevalorizar a dimensão financeira da cooperação intergovernamental: ainda que na Constituição de 1934 a concessão de subsídios tenha ultrapassado a mera hipótese de calamidade pública (como dispunha o art. 5.º da Constituição de 1891), daqui não decorre qualquer salto qualitativo em termos de *partnership* ou de gestão conjunta de interesses e serviços comuns. Prova disso é que a norma do art. 10.º da Constituição de 1934, que previa uma esfera de competências em que concorriam União e Estados, eximiu-se de fixar as responsabilidades pelos serviços então mencionados e acabou por introduzir um elemento de irracionalidade no processo político-administrativo: quando todos são indistintamente responsáveis pela mesma matéria, ninguém efectivamente o é. E mesmo que o art. 9.º da Constituição de 1934 tenha sugerido a *celebração de acordos entre União e Estados* para a melhor coordenação e desenvolvimento dos respectivos serviços, para a uniformização de normas ou práticas, para arrecadação de impostos, para prevenção e repressão da criminalidade, e para permuta de informações, o respeitável entendimento doutrinário do qual nos demarcamos parece ignorar o amplo sentido do *compromisso constitucional de cooperação*, o qual implica sobretudo *moderação recíproca* e mesmo *abstenção do exercício de poderes formalmente acometidos* quando os mesmos prejudiquem os interesses alheios ou de todos – uma conduta que o poder central da altura, independentemente do disposto constitucional sobre subsídios e acordos verticais, não se demonstrava minimamente tentado a adoptar.

---

[33] No sentido de que a Constituição de 1934 teria instituído o federalismo cooperativo no Brasil cfr. Raul Machado Horta, *Tendências do federalismo brasileiro*, cit., págs. 13-15; Ana Maria Brasileiro, *O federalismo cooperativo*, cit., pág. 100; Gilberto Bercovici, *Constituição e superação das desigualdades regionais*, in Direito constitucional – Estudos em homenagem a Paulo Bonavides, Eros Roberto Grau/Willis Santiago Guerra Filho (org), Malheiros Editores, São Paulo, 2000, pág.77.

A tendência para se identificar *cooperação* com estrito *auxílio financeiro* decorre da convicção doutrinária de que os conflitos a serem processados pelo federalismo brasileiro são, desde sempre, os decorrentes das notáveis desigualdades financeiras regionais[34]. Este é efectivamente um dos grandes conflitos a ser regulado e gerido pelo federalismo brasileiro – e para tanto concorrem os princípios de solidariedade e coesão que informam o projecto federal brasileiro e apontam para imperativos de equilíbrio financeiro e de substancial homogeneidade de todas as componentes federadas. Em tal contexto a homogeneização implica a progressiva diminuição das antinomias regionais em favor da tendencial equiparação das situações jurídicas e condições de vida em todo o território federal, mas não significa uniformidade, posto que a heterogeneidade enriquece o projecto federativo. A medida da heterogeneidade resta definida pela própria Constituição, através do princípio da solidariedade, que define os limites entre a heterogeneidade e a assimetria (desproporção). Todavia o que julgamos não estar resolutamente interiorizado pelos responsáveis pela ordem constitucional brasileira – não estava em 1934 e ainda não o está hoje – é que o *compromisso constitucional de cooperação* excede em muito a problemática da solidariedade financeira, posto que funda uma espécie de *ética institucional* voltada à artesania da boa governação. Seja como for, não se consegue inferir o projecto político subjacente ao texto constitucional de 1934. Isto porque alguns elementos de inequívoca lucidez liberal como liberdades e garantias individuais, livre organização partidária, voto universal (o Brasil foi um dos pioneiros do voto feminino), antagonizavam com a inflação das competências centrais e a musculatura anabolizada da presidência da República. *Não eram tendências propriamente conciliáveis e uma teria de prevalecer (Bonavides/Paes de Andrade).*

---

[34] No sentido de que os conflitos a serem processados pelo federalismo brasileiro corresponderiam às notáveis desigualdades regionais cfr. Eduardo Kugelmas, *A evolução recente do regime federativo no Brasil*, in Federalismo na Alemanha e no Brasil, Wilhelm Hofmeister/José Mário Brasiliense Carneiro (org), Série Debates, n.º 22, Fundação Konrad Adenauer Stiftung, São Paulo, 2001, pág. 33. Cfr. também Celina Souza, *Constitutional engineering in Brazil: the politics of federalism and decentralization*, Macmillan Press, London/St.Martin's Press, New York, 1997.

1.4. A federação nominal da Constituição de 1937

Em Novembro de 1935 a repressão do governo central ao movimento armado que passaria à história como *Intentona Comunista* conduziria à interrupção da normalidade constitucional por via da declaração do estado de guerra. A prolongada duração desse estado excepcional alimentou a perversidade: em 10 de Novembro de 1937, com o apoio de comandantes militares, *Getúlio Vargas* dissolve o Congresso com tropas de choque e outorga a Carta de 1937. Estava instaurada a ditadura do Estado Novo. A Constituição autoritária (e portanto apócrifa) que sustentou o regime representou a derrota federativa: já no preâmbulo se anunciava a extinção dos partidos políticos para supostamente *eliminar os factores de desordem*; no art. 13.º se previa a dissolução do Parlamento; e no art. 14.º figurava a irrestrita expedição de decretos-lei. Apesar de a Contituição de 1937 manter nominalmente a federação, o poder central assumiria todas as funções político-administrativas, legislativas, e até mesmo as de natureza constituinte, que passaram a ser exercidas por interventores nomeados pelo governo. Os Estados só voltariam ao sistema representativo após a promulgação da Constituição de 1946. E as bandeiras dos Estados federados foram simbolicamente queimadas em praça pública.

Pouco há que registar sobre a Carta Política de 1937, sendo inclusive duvidoso que tenha existido juridicamente, na medida em que nunca foi cumprido o seu art. 187.º, que previa a submissão do texto constitucional à apreciação popular. De qualquer forma *a Constituição de 1937 nasceu morta*, atestaria *Karl Loeweinstein*, na medida em que foi imediatamente derrogada pela proclamação de um estado de sítio que deliberadamente prescindia de uma constituição escrita[35]. O passivo político do Estado Novo, no qual avulta a violência institucional como instrumento de combate ideológico, dispensa a apreciação das relações intergovernamentais naquele período histórico: nada há que o abone, posto que a Constituição de 1937 tornou os Estados menos autónomos que as Capitanias da época colonial. A aberração do *Estado sem partidos completou-se na federação sem Estados autónomos*: o Estado Novo deixou que pesasse sobre o Estado--membro a ameaça de seu rebaixamento a *território federal* se a sua receita se revelasse insuficiente para o custeio de seus próprios serviços[36].

---

[35] Sobre a autocracia de Vargas e a Carta Política de 1937 cfr. Karl Loewenstein, *Brazil under Vargas*, New York, 1942, págs. 46 e ss.

[36] Sobre as perversidades do *Estado Novo* para com os Estados federados cfr. Raul Machado Horta, *Tendências do federalismo brasileiro*, cit., pág. 16.

Quando o desfecho da Segunda Guerra se avizinhava, o governo central, rendido à pressão dos novos tempos, sugere a flexibilização do regime e a funcionalização dos órgãos representativos previstos na Constituição e jamais convocados. Com a convocação de eleições gerais em 1945 organizaram-se, pela primeira vez na história republicana brasileira, partidos políticos de âmbito nacional. Em 29 de Outubro de 1945 as forças armadas depuseram *Getúlio Vargas*. A Assembleia Constituinte foi convocada em 12 de Novembro daquele mesmo ano. A Constituição de 1946 restaurou a democracia possível – posto que o Estado Novo tinha despudoradamente pervertido a separação vertical e horizontal de poderes e a cura das feridas institucionais, como se sabe, demanda tempo. Acresce que *as elites políticas regionais, quando devolvidas à arena política, não souberam ou não quiseram libertar-se de um eleitorado dependente de pequenos favores, maioritariamente pobre e analfabeto (Aspásia Camargo)*, o que fez com que a pretensa revitalização da autonomia regional restasse disfuncionalizada pelo *clientelismo patrimonialista*[37].

1.5. O modelo federal de 1946 e os legados autoritários do Estado Novo

A ordem constitucional de 1946 não conseguiria irrigar democraticamente o tecido institucional brasileiro – e nesta medida, não conteria a fúria autocrática do segundo período de excepção do séc. XX, que se estenderia de 1964 a 1985. Todavia a Constituição de 1946 tentou revitalizar o Senado, a partir de então formalmente reconhecido como câmara de representação dos interesses dos Estados-membros. Desde suas origens imperiais, o Senado brasileiro nunca representara os entes federados, mas sim os interesses das elites oligárquicas, dos proprietários de terra, dos cafeicultores, dos senhores de engenho. Apesar de as hipóteses de intervenção federal permanecerem tão numerosos quanto no texto de 1934, a

---

[37] Sobre o retorno das elites políticas regionais à arena política em 1946 cfr. Aspásia Camargo, *Federalismo e identidade nacional: da utopia das elites à prática democrática* (policopiado). Da mesma Autora cfr. também *A reforma-mater: os riscos (e os custos) do federalismo incompleto*, in Parcerias Estratégicas, n.º 6, Centro de Estudos Estratégicos, Brasília/DF, Março/1999; e ainda *Federalismo cooperativo e o princípio da subsidiariedade: notas sobre a experiência recente no Brasil e Alemanha*, in Federalismo na Alemanha e no Brasil, Wilhelm Hofmeinter/José Brasiliense Carneiro (org), Série Debates, n.º 22, Fundação Konrad Adenauer Stiftung, São Paulo, 2001.

intervenção foi cercada de cautelas que lhe impediam o exercício arbitrário: para reorganizar as finanças estaduais e assegurar o respeito aos princípios constitucionais, a intervenção dependia de lei; para a execução de decisão judicial, a intervenção dependia do pronunciamento do Supremo Tribunal Federal; para garantir o livre exercício dos poderes estaduais, a intervenção dependia da solicitação do poder coacto ou impedido. Com efeito, nunca a autonomia política estadual teve mais adequada protecção constitucional: de 1946 a 1964 nenhuma assembleia legislativa foi dissolvida e nenhum governador foi afastado do cargo pelo processo de intervenção federal. E nunca a cooperação intergovernamental tinha ido teoricamente tão longe: o art. 18.°/§3.° previa que mediante a celebração de acordo com a União, os Estados poderiam encarregar funcionários federais da execução de leis e serviços estaduais e, reciprocamente, a União poderia acometer aos funcionários estaduais encargos análogos, provendo as necessárias despesas.

A Constituição de 1946 também instituiu uma espécie de compensação financeira vertical, mediante a participação de Estados e Municípios no produto da arrecadação da União (art. 15.°), designadamente no produto da arrecadação do imposto de renda, do imposto sobre combustíveis, do imposto sobre energia eléctrica, do imposto sobre minerais e do imposto sobre consumo de mercadorias. Ocorre que a transferência de recursos não foi acompanhada dos devidos mecanismos de controlo e responsabilização – e em consequência de tal lacuna os factores reais de poder solaparam o modelo autonómico constitucionalmente consagrado, que em qualquer circunstância demanda cultura democrática. A Constituição ainda reservou 3% da receita tributária da União para a execução do plano de defesa contra os efeitos da seca no Nordeste (art. 198.°) e do plano de valorização da Amazónia (art. 199.°). Contudo a execução dos planos regionais de desenvolvimento foi entregue a organismos subordinados à União e descentralizados administrativamente, o que em nada reforçou as autonomias estaduais alheias a um processo que lhes dizia directamente respeito. Do exposto decorre que a Constituição de 1946 robusteceu as competências da União assim como seu aparato administrativo difuso: os poderes centrais enumerados no título relativo à organização federal foram de tal forma extensivos que pouco restava aos demais níveis de governo.

Ademais, a Constituição manteve a uniformidade das competências periféricas, isto é, todos os entes federados continuaram sujeitos ao mesmo ritmo competencial, independentemente das respectivas potencialidades para a implementação das políticas públicas. Ora, tal sujeição das disparidades periféricas (nomeadamente aquelas do foro económico-financeiro) à mesma quadrícula jurídico-política fomentava, naquele período constitucional, a lamentável indigência de certas componentes da federação que sobreviviam quase que exclusivamente dos mecanismos de compensação financeira, isto é, dos recursos alheios. Dois diplomas legislativos da altura ilustram os resultados daquela isonomia de encargos: o chamado Plano Salte, introduzido pela lei n.º 1102 de 18 de Maio de 1950, previa um vasto programa de obras públicas de cáracter eminentemente local nos sectores da saúde, alimentação, transporte e energia, cuja execução restava prejudicada pelos poucos recursos de que dispunham Estados e Municípios. Em função disto, auxílios e subvenções foram profusamente concedidas àquelas entidades por parte da União que, desta forma, imiscuia-se indisfarçavelmente na criação e manutenção de serviços tão locais quanto saneamento básico, matadouros e restaurantes populares. E a lei n.º 2134 de 14 de Dezembro de 1953, por seu turno, assegurava aos Municípios com menos recursos o financiamento, através de empréstimos a longo prazo, para a instalação e ampliação de serviços como captação/canalização/ /tratamento químico de água potável, produção e distribuição de energia eléctrica, mercados públicos, linhas telefónicas, etc. – o que revelava a existência de Municípios totalmente dependentes dos recursos de outrem para a prestação de serviços mínimos. O populismo assistencialista de *Getúlio Vargas*, que entretanto vencera as eleições para a presidência da República em 3 de Outubro de 1950, bem soube capitalizar os dividendos daquela penúria. A absorção da administração estadual e municipal pela União era na altura notória e incontestável: por falta de recursos, Estados e Municípios eram instados a se demitirem da direcção dos serviços locais em favor de órgãos criados e controlados pela União, o que manifestamente subvertia os fundamentos cooperativos do sistema federal[38].

Do exposto deriva que sob a égide da Constituição de 1946 as relações intergovernamentais não sofreram qualquer impulso cooperativo. O sistema horizontal de forças, este sim restou alterado – ou multipolarizado, como sugere *Fernando Abrucio*. É que com o relativo enfraquecimento de Minas Gerais e São Paulo restou atenuada a hierarquização entre as unidades regionais da federação brasileira que remontava ao Império. Tal multipolaridade deveu-se não só à sobrerepresentação com-

---

[38] Sobre a falta de recursos de Estados e Municípios e o consequente sacrifício da autonomia cfr. Carlos Medeiros Silva, *Evolução do regime federativo*, cit., págs. 293-294. Sobre o excesso de competências centrais na Constituição de 1946 cfr. Orlando Carvalho, *Relações financeiras da União com as outras órbitas de governo – perspectivas do federalismo brasileiro*, Belo Horizonte, 1958, pág.81.

pensatória dos Estados mais pobres no Senado Federal autorizada pelo art. 58.º da Constituição de 1946, mas também pela solidificação do bloco regional nordestino cujos Estados deixaram de actuar isoladamente nas negociações com o poder central. São Paulo continuou a controlar a política macroeconómica do governo federal por estar sempre bem representado nas pastas ministeriais estratégicas, como Fazenda e Obras Públicas, assim como no Banco do Brasil. Mas a sobrerepresentação dos grupos do Norte e Nordeste facultou-lhes poder de veto no Congresso Nacional relativamente a questões melindrosas para as elites oligárquicas ainda instaladas: entre 1946 e 1962 mais de duzentos projectos de reforma agrária foram bloqueados pelos representantes dos Estados menos desenvolvidos, a cujas elites interessava colher os dividendos do desenvolvimento económico sem participar responsavelmente na definição dos rumos da federação[39].

Para tal desfecho concorria o facto de que muito mais do que os partidos, eram os governos estaduais que organizavam a empreitada eleitoral dos congressistas. Por isso a performance dos deputados e senadores era estadual e não nacional, e a sua sobrevivência política dependia não só dos recursos que traziam à região como da salvaguarda de seus redutos eleitorais nas votações no Congresso. Eram os governadores que controlavam as bases políticas dos congressistas através da cooptação dos chefes políticos locais e da distribuição dos cargos públicos. De certa forma se tratava de um *revival* da *política dos governadores* da primeira República, à diferença de uma União fortalecida e da diversificação dos núcleos regionais influentes (ou dos actores com *poder de barganha* no cenário federal), sem que fossem no entanto institucionalizados mecanismos, nem encetadas condutas, que conduzissem a um padrão cooperativo na resolução dos conflitos. A União também aproveitou dessa indecorosa situação: não só negociou apoios parlamentares em troca de recursos bilateral e desordenadamente distribuídos, como intensificou as transferências específicas aos Municípios à revelia do *écran* intermédio estadual. Tal cooptação não só a deslegitimava como transformava Estados e Municípios em clientes. O regime autocrático dos militares encontrou no imbróglio da federação

---

[39] A propósito da sobrerepresentação dos Estados do Norte e Nordeste no Congresso Nacional e do papel dos governadores entre 1946-1964 cfr. Fernando Luiz Abrucio, *Os barões da federação*, ob. cit., págs. 50-53. Cfr. também Celina Souza, *Brazil: the prospects of a center-constraining federation in a fragmented polity*, in Publius: the journal of federalism, 32, Primavera/2002, págs. 39 e ss.

– e na paranóia anticomunista – bons motivos para alegadamente *restaurar a democracia e diversificar o sistema produtivo*. A suposta *intervenção cirúrgica* de 1964 durou tenebrosos vinte e um anos de torturas e assassínios.

1.6. A Constituição de 1967/69: o regime militar e a exaltação do centripetismo

O regime militar instituído pelo golpe deflagrado em 31 de Março de 1964 manteve nos primeiros anos a Constituição de 1946 (muito embora a constituição apócrifa daqueles tempos ditatoriais fossem os Actos Institucionais), limitando-se a modificá-la formalmente apenas no que respeitava aos poderes do presidente da República, a fim de que o mesmo pudesse *cumprir a missão de restaurar no Brasil a ordem económica e financeira e tomar as urgentes medidas destinadas a drenar o bolsão comunista, cuja purulência já se havia infiltrado não só na cúpula do governo como nas suas dependências administrativas* (Preâmbulo do Acto Institucional n.º 1). O Acto Institucional n.º 1 de 9 de Abril de 1964 suspendeu as garantias constitucionais e legais de estabilidade e autorizou os generais do regime a suspenderem direitos políticos pelo prazo de dez anos, assim como cassar mandatos legislativos, sempre excluída a apreciação judicial da medida (arts. 7.º e 10.º). O Acto Institucional n.º 2 de 27 de Outubro de 1965 extinguiu os partidos políticos (art. 18.º) e ampliou as hipóteses de intervenção federal nos Estados para *assegurar a execução da lei federal e prevenir ou reprimir a subversão da ordem* (art.17.º), o que autorizaria variadíssimas intervenções alegadamente fundadas na adopção de medidas políticas ou execução de planos financeiros não adaptados às diretrizes do regime. O Acto Institucional n.º 3 de 5 de Fevereiro de 1966 instituiu eleições indirectas para o governo dos Estados federados, que nos termos do então art. 1.º *far-se-á pela maioria absoluta dos membros da Assembleia Legislativa, em sessão pública e votação nominal*. E com o intuito de supostamente legitimar a *revolução vitoriosa*, o Acto Institucional n.º 4 de 7 de Dezembro de 1966 convocou o Congresso Nacional para reunir extraordinariamente entre 12 de Dezembro de 1966 e 24 de Janeiro de 1967, a fim de discutir e votar um novo texto constitucional que *assegurasse a continuidade da obra revolucionária*.

O referido Acto Institucional n.º 4 fixava uma calendarização impressionantemente rígida para a discussão, aprovação e promulgação do texto constitucional – que foi impreterivelmente cumprida ao ritmo da marcha militar. Em 24 de Janeiro de 1967 era promulgada a Constituição que não fez senão positivar a vontade dos detentores fácticos do poder: aumentou as competências legislativas e político-administrativas da União em detrimento de Estados e Municípios; consagrou a hegemonia da União em matéria de programação do desenvolvimento económico-financeiro; ampliou o elenco dos princípios de organização política a serem observados pelos Estados (e cuja violação acarretaria intervenção federal) entre os quais passou a figurar o processo legislativo, a elaboração e fiscalização orçamentária, a regulação do funcionalismo público, etc. (art. 13.º); alargou os casos de intervenção federal nos Estados por imperativos de *segurança nacional* (no art. 10.º/3 a antiga expressão *guerra civil* cede lugar a *pôr termo à grave perturbação da ordem ou ameaça de sua irrupção*) e *controlo financeiro* (*para reorganizar as finanças do Estado que adopte medidas ou execute planos económico-financeiros que contrariem as directrizes estabelecidas em lei federal* – e depois com a Emenda de 1969, *para pôr termo à corrupção do poder público estadual*). Todavia a Constituição de 1967 seria logo havida por insuficiente: os ditadores ainda editariam o Acto Adicional n.º 5 de 13 de Dezembro de 1968, que autorizava o Presidente da República a intervir incondicionalmente nos Estados e Municípios através de interventores nomeados, os quais exerceriam as funções de governadores e prefeitos (art. 3.º). Ficava ainda suspensa a garantia de *habeas corpus* para os crimes políticos (art. 10.º). Não satisfeitos, em 17 de Outubro de 1969, outorgariam a Emenda Constitucional n.º 1 que corresponderia ao topo da escalada de dilatação dos poderes normativos e executivos do governo central. Tais distorções formais (isto é, decorrentes da própria estruturação jurídica do Estado), afectariam drasticamente as relações intergovernamentais naquele período constitucional[40].

A descaracterização da federação brasileira começou pela própria identificação: os militares substituíram a denominação *Estados Unidos do Brasil*, consagrada em todas as anteriores constituições republicanas, por *República Federativa do Brasil* – isto porque a primeira daquelas designa-

---

[40] Sobre as distorções formais do Estado federal brasileiro durante o governo dos militares cfr. Luís Roberto Barroso, *Direito constitucional brasileiro*: *o problema da federação*, ob. cit., págs. 110-116. Sobre tal período constitucional cfr. também Diogo Lordello de Mello, *Os Estados e os Municípios na Constituição de 1967*, in Estudos sobre a Constituição de 1967, Themístocles Brandão Cavalcanti (org), Fundação Getúlio Vargas, Rio de Janeiro, 1968, págs. 40 e ss; Seabra Fagundes, *Novas perspectivas do federalismo brasileiro*, in Revista de direito público, n.º 10, 1969; e Sílvio Meira, *Federalismo e centralização*, in Revista de direito público, n.º 32, págs. 73-77.

ções simbolizava a força dos Estados federados com a qual o *projecto revolucionário* dos militares manifestamente não se compaginava. Dentre as competências político-administrativas da União constantes do art. 8.º da Constituição de 1967, mais especificamente daquelas concernentes à polícia federal (que até então se limitavam ao policiamento aéreo, marítimo e de fronteiras), passaram a figurar a repressão do tráfico de entorpecentes; a apuração de infracções penais contra a segurança nacional, a ordem política e social, ou em detrimento de bens, interesses e serviços da União, assim como outras infracções cuja prática tenha repercussão interestadual e exija repressão uniforme; e o provimento da censura de diversões públicas (art. 8.º/VIII/b/c/d). Esta última atribuição de triste memória autorizaria o cerceamento das manifestações artísticas e da liberdade de expressão e crítica em todo o território nacional, independentemente de adequação aos padrões culturais das distintas regiões do país. Também foram devolvidas competências à União para estabelecer e executar planos nacionais de educação e saúde, bem como planos nacionais sectoriais e planos regionais de desenvolvimento, sem que sequer se insinuasse a participação dos Estados afectados na formulação de tais planos, o que facultava à União uma ampla margem de interferência nos seus respectivos destinos (art. 8.º/XIV).

E no que concerne ao sistema de discriminação de rendas (arts. 18.º a 26.º), a Constituição de 1967 reduziu de tal forma a competência tributária de Estados e Municípios que foi necessário compensá-los através da instituição de fundos de participação no produto da arrecadação federal – caso contrário estaria definitivamente comprometida a sobrevivência das unidades cuja receita tributária mal cobria as despesas com funcionalismo público. Para os chamados Fundos de Participação de Estados e Municípios concorriam originariamente dez por cento dos impostos federais sobre a renda e produtos industrializados, mas tal percentagem seria posteriormente reduzida à metade. O que aparentemente sugeria a compensação vertical de recursos tendente a atenuar os desequilíbrios regionais, na verdade escamoteava uma política de esvaziamento financeiro dos Estados e Municípios, que os tornava integralmente dependentes de receitas transferidas sob condições de destinação que atendiam às prioridades do regime. A desobediência seria constitucionalmente interpretada como *adopção de medida contrária às diretrizes económico-financeiras da União* (art. 10.º/ /V/c) que bastava para *justificar* a intervenção federal no Estado defraudador – constituindo a mais crassa das manifestações de rompimento do já de si frágil equilíbrio federativo.

No que respeita às disposições normativas tendentes a encorajar a cooperação horizontal, a Constituição de 1967 era particularmente parcimoniosa: ao tratar do sistema tributário previa, no art. 23.º/§6.º, que as isenções do imposto sobre circulação de mercadorias (de competência estadual) seriam concedidas ou revogadas nos termos fixados em convénios celebrados entre os Estados, segundo o disposto em lei complementar – que viria a ser a lei complementar n.º 24 de 9 de Janeiro de 1975. Tal lei foi reputada inconstitucional pelos juspublicistas da época por investir contra a autonomia estadual, na medida em que vinculava às isenções pactuadas os Estados que eventualmente não tivessem enviado representantes à reunião deliberativa, e ademais excluía as assembleias legislativas estaduais de tal processo, ficando-se pela ratificação expressa ou tácita do executivo de cada Estado[41]. Se a intenção de evitar minorias de bloqueio à concessão de isenções que favorecessem o conjunto dos Estados tinha pertinência à luz da dimensão passiva do *compromisso constitucional de cooperação*, não seria difícil prever que a iniciativa central não repercutiria entre os Estados-membros porque estes a entenderiam como mais uma intromissão autoritária dos militares. A cultura de lealdade federal era (e de resto continua a ser) tradicionalmente fraca entre os entes federados brasileiros, sobretudo em se tratando da disposição de recursos financeiros – algo de que a guerra fiscal (de que trataremos no segundo capítulo) constitui o mais flagrante exemplo.

A partir de 1974 teve início o chamado processo de transição democrática, que conseguiu a proeza de durar tanto tempo quanto a ditadura, embora se tenha anunciado excepcional e de curta duração (ditadura: 1964-1974; transição: 1974-1985). Em 19 de Novembro de 1980 a Emenda Constitucional n.º 15 restabeleceu as eleições directas para governador de Estado e senador da República, sendo as eleições de 1982 doutrinariamente consideradas como ponto de inflexão decisivo para a redemocratização brasileira. Os vinte e um anos deste regime de excepção, adicionados aos oito anos da ditadura do Estado Novo, permitem inferir que as deficiências do sistema federal brasileiro sempre estiveram directamente relacionadas com a sistemática obstrução dos circuitos democráticos que lhe deveriam oferecer sustentação. O percurso federativo brasileiro reporta à intrigante

---

[41] Sobre a alegada inconstitucionalidade da lei complementar n.º 24 de 9 de Janeiro de 1975 que dispunha sobre os convénios para a concessão de isenções do imposto sobre circulação de mercadorias cfr. Alcino Pinto Falcão, *Aspectos da cooperação horizontal no federalismo*, in Revista de direito público, n.º 33, ano VII, 1975, págs. 30-31.

lição de *Norberto Bobbio* segundo a qual o mais importante em democracia não é a resposta à pergunta *quem vota?* e sim *onde se vota?* Isto é, o que releva em democracia são os espaços onde se pode exercitar o direito de participação. Durante o período de transição algumas condutas indiciavam que o aparelho de Estado brasileiro estava tão habituado a funcionar autónoma e alheadamente que talvez já não pudesse ser transformado democraticamente a partir de dentro.

Também não augurava nada de bom que durante o período de redemocratização a actuação dos governadores de Estado tivesse contribuído para fragmentar ainda mais o sistema político enfraquecido – e que estivessem interessados em funcionar como força de bloqueio a qualquer mudança na ordem federativa que implicasse alterações na distribuição de poder e recursos. A partir de 1983 foram elevados os percentuais dos Fundos de Participação de Estados e Municípios na receita da União de forma a inverter a tendência das duas décadas anteriores: a participação da União no total de receita disponível decresce de 69,8% para 60,1% e desceria ainda mais a partir de 1988 – quando a União disponibilizaria de apenas 36,5% do total de recursos contra 40,7% dos Estados e 22,8% dos Municípios[42]. Com tal transferência de recursos algo descompassada da transferência de encargos, os governadores recuperaram a margem de manobra e o poder de influência sobre as respectivas bancadas parlamentares no Congresso Nacional. Para tanto concorria a debilidade dos partidos políticos enquanto estruturas nacionais (o que fazia com que a performance dos deputados e senadores fosse sempre estadual, nunca nacional, e dependesse do governador) e o desgaste económico-financeiro da primeira presidência civil pós-ditadura, a de *José Sarney*.

Nesta altura os governadores conseguiram a federalização da respectiva dívida externa – o que a transformava em dívida para com o Tesouro Nacional a ser paga a longo prazo – e resistiram sistematicamente à repactuação do seu passivo sugerida pelo governo central que tentava,

---

[42] Os dados relativos à distribuição de recursos entre as componentes da federação brasileira constam de Fernando Rezende, *Descentralização e eficiência: a tomada de decisões para o desenvolvimento sob a Constituição de 1988*, in Políticas de desenvolvimento para a década de noventa, Programa das Nações Unidas para o Desenvolvimento, Brasília, 1990, pág. 153. Mais dados podem ser conferidos em Fernando Rezende, *Compensações financeiras e desequilíbrios fiscais na federação brasileira*, in Federalismo na Alemanha e no Brasil, Wilhelm Hofmeister/José Brasiliense Carneiro (org), Série Debates, n.º 22, Fundação Konrad Adenauer Stiftung, São Paulo, 2001, págs. 185 e ss.

sem êxito, dividir com os Estados o ónus do ajuste externo. Não só instrumentalizaram o Senado Federal, a quem competia disciplinar os limites e condições de individamento para com a União, como incitaram os bancos estaduais a incondicionalmente injectarem fôlego financeiro em quem os devia controlar[43]. Não havia em tal conduta um resquício sequer do dever de solidariamente zelar por aquilo que corresponde ao *interesse geral* – algo que cumpre indistintamente a todas as componentes do Estado federal. Em certos momentos da história federal brasileira, impressiona a displicência dos responsáveis pela ordem constitucional para com tal obrigação de lealdade – tanto mais porque *a federação resultou de uma aspiração política acalentada durante quatro séculos, e não de um imperativo de sobrevivência que se teve de contingentemente acatar* (Levi Carneiro)[44].

1.7. O Município enquanto protagonista da intriga federal tetramembre: evolução constitucional do papel das municipalidades

Deixámos propositadamente a evolução do papel do Município na federação brasileira para o fim do presente capítulo – não fosse ele o protagonista da *intriga federal tetramembre*. É que tratada isoladamente, a problemática municipal adquire mais visibilidade do que se inserida na apreciação geral das relações intergovernamentais em cada período histórico. Julgamos que só assim se percebem os desbobramentos daquilo que resultaria no ineditismo da conformação federativa de 1988 – ou na organização político-administrativa que compreende a União, os Estados, e os Municípios, *todos autónomos*, nos termos da Constituição (art. 18.º da Constituição de 1988). Voltemos ao princípio da história. Como preconiza *Castro Nunes*, no Estado antigo a comuna correspondia à célula *mater* da

---

[43] Sobre a influência dos governadores durante o processo de redemocratização cfr. Fernando Luiz Abrucio, *Os barões da federação – os governadores e a redemocratização brasileira*, ob. cit., págs. 106 e ss; Eduardo Kugelmas, *A evolução recente do regime federativo no Brasil*, cit., págs. 35-37.

[44] Sobre a ideia de que a federação foi o objectivo constante e inevitável de toda a evolução histórica brasileira durante quatro séculos, ou seja, a preocupação dominante do país – retardada, dissimulada, sufocada – e afinal satisfeita cfr. Levi Carneiro, *O federalismo. Suas explosões. A confederação do Equador*, in Revista do Instituto Histórico e Geográfico Brasileiro, III, 1914.

democracia e das instituições – por isso havemos forçosamente de encontrar nos países velhos os vestígios desse elemento básico que a lei encontrou e respeitou. Todavia nos países novos como o Brasil, as comunas foram criadas enquanto circunscrições administrativas tendentes a favorecer o controlo do colonizador, e nesta medida teriam pouca ligação com as origens e tradição europeia de reacção local ao poder do Príncipe. Tanto mais porque no municipalismo transplantado de Portugal para o Brasil, as faculdades municipais não derivaram da insurgência contra o titular do poder, sendo antes por ele estimuladas e asseguradas como condição elementar da sua própria sobrevivência enquanto monarca. Tal aliança entre o Rei e o Município (e a consequente ideia de descentralização do Estado unitário por via da autonomia das câmaras municipais em detrimento dos *écrans* intermédios mais fortes e ameaçadores) revelou-se tão apta a viabilizar a estabilidade política interna que foram as municipalidades a jurar a Constituição outorgada de 1824 e foi também nelas onde o Império se aquartelou para defender-se da ofensiva republicana. Como cada Estado federal é produto da sua história (e apesar de as instituições brasileiras se terem desenvolvido em torno das Capitanias, depois Províncias, e finalmente Estados), um estudo sobre a federação brasileira não pode descurar da evolução histórica da autonomia municipal, que resultaria na consagração do Município como ente federado[45].

A primeira referência constitucional do Brasil independente ao que futuramente converter-se-ia em Município estava implícita no art. 2.º da Constituição de 1824, segundo o qual o território do Império estava *dividido em Províncias*, as quais poderiam ser *subdivididas conforme o exigisse o bem do Estado*. O art. 167.º ainda previa que *em todas as Cidades e Vilas ora existentes, e nas mais que para o futuro se criarem, haverá câmaras às quais compete o governo económico e municipal das mesmas*. O art. 168.º dispunha que *as câmaras são electivas e compostas do número de vereadores que a lei designar, e o que obtiver o maior número de votos será o Presidente*. A lei de 1.º de Outubro de 1828 concretizaria

---

[45] Sobre o papel político das municipalidades cfr. José de Castro Nunes, *Do Estado federado e sua organização municipal*, Leite Ribeiro & Maurillo, Rio de Janeiro, 1920, págs. 63-69; Sílvio Meira, *Federalismo e centralização*, cit., pág. 71; Carlos Eduardo Garcez Marins, *Breves considerações sobre o transitório resguardo da autonomia política local em face da geral no Brasil*, in Revista de direito público, 96, págs. 279-280; Íris Eliete Teixeira Neves de Pinho Tavares, *O município brasileiro: sua evolução histórico-constitucional*, in Revista de direito administrativo, 209, Julho--Set/1997, págs. 169-173.

tais preceitos constitucionais: disciplinava simetricamente as chamadas câmaras municipais, elencava as suas atribuições, e regulava o respectivo processo de eleição. É o primeiro texto legal em que se utiliza o termo *Município* – até então se fazia referência a cidades, vilas ou paróquias. O art. 24.º de tal lei elucida as funções municipais e lhes retira as tradicionais atribuições judiciárias – seriam *corporações meramente administrativas* que não exerceriam *jurisdição alguma contenciosa*. E o art. 66.º devolvia às câmaras o tratamento de tudo quanto dizia respeito à polícia e economia das povoações. Todavia o Município brasileiro não oferecia um tipo comum que se permitisse regular uniformemente a partir do parlamento nacional, por isso os juspublicistas da época se insurgiram contra tal lei nacional simétrica, cuja uniformidade alegadamente não acautelava os interesses municipais – a revitalização do Município antes dependia de leis promulgadas por cada Província, conforme as peculiaridades e vicissitudes dos municípios que a integravam.

Em 8 de Agosto de 1834 foi editado o Acto Adicional que instituiu as assembleias legislativas provinciais e devolveu-lhes competências sobre organização municipal. Muitas assembleias legislativas trataram de alterar a isonomia com que os municípios eram tratados pela lei de 1.º de Outubro de 1828 – mas o resultado não foi bem aceite por quem reconhecia na ampla autonomia municipal a única fórmula liberal. O Acto Adicional foi acusado de hostilidade à autonomia municipal, supostamente sacrificada à autonomia provincial. Todavia o Acto Adicional não era nem podia ser hostil à autonomia dos municípios: estes apenas eram deslocados da órbita da da Assembleia-Geral para aquela da Assembleia Provincial, que lhes era muito mais próxima. Coerente com o espírito federativo que o inspirava, o Acto Adicional devolvia às Províncias a organização dos municípios que as integrassem. Mas como os estadistas do Império sempre resistiram à federação por incompatível com as instituições monárquicas – entre as quais a autonomia municipal – o argumento da secundarização dos Municípios foi capitalizado para amesquinhar o poder das Assembleias Provinciais. Não nos compete especular, mesmo porque a distância dos factos não o aconselha, se o Acto Adicional favorecia a unidade nacional ou se em vez disso comprometia a integridade do Império em consequência dos excessos de algumas assembleias legislativas provinciais – muito embora os relatos de *Tavares Bastos* revelem a convicção de que *à sombra do Acto Adicional teriam as Províncias fundado a liberdade municipal, primeira condição do governo do país pelo país*.

Mas não foi esse o desfecho da história: a reacção do Império (Lei de Interpretação de 12 de Maio de 1840) amputou cirurgicamente o Acto

Adicional, isto é, revogou-o somente naquilo que prejudicava a estratégia de centralização. E fê-lo em nome de uma suposta descentralização por via do reforço da autonomia das câmaras municipais – que mais tencionava reduzir o raio de acção das Províncias do que efectivamente instituir um novo regime municipal. Faltava ao sistema semi-federal instituído pelo Acto Adicional a peça imprescindível do controlo jurisdicional das competências tendente a conter o entusiasmo legiferante das províncias que exorbitassem dos seus poderes. Na ausência de tal controlo, a empreitada federativa dificilmente resultaria. O Império já o previa e não exasperou: antes *levantou ao provincialismo uma barreira penosa, defraldando o estandarte das franquias municipais (Pedro Calmon)*. A autonomia dos municípios era o paliativo que um Império com a morte anunciada ofereceria nas suas últimas investidas – e sempre serviu mais à causa monárquica que às aspirações republicanas (gradativamente fundidas e por fim dominadas pelo ideal federativo). Desde a entrada em vigor da Lei de Interpretação a autoridade das assembleias provinciais sobre as câmaras municipais somente se fez sentir pelo lado mau, ou seja, pela excessiva dependência e concentração dos negócios nas capitais de Província. Impedidas que foram as Províncias de aplicarem às suas localidades um sistema de governo mais proveitoso, a função das assembleias provinciais ficou reduzida a uma impertinente tutela, requintada pelas perniciosas práticas introduzidas desde 1840 na administração pública[46].

---

[46] Sobre os efeitos da lei de Interpretação de 1840 nas actividades provinciais e nas relações entre Províncias e Municípios cfr. Aureliano Cândido de Tavares Bastos, *A província*, ob. cit., págs. 149-153. Sobre os efeitos da invocação das franquias locais pelo Império contra o provincialismo cfr. Pedro Calmon, *A federação e o Brasil*, ob. cit., págs. 20-21. Sobre a rejeição a que os assuntos de ordem estritamente local estivessem sujeitos ao molde geral definido pelo Império cfr. João Barbalho Uchoa Cavalcanti, *Do município – art. 68.º*, in Constituição federal brasileira, F. Briguiet & Cia Editores, Rio de Janeiro, 1924, págs. 379-382, onde o Autor transcreve a intervenção do desembargador Álvaro Barbalho Uchoa Cavalcanti no Senado imperial (sessão de 6 de Setembro de 1883) o qual contestava na altura um projecto de lei sobre organização municipal: *"Entendo que o poder legislativo geral não é competente para legislar sobre câmaras municipais. Esta competência não se acha na Constituição nem nas leis posteriores. Não está nem na letra, nem no espírito delas. Depois de promulgada a Constituição do Império, conhecendo-se que a centralização da autoridade era exagerada e inconveniente, tratou-se de conceder às províncias o direito de regerem-se; e esta atribuição que lhes foi concedida não podia deixar de abranger o serviço municipal. E seria com efeito extraordinário que, concedendo-lhes o poder geral o direito de tratar dos seus interesses propriamente provinciais, reservasse para si conhecer dos negócios municipais, que nesses se acham compreendidos e que são de maior*

Não colhe portanto o argumento de que a autonomia das câmaras municipais formava na corrente central da propaganda republicana. É que tal autonomia estava na altura atrelada ao ideal monárquico do Estado unitário, que sempre se mostrou favorável às ditas *liberdades* ou *franquias municipais*, por via das quais realizava a sua descentralização administrativa. Da perspectiva do movimento republicano e federativo, a autonomia dos municípios constituía um assunto doméstico das Províncias. Não se retire daqui a errónea ilação de que república e federação seriam hostis às faculdades municipais, mas apenas que a autonomia municipal teve na construção da federação brasileira um papel secundário (ou à margem da corrente central constituída pelas aspirações provinciais asfixiadas pela hipertrofia imperial), basicamente porque a autonomia das câmaras municipais sempre integrou o ideário monárquico. Isto explica a atitude dos constituintes de 1891, os quais repeliram a ideia de enxertar na Constituição uma cláusula municipalista que assegurasse a *organização dos Estados sob o regime municipal*, isto é, segundo as ideias do municipalismo, e também a eleição municipal não só do *governo* mas dos *funcionários da administração* – como constava do art. 82.º/§2.º do projecto da comissão nomeada pelo governo provisório. A proposta não vingou e

---

importância. Pode-se dizer que virá desvantagem ao serviço público, organizando as províncias suas municipalidades como entenderem? Penso que não; ao contrário acho que isto é de grande vantagem. Os interesses, o clima, a educação, os recursos, as circunstâncias das províncias são diversos em cada uma. Por conseguinte, era mais conveniente que elas pudessem regular os seus negócios municipais como entendessem melhor. Poder-se-ia dizer que assim as câmaras municipais se organizariam de uma maneira em uma província e de maneira diversa em outra, destruindo-se a uniformidade que a muitos parece conveniente. Mas é nisto mesmo que acho a beleza do sistema, a sua vantagem: que cada província organize as suas municipalidades como lhe convier, em atenção às suas condições peculiares – e na mesma província as municipalidades podem ter uma organização diferente, porque aos municípios do interior pode não ser adaptada uma organização igual à da capital ou de suas proximidades, visto que são diferentes por mais de uma circunstância (...) O art. 169.º da Constituição diz (referindo-se às câmaras municipais): 'O exercício de suas funções, formação de suas posturas policiais, aplicação das suas rendas e todas as suas particulares e úteis atribuições serão decretadas por uma lei regulamentar.' Quando a assembleia-geral podia legislar sobre tudo, tinha isso lugar; mas desde que o Acto Adicional conferiu ás províncias a atribuição de legislar sobre os negócios peculiares delas, é óbvio da atribuição de que se trata, concernentes às municipalidades, ficou a elas competindo, e é a elas que pertence fazer a lei regulamentar de que trata o artigo citado." O texto em causa é também reproduzido em Antologia luso-brasileira de direito constitucional, Paulo Lopo Saraiva (org), Livraria e Editora Brasília Jurídica, Brasília, 1992, págs. 189-191.

a redacção do art. 68.º da Constituição de 1891 acabou por assegurar a autonomia municipal em termos bem menos ostensivos que devolviam a organização dos municípios às respectivas Constituições dos Estados: *Os Estados organizar-se-ão de forma que fique assegurada a autonomia dos Municípios em tudo quanto respeite ao seu peculiar interesse* – uma expressão que constituiria o *tormento dos intérpretes*[47].

Várias emendas favoráveis à ampliação daquela disposição normativa foram apresentadas. A que despertou maior interesse foi a emenda do deputado pernambucano *Meira de Vasconcelos*, que aventava a hipótese de deixar aos municípios a tarefa e o cuidado de se constituírem, ou seja, reconhecia-lhes o direito de se auto-organizarem através de lei orgânica, com as limitações resultantes das Constituições dos respectivos Estados. Além de transferir a organização da esfera estadual para a municipal, a emenda concedia aos municípios completa autonomia no concernente aos seus peculiares interesses, a electividade da administração local, e a faculdade de celebrarem entre si ajustes para obras e serviços de interesse comum – o que antevia as virtualidades da cooperação intermunicipal. Se a justificativa da emenda tinha o mérito de ressaltar o inconveniente de uma organização simétrica gizada pelo Estado em desapreço das peculiaridades locais, e que a organização conveniente a um município que *tirasse o seu engrandecimento das indústrias manufactureiras podia comprometer os interesses de outro que vivesse da lavoura ou da criação*, falhava todavia por invocar o argumento de que *o Município estava para o Estado na mesma relação em que este para a União*, em abono do qual reproduzia a imagem dos três círculos concêntricos, cada qual com esfera própria e entre si harmónicos[48]. Seria liminarmente rejeitada pelo espírito federativo da época a ideia de que em cada Estado se pudesse constituir uma federação em miniatura, de base comunal. Como era previsível, o Congresso Constituinte sequer apreciou o mérito da emenda, apenas a declarou prejudicada pela aprovação da disposição constitucional constante do art. 68.º – e idêntica sorte tiveram as demais tentativas.

---

[47] A ideia de que a expressão *peculiar interesse dos municípios* constituiria o tormento dos intérpretes é de Raymundo Faoro, *As urnas do sr. Prefeito*, in Revista Isto É, 30 de Janeiro de 1980, pág. 11.

[48] Sobre a emenda proposta por Meira de Vasconcelos no intuito de contemplar a auto-organização dos municípios na Constituição de 1891 cfr. José de Castro Nunes, *Do Estado federado e sua organização municipal*, ob. cit., pág.76; João Barbalho Uchoa Cavalcanti, *Do município – art. 68.º*, cit., pág. 380. A justificativa da emenda consta de *Anais do Congresso Constituinte*, vol. II, pág. 199.

Não foi por certo um sentimento de hostilidade às faculdades municipais que terá determinado a rejeição de uma cláusula municipalista. É de crer que a maioria dos constituintes fosse favorável à autonomia municipal. Seria contraditório se assim não fosse, posto que o princípio da subsidiariedade desde sempre integrou o ideário federativo que os constituintes de 1891 perfilhavam – e os sistemas federais já eram reconhecidos como os que mais bem asseguram a descentralização. Todavia o sistema federativo em instauração assentava na autonomia dos Estados, não na autonomia dos Municípios, e eram precisamente os primeiros que naquele momento histórico urgia robustecer. O sistema federativo que estava a ser fundado não se compadecia com limitações extensas à autonomia dos Estados, sobretudo as que respeitassem à organização interna, administrativa, doméstica de cada Estado. E se houve princípio federativo que conseguiu firmar raízes através do Acto Adicional foi o de que a organização municipal deveria integrar a esfera das competências provinciais em detrimento das centrais – e não por acaso a política imperial reagiria determinantemente contra tal princípio. A descentralização pretendida pelos constituintes de 1891 havia de realizar-se através da autonomia estadual.

Ademais, as constituições federais da altura não continham qualquer cláusula relativa às instituições municipais – e o momento inaugural da federação brasileira não seria o mais oportuno para a integração de uma cláusula municipalista que pudesse comprometer o projecto federativo. Ainda assim, a autonomia municipal proclamada no art. 68.º da primeira Constituição federal brasileira traduziu-se numa solução inédita e polémica: aquilo que alguns reconheceram como uma prescrição *sui generis*, vestígio do processo descentralizador dos regimes unitários, evidentemente deslocada numa federação onde os Estados federados deviam dispor das localidades que os integram, revelar-se-ia, cem anos volvidos, como o fiel depositário da dimensão activa do *compromisso constitucional de cooperação*. É que a federação não se descaracteriza por se lhe integrar um novo elemento, para além dos tradicionais União e Estado-membro, que lhe faculte *inputs* democráticos. Todavia para se evitar a excessiva fragmentação do poder, tal sistema tem de ser cooperativamente articulado, isto é, informado por uma lógica de lealdade que impeça cada componente de frustrar os interesses alheios e minar a prossecução do interesse geral. É precisamente a extensão desse compromisso no sistema federal brasileiro que andamos a mensurar.

A autonomia municipal manifestava-se, na Constituição de 1891, *no âmbito do seu particular interesse* (art. 68.º). A expressão podia induzir em erro. Em 1920 *Castro Nunes* já alertava para *a vasta rede de interesses que se interpenetravam e a dificuldade de se encontrar, particularmente nas grandes aglomerações urbanas, problemas que pudessem ser classificados como puramente municipais, para o efeito de excluir-se a intervenção do Estado*. Não havia, já naquela altura, interesse geral que não fosse também local, nem interesse local que não se repercutisse no geral. Donde a distinção entre interesse geral e local não seria sempre qualitativa, mas sobretudo quantitativa ou de intensidade. Deviam ser consideradas de peculiar interesse dos municípios as matérias em que o interesse local fosse predominante – porque já em finais do séc. XIX se tornava evidente a impraticabilidade da absoluta auto-suficiência de determinado ente público na gestão das suas competências e consecução dos seus objectivos.

Mas a controvérsia sobre a autonomia municipal não se ficava por aí. É que a designação do chefe do executivo municipal admitia geometria ou solução variável. Havia Estados que adoptavam o sistema dos prefeitos nomeados. Contra tal hipótese se urdia o argumento de que a nomeação do prefeito anulava a autonomia do município, posto que muito mais do que a elaboração da norma, interessava ao povo a sua boa ou má aplicação. Isto é, não bastava que o povo dispusesse da faculdade de traçar, por intermédio dos seus representantes camarários, as normas que o prefeito iria executar: importava que na execução também interviesse o povo, através da eleição do agente executivo. A autonomia não estava assegurada com a electividade da câmara, e eleito devia ser também o funcionário que executaria a vontade da câmara. O impasse só se resolveria em 1934 com a constitucionalização da electividade do prefeito e vereadores (art. 13.º).

A Constituição de 1934 também inauguraria a repartição tripartida de tributos que reservava ao Município uma esfera privativa. Todavia o *federalismo nominal* do Estado Novo instaurado em 1937 obnubilaria o frescor municipalista de 1934 – e os municípios teriam de aguardar pela chamada *revolução municipalista* de 1946, quando a Constituição encontrou na autonomia financeira a fórmula do fortalecimento comunal. A Constituição de 1946 não só reservava aos municípios a competência tributária exclusiva para a arrecadação do imposto sobre indústrias e profissões (art. 29.º), como assegurava-lhes a aplicação de 10% do imposto de renda recolhido pela União e 60% do imposto federal sobre combustíveis – este último a ser partilhado com os Estados (arts. 15.º, 20.º, 21.º). A autonomia política municipal restou consubstanciada na eleição de prefeitos e vereadores, na decretação e arrecadação de tributos de competência local, na aplicação de suas rendas, e na organização dos serviços públicos locais (art.28.°). Foi constitucionalmente prevista a hipótese de intervenção da União nos Estados para garantir a autonomia municipal (art.7.°/VII/e). Do exposto deriva que a Constituição de 1946 não deixou margem para dúvidas sobre a consolidação institucional do Município e sua autonomia político-administrativa no contexto federal brasileiro – muito embora alguns municípios ainda continuassem extremamente pobres e sem condições de assumirem condignamente as suas responsabilidades prestacionais. Seja como for, o impulso institucional dos municípios tinha prazo certo.

A Constituição de 1967 (supostamente) assegurava a autonomia municipal através da eleição directa do prefeito, vice-prefeito e vereadores (art. 15.°/I), e da administração própria no que respeitasse ao seu *peculiar interesse* (art.15.°/II). O retorno da lacunosa expressão de 1891 denunciava as intenções restritivas do regime militar. E para que dúvidas não restassem, o art. 15.°/§2.°/a regulava a impositiva *nomeação dos prefeitos* das capitais dos Estados e dos Municípios considerados estâncias hidrominerais por lei estadual, cuja escolha competia ao governador do Estado com a prévia aprovação da assembleia legislativa[49]. Ademais, o art. 15.°/§2.°/b criava os

---

[49] A Constituição de 1946 já contemplava a hipótese de que os prefeitos das capitais dos Estados e dos Municípios onde houvesse estâncias hidrominerais *pudessem* ser nomeados pelos governadores dos Estados (art. 28.° §1.°). Mas para tanto era preciso que tais estâncias naturais fossem beneficiadas por recursos do Estado em que estivessem inseridas ou da União. A Constituição de 1946 também dispunha que os municípios declarados em lei federal como bases ou portos militares de *excepcional importância para a defesa externa do país* teriam os seus prefeitos nomeados pelos governadores (art. 28.° §2.°). O que o regime militar fez foi, no primeiro caso, transformar uma norma permissiva em imperativa e suprimir a exigência da concessão de benefícios pelos Estados ou União. No segundo caso, o governo central criou uma ampla categoria de municípios de segurança nacional, chamou a si a responsabilidade pela aprovação dos prefeitos, e substituiu a noção de *defesa externa* pela de *segurança nacional*, cuja obscuridade tudo permitia. A iniciativa das leis que declaravam os municípios de segurança nacional seria do executivo central, assim como a aprovação do nome sugerido pelo governador – nenhum órgão legislativo municipal, estadual ou federal participava no processo. Acrescente-se que sob os auspícios da Constituição de 1946 ocorreu a devolução da plena autonomia aos municípios afectadas por tais disposições constitucionais. As capitais de Estado que tiveram inicialmente prefeitos nomeados passaram a elegê-los, tendo o mesmo ocorrido com os municípios onde havia estâncias hidrominerais. Sucessivas leis federais restabeleceram a eleição do prefeito nos dezoito municípios que tinham sido incluídos na categoria de portos e bases de importância para a defesa externa. Sobre a nomeação de prefeitos durante o período militar cfr. Diogo Lordello de Mello, *Os Estados e os Municípios na Constituição de 1967*, cit., págs. 43-46; Luís Roberto Barroso, *Direito constitucional brasileiro: o problema de federação*, ob. cit., págs. 73-75 e 112-113.

chamados municípios de *segurança nacional*, assim declarados por lei de iniciativa do governo central, cujos prefeitos dependiam da aprovação do presidente da República. Tal dispositivo retirava capacidade de auto-administração aos municípios que infortunadamente restassem enredados na extensa teia da *segurança nacional* – uma nebulosa noção cuja oportuna obscuridade a tudo servia e que acabou, naqueles draconianos tempos, por submeter todo o ordenamento jurídico à sua prossecução, não fosse o art. 86.º da Constituição de 1967 dispor que *toda pessoa, natural ou jurídica, é responsável pela segurança nacional, nos limites definidos em lei*. Os ditos municípios de *segurança nacional* seriam, curiosamente, os mais desenvolvidos política e economicamente, além dos mais populosos. Por inerência, o instrumento ainda autorizava as mais indevidas interferências nos assuntos até então tidos por estaduais.

O retorno do *peculiar interesse* de má memória só complicava a já de si desastrosa situação. Ainda que o art. 15.º enunciasse como matéria de *peculiar interesse* dos municípios a decretação e arrecadação de tributos de sua competência, a aplicação das suas rendas, e a organização dos serviços públicos locais – o que formalmente até sugeria a gestão político--administrativa dos interesses locais – na prática resultava na *negação da autonomia* das instituições municipais que, cativas de governadores tementes da administração central, mendigavam recursos para a realização de programas sobre os quais não podiam deliberar. Aos municípios foram retiradas fontes tributárias próprias de significativa rentabilidade, como o imposto sobre indústria e profissões e o imposto sobre transmissão de propriedade *inter vivos*, que foram substituídos pela bem menos promissora participação no imposto estadual sobre circulação de mercadorias. Os municípios passam a depender quase que exclusivamente de recursos financeiros transferidas pela União e Estados – com o inevitável agravo autonómico que isto representa.

Isso não bastasse, as despesas de pessoal foram constitucionalmente limitadas em 50% das respectivas receitas correntes (art. 66.º/§4.º) e autorizada a intervenção do Estado quando a administração municipal não prestasse contas a que estivesse obrigada na forma da lei estadual (art. 16.º//§3.º/c). Isto é, os municípios fragilizados nas suas competências tributárias ficam adicionalmente impedidos de determinar os seus gastos – sempre sob a ameaça da intervenção estadual. O Município foi resolutamente trazido para a órbita do governo central – e o Estado-membro restou excluído da relação bilateral e clientelar que se instituiu entre os primeiros. Em pelo menos duas situações a União manifestamente substituiu-se aos Estados no tratamento da organização municipal: primeiro quando a

Constituição retira aos Estados a competência da regulação do processo de criação de novos municípios (fixação dos mínimos de população e renda pública, e consulta às populações locais) que passa a ser objecto de lei complementar federal (art. 14.º); segundo quando a Constituição afasta a hipótese de remuneração dos vereadores às câmaras municipais, exceptuando-se capitais de Estado e municípios com população superior a cem mil habitantes, nos termos fixados em lei complementar federal (art.16.º/§2.º).

Todavia a apócrifa *revolução gloriosa* imposta pelos militares não afastaria a saudosa memória da autêntica *revolução municipalista* do período constitucional que a antecedeu. É que não se podia retroceder quanto àquilo que já integrava a convicção colectiva: a autonomia político-administrativa do Município e sua identificação como peça integrante da federação. A evolução sofrida pela matéria municipal nos sucessivos períodos constitucionais justifica tal convicção. Diferentemente da Constituição de 1891 que devolvia a caracterização da autonomia municipal ao Estado federado (art. 68.º), a Constituição de 1946 definia os elementos essenciais da autonomia política municipal (art. 28.º) e a reconhecia como um limite ao poder de auto-organização dos Estados. Diferentemente da Constituição de 1934 que permitia a criação de um órgão de assistência técnica à administração municipal e fiscalização de suas finanças (art.13.º/§3.º), da Constituição de 1946 derivava que se o Município eventualmente ultrapassasse os limites da sua competência, por certo infringia a Constituição Federal, mas não cabia a interferência do Estado por via do legislativo, executivo ou Tribunal de Contas para cingir o Município à sua respectiva esfera competencial. Só o judiciário poderia invalidar os actos municipais – único poder estadual autorizado a ingerir na vida municipal quando chamado a pronunciar-se pela forma e processo próprios.

Em nenhum momento a Constituição de 1946 admitia que o prefeito estivesse sujeito ao governador do Estado, salvo nas hipóteses em que o mesmo restasse nomeado (art. 28.º/§1.º e 2.º) e mesmo nessas circunstâncias não poderia haver anulação dos actos que praticasse. A tutela consistia na hipótese de ser afastado, se não agisse em conformidade com a vontade de quem o nomeara. O art. 23.º da Constituição de 1946 consagrava que os assuntos municipais somente admitiriam a interferência dos Estados--membros para regularizar as finanças locais quando os municípios deixassem de pagar por dois anos consecutivos a sua dívida fundada. Isto criou a convicção de que *no seu domínio, o Município era tão autónomo quanto o Estado-membro*. Ou seja, que a sua posição institucional e competências derivavam da Constituição Federal tanto quanto as da União e Estados-membros, o que o protegia contra as investidas alheias tendentes a restringi-lo naquilo que lhe seria originário – e não delegado ou concedido por Estado-membro ou União. E que só o poder constituinte poderia afectar as faculdades do Município – como o poderia fazer em relação à própria União e Estados-membros.

Apesar de a Constituição de 1946 (e depois dela a Constituição de 1967) não mencionar expressamente a faculdade legislativa dos órgãos municipais, a doutrina constitucional caucionaria o entendimento de que as câmaras municipais representavam o poder legislativo municipal, que as suas decisões tinham força de lei no domínio da competência que lhe traçara a Constituição, que inválidas seriam as leis estaduais e federais que invadissem a esfera de competência municipal. Contra *Castro Nunes* e *Levi Carneiro*, segundo os quais o Município não elaborava leis (ou não exercia o poder legislativo num sentido correlato ao da União e Estado, muito embora o Município legislasse em *sentido material* porque neste conceito se enquadravam todas as deliberações tomadas por disposição geral e que tivessem força coactiva), *Manoel Ribeiro* argumentaria, ancorado em *Carré de Malberg*, que *toda prescrição que leva em si o carácter de lei material depende da competência da autoridade legislativa,* isto é, *dizer que uma prescrição tem natureza de lei material é dizer que constitui a matéria de uma lei e que deve normalmente ditar-se por via de legislação.* E concluiria *Manoel Ribeiro: é forçar muito a natureza das coisas afirmar com Castro Nunes e Levi Carneiro que o Município não elabora leis. Elaborando regras gerais e permanentes, leis materiais, que entram na competência da Câmara Municipal, numa tramitação semelhante à seguida nas Assembleias Legislativas, com representantes escolhidos pelo mesmo sistema pelo qual são indicados os deputados estaduais, federais e senadores, é impossível recusar às deliberações do órgão legislativo municipal o carácter de lei formal.* E a seguir: *as Câmaras Municipais representam o poder legislativo municipal. As suas decisões fazem força no domínio da competência que lhes traçou a Constituição Federal. Não podem ser afastadas pelas leis da União e dos Estados-membros. Se fossem de natureza inferior, ou produto de delegação, poderiam ser afastadas pela norma superior ou pelo poder delegante. O que se sabe, entretanto, é que a resolução municipal permanece de pé, e inválidas serão as leis federais e estaduais que invadirem a área de competência municipal.*

No mesmo sentido, *Pontes de Miranda* admitiria que no *exercício dos poderes legislativos municipais, a câmara municipal, que se contém nos limites da competência que a lei orgânica traçou, é livre de editar as regras jurídicas que entenda.* Era efectivamente o que decorria da

Constituição de 1946, posto que quando disciplinava a elaboração orçamentária de Estados e Municípios (arts. 73.º a 75.º), a Constituição falava em *lei do orçamento*, sendo portanto uma lei a deliberação municipal que o aprovava e eventualmente alterava. E quando tratava da tributação (art. 141.º/§34.º), a Constituição dispunha que nenhum tributo seria exigido ou aumentado sem que a lei o estabelecesse, donde os impostos municipais apenas podiam ser cobrados ou aumentados por lei municipal. Já sob a égide da Constituição de 1967, *Dalmo de Abreu Dallari* corajosamente sustentaria que o sistema constitucional então vigente *admitia a auto-organização dos municípios* por via da edição de *leis orgânicas pelos legislativos municipais* (e não estaduais) – algo que só não se tinha vulgarizado, no entender de insigne jurista, pela inércia das comunidades locais inevitavelmente fragilizadas pelo regime militar[50].

O reconhecimento da competência legislativa municipal nas matérias que lhes eram constitucionalmente afectas (decretação de impostos e diversas relações de âmbito local) era praticamente unânime no início da década de oitenta do séc. XX. A Constituição de 1988 tratou de formalmente reconhecer o que materialmente já o era: o Município como peça integrante da federação, contemplado na repartição de competências que integra a soberania, dotado consequentemente de faculdades auto-organizatórias, políticas, legislativas e administrativas. Não seria um ente federado noutros Estados compostos – mas constituía certamente um imperativo do sistema federal brasileiro, porque assim inevitavelmente o determinava o seu percurso histórico. E como já nos ensinou *Konrad Hesse*, só a consciência da historicidade permite a compreensão total e o juízo acertado das questões jurídico-constitucionais: a Constituição de uma concreta comunidade política, seu conteúdo, a singularidade de suas normas, assim como seus problemas hão-de ser compreendidos numa perspectiva histórica[51].

---

[50] Sobre a competência legislativa municipal cfr. Manoel Ribeiro, *O município na federação*, Livraria Progresso Editora, Salvador, 1959, págs. 61-68; Dalmo de Abreu Dallari, *Auto-organização do município*, in Revista de direito público, n.º 37/38, 1976; Luís Roberto Barroso, *Direito constitucional brasileiro: o problema da federação*, ob. cit., pág. 75-76.

[51] Sobre a ideia de que só a historicidade permite a compreensão e o juízo acertado das questões jurídico-constitucionais de uma dada comunidade política cfr. Konrad Hesse, *Constitución y derecho constitucional*, in Manual de derecho constitucional, Benda/Maihofer/Vogel/Hesse/Heyde (org), Marcial Pons, IVAP, Madrid, 1996, pág. 1.

Capítulo II

AS MANIFESTAÇÕES CONCRETAS DO COMPROMISSO CONSTITUCIONAL DE COOPERAÇÃO NA CONSTITUIÇÃO DE 1988

As Constituições sempre ostentam um carácter compromissório, isto é, resultam da acomodação dos vários interesses e mundividências (não raro dissonantes) das distintas forças constituintes em disputa por posições constitucionais. E não há aqui qualquer incoerência, posto que a Constituição deve ser *o local de diálogo, o espaço de interactividade entre os vários discursos, concepções, doutrinas, cosmovisões* (*Gomes Canotilho*), de modo a permitir a convivência pluralista, as mudanças controladas, *evitar a anomia e o conflito civil* (*Gustavo Zagrebelsky*). A ordem fundamental só funciona porque todos os cidadãos, independentemente das suas inclinações e das doutrinas que perfilhem, nela minimamente se revêem[1]. Ora bem, com a Constituição brasileira de 1988 não podia ser diferente – e só isso consegue explicar a consagração constitucional da *função social da propriedade* e do *pleno emprego* (art. 170.º), ou a *proibição de taxas de juros superiores a 12% ao ano* (art. 192.º/§3.º). E como habitualmente acontece nesses momentos fundadores, os elementos tendentes a combinar a centralização e a descentralização foram sendo incorporados consoante os interesses das forças protagonistas no processo constituinte: nem as forças que propugnavam pelas grandes mudanças, nem as que defendiam a continuação do *statu quo* revelaram uma nítida superioridade, o que indiciava que a adaptação, a acomodação e o compromisso conduziriam a transição institucional.

---

[1] Sobre o carácter compromissório da Constituição cfr. J. J. Gomes Canotilho, *Direito constitucional e teoria da Constituição*, Editora Almedina, Coimbra, 1998; José Juan González Encinar, *El Estado unitario-federal*, Editora Tecnos, Madrid, 1985; Luís Roberto Barroso, *O direito constitucional e a efectividade de suas normas*, Renovar, Rio de Janeiro, 1993, pág. 45.

A convulsão histórica da redemocratização brasileira restou estampada na Constituição de 1988 – que lá tentou promover os arranjos organizatórios possíveis e engendrar soluções voltadas à evolução político-social. Mas ainda que a Constituição, enquanto norma que é, *ordene, conforme, e por vezes até modifique a realidade político-social*, ela definitivamente não é *um depósito acabado de soluções substantivas*. Ou seja, *os conflitos e tensões, numa sociedade dinâmica, hão-de encontrar o seu ponto de equilíbrio em cada momento (Gomes Canotilho)*. As Constituições foram progressivamente perdendo o seu carácter dirigente e as prerrogativas de direcção activa, sendo hoje modestamente entendidas como *ordem fundamental – e não um código exaustivamente regulador (Gomes Canotilho)*. As novas sugestões da teoria da Constituição indicam que os documentos constitucionais devem restringir-se às grandes linhas da ordenação política e oferecer as coordenadas básicas da convivência pluralista – todo o resto é vitalidade institucional. Apesar de a Constituição ser mais que um esquema de governo (posto que corresponde ao *esquema matricial de uma comunidade – Gomes Canotilho*), para que se torne operacional, o texto constitucional deve não só transportar dimensões materiais que se possam concretizar, como evitar a cristalização das políticas públicas.

Talvez seja conveniente admitirmos a hipótese de várias *teorias das constituições* – e não de uma única teoria da Constituição enquanto categoria universal e universalizada. É que a realidade jurídico-constitucional brasileira (e como ela certamente outras) não se adapta ao postulado acima descrito. Os fundamentos de uma teoria da Constituição pós--moderna em que já não existe centro e o *Estado é um herói humilde* (reflexividade, suavidade, desregulação) não se compadecem com o *constitucionalismo periférico* brasileiro centrado na dimensão normativo--constitucional da socialidade e onde as disposições constitucionais, mesmo aquelas que não tenham atingido a sua pretensão de eficácia, funcionam como uma espécie de *palavra de ordem para a própria luta política*[2]. Isto

---

[2] Sobre as novas sugestões da teoria da Constituição cfr. J. J. Gomes Canotilho, *Direito constitucional e teoria da Constituição*, ob. cit., Parte V. Sobre a necessidade de se estabelecer um novo diálogo em que já não se fale de constitucionalismo e teoria da Constituição, mas de *teorias de constituições* e de uma *rede de interconstitucionalidade* cfr. as ideias de J. J. Gomes Canotilho em Jacinto Nelson de Miranda Coutinho (org), *Canotilho e a Constituição dirigente*, Renovar, Rio de Janeiro/São Paulo, 2003, pág. 34. Sobre as ideias de *constitucionalismo periférico* e a *constituição simbólica* cfr. Marcelo Neves, *A constitucionalização simbólica: uma síntese*, in 20 anos da Constitui-

baralha a identificação da Constituição brasileira como normativa, no sentido de *Konrad Hesse* ou de *Karl Loewenstein*[3], porque se por um lado existe sim a assimilação da necessidade e do valor de uma ordem constitucional inviolável que proteja o cidadão contra o arbítrio, e existe também o reconhecimento da Constituição como boa e justa pela colectividade a que se destina, por outro lado a dinâmica do processo político e social não se adapta perfeitamente às normas constitucionais, a vontade de Constituição nem sempre se faz presente na consciência dos responsáveis pela ordem jurídico-constitucional, e não se pode afirmar que o *compromisso constitucional de cooperação* reste lealmente observado por todas as componentes da federação.

Ora a Constituição, como se sabe, não funciona por si mesma: *será aquilo que governantes e governados fizerem dela na prática* (*Konrad Hesse*). Mas os elementos de que dispomos sobre a efectividade das normas constitucionais brasileiras também não nos permitem integrá-las na categoria da Constituição nominal – cuja definição sugere que os pressupostos sociais e económicos, nomeadamente a ausência de educação política e a inexistência de uma classe média independente, operam contra a concordância entre as normas constitucionais e as exigências do processo de poder. Categorizar a Constituição de 1988 como nominal significaria admitir que pouco se evoluiu desde a redemocratização da década de oitenta, o que manifestamente não corresponde à realidade: uma comunidade política que ousa romper com a tradição oligárquica, e ineditamente elege para a presidência da República um académico (*Fernando Henrique Cardoso*) e seguidamente um torneiro mecânico (*Lula da Silva*), não pode ser acusada de imaturidade democrática. Sobretudo quando a transição entre ambos dá-se de forma tão harmónica que permite concluir pela superação do maléfico fenómeno da *descontinuidade governativa*, que desde sempre ensombrou a vida política brasileira, e que consistia na total ruptura e descredibilização do anterior governo. Daqui se depreende que

---

ção de 1976, Boletim da Faculdade de Direito da Universidade de Coimbra, Coimbra Editora, Coimbra, 2000, onde o Autor reconhece a constitucionalização simbólica como um problema da modernidade periférica. A legislação simbólica apontaria para o predomínio, ou mesmo hipertrofia, da função simbólica da actividade legiferente e do seu produto, a lei, em detrimento da função jurídico-instrumental.

[3] Sobre o sentido da Constituição normativa cfr. Konrad Hesse, *A força normativa da Constituição*, Editora Sérgio Fabris, Porto Alegre, 1991; Karl Loeweinstein, *Teoría de la Constitución*, Editorial Ariel, Barcelona, 1976, págs. 216-222.

a Constituição brasileira – da mesma forma que o *sistema federal municipalista* que dela decorre – não se permite facilmente categorizar.

E especificamente naquilo que respeita à matéria cooperativa, o ordenamento composto brasileiro revela um fenómeno curioso: apesar de várias normas constitucionais terem decomposto o *compromisso constitucional de cooperação* e introduzido sugestões tendentes a robustecer a *dimensão activa* daquele compromisso (nomeadamente via prestação conjunta de serviços), tais sugestões ainda carecem da concretização do legislador ordinário, isto é, não foram funcionalizadas pelo sistema político-jurídico. Não é decisivamente a partir de tais sugestões cooperativas (ainda não concretizadas) que a cooperação avança naquele sistema federativo. A cooperação curiosamente avança na esfera das políticas públicas da saúde e da educação, para as quais a Constituição definiu um preciso e apertado modelo de relações intergovernamentais e optou por directivas concretas de acção! A cooperação tem evoluído mais nos termos da Constituição-regra e do determinismo constitucional, e menos nos termos da Constituição-princípio e do reenvio para densificação legal. Ou seja, a cooperação progrediu naquelas esferas em que o *constituinte optou por rigidificar soluções*, onde recorreu a uma *instrumentalidade normativa marcada pelo perfeccionismo e pelo pormenor*.

O mais intrigante é que o modelo do *activismo constitucional* efectivamente resulta no ordenamento composto brasileiro – não obstante se saiba que a densificação técnico-instrumental da lei básica restringe drasticamente as margens do sistema político e *desloca o momento e a responsabilidade das decisões políticas infraconstitucionais para o constituinte*[4]. De qualquer forma, o certo é que exceptuadas as políticas públicas da saúde e educação, o sistema político-jurídico ainda não soube (ou não quis) concretizar a Constituição cooperativa. Ainda não foi concebido o instrumentário jurídico capaz de funcionalizar as opções constituintes, isto é, não há normas actualizadas tendentes a disciplinar e impulsionar a cooperação intergovernamental. Tal omissão inquieta-nos porque a conformação vertical de poderes vertida na Constituição de 1988 busca fundamento num *compromisso constitucional de cooperação* tendente a construir uma sociedade solidária e a reduzir as desigualdades regionais – não fosse esse o objectivo fundamental da República Federativa do Brasil plasmado no art. 3.º da Constituição.

---

[4] Sobre o activismo ou determinismo constitucional cfr. J. J. Gomes Canotilho, *Estilo e norma constitucional. A propósito de direito constitucional técnico*, in Legislação n.º 16, Abril-Junho/1996.

Esse compromisso de *solidariedade* ou *co-responsabilidade* pelos destinos da totalidade sistémica, que sustenta o projecto federal brasileiro, aponta certamente para imperativos de equilíbrio financeiro e substancial homogeneidade de todas as componentes federadas. Nesse contexto a homogeneização implica a progressiva diminuição das antimonias regionais em favor da tendencial equiparação das situações jurídicas e das condições de vida em todo o território federal – processo distinto da centralização, prelecciona *Konrad Hesse*, que implica o enfraquecimento dos entes federados em benefício do poder central[5]. Resta evidente que tal homogeneização não significa uniformidade – posto que a heterogeneidade enriquece o processo federativo. Mas a medida da heterogeneidade é fornecida pela própria Constituição, através do princípio da solidariedade, que traça os limites entre a heterogeneidade/diferença e a assimetria/desproporção.

Todavia o *compromisso constitucional de cooperação* não se esgota nessa vertente compensatória – apesar de ser esta a dimensão mais acentuada pelos doutrinadores que se ocupam do fenómeno federal brasileiro. O imperativo de compensação financeira deriva da *dimensão passiva* do *compromisso constitucional de cooperação* – a qual aponta para a fidelização sistémica (ou para a aceitação e conservação das normas que mantêm unidas as diversas partes do todo), e impede que os distintos poderes públicos frustrem a prossecução dos interesses alheios ou se recusem a ajudar. Tal vertente de lealdade reforça os delicados e instáveis equilíbrios da federação, na medida em que procura mitigar as consequências adversas do isolacionismo decisório, isto é, obriga à consideração dos interesses alheios e às soluções que acarretem menos custos/externalidades à totalidade sistémica. E para além dessa vertente de moderação recíproca ou de abstenção do exercício de poderes formalmente acometidos, *o compromisso constitucional de cooperação* ainda integra uma *dimensão activa* que requer actores políticos decididamente engajados em acções concertadas, isto é, actores empenhados na resolução pactuada de uma problemática que afecte duas ou mais componentes da federação. Aqui o *compromisso constitucional de cooperação* impulsiona aquilo que a Constituição de 1988 sugere como *prestação conjunta de serviços* – e que se traduz na adopção de compromissos de planificação conjunta de certas actividades administrativas, na assunção de compromissos de actuação

---

[5] Sobre o sentido da homogeneização contraposta à centralização cfr. Konrad Hesse, *Elementos de direito constitucional na República Federal da Alemanha*, Editora Sérgio Fabris, Porto Alegre, 1998.

conjunta relativa a obras e serviços, na adopção de compromisssos de delegação de funções entre as partes, etc. Dentre todas as Constituições brasileiras, a Constituição de 1988 será aquela que mais apostou na *dimensão activa* do *compromisso constitucional de cooperação*, posto que expressamente habilita as componentes da federação a engendrarem um modelo de planeamento e gestão das políticas públicas que incorpore esforços de concertação dos distintos interesses em causa, e que tenha como resultado soluções discursivamente validadas.

Apesar disso, pouco se avançou a partir das sugestões cooperativas da Constituição de 1988, o que intriga quem se debruça sobre o ordenamento composto brasileiro. *Marcelo Neves* diria que a falta de concretização normativo-jurídica do texto constitucional de 1988 está associada a sua função simbólica (ou ao predomínio da função simbólica da actividade legiferante, e de seu produto, a lei, em detrimento da função jurídico--instrumental), através da qual se transfere a realização da Constituição para um futuro remoto e incerto. O problema da constitucionalização simbólica, nos termos defendidos pelo Autor, não se restringe à desconexão entre disposições constitucionais e comportamento dos agentes públicos e privados (não seria simplesmente uma questão de eficácia, portanto), mas ganha relevância específica pela ausência generalizada de expectativas normativas conforme as determinações dos dispositivos constitucionais. Ao texto constitucional faltaria normatividade porque não lhe corresponderiam expectativas normativas congruentemente generalizadas. A prática política e o contexto social favoreceriam uma concretização restrita e excludente dos dispositivos constitucionais.

Tais assertivas suscitam-nos a seguinte perplexidade: segundo quais critérios se selecciona o que há-de ser realizado e o que não há? É que o Autor sustenta que o problema da constitucionalização simbólica não se confunde com a ineficácia de alguns dispositivos específicos do diploma constitucional (posto que seria sempre possível a existência de disposições constitucionais com efeito simplesmente simbólico, sem que daí decorra o comprometimento do sistema constitucional em suas linhas mestras), e que a constitucionalização simbólica ocorre quando as instituições constitucionais básicas (direitos fundamentais, separação de poderes, eleições democráticas e igualdade perante a lei) não encontram ressonância generalizada na praxis dos órgãos estatais. Todavia julgamos que a partir dessa definição, a tese da Constituição simbólica não consegue explicar o êxito do activismo constitucional brasileiro (ou daquilo a que *Gilmar Mendes* depreciativamente reconhece como a armadilha de uma Constituição analítica que efectivamente não estabelece princípios, mas regras precisas de carácter regimental inclusive), que de resto acabou por salvar a cooperação intergovernamental no perído pós-1988, precisamente por não ter devolvido a questão cooperativa à duvidosa boa-vontade das forças políticas. Porventura mais grave que a dimensão analítica da Constituição de 1988, seja a sua *dimensão casuística*, aquela que incorre no erro conjuntural e no detalhe de curto fôlego histórico, e que *no limite pode comprometer a cientificidade e intemporalidade da Lei Fundamental (Luís Roberto Barroso)*[6].

Não diabolizamos o activismo constitucional de 1988 por entendermos que, devido à débil repercussão do *compromisso constitucional de cooperação* e dos princípios que o concretizam, a cooperação intergovernamental no sistema federativo brasileiro tem de ser resolutamente impulsionada pelas regras constitucionais. E nesse preciso empenho as disposições constitucionais não só atingem a sua pretensão de eficácia, como correspondem, numa amplitude maior ou menor, a expectativas normativas congruentemente generalizadas, contrariamente ao que sustenta a tese da constitucionalização simbólica. Mas em dois aspectos concordamos integralmente com *Marcelo Neves* e sua Constituição simbólica. Primeiro, os problemas político-constitucionais básicos residem na insuficiente concretização normativo-jurídica do texto constitucional. Isto é, a reforma do Estado composto brasileiro importa, antes de mais, a constitucionalização efectiva da realidade política estatal – uma realidade fundada num *compromisso constitucional de cooperação* largamente negligenciado e de cuja constante reafirmação depende o resgate do adequado funcionamento daquela totalidade sistémica. Segundo, o contexto da constitucionalização simbólica proporciona o surgimento de movimentos e organizações sociais criticamente envolvidos na realização dos valores solenemente proclamados no texto constitucional, e portanto integrados na luta política pela ampliação da cidadania. Não será por outra razão que a malha cooperativa brasileira tem sido tecida pelo *federalismo municipalista*, isto é, pela esfera municipal tendencialmente mais sensível ao acolhimento dos *inputs* democráticos das comunidades locais.

---

[6] Sobre a armadilha da Constituição analítica cfr. Gilmar Ferreira Mendes, debatedor no painel *O nascimento do federalismo no Brasil: a herança de Rui Barbosa*, cujas intervenções estão publicadas na Revista Federalismo, n.º 1, Brasília/DF, Setembro/ /2000. Sobre a distinção entre Constituição analítica e Constituição casuística cfr. Luís Roberto Barroso, *O direito constitucional e a efectividade de suas normas*, ob. cit., págs. 49-50.

Declinemos do estéril intento de integrar a Constituição de 1988 numa qualquer categoria teórica – porque não é certamente esse o objecto do presente trabalho, apesar de tal introdução revelar-se necessária à captação das considerações que se seguem – e acompanhemos algumas sugestões da Constituição de 1988 relativas ao tratamento cooperativo das relações intergovernamentais.

2.1. O Município como ente federado

Durante a década de oitenta do séc.XX o Brasil foi tomado pelo frenesim autonómico – perfeitamente explicável enquanto reacção à longa e tenebrosa noite da ditadura militar. Era naquela altura politicamente incorrecto manifestar-se contra a descentralização, então percepcionada como panaceia para todas as dores de uma federação profundamente maltratada. Tudo conspirava para o sucesso do *movimento municipalista* (organizado em torno das associações municipais), que propugnava o afastamento da intermediação dos Estados para a transferência de recursos aos Municípios, a fim de impedir a alegada instrumentalização clientelista de tais fundos pelos governos estaduais, ou evitar a suposta retenção das verbas quando o Município destinatário ostentasse uma coloração partidária distinta daquela do governo estadual. O certo é que em matéria de *lealdade federal* definitivamente não havia santos entre os componentes do Estado composto brasileiro – só pecadores. Os Municípios constituíam um grupo profundamente heterogéneo e só apenas 50 das 4100 municipalidades existentes em Julho de 1988 recolhiam, a partir da própria base tributária, mais de 50% da receita disponível. Estavam mal habituados ao paternalismo do poder central e genericamente despreparados para assumir funções adicionais e gerir maior volume de recursos. A fragilidade financeira dos Municípios aproveitava certamente ao poder central, que barganhava a liberação de subvenções e a nomeação de cargos públicos federais por apoio político no Congresso: os congressistas aos quais fossem atribuídos os louros da concessão dos fundos seriam certamente ovacionados nos seus redutos eleitorais. E o resultado desse círculo vicioso foi que a visão imediatista imposta pela fraqueza organizacional, a instabilidade política, e a crise económica inviabilizaram um processo de devolução de funções planeado e ordenado. A recusa da premissa da *desigualdade dos iguais* – com a consequente previsão de distintos ritmos competenciais de acordo com as capacidades de cada qual – desenhava no horizonte o inevitável desbarato de recursos públicos[7].

O texto constitucional resultante da pressão municipalista sobre a Assembleia Constituinte reconheceria o Município como ente federado. Entretanto a grande maioria dos Municípios brasileiros não tinha estatura administrativa, institucional e financeira para implementar os programas constitucionalmente pretendidos. A precariedade dos mecanismos de *accountability* e de fiscalização cidadã também conspirava contra os entusiasmos mais ingénuos. É inegável que a inovação constitucional aproximou o governo do cidadão: não só porque o governante local é tendencialmente mais sensível às prioridades de alocação de recursos, mas também porque a difusão do poder tende a fortalecer as organizações populares de base, isto é, a autoridade municipal está muito mais apta a mobilizar a comunidade para a satisfação das demandas locais. Todavia para que a cadeia de responsabilização político-administrativa pretendida pelo constituinte não fosse desvirtuada, o governante local não poderia ter os seus gastos integralmente subsidiados por recursos alheios. E o certo é que a maioria dos actuais 5500 Municípios brasileiros ainda não é auto-sustentável (84,2% têm até 30.000 habitantes) e dependem quase que exclusivamente das transferências centrais. Em consequência disso os Municípios procuram estreitar laços com o governo central e priorizam as relações bilaterais que facultam apoio financeiro via transferências específicas. Ocorre que a compensação financeira tem também uma dimensão desonerante que é esta: os entes beneficiados já não prosseguem a expansão das fontes locais de receita e reduzem os esforços de aperfeiçoamento administrativo--financeiro. Ora bem, para que o programa constitucional funcione eficientemente há que desenvolver um aperfeiçoado sistema de relações intergovernamentais cooperativas que patrocine a gestão concertada dos interesses. Sem isso o governo municipal resulta falacioso. Os constituintes intuíram-no – mas seus apelos cooperativos ainda restam largamente inoperantes. Descortinemos em que medida.

Conforme ensina *Paulo Bonavides*, a Constituição de 1988 emprestou ao Município uma natureza federativa incontrastável e o fez peça constitutiva do próprio sistema nacional de comunhão política do ordenamento. A Constituição produziu e institucionalizou um *federalismo tridimensional*,

---

[7] Sobre a situação dos Municípios brasileiros durante a década de oitenta do séc. XX cfr. Wayne Selcher, *O futuro do federalismo na Nova República*, in Revista de administração pública, n.º 1/90, Nov/1989-Jan/1990, págs. 183-190.

ainda imperfeito na rudeza de algumas de suas linhas mas sem paralelo em qualquer outra forma contemporânea de organização do Estado, nos termos do qual a autonomia do Município recebe uma protecção constitucional que faria inadmissíveis e nulos actos legislativos de qualquer natureza (ordinária ou constituinte) praticados na esfera de poder do Estado-membro, os quais violassem o que essencialmente pertence à autonomia das colectividades comunais[8]. A autonomia municipal na Constituição de 1988 caracteriza-se pela auto-organização (os Municípios elaboram a sua lei orgânica e demais leis nas matérias que lhes são constitucionalmente acometidas – arts. 29.º e 30.º/I/II); pelo auto-governo (os Municípios elegem o seu prefeito, vice-prefeito e vereadores – art. 29.º); pela auto-administração (os Municípios têm administração própria e organizam os seus serviços a partir das leis que emanem – art. 30.º/ /IV/V/VI/VII/VIII/IX); pelo auto-financiamento (os Municípios instituem e arrecadam os tributos da sua competência, aplicam suas rendas, e fiscalizam a execução do seu orçamento, o que é feito pelo poder legislativo municipal com o auxílio do Tribunal de Contas – arts. 30.º/III e 31.º).

A Constituição de 1988 abandonou a antiga e duvidosa fórmula do *peculiar interesse* (que incluía o que fosse *predominantemente* do interesse municipal) e acometeu ao Município a legislação sobre *assuntos de interesse local* (art.30.º/I). Os Municípios são ainda investidos de competência para suplementar a legislação federal e estadual no que couber (art. 30.º/II), isto é, complementar ou suprir a legislação federal e estadual a fim de ajustá-las às peculiaridades locais. A Constituição ainda especifica as seguintes competências municipais: organizar e prestar, directamente ou sob regime de concessão, os serviços públicos de interesse local, incluindo o de transporte colectivo (art. 30.º/V); manter, com a cooperação técnica e financeira da União e do Estado, programas de educação pré--escolar e de ensino fundamental (art.30.º/VI); prestar, com a cooperação técnica e financeira da União e do Estado, serviços de atendimeno à saúde da população (art. 30.º/VII); promover, no que couber, o adequado ordenamento territorial, mediante planeamento e controlo do uso, do parcelamento e da ocupação do solo urbano (art. 30.º/VIII); promover a protecção do património histórico-cultural local, observada a legislação e acção fiscalizadora federal e estadual (art. 30.º/IX). A estas competências *exclusivas*

---

[8] Sobre o sentido da autonomia municipal na Constituição de 1988 cfr. Paulo Bonavides, *Curso de direito constitucional*, Malheiros Editores, São Paulo, 1994, págs. 272-284.

se hão-de acrescentar as competências *comuns* (administrativas) da União, Estados e Municípios enumeradas no art. 23.º da Constituição, além das competências *concorrentes* (legislativas) elencadas no art. 24.º (cuja *caput* não contempla os Municípios, mas há-de ser conjugado com o art. 30.º/I/II/VIII que autoriza o Município a legislar sobre assuntos de interesse local, a suplementar legislação federal e estadual, e a promover o adequado ordenamento territorial mediante o planeamento e o controlo do uso do solo urbano)[9].

Relativamente à fiscalização do município, a Constituição determina que seja exercida pelo poder legislativo municipal com o auxílio do Tribunal de Contas (art. 31.º), sendo certo que as normas atinentes à fiscalização contábil, financeira e orçamentária da União (inscritas nos

---

[9] Sobre as competências do Município na Constituição de 1988 cfr. Carlos Mário Velloso, *Estado federal e Estados federados na Constituição brasileira de 1988*: do equilíbrio federativo, in Revista de direito administrativo, n.º 187, Jan-Março/1992, págs. 19-22; Toshio Mukai, *Competências dos entes federados na Constituição de 1988*, in Revista de direito administrativo, n.º 184, Abril-Junho/1991; Raul Machado Horta, *Repartição de competências na Constituição Federal de 1988*, in Revista trimestral de direito público, n.º 2; Manoel Gonçalves Ferreira Filho, *Comentários à Constituição brasileira de 1988*, Saraiva, 1990, pág. 218; Lúcia Valle Figueiredo, *Competências administrativas de Estados e Municípios*, in Revista de direito administrativo, n.º 207, Jan-Março/1997, onde a Autora esclarece o sentido da competência comum da União, Estados e Municípios do art. 23.º (a que chama competências administrativas concorrentes) e o sentido da competência concorrente da União e Estados do art. 24.º (a que chama competências concorrentes legislativas). O *caput* desse art. 24.º não contempla o Município. A Autora entretanto alerta para que o mesmo deve ser conjugado com o art. 30.º/I/II/VIII (que autoriza o Município a *legislar sobre assuntos de interesse local*, a *suplementar a legislação federal e estadual no que couber*, e a *promover o adequado ordenamento territorial mediante o planeamento e controlo do uso do solo urbano*), e ainda com o art. 182.º (segundo o qual a *política do desenvolvimento urbano é executada pelo poder público municipal conforme diretrizes gerais fixadas em lei*, e tem por *objectivo ordenar o pleno desenvolvimento das funções sociais da cidade e garantir o bem-estar de seus habitantes*, e cujo § 1.º ainda dispõe que o *plano director aprovado pela Câmara Municipal é o instrumento básico da política de desenvolvimento e expansão urbana*). Nos assuntos de interesse local cabem certamente questões relativas ao direito urbanístico (art. 24.º/I), às florestas, caça, pesca, fauna, conservação da natureza, defesa do solo e dos recursos naturais, protecção do meio ambiente e controlo da poluição (art. 24.º/VI), à protecção do património histórico, cultural, artístico, turístico e paisagístico (art. 24.º/VII), à responsabilidade por dano ao meio ambiente, ao consumidor, a bens e direitos de valor artístico, estético, histórico, turístico e paisagístico (art. 24.º/VIII). Por isso o Município ostenta não só competências concorrentes administrativas (art. 23.º) como competências concorrentes legislativas (art. 24.º conjugado com art. 30.º/I/II/VIII e art. 182.º).

arts. 70.º a 74.º) aplicam-se aos Estados e Municípios nos termos do art. 75.º. E para incitar a fiscalização popular das contas municipais, a Constituição estabelece que as mesmas estarão à disposição do contribuinte (anualmente e pelo menos durante sessenta dias) que lhes pode questionar não apenas a legalidade mas a legitimidade (art. 31.º/§3.º). E acerca da intervenção dos Estados-membros nos Municípios, o art. 35.º da Constituição dispõe que tal *não ocorrerá*, excepto nos seguintes casos: a) quando o Município deixar de pagar por dois anos consecutivos a sua dívida fundada, sem motivo de força maior; b) quando não forem prestadas as devidas contas, na forma da lei (recorde-se que o art. 30.º/III prevê a obrigatoriedade da prestação de contas e publicação de balancetes nos prazos fixados em lei e o art. 31.º dispõe sobre a fiscalização do Município); c) quando não tiver sido aplicado o mínimo exigido da receita municipal na manutenção e desenvolvimento do ensino e nas acções e serviços públicos da saúde (nunca menos de 25% da receita municipal resultante dos impostos, compreendida a proveniente de transferências, será destinada ao desenvolvimento do ensino, nos termos do art. 212.º; e o art. 198.º/§2.º/ /III dispõe sobre os recursos mínimos a serem anualmente aplicados pelos Municípios em acções e serviços públicos de saúde); d) quando o Tribunal de Justiça do Estado der provimento à representação para assegurar a observância de princípios indicados na Constituição estadual, ou para prover a execução de lei, de ordem ou decisão judicial. Nas três primeiras hipóteses o governador do Estado autoriza a intervenção através de um *decreto de intervenção* que deve especificar a amplitude, o prazo e as condições de execução e, se couber, nomear o interventor. O decreto será submetido à apreciação da Assembleia Legislativa do Estado no prazo de vinte e quatro horas – se a mesma não estiver a funcionar, será extraordinariamente convocada no mesmo prazo (arts. 36.º/§1.º e 2.º). Na quarta daquelas hipóteses, o decreto pode limitar-se a suspender a execução do acto impugnado, se essa medida bastar ao restabelecimento da normalidade, e nesse caso dispensa-se a apreciação da Assembleia Legislativa (art. 36.º/ /§3.º). Todavia se tal medida não for suficiente, haverá o decreto de intervenção devidamente submetido à Assembleia Legislativa. Cessados os motivos da intervenção, as autoridades afastadas dos seus cargos aos mesmos voltarão, salvo impedimento legal (art. 36.º/§4.º).

O exposto reproduz em largos traços o arranjo compromissório acertado entre as forças centralizadoras e descentralizadoras que protagonizavam os trabalhos da Assembleia Constituinte. O equívoco do modelo residia entretanto na tentativa de acomodar num único formato competencial realidades municipais profundamente díspares – em vez de se conceber a União como fiel depositária de recursos aos quais os entes político-administrativos da federação teriam acesso na medida da sua capacidade de gestão. Não se trata de submeter agentes políticos eleitos pelo voto popular directo ao juízo subjectivo dos tecnocratas da União, nem se cuida de subverter o princípio da igualdade dos entes federados. Trata-se, isso sim, de reconhecer o postulado da *desigualdade dos iguais* (uma inequívoca dimensão do princípio da igualdade enquanto tal) ou a disparidade da capacitação gerencial dos entes juridicamente iguais no plano federativo[10]. A desconsideração dessa evidência impede que a União se desencarregue da execução de programas de desenvolvimento urbano e da formulação e implementação de políticas públicas concernentes ao interesse local. E obriga a que Estados e União se ocupem da execução de obras e serviços no âmbito municipal ou intermunicipal – o que só deveria efectivamente acontecer se comprovada a inviabilidade da execução pelos Municípios afectados ou interessados.

O constituinte não ignorava as discrepâncias de toda ordem entre os Municípios brasileiros, caso contrário não teria incluído entre as competências da União elencadas no art.21.º aquela de *instituir diretrizes para o desenvolvimento urbano, inclusive habitação, saneamento básico e transportes urbanos* (art. 21.º/XX), manifestamente engendrada para colmatar as lacunas dos Municípios que não estivessem suficientemente apetrechados para a formulação das políticas públicas locais. Ao insistir numa falsa isonomia municipal o constituinte acabou por comprometer uma das noções mais caras a qualquer federação: a consciência minimamente segura de *quem faz o quê e até onde*. É que a partir do traçado costitucional as componentes da federação podem dispor sobre a criação de entes administrativos voltados à organização, o planeamento e a execução de funções e serviços de interesse comum. A própria Constituição, como veremos, o incentiva – e a realidade o obriga, por razões de optimização dos poucos recursos diponíveis. Mas para que se atinja tal estágio de maturidade cooperativa cada ente deve nitidamente reconhecer o que lhe compete fazer – e o cidadão deve saber a quem pedir responsabilidades. É que se todos são responsáveis por tudo, ninguém efectivamente o é.

Ora bem, não satisfeitos com os suficientes descompassos entre os Municípios então existentes, os constituintes abstiveram-se de estabelecer

---

[10] Sobre a desconsideração da premissa da *desigualdade dos iguais* na Constituição de 1988 cfr. Torquato Jardim, A *tridimensionalidade da descentralização do Estado brasileiro*, in Revista de informação legislativa, n.º 122, Maio-Julho/1994, págs. 217-218.

critérios técnicos e financeiros que impedissem a criação de Municípios inviáveis e a excessiva pulverização de recursos. A redacção original do art.18.º/§4.º dispunha que *a criação, a incorporação, a fusão e o desmembramento de Municípios preservarão a continuidade e a unidade histórico-cultural do ambiente urbano, far-se-ão por lei estadual, obedecidos os requisitos previstos em lei complementar estadual, e dependerão de consulta prévia, mediante plebiscito, às populações directamente interessadas*. O resultado foi a criação de mais 1000 Municípios largamente dependentes dos recursos alheios (que somam actualmente 5507 Municípios). Só em 13 de Setembro de 1996 (Emenda Constitucional n.º 15) o constituinte tentaria suster aquela equivocada sangria através da exigência de *estudos de viabilidade municipal* para a criação de novos Municípios. Num texto publicado poucos meses antes da conclusão dos trabalhos constituintes, *Diogo Lordello de Mello* enunciava os requisitos básicos para a participação dos governos locais no processo de desenvolvimento nacional: correcta distribuição de funções, disponibilidade de recursos financeiros adequados, e capacidade institucional e organizacional das comunidades locais (no qual incluía a institucionalização de mecanismos de responsabilização política e relações intergovernamentais construtivas)[11]. Era evidente que nem todos os Municípios reuniam tais condições e que a Constituição seguidamente aprovada não os elevaria, porque por si mesma nada pode, àquele patamar – daí as distorções do modelo. Mas os Municípios que preenchiam tais requisitos, conseguiram injectar ânimo na dimensão activa do *compromisso constitucional de cooperação*, e de certa forma salvar o projecto constitucional.

2.2. As competências comuns

Porventura nenhuma outra disposição da Constituição de 1988 provoque tantos amores e ódios quanto o art. 23.º, o qual elenca as chamadas *competências comuns* da União, Estados, Distrito Federal e Municípios. O busílis reside no sentido e alcance das mesmas. A Constituição as distinguiu das chamadas *competências legislativas concorrentes* enumeradas

---

[11] Sobre os requisitos para a participação dos governos locais no processo de desenvolvimento nacional cfr. Diogo Lordello de Mello, *O papel dos governos municipais no processo de desenvolvimento nacional*, in Revista de administração pública, n.º 22/3, Julho-Set/1988.

no art. 24.º – e no âmbito das quais a União se limita a estabelecer normas gerais que serão suplementadas pela legislação estadual e municipal, no que couber. Por isso há quem entenda as *competências comuns* como competências concorrentes administrativas, razão pela qual o constituinte as teria propositadamente apartado das competências concorrentes legislativas. Mas isto não afasta a evidência de que em se tratando de competências administrativas, alguém as teria de disciplinar legislativamente, posto que a legalidade da administração assim o obriga. Há todavia quem não dispense às *competências comuns* a menor contemplação e as percepcione como meros *preceitos recomendatórios e intenções de bom procedimento endereçadas às pessoas jurídicas de direito público interno*. Nesta perspectiva, as *competências comuns* apenas operariam a listagem de deveres indeclináveis do poder público em nome do regular funcionamento das instituições. Ou apenas condensariam recomendações dirigidas à União, aos Estados, ao Distrito Federal e aos Municípios que traduziriam intenções programáticas do constituinte, reunidas não uniformemente por falta de localização mais adequada.

Apesar da evidente má-vontade para com a programaticidade constitucional que tal entendimento revela – tanto mais grave num contexto como o brasileiro, em que o constituinte não se pode render à fatalidade dos legados autoritários ou subalternizar-se à passiva reprodução da realidade –, não deixa de causar alguma impressão que entre as *competências comuns* figure aquela de *zelar pela guarda da Constituição, das leis e das instituições democráticas e conservar o património público* (art. 23.º/I), ou aquela outra de *combater as causas da pobreza e os fatores de marginalização, promovendo a integração social dos sectores desfavorecidos* (art. 23.º/X). O art.23.º contempla entretanto disposições normativas bem menos finalistas, como seja aquela de *estabelecer e implantar política de educação para a segurança no trânsito* (art. 23.º/XII), ou aquela de *registar, acompanhar e fiscalizar as concessões de direitos de pesquisa e exploração de recursos hídricos e minerais em seus territórios* (art. 23.º//XI) – o que sugere a participação administrativa de Estados e Municípios numa competência federal exclusiva, qual seja, a de *legislar sobre jazidas, minas, outros recursos minerais e metalurgia* (art. 22.º/XII). Ora isto indicia que a intenção do constituinte seria fornecer as coordenadas para a articulação das distintas esferas governativas, na medida de seus recursos e potencialidades, em torno de preocupações e interesses comuns.

Tanto é assim que para funcionalizar a pretendida interacção governativa nas matérias então elencadas, o parágrafo único do art. 23.º dispõe que *lei complementar fixará normas para a cooperação entre a União e* os Estados, o Distrito Federal e os Municípios, tendo em vista o equilíbrio do desenvolvimento e do bem-estar em âmbito nacional. Todavia tal disposição ainda habita o vasto universo das normas constitucionais carentes de concretização, o que desbarata a oportunidade de institucionalizar uma espécie de *política conjunta* entre os brasileiros. A sugestão constitucional das *competências comuns* aponta para as decisões partilhadas e para o planeamento/financiamento comuns das políticas públicas, isto é, para a conjugação de esforços na prestação dos serviços públicos. Discordamos, por conseguinte, do entendimento doutrinário que reclama a ausência de uma competência geral da União para regular a cooperação económica, administrativa ou financeira entre si e as demais pessoas jurídicas de direito público interno, e que oferecesse amparo constitucional à competência consagrada no parágrafo único do art. 23.º. Ao inconveniente da alegada inexistência de competência geral para disciplinar a cooperação, acresce, segundo alguma doutrina, a eleição de lei complementar federal para instituir encargos a Estados e Municípios, em manifesta incursão na autonomia de um e de outro, o que seria vedado à lei federal, complementar ou não, pois só a norma constitucional poderia dispor a respeito[12].

Este argumento não colhe. E não colhe porque não capta os desdobramentos participativos que o constituinte brasileiro entendeu dar à dimensão activa do *compromisso constitucional de cooperação*. O constituinte intuiu que a autonomia dos entes federados não seria beliscada se o planeamento e a execução das políticas públicas resultassem de um esforço de concertação entre as distintas esferas. E que a União, como depositária fiel do interesse geral que é, estaria bem apetrechada para a regulação daquela empresa. O parágrafo único do art. 23.º não devolve à União qualquer competência para instituir encargos a Estados e Municípios, e sim para legislar sobre mecanismos de cooperação intergovernamental tendentes a instrumentalizar a concertação de esforços pretendida pelo constituinte. E convenhamos, diante das amplas competências devolvidas ao poder central, não seria certamente em decorrência dessa simplória competência para a regulação de instrumentos cooperativos que avultaria a supremacia da União – se dúvidas ainda restassem quanto a sua manifesta existência. O problema é outro. E reside no facto de que o Brasil ainda não desenvolveu uma cultura de interactividade governativa. Não admira que assim seja, posto que as componentes da federação foram habituadas à indefinição

---

[12] Sobre as competências comuns e seus alegados inconvenientes cfr. Raul Machado Horta, *Repartição de competências na Constituição Federal de 1988*, cit., págs. 15-17.

competencial e à desresponsabilização que daí decorre. Ora, num contexto onde cada qual não sabia ao certo o que lhe competia fazer e até onde, não se podia expectar um arrojado desenvolvimento da cooperação, isto é, que os mecanismos cooperativos fossem capazes de repactuar o exercício competencial e acordar responsabilidades entre os diversos integrantes da federação. Eis a inevitabilidade histórica: as componentes da federação brasileira não desenvolveram entre si relações de franca confiança, mas de dissimulada cordialidade.

A Constituição de 1988 bem quis romper com a tradição isolacionista, mas ainda não foram equacionadas soluções infraconstitucionais que funcionalizem aquelas sugestões. E o descompasso se torna mais evidente quando os mais recentes contributos da teoria das relações intergovernamentais postulam a relativização da distribuição competencial formalmente consagrada, isto é, a progressiva substituição da rigidez das listas competenciais pela flexibilidade da cooperação intergovernamental. Mas este salto qualitativo depende de que cada qual reconheça inequivocamente as suas competências, que as exerça num espírito de lealdade para com os interesses alheios e de todos, e que esteja decididamente empenhado no desenvolvimento de acções concertadas. Desta forma o sistema competencial inicialmente introduzido pela Constituição será devidamente adaptado às exigências fácticas que se forem manifestando e que obrigam ao permanente reequacionamento do exercício de responsabilidades prestacionais. Não pode ser de outra forma porque as políticas públicas conduzidas pelos diversos governos vão contactar e contrastar – daí que se tenham de arranjar soluções cooperativas tendentes a evitar a anomia federativa. O enunciado dos problemas e a solução das políticas públicas dificilmente vão coincidir com a repartição competencial ou com as demarcações em que actuam as instituições públicas num Estado composto. De acordo com o que há de mais actualizado em termos de teoria das relações intergovernamentais, a partilha do poder num sistema federativo não há-de ser entendida como separação e justaposição de esferas independentes de governo, a actuarem cada qual sobre um âmbito competencial próprio e exclusivo. Em vez disso, tal partilha deve ser percepcionada enquanto cooperação entre as distintas esferas decisórias na consecução de objectivos de comuns, isto é, enquanto integração de todas as instâncias num esforço conjunto para a realização das tarefas que redundam em benefício de todos, e como tal, de cada umas das partes[13]. Não havia portanto nada

---

[13] Sobre as mais recentes sugestões da teoria das relações intergovernamentais cfr. Enoch Albertí Rovira, *Federalismo y cooperación en la Republica Federal Alemana*,

para diabolizar na solução das *competências comuns* engendrada pelo constituinte de 1988 – esteve foi muito à frente da realidade que tencionava disciplinar.

2.3. A integração das regiões em desenvolvimento

A Constituição de 1988 também autorizou a União a articular esforços e recursos num mesmo complexo geo-económico e social, *visando ao seu desenvolvimento e à redução das desigualdades regionais* (art. 43.º). Ou seja, a União pode criar regiões administrativas voltadas à execução de planos regionais de desenvolvimento integrados nos planos nacionais de desenvolvimento económico e social, ou nos precisos termos constitucionais, *lei complementar disporá sobre as condições para integração de regiões em desenvolvimento e a composição dos organismos regionais que executarão os planos* (art. 43.º/§1.º). E para tanto, pode a União conceder incentivos financeiros a tais regiões em desenvolvimento *que compreenderão, além de outros, na forma da lei, juros favorecidos para financiamento de actividades prioritárias; isenções, reduções ou diferimento temporário de tributos federais devidos por pessoas físicas ou jurídicas; prioridade para o aproveitamento económico e social dos rios e das massas de água represáveis nas regiões de baixa renda, sujeitas a secas periódicas* (art. 43.º/§2.º). Decisão inédita na história constitucional brasileira, a constitucionalização das regiões restou largamente criticada: porque a solução da questão regional seria política e não meramente técnica como resulta do preceito em questão; porque nos termos daquela disposição a criação das regiões competiria exclusivamente à União em

---

Centro de Estudios Constitucionales, Madrid, 1986; Giorgio Brosio, *Equilibri instabili. Politica ed economia nell'evoluzione dei sistemi federali*, Editora Bollati Boringhieri, Torino, 1994; Franco Pizetti, Intervenção no Convegno Internazionale organizzato dalla Facoltà di Giurisprudenza dell'Universitá "La Sapienza" (Roma, 31/Jan-1/Fev de 1997), publicado in *Quale, dei tanti federalismi?*, Cedam, Roma, 1997. Todavia muito antes desses contributos doutrinários, Michel Mouskheli, *Teoria jurídica del Estado federal*, Aguilar, Madrid, 1931, já preleccionava: *las necesidades de la vida colectiva cambian constantemente (...) por mucho que nos empeñemos en separar y delimitar las competencias respectivas de la manera más completa, habrá siempre dominios intermedios que darán lugar a conflitos de competencias; por mucho que nos empeñemos en conciliar com toda la prudencia posible las necesidades nacionales con las exigencias particulares, habrá que revisar, más pronto o más tarde, hasta la mejor de las constituciones federales.*

desconsideração da vontade regional; porque o dispositivo constitucional confundiria desenvolvimento com assistencialismo empresarial; e porque a medida resultaria estéril enquanto não se implementasse a distribuição regionalizada de recursos prevista no art. 165.º/§1.º (segundo o qual a lei do plano plurianual deveria estabelecer as diretrizes e objectivos da administração pública federal de forma regionalizada)[14]. Está subjacente a tais críticas a corrente doutrinária que reclama a regionalização como nova modalidade de descentralição política, isto é, que percepciona a região como o instrumento renovador para a reacomodação política e económica do sistema federal brasileiro em bases mais realistas e compatíveis com as transformações estruturais internas daquela federação.

No rasto deste *federalismo das regiões* originariamente defendido por *Paulo Bonavides*, já se asseverou, sem receio, que a não institucionalização de regiões autónomas importaria *desobediência à norma de princípio do art. 3.º/III* (a qual elenca entre os objectivos fundamentais da República Federativa do Brasil a redução das desigualdades sociais e regionais), e que tal *infringência normativa omissiva do legislador* seria passível de *acção directa de inconstitucionalidade por descumprimento de preceito fundamental da Carta Magna*, na medida em que seria *inconstitucional qualquer política que desconsidere ou prejudique o desenvolvimento e a diminuição dos desequilíbrios regionais (Gilberto Bercovici)*[15]. Não podemos concordar com tal raciocínio. O art. 43.º limita-se a autorizar a instituição de regiões para efeitos administrativos – isto é, o constituinte rejeitou a criação de mais uma esfera político-administrativa distante do cidadão e apostou não só no reforço do ente federado que lhe é mais próximo, o Município, como na cooperação entre as esferas decisórias que já existem. Foi uma decisão acertada no sentido de conter a excessiva

---

[14] As críticas à disposição jurídico-constitucional relativa às regiões (art. 43.º da Constituição brasileira de 1988) podem ser conferidas em Fábio Konder Comparato, *Planejar o desenvolvimento: a perspectiva institucional*, in Para viver a democracia, Brasiliense, São Paulo, 1989, págs. 119-121; Paulo Bonavides, *O planejamento e os organismos regionais como preparação a um federalismo das regiões*, in A Constituição aberta: temas políticos e constitucionais da actualidade, Malheiros Editores, São Paulo, 1996; Gilberto Bercovici, *Constituição e superação das desigualdades regionais*, in Direito constitucional. Estudos em homenagem a Paulo Bonavides, Malheiros Editores, São Paulo, 2000, págs. 87-91. Sobre o chamado *federalismo das regiões* cfr. Paulo Lopo Saraiva, *Federalismo regional*, Saraiva, São Paulo, 1982.

[15] Sobre a suposta inconstitucionalidade da não institucionalização de regiões politicamente autónomas cfr. Gilberto Bercovici, *Constituição e superação das desigualdades regionais*, cit., págs. 102-104.

fragmentação do poder e a intermediação de recursos públicos que tem alimentado a corrupção. Ademais, que o imperativo da redução das desigualdades regionais deva permear as políticas públicas conduzidas no Brasil, disto não temos dúvidas; todavia a Constituição não é um depósito acabado de soluções substantivas para todos os conflitos político-sociais, caso contrário escusavam-se eleições periódicas e a justiça constitucional derivaria todo o ordenamento jurídico da Constituição! O controlo da compatibilidade material das políticas públicas com a Constituição perderia legitimidade se os juízes se arvorassem na imposição de determinados programas políticos de acção. Por aí se caminha para o arbítrio.

Em cumprimento do disposto constitucional, a lei complementar n.º 94/98 autorizou o governo federal a instituir a *Região Integrada de Desenvolvimento do Distrito Federal e Entorno* (RIDE) para efeitos de *articulação da acção administrativa da União, dos Estados de Goiás e de Minas Gerais e do Distrito Federal* (art. 1.º). A região integrada de que trata a referida lei complementar n.º 94/98 constitui a única experiência institucionalizada de cooperação intergovernamental inspirada na sugestão constitucional do art. 43.º – e porque congrega, sob o impulso da União, Municípios limítrofes de dois Estados mais o Distrito Federal, envida os esforços de todas as componentes da federação para o desenvolvimento do mesmo complexo geo-económico e social. Os arts. 2.º e 3.º da lei complementar n.º 94/98 autorizam a instituição de um conselho administrativo que coordene as actividades da RIDE a serem desenvolvidas no âmbito dos *serviços públicos comuns*, designadamente aqueles relacionados com infraestrutura (lixo, saneamento, transportes, comunicações) e com *geração de empregos*. A referida lei complementar ainda institui o *programa especial de desenvolvimento do entorno do Distrito Federal* para cuja implementação *serão estabelecidos, mediante convénio, normas e critérios para a unificação de procedimentos relativos aos serviços públicos* (art. 4.º). O financiamento comum da RIDE provém de recursos orçamentários da União, do Distrito Federal, dos Estados de Goiás e Minas Gerais, e dos Municípios abrangidos pela região integrada (art. 5.º). Todavia a iniciativa ainda é deficitária. Não existe normativa genérica relativa às regiões integradas – o que significa que cada uma das regiões integradas eventualmente constituídas dependerá de lei complementar específica que discipline a gestão e prestação de serviços comuns num dado complexo geo-económico e social. Tudo excessivamente dependente da boa vontade e do interesse do poder central no desenvolvimento de um dado território.

2.4. As regiões metropolitanas

A Constituição de 1988 ainda contemplou a hipótese da gestão partilhada dos grandes conglomerados urbanos do País. O art.25.º/§3.º dipõe sobre a competência do Estado-membro para a institucionalização de regiões metropolitanas: *Os Estados poderão, mediante lei complementar, instituir regiões metropolitanas, aglomerações urbanas e microrregiões, constituídas por agrupamentos de Municípios limítrofes, para integrar a organização, o planeamento e a execução de funções públicas de interesse comum*. Não se tratou propriamente de uma novidade, posto que a Carta Política de 1967 já previa tal hipótese, muito embora devolvesse a instituição das regiões metropolitanas ao poder central, como seria previsível num regime autocrático: *A União, mediante lei complementar, poderá estabelecer regiões metropolitanas, constituídas por Municípios que, independente da sua vinculação administrativa, integrem a mesma comunidade sócio--económica, visando à realização de serviços de interesse comum* (art. 157.º//§10.º). Esse dispositivo decorreu de emenda apresentada ao projecto de Constituição do governo militar, com a seguinte justificação: *Por regiões metropolitanas entendem-se aqueles Municípios que gravitam em torno da cidade grande, formando com esta uma unidade sócio-económica, com recíprocas implicações nos seus serviços urbanos e interurbanos. Assim sendo, tais serviços deixam de ser do exclusivo interesse local, por vinculados estarem a toda a comunidade metropolitana. Passam a constituir a tessitura intermunicipal daquelas localidades e, por isso mesmo, devem ser planejados e executados em conjunto por uma administração unificada e autónoma mantida por todos os Municípios da região, na proporção de seus recursos e, se estes forem insuficientes, hão-de ser complementados pelo Estado e até mesmo pela União, porque os seus benefícios também se estendem aos governos estadual e federal. Eis porque a emenda propõe o reconhecimento constitucional dessa realidade, possibilitando a unificação dos serviços intermunicipais de regiões metropolitanas, subvenção estadual e federal, se necessário, para o pleno atendimento da imensa população que se concentra nessas regiões*[16].

Apesar de reconhecer a evidência de que os serviços de interesse comum deviam ser planeados e executados por uma *administração unificada e autónoma*, o constituinte de 1967 eximiu-se de criar desde logo essa

---

[16] A emenda transcrita consta de Anais da Constituição de 1967, Senado Federal, vol. 6.º, tomo II, Brasília, 1970, págs. 913-914.

administração – e tal hesitação resultou num texto algo nebuloso. Atento a tal imprecisão, *Hely Lopes Meirelles* apresentaria um projecto de revisão constitucional ao então ministro da justiça *Milton Campos* que contemplava um preceito menos lacunoso: *A União ou o Estado poderá estabelecer regiões metropolitanas, constituídas por Municípios que integrem a mesma comunidade sócio-económica, cujas obras e serviços de interesse regional serão planificados e realizados em conjunto, por uma administração unificada, de carácter intermunicipal. As regiões metropolitanas deverão receber subvenção federal e estadual que lhes permita a realização das obras e serviços essenciais à comunidade, na forma que a lei estabelecer.* Entretanto, a Emenda Constitucional de 1969 não cuidou de aprimorar a inteligência do dispositivo, de forma a facilitar a institucionalização das regiões metropolitanas. Pelo contrário, substituiu a expressão *serviços de interesse comum* por *serviços comuns*, o que contribuiu ainda mais para a ambiguidade do texto, posto que a primeira das expressões ainda podia ser entendida como o *serviço de interesse da região metropolitana como tal considerada*. E sobretudo não solucionou esta perplexidade: como poderia a União instituir uma administração unificada para uma mesma área onde actuavam verticalmente três níveis de governo e horizontalmente inúmeros Municípios?

Ainda assim, o Congresso Nacional conseguiu aprovar a lei complementar n.º 14 de 8 de Junho de 1973, que instituiu as regiões metropolitanas de Belém, Fortaleza, Recife, Salvador, Belo Horizonte, São Paulo, Curitiba e Porto Alegre, definiu os serviços considerados de interesse comum, e impôs a criação, por lei estadual, de dois conselhos (um directivo e outro consultivo). As deficiências dessa lei complementar reflectiam as ambiguidades da disposição constitucional relativa às regiões metropolitanas. Desde já a grande disparidade do número de Municípios e o distinto estágio de desenvolvimento das várias regiões criadas (São Paulo com trinta e sete Municípios e Belém com apenas dois) desaconselhava um modelo administrativo único. A lei complementar n.º 14/73 era entretanto bastante rígida e não permitia nem a inclusão de qualquer outro Município na região, nem a eventual exclusão de qualquer deles – qualquer providência nesse sentido só podia ser efectuada por outra lei complementar. A lei ainda estatuía que o salário mínimo vigente em todos os Municípios da região metropolitana seria o mesmo estabelecido para a capital do respectivo Estado, o que indicava que a despeito das disparidades internas da região, ela devia ser homogeneamente percepcionada, posto que os Municípios que a integravam pertenciam à mesma comunidade sócio-económica. O art. 2.º da lei n.º 14/73 atribuía ao Estado-membro a organização do sistema administrativo metropolitano. Haveria em cada região metropolitana um *conselho deliberativo* (constituído de cinco membros nomeados pelo governador do Estado, sendo um deles dentre os nomes de que figurassem numa lista tríplice elaborada pelo prefeito da capital e outro mediante indicação dos demais Municípios integrantes da região) e um conselho consultivo (composto de um representante por cada Município integrante da região, sob a direcção do presidente do conselho deliberativo). Ambos os conselhos seriam criados por lei estadual e mantidos a expensas do Estado – ao conselho deliberativo, embora não ostentasse competências executivas, competia a elaborar o plano de desenvolvimento da região e coordenar a sua execução; o conselho consultivo apenas opinava sobre questões de interesse da região. Nem o conselho deliberativo, nem o consultivo, nem ambos em conjunto, constituíam uma pessoa jurídica: estavam vinculados ao sistema administrativo estadual, e por isso a lei n.º 14/73 sequer definiu a fórmula para a organização da administração metropolitana, devolvendo o tratamento da questão ao legislador estadual.

O art. 5.º da lei complementar n.º 14/73 definia os *serviços comuns* de interesse metropolitano – mas a redacção não foi propriamente feliz. Previa como tal, por exemplo, o *saneamento básico, notadamente abastecimento de água e rede de esgotos e serviços de limpeza pública*. Ora, o legislador não cuidou de distinguir as fases de prestação desses serviços: se o tratamento da água poderia caber à autoridade metropolitana, a distribuição poderia continuar na esfera municipal, como também a recolha do lixo e os serviços de limpeza pública. Assim, muitas das matérias que integravam a competência do Município passaram a integrar a competência da autoridade metropolitana (a serem exercidas pelo Estado com a participação dos Municípios). Ou seja, desde que um Município fosse integrado numa região metropolitana – e tal integração não era voluntária, pois dependia única e exclusivamente da decisão do legislador central – perdia a competência em todos os assuntos considerados de interesse metropolitano. Mas em abono da verdade, dos serviços comuns também constavam o uso do solo metropolitano, os transportes e sistema viário, o aproveitamento de recursos hídricos e o controlo da poluição – que certamente integravam o *peculiar interesse metropolitano* preponderante sobre os interesses locais (dos Municípios) e mesmo sobre os interesses regionais mais amplos (do Estado-membro).

A dificuldade residia na íntima ligação entre os assuntos metropolitanos e aqueles de preponderante interesse local, donde seria indispensável a cooperação dos Municípios (não consultados, lembre-se) que não podia ser obtida senão por meios indirectos que estimulassem as municipalidades a participar na execução dos planos e programas metropolitanos voltados à prestação de serviços comuns. Assim, ainda que a execução dos serviços de interesse metropolitano tivesse sido devolvida ao Estado-membro, o art. 6.º da lei complementar n.º 14/73 dispunha que os Municípios que, mediante convénio, participassem na execução do planeamento integrado e dos serviços comuns, teriam preferência na obtenção de recursos federais e estaduais, inclusive sob a forma de financiamentos, bem como de garantias para empréstimos. Note-se que se acenava com tais benesses aos Municípios que estivessem integrados *não no planeamento*, mas na *execução do planeamento*, o que em nada contribuía para salvar cooperativamente o projecto metropolitano através da participação dos Municípios na definição dos destinos comuns. Não sendo assim, a autoridade metropolitana jamais seria percepcionada senão como uma imposição central a partir da qual o Município poderia capitalizar alguns parcos dividendos[17].

De um período constitucional para o outro (de 1967 para 1988) o que efectivamente mudou? Em termos jurídico-constitucionais, mudou muito: a competência para a instituição das regiões metropolitanas foi devolvida ao Estado-membro, que está certamente em melhores condições do que a União para aferir da vontade dos Municípios em cooperarem na gestão integrada dos interesses que lhes excedem, por serem comuns à região metropolitana. Mudou ainda a filosofia do instituto, que passa a ser o de *integrar a organização, o planeamento e a execução de funções públicas de interesse comum*, o que manifestamente sugere um novo tratamento cooperativo e consequentemente integrador dos Municípios envolvidos, então elevados ao estatuto de entes federados. Em termos práticos, mudou pouco: ainda não se atingiu um consenso sobre o que possa integrar o *interesse metropolitano* e o seu aparato institucional ainda está por definir (sobretudo persiste a dúvida acerca dos recursos financeiros de que deveriam dispor para realizarem as funções que se lhes entenda atribuir). Nas metrópoles brasileiras residem um terço da população do País. Todavia uma duvidosa lógica localista prevalecente nos últimos tempos parece temer a criação de instâncias supramunicipais (sobretudo

---

[17] Sobre o histórico das regiões metropolitanas no Brasil cfr. Eurico de Andrade Azevedo, *Institucionalização das regiões metropolitanas. A lei complementar n.º 14, de 8 de Junho de 1973*, in Justitia, ano XXXVI, vol. 84, 1.º trimestre/1974; João Gonçalves de Lemos, *Municípios e regiões metropolitanas (antes e depois da Carta Magna de 1988)*, in Revista de administração pública, n.º 23 (4), Agosto-Outubro/ /1989; Celina Souza, *Gestão local e gestão metropolitana: um falso dilema?*, in Espaço & debates, ano X, n.º 30, 1990.

se decorrentes da iniciativa do Estado-membro) ou a inclusão de outros protagonistas no cenário da distribuição de poderes e recursos. Ora, se as resistências derivassem da perplexidade de se instituir uma *pessoa de direito público interno* para além das reconhecidas nos arts. 1.º e 18.º da Constituição e no art. 14.º do Código Civil (*são pessoas de direito público interno: a União, cada um dos Estados e o Distrito Federal, cada um dos Municípios legalmente constituídos*), e por conseguinte dotada de competências normativas que afectassem os governos constituídos dos Municípios independentemente da sua vontade, ainda seria uma reserva legítima e discutível jurídico-constitucionalmente. Mas as regiões metropolitanas não apontam para nada disso – e sim para uma administração unificada mantida por todos os Municípios da região, que passam a ser solidariamente responsáveis pelo planeamento e execução das funções públicas de interesse comum.

2.5. Os consórcios e convénios de cooperação

Publicada em 5 de Junho de 1998, a Emenda Constitucional n.º 19 (que modificou o capítulo da administração pública) veio fornecer o decisivo impulso constitucional para a institucionalização cooperativa. Tal emenda resultou de proposta do Presidente da República, nos termos do art. 60.º/II da Constituição. Na Mensagem Presidencial n.º 886 de 23 de Agosto de 1995, remetida por *Fernando Henrique Cardoso* ao Congresso Nacional, na qual o então Presidente da República submetia à deliberação dos congressistas a referida proposta de emenda constitucional, devidamente acompanhada da exposição de motivos subscrita por vários Ministros de Estado entre os quais *Nelson Jobim, Pedro Malan e José Serra*, pode ler--se que: *A revisão dos dispositivos constitucionais não esgota a reforma administrativa, mas representa uma etapa imprescindível ao seu sucesso, promovendo a actualização de normas (...) e a implantação de novos princípios, modelos e técnicas de gestão (...). A Constituição de 1988 corporificou uma concepção de administração pública verticalizada, hierárquica, rígida (...). Cumpre agora reavaliar algumas das opções e modelos adoptados, assimilando novos conceitos que reorientem a acção estatal em direcção à eficiência e à qualidade dos serviços prestados ao cidadão (...). Como resultados esperados da reforma administrativa vale destacar o seguinte: (...) viabilizar o federalismo administrativo*, o que se traduz na *introdução novos formatos institucionais para a gestão em regime de cooperação dos serviços públicos, envolvendo a União, Estados, Distrito*

Federal e Municípios, e a remoção de obstáculos legais à transferência de bens e de pessoal, de forma a aprofundar a aplicação dos preceitos do federalismo na administração pública, particularmente no que tange à descentralização dos serviços públicos (...). Como disposição geral a ser incluída no texto constitucional e posteriormente regulamentada em lei complementar, prevê-se a adopção de diferentes formas de cooperação entre a União, Estados, Distrito Federal e Municípios para a organização e gestão de funções e serviços. De particular importância será a permissão da incorporação ou cessão, entre as esferas de governo, de quadros de pessoal, bens e instalações, mediante convénios para transferência total ou parcial de encargos e serviços. A implantação de todas as modalidades de cooperação propostas dependerá sempre da voluntária adesão das partes envolvidas, respeitando-se a autonomia das unidades da federação. O dispositivo agilizará, através da remoção dos empecilhos legais, o processo de redefinição de encargos e responsabilidades entre as esferas federal, estadual e municipal. No caso específico da União, será possível negociar a transferência de actividades, pessoal e património afectados pela descentralização da gestão de serviços públicos. Ao mesmo tempo, proporcionará aos Estados e Municípios a possibilidade de imediato acesso aos recursos humanos, imóveis e equipamentos indispensáveis à continuidade dos serviços transferidos.

Por impulso do governo federal, portanto, seria então aditado o art. 241.º na Constituição de 1988, o qual dispõe: *A União, os Estados, o Distrito Federal e os Municípios disciplinarão por meio de lei os consórcios públicos e os convénios de cooperação entre os entes federados, autorizando a gestão associada de serviços públicos, bem como a transferância total ou parcial de encargos, serviços, pessoal e bens essenciais à continuidade dos serviços transferidos.* Na medida em que dispunha sobre a cooperação entre os entes da federação para fins de gestão associada de serviços públicos, a norma do art. 241.º serviu à dissipação das dúvidas remanescentes sobre a praticabilidade das *competências comuns* do art. 23.º, superando desta forma a alegada insuficiência de seu parágrafo único. Todavia a disposição normativa do art. 241.º deu margem a outras especulações. Se a partir de então caberia a cada componente da federação a regulação dos convénios e consórcios públicos – isto é, a disciplina da sua formação, direcção, extinção e demais normas atinentes ao tema – estaríamos diante de uma *competência legislativa concorrente* nos termos da qual a União legislaria sobre normas gerais obrigatórias para todas as esferas de governo, ou estaríamos diante de uma competência legislativa privativa de cada ente federado integrada na faculdade de regular integralmente a sua própria administração?

Aqui residia o busílis. Havia quem preleccionasse que à União competia fixar normas gerais sobre convénios e consórcios em função da natureza jurídica contratual desses institutos. Isto é, como a União ostentava a competência exclusiva para legislar sobre *normas gerais de licitação e contratação, em todas as modalidades, para as administrações públicas directas e indirectas da União, Estados, Distrito Federal e Municípios* (art. 22.º/XXVII da Constituição), estaria também legitimada para disciplinar genericamente a matéria contratual dos convénios e consórcios para todas as administrações públicas, sob pena de que na ausência de diretrizes gerais sobre a celebração de convénios e consórcios públicos, a integral regulação por parte de cada legislativo municipal acarretasse divergências insanáveis que necessariamente comprometeriam o êxito do dispositivo constitucional. Do lado oposto da barricada estavam os que liminarmente rejeitavam a confusão entre contratos administrativos e os distintos institutos do convénio e do consórcio. Ora, a regulação de tais institutos resultava da reserva constitucional de auto-administração das entidades políticas da federação, ou seja, da autónoma disposição sobre as competências de cada qual que definitivamente não poderia ser limitada ou condicionada por lei federal. Reduzir os convénios e consórcios ao conceito de contrato administrativo, seria admitir a interferência da União sobre a autonomia administrativa das demais entidades políticas, isto é, seria consentir na ingerência da União sobre o modo com que os demais entes federados deveriam exercer as respectivas competências[18]. Pois quanto a nós, optamos por

---

[18] Para a defesa da natureza jurídica contratual de convénios e consórcios cfr. Odete Medauar, *Convénios e consórcios administrativos*, in Boletim de direito administrativo, Agosto/1995, págs. 451 e ss; Lenir Santos, *Consórcio administrativo intermunicipal. Aspectos gerais – suas especificidades em relação ao sistema único de saúde*, in Boletim de direito muncipal, ano XVII, n.º 1, Jan/2001, págs. 9 e ss. Para a distinção entre contratos e acordos administrativos cfr. Diogo de Figueiredo Moreira Neto, *Coordenação gerencial na administração pública*, in Revista de direito administrativo, n.º 214, Out-Dez/1998, págs. 44-46; Leon Frejda Szklarowsky, *Convénios, consórcios administrativos, ajustes – outros instrumentos congéneres*, in Boletim de direito municipal, ano XVI, n.º 11, Nov/2000, pág.705; Jorge Ulisses Jacoby Fernandes, *Convénios administrativos*, in Fórum de contratação e gestão pública, ano 1, n.º 3, Março/2002, págs. 298-299. Antes de 1988, grande parte da doutrina já acentuava tal distinção, neste sentido cfr. Hely Lopes Meirelles, *Direito municipal brasileiro*, São Paulo, 1977, pág. 482; Eros Roberto Grau, *Convénio e contrato*, in Enciclopédia Saraiva de direito, Saraiva, São Paulo, 1977, pág. 379; Ronaldo Poletti, *Contratos e convénios*, in Revista Forense, n.º 78, Out-Dez/1982.

uma solução salomónica: discordamos da natureza contratual dos convénios e consórcios, mas concordamos com uma normativa federal que estabeleça um regime jurídico global de princípios, regras e procedimentos orientantes da cooperação integovernamental. Explicamos.

A distinção entre contratos administrativos e acordos administrativos tem sido aperfeiçoada desde os finais do séc. XIX: como sugere *Diogo Moreira Neto*, a *distinção estrutural* respeita ao conteúdo da vontade conformadora de cada instituto (no contrato, cada parte pretende um resultado diverso, enquanto no acordo todas se voltam para o mesmo resultado); e a *distinção funcional* respeita ao interesse a ser satisfeito por um ou outro instituto (no contrato as partes têm interesses contrapostos que restam afinal compostos mediante concessões recíprocas e prestações mútuas, enquanto no acordo as partes têm interesses comuns que são prosseguidos mediante prestações convergentes que integram vontades e meios). Assim, enquanto o contrato administrativo tem carácter finalístico, isto é, serve para atender directa e concretamente ao interesse público cuja prossecução depende da prestação do contratante privado, o acordo administrativo tem carácter instrumental, ou seja, serve para ajustar cooperativamente a actuação das entidades acordantes; enquanto no contrato uma das partes pretende o objecto (a prestação de serviço, a compra da coisa, a realização da obra, a locação do bem) e a outra a contraprestação respectiva (a remuneração ou outra vantagem), no convénio as pretensões dos partícipes são sempre as mesmas, o que variam são as possibilidades de cada qual para a realização do objectivo comum. Não obstante tal distinção, reina a confusão entre ambos os institutos, e não raro a administração pública brasileira utiliza um pelo outro com indesejáveis consequências, sobretudo decorrentes da propositada fuga do processo licitatório por via dos convénios. Vários factores concorrem para aquela confusão. A doutrina brasileira de direito administrativo tem, genericamente, relegado o avanço metodológico dos acordos administrativos – e não é de estranhar, por conseguinte, que na ausência do adequado enquadramento doutrinário, os institutos do consórcio e do convénio não se tenham aperfeiçoado e restem confundidos com os contratos administrativos.

O constituinte, por sua vez, também não favoreceu aquela destrinça: ao devolver à União a competência para editar *normas gerais sobre licitação e contratação para todas as administrações públicas* (art. 22.º/ /XXVII), a Constituição autoriza a ampliação do controlo federal sobre tais instrumentos – e o legislador não teve pudores em aproveitar a deixa. O art. 2.º/§ único da lei n.º 8666 de 21 de Junho de 1993 considera *contrato todo e qualquer ajuste entre órgãos ou entidades da administração pública e particulares*, em que haja um acordo de vontades para a formação do vínculo e estipulação de obrigações recíprocas, *seja qual for a denominação utilizada*. E o art. 116.º da referida lei determina que se apliquem as disposições da mesma, no que couber, *aos convénios, acordos, ajustes e outros instrumentos congéneres celebrados por órgãos e entidades da administração*. Ora, que tais instrumentos cooperativos não se confundem com os contratos já o demonstrámos. Mas então as disposições da lei n.º 8666 corresponderiam a um ilegítima invasão da União na reserva constitucional de auto-administração dos entes federados a pretexto de exercer a sua competência legislativa em matéria de contratação administrativa? Julgamos que não.

É que resta forçoso reconhecer que na prática administrativa existem vários tipos de convénio e inclusive alguns em que não há realização de despesas de qualquer natureza pelos órgãos públicos – hipótese em que seria de afastar o percurso licitatório e a incidência de outras prescrições integradas na lei n.º 8666. Todavia a participação do ente federado em convénios e consórcios envolve, quase sempre, a disponibilidade de bens e recursos. Donde decorre que entre as formalidades necessárias à celebração de convénios e instrumentos congéneres previstas no art. 116.º/§1.º da lei n.º 8666 (que dispõe sobre licitação e contratação nas administrações públicas, recorde-se) figurem, nomeadamente, a identificação do objecto, metas a serem atingidas, fases e datas previstas da execução, plano de aplicação de recursos, cronograma de desembolso e comprovação de que os recursos estão assegurados para as obras ou serviços de engenharia. Ora, tal disposição legislativa busca fundamento jurídico-constitucional não no art. 22.º/XXVII (que autoriza a União a legislar genericamente sobre contratação administrativa), e sim no art. 24.º/I (que devolve à União a competência para editar normas gerais de direito financeiro)[19]. A preocupação aqui não é outra senão a de combater a utilização equivocada e mal-intencionada dos instituitos do convénio e congéneres – e evitar a deslegitimação daqueles mecanismos cooperativos.

Em conclusão: muito embora contratos e acordos administrativos não se confundam (e há que insistir nessa distinção sob pena de restar violada a auto-administração dos entes federados), a competência federal para emanar normas gerais sobre acordos administrativos existe, mas não

---

[19] Sobre a competência da União para editar normas gerais de direito financeiro cfr. Marcos Juruena Villela Souto, *Convénios e protocolos administrativos, in* Repertório IOB de jurisprudência. Tributário, constitucional e administrativo, n.º 10, 2.ª quinzena de Maio/1998, pág. 234.

deriva da competência concorrente para emanar normas gerais sobre contratação. Deriva, isto sim, da competência concorrente inferível do art. 241.º, que aponta para a definição federal de um regime jurídico genérico que assegure a adequação técnica de convénios e consórcios e a consequente suplementação por lei estadual e municipal. Em abono dessa interpretação, recorde-se que a exposição de motivos da emenda constitucional n.º19//98, da qual resultou a introdução do art. 241.º, aludia a uma *disposição geral a ser incluída no texto constitucional e posteriormente regulamentada em lei complementar*, que previsse a *adopção de diferentes formas de cooperação entre a União, Estados, Distrito Federal e Municípios para a organização e gestão de funções e serviços*. Mais: a implantação das modalidades de cooperação então previstas dependeria sempre *da voluntária adesão das partes envolvidas, respeitando-se a autonomia das unidades da federação*.

Todavia a normativa geral ainda não veio: persiste uma inquietante ausência de normas actualizadas que disciplinem as relações intergovernamentais e impulsionem os mecanismos cooperativos. Em 1999 tramitou no Congresso Nacional o Projecto de lei n.º 1071/99, que dispunha sobre normas gerais para a celebração de consórcios públicos para a execução de obras, serviços e actividades de interesse comum dos partícipes, nos termos da Emenda Constitucional n.º 19. Tal projecto de lei estabelecia que o consórcio só poderia ser celebrado mediante autorização legislativa e definia o conteúdo de tal autorização (art. 1.º e 3.º); fixava a obrigatoriedade de se criar pessoa jurídica de direito privado (sociedade civil sem fins lucrativos) para gerir o consórcio (art. 3.º/§1.º); tratava dos órgãos de direcção e administração do consórcio (art. 4.º); determinava a forma da contratação de pessoal (art. 6.º); e definia regras sobre cotaparte, prestação de contas, responsabilidade, penalidades, denúncia, dissolução do consórcio (arts. 7.º a 14.º). Ou seja, longe de prescrever normas gerais, o projecto de lei cuidava de todos os detalhes pertinentes à celebração de um consórcio e manifestamente defraudava a competência suplementar de Estados e Municípios. Para além disso, restava carregado de impropriedades[20], entre as quais a obrigatoriedade da pessoa jurídica de direito privado para a celebração do consórcio, quando Estados e Municípios são competentes para disporem das suas respectivas administrações; a fixação da estrutura administrativa do consórcio, quando tal

---

[20] Sobre as impropriedades do Projecto de Lei n.º 1071/99, que dispunha sobre normas gerais para a celebração de consórcios públicos cfr. Lenir Santos, *Consórcio administrativo intermunicipal*, cit., pág. 13.

matéria há-de ser livremente acordada entre os consorciados; a exigência de autorização legislativa para a celebração de consórcios, quando tal matéria já foi pacificada em sentido contrário pelo Supremo Tribunal Federal, que tem decidido pela inconstitucionalidade daquela exigência com fundamento na *violação do princípio da separação dos poderes, posto que se trata de acto de gestão das funções e bens públicos, inerente ao poder de administrar* (STF, RTJ 94/995 e 115/597).

Não admira que com tantas incoerências o projecto de lei não tenha avançado. Todavia enquanto lei complementar federal não regular os consórcios públicos na forma do art. 241.º da Constituição, os Estados e Municípios os podem celebrar porque gozam de competência para tanto (art. 25.º da Constituição Federal: *os Estados organizam-se e regem-se pelas Constituições e leis que adoptarem, observados os princípios desta Constituição*; art. 30.º da Constituição Federal: *compete aos Municípios legislar sobre assuntos de interesse local* e *organizar e prestar serviços públicos de interesse local*). E preponderantemente os Municípios têm recorrido ao consórcio nas áreas da educação e da saúde – muito por conta da lei orgânica da saúde (lei n.º 8080/90), que incentiva a instituição de consórcios intermunicipais para a gestão conjunta de serviços de saúde. Por conta desse impulso legislativo, em 1998 somavam-se 143 consórcios relativos à prestação de serviços da saúde, os quais envolviam 1740 Municípios, 11 Estados federados e mais de 20 milhões de habitantes[21]. Ocorre que se pode (e deve) ir mais além, porque o consórcio é um arranjo organizatório que optimiza a gestão das políticas públicas. Densifiquemos conceptualmente tal mecanismo cooperativo.

A doutrina brasileira costuma definir o *convénio* como um acordo administrativo através do qual uma entidade pública pactua com outra ou outras entidades, sejam públicas ou privadas, o desempenho de actividades convergentes para a satisfação de um interesse público da competência e responsabilidade administrativa da primeira; enquanto o *consórcio* seria um acordo administrativo através do qual uma entidade pública pactua com outra ou outras entidades públicas, da mesma natureza, o desempenho de actividades convergentes para a satisfação de um interesse público da competência e responsabilidade administrativa comum (*Diogo Moreira Neto*).

---

[21] Os dados sobre o número de consórcios relativos à prestação de serviços de saúde são os fornecidos pelo Ministério da Saúde, *Documento Cadernos do Fórum São Paulo Século XXI*, Caderno 4, Assembleia Legislativa de São Paulo, Fundação Estadual de Análise de Dados. O *Informativo Cepam* da Fundação Prefeito Faria Lima, São Paulo, 2001 também reproduz tais dados.

Cristalizou-se, portanto, o entendimento de que os consórcios são celebrados entre pessoas jurídicas da mesma espécie, enquanto os convénios são celebrados entre pessoas jurídicas de distinta espécie. E que em nenhum caso se há-de falar no surgimento de outra pessoa jurídica. Todavia para dinamizar a actuação conjunta pactuada e facultar-lhe eficiência gerencial (tendo em conta a introdução da *eficiência* como novo princípio cardeal da administração pública brasileira pela Emenda Constitucional n.º 19/98 – actual art. 37.º), nada obstaria, segundo a doutrina dominante, a *personalização de um ente executor específico para o acordo*.

Ou seja, ao disporem sobre a execução do objecto da acção conjunta, as entidades públicas poderiam optar por executá-lo *directamente* (através de seus próprios órgãos), ou *indirectamente* (por delegação legislativa). Se optarem pela segunda hipótese, os partícipes do convénio ou consórcio poderiam instituir entidades públicas (autarquias), ou entidades privadas (empresa pública, fundação) para executar concertadamente as actividades pretendidas. Em qualquer dessas hipóteses de execução indirecta seria obrigatória a autorização do poder legislativo de cada entidade política pactuante, em decorrência da reserva legislativa prevista no art. 37.º/XIX da Constituição Federal para a criação de tais institutos. Mas na hipótese de as entidades conveniadas ou consorciadas decidirem pela instituição de associações civis executoras (sociedades civis sem fins lucrativos), seria desnecessária a intervenção dos respectivos parlamentos – e não será por outra razão que essa tem sido a escolha preferencial dos consórcios inter-municipais, na tentativa de contornar o eventual bloqueio parlamentar. Assim, para a celebração de acordos administrativos e a instituição de associações civis executoras sem fins lucrativos, os conveniados ou consorciados ficam dispensados da autorização legislativa correspondente. Pese embora a lição de ilustres administrativistas como Hely Lopes Meirelles e *Diógenes Gasparini*[22], o Supremo Tribunal Federal tem decidido, como de resto já o referimos, pela inconstitucionalidade da exigência de autorização legislativa para a celebração de acordos administrativos, por estar em causa um acto de gestão das funções e bens públicos (essencialmente

---

[22] Não obstante o Supremo Tribunal Federal tenha se posicionado contra a exigência de autorização legislativa para a celebração de convénios, alegadamente por ferir o princípio da separação dos poderes, alguns doutrinadores (entre os quais figuram Hely Lopes Meirelles, *Direito administrativo brasileiro*, Malheiros Editores, São Paulo, 1993, pág. 355 e Diógenes Gasparini, *Direito administrativo*, Saraiva, São Paulo, 1992, pág. 297) rechaçam o entendimento do Supremo por entenderem que estão em causa actos que extrapolam os poderes normais de administração.

administrativo, no entender do Supremo Tribunal). O fundamento jurídico--constitucional de tal sentido decisório é, portanto, o princípio da separação dos poderes. Obviamente que ao exercer actividade pública e gerir recursos públicos, qualquer pessoa jurídica está sujeita aos princípios e normas gerais que informam a administração pública: suas contratações dependem de concurso público e os contratos de obras, serviços, compras e alienações dependem de licitação – como aliás decorre da lei n.º 8666/93 sobre contratações e licitações[23].

Às entidades cooperantes cumpre-lhes, portanto, definir com clareza, no instrumento do convénio ou consócio, o modo e o regime com que pretendem exercer conjuntamente as competências em causa, a duração, o património, o regime de pessoal, os controlos incidentes e outras particularidades reputadas relevantes para a caracterização da entidade executora comum – pelo menos até que a lei a que se refere o art. 241.º da Constituição Federal venha dispor sobre o processo de instituição conjunta dessas entidades executoras de convénios e consórcios públicos. Importa ainda que se prevejam, no instrumento do convénio ou consórcio, as hipóteses de dissolução do mesmo – se por mútua disposição ou unilateralmente, desde que satisfeitas as obrigações pactuadas. Se é certo que da distinção entre acordos e contratos administrativos decorre a inexistência de um vínculo contratual entre os partícipes, não será menos certo que de qualquer ajuste de vontades, contratual ou não, decorrem legítimas expectativas quanto à actuação dos acordantes – daí que a liberdade para a retirada do ajuste não possa ser incondicionada. A inexistência do vínculo contratual não exime a responsabilidade obrigacional, isto é, a responsabilidade pelas obrigações ajustadas no instrumento do convénio ou consórcio. Ou seja, quando duas instâncias político-administrativas celebram um convénio ou consórcio, estão a assumir obrigações propriamente jurídicas – e não apenas compromissos políticos – muito embora não seja fácil precisar a extensão da sua exigência judicial. O Supremo Tribunal Federal tem se revelado bastante cauteloso nessa matéria. No agravo regimental em recurso extraordinário (AGRRE 259508) decidido

---

[23] No sentido de que a gestão de recursos públicos por qualquer pessoa jurídica está sujeita aos princípios e normas gerais que informam a administração pública cfr. Maria Sylvia Zanella di Pietro, *Parcerias na administração pública*, Atlas, 3.ª edição, pág. 183, onde se lê: *Seja quem for que administre o consórcio, ele estará gerindo dinheiro público e serviço público. Por isso mesmo, suas contratações de pessoal dependem de concurso público e os contratos de obras, serviços, compras e alienações dependem de licitação.*

em 8 de Agosto de 2000 – onde se questionava a violação da Constituição Federal em decorrência da inobservância das cláusulas pactuadas entre o Estado do Rio Grande do Sul e o Município de Porto Alegre, no que concerne à reserva de atribuições para a operacionalização dos serviços de saúde –, a justiça constitucional decidiu que a *hipótese em que foram observados os critérios de conveniência e oportunidade da Administração para atender a demanda da população na área da saúde é insusceptível de controlo pelo poder judiciário.*

Seja como for, os entes da federação brasileira ainda não estão suficientemente familiarizados com a gestão associada de serviços públicos via consórcios públicos e convénios de cooperação – daí que procedam a uma interpretação bastante restritiva das virtualidades de tais instrumentos, para cujo resultado também concorre a tradicional doutrina juspublicística. É que a cooperação intergovernamental pode ir muito além – como o demonstram os ordenamentos compostos europeus, nomeadamente o alemão. Em tese, a cooperação atende basicamente às seguintes demandas: a) à resolução de controvérsias competenciais; b) à criação de fórmulas e procedimentos de participação global dos entes periféricos nos processos decisórios centrais; c) à instituição de órgãos mistos para a gestão de interesses e prestação de serviços comuns. A cooperação intergovernamental responde, portanto, a imperativos de discursividade decisória e eficiência, em todas as situações em que o ente central e os entes periféricos (ou estes entre si) gestionem concretos interesses ou competências, e resolvam fazê-lo concertadamente. Dentre todos os mecanismos em condições de viabilizar tais objectivos, destaca-se largamente o convénio. Através de um convénio o poder central e os poderes periféricos (ou estes entre si) podem adoptar os mais variados compromissos concernentes ao exercício das respectivas competências. Como ilustra *Tejadura Tejada*, os convénios podem versar sobre as mais variadas temáticas e assumir diversas finalidades, a saber: a) convénios que estabeleçam a obrigação de elaborar determinadas normas jurídicas; b) convénios que adoptem obrigações relativas a certas actuações administrativas; c) convénios que adoptem o compromisso de planificação conjunta de certas actividades administrativas; d) convénios que adoptem compromissos de actuação conjunta relativos a obras e serviços; e) convénios que pactuem a delegação do exercício de funções entre ao acordantes[24].

---

[24] Sobre as temáticas versadas e as finalidades assumidas pelos convénios cfr. Tejadura Tejada, *El princípio de cooperación en el Estado autonómico*, in Revista vasca de administración pública, n.º 46, 1996.

A intenção cooperativa será sempre aquela da resolução pactuada de uma problemática que afecte dois ou mais entes num Estado composto. Na República Federal da Alemanha, onde exaustivamente se recorre a tal instrumento cooperativo, os convénios servem sobretudo para acordar regulações e criar equipamentos comuns, tais como instalações portuárias, instalações para a eliminação de lixo, instalações para a produção de energia. Muitos desses convénios integram todos os *Länder* e os comprometem com determinada medida ou prática administrativa (no domínio da protecção ambiental, por exemplo), com um determinado benefício (a disponibilização de tantas vagas no ensino superior), ou com o financiamento comum de instituições (financiamento à pesquisa). Tal prática cooperativa remonta à década de quarenta do séc. XX, quando em 1948 os *Länder* Baviera, Hessen e Württemberg-Baden acordariam a exploração comum do serviço de lotaria; em 1949 todos os *Länder* acordariam o financiamento comum da investigação científica; e em 1961, todos os *Länder* conveniariam a instituição da segunda cadeia alemã de televisão (ZDF – *Zweites Deutsches Fernsehen*). Tal entidade conveniada à qual os Estados devolviam a exploração dos serviços de televisão seria plenamente autónoma, editaria normas cogentes, seria supervisionada não por todos os Estados mas apenas por um deles num sistema de rotatividade bienal, seria mantida por contribuições dos respectivos erários estaduais cuja fiscalização seria efectuada não por cada Tribunal de Contas mas apenas por aquele do *Land* sede da entidade, e os seus funcionários não estariam sujeitos às normas de qualquer *Land* e sim às normas estatutárias que a própria emitiria[25].

No ordenamento composto alemão, onde a cooperação sempre foi percepcionada desassombradamente, os consórcios são órgãos mistos voltados à gestão e prestação de serviços comuns, dotados de personalidade jurídica própria (como de resto também nos ordenamentos espanhol e italiano), e habitualmente criados via convénio que lhes faculta a regulação estatutária de seu próprio regime organizativo, funcional e financeiro. As actividades dos consórcios estão submetidas ao controlo judicial da mesma forma que as actividades das entidades consorciadas estariam se actuassem isoladamente. Há no ordenamento alemão uma multiplicidade de órgãos mistos de carácter administrativo, entre os quais os *órgãos fiduciários* –

---

[25] Sobre a evolução dos convénios celebrados entre os *Länder* alemães cfr. Alcino Pinto Falcão, *Aspectos da cooperação horizontal no federalismo*, in Revista de direito público, ano VII, n.º 33, 1975.

fórmula através da qual se permite que a actividade de um órgão de um específico ente federado possa estender sua esfera de acção a outros entes periféricos. A actividade é gerida e prestada pelo ente federado que o tiver instituído, ainda que os demais contribuam para com os gastos do organismo. Para além dos fiduciários, há os *órgãos comuns* – aos quais compete gerir uma determinada actividade originariamente atribuída a cada ente federado. Nesse caso a actuação é imputável ao órgão convencionado, não aos entes federados isoladamente, posto que o órgão é comum a todos.

As perplexidades iniciais relativas à legitimidade constitucional dos órgãos mistos de carácter administrativo foram sendo progressivamente afastadas pela doutrina alemã: a regra decisória da unanimidade, válida para a maioria daqueles organismos, impede as deliberações com as quais não concordem todos os entes federados envolvidos; e sempre há a possibilidade de retirada do acordo no caso de posicionamentos insanavelmente contrastantes, o que assegura as conexões de responsabilidade entre o ente federado consorciado e seus eleitores; ademais, tratam-se de órgãos administrativos que não dispõem de ampla margem de discricionariedade[26]. Os modelos alheios não admitem importação, bem o sabemos. A alusão a um modelo cooperativo de pretensões bem mais arrojadas que o brasileiro apenas sugere ser possível e desejável que a cooperação intergovernamental evolua a partir da disposição normativa constante do art. 241.º da Constituição de 1988, de forma a impulsionar parcerias entre os entes da federação e a robustecer o sentido da sua própria responsabilidade solidária.

2.6. A compensação financeira

A lógica da compensação das desigualdades regionais informa o funcionamento de qualquer Estado composto. Assim o é porque a sustentação política de uma federação depende da homogeneidade básica do padrão de vida ou da tendencial diminuição das assimetrias entre as diversas componentes sistémicas. As tranferências de recursos entre as distintas unidades restam percepcionadas como um requisito para a preser-

---

[26] Sobre os órgãos fiduciários e mistos no ordenamento composto alemão cfr. Raffaele Bifulco, *La cooperazione nello Stato unitario composto*, Cedam, Padova, 1995.

vação do entendimento federativo e a conservação das vantagens associativas. É portanto correcto afirmar que a compensação financeira decorre do *compromisso constitucional de cooperação* – ou não apontasse tal compromisso para as providências que aglutinam, conservam e protegem os Estados compostos contra as ameaças à boa governação. Mesmo que certas regiões *dadoras* mantenham permanentemente um saldo líquido negativo no que concerne às transferências financeiras, a permanência dessas unidades mais ricas no sistema será sempre justificada pela prossecução dos objectivos federativos. Entre tais objectivos, a teoria do federalismo costuma destacar a preservação da autonomia e da heterogeneidade/diferença, a atenuação das assimetrias/desproporções regionais, a distribuição homogénea de bens públicos de carácter geral a serem assegurados pelo poder central, a preservação de um mercado nacional unificado e do estímulo ao crescimento económico. Como sugere *Maurício Coutinho*, a federação estaria em equilíbrio financeiro quando os *instrumentos* constitucionalmente engendrados para a preservação do delicado arranjo de competências e recursos se ajustassem factualmente àqueles *objectivos*.

No sistema brasileiro, todavia, a crise das finanças federativas excederia as tensões naturais de qualquer Estado composto porque o instrumentário financeiro utilizado (leia-se a estrita divisão de competências tributárias entre as três esferas de poder e as diversas modalidades de compensação) não permite que se atinja o desejado equilíbrio. É assim porque os *critérios objectivos* para a concessão de recursos e a *análise de mérito* para a sua continuidade (elementos que legitimam os sistemas redistributivos) *são sistematicamente substituídos pela barganha*[27]. O recrudescimento da chamada *guerra fiscal* entre os Estados (manipulação das alíquotas tributárias por motivos de atractividade empresarial), as disputas não resolvidas no seio do Conselho Nacional de Política Fazendária (onde supostamente devia ser acordada a concessão de isenções fiscais através de convénios celebrados entre os Estados), os critérios clientelísticos na distribuição de recursos da União, etc. – tudo aponta para a *desvirtuação praxeológica dos instrumentos constitucionais*. A ampla autonomia tributária constitucionalmente consagrada não consegue impedir que uma larga

---

[27] Sobre a desconexão entre objectivos e instrumentos de finanças públicas no sistema federal brasileiro cfr. Maurício Coutinho, *Finanças federativas*: *uma abordagem conceitual*, in Revista paranaense de desenvolvimento, n.º 90, Jan-Abril/1997, págs. 53 e ss.

parcela das unidades federadas careça de recursos para o custeio da correspondente máquina administrativa. Pelo contrário, *a utilização da barganha política como critério alocativo ordinário indica que a autonomia opera em bases muito restritas*, a despeito da *generosa distribuição constitucional de competências tributárias*. E a intensa transferência de recursos *não significa que prevaleçam critérios de nivelamento regional determinados centralmente* (*Maurício Coutinho*).

Para testarmos tal análise, vejamos em que termos estão constitucionalmente previstos a distribuição de competências tributárias e o sistema de transferências financeiras, ou seja, façamos contas aos recursos de que dispõem os Estados e Municípios brasileiros:

a) Os entes federados ostentam *competências tributárias*, isto é, instituem e arrecadam tributos nos termos constitucionalmente previstos nos arts. 145.º e ss. Ou seja, às componentes da federação competem tributos bem definidos e economicamente relevantes e a Constituição atribui aos entes subnacionais considerável autonomia no manejo dos mesmos – sobretudo no que respeita aos Estados, aos quais se atribui o poderosíssimo imposto sobre o valor adicionado (ICMS – imposto sobre a circulação de mercadorias e serviços), cuja manipulação de alíquotas e regimes administrativos com o objectivo de atractividade empresarial gera o fenómeno da *guerra fiscal*[28]. É que da autonomia tributária constitucionalmente consagrada decorre que as autoridades federadas podem adoptar alíquotas diferenciadas nos tributos sob a sua responsabilidade – o que altera o gravame fiscal entre as regiões. Ora, tal diferenciação não adquire proporções preocupantes quando se aplica a factores pouco móveis, como sejam os tributos sobre a propriedade imobiliária, mas provoca desestabilização quando há circulação de mercadorias e factores móveis envolvidos, o que ocorre com os tributos sobre valor adicionado. O governo que sedia a produção, enquanto destinatário legal da arrecadação do imposto sobre circulação de mercadorias e serviços, será tentado a conceder incentivos,

---

[28] Sobre o fenómeno da *guerra fiscal* cfr. Sérgio Prado/Carlos Eduardo Cavalcanti, *A guerra fiscal no Brasil*, Edições Fundap, São Paulo; Fernando Luiz Abrucio/Valeriano Mendes Ferreira Costa, *Reforma do Estado e o contexto federativo brasileiro*, Pesquisas n.º 12, Fundação Konrad Adenauer Stiftung, São Paulo, 1998, págs. 40-54; Heleno Taveira Torres, *Isenções do ICMS – limites formais e materiais. Aplicação da LC n.º 24/75. Constitucionalidade dos chamados convénios autorizativos*, in Revista dialéctica de direito tributário, n.º 72, Set/2001, págs. 89-93; Aroldo Gomes de Mattos, *A natureza e o alcance dos convénios em matéria do* ICMS, in Revista dialéctica de direito tributário, n.º 79, Abril/2002, págs.14-17.

diferimentos e isenções tributárias tendentes a atrair empreendimentos de outras regiões. Daqui derivam potenciais conflitos entre a autonomia fiscal e a constituição de um mercado unificado e tributariamente neutro. É que se Estados e Municípios deliberam autonomamente sobre isenções e alíquotas, estão a defraudar unilateralmente o objectivo da manutenção da neutralidade alocativa territorial. E sobretudo não o podem fazer em nome do alegado combate aos desequilíbrios regionais, posto que este deve ser necessariamente definido por políticas nacionais a cargo da União.

Resulta interessante notar que das raras vezes em que o Supremo Tribunal teve a oportunidade de se manifestar sobre a dimensão passiva do *compromisso constitucional de cooperação*, fê-lo precisamente a propósito da *guerra fiscal*. Na acção directa de inconstitucionalidade cuja medida cautelar foi decidida em 17 de Agosto de 1995 (ADIMC 1247), estavam em causa as limitações constitucionais ao poder do Estado-membro em matéria fiscal (ou mais propriamente, a concessão de isenção e outros benefícios fiscais relativos ao imposto sobre circulação de mercadorias e serviços por um Estado federado, independentemente da prévia deliberação dos demais Estados-membros e do Distrito Federal), a justiça constitucional manifestou-se sobre a *repulsa constitucional à guerra tributária entre os Estados-membros* nos seguintes termos: *O legislador constituinte republicano, com o propósito de impedir a guerra tributária entre os Estados-membros, enunciou postulados e prescreveu directrizes gerais de carácter subordinante destinados a compor o estatuto constitucional do ICMS (...) A celebração de convénios interestaduais constitui pressuposto essencial à válida concessão, pelos Estados-membros e Distrito Federal, de isenções, incentivos ou benefícios fiscais em tema de ICMS. Esses convénios – enquanto instrumentos de exteriorização formal do prévio consenso institucional entre as unidades federadas investidas de competência tributária em matéria de ICMS – destinam-se a compor os conflitos de interesses que necessariamente resultariam, uma vez ausente essa deliberação intergovernamental, da concessão, pelos Estados-membros ou Distrito Federal, de isenções, incentivos ou benefícios fiscais pertinentes ao imposto em questão. O pacto federativo, sustentando-se na harmonia que deve presidir as relações institucionais entre as comunidades políticas que compõem o Estado federal, legitima as restrições de ordem constitucional que afectam o exercício, pelos Estados-membros e Distrito Federal, de sua competência normativa em tema de exoneração tributária pertinente ao ICMS.*

Do exposto se depreende que a autonomia fiscal das entidades federadas deve ser exercida cautelosamente, para não comprometer o exercício das competências alheias, o interesse geral, o equilíbrio federativo – e não será outro o sentido do princípio da *lealdade federal* que decorre do *compromisso constitucional de cooperação*. Eis portanto a racionalidade que preside os arranjos federativos: os grupos geograficamente definidos de cidadãos exercem autonomia federativa nos termos da prossecução dos interesses periféricos; todavia não podem comprometer o interesse geral da totalidade sistémica, o que em última análise também os afectaria negativamente. Ora, a adopção de medidas de carácter fiscal que afectem a base tributária das demais unidades da federação e imponham perdas a algum ou alguns dos demais, certamente que não se compadecem com aquele postulado. O fenómeno de *guerra fiscal* é certamente tributário da progressiva fragilização regulatória das relações federativas pelo poder central, tendente a impedir as iniciativas periféricas comprometedoras do interesse geral – ou pelo menos minimizar os seus efeitos. Como a doutrina tem salientado, a *guerra fiscal* não tende a *morrer por si mesma*, porque *não envolve a degradação fiscal a curto prazo dos Estados que a praticam* (*Sérgio Prado/Carlos Cavalcanti*) – o que torna particularmente problemática a crítica ao processo apoiada na situação individual dos Estados. Exige portanto uma acção política decididamente empenhada em controlá-la, porque o custo incidente sobre a totalidade sistémica é absurdamente elevado. Na ausência de uma alternativa de coordenação central, o processo resta controlado pelo sector privado, que busca capitalizar os dividendos da disputa fiscal em desconsideração do benefício público. A tudo isso ainda acresce o dilema da indefinição dos encargos – ou a imprecisão sobre *quem faz o quê e até onde* – o que estimula um jogo político perverso no qual cada unidade da federação procura eximir-se da prestação de um serviço na expectativa de que outra esfera de poder venha suprir a omissão. No Estado composto brasileiro, à partilha de recursos definitivamente não corresponde a devida responsabilização pelos encargos.

b) Os entes periféricos ainda recebem *transferências automáticas ou obrigatórias* (aqui a transferência de recursos independe da decisão do ente que as deva outorgar), segundo duas modalidades constitucionais de participação no produto da arrecadação alheia:

* directa – através dessa modalidade as normas constitucionais instituem relações simples de rateio, nos termos do qual aos Municípios, por exemplo, será atribuído 50% do produto do imposto sobre a propriedade territorial rural arrecadado pela União relativamente aos imóveis neles situados (art.158.º/II da Constituição Federal) e 50% do produto do imposto arrecadado pelo Estado sobre a propriedade de veículos automotores licenciados em seus territórios (art.158.º/III da Constituição Federal);

*indirecta – através dessa modalidade são criados fundos de participação para os quais afluem 47% dos recursos da União provenientes do imposto de renda e 47% dos recursos da União provenientes do imposto sobre produtos industrializados. Tais recursos serão rateados na seguinte proporção: 21,5% para o fundo de participação dos Estados e Distrito Federal e 22,5% para o fundo de participação dos Municípios (art. 159.º da Constituição Federal).

Como transferências incondicionadas que são (ou seja, efectuadas sem vinculações ou restrições quanto ao uso), reforçam certamente a disposição financeira de Estados e Municípios, mas por outro lado não garantem as prioridades federativas dos gastos.

c) E finalmente, os entes federados recebem *transferências discricionárias ou voluntárias* (aqui a transferência de recursos depende da decisão do ente que as deseje outorgar), as quais permitem que do total de recursos administrados pela União, uma expressiva parcela seja espontaneamente repassada aos Estados e Municípios para o financiamento de programas sociais condicionados. Dados do Banco Nacional de Desenvolvimento Econômico e Social (BNDES) revelam que tais transferências específicas cresceram 138% entre Maio/1995 e Maio/2000, o que não deixa de ser preocupante. É que a teoria das relações intergovernamentais desconfia das transferências específicas porque padecem de opacidade e nem sempre são orientadas por imperativos institucionais – mas não raro pelo voluntarismo e assistencialismo político-partidário. Ainda que as transferências de recursos dos fundos sociais sejam sempre condicionadas ou com destinação específica – destinam-se à educação, à prestação de serviços médicos, etc. –, o busílis não reside na vinculação ou desvinculação às finalidades, mas na frequente substituição dos critérios objectivos pela barganha. Não será por outra razão que a própria Constituição dispõe que o Congresso Nacional, auxiliado pelo Tribunal de Contas da União, procederá à fiscalização dos recursos repassados pela União a Estado, Distrito Federal ou Município, seja mediante convénio ou outro instrumento congénere (art. 71.º/VI)[29].

---

[29] Sobre os recursos de que constitucionalmente dispõem os entes federados brasileiros cfr. Celso Bastos, *A federação e o sistema tributário*, in Por uma nova federação, Celso Bastos (org), Editora Revista dos Tribunais, São Paulo, 1995. Sobre o sistema de discriminação de rendas e especificamente as transferências intergover-

Feitas as contas, avancemos. Quando a Constituição de 1988 aumentou os percentuais de receita da União a serem transferidos aos entes federados, dispôs no art. 161.º/2 que lei complementar deveria promover a revisão dos critérios de rateio do fundo de participação dos Estados e do fundo de participação dos Municípios, sempre *objectivando promover o equilíbrio sócio-económico entre Estados e entre Municípios*; e no art. 165.º/§9.º, a Constituição dispôs que lei complementar estabeleceria condições para a instituição e funcionamento dos fundos. Na ausência de acordo a respeito, a revisão da fórmula de rateio dos fundos foi adiada indefinidamente, e as cotas de participação de Estados e Municípios nos fundos constitucionais permanecem nos mesmos termos que a Constituição de 1988 as encontrou, sendo ainda definidas segundo uma complexa fórmula multiplicativa que combina vários factores, entre os quais superfície territorial, população e produto interno (os valores são distribuídos em proporção directa à população e inversa à renda per capita). A consequência do aumento dos fundos sem a devida revisão dos critérios de rateio foi o desfasamento entre recursos disponíveis e demandas sociais a serem atendidas, o que se observa sobretudo nas áreas mais densamente urbanizadas, que sofreram sensíveis reduções no padrão de qualidade dos serviços públicos prestados às populações. As fórmulas em vigor estimularam a criação de novos Municípios (o que fraccionou recursos em vez de os somar) e introduziram distorções horizontais na disponibilidade de recursos per capita entre Estados e entre Municípios (em detrimento daqueles que concentram maior parcela de população)[30]. E nos Estados e Municípios cujo orçamento

---

namentais cfr. José Maurício Conti, *Federalismo fiscal e fundos de participação*, Editora Juarez de Oliveira, 2001, págs. 61 e ss. Sobre os fundos de participação cfr. Fernando Rezende, *Compensações financeiras e desequilíbrios fiscais na federação brasileira*, in Federalismo na Alemanha e no Brasil, Wilhelm Hofmeister/José Mário Brasiliense Carneiro (org), Série Debates, n.º 22, Fundação Konrad Adenauer Stiftung, São Paulo, 2001.

[30] Sobre as disparidades na disponibilidade de recursos por habitante entre Estados e entre Municípios cfr. Fernado Rezende, *Compensações financeiras e desequilíbrios fiscais na federação brasileira*, cit., págs. 192-195, onde se lê: *A receita orçamentária corrente per capita chega a ser vinte a trinta vezes maior em municipalidades de pequeno porte, em regiões de baixa densidade populacional, em relação aos índices registados em Municípios populosos. Entre Estados, as disparidades são menores, mas não inexpressivas. Nesse caso, a baixa densidade populacional de novos Estados da Amazónia, criados com a emancipação de antigos territórios federais e com o desmembramento de parte do Estado de Goiás, contribui para que a receita per capita desses Estados seja mais de três vezes maior do que a média nacional (...) A associação que durante muito tempo esteve presente na mente de governantes e*

é praticamente mantido por recursos transferidos – porque também os há –, a falta de disciplina fiscal e a ineficiência indiciam que o sistema de compensação financeira há-de ser urgentemente recomposto. Mas como?

Da Constituição é possível inferir uma aposta na definição de critérios de compensação pautados na *padronização dos gastos* (*Paul Bernd Spahn*). A ideia seria calcular o défice periférico com base em necessidades padronizadas, ou seja, os entes federados que não dispusessem de recursos suficientes para suprir os gastos padronizados dos seus habitantes, receberiam transferências condicionadas a níveis de serviço. Se a finalidade é o estímulo à oferta de certos serviços básicos ou a estipulação de um piso mínimo de serviços públicos providos subnacionalmente, as transferências incondicionadas de recursos não fazem sentido[31]. Assim seriam estabelecidos padrões nacionais mínimos de estabilidade financeira, sem que os entes beneficiados fossem patologicamente incentivados a negligenciarem o seu potencial de receita. Ademais, os entes compensados seriam impelidos ao aperfeiçoamento de técnicas cooperativas para a gestão e prestação de serviços comuns. Um tal programa de compensação financeira orientado por indicadores de necessidade per capita (gastos padronizados) é manifestamente deduzível da Constituição de 1988, basta olhar com olhos de ver. Duas iniciativas recentes apontam nesse sentido: o Piso de Assistência Básica à Saúde (PAB) e o Fundo de Valorização do

---

políticos entre o baixo grau de desenvolvimento das regiões (*medido pela renda per capita*) *e a concentração dos problemas sociais serviu para sustentar fórmulas de repasse das transferências federais directamente relacionadas à população e inversamente relacionadas à respectiva renda per capita. Cada vez mais, entretanto, fica difícil sustentar essa visão. A urbanização acelerada e a concentração da pobreza em áreas urbanas mais densamente povoadas não permite estabelecer uma relação estreita entre o baixo desenvolvimento de uma porção do território e a concentração de problemas sociais. Quanto maior a densidade urbana, maior o problema a ser enfrentado e mais altos os custos para lidar com a exclusão social.* Sobre a dissociação das questões regional e social cfr. também Maurício Coutinho, *Finanças federativas: uma abordagem conceitual*, cit., pág. 57, onde se lê que se deve distinguir entre *atenuação das desigualdades regionais e atenuação das desigualdades sociais e combate à pobreza, mesmo quando houver correlação entre pobreza e localização territorial (...) a política prioritária é atacar a pobreza onde ela se encontre, independentemente de sua inserção territorial.*

[31] Sobre a ideia da compensação financeira pautada na padronização dos gastos cfr. Paul Bernd Spahn, *Da controvérsia sobre a compensação financeira na Alemanha*, in Federalismo na Alemanha e no Brasil, ob. cit., págs. 147 e ss. Sobre a oportunidade de transferências de recursos vinculadas a critérios objectivos e da introdução de programas específicos desenvolvidos de acordo com padrões federais cfr. Maurício Coutinho, *Finanças federativas: uma abordagem conceitual*, cit., págs. 57-58.

Ensino (FUNDEF) – de que trataremos a seguir. Em ambos os casos, fica assegurado um volume mínimo de recursos para o financiamento de actividades de ensino e saúde a cargo dos entes federados.

Num Estado federal sem tradição de compensação financeira horizontal como o brasileiro (e onde ainda avultam os Estados que se beneficiam de um regime fiscal mais centralizado e consequentes transferências), parece ser essa uma solução de compensação vertical responsavelmente solidária. É que julgamos estar completamente fora de questão, para os quadrantes federais brasileiros, um sistema de compensação financeira horizontal como aquele alemão – o qual demanda um estágio de lealdade federal que o ordenamento sul-americano está ainda muito longe de atingir. No ordenamento alemão, o quantum da compensação financeira é calculado através do poder financeiro médio per capita multiplicado pelo número de habitantes de cada *Land*. Os *Länder* abaixo da média obtida por tal fórmula (entes federados beneficiários da compensação) recebem alocações financeiras progressivamente fornecidas pelos *Länder* acima da média (entes federados obrigados à compensação). O resultado é que o poder financeiro de todos os entes federados atinge o nível mínimo de 95% do poder financeiro médio – que após as compensações complementares do poder central (compensação vertical) atinge os 99,5%. Assim funciona a *tendencial equiparação das condições de vida* consagrada na Lei Fundamental Alemã. Tal modelo compensatório tem sido entretanto criticado por penalizar o aperfeiçoamento administrativo-financeiro. Acresce que o contribuinte não entende a complexidade da redistribuição e já não pode responsabilizar os órgãos decisórios periféricos pela eventual má administração financeira. O que só reforça a ideia de que no sistema federal brasileiro a compensação financeira deva ser orientada por indicadores de necessidade per capita (gastos padronizados) e não com base no poder financeiro médio.

2.7. O sistema único de saúde (SUS)

O art. 198.º da Constituição Federal dispõe que as *acções e serviços públicos de saúde integram uma rede regionalizada e hierarquizada e constituem um sistema único*. Daqui deriva que na esfera da política da saúde, a actuação conjunta e coordenada dos diversos entes da federação adquire contornos constitucionalmente definidos – a cooperação já não se revela como sugestão, mas como exigência constitucional. É vedado a qualquer ente político-administrativo constituir um plano ou programa de saúde à parte do SUS, posto que a Constituição cria um sistema de serviço público unificado e fundado na obrigatória conjugação de esforços. A política pública da saúde passa a ser regulada pela União e executada pelos entes federados, numa espécie de *federalismo executivo* que incorpora decisões participadas e actuação integrada dos serviços. A rede hierarquizada constitucionalmente moldada não implica a prevalência de um ente da federação sobre outro – o que não se compadeceria com os fundamentos de um Estado federal. O que efectivamente ocorre é que o sistema de saúde está *hierarquizado em níveis de complexidade crescente*, de acordo com distintas densidades tecnológicas (art. 8.º da Lei orgânica do SUS – lei n.º 8080/90). Há, portanto, uma hierarquia de complexidade sistémica voltada à optimização dos recursos disponíveis e à partilha de estruturas de atendimento, sobretudo hospitais e tratamentos sofisticados.

O SUS incorpora duas modalidades de gestão municipal, consideradas as distintas possibilidades dos Municípios brasileiros – e os entes federados hão-de requerer a integração numa das duas modalidades, mediante a comprovação da sua capacidade gestionária. Isto significa que a Constituição da saúde e as leis que a densificam acataram a inevitabilidade dos distintos ritmos competenciais, tendo em conta as virtualidades e os limites das autonomias periféricas. A Constituição da saúde ousou acatar a premissa da *desigualdade dos iguais*, posto que a grande maioria dos Municípios brasileiros não consegue responder isoladamente às demandas e complexidades do sistema de saúde – só 7,9% fazem-no plenamente. A solução reside na operacionalização do sistema de saúde via cooperação intergovernamental – e é precisamente aqui onde os consórcios intermunicipais mais têm prosperado.

A Norma Operacional 96/01 (efectivamente implantada em 1998) introduziu o Piso Ambulatorial Básico (PAB) que desde então tem assegurado um volume mínimo de recursos para o funcionamento dos serviços básicos de saúde e estabilizado a política de financiamento. Os Municípios habilitados recebem o repasse automático e regular dos recursos destinados a procedimentos básicos como vacinação e consultas ambulatoriais, através do Fundo Nacional da Saúde. Desta forma foi possível funcionalizar a rede de assistência básica, muito embora persistam os impasses resultantes do desequilíbrio da oferta dos serviços especializados e internações hospitalares pelo SUS. A unidade do sistema implica ainda a participação dos entes periféricos na formulação da política central – não será outro o motivo pelo qual o art. 36.º da lei n.º 8080/90 dispõe que *o processo de planeamento e orçamento do SUS será ascendente, do nível local até o federal, ouvidos seus órgãos deliberativos.*

Ressalvadas as imperfeições do modelo, que por vezes reduz a participação periférica à mera homologação, há no sistema de saúde elementos vocacionados à integração dos entes federados nos processos decisórios centrais e à *participação da comunidade* (art. 198.º/III da Constituição Federal) que indiciam alguma vitalidade discursivo-democrática. Nos sistemas federativos a dinâmica integradora se realiza, fundamentalmente, através da participação dos entes periféricos nas decisões centrais que os afectam ou interessam. E em outra medida, e com outras finalidades, através da participação do ente central na esfera de actuação periférica, atendendo sempre a imperativos de coordenação, coerência na actuação, eficiência do conjunto institucional[32]. O SUS corresponde a um esboço dessas proposições integradoras, na medida em que a Constituição devolve ao poder central a coordenação daquela política pública sem que esteja directamente envolvido na implementação da mesma. Demanda aperfeiçoamentos, é certo, mas há aqui sintomas de uma *política conjunta* à brasileira que merece atenção – e que pode resultar num bom laboratório para o desenvolvimento de um novo ritmo cooperativo entre os entes federados menos descompassado que o actual. É que enquanto alguns Estados procuram integrar seus Municípios e promover parcerias técnico-financeiras, outros há que disputam com seus Municípios a gestão directa daqueles serviços de saúde que implicam a concessão de recursos financeiros adicionais – numa espécie de *esquizofrenia cooperativa* que desafia a doutrina jurídico-constitucional a compreender tal distúrbio para o poder tratar[33].

---

[32] Sobre a dinâmica integradora nos Estados compostos cfr. Angel Menéndez Rexach, *La cooperación, un concepto jurídico?*, in Documentación administrativa, n.º 240, Out-Dez/1994.

[33] Sobre as relações intergovernamentais na esfera da política pública da saúde cfr. Vânia Barbosa Nascimento, *Interdependência e autonomia na gestão pública da saúde*, in Lua nova – Revista de cultura e política, n.º 52, 2001. Para uma apreciação jurídico-constitucional do sistema único de saúde cfr. Floriano Azevedo Marques Neto, *Gestão do sistema único de saúde por Município: poder-dever de convalidação dos actos praticados pela União*, in Revista dos Tribunais – Cadernos de direito constitucional e ciência política, Instituto brasileiro de direito constitucional, n.º 15, Abril-Junho/1996, págs. 196 e ss; Marlon Alberto Weichert, *O sistema único de saúde no federalismo brasileiro*, in Revista de direito constitucional e internacional, n.º 32, 2000. Para um diagnóstico da política pública da saúde durante os sete primeiros anos de mandato (1995-2001) da administração Fernando Henrique Cardoso cfr. André Singer, *Saúde, in* A era FHC – um balanço, Bolívar Lamounier/Rubens Figueiredo (org), Cultura Editores Associados, São Paulo, 2002.

2.8. A cooperação intergovernamental no ensino fundamental

Com o intuito de distribuir os recursos disponíveis entre as esferas de poder competentes em matéria de ensino fundamental, a emenda constitucional n.º 14/96 instituiu o *Fundo de manutenção e desenvolvimento do ensino fundamental e de valorização do magistério* (FUNDEF). A compensação financeira constitucionalmente moldada funciona da seguinte forma: os recursos que confluem de Estados e Municípios para o FUNDEF são posteriormente redistribuídos entre cada Estado e seus Municípios proporcionalmente ao número de alunos atendidos nas respectivas redes públicas de ensino fundamental. E ao poder central compete complementar aqueles montantes sempre que não se atinja o valor mínimo estipulado anualmente por aluno. Fica então garantido um dispêndio mínimo por estudante definido com base em necessidades padronizadas e no caso de défice são repassados recursos complementares. Importa conferir as alterações essenciais introduzidas pela emenda constitucional n.º 14/96:

a) Foi dada nova redacção aos parágrafos 1.º e 2.º do art. 211.º e inseridos mais dois parágrafos que redistribuíram competências em matéria educacional, a saber: *A União, os Estados, o Distrito Federal e os Municípios organizarão em regime de colaboração seus sistemas de ensino. § 1.º A União (...) financiará as instituições de ensino públicas federais e exercerá, em matéria educacional, função redistributiva e supletiva, de forma a garantir a equalização de oportunidades educacionais e padrão mínimo de qualidade de ensino mediante assistência técnica e financeira aos Estados, Distrito Federal e Municípios. § 2.º Os Municípios actuarão prioritariamente no ensino fundamental e na educação infantil. § 3.º Os Estados e o Distrito Federal atuarão prioritariamente no ensino fundamental e médio. § 4.º Na organização dos seus sistemas de ensino, os Estados e os Municípios definirão formas de colaboração, de modo a assegurar a universalização do ensino obrigatório* (o que manifestamente se traduz num impulso constitucional à cooperação intergovernamental).

b) Foi incluída no art. 34.º a hipótese de intervenção federal nos Estados para garantir a aplicação dos recursos constitucionalmente destinados à manutenção e desenvolvimento do ensino, a saber: *A União não intervirá nos Estados nem no Distrito Federal, excepto para assegurar a observância da aplicação do mínimo exigido da receita resultante de impostos estaduais, compreendida a proveniente de transferências, na manutenção e desenvolvimento do ensino* (art. 34.º/VII/e). Tendo em conta a excepcionalidade do instituto da intervenção federal (em cujas hipóteses figuram situações tão gravosas como a *manutenção da integridade nacional* e a *garantia do livre exercício dos poderes nas unidades da federação*) resulta evidente a impetuosidade e determinação com que o constituinte se ocupou da manutenção e desenvolvimento do ensino.

c) Foi ainda alterado o art. 60.º do *Acto das Disposições Constitucionais Transitórias* (que dispõe sobre o financiamento do ensino fundamental) e nele inseridos novos parágrafos, a saber: *Nos dez primeiros anos da promulgação desta emenda, os Estados, o Distrito Federal e os Municípios destinarão não menos de sessenta por cento dos recursos a que se refere o caput do art. 211.º da Constituição* (a tal organização em regime de colaboração dos sistemas de ensino) *à manutenção e ao desenvolvimento do ensino fundamental, com o objectivo de assegurar a universalização do seu atendimento e a remuneração condigna do magistério.* O §1.º deste art. 60.º do *Acto das Disposições Constitucionais Transitórias* cria um FUNDEF em cada Estado e Distrito Federal para redistribuir recursos entre o respectivo Estado e seus Municípios. O § 2.º do art. 60.º dispõe pormenorizadamente sobre a origem dos recursos que constituirão o fundo, isto é, quais os percentuais do produto da arrecadação de quais impostos (recursos estaduais e municipais) deverão confluir para o fundo. O §3.º dispõe sobre a obrigatoriedade de complementação de recursos por parte da União sempre que em cada Estado o valor por aluno não alcançar o mínimo definido nacionalmente. O §5.º define a destinação dos recursos do fundo, ou seja, dispõe que uma proporção não inferior a sessenta por cento dos recursos de cada fundo será destinada ao pagamento dos professores do ensino fundamental. E só no §7.º desse art. 60.º é que o constituinte se lembra do legislador ordinário, devolvendo-lhe a disposição *sobre a organização dos fundos, a distribuição proporcional de seus recursos, sua fiscalização e controlo, bem como sobre a fórmula de cálculo do valor mínimo nacional por aluno.*

O activismo da Constituição brasileira em matéria de ensino fundamental provoca certamente perplexidades: não só porque *restringe drasticamente as margens do sistema político*, mas também porque *desloca a responsabilidade das decisões que deviam ser infraconstitucionais para o constituinte* (*Gomes Canotilho*). Não obstante, é precisamente aqui onde a cooperação intergovernamental mais avança: nas esferas onde o constituinte optou por rigidificar soluções e onde recorreu a uma instrumentalidade normativa pormenorizada. E paradoxalmente, a opção parece ter resultado: equacionou um sistema de compensação financeira minimamente coerente e inspirou a cooperação intergovernamental. A emenda constitucional n.º 14/96 instituiu um mecanismo engenhoso tendente a *forçar o dinheiro a aparecer nas escolas*, sobretudo nos Municípios mais carentes. Concebido para disciplinar a aplicação dos recursos destinados à educação, o FUNDEF promoveu a reengenharia da rede pública de educação fundamental com suas 163,4 mil escolas, 32,5 milhões de alunos, e 1,3 milhão de professores: promoveu a universalização do ensino entre crianças de 7 a 14 anos (no ano 2000 a taxa de cobertura já era de 97%); reduziu o atraso escolar; prolongou a duração dos turnos de aula; financiou o programa de qualificação de professores; estimulou a descentralização do ensino através do envolvimento de Municípios, escolas e pais de alunos[34].

---

[34] Sobre a cooperação intergovernamental em matéria educacional impulsionada pelas disposições jurídico-constitucionais cfr. Mariza Abreu/Marisa Timm Sari, *Colaboração entre União, Estados/DF e Municípios na área da educação*, in Cadernos aslegis, vol. 3, n.º 8, Maio-Agosto/1999, págs. 9-15. Sobre a reengenharia do sistema escolar brasileiro promovida pelo FUNDEF cfr. Marcos Mendes, *Descentralização da educação fundamental: avaliação de resultados do Fundef*, Instituto Fernand Braudel de Economia Mundial, São Paulo, 2001; Nely Caixeta, *Educação*, in A era FHC – um balanço, ob. cit.

Parte II

COORDENADAS TEÓRICAS
PARA A COMPREENSÃO DO COMPROMISSO
CONSTITUCIONAL DE COOPERAÇÃO
NOS ESTADOS COMPOSTOS

Título I

TEORIA DO FEDERALISMO E DAS RELAÇÕES
INTERGOVERNAMENTAIS

Capítulo I

DO IDEÁRIO FEDERATIVO – RECUO ÀS ORIGENS
DO FEDERALISMO

1.1. **O legado clássico**

Não é possível captar o sentido dos princípios ordenadores dos sistemas federativos e seu respectivo funcionamento sem remontar, despretensiosamente, às origens do federalismo. Não pretendemos fazer de arqueóloga ou porventura especialista em Antiguidade Clássica, coisa para a qual não temos qualquer talento ou competência. Mas se descurássemos dos mais remotos contributos teóricos e praxeológicos que cunharam o ideário federativo, como sejam os contributos grego, etrusco e romano, a presente tentativa de aferir do *compromisso constitucional de cooperação* nos Estados compostos resultaria cientificamente ilegítima – ainda que neste empenho estejamos na total dependência do trabalho alheio, nomeadamente de arqueólogos e historiadores. O fenómeno federativo radica – como de resto a grande maioria das instituições políticas do Ocidente – na Antiguidade Clássica. Não se trata, portanto, de um espontâneo produto do artifício moderno, mais precisamente da sageza estado-unidense do séc. XVIII, ainda que os norte-americanos tenham introduzido as decisivas instituições, mormente os *pesos e contrapesos*, que revolucionaram o legado federativo greco-romano, como veremos a seguir (cfr. *infra* 1.3). E como a história é bem mais antiga do que por vezes se julga, importa descortinar os fundamentos do federalismo.

1.1.1. Dos gregos

Na Grécia Antiga surgiram as primeiras ligas de carácter religioso que precederam ao federalismo político. As ligas religiosas eram dotadas de um santuário comum que vinculava as respectivas Cidades-Estado. Evoluíram politicamente por força da necessidade de defesa contra um inimigo comum mais potente, caso em que a liga transformava-se em aliança para a guerra – o que ocorreu pela primeira vez em 449 a.C., segundo *Heródoto*, quando os jónios (gregos de leste) se uniram aos espartanos para combater os persas. A aliança para a guerra era então conduzida por um dos aliados: aqui uma potência se sobrepunha às demais por força da supremacia militar, que conduzia à supremacia política. O tratado era o instrumento jurídico através do qual uma liga religiosa seria transformada numa aliança para a guerra, e depois numa federação permanente. A federação era o resultado do processo de agregação de várias Cidades-Estado numa nova organização comum, caracterizada pela partilha de poder decisório entre o governo local (da Cidade-Estado) e o governo federal, o qual se ocupava basicamente da defesa, política externa e emissão de moeda. Cada cidadão seria simultaneamente titular de direitos de cidadania local e de cidadania federal[1].

Tal como hoje ocorre com os Estados compostos, as federações da Grécia Antiga tinham rasgos distintos entre si, isto é, não havia uniformidade organizativa ou um modelo federal várias vezes repetido. Mas tendencialmente, vigorava a igualdade entre os membros da federação: o comando supremo da organização federal era colectivo e assumido rotativamente por cada um dos entes federados, durante um período de tempo correspondente a um mês, ou a um ano, não se sabe ao certo. Foi o caso da porventura mais feliz experiência federal grega, aquela que congregou as Cidades-Estado da Beócia no séc. IV a.C., organizada segundo um princípio de rigorosa igualdade, traduzida na rígida aplicação do critério da representação proporcional e da rotatividade, na autonomia política interna e externa dos entes federados, na divisão paritária de direitos e escrupulosa repartição de deveres entre os seus respectivos membros[2].

---

[1] Por tudo cfr. José Miguel Alonso-Núnez, *En la prehistoria del federalismo griego*, in Federazioni e federalismo nell'Europa antica, Vita e Pensiero, Milano, 1994.

[2] A melhor descrição de uma experiência federal grega até hoje descoberta é precisamente aquela que aglutinou as Cidades-Estado da Beócia. A propósito cfr.

Relatos do federalismo helenístico, sobretudo os produzidos por *Políbio* relativamente à surpreendente ascensão da *liga acaica* (da Acaia, região grega do Peloponeso) no início do séc. III a.C., permitem constatar a existência de certos conteúdos de valor ligados à experiência federal, que sugerem um esboço das ideias e princípios subjacentes ao federalismo. *Políbio* atribui o sucesso dos acaicos a factores estritamente institucionais. O facto de se terem substituído às potências peloponesas tradicionais, sobretudo Esparta, seria devido à qualidade moral da fórmula política federal, que resultava preferível à organização política das Cidades-Estado. Há uma inequívoca afirmação da superioridade do sistema federal. *Políbio* ressalta a *tradição igualitária* (paridade de direitos e deveres), a afinidade com a *experiência democrática* (conecta à ideia de equiparação dos respectivos membros), a coerente *prossecução de um projecto comum* (no caso, a unificação do Peloponeso através da partilha de liberdade e não da força), a *autonomia* dos entes federados ou assunção de *direcções políticas alternativas* (valoriza positivamente a diferença entre actuação política federal e federada), a disponibilidade para a *integração de novos membros* (ausência de privilégios aos membros originários) e a superação do particularismo de efeitos perversos por força do *compromisso cooperativo* então assumido (a cooperação é entendida como essência do federalismo, capaz de conduzir a bom porto os objectivos comuns que justificam a existência da federação). Com efeito, a apreciação polibiana da *liga acaica* capta alguns dos elementos essenciais do federalismo, quais sejam, autonomia, paridade, participação, cooperação, então percepcionados como valores que sugerem uma nova possibilidade de cooperação supranacional ou unificação consensualmente aceite – e não imposta pela força – orientada, portanto, por critérios de acção comum e respeito recíproco[3].

A partir das considerações de *Políbio* é possível inferir que o primeiro debate ou reflexão política sobre federalismo teve lugar durante o período clássico, ainda que os Autores de então não tenham sido capazes de o

---

Cinzia Bearzot, *Un'ideologia del federalismo*, in Federazioni e federalismo nell'Europa antica, Pubblicazioni Vita e Pensiero, Milano, 1994. Sobre o federalismo grego cfr. ainda G. Ténékides, *La notion juridique d'indépendance et la tradition hellénique*, Atenas, 1954, para o qual a ideia de cooperação e responsabilidade comum seriam a essência do federalismo grego; J. Larsen, *Greek federal states. Their institutions and history*, Oxford, 1968.

[3] Sobre as reflexões polibianas acerca do federalismo grego cfr. Cinzia Bearzot, *Un'ideologia del federalismo*, cit; W. Paton, *Polybius, the histories,* I, Cambridge, Maas/Londres, 1954.

reproduzir de forma tão articulada e coerente quanto nos seria actualmente útil. Opondo-se ao discurso polibiano, *Xenofonte* tentaria impedir a expansão do novo fenómeno federal, a partir de uma alegada incompatibilidade com os princípios que até então guiavam a vida colectiva das Cidades-Estado gregas – sobretudo a autodeterminação. Mas *Xenofonte* não conseguiria escamotear as consequências da integração das Cidades-Estado num espaço federal: poderio económico, crescimento demográfico e consequente fortalecimento militar – elementos determinantes para a sobrevivência colectiva na altura e especialmente caros ao próprio *Xenofonte*, a quem sempre preocuparam as questões relativas à conquista e ao exercício do poder. *Xenofonte* tinha consciência dos valores subjacentes à construção política federal, tal como foram percepcionados por *Políbio*. Ainda assim, e talvez por isso mesmo, defendia outra concepção política: julgava, sobretudo, que a lógica federal constituía um perigo para o sistema tradicional das Cidades-Estado. Estão aqui contrapostos dois modos de conceber a experiência política em termos valorativos: por um lado, o elogio à autodeterminação do local; por outro, as vantagens agregadas ao supranacional. Seja como for, a partilha democrática de poder que integra o ideário federal estava longe de seduzir *Xenofonte*: a sua *crítica mordaz à democracia ateniense, e os seus francos elogios à sociedade fechada e anti-democrática de Esparta, colocam-no, sem margem para qualquer dúvida, entre os precursores do Estado totalitário moderno* (Freitas do Amaral)[4].

Também *Aristóteles* percepcionou as peculiaridades da experiência federal comparativamente àquela das Cidades-Estado, mas acabou por aliar-se à defesa da democracia directa inerente à última – que bem vistas as coisas, à luz do distanciamento histórico, pouco mais traduzia que o *domínio oligárquico de uma classe ociosa, relativamente reduzida, montada sobre a infra-estrutura de uma economia de escravos* (Karl Loewenstein). *Aristóteles* minimizou os elementos que depunham a favor do federalismo: a cooperação, a eficiência militar, e a força demográfica seriam apreciáveis mais quantitativamente que qualitativamente. Interessavam-lhe, sobretudo, as virtualidades políticas e constitucionais das Cidades-Estado, que na sua perspectiva não deveriam comportar mais população que a minimamente

---

[4] A ideia de que Xenofonte seria o primeiro grande defensor da ditadura pode ser conferida em Diogo Freitas do Amaral, *História das ideias políticas*, vol. I, Almedina, Coimbra, 1998, págs. 80-83. Sobre o ataque de Xenofonte e o elogio de Políbio às experiências federais gregas cfr. Cinzia Bearzot, *Un'ideologia del federalismo*, cit.

indispensável à auto-suficiência e à qualidade de vida comunitária. Os registos aristotélicos sobre o federalismo ficam-se por aí. É lamentável que os Autores clássicos mais qualificados tenham sido tão comedidos na análise do federalismo grego, sobretudo tendo em conta a ampla difusão do fenómeno federal na altura e a alternativa que representava frente às contradições do modelo das Cidades-Estado. Conforme ensina *Loewenstein*, as vantagens da democracia directa grega converteram-se em vícios porque o povo não foi capaz de conter o seu próprio poder soberano. O fundamentalismo democrático foi levado a tal extremo que a omnipotente assembleia dos cidadãos activos não restava submetida a quaisquer limitações jurídico-constitucionais, mas apenas àquelas decorrentes da tradição moral da comunidade. Em nenhuma época de sua agitada história as Cidades-Estado gregas alcançaram estabilidade interna. Acabaram traídas pelo que mais temiam: a ausência de equilíbrio, o estado de desarmonia estatal[5].

O mais divulgado dentre todos os governos federais gregos – porque profundamente admirado na América do séc. XVIII e inclusivamente glosado por *James Madison* no n.º 18 de *O Federalista* – foi a *liga anfictiónica ou délfica*, surgida a propósito da defesa das cidades confederadas em torno do santuário de Apolo em Delfos. *Madison* ressaltou a proximidade entre a referida liga e o governo dos Estados Unidos sob os Artigos de Confederação firmados em 1781[6]. Fê-lo porque estava decidido

---

[5] Sobre as contradições do modelo das Cidades-Estado gregas cfr. Karl Loewenstein, *Teoria de la Constitución*, Editorial Ariel, Barcelona, 1976, págs. 155 e 156. Sobre o escasso interesse dos teóricos antigos pelo federalismo – sobretudo Aristóteles – então dominados pela ideia da superioridade da organização política das Cidades-Estado cfr. J. Larsen, *Greek federal states*, ob. cit.

[6] A apreciação madisoniana acerca das ligas gregas pode ser conferida em Alexander Hamilton/James Madison/John Jay, *The Federalist*, n.º 18, The Everyman Library, Londres, (1787-1788) 1996. Impõem-se alguns esclarecimentos sobre a obra que inaugurou a modernidade federal. Entre Maio e Setembro de 1787, reuniu-se em Filadélfia a Convenção Federal que elaborou a Constituição dos EUA de 1787, a qual substituiu os Artigos de Confederação firmados em 1781 entre as treze ex-colónias, logo após a independência. A obra *O Federalista* condensa uma série de ensaios publicados na imprensa de Nova Iorque em 1788, com o objectivo de esclarecer a população sobre o novo formato federal derivado da Constituição e incentivar a aprovação da mesma pelas convenções populares reunidas nos respectivos Estados da União. Os oitenta e cinco artigos de *Alexander Hamilton* (1755-1804), *James Madison* (1751-1836) e *John Jay* (1745-1859) eram assinados sob o pseudónimo de *Publius* (o termo deriva de *Plutarco Publio Valerio*, o político romano que instaurou o governo republicano, ao qual o povo romano chamou *Publicola*, ou amante do povo). A

a dissipar as dúvidas dos antifederalistas que desconfiavam da ideia de um governo central forte. Interessava-lhe concluir que o defeito congénito da *liga anfictiónica*, tal como os Artigos de Confederação de 1781, seria a fraqueza do governo central. Afirma, inclusive, que se a Grécia clássica tivesse aderido resolutamente ao modelo federal que a *liga délfica* sugeria, teria evitado a ocupação macedónia – o que resulta ingénuo para os actuais estudiosos da Antiguidade Clássica, porque a Grécia não poderia resistir à consistência militar macedónia, independentemente da estrutura organizatória (federal ou não) que apresentasse na altura[7].

    Madison ainda busca outro exemplo clássico para fundamentar a sua argumentação federalista: descreve cuidadosamente a constituição e funcionamento da *liga acaica* (a mesma à qual *Políbio* dispensou decisivos elogios). Refere, por exemplo, que as cidades integrantes daquela federação mantinham a jurisdição exclusiva sobre os seus funcionários locais; que

---

autoria dos artigos permaneceu secreta por algum tempo. Parece ter havido uma motivação táctica para a manutenção do anonimato: a defesa da Constituição não devia ser perturbada pelas cisões ou o distinto acento institucional propugnado pelos Autores, mais autonomista no caso de Madison, mais centralista no caso de Hamilton. O segredo foi revelado logo após a morte de Hamilton, idealizador da empreitada, que teria escrito 51 dos artigos publicados, contra 29 da autoria de Madison e apenas 5 de Jay, cuja colaboração restou prejudicada por problemas de saúde. A James Madison, entretanto, é creditada a maior contribuição individual na elaboração da Constituição de 1787, já que algumas teses demasiadamente centralizadoras de Hamilton foram prontamente rejeitadas. Depois de atingido o objectivo dos Autores, o da aprovação da Constituição, Hamilton converteu-se num dos principais conselheiros políticos do Presidente George Washington e primeiro secretário do Tesouro dos EUA; Jay seria o primeiro presidente da Corte Suprema e Madison, juntamente com Jefferson, fundaria o Partido Republicano, pelo qual viria a ser eleito Presidente dos EUA em 1808. Apesar das iniludíveis divergências dos Autores de *O Federalista*, não dissimuláveis aos olhos de um leitor minimamente atento, todos concordavam que o ordenamento constitucional derivado da Convenção da Filadélfia seria incontestavelmente superior ao vigente sob os Artigos de Confederação. Daí o empenho em dissipar dúvidas e refutar objecções adversárias. Por tudo cfr. Fernando Papaterra Limongi, *O Federalista: remédios republicanos para males republicanos*, in Os Clássicos da Política, Francisco Weffort (org), Série Fundamentos, Editora Ática, São Paulo. Sobre as divergências entre os Autores de *O Federalista* cfr. Federico Mioni, *James Madison tra federalismo e repubblicanesimo*, in Il Politico, Rivista italiana di scienze politiche, ano LVI, n.º 4, 199. Sobre a origem do termo *Publius* cfr. Giorgio Brosio, *Equilibri instabili*, Bollati Boringhieri Editore, Torino, 1994, pág. 19.

    [7] Sobre a equívoca apreciação madisoniana acerca da liga délfica cfr. John Buckler, *Il federalismo in Grecia e in America*, in Federazioni e federalismo nell'Europa antica, Pubblicazioni Vita e Pensiero, Milano, 1994.

todos os membros partilhavam as mesmas leis, usos, pesos, medidas e moeda; que os entes federados estavam equitativamente representados num Senado onde decidiam sobre matéria de guerra e paz, sobre o envio de embaixadores, sobre a ratificação de tratados e a eleição de um magistrado supremo que exercia funções de comandante das forças armadas. Conclui que o governo federal dos acaicos seria tendencialmente mais moderado e justo, assim como menos vulnerável à paixão e violência das massas, do que qualquer dos governos locais da *federação acaica* se isoladamente considerados. Tal equilíbrio no exercício governativo devia-se ao facto de que as vontades parciais dos entes federados restavam temperadas pela autoridade e leis federais (eis o argumento que interessava às construções teóricas de *Madison*). A *liga acaica* acabou por sucumbir frente ao poderio macedónio, esclarece *Madison*, basicamente por ser composta de pequenas entidades incapazes, ainda que unidas, de fazer frente a um gigante militar.

Sabe-se actualmente que as ilações retiradas do federalismo grego por *Madison* não foram de todo precisas e correctas porque o Autor não dispunha de informações basilares só posteriormente descobertas. A *liga délfica* que tanto impressionou *Madison*, pouco passou de um associação religiosa que decidia sobre problemas conexos com o santuário de Delfos, relativos sobretudo a violações do juramento de seus membros – sem o carácter político que o federalista estado-unidense do séc. XVIII supunha. E só em 1906 foi encontrado no Egipto o papiro que relata a porventura mais feliz experiência federal grega, a qual congregou as cidades-estado da Beócia do séc. IV a.C. até 146, nos termos supra referidos. *Madison* não tinha como o saber[8]. Mas é certo que em 1787, altura em que *James Madison* (a quem é creditada a maior contribuição individual na elaboração da Constituição dos EUA) recorreu às experiências federais gregas para convencer os estado-unidenses da bondade de um governo central fortalecido, *o desenvolvimento político norte-americano já tinha traçado o seu destino federal de forma tão peculiar, que a Grécia Antiga já pouco de inovador teria a ensinar (John Buckler)*. Mas encorajou, sem dúvida, os construtores do primeiro Estado federal moderno a encontrarem uma solução nova e idiossincrática para o velho problema da convivência entre diversos entes territoriais dotados de poder político.

---

[8] Sobre o papiro encontrado em 1906, o qual descreve o funcionamento da experiência federal que congregou as Cidades-Estado da Beócia, cfr. John Buckler, *Il federalismo in Grecia e in America*, cit.

1.1.2. Dos etruscos

Dos testemunhos antigos depreende-se que a partir do séc. VII a.C. os etruscos adoptaram um sistema de organização política baseado em Cidades-Estado – das quais se conhece algumas instituições políticas e administrativas, a vida religiosa e sócio-económica. A tese prevalecente sobre a organização política dos etruscos na Península Itálica é aquela que rejeita, alegadamente por inexistência de provas, que os mesmos actuassem sob um comando político único. O que significa que se a *liga dos XII povos* seguramente existiu, nunca teria actuado politicamente ou produzido decisões sobre a vida comunitária etrusca, conservando-se sempre como uma liga sacra, em tudo similar às ligas gregas de carácter estritamente religioso. A partir da década de noventa do séc. XX, a doutrina inclina-se para a aceitação do federalismo político: as cidades etruscas teriam integrado uma confederação de Estados independentes – ou um *Staatenbund dos XII povos*, como sugere a doutrina germânica que o sustenta[9]. Ou seja, teriam constituído uma liga permanente dotada de uma autoridade suprema, que sem actuar directamente sobre os cidadãos como um governo nacional o faria, agia sobre cada um dos povos confederados tomados no seu conjunto.

É possível que em alguns aspectos, o exemplo etrusco inclusivamente ultrapasse as fronteiras do que actualmente se entende por confederação de Estados. Mas para considerá-lo como um Estado federal à semelhança da experiência grega (note-se que os gregos não tinham um exclusivo termo ou expressão que denotasse a sua organização federal, mas o conceito estava presente nas suas instituições), falta, é certo, o testemunho clássico de uma *politeia* (designação aristotélica para Estado democrático) *de organização federal*, onde fossem simultaneamente exercidos direitos de cidadania federal e local. As fontes antigas não permitem traçar uma distinção segura entre as duas modalidades organizatórias que a modernidade tratou de rigidamente discernir (Estado federal e confederação de Estados) – algo que pouco releva, posto que ainda hoje o tema alimenta discussões doutrinárias tendentes a esbater fronteiras. Assim acontece porque, como sabiamente constatou *Tocqueville* quando ocupou-se da matéria, *o espírito humano inventa mais facilmente as coisas do que*

---

[9] Sobre o sistema etrusco de organização política cfr. Luciana Aigner Foresti, *La lega etrusca*, in Federazioni e federalismo nell'Europa antica, Pubblicazioni Vita e Pensiero, Milano, 1994.

as palavras, donde o uso de tantos termos impróprios e de tantas expressões incompletas[10].

A federação etrusca possuía uma assembleia federal, funcionários federais, um exército comum. Paralelamente às moedas etruscas com a respectiva legenda das Cidades-Estado, os estudiosos da Antiguidade encontraram séries monetárias que testemunham a aliança recíproca de várias cidades, provavelmente emitidas por uma organização jurídico-política comum. A vontade federal era definida por órgãos integrados por representantes dos respectivos povos: a aprovação das decisões juridicamente vinculantes não dependia da unanimidade dos membros, o que sugere a ideia de funcionamento orgânico. E os registos clássicos também demonstrariam que no exercício das suas competências, a autoridade central era superior àquela periférica – tendo a última de acatar, necessariamente, as decisões federais. Os conflitos competenciais resolviam-se, essencialmente, em acções de paz e guerra, mas sempre era possível conciliar os litígios entre membros da federação através de uma decisão arbitral. Nos mesmos termos das federações gregas, o comando supremo da organização federal seria colectivo e igualmente rotativo: cada ente federado o exerce por um tempo determinado – que sendo, porventura, de um mês, explicaria o número doze dos povos, mas nada o comprova[11]. Seja como for, há nessa rotatividade o reconhecimento recíproco da paridade entre os entes federados e alguma lealdade federal derivada da partilha de interesses e prossecução de objectivos comuns – algo que, como se verá, faltou às federações romanas impostas pela colonização, cujo comando supremo competia, por tempo indeterminado, à Roma.

1.1.3. *Dos romanos*

A partir dos finais do séc. VI a.C. é possível reconhecer os mais embrionários elementos do federalismo que agregou os povos do Lácio em torno de santuários e cultos comuns, cujo mais primitivo exemplo seria aquele de *Iuppiter Latiaris* e de *Diana Nemorensis*. A tentativa de definir o conceito de federalismo em sentido latino arcaico é tarefa árdua

---

[10] Alexis de Tocqueville, *A democracia na América. Leis e costumes*, Martins Fontes, São Paulo, 1998, p.177.
[11] Sobre a rotatividade do comando supremo na organização federal etrusca cfr. Luciana Aigner Foresti, *La lega etrusca*, cit.

– devido, sobretudo, à acentuada supremacia romana sobre os demais entes da federação, o que perturba a lógica cooperativa e o reconhecimento da igualdade que sempre andaram atrelados ao federalismo. Por isso o fenómeno federal romano é habitualmente apreciado a partir de duas antigas instituições relevantes: a colonização e a celebração de acordos, nas quais a doutrina reconhece a origem e fundamento das federações então surgidas[12]. Tomemos a celebração de acordos.

Originariamente, o termo *foedus* era empregue no sentido de fórmula adoptada na celebração de acordos internacionais, sobretudo acordos bilaterais de *amicitia, pax, societas, hospitium*. A evolução semântica do termo conduziu à sua posterior identificação com o acto constitutivo de uma federação. Com bem explica *Alfredo Valvo*[13], o termo *foedus* está intimamente ligado, não só em sentido etimológico, àquele da *fides*, que consistia no mais forte e durável vínculo de natureza ética assumido pelos romanos para atribuir estabilidade à convivência colectiva. A *fides* seria a suprema reguladora das relações humanas, e o juramento ao qual se recorria para dar força e credibilidade à mesma, servia à confirmação das afirmações ou promessas então proferidas, seja a título pessoal na esfera privada, seja em nome do povo romano na esfera internacional. Sempre que se quisesse atribuir força ao que se afirmava ou prometia, cumpria jurar ("*Iuro*" *tunc dici debere, cum confirmamus aliquid aut promittimus*). O juramento seria o efectivo instrumento de garantia das relações internacionais, aquando da celebração de compromissos. O recurso à divindade no juramento, sobretudo a *Iuppiter* enquanto máximo garante da conclusão do tratado, indicava a vontade de quem jurava de se submeter à justa punição em caso de inadimplemento. O empenho perante a divindade implicava que a eventual infracção não mais pertencia ao domínio do *ius*, que teria posto o inadimplente na condição de *reus*, mas sim àquele do *fas*, regulado pelos deuses: da ofensa aos deuses, ocupam-se os deuses (*deorum iniuriae dis curae*).

A evolução semântica de *foedus* é paralela e consequente àquela de *fides*: enquanto esta torna-se quase sinónimo de *potestas*, sobretudo na linguagem institucional romana, também *foedus* acabará por indicar um

---

[12] Neste sentido cfr. Alfredo Valvo, *Modalità del giuramento romano a conclusione di un trattato o di un'alleanza*, in Federazioni e federalismo nell'Europa antica, Pubblizazioni Vita e Pensiero, Milano, 1994.

[13] Sobre o sentido e evolução semântica dos termos *fides* e *foedus* cfr. Alfredo Valvo, *Modalità del giuramento romano a conclusione di un trattato o di un'alleanza*, cit.

pacto entre contraentes de potência desigual, basicamente porque cada *foederatus* (aliado) tinha de reconhecer a supremacia romana. Não traçamos as presentes conexões por mera especulação arqueológica: a Antiguidade clássica não deve ser apreciada como uma *colecção de curiosidades*. A conexão justifica-se porque a teoria do federalismo incorporou o termo *foedus* como indicativo de um tratado de aliança constitutivo de uma federação – e portanto interessa descodificá-lo geneticamente para captar o seu actual sentido. A ideia de compromisso ou aliança garantida pelos deuses terá sido, porventura, a mais primitiva manifestação daquilo que hoje se entende por *compromisso constitucional de cooperação*, enquanto fundamento ou *background* dos Estados compostos. Resulta reconfortante que a modernidade tenha posteriormente recuperado o termo *foedus* enquanto aliança entre iguais, cuja paridade há-de ser institucionalmente garantida, nos termos do compromisso constitucional a que todos, voluntariamente, aderiram.

Captados os desdobramentos da celebração de acordos, tomemos a colonização – outra das instituições nas quais a doutrina reconhece a origem e fundamento das federações romanas. Os romanos possuíam duas maneiras de consolidar o seu poderio: a anexação e a federação. A anexação, mais antiga, consistia na conquista pela força, com o consequente morticínio dos habitantes, a venda como escravos ou remoção. Na federação o território não era anexado: as *civitates foederatae* tinham de submeter-se à supremacia política e militar de Roma, mas a integridade de seus habitantes seria salvaguardada, apesar de serem considerados cidadãos estrangeiros, com direitos limitados. O *foedus* estabelecia os termos da convivência jurídico-política entre Roma e a cidade federada – algo que assumia geometria variável, porque o complexo de direitos e deveres seria o resultante da negociação bilateral. As cidades federadas que celebravam com Roma o chamado *foedus aequum*, como Nápoles e Camerino na Umbria, gozavam de um estatuto privilegiado comparativamente às demais: conservavam o direito de cunhar moeda, mantinham as suas instituições locais (inclusive tribunais) e utilizavam a própria língua. As demais situações, que constituíam a grande maioria, compreendiam meros pactos de clientela e protectorado: as cidades federadas renunciavam à condução de políticas autónomas, sobretudo política externa e militar[14].

---

[14] Por tudo cfr. Leon Homo, *La Italia primitiva y los comienzos del imperialismo romano*, Cervantes, Barcelona, 1926 e Juan Iglesias, *Instituciones de derecho romano*, Ariel, Barcelona, 1965.

Parece translúcido que o legado federal grego, e em certa medida também o etrusco, não encontram eco no claudicante federalismo romano. Os gregos nunca definiram um termo que traduzisse a convivência equilibrada de poderes territoriais sob a direcção política de um centro no qual todos participassem paritariamente. Não obstante, captaram integralmente o sentido e virtualidades daquela correlação de forças. O *baptismo da criança* competiu aos romanos – a história das instituições tem dessas perplexidades –, que contrariamente aos gregos, cunharam um federalismo pautado não na voluntariedade cooperativa, mas na rendição negociada sob a ameaça de aniquilação. O *foedus* bilateralmente celebrado enquanto alternativa à anexação, em nada se aproxima de um *compromisso constitucional de cooperação* gerado a partir da autêntica percepção das vantagens derivantes da actuação conjunta. O contributo romano para com as concepções federais da actualidade restringe-se, porventura, ao primitivo sentido de *fides* e *foedus*, qual seja, aquele de vínculo de natureza ética voluntariamente assumido para atribuir estabilidade à convivência colectiva (ou à boa convivência entre várias autonomias territoriais). Daqui possivelmente decorre o princípio da lealdade federal que orienta o funcionamento harmónico dos Estados compostos.

1.2. O esboço teórico: contributo de Althusius e Montesquieu à teoria do federalismo

Antes de os constituintes estado-unidenses terem revolucionado a história das instituições políticas através da artesania de um modelo governativo sem precedentes sobre o globo – algo que *James Madison* fez questão de assinalar, sem falsa modéstia, no n.º14 de *O Federalista* –, o federalismo foi objecto de consistente teorização em apenas duas oportunidades: a primeira levada a efeito por *Althusius*, no início do séc. XVII, e a segunda por *Montesquieu*, já no séc. XVIII. *Grocio*, *Rousseau* e *Kant* também tangenciaram o assunto, mas eximiram-se de reflectir orgânica e coerentemente sobre o federalismo, sendo consequentemente recordados por outros relevantes contributos. Com efeito, *Johannes Althusius* seria o precursor da moderna teoria do federalismo (e da subsidiariedade): na sua célebre *Política* (1603) apresentaria um conceito global de união federal resultante da sucessiva integração dos vários estratos que compunham a comunidade política (*consociatio symbiotica*). Segundo tal ordem de ideias, o *povo* correspondia a uma federação de famílias, a *cidade* a uma federação de famílias e corporações, a *província* a uma federação de cidades, o *reino/república* a uma federação de províncias e o *império* a uma federação de reinos/repúblicas. O sistema político *althusiano* correspondia a uma construção escalonada, organizada de baixo para cima: cada segmento ou estrato resultava de pactos celebrados (implícita ou explicitamente) entre os seus componentes para a prossecução de objectivos ou interesses comuns. A sociedade seria composta de cinco estratos, cada um dos quais resultante de específicas agregações: seriam duas as *associações de carácter privado* (a família e a corporação – que não teria um cunho necessariamente profissional, correspondendo antes a um corpo organizado para a satisfação de necessidades ou prossecução de objectivos comuns) e três *associações de carácter público* (a cidade, a província, e a república ou reino).

Althusius foi profundamente influenciado pela concepção aristotélica do primado lógico-histórico do Estado sobre as formações sociais. Ainda que o Estado estivesse voltado à satisfação de necessidades específicas, *Aristóteles* recusava-se a confinar a actividade estadual a uma esfera residual relativamente àquela em que se moviam os indivíduos ou as comunidades intermédias: o Estado seria anterior à família e ao indivíduo, porque o todo deve ser necessariamente anterior à parte. E se o Estado surgira para tornar possível a vida, havia de possibilitar uma vida feliz. Com efeito, o constitucionalismo clássico manifestava pouco interesse pela liberdade, antes centrando-se na igualdade perante a lei: nem a *polis* grega, nem a República romana reconheceram direitos individuais invioláveis pelo poder estatal. Em função dessa influência *aristotélica*, a concepção de autonomia individual em *Althusius* seria necessariamente temperada pelas relações de dependência estabelecidas com os respectivos grupos sociais nos quais o indivíduo estivesse inserido[15].

---

[15] Sobre a influência de Aristóteles no pensamento de Johannes Althusius cfr. Massimo Luciani, *A mo'di conclusione: le prospettive del federalismo in Itália*, in Quale, dei tanti federalismi?, Alessandro Pace (org), Cedam, 1997, pág. 238 e 239. Sobre o pensamento de Althusius cfr. ainda Carl Friedrich, *Federal constitutional theory and emergent proposals in federalism*, in Federalism: mature and emergent, New York, 1955; Carl Friedrich, *Trends of federalism in theory and practice*, Frederick Praeger Publishers, New York, 1968. A obra de Althusius intitulada *Politica methodice digesta atque exemplis sacris et profanes illustrate*, Herborn 1603/Groningen 1610, na qual Althusius esboça os princípios de uma nova e secularizada ciência política, está parcialmente traduzida para o italiano: *Politica*, Guida, Napoli, 1980 e para o inglês *Politica methodice digesta*, Harvard University Press, Cambridge, 1932. Para maiores detalhes sobre tal *Política exposta metodicamente* cfr. Quentin Skinner, *As fundações do pensamento político moderno*, Companhia das Letras, São Paulo, 1996, págs. 610, 618 e 655.

Mas contrariamente ao que as aparências pudessem sugerir, o federalismo de *Althusius* não se limitava à mera sistematização teórica das estruturas medievais: trazia algo de essencialmente novo e moderno. A fantasmagoria medieva resultava exorcizada porque a hierarquia *althusiana* não buscava fundamento na autoridade, mas sim em pactos de união: a política era concebida como a arte de congregar os homens em torno do objectivo de criar, cultivar, conservar a vida comunitária. Mais: o federalismo *althusiano* não tinha fundamento corporativo, mas sim territorial. *Althusius* julgava que as grandes comunidades resultavam da composição estratificada de várias comunidades menores. Daí que na esfera das associações públicas, os integrantes dos corpos sociais mais vastos não fossem as pessoas singulares, mas sim os corpos sociais menores. Assim, os membros do Estado não seriam os cidadãos, nem as associações de carácter privado (famílias e corporações), mas antes as associações de carácter público, ou seja, as cidades e províncias.

Althusius adoptou o conceito de contrato social como o fundamento de qualquer entidade colectiva e concebia a república como uma associação de comunidades menores numa comunidade global. Tal comunidade global organizada federativamente fundava-se num conceito de soberania popular, contrariamente à concepção de soberania estadual *bodiniana*, que acabou por determinar a dicotomia moderna entre Confederação e Estado federal. O princípio da subsidiariedade, no pensamento *althusiano*, derivava precisamente dessa peculiar concepção de contrato social entre associações públicas: a subsidiariedade orientaria a transferência de poderes governativos limitados, de um estrato a outro, na medida do estritamente necessário à satisfação das demandas dos associados. Ocorre que tal tradição de pensamento, marcadamente comunitária, resultou subterrânea – a filosofia política europeia deixou-se seduzir por outros apelos. *Althusius* foi completamente esquecido – e dificilmente constará do elenco de Autores estudados nas disciplinas de História das Ideias Políticas e Sociais ou de Filosofia Política. Como ressalta *Massimo Luciani*, os séculos subsequentes *celebraram a vitória incondicionada de uma concepção bem distinta de Estado: aquela centralizadora e absolutista, da qual Bodin foi o principal arauto*. Nem melhor fortuna teve a tentativa de *Montesquieu*, século e meio depois, quando ocupou-se da organização territorial do Estado e teorizou sobre a bondade das repúblicas federativas. A grande viragem federal dependeria da genialidade institucional estado-unidense.

Montesquieu foi dos primeiros cientistas políticos a assimilar a relevância das garantias institucionais para a liberdade e os direitos do cidadão. Seus predecessores julgavam que a bondade do Estado dependia mais dos homens que o governavam do que de suas instituições – daí que a presença de bons governantes fosse suficiente à tutela dos interesses comunitários[16]. *Montesquieu*, contrariamente, parecia atormentado pela criação de institutos tendentes a garantir o primado da lei e a moderação do poder político – e por conta disso revolucionou a ciência política. Os constituintes estado-unidenses de 1787 serão profundamente influenciados por tão aguerrido afã institucional, em certa medida responsável pela positiva alteração de percurso que o federalismo viria a sofrer. Os Autores de *O Federalista* recorrem insistentemente à autoridade do pensamento de *Montesquieu* – as citações de *O Espírito das Leis* são constantes, sobretudo quando a intenção residia precisamente em as combater. Vejamos em que consistiu tal influência.

Montesquieu sustentava que um governo republicano, baseado na vontade dos eleitores, seria provavelmente o que melhor garantiria as liberdades individuais. Depois ainda distinguia, no livro VII de *O Espírito das Leis*, entre governos republicanos democráticos (todo o povo detém o poder soberano) e governos republicanos aristocráticos (o poder é assumido pela classe dos nobres). O êxito do governo republicano dependia, entretanto, da extensão territorial sobre a qual seria exercido: só os pequenos territórios o comportariam. Daqui deriva a sugestão *montesquiana* de república federativa, resultante da agregação de entidades políticas de pequena dimensão (provavelmente próximo daquilo que hoje entendemos por Confederação de Estados – de carácter intergovernamental, portanto –, sendo certo que no séc.XVIII os conceitos de federação e confederação eram indistintamente utilizados, até mesmo pelos Autores de *O Federalista*). Tal república federativa, segundo *Montesquieu*, representava a única hipótese de manutenção de um governo republicano numa alargada extensão territorial, capaz de conservar, inclusivamente, todas as vantagens das grandes monarquias – nomeadamente a *capacidade de providenciar a segurança do corpo unido* e *enfrentar as forças externas* (n.º 9 de *O Federalista*). *Montesquieu* sustentava que tal associação nasceria da celebração de um acordo entre corpos políticos paritários, que passariam a integrar uma formação política mais extensa – uma sugestão que desde sempre despertou o interesse das colónias norte-americanas exauridas pela repressão

---

[16] Sobre a importância das instituições em Montesquieu cfr. Thomas Fleiner--Gerster, *La democrazia semidiretta nel sistema federale elvetico*, in Il federalismo e la democrazia europea, Gustavo Zagrebelsky (org), La Nuova Itália Scientifica, Roma, 1995; Raymond Aron, *As etapas do pensamento sociológico*, Publicações Dom Quixote, Lisboa, 1994.

inglesa. Mas em nenhum momento os cidadãos figuram como protagonistas da proposta confederativa *montesquiana*, centrada exclusivamente na associação de corpos políticos paritários.

Montesquieu ainda influenciou os arquitectos do federalismo moderno a partir das construções teóricas relativas à distribuição das funções estaduais e ao controlo recíproco do poder – algo que resulta patente no discurso de *James Madison* quando, no n.º 51 de *O Federalista*, apregoa que *a ambição deve ser incentivada a enfrentar a ambição* e que somente a dinâmica institucional a poderia conter. A liberdade foi o *telos* ideológico da teoria da separação dos poderes: o surgimento da doutrina restou marcado, temporal e circunstancialmente, pelo protesto ideológico perfilhado pelo liberalismo político contra o absolutismo monolítico da monarquia. Em nenhum momento prévio ao liberalismo constitucional tinham sido combinadas as ideias de liberdade individual com as de separação de poderes – e *Montesquieu* foi o genuíno artífice de tal brilhante teorização. Como ensina *Karl Loewenstein*, resultam inconsistentes as tentativas de reconhecer em Aristóteles os elementos nucleares da moderna separação de poderes: se é certo que o Autor clássico efectivamente ocupou-se da substância das funções estaduais, nada permite deduzir que apregoasse a atribuição de tais funções a diferentes órgãos, mesmo porque o constitucionalismo antigo nunca dispensou maiores atenções à liberdade individual que alimentou a ideia da separação dos poderes dos modernos[17]. Veremos, todavia, que os constituintes estado-unidenses de 1787 dariam o salto qualitativo que ultrapassaria, definitivamente, as limitações teóricas de *Montesquieu* (e também de *Althusisus*) nesta e noutras matérias, sobretudo porque enquanto o federalismo de seus predecessores congregava apenas entidades territoriais, o federalismo norte-americano vai congregar entidades territoriais e cidadãos – e isto revolucionaria a história das organizações federais. Acompanhemos a evolução das ideias.

Nos n.º 15, 16, 17 de *O Federalista*, *Alexander Hamilton* dissipa eventuais dúvidas sobre o espírito que os anima. Um governo central digno de tal designação é aquele efectivamente capaz de exigir o cumprimento das suas normas. Para tanto, seria necessário que a União deixasse de relacionar-se apenas com os Estados e passasse a actuar directamente sobre os cidadãos. Os Autores de *O Federalista* propunham uma nova espécie de governo popular: uma república representativa –

---

[17] Neste sentido cfr. Karl Loewenstein, *Teoria de la Constitución*, ob. cit., págs. 43 e ss. e 54 e ss.

obviamente desconhecida na Antiguidade e ignorada por quem a tomasse como modelo para as suas reflexões, caso de *Montesquieu* e também *Rousseau*, porque ambos teriam construído o modelo ideal de governo popular a partir dos exemplos bem sucedidos da Antiguidade Clássica (greco-romana). Contudo, nos tempos modernos, a virtude dos antigos (*renúncia a si próprio, amor pelas leis e pela pátria*) fora substituída pelo apego ao bem-estar material – o que manifestamente conspirava contra a sorte das formas de governo clássicas. O próprio *Montesquieu* teria concluído pela incompatibilidade entre governos populares e os tempos modernos: a necessidade de grandes exércitos e a predominância das preocupações com o bem-estar material fariam das grandes monarquias a forma de governo mais adequada ao espírito dos tempos. As condições ideais exigidas pelos governos populares, quais sejam, um pequeno território e cidadãos virtuosos, não mais existiam, e por isso a equivocada insistência em governos populares, na ausência daquelas condições, estaria fadada ao infortúnio: nada mais seriam que presas fáceis para vizinhos militarizados.

O referido argumento da tendencial incompatibilidade entre governos populares e os tempos modernos seria invocado pelos adversários da aprovação da Constituição de 1787. Inspirados pela reflexão *montesquiana*, os antifederalistas ressaltariam os riscos à liberdade decorrentes da instituição de um grande Estado, inevitavelmente tentado a transformar-se numa monarquia militarizada. Propunham então a formação de três ou quatro agrupamentos federais correspondentes ao tamanho ideal dos governos populares. Todavia os federalistas detectaram nesta proposta o gérmen da rivalidade comercial entre as diversas federações, o que incitaria à militarização e ao recrudescimento do executivo: *Se tomarmos as ideias dele (Montesquieu) acerca deste ponto* (a extensão territorial das repúblicas) *como critério de verdade, seremos arrastados para a alternativa de nos refugiarmos imediatamente nos braços da monarquia, ou de nos dividirmos numa infinidade de comunidades pequenas, invejosas, conflituosas, e tumultuosas, deploráveis viveiros de discórdia incessante* (n.º 9 de *O Federalista*). E por isso os federalistas defenderam a celebração de um pacto federal que favorecesse o desenvolvimento comercial dos EUA no seu conjunto, e do qual derivasse uma nação de grande extensão territorial não dependente de grandes efectivos militares[18].

---

[18] Sobre o embate de ideias entre federalistas e antifederalistas cfr. Fernando Papaterra Limongi, *O Federalista: remédios republicanos para males republicanos*, ob. cit.

O desafio teórico enfrentado pelos Autores de *O Federalista* seria precisamente o de combater os legados da tradição antiga. Tratava-se de demonstrar que o espírito comercial da época não impedia a constituição de governos populares, os quais tampouco dependiam, exclusivamente, da virtude do povo ou do confino a pequenos territórios. Aumentar o território e os interesses concorrentes seria benéfico à sorte dos governos populares. No n.º 12 de *O Federalista*, *Hamilton* assume que o escopo primário de um governo (e antes disto, da Constituição do qual deriva) seria a promoção do bem-estar da comunidade, necessariamente aliado ao desenvolvimento económico e produção de riqueza. Pela primeira vez na história das ideias, a teorização sobre os governos populares deixava de se espelhar nos exemplos da Antiguidade, inaugurando assim a teorização eminentemente moderna. No n.º 9 de *O Federalista*, *Hamilton* apregoa que os homens estavam finalmente aptos a captar o sentido e a extensão de certos princípios, que outrora foram totalmente desconhecidos ou imperfeitamente conhecidos pelos antigos. A distribuição equilibrada dos poderes por órgãos distintos, a adopção de um sistema de controlos recíprocos (pesos e contrapesos), a instituição de tribunais integrados por juízes não sujeitos à demissão injustificada, a representação popular por meio de deputados eleitos directamente (no n.º 10 de *O Federalista*, *Madison* define a república como sendo um governo no qual se aplica o esquema de representação), tudo isso seriam invenções totalmente novas, ou que foram aperfeiçoadas pelos tempos modernos. Constituíam meios poderosos através dos quais os méritos do governo republicano restariam assegurados e as suas imperfeições reduzidas ou evitadas. Ao referido elenco de particularidades modernas, os constituintes estado-unidenses ousaram acrescentar mais uma: o *alargamento da órbita em que os sistemas políticos devem girar* (n.º 9 de *O Federalista*), através da federação de pequenos Estados.

No que especificamente respeita à separação de poderes, os Autores de *O Federalista* apoiaram-se assumidamente em *Montesquieu*, mas a teoria resulta adaptada às necessidades da *revolução federal* então perpetrada. Ainda que *Montesquieu* tenha contribuído decisivamente para converter a doutrina inglesa da separação de poderes num dos fundamentos do Estado constitucional de direito (sem o qual sequer haveria Constituição, nos termos do art.16.º da Declaração dos Direitos do Homem e do Cidadão de 1789), resulta inegável que o Autor não conseguiu descolar-se integralmente da teoria do governo misto (cujo paradigma seria precisamente o exemplo inglês, conforme a descrição constante do Livro XI de *O Espírito das Leis*), segundo a qual as funções do governo restariam distribuídas por específicos grupos sociais (realeza, nobreza e povo), de modo que o poder não fosse exercido, exclusivamente, por qualquer deles. Os segmentos sociais seriam então compelidos à colaboração recíproca, com o consequente aperfeiçoamento da convivência civil e preservação da liberdade. A correspondência entre governo misto e separação de poderes (distribuição horizontal das três principais funções do Estado por órgãos distintos e autónomos) ocorreria quando cada uma das referidas forças sociais resultasse responsável por uma das funções estaduais. Daqui decorre que o registo *montesquiano* de separação de poderes procurava equilibrar, institucionalmente, forças político-sociais portadoras de legitimidades e interesses contraditórios. Mas isto não nos autoriza a admitir que a separação funcional teria, em *Montesquieu*, um carácter meramente instrumental, ou reduzir a doutrina *montesquiana* à exclusiva separação social de poderes, sem relevância do ponto de vista do Estado de direito[19].

Não se pode entretanto negar que a separação de poderes apregoada em *O Federalista* voa mais alto: não há vestígios da teoria do governo misto (ou da partilha equilibrada de poder entre distintas forças político-sociais), e sim uma aposta no aparato institucional (reforço do poder central a partir da concepção de garantias constitucionais tendentes a proteger as distintas esferas de poder). A solução adoptada acentua a democracia representativa enquanto fundamento de validade do exercício do poder político – e rejeita a equilíbrio institucional de forças político-sociais. O princípio da separação de poderes adquire então estatuto jurídico-constitucional e, como tal, resulta assegurado por mecanismos tendentes a salvaguardar a autonomia e o controlo recíproco dos distintos poderes, horizontal e verticalmente considerados. Como sugere *Fernando Limongi*, os constituintes estado-unidenses admitiram que o funcionamento governativo não é propriamente regido pelas leis da mecânica: o equilíbrio entre forças opostas nunca se há-de aplicar à perfeição e haverá sempre um

---

[19] Sobre a doutrina do governo misto em Montesquieu cfr. Louis Althusser, *Montesquieu a política e a história*, Editorial Presença, Lisboa, 1972, pág. 134 e 135, onde o Autor refere que o problema do governo moderado é resolvido por *Montesquieu* através do equilíbrio das pretensões de poder entre várias potências: o rei, a nobreza, o povo; Charles Eisenmann, *L'Esprit des Lois et la séparation des pouvoirs*, in Mélanges Carré de Malberg, Paris, 1933, pág. 190; Nuno Piçarra, *A Separação dos poderes como doutrina e princípio constitucional*, Coimbra Editora, Coimbra, 1989, pág. 104, onde o Autor sustenta que em Montesquieu, a análise dos poderes do Estado por referência às forças político-sociais que os hão-de titular e a análise dos poderes segundo as funções que devem desempenhar, constituem dois momentos da mesma unidade.

poder necessariamente mais forte, de onde partem as maiores ameaças à liberdade. Numa monarquia, as ameaças advêm do executivo. Nas repúblicas, elas viriam do legislativo – a fonte de todos os poderes porque produz e altera as leis que disciplinam os demais. Daqui decorrem dois institutos federais tendentes a limitar o poder legislativo: a instituição do Senado e o reforço do judiciário[20]. Vejamos em que medida.

O Senado estaria vocacionado a conter a actuação da Câmara dos Deputados e a consequente expansão do poder central. Dela diferia em termos de eleição, legitimidade, composição e atribuições. Enquanto a Câmara dos Representantes seria eleita directamente pelo povo, o Senado seria eleito pelos legisladores de cada Estado federado, precisamente para salvaguardar os interesses periféricos através da participação na formação da vontade federal. O mandato dos deputados duraria apenas dois anos, enquanto o mandato dos senadores duraria seis. A distinta periodicidade eleitoral derivava da natureza dos respectivos órgãos: enquanto a condução política carece de legitimação continuamente renovada, a fim de que o povo mantivesse os representantes sob a sua estrita dependência, a representação dos Estados-membros (ou a salvaguarda institucional dos interesses periféricos levada a efeito pelo Senado) já não inspirava cautelas quanto à preservação das liberdades individuais e da vontade popular. Quanto à composição, cada Estado contribuiria com dois senadores e um número de deputados proporcional à sua população (a população representada, tal como ilustra *Tocqueville*, compunha-se de todos os cidadãos livres e de três quintos do número de escravos). Tal arranjo federal tenta conciliar dois interesses contrapostos: *o interesse de individualidade para os Estados* e o *interesse de união para todo o povo* (*Tocqueville*). Foi preciso assumir um compromisso que salvaguardasse a igualdade de influência dos Estados com menor índice populacional, que doutro modo restariam silenciados pelas maiorias parlamentares. Enquanto a Câmara exerceria funções legislativas, o Senado contribuiria na elaboração das leis, julgaria os delitos políticos então encaminhados pela Câmara dos Representantes, e constituiria o grande conselho executivo da nação do qual dependeriam, em definitivo, algumas das decisões políticas do Presidente da República, sobretudo as de cunho internacional.

Os constituintes estado-unidenses ainda criaram um poder judiciário federal para aplicar o direito da União e decidir sobre questões de inte-

---

[20] Sobre a separação de poderes em *O Federalista* cfr. Fernando Papaterra Limongi, *O Federalista: remédios republicanos para males republicanos*, ob. cit.

resse geral. Os tribunais federais deveriam julgar todos os processos decorrentes das leis dos Estados Unidos, as quais regulariam, basicamente, as relações do governo federal com os governados – enquanto as relações dos cidadãos entre si seriam quase sempre disciplinadas pelos respectivos Estados. Deste modo tencionava-se uniformizar a interpretação das leis da União, então excluídas da apreciação das jurisdições periféricas. Os constituintes bem intuíram que nos sistemas federais resulta imprescindível robustecer o poder judiciário, pois em nenhum outro fenótipo organizatório os registos particularistas reúnem tão boas condições de resistência à vontade colectiva. Por isso a Suprema Corte dos EUA foi investida de poder decisório sobre questões de competência: contrariamente aos tribunais europeus que na altura só tinham particulares como jurisdicionados, *fazia comparecer entes territoriais diante de si (Tocqueville)*. Sem o labor da Suprema Corte, a Constituição seria obra morta: à ela recorreriam *o poder executivo para resistir às intromissões do legislativo, a legislatura para defender-se das empreitadas do poder executivo, a União para se fazer obedecer pelos entes federados, os Estados-membros para repelir os despropósitos da União*, em suma, *o espírito de conservação contra a instabilidade democrática (Tocqueville)*[21].

E o mais importante: o sistema federal estado-unidense reconheceu aos juízes o direito de fundar as suas decisões na Constituição em detrimento das leis, ou seja, permitiu-lhes não aplicar as leis que julgassem inconstitucionais. Daí que a jurisdição dos tribunais federais tenha sido alargada a todos os processos decorrentes de leis estaduais contrárias à Constituição, o que constituiu *uma das mais poderosas barreiras erguidas contra a tirania das assembleias políticas (Tocqueville)*[22]. Nem a *Montesquieu* ocorreu-lhe que o poder judicial pudesse fazer frente ao governo e ao legislador, sendo antes *pour ainsi dire invisible et presque nul*, como se lê no livro XI de *O Espírito das Leis*. A Constituição de 1787 não instituiu expressamente o controlo da constitucionalidade, mas a dinâmica federal acabou por derivá-lo da *cláusula da supremacia da Constituição* (art. 6.º/2 Constituição dos EUA), muito por conta dos esforços do juiz *John Marshall* tendentes a ampliar a jurisdição federal (cfr. sentenças que inauguraram o controlo da constitucionalidade: *Marbury versus Madison*, de 1803; *McCulloch versus Maryland*, de 1819). No

---

[21] Alexis de Tocqueville, *A democracia na América*, ob. cit., pág. 169 e ss.
[22] Sobre o poder judicial e os tribunais federais nos EUA cfr. Alexis de Tocqueville, *A democracia na América*, ob. cit., págs. 110 e ss. e 157 e ss.

n.º 78 de *O Federalista*, *Hamilton* sugere que as funções judiciais integrariam, necessariamente, a interpretação da Constituição, mas acabou por não defender consistentemente a ideia da declaração judicial da nulidade de actos legislativos desconformes com a Constituição, uma lacuna posteriormente colmatada pela justiça constitucional. Com efeito, o controlo judicial da constitucionalidade converter-se-á no mais significativo traço do sistema federal inaugurado pela Constituição de 1787, não sem que um largo filão doutrinário tenha demonstrado reservas quanto ao *governo dos juízes* ou indignação contra a instituição de uma suposta *terceira câmara de legislação*, que submeteria os Estados Unidos ao *despotismo de uma oligarquia* (*Jefferson*). Resultou apenas, e felizmente, no maior contributo estado-unidense ao constitucionalismo moderno[23].

O controlo judicial da constitucionalidade desde sempre recaiu sobre o exercício das competências e relações então estabelecidas entre o poder central e o poder periférico: qualquer sistema federativo requer instituições e técnicas judiciais voltadas à resolução dos eventuais conflitos entre as esferas de poder. Gradativamente, o controlo judicial da constitucionalidade foi estendendo seus tentáculos à protecção dos direitos fundamentais dos destinatários do poder – e aqui o controlo ainda estava de certa forma ligado à problemática da convivência dos distintos poderes. Mais polémica seria a aplicação do controlo judicial à esfera das decisões político-sociais e político-económicas dos órgãos constituídos – Governo e Parlamento: se o controlo judicial fosse estendido às decisões políticas, adquiria o carácter de controlo político, o que teoricamente não se coadunava com a função judicial, e a Corte Suprema converter-se-ia em *legislador negativo*, árbitro soberano do Congresso e do Presidente, ambos de resto eleitos pelo povo a quem rendiam contas, o que de todo não acontecia com a Corte.

A praxis jurídico-constitucional acabou por aplacar temores: não havia qualquer incompatibilidade entre justiça constitucional e princípio democrático (vontade da maioria), porque a Constituição outorga poderes limitados aos órgãos políticos. A legitimidade da justiça constitucional assentaria na limitação do exercício do poder. E como tão brilhantemente teorizou *Ronald Dworkin*, a justiça constitucional estaria bem qualificada para proferir decisões de princípio (decisões sobre o direito das pessoas,

---

[23] Sobre as reacções ao controlo judicial estado-unidense, particularmente o indignado protesto de Jefferson dirigido a Marshall cfr. Karl Loewenstein, *Teoria de la Constitución*, ob.cit., pág. 308 e ss.

proposições que descrevem direitos), e não decisões políticas sobre como se promove o bem-estar geral, para cujas escolhas estariam mais bem preparados os órgãos políticos. Todavia a justiça constitucional sempre fez política. Não pode deixar de ser assim porque algumas das questões decididas pelos tribunais constitucionais *transportam dimensões de politicidade* (Gomes Canotilho), típicas da aplicação de normas constitutivas do *estatuto jurídico do político* (*Castanheira Neves*) – e a justiça constitucional acaba mesmo por ocupar-se de problemas de políticas públicas[24]. Mas se a justiça constitucional conforma, em certa medida, o processo político através de actos jurisdicionais, há-de fazê-lo não à luz de critérios políticos, mas sim critérios jurídico-constitucionais. Eis o sentido do princípio da conformidade funcional ou da autolimitação judicial quanto às questões políticas, que orienta a hermenêutica jurídico-constitucional.

Resulta actualmente adquirido que o sistema federal estado-unidense não teria sobrevivido à ausência do labor jurisdicional da Suprema Corte. É certo que ocasionalmente são-lhe atribuídos alguns danos políticos: entre 1890 e 1936, por exemplo, a interpretação restritiva da *cláusula do comércio* (art.1.º/VIII Constituição dos EUA) teria retardado a introdução de mecanismos de justiça social exigidos pelas maiorias progressistas nos parlamentos federal e periféricos – depois levadas a efeito pela política do *New Deal*, à qual uma Suprema Corte maioritariamente conservadora revelou-se à partida hostil. Desde então seguiram-se seis décadas em que a Suprema Corte admitiu quase sem reservas a intervenção do poder central no domínio social, mesmo na ausência de competências expressas para tanto, a partir da invocação da *cláusula do bem-estar geral* (art. 1.º/ /VIII Constituição dos EUA). Mais recentemente (durante a década de noventa do século XX), a Suprema Corte esforçou-se por reposicionar favoravelmente o poder periférico, através da reafirmação da *doutrina das*

---

[24] Sobre a compatibilidade entre justiça constitucional e princípio democrático cfr. Ronald Dworkin, *Taking rights seriously*, Harvard University Press, Cambridge/ /Massachusetts, 1977; Ronald Dworkin, *A matter of principle*, Oxford University Press, Oxford, 1996. Entre nós cfr. José de Sousa Brito, *Jurisdição constitucional e princípio democrático*, in Legitimidade e legitimação da justiça constitucional, Colóquio no 10.º aniversário do Tribunal Constitucional, Coimbra Editora, Coimbra, 1995; Jorge Miranda, *Teoria do Estado e da Constituição*, Coimbra Editora, Coimbra, 2002; Fernando Alves Correia, *Direito Constitucional (a justiça constitucional)*, Almedina, Coimbra, 2001. Sobre a justiça constitucional e as políticas públicas cfr. José Joaquim Gomes Canotilho, *Tribunal Constitucional. Jurisprudências. Políticas públicas*, Intervenção na conferência comemorativa do XX aniversário do Tribunal Constitucional, Lisboa, 2003 (policopiado).

competências de atribuição e da *dualidade de soberania*, há muito desmentidas pela normatividade e factualidade federais, e que em nada favorecem a harmonia sistémica e a subsidiariedade então prosseguida. Não obstante, tais externalidades restam amplamente compensadas pela eficaz protecção dos direitos fundamentais e conservação do sistema federal, dos quais a Suprema Corte vem sendo o principal garante[25].

1.3. O moderno federalismo inaugurado pela Constituição dos EUA de 1787

O arquétipo federativo da modernidade será aquele derivado da Constituição dos EUA de 1787: a instituição do primeiro Estado federal moderno revolucionou teoria do federalismo. Durante a fase precedente, regulada pelos Artigos de Confederação de 1781, os treze Estados confederados limitavam-se a instituir uma organização internacional. Cada um dos treze membros tinha assento no Congresso, de onde emanava a vontade federal, cunhada segundo as maiorias prescritas para cada caso. As eventuais alterações ao conteúdo dos Artigos de Confederação demandavam o acordo unânime dos Estados-membros – e a posterior aprovação pelo correspondente legislador. Daqui decorre que no Congresso estavam representados os Estados e não os seus respectivos cidadãos. Como ressalta *Antonio La Pergola*, os registos históricos demonstram que *a autoridade do Congresso não logrou substituir, nem sequer sobrepor-se, à dos Estados-membros*, sobretudo no que respeita às relações então mantidas com as grandes potências europeias. Em múltiplas situações alguns Estados federados intervinham conjuntamente à revelia da autoridade central[26]. Sequer havia um autêntico governo federal, conforme alertou *Hamilton* no n.º 15 de *O Federalista*, porque o Congresso não dispunha de poderes para exigir o cumprimento das leis que produzia – cuja aplicação e eventual punição por incumprimento ficava a cargo do respec-

---

[25] Sobre a evolução da *judicial review* estado-unidense cfr. Karl Loewenstein, *Teoria de la Constitución*, ob. cit., págs 310 e ss. e 360 e ss. Sobre as decisões mais recentes da Suprema Corte cfr. Louis Favoreu (org), *Droit Constitutionnel*, Dalloz, Paris, 2001, págs. 348 a 387.

[26] Para maiores desenvolvimentos sobre a natureza jurídica dos actos emanados do Congresso sob a vigência dos Artigos de Confederação de 1787 cfr. Antonio La Pergola, *Los nuevos senderos del federalismo*, Centro de Estudios Constitucionales, Madrid, 1994, pág. 89 e ss.

tivo Estado-membro. As leis emanadas do Congresso não passavam de meras recomendações que os Estados observavam ou ignoravam ao sabor das conveniências. Com tais fragilidades, o modelo não poderia subsistir. Mas impressiona que os poderes devolvidos ao Congresso durante a vigência dos Artigos de Confederação não fossem propriamente exíguos: feitura de paz e declaração de guerra, provimento das necessidades gerais e equação dos interesses comuns, captação de recursos humanos e financeiros, etc. O que foi então que falhou? E o que difere o modelo federal instaurado pela Constituição de 1787 das demais confederações que o precederam, nomeadamente os exemplos da Antiguidade (de que já demos conta), a aliança entre os cantões suíços (cujos primeiros registos remontam ao séc. XIV), ou ainda a aliança entre as províncias dos Países Baixos (que remonta ao séc. XVI)?

Em todas as conformações federativas precedentes àquela estado-unidense de 1787, os entes federados aceitavam submeter-se a uma autoridade central, desde que preservassem a execução e fiscalização do cumprimento das leis emanadas de tal autoridade. Nos termos da Constituição de 1787, os Estados federados não apenas autorizavam o poder central a legislar em nome do interesse geral, como também permitiam que ele próprio zelasse pelo cumprimento daquelas disposições – e este pormenor relativo à execução marcou toda a diferença. Mais: nas confederações que precederam ao modelo estado-unidense, as iniciativas do governo central dependiam dos governos periféricos. Caso a medida prescrita desagradasse algum ente federado, este poderia perfeitamente furtar-se à obediência. Se fosse económica e militarmente forte, apelava às armas; se fosse fraco, pretextava impotência e resistia às leis federais através da inércia. O desfecho parecia inevitável aos Autores de *O Federalista* (como decorre do n.º 16): ou o mais poderoso dos entes federados arrogava-se na pretensa defesa do interesse geral e dominava os demais, ou o governo federal restava abandonado à própria impotência e a anarquia instalava-se entre os federados. Nada disso ocorre no modelo derivado da Constituição de 1787, cujo poder central *não tem diante de si Estados, mas indivíduos; não busca a sua força por empréstimo, busca-a na fonte; quando quer arrecadar recursos financeiros não se dirige ao governo do Massachusetts, mas a cada habitante desse Estado* (Tocqueville).

Se nos exemplos federativos surgidos até então a autoridade suprema não actuava sobre o comum dos cidadãos (como um governo nacional poderia fazer), e sim sobre cada um dos povos federados tomados no seu conjunto, no modelo estado-unidense o poder central age sem intermediários sobre os governados, os administra e os julga soberanamente (como faria um governo nacional), mas sempre actuando num círculo restrito de competências. Ou seja, o modelo federal estado-unidense assenta numa estrutura de sobreposição – o que significa que o cidadão passa a ser destinatário de dois níveis de governo ou ordenamentos sobrepostos com poderes igualmente directos. Por isso *Tocqueville* baptiza a organização federal estado-unidense de *governo nacional incompleto*, numa época em que *a palavra nova que devia exprimir a coisa nova ainda não existia*. Os próprios Autores de *O Federalista* denotavam alguma dificuldade terminológica, utilizando indistintamente os termos federal e confederal, até então empregues como sinónimos (o que resulta patente no n.º 39 de *O Federalista*, onde *Madison* sustenta que a Constituição proposta não é estritamente nacional nem federal, mas uma composição de ambas). Como diria *Locke*, numa expressão que se tornou célebre entre os politólogos, *So the thing be understood, I am indifferent as to the name* (*Segundo tratado do governo*, capítulo XII). Toda a diferença do modelo federal estado-unidense entronca na concepção – e isto sim releva – de que a legítima fonte de poder reside no consenso dos cidadãos, que passam a ser os protagonistas da federação. Daqui deriva *princípio da dupla legitimidade federal* que vai sobredeterminar o federalismo moderno.

    Conforme ensina *García de Enterría*, a partir de então uma federação constitui-se através de um pacto federal entre Estados soberanos, de Direito Internacional portanto, seguido de uma Constituição que disciplina a respectiva integração das partes. Pacto federal e Constituição federal podem ser instrumentos separados, mas habitualmente integram o mesmo documento, constituindo assim meras construções lógicas, porque a federação só existe em decorrência das respectivas disposições jurídico--constitucionais. A adesão ao pacto federal processa-se por iniciativa e segundo as regras de cada Estado-membro (no caso norte-americano, a Constituição elaborada na Convenção da Filadélfia foi depois aprovada por convenções populares reunidas propositadamente para tal efeito nos vários Estados da União). Mas desde que a federação esteja definitivamente constituída, as alterações à Constituição dispensam a unanimidade dos Estados federados, isto é, dispensam a celebração de um novo pacto federal seguido da aprovação por parte dos respectivos legisladores estaduais. Entra em cena a segunda esfera de legitimidade, a do povo representado no Congresso ou chamado a pronunciar-se por via de referendo constitucional. O povo passa a ser o protagonista da federação então criada, ao lado dos Estados-membros com os quais partilha a disponibilidade dos destinos federais. Donde deriva que numa federação não haja *liberum veto* dos Estados para reverem a Constituição, nem tampouco *ius separationis* ou direito de secessão por parte dos signatários. Da técnica da dupla legitimidade decorre que o poder central já não será exercido através da intermediação dos Estados-membros ou da necessária transposição normativa: o pacto federal institui um complexo organizatório que funciona segundo as suas próprias regras, por força da transferência de soberania dos Estados federados a uma unidade superior. Assim promove-se uma espécie de *desinternacionalização* do sistema, ou a transição de um Direito Internacional entre unidades soberanas a um Direito Público interno, o Direito Federal[27]. O princípio da dupla legitimidade converter-se-á no código genético dos Estados federais modernos e terá no *bicameralismo* (Estados-membros paritariamente representados no Senado e população proporcionalmente representada na Câmara dos Deputados) a sua mais evidente manifestação concreta. Tal lógica persistirá mesmo nas situações de *federalismo dissociativo* (resultante da decisão constituinte do povo, e não de um pacto celebrado entre Estados soberanos), nos quais não há espaço para pactos de Direito Internacional celebrados entre entidades soberanas previamente existentes – mas há, certamente, um compromisso decomposto em normas constitucionais (*compromisso constitucional de cooperação*), e é este que efectivamente releva para fins de criação e manutenção de sistemas federativos.

Com efeito, é espantosa a lucidez com que os constituintes estado-unidenses aplacaram as inquietações e perplexidades políticas de seu tempo. Intuíram que a América já não era aquela patriótica e virtuosa dos anos revolucionários, e portanto seria também distinto o registo ético ao qual deviam apelar: diante dos contrastes sociais e económicos, da rivalidade entre os Estados confederados, e do risco de novos conflitos com as nações europeias, os constituintes norte-americanos adoptaram uma estratégia fundada *não na tradicional afirmação de bem comum, mas na moderna contenção do mal comum (Federico Mioni)*[28]. Engendraram soluções institucionais para o governo das idiossincrasias humanas –

---

[27] Sobre a técnica da dupla legitimidade cfr. Eduardo García de Enterría, *El proyecto de Constitución Europea, in* Revista Española de Derecho Constitucional, n.º 45, 1995, págs. 20 e 21. Sobre a grande alteração proposta pelo federalismo moderno, segundo a qual a Constituição Federal não tem o seu centro de gravidade numa simples associação de unidades políticas previamente existentes, e sim no conceito de soberania popular cfr. Viriato Soromenho-Marques, *A revolução federal – filosofia política e debate constitucional na fundação dos EUA*, Edições Colibri, Lisboa, 2002.

[28] Neste sentido cfr. Federico Mioni, *James Madison tra federalismo e repubblicanesimo*, cit., pág. 668.

paixões, ambições, e interesses sempre multiplicados pela convivência colectiva porque *milhões de homens as sentem da mesma maneira e no mesmo momento (Tocqueville)*. É impressionante a forma como a análise antropológica releva no discurso dos federalistas: nos artigos dedicados à artesania institucional, escritos por homens de formação jurídica, o recurso aos meandros psicológicos do agir social revela-se constante. No n.º 51 de *O Federalista*, Madison interroga: *Mas o que seria o governo senão a mais poderosa síntese da natureza humana? Se os homens fossem anjos nenhuma espécie de governo seria necessária. Se fossem os anjos a governar os homens, qualquer controlo interno ou externo sobre o governo restaria supérfluo.* Tal abordagem antropológica revela que os Autores de *O Federalista* perspectivaram os complexos institucionais a partir das intenções e motivações dos respectivos actores políticos em interacção – uma orientação que faria escola entre os politólogos. Foram os pioneiros da percepção segundo a qual os actores políticos seriam motivados por interesses e o seu comportamento resultaria dos incentivos institucionais constitucionalmente moldados[29]. Daí que *O Federalista* tenha apostado decisivamente no *pluralismo societal* (diversidade política, religiosa, filosófica), na *repartição de competências* entre o poder central e os poderes periféricos, no *controlo recíproco dos interesses* (porque as paixões colectivas e os preconceitos provinciais conteriam a expansão do poder central então constituído, compreendendo pólos de resistência equilibrada).

O n.º 10 de *O Federalista* (de autoria de *James Madison*), relativo ao mal das facções e ao modo de o enfrentar, bem ilustra as rupturas e apostas perpetradas pelos constituintes de 1787. As sociedades políticas, e particularmente os governos populares, sofreriam de uma mal específico: aquele das facções, ou grupos de cidadãos integrantes de uma maioria ou minoria, reunidos e mantidos pelo mesmo e comum impulso de paixão e interesse, contrastante com os direitos de outros cidadãos ou com os permanentes e complexos interesses comunitários. Combater as causas do fenómeno resulta não só perigoso (porque as facções derivam do livre desenvolvimento das faculdades humanas, isto é, decorrem do exercício da autodeterminação, algo que aos governos cumpre proteger, não eliminar), como impraticável (dada a inexequibilidade de qualquer tentativa de uniformização da natural heterogeneidade de opiniões e interesses). Restaria, portanto, o tratamento dos efeitos: se as facções eram inevitáveis e suas

---

[29] Neste sentido cfr. Daniela Giannetti, *Modelli teorici di federalismo, in* Rivista Italiana di Scienza Politica, n.º 2, ano XXV, Agosto de 1995, pág. 308.

causas irremovíveis, importava impedir que um dos diversos interesses e opiniões controlasse o poder com vistas à exclusiva promoção de seus objectivos. Tudo se complicaria quando a maioria integra uma facção, pois aqui seria o próprio sistema eleitoral a habilitá-la a sacrificar o bem comum e os direitos individuais às suas paixões e interesses. Mas conforme se depreende do discurso de *Madison* no n.º 10 de *O Federalista*, este seria o assumido intento dos constituintes estado-unidenses: *resguardar o bem público e os direitos individuais contra os perigos de uma facção maioritária, preservando assim o espírito dos governos populares, é o grande objectivo para o qual as nossas pesquisas estão voltadas*. Interessava não apenas defender a sociedade contra a opressão dos que a governam, mas sobretudo *proteger uma parcela da sociedade contra a injustiça da outra* (n.º 51 de *O Federalista*). Note-se que aqui os federalistas se demarcavam da antiga tradição *rousseauniana* e *montesquiana*, segundo a qual a sobrevivência da democracia dependia necessariamente da virtude dos cidadãos que a compunham (*renúncia a si próprio, amor pela pátria*) e da consequente eliminação das facções que comprometessem a harmonia social. Os federalistas inovaram ao defenderem que a sorte dos governos populares não dependia da eliminação das facções, mas das soluções institucionais voltadas à neutralização dos seus efeitos perversos. E aqui o voto, enquanto instrumento tendente a impedir que uma facção conquistasse a maioria, poderia não bastar. Os sistemas eleitorais favoreceriam, fisiologicamente, as facções: se tudo restava sujeito à discussão, tudo seria conquistável pela via electiva. Daqui deriva que a representação, em si mesma, não oferecia garantias suficientes para sanar o mal das facções[30].

A solução institucional passaria então pelo aumento da extensão territorial (ou da área e do número de cidadãos sob a jurisdição de um único governo), de forma a contrastar o maior número de agregações facciosas. Um território mais extenso, que comportasse um número mais alargado de cidadãos, certamente potenciaria o surgimento de interesses conflitantes. Ora, a multiplicação de interesses promoveria a sua neutralização recíproca: ou não existiria um interesse que aliciasse a maioria dos cidadãos ou, na pior das hipóteses, ser-lhe-ia difícil organizar-se para agir. Desta forma os federalistas tencionavam impedir o controlo exclusivo do poder por uma facção, ou evitar que qualquer interesse particular estivesse em condições de suprimir a liberdade. Ocorre que o preço de tal solução

---

[30] Sobre o mal das facções em James Madison cfr. Fernando Papaterra Limongi, *O Federalista: remédios republicanos para males republicanos*, ob. cit., pág. 252 e ss.

poderia ser a paralisia do governo, pois o embate entre os vários interesses conflitantes porventura bloquearia as iniciativas governamentais. A solução para o mal das facções poderia acarretar um mal maior, o da ausência de governo. *James Madison* o intuiu e apelou à conciliação dos vários interesses em conflito: a preocupação central da legislação moderna seria a de fornecer os meios para a razoável consideração dos interesses jogo, para a prossecução do entendimento, para a compatibilização dos dissensos, para o acerto de compensações. Esta seria a marca distintiva das repúblicas modernas em oposição ao conflito entre facções característico das democracias puras dos antigos. O autogoverno dos antigos (situação de plena identidade entre governantes e governados, na qual os destinatários das decisões/normas seriam os seus próprios criadores) não admitia cura para os males da facção: uma paixão ou interesse comum sempre dominaria a maioria do conjunto, e nada poderia conter a propensão para sacrificar o partido mais fraco ou um indivíduo antipático.

Madison estava rigorosamente decidido a demonstrar as vantagens de uma república (então definida como o governo no qual se aplica o esquema da representação) sobre as democracias puras, sobretudo se organizada segundo a lógica federativa. Quanto menor fosse a sociedade, tanto mais raros seriam os seus partidos e interesses conflitantes, tanto mais provável seria a constituição de uma maioria do mesmo partido, e tanto mais fácil seria a execução dos seus planos de opressão. Alargada a esfera de actuação governativa, ter-se-ia uma variedade maior de partidos e interesses conflitantes e ver-se-ia reduzida a hipótese de constituição de uma maioria usurpadora dos direitos alheios. Ocorre que aumentando demasiadamente o número de eleitores, o representante restaria pouco familiarizado com as condições e apelos locais; e reduzindo desmesuradamente aquele número, as condições e interesses exerceriam uma descabida influência sobre o representante, reduzindo-lhe a perspectiva. A Constituição Federal sugeria então uma feliz combinação: os interesses do conjunto seriam tratados pelo poder central, enquanto os interesses particulares e locais receberiam tratamento periférico. O tamanho e a diversidade da União constituiriam obstáculos ao planeamento e consecução das secretas aspirações de uma maioria injusta e interesseira, ou seja, o sistema federativo acabaria por atenuar os efeitos perversos das facções, conforme se depreende do discurso de *Madison* no n.º 10 de *O Federalista*: *A influência de líderes facciosos pode provocar incêndios nos seus respectivos Estados, mas não será capaz de propagar uma conflagração entre os demais entes federados; uma seita religiosa pode degenerar em facção política num dado espaço da federação, mas a variedade de seitas dispersas por todo o território conterá as suas pretensões; qualquer projecto impróprio ou pernicioso terá menos probabilidade de ser aceite pelo conjunto da União do que por apenas um de seus membros.* E por mais arrebatadas que fossem as paixões da maioria nacional, esta não conseguiria que em todos os lugares, da mesma maneira e no mesmo momento, todos os cidadãos se dobrassem aos seus desejos. Isto porque o governo central que a representa teria de remeter-se, para a execução do seu comando, a agentes que muitas vezes não dependem dele e cuja direcção continuada lhe escapa. Os corpos municipais e a administração dos condados constituiriam obstáculos ocultos a retardar ou a dividir o fluxo da vontade popular. Se a lei da maioria fosse opressiva, a liberdade ainda encontraria abrigo na execução da mesma: *a maioria não poderia descer aos detalhes e às puerilidades da tirania administrativa (Tocqueville)*[31].

Há quem especule sobre a existência de duas sensibilidades teóricas divergentes em *O Federalista*, o que justificaria o anonimato sob o pseudónimo *Publius*: o objectivo da empreitada, qual seja, a aprovação da Constituição Federal pelos respectivos Estados, não deveria ser prejudicado pelas reconhecidas cisões de *Madison* e *Hamilton* quanto ao projecto institucional[32]. Depois da divulgação da autoria de cada artigo tornou-se possível reconhecer algumas notas dissonantes no discurso dos referidos Autores, mas nada que comprometa o êxito da obra que, nas palavras de *Tocqueville, devia ser familiar aos homens de Estado de todos os países*. Vejamos quais seriam as mais evidentes descontinuidades discursivas. *Madison* e *Hamilton* discordariam quanto à fé na natureza humana: *Madison* não crê no recurso à religião, à consciência, ou ao mito da vontade geral, mas aposta no republicanismo e no genuíno aperfeiçoamento individual, enquanto *Hamilton* prefere confiar na eficiência dos incentivos

---

[31] Sobre a omnipotência da maioria nos EUA, seus efeitos, e o que a tempera cfr. Alexis de Tocqueville, *A democracia na América*, ob. cit., pág. 289 e ss. Estudos recentes afirmam que nos últimos anos de sua vida Tocqueville teria revelado algum desapontamento e revisto algumas das suas ideias sobre a democracia nos EUA. Neste sentido cfr. Aurelian Craiutu/Jeremy Jennings, *The third democracy: Tocqueville's views of América after 1840*, in American political science review, n.º 3, 2004.

[32] Sobre as descontinuidades discursivas dos Autores de *O Federalista* cfr. Federico Mioni, *James Madison tra federalismo e repubblicanesimo*, ob. cit, sobretudo pág. 685; Benjamin Fletcher Wright, introdução a Hamilton/Madison/Jay, *O Federalista*, Pensamento Político, 62, Editora Universidade de Brasília; Colleen A. Sheehan, *Madison v. Hamilton: the battle over republicanism and the role of public opinion*, in American political science review, vol. 98, n.º 3, Agosto/2004.

institucionais. No n.º 71 de *O Federalista*, ficam patentes as desconfianças de *Hamilton*: *Que as opiniões populares, quando são sensatas e amadurecidas, dirijam a conduta daqueles a quem o povo confia seus negócios, resulta da própria condição republicana; mas dos princípios republicanos não decorre que os representantes deixem-se levar pelo menor vento das paixões populares, nem que se apressem a obedecer a todos os impulsos momentâneos que a multidão receba da mão artificiosa dos homens que afagam seus preconceitos para trair seus interesses (...) O povo ordinariamente prossegue o bem público, é verdade; mas ocasionalmente engana-se naquela empreitada (...) E o que deve causar espécie é não enganar-se com maior frequência, perseguido como sempre é pelas artimanhas dos parasitas e ambiciosos (...) que conquistam a confiança popular sem o merecer ou dela tornarem-se dignos*. Por seu turno, *Madison* concorda que o povo seja por vezes um sujeito político imaturo, mas nem por isso menos digno de confiança tipicamente republicana.

Mas como sugere *Federico Mioni*, *Hamilton* não poderia ser acusado de anti-republicanismo. Ocorre que as construções *hamiltonianas* restaram sobredeterminadas pela sua concepção de poder: se o excesso de poder conduzia ao abuso, a sua ausência conduziria à anarquia. Uma solução equilibrada passaria necessariamente pela instituição de contrapoderes. *Hamilton* denunciou os riscos da fraqueza e instabilidade das grandes repúblicas e conclamou o reforço não apenas quantitativo mas também qualitativo do poder central a partir, precisamente, de um conjunto de garantias institucionais tendentes a assegurar a boa convivência entre os diversos entes territoriais. Auspiciava o alargamento dos poderes federais em matéria financeira e militar, e enaltecia a verticalidade e a programação da acção política. Quanto a *Madison*, acentuava coisas distintas, como a autonomia da sociedade e os direitos do cidadão, e via no federalismo um instrumento de reforço do republicanismo, por exortar à diversidade e à convivência do pluralismo. *Madison* mostrava-se sempre mais sensível à complementaridade entre eficiência governativa e interesses individuais, colectivos, e territoriais – e parecia mais consciente das dificuldades em conciliar as exigências da governabilidade com os princípios do republicanismo e da liberdade, preocupações menos evidenciadas nos artigos de *Hamilton*. O tratamento das facções, por exemplo, é abordado por ambos em termos algo distintos: *Hamilton* apregoa o reforço do executivo e a independência das magistraturas como antídotos para evitar as maquinações e os ataques da ambição, da facção, da anarquia. Nos números 8, 9 e 16 de *O Federalista*, *Hamilton* utiliza mesmo o verbo *suprimir* referindo-se às facções, o que destoa do registo *madisoniano*, cujas sugestões institucionais para combater as externalidades/efeitos das facções (e nunca as suas causas) sempre apostavam na natural absorção das tensões sociais, segundo uma dinâmica conciliatória. A preocupação central da legislação moderna seria a de fornecer os instrumentos para a coordenação dos vários interesses conflitantes, fossem individuais, colectivos ou territoriais. *Madison* apelava à compatibilização dos dissensos e às potencialidades da política federativa para transformar a conflitualidade em cooperação – um discurso tão pertinente naquela altura quanto hoje, e por isso permanentemente revisitado (vejam-se as actuais teorias do discurso e do consenso).

Dos distintos registos (o *hamiltoniano* tendencialmente centralizador e o *madisoniano* tendencialmente autonomista) derivaram, consequentemente, distintas interpretações jurídico-constitucionais quanto à repartição das competências e às relações entre poder central e poderes periféricos[33]. A *cláusula de bem-estar geral* (*general welfare clause*, art. I, secção 8), segundo a qual o Congresso seria competente para prover a defesa comum e o bem-estar dos Estados Unidos (*provide for the common defense and general welfare of the United States*), foi extensivamente interpretada por *Hamilton*, no sentido de autorizar o poder central a prosseguir objectivos e a satisfazer necessidades colectivas não expressamente previstas, enquanto *Madison*, no n.º 41 de *O Federalista*, comedidamente defendia que as intervenções relativas ao *welfare* não poderiam *menosprezar as especificações que afirmam e limitam o seu alcance*. A mesma tónica foi empregue na interpretação da *cláusula de necessidade e oportunidade* (*coefficient clause*, art. I, secção 8), segundo a qual o Congresso produziria todas as leis necessárias e oportunas ao exercício dos poderes que lhe fossem constitucionalmente acometidos (ou textualmente, *to make all laws which shall be necessary and proper for carrying into execution the foregoing powers vested by this Constitution*). Enquanto *Madison* acentuava a *necessidade* da medida, então entendida como *indispensabilidade*, *Hamilton* replicava com a indeterminabilidade e amplitude do critério, concentrando-se antes nas *finalidades* em função das quais restaram

---

[33] Sobre a Constituição estado-unidense cfr. Edward Corwin, *The Constitution of the United States of América. Analysis and interpretation*, Washington DC, 1952; Bernard Schwartz, *Los poderes del gobierno – Comentario sobre la Constitución de los Estados Unidos*, I (*Poderes federales y estatales*), Universidad Autónoma de México, 1966; Lincoln Magalhães da Rocha, *A Constituição americana – dois séculos de direito comparado*, Edições Trabalhistas, Rio de Janeiro; Bruce Ackerman, *We the people I – Foundations*, Harvard University Press, Cambridge/Massachusetts, 1991; Nuno Rogeiro, *Constituição dos EUA Anotada*, Gradiva, Lisboa, 1993.

conferidas as competências centrais: o conceito de necessário e oportuno medir-se-ia a partir dos fins que provocaram a atribuição constitucional de poderes expressos. De tal concepção *hamiltoniana* decorreria a *teoria dos poderes implícitos* (*implied powers*) que afirma a legitimidade do exercício de poderes derivados de outros expressamente previstos, quando a prossecução dos fins justifique o emprego de meios adequados.

As descontinuidades discursivas dos Autores de *O Federalista* bem reflectem a essência do projecto federativo, que se traduz na convivência pactuada da diversidade. Como diria *Madison* no n.º 10 de *O Federalista*, *a pluralidade de aptidões e concepções está semeada na natureza humana – e tencionar suprimi-la não seria menor tolice que pretender eliminar o ar*. Resulta impressionante o afã com que os federalistas cunharam soluções institucionais voltadas à harmonização de vontades contrapostas, abertas à influência das minorias, tendencialmente partilhadas e não unilateralmente impostas. Ante o bloqueio mútuo das partes, apregoaram a força integradora das soluções conciliatórias, pelas quais todos fossem responsáveis e nas quais todos minimamente se revissem. Racionalizaram o processo político, sujeitando-o às regras da publicidade, do discurso, da integração das várias forças políticas, sempre atormentados pela contenção do poder das maiorias. Reinventaram o sistema federal, desde então definitivamente fundado num *compromisso constitucional de cooperação* que impede os diversos governos constituídos de frustrarem os projectos alheios e protege o conjunto contra as ameaças à boa governação. Conduziram o cidadão ao protagonismo da federação, e a partir de então o povo partilha com os Estados-membros as decisões sobre os destinos federais, porque *no consenso dos cidadãos* (consenso social articulado a partir de uma multiplicidade de interesses) *residiria a legítima fonte de poder político*. Depois de *Hamilton*, *Madison* e *Jay*, a teoria do federalismo nunca mais seria a mesma.

CAPÍTULO II

A CIÊNCIA JURÍDICA E O ENFOQUE INTERDISCIPLINAR DO FEDERALISMO

2.1. Génese e natureza jurídica do Estado federal

Ainda não houve juspublicista que se tenha ocupado da problemática do federalismo sem tropeçar nos enigmas da *origem* e *natureza jurídica* do Estado federal, traduzíveis nas seguintes perplexidades: A formação do Estado federal seria juridicamente explicável? Haveria uma definição ou conceito de Estado federal? Quais as suas características essenciais? Como é que o Estado federal consegue conjugar tendências aparentemente opostas, como sejam a unidade e a diversidade? Pois temos aqui uma paragem discursiva obrigatória – e explicamos o motivo. Muitos foram os Autores que se dedicaram a reconstruir o percurso doutrinário ou a explicação jurídica que foi sendo dada ao Estado federal no decorrer do tempo – *Michel Mouskely, Ekkehart Stein, García-Pelayo, Lucas Verdú*, entre outros, brilhantemente o fizeram. E a tal inventário, muito sinceramente, nada teríamos a acrescentar, por tratar-se de um registo histórico – e por isso não tencionamos refazer pormenorizadamente tal percurso. Nosso contributo reside noutra dimensão, que passamos a descodificar. Qualquer inventário sobre a origem e natureza jurídica do Estado federal demonstra, inequivocamente, que os debates jurídicos em torno dos sistemas federativos sempre estiveram ancorados no conceito de soberania[1]. Ora, isto já não serve. É tempo de deslocar o centro de gravidade dos sistemas federativos da *soberania* para a *cooperação* – e é nesta deslocação em

---

[1] Sobre as várias construções teóricas que tentaram oferecer uma explicação jurídica coerente à estrutura federal cfr. Michel Mouskeli, *Teoria jurídica del Estado federal*, M. Aguilar Editor, 1931, Madrid; Ekkehart Stein, *Derecho político*, Aguilar, Madrid, 1973; Manuel Garcia-Pelayo, *Derecho constitucional comparado*, Alianza Editorial, Madrid, 1984; Pablo Lucas Verdú/Pablo Lucas Murillo de la Cueva, *Manual de derecho político*, vol. I, Editorial Tecnos, Madrid, 1987.

que a presente tese empenha esforços. O conceito de soberania já não revela consistência teórica para explicar grande coisa nos dias que correm. E se é certo que precisamos de uma nova teoria do Estado que explique a transição do *Estado soberano* para o *Estado não soberano*, talvez a deslocação do centro de gravidade dos sistemas federativos seja de alguma utilidade. Para propormos tal reequacionamento – e foi basicamente por isso que tropeçámos nesta temática da origem e natureza jurídica do Estado federal –, recorremos em larga medida ao clássico *Teoría jurídica del Estado federal*, de *Michel Mouskely* (uma obra de 1930 lastimavelmente pouco divulgada entre nós), na qual o Autor trata de inventariar as construções teóricas que tentaram oferecer explicação jurídica ao Estado federal. Por tratar-se de um clássico, a referida obra ocupa uma posição doutrinária tão destacada, que a angústia da imitação ou da colagem excessiva não se põe. Sigamos pois, o percurso doutrinário reconstruído por *Mouskely*.

Desde que os constituintes estado-unidenses revolucionaram a teoria do federalismo, a discussão sobre a *origem* e *natureza jurídica* do Estado federal esteve apoiada no conceito de soberania e no reconhecimento da estatalidade dos respectivos entes federados. Os debates em torno da Constituição de 1787 resultariam na consagração da *teoria da dupla soberania*, popularizada na Europa por *Tocqueville*, e que consistia no reconhecimento do carácter estadual/soberano tanto à Federação quanto aos Estados federados, nas suas respectivas esferas competenciais. Isto pressupunha a independência dos Estados-membros relativamente à Federação e a consequente paridade entre ambos: estariam numa posição de justaposição e não de subordinação. A intenção subjacente a tal doutrina seria aquela do fortalecimento dos entes federados nas eventuais situações de confronto com a Federação, o que teria inspirado o breve e conflituoso período do *federalismo dual* nos primórdios da construção federal estado-unidense, marcado pela ausência de interferência decisória entre as esferas central e periférica. Com efeito, o reconhecimento da *dupla soberania* (ou do poder originário e supremo pertencente simultânea e igualmente à Federação e aos Estados federados) demonstrou-se não apenas inconsistente quanto perigoso, tendo inclusivamente acarretado a mais grave crise constitucional da história dos EUA, a Guerra de Secessão (1861-1865), iniciada pelos rebeldes sulistas sob o equivocado estandarte da soberania dos Estados federados[2], com fundamento na *teoria da nulidade* de *John Calhoun*, depois difundida na Europa pelo alemão *Max von Seydel*[3].

---

[2] O mais contundente golpe contra a tese da dupla soberania seria desferido por Hans Kelsen, através da aguerrida defesa da exclusividade e unicidade da soberania:

Calhoun e *Seydel* defendiam que a soberania, enquanto atributo essencial do Estado, seria una e indivisível. Por conseguinte, no âmbito de um Estado composto por outros Estados, a soberania não poderia pertencer simultaneamente ao Estado central e aos seus membros: se correspondesse aos últimos, estaríamos em presença de uma Confederação de Estados; se correspondesse ao Estado central, estaríamos frente a um Estado unitário, situação em que os membros perderiam o carácter de estatalidade e a soberania que lhe andava atrelada. A Confederação de Estados buscaria fundamento num tratado concertado entre Estados soberanos, enquanto que a base de um Estado unitário seria a sua respectiva Constituição. Daqui deriva a crítica à inovação promovida pelos constituintes de 1787: se a Constituição do Estado federal descansava sobre um tratado de direito internacional, este não poderia simplesmente alterar a sua própria natureza e travestir-se numa lei, devido à inconciliável noção de tratado e Constituição. Das duas, uma: ou o tratado subsistia e neste caso continuaríamos com uma Confederação de Estados (os quais conservariam suas respectivas soberanias e todas as consequências daí resultantes), ou insistir-se-ia na hipótese da Constituição enquanto base do Estado federal, sendo impossível explicar juridicamente a transformação de um contrato numa lei. Não poderiam os Estados, por obra de um tratado, constituírem um novo Estado que lhes seria superior e dominaria, porque um contrato nunca dispunha sobre a desaparição da personalidade jurídica das partes contratantes. Daqui decorria o célebre dilema de *Calhoun*: *Ou o Estado federal constituía uma mera associação contratual de Estados soberanos, ou não descansava sobre qualquer base jurídica.* Se as construções *calhounianas* tiveram o mérito de questionar a *doutrina da dupla soberania*, resulta inegável que pecaram por desdenhosamente iludir a

---

A soberania, enquanto suma síntese da ideia de Estado, seria por sua própria natureza absolutamente indivisível. Não poderia pertencer, simultânea e igualmente, a várias comunidades jurídicas às quais se reconhecesse a autoridade suprema em matéria de competência. Neste sentido cfr. Hans Kelsen, *Teoria geral do Estado*, Arménio Amado Editor, Coimbra, 1938, págs. 41 e ss.

[3] Sobre o entendimento *calhouniano* de soberania cfr. John Calhoun, *A discourse in the constitutional government in the United States*, Gordon Post, New York, 1953; Antonio La Pergola, *Resíduos de la confederación en el Estado federal. El problema de la revisión constitucional y el contractualismo de Calhoun*, in Los nuevos senderos del federalismo, Centro de Estudios Constitucionales, Madrid, 1994; Viriato Soromenho--Marques, *A revolução federal – Filosofia política e debate constitucional na fundação dos EUA*, Edições Colibri, Lisboa, 2002, pág. 96 e ss.

hipótese de demonstração teórica do Estado federal: chegaram à desconcertante conclusão de que o Estado federal não existia nem poderia existir.

Calhoun insistia em que a relação política entre os Estados-membros, sob a vigência da Constituição de 1787, seria substancialmente a mesma que a existente na época dos *Artigos de Confederação*, porque os Estados federados continuavam livres, independentes e soberanos. Rechaçava a interpretação *dualista* do novo sistema sugerida em *O Federalista*, porque a soberania seria por definição indivisível e os Estados-membros conservariam plenamente os atributos de soberania. Para comprovar a sua *teoria contratualista*, invocava as modalidades seguidas para a aprovação e alteração da Constituição Federal, nas quais os Estados-membros interviriam enquanto soberanos, como se da ratificação de um tratado internacional se tratasse: a Constituição vincularia apenas aos Estados que, através do processo de ratificação, tivessem manifestado a vontade de aceitar o seu conteúdo, e os vincularia nas suas relações recíprocas, enquanto sujeitos de direito internacional – e não directamente ao povo – tudo nos mesmos termos dos *Artigos de Confederação*. Ocorre, todavia, que os processos de aprovação e alteração da Constituição de 1787 substituíram o requisito do consenso unânime dos Estados-membros (que se tinha convertido numa das razões da debilidade confederal) pelo princípio maioritário: a ratificação de nove entre os treze membros bastaria para que a Constituição Federal entrasse em vigor (art.VII), enquanto o quórum de Estados necessários à adopção de emendas constitucionais seria de três quartos (art. V). Que espécie de soberania federada resistiria ao princípio maioritário, se as emendas constitucionais vinculariam os dissidentes e o direito de secessão não lhes seria reconhecido?

Para refutar as doutrinas *calhounianas*, seus opositores argumentaram que a ratificação da Constituição não poderia emanar de outra fonte que não fosse o povo unitário e soberano da Federação, ainda que o mesmo estivesse subdividido em várias circunscrições territoriais. As ratificações haviam de ser sempre entendidas como directa expressão da vontade popular (sanção popular à criação do novo Estado federal). Daí derivaria a fórmula do preâmbulo constitucional *We, the people of the United States*, que *Calhoun* prontamente interpretou como *We, the people of the several States of the Union*, sugerindo que o ordenamento federal não mais seria que a extensão do ordenamento singular de cada Estado. Da soberania dos Estados federados *Calhoun* derivou o chamado *right of nullification*: cada um dos membros ter-se-ia reservado a competência de aprovar emendas à Constituição e, consequentemente, a competência de aferir se a sua soberania estava a ser limitada pelo poder federal, desaplicando então os actos que incorressem em tal vício. O mesmo direito seria entretanto negado aos órgãos centrais. O problema foi adequadamente resolvido pela jurisprudência estado-unidense, que reconheceu ao poder judicial o controlo da constitucionalidade das normas (*doctrine of judicial review*).

Todavia o dilema de *Calhoun* sobre a origem e fundamento jurídico do Estado federal continuava a intrigar os juristas. *Georg Jellinek* não o solucionou, antes retirou-lhe a relevância científica: pretendeu demonstrar a inocuidade de qualquer explicação jurídica sobre a origem do Estado federal, afirmando que o mesmo, como de resto qualquer Estado, derivava da factualidade que escapa à análise jurídica. O Estado não seria um fenómeno exclusivamente jurídico: só quem não o percepcionasse para além de uma instituição jurídica é que insistentemente procuraria a sua pretensa base jurídica. O Estado seria antes uma construção histórico--social a qual o direito se ajustava, sem nunca o poder criar porque o direito existiria em função do Estado. O Estado nasceria por sua própria força e existiria definitivamente quando os seus órgãos exercessem de facto o poder estadual e quando tal poder resultasse obedecido. A formação de um Estado federal seria igualmente um facto insusceptível de receber qualquer qualificação jurídica: por isso seria escusado buscar-lhe o fundamento em tratados celebrados entre Estados soberanos ou nas Constituições elaboradas pelas assembleias constituintes e aprovadas pelos respectivos Estados. A formação de um Estado (federal inclusivamente) não seria imputável a qualquer ordenamento jurídico: mesmo o direito internacional seria impotente para regular a criação de um novo Estado, que nasceria por sua própria força. Os processos históricos relacionados com a formação da comunidade estadual recairiam inevitavelmente na esfera do factual, com a consequente exclusão do domínio jurídico. O ordenamento estadual encontraria em si mesmo a fonte da própria validade, restando independente frente a qualquer outro ordenamento[4].

---

[4] Sobre as construções *jellinekianas*, segundo as quais a formação das comunidades estaduais (Estado federal aqui incluído) escaparia ao domínio de qualquer ordenamento jurídico, caindo inevitavelmente na esfera do fáctico cfr. Georg Jellinek, *Die Lenhre von den Staatenverbindungen*, Berlin, 1882, págs. 262 e 264; Georg Jellinek, *Allgemeine Staatslehre*, Darmstadt, 1959, págs. 774 e 775, ambos referidos por Antonio La Pergola, *Proceso de formación del Estado federal y doctrina dominante*, *in* Los nuevos senderos del federalismo, ob. cit., pág.198 e ss. Sobre o combate teórico entre o monismo *kelseniano* (que reduz o processo formativo do Estado à esfera do ordenamento internacional) e o dualismo *jellinekiano* (que posiciona tal fenómeno no

Para ultrapassar a rigidez da construção lógica de *Jellinek*, a doutrina juspublicista fez coincidir o facto gerador do ordenamento estadual com o efectivo funcionamento do aparato estadual – que no caso do Estado federal dependeria da exequibilidade de alguns órgãos centrais sem os quais o sistema federativo não poderia funcionar. A formação do Estado já não permaneceria exclusivamente na esfera dos factos, mas recairia sob a regulamentação reflexiva do próprio ordenamento estadual. O ordenamento estadual encontraria em si mesmo o fundamento da sua existência (como pretendia *Jellinek*) porque legitimaria retroactivamente aos processos históricos que precederam à sua formação, que seriam desta forma elevados do plano factual ao da valoração normativa. O ordenamento federal então surgido desvincular-se-ia de todos os demais, precisamente porque encontraria em si mesmo o fundamento da sua existência. Se a sua génese estava recoberta pelo direito, certamente não seria devido ao tratado internacional celebrado entre Estados soberanos[5].

A doutrina de *Jellinek* foi energicamente combatida por *Louis Le Fur*, segundo o qual a formação do Estado federal só não teria por base a celebração de um tratado entre Estados soberanos em duas situações: 1) quando o Estado unitário fosse convertido em Estado federal por via da outorga de autonomia às suas antigas províncias, assim como da possibilidade de participarem na formação da vontade estadual (*federalismo dissociativo*), caso em que a nova organização resultaria de uma disposição de direito público interno, e por conseguinte, um acto essencialmente jurídico; 2) quando a formação do Estado federal não resultasse da vontade de Estados soberanos pré-existentes, mas decorresse de um movimento nacional, pacífico ou não, independente da vontade dos Estados então envolvidos, caso em que constituir-se-ia a única hipótese de origem do Estado federal insusceptível de explicação jurídica (o que teria ocorrido com a Suíça em 1848, quando os Cantões, alheios ao movimento, ter-se-iam limitado a aceitar a nova situação). A *Le Fur* são ainda atribuíveis os louros de ter ultrapassado o dilema de *Calhoun* (segundo o qual o Estado federal careceria de base jurídica) sem tê-lo meramente desfocado,

---

plano dos factos e rejeita que o processo de formação dos Estados possa ser imputado ao direito internacional) cfr. Paolo Biscaretti di Ruffia, *Contributo alla teoria giuridica della formazione degli Stati*, Milano, 1938, pág. 214 e ss.

[5] Sobre os esforços teóricos no sentido de ultrapassar a rigidez das construções de Jellinek cfr. Antonio La Pergola, *Proceso de formación del Estado federal y doctrina dominante*, in Los nuevos senderos del federalismo, ob. cit., pág. 193 e ss, sobretudo as referências a Crisafulli, Santi Romano e a Biscaretti di Ruffia.

como o fez *Jellinek*. *Le Fur* afirmava que a chave do enigma residia na distinção entre contrato e resultado do contrato: a relação jurídica estabelecida pelo contrato poderia ser em si mesma completamente distinta do contrato da qual decorre e a ele subsistir de maneira independente. Ou seja, a formação contratual de uma relação jurídica não determinaria a natureza contratual de tal relação. A Constituição federal não seria um tratado, mas a consequência de um tratado, coisa bem distinta. O tratado desapareceria com a sua execução: quando a Constituição fosse adoptada e entrassem em funcionamento os órgãos federais, apareceria o novo Estado com Constituição e órgãos próprios, e os antigos Estados converter-se-iam em membros seus. A partir de então as relações contratuais cederiam espaço às relações de domínio e de subordinação e o direito internacional seria substituído pelo direito público interno. As perplexidades contratualistas de *Calhoun* – segundo as quais um tratado não poderia transformar-se em Constituição e por isso o Estado federal careceria de legitimidade jurídica – foram ultrapassadas por via da execução do mesmo tratado[6].

As conclusões dos teóricos da Escola de Viena (*Kelsen, Verdross, Kunz*) viriam, de certa forma, apoiar a doutrina de *Le Fur*. Contrariamente a *Jellinek*, segundo o qual o direito internacional não estaria apto a determinar as condições de nascimento e desaparecimento de um Estado, para os doutrinadores vienenses a problemática da formação e extinção dos Estados seria sempre um problema jurídico resolvido nos termos do direito internacional[7]. Segundo *Kelsen*, o reconhecimento de um Estado pelo direito internacional dependeria do estabelecimento de um poder independente sobre os habitantes de determinado território, ou seja, quando efectivamente se lhes aplicasse um domínio jurídico apenas subordinado à ordem jurídica internacional. Para que uma comunidade jurídica pudesse atribuir-se o qualificativo de Estado no sentido do direito internacional, teria de cumprir um conjunto de requisitos para o efeito: ser absolutamente independente, fundar sua competência exclusivamente no direito interna-

---

[6] Neste sentido cfr. Louis Le Fur, *La confédération d'Etats et l'Etat fédéral*, Paris, 1896.

[7] Os representantes da Escola de Viena, defensores da solução monista das relações entre o direito internacional e o direito interno, desde sempre assumiram a hipótese teórica de que tratado e lei seriam perfeitamente conciliáveis para fins de criação do Estado federal. Neste sentido cfr. Kunz, *Die Staattenverbindungen*, Stuttgard, 1929; Verdross, *Die Verfassung der Völkerrechtsgemeinschaft*, Wien-Berlin, 1926; Kelsen, *Principles of International Law*, New York, 1952, todos referidos por Antonio La Pergola, *Proceso de formación del Estado federal y doctrina dominante*, in Los nuevos senderos del federalismo, ob. cit., pág. 193 e ss.

cional, e gozar de autonomia constitucional. Mas faria igualmente falta, sublinhava *Verdross*, que as condições estabelecidas pelo direito internacional fossem convertidas em factos, ou seja, que os órgãos entrassem em funcionamento e se impusessem no interior e no exterior. Tal como já havia sugerido *Le Fur*, também os vienenses defenderiam que, na formação de um Estado, o facto e o direito andariam associados, e se tomados isoladamente resultariam incapazes de explicar a origem de um Estado. Em se tratando de um Estado federal, a causa ou base jurídica mais frequente seria aquela do tratado de direito internacional (*federalismo associativo*), que uma vez executado constituiria uma ordem jurídica imposta e cumprida por força dos actos dos órgãos federais. A origem poderia ser outra (*federalismo dissociativo*), mas o resultado a que se chegaria seria rigorosamente o mesmo: a origem não exerceria qualquer influência sobre a natureza jurídica do Estado federal. O que efectivamente importava, em termos jurídico-constitucionais, seria a autonomia constitucionalmente consagrada e a participação periférica na formação da vontade central; seria a existência de uma comunidade de interesses e um acordo de vontades entre os entes federados – e sobretudo o modo como as esferas de poder interagem na prossecução de objectivos comuns[8].

Aplacados os temores de ausência de cobertura jurídica provocados por *Calhoun* e solucionado o dilema da origem, o Estado federal podia então percorrer a sua trajectória histórica devidamente legitimado pela teoria juspublicista. Mas importava ainda conjecturar sobre o modo através do qual o Estado federal logra conciliar tendências centrífugas e centrípetas, isto é, a *natureza jurídica* do Estado federal, que atormentaria para todo o sempre o espírito daqueles que sobre o federalismo se debruçaram. Acompanhemos o percurso doutrinário. A sageza estado-unidense produziu o primeiro Estado federal moderno a partir da inovadora noção de *partilha de soberania* – e o alemão *George Waitz* dedicou-se à formatação jurídica da mesma[9]. A soberania e as competências seriam repartidas entre o

---

[8] Sobre a origem histórica dos federalismos associativos e dissociativos (e a defesa da ideia de que através de qualquer deles se atinge o mesmo resultado jurídico) cfr. Giorgio Malinverni, *Il federalismo svizzero*, in Quale, dei tanti federalismi, Alessandro Pace (org), Cedam, Roma, 1997, pág. 136. Em sentido algo distinto, posto que questiona a irrelevância do processo formativo nas definições comuns do conceito de Estado federal, cfr. Antonio La Pergola, *Proceso de formación del Estado federal y doctrina dominante*, in Los nuevos senderos del federalismo, ob. cit., pág. 193 e ss.

[9] Sobre a partilha de soberania nos Estados federais cfr. George Waitz, *Grundzuge der Politik*, 1862, referido por Michel Mouskely, *Teoría jurídica del Estado federal*, ob. cit.

Estado central e os Estados federados. Sob certos aspectos, adoptariam uma unidade de sentido, mantendo-se separados relativamente a todos os demais. Em decorrência do pacto federal celebrado, os entes federados abandonariam uma parte de sua soberania em benefício do Estado central, conservando a parcela soberana que se lhe tenham reservado. Repartir-se--ia não o conteúdo da soberania, mas a sua extensão. A soberania não seria restringida, mas compartida, e por conseguinte Estado central e Estados federados seguiriam soberanos, cada um dentro da sua respectiva esfera competencial. Ambos seriam absolutamente independentes e actuariam livremente como se os demais não existissem, porque a soberania afastaria qualquer pretensão de subordinação ou dependência. Poder central e poder periférico ostentariam uma posição paritária, justaposta, nunca sobreposta.

Não seria difícil combater tão lacunosa construção teórica, dada a sua indefensável desvinculação da realidade dos factos. Nos termos em que *Waitz* propunha a equação soberania/estatalidade, resultava absolutamente impossível que a soberania pertencesse, simultânea e igualmente, a várias comunidades jurídicas às quais se reconhecesse a autoridade suprema em matéria de competência. A pretensa igualdade entre poder central e poderes periféricos resultava de todo imaginária, porque a superioridade jurídica do Estado central já se revelava inconteste: seja em função da amplitude de suas atribuições (de vigilância e inspecção inclusivamente), seja em função da primazia do direito federal relativamente ao federado, ou ainda em função do reconhecimento da autoridade suprema em matéria de competência (competência das competências). A experiência histórica já demonstrava ser falacioso o argumento de que as competências centrais e periféricas pudessem ser milimetricamente delimitadas, como se de compartimentos estanques se tratassem: as necessidades da vida colectiva alteram-se constantemente e com elas os objectivos prosseguidos pelo poder público, algo que inevitavelmente repercute num sistema competencial minimamente adaptado às exigências comunitárias.

A doutrina francesa prontamente contestou aquelas construções. Conforme explica *Michel Mouskely*[10], *Borel* e *Le Fur* arrancariam da premissa de que a soberania (poder de determinar livremente a própria

---

[10] As construções doutrinárias de Borel e Le Fur podem ser consultadas em Le Fur, *La confédération d'Etats et l'Etat fédéral*, ob. cit. e Borel, *Etude sur la souveraineté et l'Etat federatif*, Berne, 1886, sendo amplamente desenvolvidas por Michel Mouskely, *Teoría jurídica del Estado federal*, ob. cit.

competência) seria uma condição essencial do Estado e que não poderiam existir Estados não soberanos. Ora, se num Estado federal a soberania correspondia ao Estado central, não poderia simultaneamente corresponder aos Estados federados. O Estado federal não seria um Estado sobreposto a outros Estados, mas sim uma espécie no género *Estado*, que se distinguiria da espécie unitária em decorrência da participação das colectividades federadas na formação da vontade federal, ou seja, em função da participação periférica no exercício do poder soberano. Tais colectividades não seriam Estados propriamente ditos, porque careciam de soberania, mas a sua participação no exercício do poder supremo as distinguiria juridicamente dos municípios, províncias e demais corporações de direito público. Corresponderiam a seres orgânicos que cooperariam enquanto tais na formação e execução da vontade do Estado soberano, através de uma pluralidade de órgãos e mecanismos vocacionados para o efeito. Ou seja, não bastaria a partilha do exercício da soberania, coisa que um Estado unitário também poderia levar a efeito, era preciso que os entes federados tivessem acesso à substância mesma da soberania ou ao poder decisório federal.

Por seu turno, *Jellinek* rejeitaria o critério da participação periférica nos processos decisórios centrais como distintivo dos Estados federais, isto porque entendia que o processo de formação da vontade estadual não relevava juridicamente: poderia interessar à filosofia ou à política, mas ao direito pouco importava quem seriam os sujeitos chamados a compor a vontade expressa pelo órgão soberano. *Le Fur* concordaria com o argumento *jellinekiano*: a maneira como se formula a vontade de uma comunidade política não influi no reconhecimento da natureza jurídica estadual; mas já não se tratava de saber se o Estado federal era ou não Estado, e sim saber o que o distinguia enquanto espécie dentro do seu género; e nesta medida seria relevante percepcionar o modo como se formava a vontade do Estado, isto é, interessava captar a sua respectiva organização e funcionamento constitucional. A crítica *jellinekiana* surtiu entretanto efeitos. *Le Fur* posteriormente acrescentaria outro elemento essencial ao reconhecimento da natureza jurídica federal, indissoluvelmente ligado àquele da *participação dos entes federados*: o da *autonomia constitucional* dos mesmos, que pressupunha a autonomia legislativa, administrativa e judicial. *Le Fur* ainda insistiria na distinção entre *substância da soberania* (una e indivisível) e o *exercício da soberania* (perfeitamente partilhável), uma diferença que julgava essencial para a assimilação do bom funcionamento dos sistemas federais. Isto permitiria que uma colónia com governo próprio ou uma província autónoma concorressem para o exercício das faculdades estaduais sem que fosse afectada a unidade da soberania. Com efeito, a distinção entre *soberania tomada em si mesma* e *atribuições de soberania* iria sobredeterminar toda a teoria federal da modernidade (e porventura da pós-modernidade).

A tese da *duplicidade de soberania* internamente ao Estado federal não sobreviveria aos desdobramentos teóricos de *Paul Laband*, depois aprofundados por *Georg Jellinek*. No mesmo sentido dos doutrinadores franceses – explica *Michel Mouskely*[11] –, os germânicos sustentariam que o Estado central seria o único soberano, não obstante (e aqui residia o pomo da discórdia) as entidades federadas continuassem a ser Estados, e portanto distintas das demais colectividades inferiores de direito público precisamente por conta de tal carácter estadual. *Laband* e *Jellinek* admitiriam a existência de colectividades federadas que teriam o carácter de Estados sem serem soberanos, mas sim subordinados ao Estado central. Ou seja, a soberania não seria um traço essencial do Estado: a conexão entre ambos seria um produto da modernidade, não reconhecível nos exemplos da Antiguidade[12]. O Estado caracterizar-se-ia por possuir uma organização

---

[11] A crítica à tese da duplicidade da soberania pode ser conferida em Paul Laband, *Das Staatsrecht des deutschen Reiches*, Mohr, Tübingen, 1911; Georg Jellinek, *Die Lehre von den Staatenverbindungen*, Viena, 1882, referidos por Michel Mouskely, *Teoría jurídica del Estado federal*, ob. cit.

[12] Jellinek sustentava que a soberania seria uma categoria essencialmente histórica, produto da luta do poder estadual com os outros três poderes: o poder da Igreja, o poder do império e o poder feudal. Daqui deriva que na Antiguidade não tenha havido a noção de soberania: só o Estado moderno fora obrigado a lutar com vários outros poderes antes de afirmar sua existência enquanto poder supremo. Contrariamente, o que caracterizava o Estado antigo, segundo Aristóteles, era a autarquia. A noção de autarquia difere substancialmente da de soberania. Autarquia significa uma condição do Estado em virtude da qual os homens somariam esforços para completarem-se mutuamente. Resulta indispensável que o Estado se organize de modo a bastar-se a si próprio, sem depender de qualquer outra colectividade, caso contrário deixaria de ser Estado. A autosuficiência seria, portanto, o elemento distintivo do Estado. Mas da noção de autarquia não derivava qualquer consequência relativa às relações entre Estados e ao alcance do poder estadual internamente. Jellinek julgava que a definição de soberania, enquanto signo característico do Estado (cujos louros são atribuídos a Bodin), teria um carácter exclusivamente negativo, porque negaria a possibilidade de existência de um poder autónomo sobre, ao lado e no interior do Estado. Enganara--se: a experiência histórica demonstrou não só a possibilidade da convivência de vários poderes autónomos dentro de um Estado soberano, quanto a atenuação e partilha de soberania na esfera internacional (através da organizações intergovernamentais). Por tudo cfr. Michel Mouskheli, *Teoría jurídica del Estado federal*, ob. cit., pág. 43 e ss.

autónoma, assente numa vontade própria, que lhe permitia bastar-se a si próprio. Daqui deriva que os Estados federados conservariam a estatalidade na medida em que as suas respectivas actividades restassem excluídas da esfera de actuação federal. Perderiam, entretanto, o carácter estadual, naqueles domínios em que se afirmasse a supremacia federal, situação em que o Estado federal apareceria como uma unidade e desapareceriam as distinções entretanto existentes entre os Estados-membros. O Estado não soberano exerceria seu domínio dentro de uma esfera competencial restrita, necessariamente fora do alcance federal, *porque uma colectividade que fosse dominada por outra não possuiria a condição de Estado* – e na medida em que fosse dominado pelo poder central, deixaria de ser Estado (?!). Mas afinal o que teria levado tão ilustres juspublicistas a formularem tão lacunosas construções? O problema, acaba por assumi-lo *Laband*, residia em *caracterizar positivamente a situação dos Estados-membros no seio do Estado colectivo*, ou em outros termos, fortalecê-los nas situações de conflito com o Estado central, algo que a doutrina da *dupla soberania* também tencionou fazer com distintos argumentos. Todavia há muito se reconheceu que os interesses periféricos resultam mais bem salvaguardados através de mecanismos jurídicos e políticos que lhes assegurem influência nos circuitos decisórios centrais, *pouco importando a etiqueta que se aplique à colectividade-membro*[13] – já dizia *Michel Mouskely* nos anos trinta do século XX.

Laband sustentaria que o Estado federal seria uma espécie particular de um género ao qual designou *Estado composto* (ou Estado de Estados), caracterizado por dupla ou múltipla hierarquia, isto é, pela *necessária submissão de seus membros ao poder de um Estado superior*. Nem todo Estado composto seria federal, visto que tal particularidade derivaria de uma especial organização do poder público, nos termos da qual os Estados federados *participariam na formação da vontade soberana* e *gozariam de autonomia* (ou seja, de um poder não soberano de direito público capaz de estabelecer normas jurídicas obrigatórias por mote próprio, e não em virtude de delegação). Portanto, o Estado federal de *Laband* seria uma espécie particular de Estado composto, caracterizado pela sobreposição de duas ordens jurídicas estaduais: aquela correspondente ao poder central (único soberano), e aquela correspondente ao poder dos Estados-membros

---

[13] Sobre a ideia de que os interesses periféricos hão-de ser salvaguardados a partir da participação/influência dos mesmos nos circuitos decisórios centrais cfr. Michel Mouskheli, *Teoría jurídica del Estado federal*, ob. cit., pág. 221.

(os quais estariam subordinados ao primeiro, ainda que concorressem para a formação da vontade federal e gozassem de autonomia). O Estado federal de *Laband* seria um Estado soberano formado de muitos Estados, cujo poder estadual derivaria dos Estados que o compunham, os quais estariam definitivamente ligados entre si, formando uma unidade política. Ou seja, só o poder central seria soberano, ou teria a exclusiva capacidade de definir suas próprias competências, mas os entes federados seriam também Estados nas respectivas esferas competenciais.

Julgamos que a insistência na *estatalidade não soberana* do ente federado resulta de todo inconsistente: a equação soberania/estatalidade seria a operação lógico-jurídica fundadora da categoria estadual. A modernidade identificou o conceito de soberania com a originalidade do ordenamento jurídico do Estado, que não dependeria de qualquer outro, nem encontraria fundamento num ordenamento jurídico superior. A soberania resultaria então atrelada ao Estado, reconhecido como autoridade suprema do ordenamento, a qual todos os demais entes públicos restariam subordinados. A partir desta concepção, e das consequentes discussões doutrinárias acerca das relações entre Estado federal e federado, concluiu-se que a *competência das competências* distinguiria o Estado dos demais entes territoriais. Ora, toda esta sequência lógica é atropelada pelas construções de *Laband* e *Jellinek*, a partir das quais não se consegue percepcionar qualquer diferença entre a natureza jurídica do Estado e das demais comunidades. Desde logo o reconhecimento da estatalidade ou da soberania do Estado-membro anula qualquer tentativa de distinção jurídica entre Estado federal e Confederação de Estados. Mais: ao concluir que o poder do Estado federal deriva dos Estados que o compõem, aquelas construções reduzem a categoria do Estado federal aos fenómenos de origem pactuada (*federalismo associativo*, resultante do pacto celebrado entre unidades soberanas) e ignoram os processos de descentralização (*federalismo dissociativo*, obra do poder constituinte que transforma um Estado unitário//homogéneo em federal). Tal unilateralidade não se compadece com a afirmação, actualmente pacífica, de que a origem histórica não releva para a definição do conceito de Estado federal. É refutável o argumento segundo o qual os Estados-membros teriam sido soberanos antes da celebração do *foedus* (e por isso os limites impostos pelo ordenamento federal aos ordenamentos periféricos derivariam não de um acto heterónomo, mas de um processo de autolimitação) e que a continuidade de tal carácter estadual permitiria distinguir o Estado federal do Estado unitário descentralizado: se é certo que a esfera competencial dos Estados federados resulta constitucionalmente garantida, não é menos certo que será sempre limitada pela Constituição Federal (cuja revisão, sublinhe-se, corresponde aos órgãos centrais, os únicos investidos da *competência das competências*), e não há como elidir a supremacia federal. Assim a tese da *estatalidade não soberana* pode ser combatida com os mesmos argumentos esgrimidos para refutar a tese da *dupla soberania* (cuja finalidade estaria próxima daquela primeira, qual seja, salvaguardar os interesses dos entes federados), tendo em conta a comunhão entre soberania e estatalidade produzida pela modernidade.

Ressalvas feitas quanto à pretensa *estatalidade não soberana* dos entes federados, não há como negar que *Laband* e *Jellinek* contribuíram decisivamente para a definição do Estado federal ao afirmarem que a *participação das entidades periféricas nos processos decisórios centrais* não basta. Os entes federados haviam de desfrutar de *autonomia*, ou de uma esfera de actuação onde pudessem adoptar políticas alternativas ao poder central, isto é, onde exercessem a titularidade de poderes normativos primários. Tal preocupação condicionou as construções de ambos os Autores, o que porventura explique a insistência no carácter estadual dos entes federados, enquanto garantia da esfera autónoma dos mesmos. A partir de tais reflexões sobre a autonomia dos entes periféricos, a *Escola de Viena* chegaria a uma definição mais ampla e adequada de *autonomia constitucional*, segundo a qual o Estado central não concorreria no processo de auto-organização dos entes federados, que entretanto não poderiam contrariar a Constituição federal, sob pena de inconstitucionalidade.

Kelsen rejeita terminantemente a teoria da *dupla soberania*, insistindo na unicidade e exclusividade da ordem soberana: só poderia haver uma única ordem soberana, no sentido próprio da palavra, que seria a *ordem total*. Seria absolutamente impossível que a soberania pertencesse, simultânea e igualmente, a vários sistemas de normas ou a várias comunidades jurídicas às quais se reconhecesse a autoridade suprema em matéria de competência[14]. Rejeitada a hipótese teórica da pluralidade de sujeitos

---

[14] A rejeição *kelseniana* da dupla soberania pode ser conferida em Hans Kelsen, *Teoria geral do Estado*, ob. cit., págs. 41 e ss. Contra a tese da dupla soberania cfr. ainda Karl Loewenstein, *Teoría de la Constitución*, Editora Ariel, Barcelona, 1976, pág. 358; Louis Favoreu (coord), *Droit constitutionnel*, Dalloz, Paris, 2001, pág. 373, onde se sustenta que às colectividades federadas podem ser reconhecidos, pela Constituição Federal, certos atributos de soberania, ou seja, um certo número de competências materiais ou poderes jurídicos, mas só a Federação pode dispor, em plenitude, de soberania; Giuseppe De Vergottini, *Diritto costituzionale comparato*, Cedam, Padova, 1999, pág. 391, onde o Autor questiona a pertinência jurídica da qualificação *soberania*

soberanos, a explicação técnica do Estado federal em *Kelsen* apontaria para um terceiro termo que abarcasse tanto o Estado central quanto os entes federados: avança então com a teoria do *Estado federal trimembre*. *Kelsen* sustentava que entre a Federação e os entes federados não existiriam relações de dependência ou de subordinação, mas sim de coordenação. Nenhum dos dois seria soberano porque ambos estariam submetidos a um terceiro membro (a *ordem total*) ao qual pertenceria a soberania ou a *competência das competências*. A ordem jurídica da Federação e a ordem

---

a favor dos Cantões suíços no art. 3.º da respectiva Constituição. Nos termos do referido preceito, os Cantões seriam soberanos na medida em que as suas soberanias não fossem limitadas pela Constituição Federal. A disposição comportaria a preferência pela soberania federal em detrimento da *soberania limitada* dos Cantões, que num sentido juridicamente adequado estaria mais bem qualificada como *autonomia*. A favor da doutrina da *dupla soberania* cfr. G. Balladore Pallieri, *Diritto costituzionale*, Giuffrè, Milano, 1972, págs. 86 e ss, cujas inusitadas construções merecem destaque. O Autor tenciona exorcizar os fantasmas *jellinekianos* através do argumento de que o Estado seria criado pelo ordenamento jurídico. O ordenamento federal não criaria um único Estado, mas vários, sendo a cada entidade estadual acometida uma parcela de poder e soberania. Haveria, portanto, um único ordenamento jurídico que abarcaria o Estado federal e os federados. O Autor rejeita a distinção entre ordenamentos: os Estados-membros teriam perdido a originalidade de que dispunham quando decidiram aderir à constituição do novo ordenamento que a todos abarca e que fixa os poderes de cada qual. O Autor recusa também a superioridade federal: se ao Estado federal cumpriria a resolução dos conflitos competenciais, isto apenas traduzia a sujeição do Estado-membro ao ordenamento jurídico unitário, e nunca um condicionalismo à sua absoluta liberdade e soberania na respectiva esfera de competências. Se Balladore Pallieri discorda frontalmente da tese *kelseniana* da indivisibilidade da soberania, afirmando, contrariamente, que os Estados-membros seriam Estados soberanos posicionados paritariamente ao Estado federal, por outro lado recorre aos postulados de *Kelsen* quando sustenta que a competência das competências não recairia sobre o Estado federal ou Estados federados, seria antes uma consequência da originalidade do ordenamento jurídico, a este último pertencendo e não ao Estado enquanto pessoa. Não conseguimos efectivamente assimilar por que razão um único ordenamento jurídico comportaria a duplicidade de soberanias, soberania aqui entendida como *sinónimo de originalidade de um ordenamento que não depende de outro nem se fundamenta num sistema jurídico superior*: se os Estados-membros perderam a originalidade jurídica e a soberania que lhe estava atrelada ao aderirem ao ordenamento unitário, por que motivo ostentariam uma esfera de poderes soberanos que, segundo o Autor, não derivaria de concessão alheia? A favor da dupla soberania cfr. ainda Paolo Biscaretti di Ruffia, *Diritto costituzionale*, Napoli, 1965; Paolo Biscaretti di Ruffia, *Le scelte costituzionali fondamentali dell'Italia e della Germânia nel 1947/49 considerate dopo un quarantennio di attuazione*, in Rivista Trimestrale di Diritto Pubblico, 1990; entre nós, Jorge Miranda, *Teoria do Estado e da Constituição*, Coimbra Editora, Coimbra, 2002.

jurídica dos entes federados seriam ordens parciais, pois suas respectivas competências não se estenderiam para além de determinadas matérias delegadas pela comunidade jurídica total, sendo que os entes periféricos estariam ainda limitados em termos de validade territorial. Além de parciais, seriam ordens juridicamente iguais porque paritariamente subordinadas à ordem superior da Constituição total, que lhes delegaria competências e vincularia a validade jurídica das normas que emanassem.

Deste modo, a construção *trimembre* do Estado federal defendida por *Kelsen* consistiria no seguinte: 1) o Estado global, que compreenderia todas as esferas criadas e unificadas pala Constituição conjunta e seria entendida como totalidade política organizada. A Constituição conjunta seria a única soberana, incorporaria tanto a Constituição federal quanto os princípios fundamentais das Constituições federadas, e impunha-se como supraordenamento para as duas outras ordens jurídicas; 2) o Estado superior ou ordem jurídica da Federação, que formularia e sustentaria as normas comuns ao conjunto federal, de acordo com as competências que lhe fossem constitucionalmente acometidas; 3) os Estados federados e suas respectivas ordens jurídicas, traçadas e desenvolvidas dentro dos limites da Constituição total. A construção teórica do *Estado federal trimembre* teria consequências inolvidáveis, amplamente discutidas pela doutrina (nomeadamente *Michel Mouskely* e *García-Pelayo*). Desde logo, a intervenção federal na esfera federada adquiria a aparência de reacção da ordem total contra as violações eventualmente cometidas pelas ordens jurídicas parciais: não mais seria uma acção do Estado superior contra o ente periférico, mas da ordem global enquanto garante da repartição competencial constitucionalmente plasmada. Ademais, a *competência das competências* não corresponderia à Federação, nem tampouco aos entes federados, pois seria a comunidade global quem a detinha. E se já não se poderia falar em superioridade jurídica do Estado central sobre os entes periféricos, algo incompatível com a *teoria trimembre*, então daqui resultariam profundas alterações no relacionamento entre os distintos poderes[15].

---

[15] A ideia da convivência entre três comunidades jurídicas já havia sido esboçada antes de Kelsen por Haenel e Otto von Girke. Hanel sugeria que a essência do Estado federal não residiria no Estado central, nem no Estado-membro, nem nos dois tomados simultaneamente em consideração, mas sim na *harmonia orgânica* e na *cooperação metódica* de um e doutro. Para Girke o Estado central formaria uma comunidade com seus membros, a qual deteria o poder público supremo. O poder soberano caberia então à comunidade formada pelo Estado central e seus membros. Teve, entretanto dificuldades em esclarecer os caracteres próprios de tal comunidade. Diferentemente,

A teoria do *Estado federal trimembre* foi entretanto acusada de reduzir a problemática do Estado federal às relações entre três ordenamentos jurídicos ou círculos normativos. *Kelsen* não teria procurado a explicação do Estado federal mas sim a explicação das relações entre ordenamentos, e para tanto teria perspectivado o fenómeno federal a partir do conteúdo das normas, cuja esfera de validade resultava descentralizada. Como sentencia *González Encinar*[16], *Kelsen acabaria por reduzir o problema do Estado a exclusivo problema jurídico*. Com efeito, a teoria do *Estado federal trimembre* suscita reservas porque resulta duvidoso que o Estado global constitua por si mesmo um nível estadual diverso do Estado superior. *Kelsen* alegava que tal tripartição resultava até então desconhecida devido a uma mera coincidência de facto, ou seja, uma espécie de união pessoal ou identidade física dos sujeitos titulares dos órgãos superiores e globais: as Constituições federais teriam atribuído ao mesmo órgão o encargo de alterar ou desenvolver tanto a ordem jurídica superior quanto a ordem jurídica global. Esta identidade física do titular do órgão induzia à errónea conclusão de que a ordem jurídica do Estado central seria uma

---

a teoria tripartida de Kelsen resulta mais clara e defensável teoricamente. A teoria do *Estado federal trimembre* foi também defendida por Nawiasky, mas em termos algo distintos e bem menos coerentes que os de Kelsen. Ambos partem de premissas diversas, mas chegam ao mesmo resultado, qual seja, o da igualdade jurídica entre Estado central e entes periféricos. Para o professor da Universidade da Baviera, as ordens jurídicas da Federação e dos Estados federados seriam ambas parciais e soberanas (aqui diverge de Kelsen) e por isso não existiria entre elas uma relação de subordinação, mas sim de coordenação, visto que a soberania não admitiria limitações. O Estado federal seria, portanto, um Estado composto de outros Estados. Se a soberania constituía uma característica essencial do Estado, os Estados-membros seriam necessariamente soberanos, caso contrário não seriam Estados (não lhe ocorria a hipótese de não serem ambas as coisas). O Estado federal estaria muito próximo da Confederação de Estados, mas com ela não se confundia por possuir um Estado central, que seria simultaneamente uma comunidade de Estados de direito internacional e um Estado, porque exerceria seu domínio directamente sobre os indivíduos. A atribuição da competência das competências ao Estado central não prejudicava a soberania dos Estados-membros: quando o Estado central procedesse à modificação da repartição competencial em detrimento dos Estados federados, não estaria contrariando a vontade de seus membros porque fora investido dessa função pelos próprios. Impressiona-nos a aguerrida defesa da soberania dos Estados-membros a qualquer custo, ainda que jurídica e realisticamente absurda. Por tudo cfr. Michel Mouskheli, *Teoría jurídica del Estado federal*, ob. cit., págs. 223 e 229; Manuel Garcia-Pelayo, *Derecho constitucional comparado*, ob. cit., pág. 228.

[16] Neste sentido cfr. José Juan González Encinar, *El Estado unitario-federal*, Editorial Tecnos, Madrid, 1985, pág. 78.

ordem suprema que abarcaria a dos entes federados, dominando-os juridicamente. Mas para *Kelsen* a comunidade total teria seus próprios órgãos, dentre os quais um Supremo Tribunal Federal encarregue da resolução de litígios competenciais, independente do Estado superior e dos entes federados. Todavia a explicação não convenceu: a realidade concreta rejeita que a comunidade total possa ser considerada separadamente. *Otto von Girke* prontamente retorquiu com o argumento de que nos Estados unitários descentralizados que admitissem o controlo da constitucionalidade das leis, sobretudo para salvaguardar os interesses das províncias autónomas, o Tribunal Supremo também ocuparia uma posição superior ao poder estadual, sem que por isso se pudesse afirmar que não seria um órgão do mesmo Estado[17].

Do exposto depreendemos, com *García de Enterría*, que nos Estados compostos *os órgãos do Estado superior serão simultaneamente órgãos do Estado global*: as instituições do poder constituinte e da justiça constitucional que sustentam a concepção de supraordenamento assim o comprovam. Mas tal simultaneidade não prejudica o funcionamento da Constituição como *supraordenamento relativamente a dois subsistemas ou ordenamentos igualmente subordinados*. A idêntica subordinação dos ordenamentos central e periférico à Constituição (*norma normarum*) não implica, todavia, que ambos estejam em posição paritária: *o ordenamento central exerce uma inevitável supremacia sobre os ordenamentos periféricos*. Negar a superioridade jurídica do Estado central sobre as colectividades periféricas seria adulterar os factos, porque tal superioridade manifesta-se em vários aspectos: o poder central detém a competência das competências, o direito federal prevalece sobre o direito federado, o controlo da repartição competencial fica a cargo de um órgão federal, os órgãos federais podem adoptar medidas coercivas para garantir o respeito das obrigações assumidas ou impor a vontade federal. Trata-se de uma *regra organizacional: a estrutura do sistema geral prevalece sobre a de todos e cada um dos subsistemas que integra (García de Enterría)*. Subjaz aqui uma *necessidade funcional relativa à própria subsistência da organização geral*[18]. Daí que a paridade

---

[17] Neste sentido cfr. Otto von Gierke, *Development of political theory*, W. W. Norton, New York, 1939.

[18] Sobre a inevitável supremacia do ordenamento federal sobre os ordenamentos federados cfr. Eduardo García de Enterría, *El ordenamiento estatal y los ordenamientos autonómicos: sistema de relaciones*, in Revista de Administración Pública, n.º 100--102, 1983, pág. 287; Giuseppe De Vergottini, *Diritto costituzionale comparato*, ob. cit., pág. 392, onde o Autor elenca os elementos determinantes da supremacia federal.

entre poder central e periférico pretendida pelas formulações *kelsenianas* resulte prejudicada.

As reservas à teoria do *Estado federal trimembre* conduziram à formulação da teoria do *Estado federal bimembre*, mantida pelo Tribunal Federal alemão – BverfGE 13, 53 (77), conhecida por *Sentença de Hesse* – segundo a qual a Constituição Federal comportaria apenas duas ordens jurídicas, a federal e as estaduais. O Estado federal integraria os entes federados, que lhe estariam submetidos nos termos constitucionalmente previstos, e seria entendido como *superestrutura* de carácter estadual resultante da união dos seus respectivos entes federados. Os órgãos federais actuariam, no marco das suas competências, enquanto órgãos do Estado global que inclui os Estados-membros e que se ocupa do tratamento das questões que a todos afectem. A *competência das competências* resultaria atribuída ao Estado federal. Da *teoria bimembre* deriva que os órgãos federais não só actuam sobre os órgãos federados, vinculando-os juridicamente, como exercem supremacia sobre os últimos, porque podem intervir no âmbito competencial dos mesmos. Há, certamente, quem questione a *teoria bimembre*[19], mas resultam tecnicamente desastrosas as tentativas de fazer corresponder à primazia federal, uma pretensa primazia

---

[19] Em defesa de uma pretensa supremacia federada (ou dos entes federados) cfr. Ekkehart Stein, *Derecho político*, ob. cit., págs. 109 e ss; Juan Joaquín Vogel, *El régimen federal de la Ley Fundamental*, in Manual de derecho constitucional, Marcial Pons, Madrid, 1996, pág. 626, onde o Autor sugere que se é certo que a supremacia da Federação (então entendida por vinculação jurídica dos *Länder* às disposições federais) seria exercida no marco das suas respectivas competências, não se pode ignorar que os Estados-membros também podem, na sua esfera competencial, actuar vinculando juridicamente a Federação. Isto aconteceria com o exercício da jurisdição contencioso-administrativa e fiscal conduzida pelos órgãos dos Estados-membros, e ainda com a legislação e actos administrativos emanados das autoridades federadas, via de regra na esfera do direito urbanístico. Segundo o Autor, seria a Constituição Federal a estabelecer a posição da Federação frente aos *Länder* (se supremacia ou subordinação), estabelecendo-se uma situação de paridade nas esferas não reguladas pela Lei Fundamental. Não podemos concordar com tais considerações porque ignoram o fundamento da supremacia federal. Os Autores referidos incorrem no erro de todos aqueles que pretendem salvaguardar os interesses federados a partir do reconhecimento da paridade entre poder central e periférico e da dupla soberania: os Estados-membros estariam posicionados paritariamente ao Estado federal porque disporiam de uma soberania originária, não derivada da Federação e sim reconhecida por ela, *ainda que limitada quanto ao seu objecto*. Para maiores desenvolvimentos sobre a supremacia federal (e não federada) cfr. Eduardo García de Enterría, *Estudios sobre autonomias territoriales*, Editorial Civitas, Madrid, 1985.

federada adstrita à sua esfera competencial, através da falaciosa identificação entre supremacia e poder de actuação juridicamente vinculante. Tal asserção ignora o fundamento da supremacia federal e a reconduz à ultrapassada lógica dos compartimentos competenciais estanques. Desde que o juiz *John Marshall* assentou as bases da doutrina da supremacia federal (*McCulloch versus Maryland*, 1819), tem-se entendido que quando, em virtude de um título competencial específico, um ente federado venha impedir ou dificultar a prossecução das competências federais, o resultado do conflito deverá ser necessariamente favorável ao poder central. A primazia federal consiste numa prevenção contra a pretensa igualdade entre poder central e periférico, repercutindo sobretudo nas chamadas *relações de interferência* e *integração*. Dentro da pluralidade do Estado composto, a supremacia do poder central assegura a integração final do sistema.

Ainda que a teoria *kelseniana* do *Estado federal trimembre* tenha sido largamente acusada de desvinculação à realidade, não há como retirar ao Professor de Viena o mérito de ter sido o primeiro juspublicista a percepcionar o fenómeno federal a partir da *doutrina da descentralização*. Descentralização, em linguagem *kelseniana*, significaria *restrição do âmbito de validade de uma norma* a um campo determinado dentro da esfera do ordenamento total. Nem todas as normas de um ordenamento teriam o mesmo domínio de validade: algumas seriam válidas para todo o território do Estado e outras apenas para uma parte do mesmo, constituindo desta forma ordens jurídicas parciais e subordinadas. A ideia de descentralização revelava-se em *Kelsen* como o princípio fundamental de organização das diferentes comunidades jurídicas – desde a simples comunidade resultante de um contrato de direito civil, passando pela associação, o município, o Estado-membro... até a comunidade internacional. A descentralização seria o princípio fundador da diversidade das formações jurídicas, o qual permitiria ordená-las numa série rigorosamente contínua[20]. *Kelsen* reduz a diferença entre Confederação, Estado federal e Estado unitário a uma mera *variação de grau* do fenómeno da descentralização: entre eles não haveria uma distinção qualitativa e sim quantitativa. O trânsito do Estado

---

[20] Neste sentido cfr. Hans Kelsen, *Teoria geral do Estado*, ob. cit., pág. 108. Sobre a teoria da descentralização em Kelsen cfr. Antonio La Pergola, *Proceso de formación del Estado federal y doctrina dominante*, in Los nuevos senderos del federalismo, ob. cit., págs. 195 e ss; Michel Mouskheli, *Teoría jurídica del Estado federal*, ob. cit., págs. 230 e ss.

federal ao unitário ou à Confederação dependeria da centralização ou da descentralização das normas, todas igualmente inseridas no sistema unitário e hierárquico das fontes *legitimadas* pelo direito internacional (teoria *monista* que imputa o processo de surgimento dos Estados ao direito internacional). O Estado federal corresponderia a um particular grau ou a uma fórmula específica da descentralização, o qual seria atingido através da centralização das estruturas mais descentralizadas ou da descentralização daquelas mais centralizadas.

Os discípulos *kelsenianos Verdross* e *Kunz* não adoptariam integralmente tal doutrina: julgavam que a ideia de descentralização não servia de fundamento a todas as formações jurídicas. Existia para ambos os Autores uma diferença fundamental entre Estado federal e Confederação de Estados, distinção entretanto rejeitada por *Kelsen*, para o qual a Confederação apenas resultava de uma descentralização mais acentuada. Como prelecciona *Antonio La Pergola, Kelsen não contrapunha, apenas antepunha a Confederação ao Estado federal*, enquanto *Verdross* e *Kunz* tencionavam explicar que na Confederação os Estados-membros seriam autênticos Estados, imediata e plenamente subordinados ao Direito Internacional, enquanto que num Estado federal seriam simples subdivisões de um ordenamento interposto, o federal, que regularia poderes e relações entre os membros. Sem embargo, a doutrina da descentralização solucionava satisfatoriamente o problema da natureza jurídica do Estado federal, porque se os diversos entes territoriais de um Estado federal (fossem Municípios, Províncias ou Estados-membros) dele se diferenciavam por faltar-lhes soberania (atributo exclusivo da ordem jurídica estadual), entre si não apresentavam qualquer distinção essencial, restando todos igualmente subordinados à mesma ordem jurídica estadual, em cujas normas estaria fundada a validade de cada qual. Uma ordem jurídica estaria necessariamente subordinada a outra *quando a sua validade se fundasse nas normas desta última*, da qual passaria a ser um fragmento: este laço de dependência que uniria entre si os diferentes elementos de uma ordem jurídica seria o princípio gerador da sua unidade. Daí que entre os entes territoriais de um Estado federal houvesse diferenças relativas, resultantes do distinto grau de descentralização, isto é, diferenças quantitativas e nunca qualitativas. O grau da descentralização dependeria da proporção, em número e importância, das normas centrais e das normas não centrais – e transportaria, para o plano da validade da norma, a construção escalonada do processo de produção do direito.

Com efeito, *Kelsen* percepcionou o fenómeno da descentralização a partir do conteúdo das normas cuja esfera de validade se descentralizava e descurou dos órgãos aos quais seriam transferidas as respectivas competências. Por isso as relações entre descentralização e federalismo fizeram correr muita tinta. Segundo *Michel Mouskely*, *Berthélemy*[21] demarcou-se da doutrina *kelseniana* da descentralização alegando que entre a mesma e o federalismo existiam diferenças profundas. Os Estados federados não se submetiam ao controlo e à autoridade do Estado federal, como acontecia com os entes territoriais num Estado unitário: antes governavam-se como lhes aprouvesse nas matérias em que fossem competentes. Mais: as competências dos Estados-membros não poderiam ser ampliadas ou reduzidas pelo poder central sem o consentimento do poder periférico, contrariamente ao que ocorria num Estado unitário onde o legislador podia alterar unilateralmente o grau de descentralização dos respectivos entes territoriais. Diríamos, entretanto, que ambas as afirmações do Professor de Paris nos suscitam reservas: hoje já ninguém discute, e a justiça constitucional dos Estados compostos o proclamam, que o Estado central dispõe de um *poder de vigilância e supervisão* sobre a actividade executiva da sua legislação (poder de supervisão federal inerente à titularidade da legislação de cuja execução se trata). Como preconiza *García de Enterría*, *o problema já não residiria na existência da supervisão federal* (que decorreria dos imperativos de equilíbrio global do sistema, não se confundindo com a plena vigilância da legalidade, para a qual existiria o contencioso administrativo), *mas sim no seu alcance e meios*, de modo a respeitar-se a autonomia da gestão executiva pretendida pelo sistema constitucional[22]. Além da supervisão federal, o poder central ainda interfere no poder periférico para harmonizar, através de leis próprias, as disposições normativas federadas (as chamadas *cláusulas de interesse geral* servem precisamente para harmonizar competências alheias). E quando o interesse geral for gravemente atingido, entra em cena o chamado *poder de execução ou coerção federal*, através do qual o poder central substitui o periférico, o que constitui a maior excepção ao sistema ordinário de separação entre os ordenamentos federal e federado. Para além das referidas relações de interferência, há que ter em conta a *primazia do direito federal* sobre o federado e as várias técnicas jurídicas que explicam a *vinculação da*

---

[21] Neste sentido cfr. H. Berthélemy, *Traité élémentaire de droit administratif*, Paris, 1920, págs. 102 e 103, referido por Michel Mouskely, *Teoría jurídica del Estado federal*, ob. cit.
[22] Neste sentido cfr. Eduardo García de Enterría, *Estudios sobre autonomias territoriales*, Editorial Civitas, Madrid, 1985, págs. 333 e ss.

norma federada pela norma federal – daí que não se possa afirmar, com *Berthélemy*, a total desvinculação e independência dos Estados-membros nas matérias em que sejam competentes. E se é certo que o poder central não pode reduzir as competências federadas unilateralmente, as Constituições federais procuram atenuar tal necessidade através da regra da maioria, em detrimento da unanimidade, própria das Confederações.

Michel Mouskely sustenta que também *Hauriou* rejeitava a identidade daquelas noções: não existiria descentralização para além da administrativa, com a qual o conceito de federalismo não se confunda. O federalismo seria a ideia oposta à unidade do Estado, leia-se unidade da lei e do soberano: constituía precisamente a diversidade das leis e várias soberanias secundárias[23]. Discordamos frontalmente quanto à questão da pluralidade de soberanias. E também não resulta adquirida a contradição entre Estado federal e unidade, porque *a noção de Estado pressupõe alguma unidade de acção: não seria Estado se assim não fosse (González Encinar)*, independentemente de ser federal ou não[24]. *Hauriou* todavia reconheceu que se a descentralização fosse excessivamente alargada, as autoridades locais converter-se-iam em legisladores autónomos – e da faculdade regulamentar transitar-se-ia para o federalismo. Parece sugerir que, no limite, seria possível alcançar o federalismo através da descentralização. Menos equívocas seriam as construções de *Le Fur* sobre a matéria, o qual percepcionou o federalismo enquanto desdobramento da descentralização, ou seja, uma fase avançada de descentralização atingida quando se agregasse à autonomia, a garantia constitucional da participação periférica na formação da vontade central. Tecnicamente lógicas ainda seriam as considerações de *Jellinek*, para o qual os Estados apenas diferiam entre si em função da amplitude da descentralização que entretanto ostentassem. Aqui aproxima-se muito de *Kelsen*, sem todavia assumir frontalmente a hipótese da descentralização federal, como fez o Professor de Viena[25].

---

[23] Sobre o entendimento de Hauriou, segundo o qual não existiria descentralização para além da administrativa, com a qual o conceito de federalismo não se confundia, cfr. Michel Mouskheli, *Teoría jurídica del Estado federal*, ob. cit., pág. 238.

[24] Neste sentido cfr. José Juan González Encinar, *El Estado unitario-federal*, Editorial Tecnos, Madrid, 1985.

[25] Sobre as construções de Louis Le Fur relativas à identidade entre descentralização e federalismo cfr. *La confédération d'Etats et l'Etat fédéral*, ob. cit. Para maiores desenvolvimentos sobre o federalismo enquanto fase avançada da descentralização cfr. Michel Mouskheli, *Teoría jurídica del Estado federal*, ob. cit., págs. 264 a 319, onde o Autor exprime a sua definição de Estado federal: seria um *Estado de*

Ainda que criticado à exaustão, o legado federal *kelseniano* condicionou tudo o que posteriormente se pensou sobre a matéria: *Kelsen* reconheceu aos Estados-membros aquilo a que definiu como *autonomia constitucional* mais ou menos extensa; sustentou que o reconhecimento de um Estado como federal dependia do seu traçado jurídico-constitucional e não da sua origem (associativa ou dissociativa); e ainda desferiu o mais contundente golpe naquilo a que chamou *pseudo-problema* da *duplicidade de soberania*, que tanto embaraçara a doutrina[26]. Depois de *Kelsen* parece claro que se o Estado federal não concorre no processo de auto-organização dos Estados-membros, tal autonomia constitucional tem condicionalismos (como de resto qualquer autonomia em contraposição ao conceito de soberania), os quais se traduzem basicamente na seguinte ideia: a Constituição dos Estados federados não pode contrariar a Constituição Federal, sob pena de inconstitucionalidade[27]. Os Estados federados não resultam soberanos: exercem sim uma autonomia bastante alargada ou acentuada quantitativamente. Tanto é assim que as matérias constitucionalmente não reservadas ao poder central são habitualmente devolvidas ao poder periférico, segundo a lógica da subsidiariedade – o que não implica reserva de soberania dos entes federados, pois se o Estado central julgar necessário e oportuno, vai chamar a si o tratamento das questões não reservadas aos Estados-membros[28]. A partir da transição do *federalismo dual* (marcado pela ausência de interferência decisória entre as esferas central e periférica)

---

elevada descentralização, composto de colectividades-membros por ele dominadas, que entretanto ostentariam *autonomia constitucional* e *participariam na formação da vontade federal,* o que as distinguiria de todas as demais colectividades públicas inferiores.

[26] Neste sentido cfr. Hans Kelsen, *Teoria geral do Estado,* ob. cit., págs. 95 a 97.

[27] Sem negar a autonomia constitucional dos entes federados, mas ressaltando os condicionalismos da referida autonomia cfr. Raffaele Bifulco, *La cooperazione nello Stato unitario composto,* Cedam, Padova, 1995; Gumersindo Trujillo Fernández, *Sobre los fundamentos constitucionales de la participación de las Comunidades Autónomas en las estructuras centrales del Estado, in* La participación de las Comunidades Autónomas en las decisiones del Estado, Alberto Pérez Calvo (org), Editorial Tecnos, Madrid, 1997; Giuseppe de Vergottini, *Diritto costituzionale comparato,* ob. cit.

[28] Sobre as chamadas cláusulas de necessidade e oportunidade, sempre presentes nos ordenamentos federais, que alimentam os poderes de acção do Estado central cfr. Eduardo García de Enterría, *El proyecto de Constitución Europea, in* Revista española de derecho constitucional, n.º 45, 1995.

para o *federalismo cooperativo* (marcado pela partilha decisória) de que trataremos *infra*, a doutrina da *duplicidade de soberania*, cuja morte estava anunciada desde finais do séc. XIX, acabou por ser definitivamente abandonada. Da autonomia/separação à autonomia/participação, as organizações federais lá foram trilhando o seu destino histórico: o dos mosaicos bizantinos, *onde cada pedra é diferente das outras e só todas dão sentido a cada uma*.

2.2. A doutrina do federalismo enquanto processo (federalizing process)

Num célebre artigo sobre os problemas fundamentais de uma teoria constitucional do regionalismo, *Peter Häberle* sustenta que a teoria da Constituição, como de resto qualquer teoria, tem os seus limites[29]. Desde logo não haveria uma única teoria constitucional do regionalismo ou do que quer que seja, mas sim muitas propostas de teoria que, na prática, são sintetizadas pelo labor da justiça constitucional, que se ocupa da integração pragmática dos elementos teóricos. A teoria da Constituição tem o *Estado constitucional* por objecto; tenciona responder às perguntas clássicas da filosofia jurídica; resulta do empenho comum de muitos tempos e gerações, de muitos povos e personalidades, dos contributos clássicos e da jurisprudência constitucional. A teoria constitucional assim descrita por *Peter Häberle* converte-se numa *reserva científica da política* – e por ostentar tal estatuto, está inclusivamente legitimada a apresentar propostas político-constitucionais, sem qualquer garantia de que sejam seguidas. À teoria constitucional cumpriria investigar, por exemplo, como são as Constituições ditas federais e regionais, como deveriam ser, e como poderiam ser, tendo sempre em conta os desfasamentos atribuíveis à irracionalidade e à pressão dos processos políticos. Pelo mesmo diapasão discursivo afinaria *Antonio La Pergola*[30]. O Professor siciliano vai sugerir

---

[29] Sobre os limites da teoria da Constituição cfr. Peter Häberle, *Problemas fundamentales de una teoría constitucional del regionalismo en perspectiva comparada*, in Estudios de derecho público, Homenaje a Juan José Ruiz-Rico, II, Tecnos, Madrid, 1997.

[30] Sobre as relações entre direito e política cfr. Antonio La Pergola, *La experiencia italiana en los albores del nuevo ordenamiento español*, in Los nuevos senderos del federalismo, ob. cit., pág. 295.

a quem transita pelas paragens teóricas do federalismo, que sempre actue com *a serenidade e o distanciamento requerido quando se trata de codificar, através dos esquemas racionais do direito, a matéria incandescente da política*. As considerações de juristas tão autorizados quanto *Peter Häberle* e *Antonio La Pergola* aconselham alguma cautela aos investigadores embrenhados pelos labirínticos percursos da teoria federal (ou teorias): ambos sugerem, num registo marcadamente *popperiano*, um enfoque interdisciplinar do federalismo e alguma dose de humildade para aprender com os saberes alheios. E nesta matéria a Ciência Política tem, incontestavelmente, obra feita.

Diz-se que enquanto os juristas construíram a tipologia das estruturas, os politólogos ocuparam-se da tipologia dos processos. Isto é, os cientistas políticos perspectivaram os fenómenos do federalismo não como estruturas estáticas necessariamente coincidentes com o Estado, mas como momentos de um processo que se desenvolve com resultados alternados, segundo prevaleçam tendências centrífugas ou centrípetas. Apostaram, portanto, na continuidade conceptual das várias formas através das quais o federalismo pode manifestar-se sem perder as suas características essenciais, o que contesta a concepção estadualista do federalismo, tão cara aos juspublicistas. Nesta ordem de ideias, o mais consistente contributo politológico será a teoria do *federalizing process*, engendrada pelo célebre Professor de Harvard *Carl Friedrich*[31], nos anos 50 do séc. XX. A reacção de *Friedrich* ao *formalistic approach* dos juristas incidiu sobretudo contra a apreciação do federalismo a partir do dogma do Estado: estava resolutamente decidido a dissociar a análise dos fenómenos federais da tipologia dos ordenamentos estaduais. Com efeito, o federalismo sugere simultaneamente *estrutura* e *processo* – mas só lá chegámos a partir do contributo teórico do *federalizing process*, segundo o qual o federalismo significaria essencialmente *equilíbrio entre poder central e periférico* (ou entre forças centrípetas e centrífugas) *definido e assegurado jurídico-constitucionalmente*[32]. Captemos o contexto

---

[31] Sobre a teoria do *federalizing process* cfr. Carl Friedrich, *Constitucional government and democracy*, Ginn, Boston, 1950, sobretudo capítulos 7 e ss, onde desenvolve a teoria do constitucionalismo; Carl Friedrich, *Federal constitutional theory and emergent proposals in federalism*, in Federalism: mature and emergent, New York, 1955; Carl Friedrich, *Trends to federalism in theory and practice*, Frederick Praeger Publishers, New York, 1968.

[32] Sobre o equilíbrio entre o centro e a periferia garantido juridicamente cfr. Roscoe Pound, *Law and federal government*, in Federalism as a democratic process, New Brunswick, 1942.

em que se move tal teoria do *federalismo enquanto processo* – e se teria razão *Antonio La Pergola* quando afirma que *o empirismo da politologia é como uma forte brisa que desperta o jurista de seu sonho dogmático*. *Carl Friedrich* acusava os juristas de terem estreitado o foco do federalismo: reduziram-no ao Estado federal e desbarataram um precioso tempo do séc. XIX nas disputas doutrinárias acerca da dicotomia Confederação de Estados/Estado federal, sempre a partir do conceito *bodiniano* de soberania. Ou seja, os juristas teriam depositado todo o seu empenho teórico numa infrutífera contraposição, segundo a qual o Estado federal seria um autêntico Estado soberano, cujos entes federados seriam apenas autónomos, enquanto a Confederação corresponderia a uma organização de Estados que mantêm a sua soberania. O equívoco dos juristas consistia em considerar o conceito de Estado soberano como ponto nevrálgico de toda a problemática relativa ao federalismo, distinguindo conceptualmente as formações estaduais daquelas que não o eram. Assim acabaram por percepcionar o federalismo apenas enquanto *Estado* (e não enquanto processo), fixando sua atenção unicamente no dado estrutural. Deixaram-se encantar pela tradição de *Bodin*, assumiram a soberania como atributo indefectível do Estado, e quando tiveram de ordenar dogmaticamente os dados da experiência histórica, os juristas enredaram-se na fastidiosa questão de saber se a soberania recairia sobre o Estado central ou Estados federados. Desconheciam, porém, que num sistema federativo não existe lugar para a soberania, somente para a autonomia: *autonomia e soberania seriam incompatíveis porque reciprocamente excludentes*[33]. Pretender concentrar o poder numa das comunidades integrantes do sistema federativo seria ignorar, de todo, o que lhe há de mais fecundo: a partilha de poderes e o equilíbrio entre os centros de autoridade.

Contrariamente ao que julgava ser uma cantilena contraproducente, *Friedrich* sugere um registo processual: o federalismo não deve ser considerado como um modelo estático ou um termo fixo e preciso de divisão de poderes entre as autoridades central e periféricas. Há-de ser percepcionado como um *processo de federalização de uma comunidade política* – um processo mediante o qual várias organizações políticas separadas (fossem Estados ou outra classe de associações) convencionam a resolução conjunta de problemas comuns, ou o inverso, um processo mediante o qual uma

---

[33] Sobre a ideia *friedrichiana* segundo a qual a autonomia seria incompatível com a soberania num sistema federal cfr. Antonio La Pergola, *El federalismo como proceso*, in Los nuevos senderos del federalismo, ob. cit., pág. 29 e ss.

organização política até então unitária se descentraliza até o ponto em que surjam comunidades políticas distintas capazes de decidir autónoma e isoladamente sobre os problemas que lhes digam respeito. O federalismo, em *Friedrich*, desenvolve-se por força das dinâmicas de *integração* ou de *descentralização*: a formação das comunidades federais resulta, invariavelmente, de um dos dois processos. Este seria o mais relevante argumento da tese que sustenta a impossibilidade de definir estaticamente a organização dos sistemas federativos: o mesmo princípio dinâmico que opera quando da formação de uma comunidade federal determina os seus posteriores processos evolutivos ou contínuas transformações. O fenómeno federal não se compadece com estruturas estáticas, antes corresponde a um processo que avança com resultados alternados, segundo prevaleçam tendências centralizadoras ou de signo contrário. Desta forma, um sistema que nascesse da descentralização poderia voltar ao ponto de partida se não evoluísse em sentido centrífugo, enquanto que uma Confederação de Estados poderia transformar-se num Estado federal (e inclusivamente num Estado unitário) se a pressão das forças centrípetas se revelasse irresistível: daqui decorre a imprescindibilidade dos mecanismos jurídico-constitucionais garantes do equilíbrio entre os centros de autoridade.

A lógica federativa *friedrichiana* seria aquela de um *contínuo desenvolvimento*, ou de uma *sucessão ininterrupta* entre toda uma *graduação de figuras possíveis*, integradas entre duas soluções igualmente extremas: num dos pólos, uma comunidade unitária onde apenas haja iniciado o processo federalizador, que redundará na constituição de comunidades locais e conexa descentralização de poderes; e no pólo oposto, o embrião de um sistema de comunidades (até bem pouco tempo soberanas) que seguem aperfeiçoando os seus vínculos e relações institucionais sob a inspiração do federalismo. A racionalização *friedrichiana* dos processos de descentralização e integração de comunidades políticas em termos gradualísticos converge, ainda que partindo de premissas teóricas absolutamente distintas, com as doutrinas *kelsenianas*. Segundo *Kelsen*, toda a teoria do federalismo reduz-se a um problema de descentralização dos ordenamentos normativos: o ordenamento de uma Confederação seria mais descentralizado que o de um Estado federal, mas entre ambos existiria apenas uma diferença de grau, não de natureza. *Kelsen* estabelecia entre as duas modalidades um nexo de continuidade: *não contrapunha, apenas antepunha a Confederação ao Estado federal* (*La Pergola*). Também *Friedrich* constatará a existência de um contínuo fenomenológico entre Confederação e Estado federal, mas o contexto dinâmico no qual se movimenta não será certamente o da afirmação monista de um único sistema hierarquizado (internacional, estadual, autonómico) contra as doutrinas dualistas que assumiam tais ordenamentos como conceptualmente separados.

Cada uma das comunidades integrantes do ordenamento federal *friedrichiano* seria autónoma. A unidade combina de tal modo com a diversidade que coexistem a esfera de autonomia da comunidade global com as respectivas esferas autónomas das comunidades nela contidas – autonomia aqui entendida no sentido etimológico de autonormar-se, de governar-se a si próprio. Não se prejudica a autonomia de uma comunidade pela sua participação numa comunidade mais ampla, quando a esfera de actuação da comunidade global é instituída, mantida e alterada apenas com a participação efectiva das comunidades componentes; da mesma forma que a autonomia da comunidade global não resta prejudicada se as alterações na sua esfera de actuação dependerem daquela participação efectiva. Mas tal coexistência e interacção de um conjunto de comunidades políticas autónomas depende sempre da Constituição, que há-de partilhar o poder decisório entre as comunidades agregadas e garantir o critério do consenso do sujeito autónomo. O consenso seria o critério garante da autonomia: a garantia operaria sobre o pressuposto de que enquanto as comunidades integrantes do sistema federativo controlassem o procedimento de revisão constitucional, não haveria forma de esvaziarem as suas competências por via legislativa. O critério do consenso funcionaria em termos de intangibilidade: o ente autónomo que fosse constitucionalmente autorizado a manifestar o seu consentimento impediria, desta forma, as reduções da sua esfera competencial.

Para *Friedrich*, o federalismo constituía, portanto, um aspecto incontornável do constitucionalismo moderno. A coexistência de comunidades políticas autónomas, incluindo a comunidade global que as integrava a todas, apenas resultaria se organizada nos termos de uma Constituição – aqui entendida como um sistema de efectivas restrições ao exercício do poder governamental. Se o constitucionalismo moderno representa a técnica jurídica de limitação do poder político, de forma a torná-lo tendencialmente controlado e moderado, a primordial função das Constituições federais seria precisamente a de restringir tanto os poderes esgrimidos pela comunidade global, quanto aqueles ostentados pelas comunidades periféricas nela integradas. Constitucionalismo e federalismo são perspectivados a partir da função que potencialmente desempenham na comunidade política – e nesta medida, ambos são percepcionados enquanto processo. Tal perspectiva funcional-processual seria sempre orientada por valores, sobretudo os da liberdade e da segurança das comunidades federadas (o discurso de *Friedrich* será influenciado pelas teorias federais desenvolvidas por *Althusius* e depois *Proudhon*[34], segundo o qual *o federalismo resolvia o problema da liberdade e da autoridade*). O processo federador harmonizaria a actuação conjunta e separada dos respectivos entes integrados numa comunidade composta, a partir de um plano pré-estabelecido, mas nunca fixo e inalterável: a Constituição. *Friedrich* adapta a noção processual de federalismo à noção igualmente dinâmica de constitucionalismo – e concebe as relações entre comunidade global e comunidades componentes como um sistema de restrições jurídicas ao exercício do poder governativo.

Com efeito, o que releva para a definição *friedrichiana* do fenómeno federal será precisamente o requisito formal da garantia jurídico-constitucional – e não a mera quantidade de poder. Nesta ordem de ideias,

---

[34] A apreciação friedrichiana do federalismo althusiano consta sobretudo da introdução (a cargo de Friedrich) a *Johannes Althusius, Politica methodice digesta* (3.ª edição de 1614), Harvard University Press, Cambridge, 1932. Em *Federal constitutional theory and emergent proposals in federalism*, cit., Friedrich refere que Althusius fora o primeiro a perceber que o federalismo pressupõe uma esfera dual de autêntica autonomia. A concepção althusiana de um sistema federal integrado por sucessivos níveis de integração comunitária (a cidade seria composta pela integração de famílias e associações, a província seria composta pela integração de cidades, o reino pela integração de províncias e o império pela federação dos reinos) reivindicava a soberania colectiva do povo em detrimento da soberania estadual de Bodin. A consagração da teoria bodiniana eclipsou, segundo Friedrich, a teoria do federalismo integral de Althusius e a soberania popular que lhe andava atrelada. Foi Proudhon quem, segundo Friedrich, teria revivido a teoria de Althususis (ainda que não haja indícios de que Proudhon o tenha lido), resgatando inclusivamente o conceito de contrato federal, segundo o qual as partes contratantes (família, comunas, cantões, províncias, estados) não se obrigavam bilateral e mutuamente, mas sim reservavam para si mais direitos, liberdade, autoridade e propriedade do que cediam. Encontramos em Proudhon, segundo Friedrich, a mesma doutrina de Althusius: o federalismo se caracteriza pelo permanente dar e tomar entre a comunidade total e as comunidades que a compõem, e tal interdependência, cooperação ou intercâmbio orgânico seria um princípio universal de organização política. Sem embargo, Proudhon parecia inclinar-se à concessão da autoridade final às comunidades componentes: o contrato federal teria como objectivo garantir a soberania das entidades componentes. Por conseguinte, Proudhon insistia em que as faculdades das autoridades federais nunca poderiam exceder em número e de facto àquelas das autoridades componentes – um princípio com o qual Friedrich não concordaria. Para o Professor de Harvard, o autêntico federalismo resolve o problema das autonomias mediante a previsão das garantias jurídico-constitucionais do consenso: toda comunidade federal contempla a exigência de efectiva cooperação entre a comunidade global e suas componentes para fins de revisão do pacto constitucionalmente celebrado.

Friedrich traça a distinção entre a ordem coerciva de um império e a ordem consensual da federação: as antigas subdivisões dos antigos impérios talvez tivessem poderes mais alargados que as entidades integrantes dos actuais sistemas federais, mas careciam de qualquer protecção jurídico--constitucional, e por esta razão restam excluídas da concepção *friedrichiana* de federalismo. A equivalência entre os processos de descentralização e integração postulada por *Friedrich* decorre precisamente do critério do consenso: ambos os processos recairiam na categoria do federalismo quando coincidissem no resultado último de garantir a autonomia das comunidades territoriais. Daqui deriva que a distinção entre fenómenos tradicionalmente tidos como federais (por um lado) e regionais (por outro) possa ser problemática: quando consideradas as fórmulas jurídico-constitucionais que tutelam as autonomias regionais nas várias Constituições dos Estados compostos, a distinção corre o risco de desaparecer se a autonomia territorial for tão eficazmente garantida quanto o é através do mecanismo do consenso. E a autonomia estará garantida quando se impede que a lei ordinária do Estado suprima as regiões ou lhes diminua a esfera competencial, e quando estejam previstos mecanismos de participação dos entes periféricos na formação da vontade central.

A insistência no conceito de *comunidade autónoma* em substituição à noção de Estado soberano era decisiva para *Friedrich*: a organização de um processo federativo não desembocava necessariamente na criação, extinção, e recomposição de entidades estaduais. O mecanismo organizatório característico do federalismo serviria para ordenar as relações entre comunidades já existentes, ou para institucionalizar a convivência entre a comunidade central e as periféricas, até então num estado de latência. Mas ainda que não seja um Estado, a comunidade sempre poderia dar-se uma organização democrática que garantisse a distinção e o equilíbrio entre os poderes. Na tentativa de impugnar o culto dominante ao Estado, *Friedrich* concebia o processo federativo como o contraponto necessário do processo de superação da autoridade estadual (os rasgos de tal concepção não--estadualista de federalismo ressaltariam sobretudo das novas conformações políticas compostas, das quais a União Europeia seria o mais flagrante exemplo). O conceito *friedrichiano* de comunidade não representava, exclusivamente, a projecção institucional de factores étnico-culturais ou económicos. O Autor fala de necessidades, crenças, valores, tradições exclusivos de um determinado círculo social, que se transformam em força propulsora do *federalizing process* (note-se que as construções *friedrichianas* remontam aos anos 50 do séc. XX, mas adquirem ainda mais pertinência nas sociedades pluralistas e multiculturais da actualidade). A ideia de comunidade composta prende-se com aquela de *necessidades e interesses comuns* e de *mútua restrição das comunidades autónomas*. Num sistema federativo, postula *Friedrich*, a vontade política dos eleitorados autónomos tem de ajustar-se ao que os demais povos querem ou rechaçam. Tudo depende do reconhecimento de que um dado grupo de indivíduos: A1, A2, A3...e outro grupo B1, B2, B3... pertencem não só à respectiva comunidade A ou comunidade B, mas também à comunidade AB que inclui a ambas, a qual é constituída para a prossecução de certos objectivos (necessidades e interesses comuns). Tal conceito de *comunidade* teria orientado, segundo *Friedrich*, os tratadistas da integração europeia: a escolha do termo não teria sido aleatória ou casual, e desde sempre sugeriu o tipo de organização federal que tinham em mente.

Da leitura de *Friedrich* depreende-se que pretendia ampliar os horizontes científicos daqueles que se debruçassem sobre o fenómeno federal, e sobretudo convencer os juristas da *inesgotável fecundidade, universalidade e actualidade do federalismo, cujo valor e vicissitudes o professor de Harvard conhecia como poucos* (La Pergola). *Friedrich* tencionava denunciar a esterilidade da abordagem formalista dos juristas, que teriam empobrecido o estudo do federalismo com a antiga e inútil polémica sobre a distinção entre Estado federal e Confederação. Defendia que o federalismo não estava indissoluvelmente atrelado ao ordenamento de um Estado soberano, e que seria ilusório pretender que o fenómeno do federalismo se deixasse imobilizar por determinados formatos estruturais. Para que houvesse federalismo bastava a coexistência de uma dupla ordem de comunidades, que *Friedrich* entendia como grupos organizados para a defesa de distintos interesses, em cujas decisões as suas componentes (indivíduos ou agregados humanos) de alguma forma interviessem. Organizar juridicamente o federalismo não significava necessariamente constituir um Estado de Estados, mas sim regular o processo através do qual as duas ordens de comunidades possam coexistir harmonicamente e inclusivamente transformar-se. Tendo em conta a fluidez e dinâmica dos processos políticos, o problema essencial do federalismo consistia em assegurar a boa convivência da comunidade central e periféricas a partir de mecanismos jurídico-constitucionais que garantissem o *constitutional arrangement* – ou aquilo que na presente dissertação entendemos por *compromisso constitucional de cooperação*. *Friedrich* foi, incontestavelmente, o mais coerente legatário da herança federal de *Althusius* e *Proudhon*, segundo a qual o federalismo se caracteriza pelo permanente dar e tomar entre a comunidade global e as comunidades que a compõem, cuja *interdependência, cooperação, ou intercâmbio orgânico seria um princípio universal de organização política*[35].

Todavia, como sublinha *Antonio La Pergola*, nada indica que *Friedrich* pretendesse *estabelecer uma antítese conceptual entre Estado e federalismo*. A afirmação, tantas vezes repetida em suas obras, de que *autonomia e soberania se anulavam reciprocamente dentro do sistema federal* (razão pela qual todas as comunidades que compõem tal sistema seriam necessariamente autónomas, sem que nenhuma delas pudesse erigir-se em soberana), *não deve ser entendida no sentido de postular a incompatibilidade entre as noções de comunidade e Estado*. Ainda que as comunidades não se possam afirmar soberanas internamente ao sistema federal, nada absta que, em se tratando de um Estado, o conjunto sistémico continue *ostentando os trajes de soberania e estatalidade fora do sistema*. *Friedrich* julgava redutor identificar o federalismo com o Estado: antes o concebia como um processo que poderia evoluir em sentido centrífugo ou centrípeto. Mas tal processo funcionava nos termos de um *constitutional arrangement* que distribuía as competências entre a comunidade global e as comunidades federadas. Mais: o tal compromisso constitucional não podia ser alterado sem o consenso das componentes sistémicas. Ora, somos necessariamente levados a concluir que tais desdobramentos se compadecem com o aparato institucional do Estado – ainda que não exclusivamente, como o demonstram as novas formas de agregação do poder político inspiradas na lógica federativa. Afinal os juspublicistas, contra os quais *Friedrich* lançara tão decisivamente seus dardos, não andaram tão enganados quanto isso: bem vistas as coisas, a racionalidade jurídica em muito contribuiu para a definição do equilíbrio institucional entre as esferas de poder, onde repousa toda a teoria do *federalizing process*! O próprio *Friedrich* acabaria por reconhecer a relevância do elemento territorial na definição da organização federal (o que permite a identificação entre a comunidade de que falava *Friedrich* e o ente político-territorial Estado), assim como admitiria que o federalismo constitui uma das manifestações mais completamente articuladas e amadurecidas do Estado constitucional[36].

---

[35] Neste sentido cfr. Carl Friedrich, *Federal constitutional theory and emergent proposals in federalism, in* Federalism: mature and emergent, ob. cit.

[36] Neste sentido cfr. Carl Friedrich, *Federal constitucional theory and emergent proposals in federalism, in* Federalism: mature and emergent, ob. cit. As referências a Antonio La Pergola constam de *El federalismo como proceso, in* Los nuevos senderos del federalismo, ob. cit., pág. 33 e ss; e *Proceso de formación del Estado federal y doctrina dominante, in* Los nuevos senderos del federalismo, ob. cit., págs. 208 e 212.

Julgamos que o empirismo professado por *Friedrich* teve, efectivamente, o mérito de romper com a concepção estadualista do federalismo: resgatou os sistemas federativos da mera condição de subespécie dos sistemas estaduais, e admitiu a continuidade daquele fenómeno (o que permite agasalhar sob o manto do federalismo outras conformações políticas compostas até então desgarradas, como sejam os Estados regionais/ /autonómicos e a União Europeia – a qual foi constrangedoramente arrastada para a zona gris do *tertium genus* porque não integrável nas precisas categorizações jurídicas). Não concordamos, por conseguinte, com o argumento de *Antonio La Pergola* segundo o qual o âmbito das comunidades federais *friedrichianas* seria mais estreito do que à partida pudesse sugerir: ao subordinar o *federalizing process* ao critério do consenso para fins de revisão constitucional, *Friedrich* teria alegadamente excluído todos os ordenamentos que não previssem a participação dos entes autónomos no processo de alteração do *constitutional arrangement*[37]. Daí que o resultado a que chegaria *Friedrich* fosse tão restritivo quanto aquele tradicionalmente adoptado pela doutrina juspublicista para distinguir entre Estados-membros de um Estado federal e Regiões de um Estado regional – o qual se funda, basicamente, no critério da *participação no processo de revisão constitucional*. Não julgamos que assim seja: nem o critério tradicionalmente adoptado para distinguir Estados federais de Estados regionais merece integral acolhimento, nem *Friedrich* o teria feito.

E não o teria feito porque sabia da impossibilidade de se definir um modelo federal aplicável em todos os tempos e latitudes: as pretensas características federais sempre revelam-se autófagas quando não admitem distintos graus de aplicação. Daqui derivaria a insistência *friedrichiana* nas distinções quanto ao grau, mas não quanto à essência dos fenómenos federais. Como sugere *Arthur Macmahon*, *uma tipologia minimamente precisa dos sistemas federais integraria quase tantos tipos quanto casos*[38]. Isto porque não há um conceito apriorístico de sistema federativo: cada

---

[37] A ideia de que o resultado a que chega Friedrich seria tão restritivo quanto aquele a que chegam os juristas na distinção entre Estado federal e regional é desenvolvida por Antonio La Pergola, *Proceso de formación del Estado federal y doctrina dominante*, in Los nuevos senderos del federalismo, ob. cit., pág. 213.

[38] A ideia de que uma tipologia minimamente precisa dos sistemas federais integraria quase tantos *tipos* quanto *casos* é desenvolvida por Arthur Macmahon, *Problems of federalism*, in Federalism: mature and emergent, New York, 1955. Num sentido próximo cfr. Giorgio Malinverni, *Il federalismo svizzero*, in Quale, dei tanti federalismi?, Alessandro Pace (org), Cedam, Roma, 1997, segundo o qual haveria *tantos federalismos quanto são os Estados federais*.

experiência pautada no federalismo corresponde a uma *individualidade concreto-histórica constitucionalmente moldada* (*Konrad Hesse*), criada e mantida em função do equilíbrio entre os poderes central e periférico. *Friedrich* inferiu que tal equilíbrio constitucional dependeria da presença de mecanismos que tutelassem ambas as autonomias, de forma que nenhuma delas pudessem dispor unilateralmente das competências alheias definidas no *constitutional arrangement*. Daí que tenha convocado a comunidade global e as periféricas à efectiva cooperação quando da alteração constitucional (o tal critério do *consent*), sem nunca pretender com isso traçar uma distinção substancial entre Estado federal e qualquer outra categoria, porque tal significaria identificar federalismo e Estado federal – coisa que *Friedrich* definitivamente não pretendia. Por isto afirmava que quando consideradas as várias fórmulas que tutelam as autonomias periféricas nos distintos ordenamentos jurídico-constitucionais, qualquer distinção entre federalismos e regionalismos tendia a desaparecer[39].

A essência do federalismo político reside, portanto, na *autonomia constitucionalmente garantida* – que seria mantida através do critério do consenso na revisão constitucional. Mas nada em *Friedrich* sugere que a autonomia fosse garantida exclusivamente por tal via. E a experiência dos Estados compostos demonstrou que outros mecanismos jurídico-constitucionais garantes da autonomia regional podem interceptar tão eficazmente (ou melhor) as ilegítimas invasões na partilha constitucional de poderes: tudo depende da abertura participativa e capacidade integradora de cada sistema federativo. Se insistíssemos inflexivelmente no critério do consenso *friedrichiano* para distinguir entre Estado federado e Região, incorreríamos no equívoco de excluir a Bélgica dos Estados federais (ainda que a Constituição Belga solenemente o afirme no art. 1.º), porque o ordenamento jurídico-constitucional belga nada dispõe sobre a participação das Comunidades e Regiões no processo de revisão constitucional. Também depreenderíamos erroneamente que o Estado canadiano converteu-se em federal apenas em 1982 (na sequência do *Constitution Act*), porque até então nunca se definiu quem teria a faculdade de emendar a Constituição no tocante às atribuições, direitos e privilégios das Províncias, sem conse-

---

[39] Neste sentido cfr. Carl Friedrich, *Trends to federalism in theory and practice*, Frederick Praeger Publishers, New York, 1968, pág.4.

[40] Sobre o processo de revisão constitucional no ordenamento canadiano cfr. Karl Loewenstein, *Teoría de la Constitución*, Editorial Ariel, Barcelona, 1976, pág. 380 e ss; Claudio De Fiores, *La vicenda costituzionale canadese tra federalismo e secessione*, in Quale, dei tanti federalismi?, ob. cit.

quentemente prever qualquer mecanismo de consulta às mesmas (*British North América Act*, de 1867)[40]. Do exposto concluímos que o critério da *participação no processo de revisão constitucional* não é capaz de distinguir entre os entes periféricos dos Estados compostos (Estado federado/Região/ /Província), nem demonstra a existência de um distinto sentido para a autonomia nos respectivos ordenamentos – provavelmente porque não exista. A teoria do *federalizing process* não nos parece vocacionada para tal efeito – e não será por este motivo que nos suscitará substanciais reparos.

Todavia persistem algumas perplexidades que nosso raciocínio jurídico, porventura irremediavelmente dogmático para os padrões *friedrichianos*, não consegue ultrapassar. Em nome do equilíbrio entre os centros de autoridade, *Friedrich* insistia em que as comunidades de um sistema federativo seriam sempre autónomas (comunidade global e periféricas), ou seja, num sistema federativo não haveria lugar para a soberania. Mas se a comunidade global correspondesse a um Estado federal, quem decidiria em última instância sobre o interesse geral que condiciona a actuação dos demais entes territoriais? Seriam de todo despropositados os conceitos de soberania interna e externa[41]? Será que nos sistemas federativos a reivin-

---

[41] Sobre os conceitos de *soberania externa* (o ordenamento jurídico do Estado não depende de qualquer outro, não encontra fundamento num sistema jurídico superior e não deriva de normas jurídicas que lhe sejam superiores) e *soberania interna* (o Estado representa a autoridade suprema à qual todos os demais sujeitos do ordenamento resultam submetidos, por reconhecerem a sua proeminência) cfr. Balladore Pallieri, *Diritto costituzionale*, Giuffré, Milano, 1972, pág. 84. Sobre o tema cfr. ainda Gomes Canotilho, *Direito Constitucional e teoria da Constituição*, Almedina, Coimbra, 2002, pág. 90, segundo o qual a soberania, em termos modernos, traduzir-se-ia num poder supremo no plano interno e num poder independente no plano internacional. A soberania interna corresponderia ao monopólio da edição do direito positivo pelo Estado e ao monopólio da coacção física legítima para impor a efectividade das suas regulações e dos seus comandos. Neste contexto afirmar-se-ia o carácter originário da soberania, pois o Estado não precisaria recolher o fundamento das suas normas noutras normas jurídicas. A soberania internacional (ou independência internacional) seria, por natureza, relativa, porque existiria sempre o *alter ego* soberano de outro Estado. Mas significaria, ainda assim, a igualdade soberana dos Estados que não reconhecem qualquer poder superior acima deles. O Estado assim caracterizado corresponderia ao modelo emergente da Paz de Westfália (1648), basicamente assente na ideia de unidade política soberana do Estado, que estaria hoje relativamente em crise como resultado dos fenómenos de globalização e integração interestadual. No entanto, continua a ser um modelo operacional se perspectivarmos o Estado como um esquema aceitável de racionalização institucional das sociedades modernas.

dicação da autoridade suprema e da *competência das competências* deve permanecer como questão irresolúvel em nome do próprio equilíbrio sistémico (porque afinal as competências não se alteram sem que para tanto concorram as vontades de ambas as esferas de poder)? Seria caso de admitir que a *competência das competências* recairia sobre a Constituição federal, sem que o Estado superior nem o Estado federado fossem considerados soberanos, como sugeria *Kelsen*? Ora, através deste exercício constatamos que a substituição da noção de Estado pela de comunidade provavelmente não baste para ultrapassar o espinhoso problema da soberania. Ademais, não se consegue elidir a supremacia necessariamente exercida pela comunidade global, da qual depende a própria sobrevivência do sistema federativo, algo que *Friedrich* deliberadamente ignora quando insiste na paridade entre entidade global e periférica. Seja como for, a doutrina do *federalizing process* sobredeterminou tudo o que a Ciência Política produziu a partir de então relativamente à problemática do federalismo. E quanto ao Direito Público, ainda que as construções *friedrichianas* não se adaptem perfeitamente à nossa racionalidade jurídica (nem seria desejável que assim fosse, quando o que se pretende é precisamente a interdisciplinaridade), elas desafiam-nos a descodificar o *compromisso constitucional de cooperação* que fundamenta os sistemas federativos, e a prosseguir no contínuo rastreio de mecanismos jurídicos e políticos tendentes a assegurar o *equilíbrio instável* daqueles esquemas, a partir da mútua restrição dos poderes coexistentes. Não foi por outra razão que a doutrina do *federalizing process* despertou o nosso interesse científico.

2.3. Da justificação teórica do federalismo: enfoque económico, enfoque político, enfoque neo-institucionalista

Da artesania constituinte de 1787 resultou a primeira das Constituições modernas, e como tal, necessariamente imbuída das pretensões de racionalização e projecção institucional que impulsionaram o constitucionalismo moderno. A Constituição produzida na Convenção da Filadélfia conclamou o reforço do poder central a partir, precisamente, de um conjunto de garantias institucionais tendentes a assegurar a boa convivência entre os diversos entes territoriais. Os Autores de *O Federalista* engendraram tal complexo institucional a partir da racionalidade dos actores políticos em interacção estratégica, ou seja, a partir das suas respectivas intenções e motivações. Como decorre da leitura de *Publius*, os actores políticos integrantes de um sistema federativo seriam motivados por interesses, e

o seu comportamento resultaria dos incentivos institucionais constitucionalmente moldados. A origem de um sistema federativo repousa precisamente no reconhecimento mútuo das vantagens advindas da integração/
/agregação do poder – e a autêntica percepção de tais vantagens gera um compromisso cooperativo que será decomposto numa Constituição. De 1787 para cá, um amplo filão da teoria das instituições dedicou-se à avaliação do fenómeno federativo a partir da racionalidade dos actores políticos agregados em torno de objectivos comuns. Destacamos aquelas que seriam as três principais abordagens analíticas do federalismo, tendentes a justificar o recurso às soluções federativas: o enfoque económico, o enfoque político, e o enfoque neo-institucionalista. Quaisquer das referidas abordagens confronta as virtualidades da conformação federativa compativamente à conformação unitária, ou seja, cogita sobre as potencialidades do federalismo na resolução dos fundamentais problemas políticos e económicos da *res publica*.

2.3.1. Do enfoque económico

No n.º 12 de *O Federalista*, *Hamilton* assume, convictamente, que o objectivo primário de um governo (e antes disso, da Constituição que o institui e regula) seria a promoção do bem-estar através da actividade económica: qualquer cidadão moderno reconheceria na *prosperidade comercial* a mais promissora fonte da riqueza nacional – o que a convertia no objectivo a ser tenazmente prosseguido pelos agentes políticos. A conexão entre federalismo e economia tem, portanto, autorizada memória. De acordo com a lógica económica, bem se sabe, o Estado e as instituições políticas surgem e servem à satisfação de demandas incompatíveis com a natureza e vocação do mercado, como o sejam a produção de bens públicos universais/não excludentes e a eliminação das externalidades indesejáveis. Aplicada tal premissa à esfera dos Estados compostos, deriva a seguinte perplexidade económica: Porquê existe descentralização e qual o grau óptimo de autonomia? Com seria previsível, a resposta reside essencialmente em considerações de eficiência.

O Estado exerceria três principais funções económicas: alocação (relativa à produção de bens e serviços); distribuição (relativa à distribuição de renda entre pessoas e regiões); estabilização (relativa à mobilização de instrumentos fiscais e monetários voltados ao aumento da produção e do emprego). Enquanto as duas últimas funções são habitualmente adjudicadas ao poder central, as responsabilidades alocativas poderiam ser perfeitamente partilhadas com os poderes periféricos, os quais estariam naturalmente vocacionados à eficiente produção de bens públicos locais. Precisamente porque os cidadãos têm preferências distintas, os governos periféricos estariam em melhores condições de diversificar o seu *output* de acordo com as respectivas apetências locais – o que optimizaria a alocação de recursos e os consequentes ganhos de eficiência. A teoria económica do federalismo fornecerá um complexo de argumentos relativos aos custos e benefícios da descentralização: ocupar-se-á, portanto, dos efeitos do federalismo na satisfação das demandas, ou da eficiência eventualmente induzida pela coexistência de vários entes governativos em competição. Outro não seria o sentido do chamado *teorema da descentralização*, formulado em 1972 por *Wallace Oates*[42]: se uma população estivesse dividida em dois grupos, o nível preferido de *output* de cada um deles poderia diferir; um sistema centralizado forneceria um nível uniforme de bens e serviços públicos a ambos os grupos, enquanto que um sistema descentralizado forneceria um *output* distinto a cada uma das comunidades; logo, um sistema centralizado sempre implicaria alguma perda de bem-estar para ambos os grupos considerados, enquanto que um sistema descentralizado produziria o efeito contrário porque satisfaria a um número mais elevado de cidadãos.

Ocorre que se as preferências internamente a cada um dos grupos não fossem homogéneas, o critério do bem-estar colectivo já não serviria para determinar a superioridade da conformação descentralizada: ou seja, *a satisfação do maior número* por via da solução federal só ocorre se as preferências não estiverem uniformemente distribuídas pelo território nacional. *Charles Tiebout*[43], em 1956, já tentara resolver tal dilema a partir da associação voluntária de indivíduos que tivessem gostos similares: seria o clássico modelo do *voto com as pernas*, quando o voto convencional,

---

[42] Sobre o teorema da descentralização cfr. Wallace Oates, *Fiscal federalism*, New York, 1972; Wallace Oates/Robert Schwab, *The allocative and distributive implications of local fiscal competition*, in Competition among States and local governments, Daphne Kenyon/John Kincaid (org), The Urban Institute Press, Washington D.C., 1991; Wallace Oates, *Federalism and government finance*, in Modern public finance, Oates/Quingley/Smolensky (org), Harvard University Press, 1994 (versão italiana *Federalismo e finanza pubblica*, in Governo decentralizzato e federalismo, ob. cit.). Para uma representação gráfica do teorema de Oates cfr. Daniela Giannetti, *Modelli teorici di federalismo*, Rivista Italiana di Scienza Política, n.º 2, Agosto/1995.

[43] Sobre o modelo do *voto com as pernas* cfr. Charles Tiebout, *A pure theory of local expenditures*, in Journal of Political Economy, October/1956.

nas urnas, fosse insuficiente para a satisfação das preferências individuais. Segundo *Tiebout*, a competição entre distintas jurisdições permitiria a escolha daquela que oferecesse ao cidadão a combinação mais adequada de serviços públicos e carga fiscal, permitindo o reagrupamento dos cidadãos com gostos similares, em comunidades homogéneas (grupos homogéneos espacialmente diferenciados). *Tiebout* concebia o cidadão como um consumidor de bens e serviços que estaria necessariamente melhor servido numa economia de mercado do que numa economia planificada (com preços fixos) porque na primeira hipótese sempre poderia revelar as suas preferências e transferir-se para uma jurisdição que estivesse em harmonia com as suas preferências individuais. Ou seja, *Tiebout* transferia para o *mercado dos bens públicos*, os resultados de eficiência induzidos pela competitividade no mercado privado.

Ocorre que a *mobilidade espacial* proposta aos insatisfeitos não era isenta de custos – e por isto totalmente impraticável. Os consumidores/ /eleitores não dispunham da mobilidade sugerida por *Tiebout* porque a mesma seria necessariamente condicionada pela existência de um posto de trabalho e vínculos familiares. Mais: o número elevado de jurisdições locais impedia que o consumidor/eleitor aferisse das diferenças relativas a serviços prestados e obrigações fiscais (*assimetria informativa*). Mas ainda que os eleitores estivessem bem informados sobre os resultados das políticas públicas, teriam dificuldade em as comparar porque os potenciais concorrentes não seriam perfeitamente confrontáveis: as distintas dimensões, por exemplo, já serviriam para acarretar diferenças nos custos. No limite, a teoria económica de *Tiebout* induzia à errónea conclusão de que uma população espacialmente homogénea, cujas escolhas individuais relativas à localização residencial fossem pouco influenciadas pela condução das políticas públicas, seria necessariamente propensa à centralização completa – o que julgamos inaceitável.

A concorrência entre os entes territoriais também seria invocada pelo economista francês *Pierre Salmon*[44], mas sem recair nas sugestões de *mobilidade espacial* de *Tiebout* – de duvidosa factibilidade. A perspectiva *salmoniana* resulta inclusivamente mais ampla, sendo aplicável não apenas

---

[44] Sobre a competição entre os entes territoriais cfr. Pierre Salmon, *Decentralization as an incentive scheme*, in Oxford Review of Economic Policy, n.º 2, 1987 (versão italiana: *La decentralizzazione come meccanismo di incentivazione*, in Governo decentralizzato e federalismo, Giorgio Brosio (org), Il Mulino, 1995; Pierre Salmon, *The logic of pressure groups and the structure of the public sector*, in European Journal of Political Economy, n.º 1-2, 1987.

às jurisdições locais, mas sobretudo aos entes periféricos de um Estado composto: aqui os cidadãos avaliariam as distintas actuações dos entes territoriais, confrontariam as respectivas prestações, e o resultado da operação condicionaria o sentido do voto. O confronto concorrencial das performances acarretaria ganhos de eficiência *horizontal* e *vertical*: a comparação entre entes periféricos de mesmo porte e características similares levaria o cidadão descontente a votar na oposição. Da mesma forma, a comparação entre as prestações do poder central e daquele periférico onde residisse o eleitor beneficiaria a esfera que se demonstrasse mais eficiente no desempenho de competências concorrentes, como o fossem, exemplificadamente, a segurança pública ou o tratamento das calamidades naturais. Mais: se o sistema partidário estivesse estruturado nacionalmente, os bons resultados periféricos influenciariam as escolhas eleitorais para o poder central, sendo a recíproca igualmente verdadeira. A concorrência horizontal é interpretada como um torneio ou campeonato: os diversos entes competem pela máxima classificação, mas são distintos os terrenos de acção/eleitorados sobre os quais intervêm. Já a concorrência vertical é exercida relativamente ao mesmo eleitorado: aqui os níveis central e periférico rivalizam quanto ao exercício dos poderes, a atribuição formal e informal de responsabilidades, a distribuição de recursos.

Com efeito, a competição entre entes territoriais só funcionaria se os cidadãos estivessem manifestamente interessados nas várias performances políticas e se os órgãos políticos se revelassem permeáveis ao juízo dos cidadãos – na ausência de tais premissas a concorrência perdia o sentido. Mas nada disto diminui o mérito das teorias económicas empenhadas na aferição das vantagens da descentralização a partir, precisamente, da concorrência então estabelecida entre os entes territoriais e consequentes ganhos de eficiência na oferta de bens e serviços públicos. Quanto mais não seja porque a problemática da eficiência resultante da competição entre entes territoriais sempre acentua as concepções de *accountability* e sensibilização dos governantes perante as demandas da opinião pública: como no mercado, a concorrência protegeria o consumidor/cidadão contra a avidez do produtor/governante. A lacuna da teoria económica no estudo do federalismo reside noutra esfera: a racionalidade económica (ou o código binário do sistema económico: lucro/prejuízo) funciona exclusivamente em termos de escala e *output*, descurando do aparato institucional do qual depende, bem sabem os juristas e politólogos, o equilíbrio das fórmulas organizatórias compostas. Os economistas parecem ignorar que a política não é exclusivamente satisfação do maior número, mas *governo racional dos interesses* (*Massimo Luciani*). E dão por demonstrado o que há por demonstrar: não conseguem distinguir entre um Estado composto e um Estado unitário que decida desconcentrar algumas parcas funções administrativas – as conclusões económicas servem indistintamente para ambas as situações. A grande perplexidade dos economistas seria: Porquê existe descentralização? E não: Porquê existem Estados compostos? Daí que tenham concebido a possibilidade teórica de um Estado unitário significativamente descentralizado e de um Estado federal com elevado grau de centralização (*Pierre Salmon*).

A chamada *constitutional political economy* (*public choice theory*) colmata parcialmente esta lacuna porque deixa de conceber o federalismo enquanto mera técnica para a consecução de políticas eficientes e desejadas pelos cidadãos. A *teoria da escolha pública* dá um passo adiante porque conecta a análise económica do federalismo à problemática dos vínculos jurídico-constitucionais: percepciona o federalismo enquanto técnica de dispersão da autoridade entre unidades governativas em competição. Ou seja, o federalismo é perspectivado enquanto solução para um problema de monopólio. A partir disto os economistas cogitariam sobre a optimização da autonomia e os institutos jurídico-constitucionais que a garantem – estava intuída a distinção entre Estado unitário e Estado composto. Nesta ordem de ideias, o economista canadiano *Albert Breton*[45] dedicar-se-ia ao estudo da concorrência entre as esferas de poder a partir dos mecanismos institucionais estimulantes de tal competição intergovernamental, a qual entendia como fundamentalmente benéfica (*federalismo competitivo*). A *concorrência vertical* derivaria na inevitável sobreposição dos efeitos das políticas públicas respectivamente conduzidas pelo centro e periferia, enquanto que a *concorrência horizontal* derivaria da comparação entre as distintas políticas periféricas e consequente exigência de resultados análogos pelos cidadãos. Toda a construção concorrencial *bretoniana* fundar-se-ia numa certa concepção democrática que postula a limitação dos poderes: a rivalidade entre os entes políticos seria um dos vários pesos e contrapesos tendentes a controlar o exercício do poder e proteger o cidadão. Outro dos argumentos recorrentes seria aquele da eficiência na satisfação dos consumidores: as oportunidades de maximação do poder e influência à disposição de um governo em nada diferiam das oportunidades à disposição das

---

[45] Sobre o chamado *federalismo competitivo* cfr. Albert Breton, *Towards a theory of competitive federalism*, in European journal of political economy, n.º 3, 1987; Albert Breton, *The existence and stability of interjurisdictional competition*, in Competition among States and local governments, ob. cit.

empresas na esfera mercantil – o objectivo seria sempre o aumento do bem-estar dos cidadãos.

A transposição da concorrência económica para a esfera intergovernamental exigia, segundo *Breton*, a assunção de regras e mecanismos institucionais que garantissem a lealdade daquelas relações competitivas. Acabaria por concluir que somente as normas jurídico-constitucionais de um sistema federal estariam em condições de fornecer tal garantia: não haveria concorrência vertical se uma das esferas de poder pudesse definir responsabilidades e competências unilateralmente. Da mesma forma, não haveria concorrência horizontal se as unidades periféricas diferissem drasticamente entre si em termos de dimensão territorial e poder económico. Por conseguinte, todas as políticas de promoção regional e compensação financeira entre os entes federados deveriam servir de estímulo à concorrência. A tendencial equiparação das condições competitivas entre os entes periféricos seria, portanto, um princípio transposto da concorrência económica para a concorrência intergovernamental. Os entes periféricos deveriam operar em condições de paridade concorrencial, o que exigia a instituição de mecanismos que afastassem a hipótese da ilegítima transferência de custos decisórios (externalidades) de uma unidade governativa à outra. Mais: se um ente federado enriquecesse consideravelmente por conta da concessão dos mais variados incentivos e consequente instalação empresarial em seu território, seria necessariamente penalizado pelo processo de compensação financeira (transferência de recursos voltada à equiparação das condições periféricas). Dentre todas as condições e instituições garantes da competição nos sistemas federais, a teoria *bretoniana* destacaria o Senado – este seria o regulador da concorrência intergovernamental, actuando correlatamente às leis, polícia e tribunais na contenção da concorrência desleal na esfera privada. Através da segunda câmara, todas as entidades periféricas estariam numa posição de paridade política, o que reforçaria a concorrência horizontal; e nas situações de confronto com o poder central (concorrência vertical), o Senado salvaguardaria os interesses periféricos na condução das políticas públicas.

O *federalismo competitivo* de *Breton* suscita-nos, todavia, algumas perplexidades. Quanto à concorrência horizontal, não se pode afirmar que um governo tenha sido globalmente melhor ou pior que o seu vizinho – e por isto o confronto das prestações periféricas pode conduzir a resultados imprecisos. As políticas repercutem distintamente em cada eleitor, ou seja, o confronto entre as distintas prestações é individualmente conduzido e depende da apreciação subjectiva (relevâncias e interesses) de cada eleitor. Como as preferências estão geograficamente dispersas pelas respectivas jurisdições, a competição entre elas acaba por ser prejudicada. Mais: a competição institucional entre os entes periféricos, sobretudo quando esteja em causa a partilha de recursos financeiros, provoca desconfiança mútua e a rivalidade entre as unidades governativas. Isto alimenta o clientelismo porque as entidades financeiramente mais débeis hão-de preferir as relações bilaterais com o poder central (que facultem apoio financeiro via transferências específicas), em detrimento do critério da multilateralidade na condução das relações intergovernamentais (potencialmente integrador de todos os interesses em causa)[46]. Quanto à concorrência vertical, resulta duvidoso que os eleitores estejam suficientemente informados sobre as distintas responsabilidades centrais e periféricas. Mas ainda que estivessem, persistiria o problema do controlo: se a concorrência horizontal pode ser controlada pelo poder central (mesmo que a partidocracia tentasse obstaculizar os circuitos de tal controlo, quando um dos governos periféricos envolvidos tivesse a mesma coloração político-partidária do governo central), quem controla a concorrência vertical? Com *Bobbio* já aprendemos que a democracia está em causa quando não se consegue uma adequada resposta à pergunta: *Quem controla os controladores?* A concorrência vertical pode perturbar o já de si atabalhoado controlo do poder público.

Apologista convicto da competitividade intergovernamental, *Breton* acabaria por desferir contundentes golpes contra o *federalismo cooperativo* e a interdependência dos poderes central e periférico que o caracteriza: a cooperação não seria um princípio eficiente de organização política; conduziria à negação do próprio federalismo e da autonomia que o inspira; degeneraria em conivência e conspiração por diluir responsabilidades. Paradoxalmente, as construções *bretonianas* radicam em fundamentos muito similares aos do *federalismo cooperativo*: a *lealdade concorrencial* que determinaria a eficiência do *federalismo competitivo* surge na teoria cooperativa sob as vestes da *lealdade federal*, que corresponderia a uma lógica organizatória impeditiva da frustração dos projectos governativos alheios. E a *paridade concorrencial* entre os entes periféricos, que na teoria *bretoniana* exigiria a instituição de mecanismos de compensação financeira, surge na teoria cooperativa sob as vestes da integração, da

---

[46] Sobre a concorrência institucional entre entes federados (que teria lugar nos espaços parlamentares e governativos) cfr. John Kincaid, *The competitive challenge to cooperative federalism, in* Competion among States and local governments, ob. cit. Algumas das objecções ao federalismo competitivo que apresentamos no texto são parcialmente combatidas por Pierre Salmon *in Decentralization as a incentive scheme*, ob. cit.

redução das assimetrias/desproporções periféricas, da *tendencial equiparação das condições de vida* em todo o território federal. Ou seja, por caminhos de todo distintos, lá chegaria *Breton* – quem diria! – a alguns dos destinos da teoria cooperativa.

Diríamos que as construções *bretonianas* insinuam a percepção de uma zona gris onde as fronteiras competenciais se esbatem: o Autor admite a inevitável *sobreposição dos efeitos das políticas* realizadas pelos diversos níveis de governo e que algumas políticas periféricas poderiam perturbar os objectivos prosseguidos pelo poder central (em matéria redistributiva, é o exemplo que fornece), o que acarretaria a intervenção correctiva do governo federal no sentido da consecução dos objectivos então fixados – mas *Breton* exime-se de clarificar os termos em que isto se processa. Recusa-se, portanto, a aceitar as evidências: se as directivas centrais e periféricas recaem sobre os mesmos destinatários, a eficiência sistémica (para utilizarmos os termos da racionalidade económica) resulta comprometida quando ambas as esferas não adaptam cooperativamente as suas actuações. Daqui decorre que, por imperativos de sobrevivência, a ordenação federal converta a maior parte das matérias em *res mixta* (*Klaus Stern*)[47]. *Breton* prefere insistir na incomunicabilidade competencial e na competição que daí decorreria, sem todavia resolver o problema da gradativa apropriação de competências pelo poder central, cujos eventuais efeitos perversos sempre podem ser compensados pela cooperação intergovernamental, via participação periférica nos processos decisórios centrais. O *federalismo competitivo* ignora, absolutamente, que uma política pública não pode ser o resultado da escolha de um só actor: o processo de elaboração e implementação das políticas públicas constitui a síntese das interacções entre uma multiplicidade de actores com interesses e estratégias diferenciados. Num Estado composto cada unidade decisória há-de considerar as opções e estratégias seguidas pelas demais unidades: *as decisões individualmente adoptadas estão necessariamente inseridas num sistema decisório global* (*Francesc Morata*). O funcionamento dos sistemas federais caracteriza-se, em maior ou menor grau, pela *fragmentação, complementaridade, interdependência, e interacção*[48]: qualquer coisa que o contradiga não se reconduz ao federalismo.

---

[47] Neste sentido cfr. Klaus Stern, *Derecho del Estado de la Republica Federal de Alemania*, Madrid, 1987.
[48] Neste sentido cfr. Francesc Morata, *Políticas públicas y relaciones intergubernamentales*, in Documentación Administrativa, n.º 224/225, Out/1990-Mar/1991.

Que tal lógica cooperativa também incorpora a negociação e a barganha, não o podemos negar – porque a racionalidade política contradiria qualquer ingenuidade neste domínio. *Os entes periféricos não podem realisticamente esperar que o governo central lhes disponibilize milhões de dólares sem absolutamente nada dizer sobre o modo como devam ser gastos* (*David Nice*), ou seja, o poder central vai necessariamente exigir a realização de um programa ou a satisfação de condições relativas à contabilidade/controlo. Por isto alguns teóricos da *public choice* sustentam que a cooperação é simultaneamente competição, conflito, coerção entre entes governativos: a concorrência fiscal, as transferências financeiras e os acordos de prestação de serviço promoveriam sim a cooperação intergovernamental, mas numa abordagem concorrencial, que seria reciprocamente profícua. Julgamos que tudo depende da maneira como é perspectivado o interesse comum: a abordagem económica da *public choice* está *menos inclinada à satisfação e promoção dos objectivos partilhados* pelos entes públicos em interacção (*Deil Wright*)[49] e mais vocacionada à optimização das oportunidades de projecção de cada ente político. Nesta ordem de ideias, ainda resultam úteis os apontamentos de *Jürgen Habermas* relativos à distinção entre negociação e argumentação. A acção estratégica (negociação) destinar-se-ia à prossecução dos objectivos segundo os interesses egoístas dos actores envolvidos, enquanto que a acção comunicativa (argumentação) estaria voltada à promoção do entendimento entre os entes políticos e ao robustecimento da ideia de bem comum. A acção estratégica estaria baseada no poder dos intervenientes, enquanto a acção comunicativa estaria baseada no oferecimento de argumentos/razões minimamente condizentes com a pretensão de cada qual. Conforme sugere *Nogueira de Brito*, a maioria dos debates reais da actualidade política representaria uma categoria intermédia entre ambas, a que se tem chamado o *uso estratégico da argumentação*: a argumentação, mesmo quando impulsionada por interesses egoístas, sempre produziria resultados mais equitativos que a negociação[50].

---

[49] Sobre a ideia de que a cooperação incorporaria a competição cfr. David Nice, *Conclusions: federalism as a setting for politicies*, in Federalism, the politics of intergovernmental relations, Saint Martin's Press, New York, 1987 (versão italiana *Conclusioni: il federalismo come quadro della politica economica*, in Governo decentralizzato e federalismo, ob. cit); Deil Wright, *Models of national State and local relationship*, in Understanding intergovernmental relations, Brooks/Cole Publishing Company, 1988 (versão italiana *Modelli di rapporti fra il governo nazionale, quelli degli Stati e i governi locali*, in Governo decentralizzato e federalismo, ob. cit.).

[50] Sobre a distinção habermasiana entre argumentação e negociação cfr. Jürgen Habermas, *Between facts and norms*, The Mit Press, Cambridge, Massachusetts, 1996;

Do exposto sobre as teorias económicas (que tencionam transportar as premissas da concorrência empresarial e da prestação privada de serviços às unidades governativas) decorre a seguinte perplexidade: Porquê apostar na estratégia competitiva dos *jogos de soma zero* (a soma dos ganhos de um ente territorial corresponderia à soma das perdas dos demais), se a teoria do comércio internacional e a macroeconomia postulam precisamente o contrário, isto é, que o aumento de renda *per capita* numa específica jurisdição beneficia às demais? Talvez o federalismo esteja mais distante dos fundamentos da micro que dos da macroeconomia – que funcionaria segundo a estratégia do *alargamento da torta* (todos os participantes do jogo beneficiam do sucesso alheio). A mesma competitividade intergovernamental que supostamente estimula a inovação, a eficiência, e a capacidade de resposta/prestação às demandas da população (como postula o enfoque económico), também distorce as escolhas políticas contra os grupos de baixa renda: o risco de perder investimentos e cidadãos contribuintes para outras jurisdições sempre acaba por condicionar os processos decisórios – e por conseguinte, potenciar assimetrias periféricas. Não se ignore que o dito *federalismo competitivo* pode ser perversamente instrumentalizado para a consecução dos egoísmos locais, e que alguns governantes estarão mais inclinados à declaração de *guerra fiscal* e *económica* (traduzível na manipulação das alíquotas tributárias ditada por alegados imperativos de captação de investimentos, cujo exemplo paradigmático seria aquele da Florida, que em 1924 baniu o imposto sucessório na tentativa de atrair os afortunados pensionistas dos demais Estados) do que voltados à assunção de acções concertadas.

2.3.2. *Do enfoque político*

Os politólogos sempre estiveram empenhados numa definição operativa do federalismo que refutasse o que julgavam ser a linguagem estática dos juspublicistas e a concepção algo estreita dos economistas. Nunca conseguiram livrar-se inteiramente do registo económico e daquele jurídico--constitucional, o que confirma a interdisciplinaridade da problemática federativa: as origens do pacto federal sempre acabariam por ser inter-

---

Miguel Nogueira de Brito, *O momento maquiavélico e a Constituição, in* 20 Anos da Constituição de 1976, Boletim da Faculdade de Direito da Universidade de Coimbra, Coimbra Editora, 2000.

pretadas nos termos do cálculo custo-benefício, e o funcionamento do sistema político sempre seguiria as directivas do compromisso constitucional que o fundamenta e distingue. Mas não há como negar que os politólogos efectivamente dinamizaram o estudo do federalismo – vai daí o manifesto fascínio que exercem sobre os juristas interessados nessa temática. Começaram por denunciar a inaplicabilidade do *federalismo dual* – ou da independência entre poderes e ordenamentos que tal teoria postulava: nos termos daquela *dualidade*, os entes periféricos exerceriam independentemente as suas competências, a partir de um aparato institucional próprio e adequado a esse fim, sem que fossem minimamente influenciados pelas políticas desenvolvidas pelo poder central – e vice-versa.

Tal incomunicabilidade contrariava os fundamentos do federalismo e estava fadada à provisoriedade – alertaram os politólogos. Num sistema federativo a performance de uns afectaria necessariamente os demais, isto é, as decisões de uma unidade governativa, na sua respectiva esfera de competências, poderia perturbar a condução dos programas alheios. Ora bem, se adoptada a rígida separação de responsabilidades e competências, afastar-se-ia a hipótese de interceptação atempada de tal actuação colectivamente danosa, porque os demais entes federados não lhe teriam acesso – o que já seria possível num quadro de responsabilidades partilhadas. Ou seja, *todos perderiam influência com a rígida separação*. A evolução dos sistemas federativos confirmaria tal assertiva: o único registo histórico do chamado *federalismo dual* corresponde aos primeiros tempos da construção federal estado-unidense que antecederam a Guerra de Secessão (1861//1865). Tratou-se de um período histórico manifestamente conturbado onde o federalismo pouco funcionou (chamado *período contratual crítico*), havendo inclusivamente quem questione a existência de qualquer experiência federal conduzida nos termos daquela suposta *dualidade* (*Daniel Elazar*)[51]. Não obstante, a conceptualização jurídica do Estado federal acabou por

---

[51] Sobre os vários estágios da evolução federal estado-unidense: pré-contratual (antes de 1789), contratual crítico (1798-1860), consolidação (1865-1932), federação integrada (1962-1965), federal/unitário (depois de 1965) cfr. Ronan Paddison, *Il federalismo: diversità regionale nell'unione nazionale*, in Governo decentralizzato e federalismo, Giorgio Brosio (org), Il Mulino, 1995. A dúvida de que o federalismo estado-unidense alguma vez tenha sido conduzido nos termos da dualidade/independência é levantada por Daniel Elazar, *The American partnership: intergovernmental coordination in the United States*, Chicago University Press, Chicago, 1962, o qual sustenta que a relação entre os dois níveis de governo (central e periférico) sempre teria sido cooperativa, ainda que naquela fase inicial a cooperação estivesse limitada à coordenação.

pautar-se integralmente pela experiência histórica que inaugurou o federalismo moderno, fazendo com que todos os problemas jurídico-constitucionais do federalismo fossem abordados a partir da suposta *dualidade* estado-unidense. Não seria por outro motivo que a obra de referência *Federal Government*, de *Kenneth Wheare*[52] admitiria a existência de apenas três federações – Estados Unidos, Austrália e Suíça. O Canadá seria ignorado porque suas Províncias não estariam numa posição de perfeita paridade com o poder central; e a Alemanha seria afastada porque a amplitude da legislação concorrente e a tradição de adjudicar a legislação à Federação e a execução aos *Länder* não se compadecia com o padrão estado-unidense! Foi contra tal abordagem jurídica, postulante da independência e paridade entre poder central e periférico, que se insurgiram os politólogos: em oposição ao *federalismo dual* (teoricamente representado por uma torta composta de vários estratos), *Morton Grodzins* teorizou o *federalismo cooperativo* (então representado por um *marble cake* – bolo mármore), nos termos do qual todos os integrantes, sem fundirem-se completamente, partilhariam a totalidade do sistema segundo critérios de interdependência[53].

Somente a cooperação, teorizava *Grodzins*, permitiria a prossecução de dois objectivos fundamentais à sobrevivência dos sistemas federativos (coisa que o *federalismo dual* e o *federalismo competitivo* inspirado no primeiro nunca atingiriam): *o aumento do bem-estar colectivo*, e *o governo da economia em contraposição aos poderes privados*. *Grodzins* julgava que a cooperação evitaria que uma das esferas de poder adquirisse o exclusivo competencial ou monopolizasse um certo sector jurídico: a sobrevivência do sistema federativo dependia da actuação simultânea dos respectivos governos e da redução das esferas de plena discricionariedade. A interacção funcional e a interdependência patrocinariam, portanto, a consecução do interesse público: não diluiriam responsabilidades ou potenciariam barganhas – como vociferavam os entorpecidos pela cantilena da rígida separação funcional –, mas sim desobstruiriam os circuitos de

---

[52] Sobre o chamado *federalismo dual* cfr. Kenneth Wheare, *Federal Government*, Oxford University Press, London, 1963. O termo *federalismo dual* foi cunhado por Edward Corwin, *National-State cooperation. Its present possibilities*, in Yale Law Journal, XLVI, 1937.

[53] Sobre o chamado *federalismo cooperativo* cfr. Morton Grodzins, *Centralization and decentralization in the american federal system*, in A nation of States, Robert Goldwin/Rand McNally (org), Chicago, 1961; Morton Grodzins, *The American system: a new view of government in the United States*, Rand McNally, Chicago, 1966; Morton Grodzins, *American federalism: a working outline*, Center for the Study of Federalism, Filadelfia, 1984.

fiscalização recíproca. *Grodzins* proferia o discurso da desconfiança ao localismo, retomando as ideias de *Madison* e *Hamilton* relativas à prepotência das facções nos pequenos espaços territoriais: a influência dos destinatários sobre o conteúdo das decisões poderia alimentar o clientelismo, porque contrariava a premissa filosófica segundo a qual as decisões políticas prosseguem uma racionalidade transcendente das exigências de satisfação dos interesses particulares (eis a disputa *popperiana* entre a legitimidade e o controlo). *Grodzins* admitia como inevitáveis as tendências de dilatação competencial do poder central, tendo em conta a dimensão necessariamente nacional de muitas políticas públicas, as exigências de estabilização macroeconómica e redistribuição de recursos, ou os imperativos de unidade económico-financeira (que impedem o fraccionamento do país em microeconomias indutoras da rivalidade e desarticulação). O reforço do centro relativamente à periferia constituía a resposta institucional à falência do mercado: só o robustecimento central conseguiria contrapor o sector público aos poderes privados, monopólios, grandes sociedades capazes de aliciar os representantes políticos e conquistar os governos periféricos. Na positiva apreciação *grodziniana*, o *federalismo cooperativo* estado-unidense – leia-se sobretudo o *welfare state* introduzido pelo *New Deal* de *Roosevelt*[54] – correspondia ao *federalismo do bom pai de família*, isto é, o federalismo conduzido de uma forma suficientemente respeitosa das posições periféricas.

Julgamos que as construções *grodzinianas* fundam-se numa desconfiança da subsidiariedade e num consequente paternalismo que não se compadecem com a essência federativa: não será a partir da lógica da infantilização periférica que o federalismo oferecerá o seu melhor. A leitura de *Grodzins* pode induzir à errónea conclusão de que a cooperação compromete a autonomia, quando efectivamente a reforça, porque patrocina a influência e o controlo recíprocos. O equívoco de *Grodzins* foi ter feito a defesa do *federalismo cooperativo* nos exclusivos termos da racionalidade politológica: apreciou o fenómeno político do federalismo a partir dos

---

[54] Sobre a evolução histórica do federalismo nos EUA, especialmente no que respeita ao *New Deal* de Roosevelt, cfr. Karl Loewenstein, *Teoría de la Constitución*, ob. cit., pág. 360; James Patterson, *The New Deal and the States: federalism in transition*, Princeton University Press, Princeton, 1969; W. J. Petak, *O federalismo criativo e as relações intergovernamentais*, Revista de administração municipal, n.º 108, Set-Out/1971 (*Creative federalism and intergovernmental relations*, Univ. of Southern California, Los Angeles, 1967); Giorgio Brosio, *Equilibri instabili*, Bollati Boringhieri, Torino, 1994, págs. 119 e ss.

seus desdobramentos factuais, sem preocupações interdisciplinares. Por conseguinte, descurou da dimensão teleológica da temática federativa e do *compromisso constitucional de cooperação* que fundamenta todo e qualquer ordenamento composto – uma abordagem que teria oferecido sustentação jurídica aos seus argumentos. Por não tê-la acatado, *Grodzins* seria atropelado pela (i)racionalidade político-partidária. O Autor subestimou a partidocracia, o que não parece sensato para um politólogo: foi ingénuo ao julgar que o *federalismo cooperativo* conteria a promiscuidade entre os poderes privados e o poder público. Na tentativa de impedir tal conluio na esfera governativa periférica, *Grodzins* ignorou que os grandes grupos ampliariam estratégias e aglutinar-se-iam em torno dos partidos nacionais para eleger o Presidente da República, posto que a política norte-americana convive descomplexadamente com a defesa dos interesses organizados. Com os argumentos que esgrimou, *Grodzins* definitivamente não lograria defender a cooperação.

A justificação do *federalismo cooperativo* faz-se noutro registo jurídico-constitucional e politológico. Em termos jurídico-constitucionais, todo e qualquer sistema federativo assentaria num compromisso de cooperação que orienta a condução dos interesses federados; tal compromisso corresponderia ao fundamento, do *background* de qualquer Estado composto, e estaria decomposto nas correspondentes normas constitucionais; poderia incorporar uma *dimensão activa* (o que requer actores decididamente empenhados em acções concertadas), ou apenas uma *dimensão passiva* (o que implica a moderação recíproca ou a ocasional abstenção do exercício de poderes formalmente acometidos), mas sempre dita a lógica organizatória dos sistemas federativos, qual seja, os governos constituídos estão impedidos de frustrar os projectos alheios e furtar-se a ajudar. Por esta ordem de ideias, a expressão *federalismo cooperativo* resultaria redundante: não há federalismo que não seja cooperativo e qualquer coisa fora disto seria caricatural. Já em termos politológicos, o *federalismo cooperativo* é defensável por razões que se prendem com a incindibilidade dos problemas colectivos e sua consequente resolução interactiva: a assertividade das políticas públicas sempre depende do grau de interdependência e mútua influência entre os distintos níveis de poder. Ou seja, o êxito dos sistemas federais prender-se-ia com a articulação entre os diversos níveis governamentais e a comparticipação dos mesmos na consecução de objectivos comuns (*Luciano Vandelli*)[55]. Daqui deriva a incoerência de qualquer

---

[55] Neste sentido cfr. Luciano Vandelli, *L'ordinamento regionale spagnole*, Bologna, 1979.

concepção de federalismo que postule a rigidez da distribuição competencial, a inexistência de sobreposições, e a absoluta intangibilidade das esferas competenciais periféricas (*Michel Reagan*)[56]. Quando aponta neste sentido, a teoria *grodziniana* do *federalismo cooperativo* e a representação do *marble cake* (bolo mármore) não nos suscitam quaisquer reparos.

Avancemos com o registo político. Para além de denunciarem a inaplicabilidade do *federalismo dual* e a perigosidade do *federalismo competitivo*, os politólogos também resistiram às investidas de sistematização das experiências compostas a partir de um rígido elenco de funções e instituições. Nesta ordem de ideias, *William Riker* afirmaria que a diversidade institucional das experiências federais desaconselha tal tentativa, na medida em que por essa via se desconsideram os aspectos dinâmicos do fenómeno; *Daniel Elazar* sustentaria que a essência do federalismo não seria captável a partir de um particular conjunto de instituições: o federalismo traduzir-se-ia num fenómeno que fornece distintas opções para a organização da autoridade política e do poder; e *Arthur Macmahon* atestaria que a identificação das características federais resultaria inconsistente se não incorporasse diferentes graus de aplicação: uma classificação exacta brindaria quase tantos tipos quanto casos[57]. De tais considerações politológicas se depreende que a virtualidade do federalismo reside, precisamente, na pluralidade de soluções institucionais que comporta, desde que (e este parece ser o denominador comum) a autonomia dos diversos níveis governamentais esteja constitucionalmente garantida e os entes periféricos participem na formação da vontade central. Neste particular, e ainda que persistam algumas notas dissonantes, a maioria dos politólogos parece afinar pelo mesmo diapasão do *federalizing process* de *Friedrich* (cuja relevância teórica já assinalámos), senão vejamos: ao ignorar-se o factor jurídico-constitucional, descura-se do aspecto fundamental do federalismo, ou daquilo que o distingue de uma qualquer descentralização (*William*

---

[56] Neste sentido cfr. Michael Reagan, *The new federalism*, New York, 1972, onde o Autor discorre sobre aquilo que o federalismo definitivamente não é.

[57] Sobre a recusa de sistematização das experiências compostas a partir de um rígido elenco de funções e instituições cfr. William Riker, *Federalism: origin, operation, significance*, Little Brown and Co., Boston, 1964; William Riker, *The development of American federalism*, Kluwer Academic Publisher, Boston, 1987; William Riker, *Federalism*, in A companion to contemporary political philosophy, R. Goodin/P. Pettit (org), Cambridge MA, 1993; Daniel Elazar, *American federalism: a view from the States*, Crowell, New York, 1966; Daniel Elazar, *Exploring federalism*, University of Alabama Press, Tuscaloosa, 1987; Arthur Macmahon, *Problems of federalism*, in Federalism: mature and emergent, ob. cit.

Riker); independentemente da forma como os poderes estejam repartidos entre o poder central e os periféricos, a participação no exercício de tais poderes não pode ser unilateralmente afectada, requer consenso (*Daniel Elazar*); o sistema federal distribui os poderes nos termos de um arranjo constitucional que não pode ser modificado pelo processo ordinário de legislação central (*Arthur Macmahon*); o *federalismo constitucional* difere do *federalismo contingente* enquanto existam garantias constitucionais relativas à esfera de autoridade das unidades constitutivas (no *federalismo contingente* é o poder central quem decide quanta autoridade será delegada às unidades componentes, ou seja, é contingente porque o grau de decentralização depende das escolhas centrais) (*Martin Diamond*)[58].

Os politólogos enfronharam-se ainda no estudo das condicionantes da *origem* e *estabilidade* dos sistemas federativos – e é precisamente aqui onde reside seu principal contributo científico. A explicação politológica para a origem das conformações federais fundar-se-ia na racionalidade dos actores envolvidos, ou seja, no reconhecimento dos benefícios comuns advindos da federação. Mais: a lealdade periférica ao processo de integração dependeria precisamente daquele reconhecimento. Os sistemas federativos resultariam de um acordo sobre a partilha de poderes e recursos – *constitutional arrangement* (*Friedrich*), *constitutional bargain* (*Riker*) –, cuja origem descansaria na percepção das potenciais vantagens que tal agregação comporta. O federalismo traduzir-se-ia num processo de reconhecimento mútuo, aprendizagem recíproca, negociação contínua. E sempre resultaria da existência de uma comunidade de interesses e de um acordo de vontades voltado à prossecução dos mais variados objectivos comuns: seja a ampliação do mercado e consequente desenvolvimento económico, ou a tendencial equiparação das condições de vida em todo o território federal, ou o robustecimento do poderio militar para a defesa contra agressões externas, ou a boa convivência dos nacionalismos ou a integração das minorias étnicas, ou o reforço da democracia a partir da possibilidade de adopção de soluções políticas alternativas ao poder central, ou a integração dos partidos minoritários e dos interesses regionais no jogo de forças políticas, ou a influência e o controlo recíproco do poder a partir das decisões tendencialmente partilhadas, ou os imperativos de eficiência administrativa (sobretudo nos federalismos dissociativos).

---

[58] *Sobre a distinção entre federalismo constitucional e federalismo contingente cfr.* Martin Diamond, *On the relationship of federalism and decentralization, in* Cooperation and conflict: readings in American federalism, Daniel Elazar (org), Peacock Publisher, Itasca, 1969.

O êxito da conformação federal sempre dependeria do modo como as esferas de poder interagem na prossecução daqueles objectivos comuns. Daí que a apreciação das relações intergovernamentais nos Estados compostos sirva ao diagnóstico e tratamento politológico dos entraves institucionais (políticos e administrativos) determinantes do fracasso ou ineficiência das actuações públicas. Enquanto os constitucionalistas tratam dos fundamentos ou princípios orientantes da boa convivência federal, os cientistas políticos explicam o funcionamento concreto daquelas relações intergovernamentais no tratamento de problemas específicos. Ou seja, detectam os eventuais obstáculos institucionais ao desenvolvimento da *cooperação entre as esferas de poder*, e em que medida tais entraves perturbam a estabilidade dos Estados compostos. Daí que captem a funcionalidade dos sistemas federativos a partir da interacção de uma série de variáveis relevantes, como o sejam o grau de centralização dos recursos públicos, a organização territorial dos partidos políticos, a forma de elaboração e execução das políticas públicas – variáveis que incorporam uma dimensão de juridicidade, na medida em que sejam reguladas juridicamente. Mais: com os politólogos aprendemos que a estabilidade federativa não depende apenas do *equilíbrio institucional dos poderes* entre unidades políticas (que de resto não admite uma solução estática duradoura dada a instabilidade das forças em concorrência, mas sim combinações constantemente mutáveis resultantes do empenho governativo), mas também depende do *equilíbrio entre os grandes grupos de interesses*, cujas pressões requerem harmonização em nome da sobrevivência do sistema federativo. Desta sensibilidade decorreria a doutrina da *maioria concorrente* elaborada por John Calhoun[59] – cujo postulado, em termos algo distintos da formulação original, orienta a vida pública estado-unidense, correspondendo a um dos maiores contributos politológicos à teoria do federalismo.

Calhoun alegava que um específico interesse jamais deveria adquirir tanto poder que lhe permitisse impor sua vontade aos demais por meio da coerção, qualquer que fosse a natureza do grupo de interesse em causa: religioso, racial, territorial ou económico. Defendia que os complexos interesses da sociedade pluralista estado-unidense poderiam coexistir harmoniosamente, desde que cada um confiasse na sua não eliminação (ou drástica restrição) em decorrência da ocasional combinação de forças dos restantes interesses organizados. A sobrevivência do sistema federativo

---

[59] Sobre a doutrina da maioria concorrente de Calhoun cfr. John Fischer, *Federalism: mature and emergent*, ob. cit.

dependeria precisamente desta *contenção das maiorias*. E a fim de garantir que os interesses vitais de cada grupo fossem respeitados pelos demais, *Calhoun* propunha que as decisões fundamentais da vida comunitária estado-unidense fossem adoptadas por *maioria concorrente*, ou seja, através do acordo unânime (ou pelo menos o consentimento passivo) de todos os interesses organizados. A original formulação *calhouniana* comportava virtualidades, mas restou desacreditada porque prestou-se à defesa dos interesses esclavagistas: nos termos da *maioria concorrente*, as decisões que afectassem os interesses vitais dos proprietários de escravos jamais seriam tomadas contra a sua vigorosa objecção – uma rigidez que lançava a doutrina em apreço para os calabouços da impraticabilidade. Sem embargo, a essência doutrinária sobreviveu e restou tacitamente adaptada à condução dos negócios públicos estado-unidenses.

A doutrina da *maioria concorrente* adquire factibilidade quando cada grupo minoritário adopta os mesmos critérios de restrição exigidos à coligação maioritária, ou seja, desde que cada qual não perturbe os interesses vitais de outrem. À nenhuma das componentes sistémicas lhe convém fazer uso, indiscriminadamente, do seu implícito poder de veto, que teria um carácter estritamente defensivo nas situações onde efectivamente estivessem em causa os interesses vitais do grupo. Contrariamente, quando estivessem em causa interesses meramente marginais, importava condescender: *não gosto, mas acompanho*. Desta forma, a coerente utilização do veto implícito por parte dos integrantes do sistema explicaria a boa convivência e a lealdade federal estado-unidense; mas se o veto fosse irresponsavelmente utilizado por qualquer parceiro federal, tal quebra de confiança justificaria a aniquilação do interesse que aos demais cumpria proteger, algo que apenas acontecera quando da grande crise constitucional de 1860, ocasião em que o Sul agrário e esclavagista accionara seu poder de veto e arcara com as consequências da guerra. Com efeito, a doutrina da *maioria concorrente* e suas implicações de *confiança mútua* e *cumplicidade relativamente aos interesses alheios* funcionaliza o sistema federal estado-unidense: isto porque mantém as forças concorrentes em razoável *equilíbrio*, sejam poderes territoriais ou grupos de interesses.

2.3.3. *Do enfoque neo-institucionalista*

A teoria política do federalismo, como vimos, concentra atenções nas condicionantes da *origem* e *estabilidade* dos sistemas federativos: estes resultariam de um acordo constitucional celebrado entre actores políticos (sempre motivados pelas vantagens advindas da integração e a defesa dos seus respectivos interesses), cuja estabilidade dependeria do modo como as esferas de poder interagem na prossecução dos objectivos comuns. Ora, para a teoria neo-institucionalista (teoria política positiva) tal interacção é jurídico-constitucionalmente determinada – donde o interesse pela eficácia dos vínculos constitucionais nos Estados federais: Como funcionam os limites jurídico-constitucionais impostos à governação e por que razão alguns deles revelam-se praticamente mais eficazes? (ou em linguagem juspublicista, por que razão algumas normas constitucionais atingem a sua pretensão de eficácia?). O federalismo é então concebido como um *sistema de restrições jurídico-constitucionais* ao exercício do poder governativo disperso numa *pluralidade de entes autónomos em concorrência*. Tal sobreposição de distintas comunidades de interesses requer providências que aglutinem, conservem e protejam os sistemas federativos contra as ameaças à boa governação. Por isso aos neo-institucionalistas importa-lhes saber: De que maneira a Constituição consegue controlar a condução dos interesses federados, de modo a optimizar o funcionamento do respectivo sistema?

Para tanto a reflexão neo-institucionalista vai valer-se dos instrumentos fornecidos pela *teoria económica da escolha colectiva (public choice)* e pela *teoria dos jogos* (que explica os comportamentos/estratégias seguidas pelas unidades governativas quando da tomada de decisões)[60]. O federalismo estaria muito próximo de um jogo (*David Nice*): os jogadores definiriam qual o terreno do jogo, quais seriam as regras, quem jogaria, quais as equipes e os jogadores nelas integrados, e qual o objecto do jogo. Quando um jogador sugerisse um objectivo a ser prosseguido, teria de persuadir aos demais jogadores a conduzirem conjuntamente o jogo naquela mesma direcção. Quando tal objectivo fosse alcançado, a prossecução de um novo objectivo poderia implicar a passagem a um novo campo, uma nova interpretação das regras, a inclusão de novos jogadores, a reorganização

---

[60] Sobre o neo-institucionalismo (*new institutionalism*) cfr. Maccormick/Weinberger, *An institutional theory of law: new approaches to legal positivism*, Dordrecht, 1986; March/Olsen, *Rediscovering institutions. The organizational basis of politics*, New York, 1989; Daniela Giannetti, *Modelli teorici di federalismo*, cit. Sobre a teoria da *public choice* cfr. Buchanan/Tullock, *The calculus of consent. Logical fundations of constitutional democracy*, University of Michigan Press, Ann Arbor, 1962; Brennan/ /Buchanan, *La ragione delle regole. Economia politica costituzionale*, Franco Angeli, Milano, 1991; C. Rowley (org), *Constitutional political economy in a public choice perspective*, Dordrecht/Boston/London, 1997.

da equipe[61]. A *teoria dos jogos* postula que todas as unidades governativas em interacção estratégica prosseguem a *maximização dos ganhos* e a *minimização das perdas* dentro dos limites/comportamentos permitidos pelas regras do jogo. Os resultados não dependem do comportamento isolado de um dos jogadores, mas sim da resposta de todos os demais. Uma das estratégias hipoteticamente seguidas seria aquela do *jogo de soma zero*, através da qual a soma dos ganhos de algum/alguns jogadores corresponderia à soma das perdas dos demais. No contexto das relações intergovernamentais num sistema federativo, tal estratégia seria ilustrada pela ampliação dos poderes centrais à custa daqueles periféricos: a parcela de poder assumido pelo centro corresponderia à parcela de poder retirada à periferia, desde que não se previssem mecanismos compensatórios que patrocinassem a participação periférica na formação da vontade central. Outra das estratégias hipoteticamente seguidas seria aquela do *alargamento da torta*, através da qual todos os jogadores poderiam obter ganhos simultaneamente. No contexto das relações intergovernamentais, tal estratégia seria ilustrada pelos mecanismos de compensação financeira condicionados a um programa ou consecução de certos objectivos (as chamadas transferências financeiras específicas): aqui o poder central transferiria recursos ao ente periférico sob certas condições de desempenho, mas ainda assim globalmente vantajosas. Enquanto a estratégia do *jogo de soma zero* estaria mais próxima do chamado *federalismo competitivo* da teoria económica (os ganhos de um jogador corresponderiam às perdas dos demais), a estratégia do *alargamento da torta* aproximar-se-ia do *federalismo cooperativo* (o sucesso de um jogador beneficiaria aos demais).

Subjacente ao exercício neo-institucionalista repousa a ideia de que a *captação das estratégias decisórias* adoptadas pelos respectivos governos de um sistema federativo releva para a *aferição da normatividade constitucional*, isto é, importa para cotejar em que medida a Constituição efectivamente controla a condução dos interesses federados. O neo-institucionalismo deixa de perspectivar a Constituição como um *contrato social* e passa a perspectivá-la como um *mecanismo de coordenação*. Na perspectiva contratual, acolhida pelos Autores da *public choice* (*Brennan, Buchanan, Tullock*), a Constituição representaria a autovinculação normativa das gerações presentes e futuras a certas condutas e fins colectivamente partilhados: o pacto fundamental solucionaria o chamado *dilema do*

---

[61] Sobre a ideia da proximidade entre o federalismo e um jogo cfr. David Nice, *Federalism as a setting for politicies*, ob. cit.

prisioneiro, através da previsão de mecanismos indutores da cooperação, em detrimento do confronto incitado pela racionalidade individual. As sociedades e os indivíduos aceitariam autovincular-se através de uma Constituição *a fim de resolver os problemas resultantes da racionalidade imperfeita e dos desvios das suas vontades* (*Gomes Canotilho*). Como sugere o Professor de Coimbra, a autovinculação percepcionada pela *public choice* é dita negativa (autovinculação negativa), porque assenta o compromisso constitucional em omissões e proibições: as normas constitucionais corresponderiam à assunção antecipada a uma série de restrições à conduta de cada um (pré-restrições), fornecendo um modelo de interacções futuras para os indivíduos, os subsistemas sociais e os entes políticos[62].

Todavia a abordagem contratualista deixa irresoluta a questão do *enforcement*: a concepção da Constituição como um contrato demanda a existência de um terceiro actor que lhe garanta o respeito, algo que simplesmente não existe e embaraça os politólogos pouco afeitos à racionalidade jurídica (daqui decorreriam as construções juspublicistas sobre a *autogarantia*: a Constituição só depende da sua própria força e garantias, *gravita sobre si própria*). A perspectiva adoptada pelo neo-institucionalismo, a partir das sugestões da *teoria dos jogos*, será outra: o equilíbrio sistémico depende da presença de um mecanismo de coordenação que promova um contexto de interacção estratégica, ou seja, que permita aos jogadores a conjugação das próprias estratégias num sentido mutuamente vantajoso. As normas constitucionais desempenhariam tal papel: induziriam à estabilização das expectativas e equilibrariam o jogo da coordenação nos espaços compostos. Percepcionar a Constituição enquanto *solução a um problema de coordenação* resolve o dilema do *enforcement* da concepção contratual: a Constituição coordenadora é *self-enforcing* porque promove um equilíbrio eficiente que a ninguém interessa perturbar, dados os custos de uma coordenação alternativa. Tal reinterpretação neo-institucionalista permite captar o sentido de uma Constituição que realiza a sua pretensão de eficácia porque gera expectativas estáveis relativamente às condutas alheias: como brilhantemente elucidou *Konrad Hesse*, a Constituição converte-se em força activa quando na consciência geral, particularmente na consciência dos responsáveis pela ordem constitucional, se fizer presente

---

[62] Sobre a autovinculação negativa defendida pela *public choice* ou *ecomomia política constitucional* cfr. J. J. Gomes Canotilho, *Direito Constitucional e teoria da Constituição*, ob. cit., pág. 1430.

a *vontade de Constituição* – e não uma qualquer vontade de poder ou juízos de conveniência. A *Constituição normativa* é aquela cujas normas efectivamente dominam o processo político e resulta lealmente observada por todos os interessados[63].

As reflexões institucionais da teoria económica da *public choice* (segundo as quais o êxito das decisões colectivas dependeria não apenas das preferências/escolhas, mas sobretudo das instituições que as sustentassem, de forma que escolhas idênticas poderiam produzir distintos resultados em função dos mecanismos decisórios empregues) foram aplicadas pelo neo-institucionalismo ao estudo dos sistemas federativos (particularmente daquele norte-americano), não só para compreender os motivos da longevidade de certas experiências compostas, como para aferir dos princípios jurídico-constitucionais que a patrocinariam. As conclusões seriam previsíveis para os juristas: as instituições políticas são decisivas à manutenção de um governo limitado e a eficácia dos vínculos constitucionais depende da consecução de um consenso sobre os adequados limites do poder público[64] – nada além do discurso jurídico sobre a legitimidade da ordem jurídico-constitucional, que dependeria do *reconhecimento da bondade e justiça das escolhas constituintes por parte da colectividade regulada*. Mais: o federalismo é ele próprio interpretado pelo neo-institucionalismo como um mecanismo de estabilização jurídico-constitucional. As Constituições federais adjudicariam esferas de competência parcialmente sobrepostas aos diversos entes políticos, mas também o correspondente poder de veto no que àquelas competências respeitasse. Desta forma, um sistema de jurisdições constitucionalmente definidas poderia induzir à *estabilidade* e ao *equilíbrio* (por força dos fluxos periféricos – *issues*) – que provavelmente desapareceriam em presença de outra conformação jurídico-constitucional.

As ideias subjacentes à tal conclusão seriam aquelas da projecção através do *controlo recíproco*, da *concorrência de interesses*, da *correlação de forças* e da *cooperação* no tratamento de competências sobrepostas. Não seria algo propriamente novo: como bem lembra *García de Enterría*, a *forma mentis do pensamento biológico e dos modelos cibernéticos já*

---

[63] Sobre o sentido da Constituição normativa cfr. Konrad Hesse, *A força normativa da Constituição*, Sérgio Fabris Editor, Porto Alegre, 1991.

[64] Neste sentido cfr. B. Weingast, *Constitutions and governance structures: the political foundations of secure markets, in* Journal of institutional and theoretical Economics, CXLIX, 1993.

nos acostumaram a identificar as estruturas mais complexas e funcionais com aquelas que se articulam sobre um ciudadoso equilíbrio de potências e resistências[65]. Seja como for, as conclusões neo-institucionalistas relevam porque transportam a confirmação, a partir da racionalidade politológica, daquilo que os juristas já intuíram: a conformação federativa *completa e fortalece a ordem do Estado de direito democrático e social*, por força dos seus efeitos de *pulverização do poder* (*Konrad Hesse*). Como sustenta o Professor de Freiburg, *a maior importância da ordem federal da actualidade* já não descansa na autonomia entendida como independência ou nas possibilidades de configuração política alternativa ao poder central, mas sim nas *repercussões da lógica federal sobre a vida comunitária*: a inclusão das minorias (étnicas e partidárias) no jogo de forças políticas, o controlo e influência recíproca dos poderes através de mecanismos cooperativos, a redução das assimetrias e tendencial equiparação das condições de vida em todo o território federal[66].

2.4. Do conceito de Estado composto

Densifiquemos o sentido do nosso objecto de estudo. Vimos que nos termos da reflexão politológica introduzida por *Carl Friedrich*, o federalismo não devia ser percepcionado como um modelo estático de divisão de poderes entre as autoridades central e periféricas, mas sim enquanto *processo dinâmico* voltado ao equilíbrio de forças políticas e à resolução conjunta de problemas comuns. A abordagem *friedrichiana* inova porque deixa de perspectivar o fenómeno federativo a partir da problemática da *soberania* – de resto em crise, o que desaconselha a construção de teorias que a tenham por base – e concebe o federalismo *enquanto processo que avançaria com resultados alternados*, segundo prevalecessem tendências centralizadoras ou de signo contrário: um sistema federal que nascesse da descentralização poderia voltar ao ponto de partida se não evoluísse em sentido centrífugo, assim como uma Confederação de Estados poderia transformar-se num Estado federal se a pressão das forças centrípetas se

---

[65] Neste sentido cfr. García de Enterría, prólogo a Leopoldo Tolivar Alas, *El control del Estado sobre las Comunidades Autónomas*, 1981, *in* Estudios sobre autonomias territoriales, Civitas, Madrid, 1985, pág.428.

[66] Sobre a ideia de que a construção federal completa e fortalece a ordem democrática cfr. Konrad Hesse, *Elementos de direito constitucional da República Federal da Alemanha*, Sérgio Fabris Editor, Porto Alegre, 1998, págs. 184 e ss.

revelasse irresistível. A lógica *friedrichiana* seria aquela de um *contínuo desenvolvimento* entre toda uma *graduação de figuras possíveis*: haveria uma continuidade fenomenológica entre as várias experiências constitucionais que reconhecessem autonomia governativa às entidades periféricas – da menos descentralizada à mais descentralizada –, não sendo possível identificar qualquer distinção ontológica entre as mesmas. Nesta ordem de ideias, organizar juridicamente o federalismo não significaria necessariamente constituir um *Estado de Estados* (*Laband*), mas sim regular o processo através do qual as duas ordens de comunidades – central e periférica – possam coexistir harmonicamente e inclusive transformarem-se. A definição de federalismo seria muito mais ampla e não se confundiria com aquela de Estado federal, porque o federalismo não se permitiria imobilizar em determinados formatos estruturais.

A partir de tais assertivas, os politólogos denunciaram as incoerências da rigorosa definição jurídico-dogmática dos tipos de Estado: os alegados elementos identificadores do Estado federal *não se repetiriam sob qualquer céu e qualquer latitude* – o que perturbava a distinção entre Estados federais e outros que também contemplassem elementos de descentralização política. A dificuldade radicava sobretudo na incerteza dos elementos que deveriam ter-se como típicos de um Estado federal: as várias experiências constitucionais federais forneciam uma confusa multiplicidade de dados que não permitiam identificar as razões conducentes à qualificação federal, que não seriam sempre as mesmas nem seguiriam o mesmo percurso. Uma mesma característica poderia assumir os mais distintos graus de aplicação – e *a classificação exacta brindaria quase tantos tipos quanto casos* (Arthur Macmahon). Somente a análise de cada aparato político-institucional em concreto demonstraria *onde está o ponto de equilíbrio sistémico – se a nível central ou periférico* (Massimo Luciani)[67]. A mera qualificação *federal* pouco ajudava porque não garantia o equilíbrio estável de forças políticas nem a efectiva integração periférica nas decisões políticas fundamentais: tudo dependeria de um acordo de vontades voltado à prossecução de objectivos comuns, independentemente da designação que se desse à comunidade política. Isto traduzia uma progressiva aproximação (ou gradual esbatimento das fronteiras) entre as fórmulas organizatórias ditas federais/regionais/autonómicas.

---

[67] As citações constam respectivamente de Arthur Macmahon, *Problems of federalism*, in Federalism: mature and emergent, cit., e Massimo Luciani, *A mo'di conclusione: le prospettive del federalismo in Itália*, in Quale, dei tanti federalismi?, Alessandro Pace (org), Cedam, Roma, 1997, pág. 217.

A reflexão jurídica introduzida por *Hans Kelsen* produziria resultados convergentes com aqueles *friedrichianos* – ainda que por outro percurso e distinta racionalidade – sobretudo no que tange à inexistência de distinções qualitativas entre os fenómenos de descentralização. Como vimos, *Kelsen* percepcionou o fenómeno federal a partir da *doutrina da descentralização*, que significaria a restrição do âmbito de validade de uma norma a um campo determinado dentro da mais ampla esfera do ordenamento total. Nem todas as normas do ordenamento teriam o mesmo domínio de validade: algumas seriam válidas para todo o território do Estado e outras apenas para uma parte do mesmo, constituindo desta forma ordens jurídicas parciais e subordinadas. O Estado federal corresponderia a um particular grau ou a uma específica fórmula de descentralização, atingível através da centralização de estruturas mais descentralizadas (associação) ou da descentralização de outras mais centralizadas (dissociação). Não haveria, portanto, um critério qualitativo apto a diferenciar a posição dos entes federados comparativamente às demais colectividades territoriais de um Estado – municípios, províncias – podendo sim haver diferenças quantitativas, resultantes do distinto grau de descentralização, ou seja, dependentes da proporção, em número e importância, das competências/normas centrais e daquelas periféricas. Se num Estado unitário fosse conferido poder legislativo às províncias autónomas, a diferença entre os dois tipos de Estado (federal e unitário) seria devida ao facto de que num Estado federal *as matérias sujeitas à legislação periférica seriam mais numerosas e importantes do que num Estado unitário descentralizado* – nada além disso.

A partir de então as relações entre federalismo e descentralização fizeram correr muita tinta: desde *Berthélemy* e *Hauriou* que rejeitaram tal identidade com argumentos questionáveis, até *Le Fur* que percepcionou o *federalismo enquanto fase avançada da descentralização*, atingida quando a autonomia incorporasse a participação periférica na formação da vontade federal. Mais recentemente, as incontornáveis tendências de *homogeneização nos Estados federais* e de *autonomização nos Estados regionais* levaram um amplo filão da doutrina juspublicista a admitir que se estaria a produzir um processo histórico de convergência entre ambos *através de fórmulas organizatórias tão parecidas que resulta difícil distingui-las ou mesmo determinar em que casos existiria maior descentralização, que seria inclusivamente menor em alguns Estados federais que noutros regionais do nosso tempo (Muñoz Machado)*[68]. O Estado democrático

---

[68] Neste sentido cfr. Muñoz Machado, *Derecho público de las Comunidades Autónomas*, Madrid, 1982, pág. 159.

contemporâneo teria traçado uma linha de continuidade entre os diversos processos de descentralização política: num dos pólos figuraria a *Confederação de Estados* e noutro dos extremos o *Estado unitário* (que eventualmente albergaria a descentralização administrativa e a autonomia local isenta de *politicidade* – leiam-se poderes normativos primários e participação na formação da vontade central). Entre ambos os extremos, posicionar-se-ia uma variada gama de Estados complexos de carácter federal, autonómico ou regional, cujo substrato comum seria uma autonomia política mais ou menos intensa (*Trujillo Fernández, Mauro Volpi*)[69]. Captemos o sentido das críticas politológica e jurídico-constitucional à rigorosa definição dos tipos de Estado a partir de supostos elementos distintivos – e a consequente conceptualização jurídica de Estado composto.

2.4.1. *Dos tradicionais elementos distintivos do Estado federal*

Tanto a Ciência Política quanto o Direito Constitucional empenharam--se no elenco das peculiaridades supostamente distintivas do Estado federal em comparação com aquele regional. Nenhuma delas resultaria decisiva: *a matéria incandescente da política* é pouco afeita à racionalização científica e ainda menos à calcificação dogmática. Seja como for, tal categorização ainda figura em algumas obras de referência e merece que se lhe atente – quanto mais não seja para denunciar as eventuais incoerências da rigorosa distinção entre Estados federais e regionais, pautada na existência de diferenças jurídicas qualitativamente relevantes entre seus respectivos entes periféricos.

O recorrente critério da *dupla soberania* nos Estados federais não demanda grandes empenhos contraditórios: tem sido ostensivamente demonstrada a inconsistência da afirmação da pluralidade de soberanias e da estatalidade dos entes federados, o que aborta qualquer pretensão distintiva pautada em tal argumento. Desde que *Abraham Lincoln* enfrentou a mais grave crise constitucional dos Estados Unidos (Guerra de Secessão)

---

[69] Neste sentido cfr. Gumersindo Trujillo Fernández, *Sobre los fundamentos constitucionales de la participación de las Comunidades Autónomas en las estruturas centrales del Estado*, in La participación de las Comunidades Autónomas en las decisiones del Estado, Alberto Pérez Calvo (org), Tecnos, Madrid, 1997; Mauro Volpi, *Stato federale e Stato regionale: due modelli a confronto*, in La riforma delle autonomie regionale. Esperienze e prospettive in Italia e Spagna, G. Rolla (org), Giappicchelli, Torino, 1995.

com o argumento de que os Estados federados não possuem qualquer estatuto jurídico fora da União, e que só existem enquanto tal porque têm como referência matricial a União (isto é, a União os criou como Estados, a União os concebeu enquanto seus membros), estava definitivamente desterrada qualquer pretensão soberana dos entes federados. Mesmo nos ordenamentos federais nos quais o papel dos Estados-membros tenha sido historicamente relevante, não restam dúvidas de que *a soberania pertence ao Estado federal unitariamente considerado* (*De Vergotinni*). Por isto não seria juridicamente rigorosa a qualificação soberana dos Cantões suíços – que nos termos do art. 3.º da respectiva Constituição *serão soberanos na medida em que as suas soberanias não sejam limitadas pelo poder central*. Ora, como alerta *García de Enterria*, tal qualificação resulta mais *retórica do que jurídica*, pois tal *soberania limitada estaria mais bem qualificada como autonomia*. O certo é que às entidades periféricas podem ser constitucionalmente reconhecidos certos atributos de soberania, isto é, os entes federados exercem certamente competências que consideradas no seu conjunto integram a soberania, mas ao poder central compete a autoridade decisória suprema em nome do interesse geral (ou a última palavra sobre os conflitos de competência). Poder central e poder periférico não ostentam posições paritárias: o ordenamento central exerce uma inevitável supremacia sobre os ordenamentos periféricos. Assim o comprovam os condicionamentos impostos pela Constituição federal às Constituições dos Estados-membros, a prevalência do direito federal sobre aquele federado, a *competência das competências* exercida pelos órgãos centrais, o controlo da repartição competencial a cargo de um órgão central, a adopção de medidas coercivas pelos órgãos federais para garantir o respeito das obrigações assumidas ou impor a vontade federal. Com efeito, não é a partir do argumento da *dupla soberania* que se traçam distinções entre o Estado federal e o regional, mesmo porque por tal via erroneamente se ignora o percurso histórico dos *federalismos dissociativos*, isto é, dos Estados unitários transformados em federais pela vontade soberana do povo constituinte, cujos entes federados jamais foram Estados soberanos.

Outro argumento alegadamente distintivo seria aquele da *autonomia constitucional* dos Estados-membros do Estado federal, ou seja, *o poder federado de dar-se uma Constituição*, qualidade da qual não desfrutariam os entes periféricos dos Estados regionais, cujos estatutos de autonomia seriam aprovados por um acto legislativo do poder central. Ocorre que as Constituições dos entes federados não são a expressão de um autêntico poder constituinte porque sempre restam condicionadas pela Constituição federal: os Estados-membros terão de reproduzir o sistema de governo e todo o aparato institucional do Estado federal. Ou seja, tal poder não busca legitimidade em si próprio, mas deriva de uma atribuição da Constituição federal, independentemente de o Estado federal resultar da unificação de Estados previamente soberanos ou da dissolução de um precedente Estado unitário. A Constituição do ente federado vai mover-se dentro dos espaços autorizados pela Constituição federal e certamente não a pode contrariar, sob pena de inconstitucionalidade. Assim o será porque a convivência entre Constituição federal e federadas requer um mínimo de uniformidade: sempre resta um núcleo identitário intangível que condiciona o poder normativo dos entes federados. E quando tal uniformidade resulta atenuada por razões históricas, como no caso da Suíça (onde a organização constitucional dos Cantões difere daquela federal, sendo o executivo cantonal eleito directamente pelo povo por sufrágio universal, enquanto o executivo federal, composto por sete membros, é eleito pelo Parlamento), qualquer alteração às Constituições cantonais carece da aprovação do Parlamento federal, que verifica a conformidade da mesma com o direito federal, a fim de que a norma em causa beneficie (ou não) da garantia federal (art. 6.º da Constituição Suíça).

Do exposto se depreende, com *Trujillo Fernández*, que *autonomia constitucional não significa originalidade, e menos ainda um suposto poder constituinte dos Estados-membros*. A originalidade histórica dos precedentes Estados soberanos, que passam a ostentar o estatuto de Estados-membros, não se confunde com originalidade jurídica da qual já não dispõem: estando subordinados ao ordenamento federal, os ordenamentos federados serão sempre derivados. Como ensina *Vezio Crisafulli*, a originalidade jurídica expressa, isto sim, o *modo de ser jurídico do ordenamento* enquanto *autolegitimado, exclusivo, autosuficiente, impenetrável*, circunstâncias que *evidentemente não concorrem nos ordenamentos dos Estados-membros*. Não se consegue demonstrar que os Estados-membros fundam-se exclusivamente sobre os respectivos ordenamentos parciais – e não sobre o ordenamento federal. Quais e quantos limites encontram os ordenamentos dos Estados-membros nas Constituições federais! Quais e quantas intervenções são consentidas às autoridades centrais relativamente aos Estados-membros![70]. Por conseguinte, a *autonomia constitucional* não deve ser percepcionada enquanto poder consti-

---

[70] Neste sentido cfr. Vezio Crisafulli, *Lezioni di Diritto Costituzionale*, vol. I, Cedam, Padova, 1970, pág. 72.

tuinte, mas como *garantia constitucional* que protege o ente periférico frente às ilegítimas intromissões do poder central – algo que sempre ocorre quando a Constituição garante a existência, a organização, e as competências dos respectivos entes periféricos, seja num Estado dito federal ou noutro dito regional.

Na mesma ordem de ideias da *autonomia constitucional*, invoca-se como critério qualitativamente distintivo do Estado federal aquele da *participação no processo de revisão da Constituição federal*, da qual não beneficiariam os entes periféricos de um Estado regional. Estaríamos porventura frente a um critério tendencialmente distintivo *se qualquer ente federado, na sua individualidade, fosse decisivo para a formação da vontade revisora* – algo que não se verifica. As experiências federais contemporâneas habitualmente exigem, para fins de revisão constitucional, apenas a maioria qualificada da câmara representativa dos entes territoriais ou a maioria qualificada dos Estados-membros, o que significa que o Estado federado eventualmente minoritário terá de acatar a vontade alheia. O respeito pela vontade singular dos Estados-membros apenas subsiste num modelo confederal, em consonância com o reconhecimento da *soberania de cada membro* e o *direito de secessão* da respectiva comunidade, o que decididamente não ocorre num Estado federal. E não se invoque o exemplo canadiano que, na sequência do *Constitution Act* de 1982 (arts. 38.º e 41.º), requer a aprovação de todos os parlamentos provinciais para a alteração de certas matérias (poderes do Senado, composição da Corte Suprema, bilinguismo...), reconhecendo deste modo um *direito de veto provincial* em todo similar aquele do art. V da Constituição dos EUA, o qual subordina as alterações sobre o número de representantes no Senado ao consentimento de todos os Estados-membros. É escusado invocar tais exemplos porque a lógica federativa não é a da unanimidade, mas a da maioria, precisamente para que não se comprometam as possibilidades de evolução sistémica: as Constituições federais dificilmente repetiriam disposições análogas àquelas canadiana e estado-unidense, porque *a redução da área de unanimidade a poucas hipóteses de revisão acaba por esvaziá-la de qualquer significado prático* (*Massimo Luciani*). Se insistíssemos inflexivelmente no critério da *participação no processo de revisão constitucional* como distintivo dos Estados federais, incorreríamos no equívoco de excluir a Bélgica daquela qualificação (ainda que a Constituição Belga expressamente o afirme no seu art. 1.º), porque o ordenamento jurídico-constitucional belga nada dispõe sobre a participação das Comunidades e Regiões no processo de revisão constitucional.Também seríamos levados a concluir que o Estado canadiano ter-se-ia tornado federal apenas em 1982, porque até então nunca se definira quem teria a faculdade de emendar a Constituição (*British North America Act* de 1867) no que respeita às atribuições, direitos e privilégios das Províncias – sem consequentemente prever qualquer mecanismo de consulta às mesmas.

Ainda que a participação periférica nos processos de revisão constitucional nos Estados ditos regionais possa ser considerada deficitária, não se pode ignorar que as Comunidades Autónomas espanholas, por exemplo, propõem alterações constitucionais ao Parlamento (art. 166.º e 87.º/2 Constituição Espanhola) e influem nos processos de revisão iniciados com ou sem a sua participação, através da mediação dos senadores autonómicos suficientes para provocar a submissão da revisão constitucional a referendo (art. 167.º/3 Constituição Espanhola). Apesar de a revisão constitucional ser levada a efeito por órgãos centrais, não é o poder legislativo central que altera a Constituição, mas sim o poder constituinte: o poder central, tanto quanto o periférico, encontra-se vinculado pela repartição constitucional e estatutária de competências. E o legislador central também não pode alterar unilateralmente os estatutos: os entes periféricos dos Estados regionais são determinantes no processo de elaboração e revisão dos respectivos estatutos de autonomia, cujo conteúdo sempre complementa o ordenamento fundamental do Estado e integra, consequentemente, *o bloco de constitucionalidade*. A elaboração dos estatutos espanhóis é da exclusiva iniciativa de cada Comunidade Autónoma (art. 151.º Constituição Espanhola): o projecto é elaborado e aprovado por uma assembleia *ad hoc* composta por todos os deputados e senadores eleitos pelas circunscrições concernentes à Comunidade em causa e representantes provinciais (art. 146.º Constituição Espanhola); o projecto aprovado é remetido à Comissão Constitucional do Congresso que o examinará com a participação e assistência de uma delegação da assembleia proponente, a fim de determinar, de comum acordo, a sua formulação definitiva; o texto final é submetido ao referendo do corpo eleitoral das províncias incluídas no âmbito territorial do projectado estatuto, sendo aprovado pela maioria dos votos válidos em cada província; o projecto é então apresentado às Cortes Gerais para ratificação, que nesta altura já desempenham um papel meramente formal; o estatuto aprovado é então sancionado pelo Rei que o promulga como lei orgânica; qualquer alteração nos Estatutos dependerá da necessária anuência do Parlamento autonómico em causa e da realização de referendo na respectiva Comunidade (152.º/ /2 Constituição Espanhola). Da mesma forma, em Itália, os estatutos regionais são adoptados e revistos por iniciativa da Região em causa, sendo elaborados pelos respectivos Conselhos Regionais e deliberados à maioria absoluta de seus membros; as Regiões precisam e completam, por si mesmas, as normas constitucionais de organização e funcionamento das instituições regionais; os estatutos das quinze Regiões ordinárias são aprovados por uma lei da República – o Parlamento pode aprovar o texto ou reenviá-lo ao Conselho regional, quando entenda que o projecto não seja compatível com a Constituição ou contenha disposições contrastantes com o interesse nacional ou de outras Regiões (art. 123.º Constituição Italiana); mas se posteriormente o Parlamento o tencionar alterar, não o pode fazer unilateralmente, tendo de solicitar à Região em causa que assim o proceda; já os estatutos das cinco Regiões especiais são adoptados por leis constitucionais (art. 116.º Constituição Italiana).

Do exposto se depreende que os estatutos regionais derivam de um *processo de concertação constitucionalmente regulado*, em tudo *muito distante* do que ocorre nos *Estados unitários administrativamente descentralizados*: nestes uma lei do Estado define unilateralmente a organização e funcionamento das colectividades territoriais sem que as mesmas ostentem qualquer poder de iniciativa ou intervenção. Ou seja, a *esfera dos poderes e atribuições das colectividades territoriais não está constitucionalmente definida*, antes *decorre de um acto legislativo central a qualquer tempo alterável* pela ocasional conjugação de forças (*Louis Favoreu*)[71]. Isto descredibiliza o argumento que reconhece na *garantia constitucional das competências* dos Estados-membros o *proprium* do Estado federal: na mesma medida do que ocorre com os poderes federados, os poderes regionais são exercidos nos termos da respectiva Constituição, restando assim salvaguardados contra as eventuais invasões do poder central. À semelhança do Estado federal, o Estado regional caracteriza-se pela *dualidade de poderes normativos primários* e de *ordens jurídicas* – cujas relações obedecem ao princípio da competência, e não ao princípio da hierarquia. Tal como nos Estados federais, os entes periféricos dos Estados regionais exercem *competências exclusivas* sobre as quais *não prevalecem*, em caso de conflito, as normas do Estado central (art. 149.º/3 Constituição Espanhola), *salvo se em função de um título específico de uma Comunidade Autónoma se esteja obstaculizando ou dificultando o desenvolvimento de uma das competências exclusivas do Estado central, caso em que a resolução do conflito deve ser favorável ao último* (*García de Enterría*). Mas tal como nos Estados federais, o poder central dos Estados regionais

---

[71] Para a comparação dos sistemas ditos regionais com o sistema francês cfr. Louis Favoreu (org), *Droit Constitutionnel*, Dalloz, Paris, 2001, págs. 404 e 406.

exerce uma competência de *coordenação geral que supõe um certo poder directivo de operações globais por parte da unidade superior*, e que prossegue a *integração da diversidade das partes no conjunto do sistema, evitando contradições e reduzindo disfunções* (Sentença do Tribunal Constitucional espanhol de 28 de Abril de 1983). Daí que tanto nos Estados federais quanto naqueles regionais, o elenco de competências exclusivas centrais e periféricas não autorize a rígida separação entre as respectivas esferas, pois a prevalência do papel do Estado central e sua progressiva interferência nas competências mesmo exclusivas dos entes periféricos (os exemplos canadiano, estado-unidense e alemão são representativos) potencia o fenómeno do concurso/concorrência competencial. Assim o é porque não se consegue estabelecer precisamente quais sejam as exigências concretas de cada um dos títulos competenciais em cada situação particular – o que acarreta a sobreposição de títulos e as consequentes soluções de interacção cooperativa, as quais orquestram o declínio da exclusividade competencial em favor do seu exercício conjunto.

Com efeito, a progressiva aproximação das fórmulas federais e regionais acaba por ser confirmada pelas novas tendências quanto à *residualidade competencial*. A teoria do federalismo sempre postulou que os entes federados ostentam competências sobre todas as esferas não expressamente devolvidas ao poder central: eis a fórmula do *government of enumerated powers* ou dos *poderes residuais* constantes da X Emenda Constitucional Estado-unidense, do art. 3.º da Constituição Suíça, do art. 30.º da Constituição Alemã, do art. 15.º da Constituição Austríaca, etc. Se admitirmos que todas as competências federais estão expressamente previstas – o que exigiria um superconstituinte capaz de prever os futuros desdobramentos político-sociais –, dentre tais poderes sempre haveria alguns *instrumentalmente conexos a outros* e *orientados a estender seu próprio âmbito*. Como prelecciona *Antonio La Pergola*, o significado prático que a *enumeração taxativa das competências* possa ter, acaba por ser reduzida ou neutralizada pelo engenhoso expediente da *elasticidade do poder federal*, sem que com isso se comprometa o equilíbrio formal das relações entre poder central e periférico. E aqui a inversão dos cânones: se nos Estados federais as competências residuais já nem sempre recaem sobre os Estados-membros (a Constituição canadiana as atribui ao poder central), nos Estados regionais a residualidade vai admitindo soluções adaptadas à evolução dos tempos (o exemplo espanhol, patente no art. 149.º/ /3 da respectiva Constituição, é paradigmático: as matérias que não sejam expressamente atribuídas ao Estado central pela Constituição podem ser reivindicadas pelas Comunidades Autónomas nos seus respectivos estatutos

– e o poder central ocupar-se-á das competências que não forem assumidas, em cada caso, pelo poder periférico). Daqui deriva que as competências dos entes federados já não são muito mais amplas – nem mais adequadamente garantidas – que as competências dos entes periféricos dos Estados regionais. A amplitude das *competências concorrentes* na Alemanha e Canadá, assim como o desenvolvimento dos *implied powers* nos Estados Unidos, apenas confirmam os novos desdobramentos do entendimento de residualidade competencial nos Estados federais. E sequer a *especificidade das matérias* atribuídas aos Estados-membros pode ser invocada como qualitativamente distintiva dos mesmos em relação aos entes periféricos dos Estados regionais. Como alerta a doutrina italiana (*Luciani, Bifulco*), o critério material pressupõe a prévia selecção entre esferas competenciais *essenciais e não essenciais*, o que pode induzir em erro, porque os entes federados belgas e austríacos não ostentam, por exemplo, competências jurisdicionais (essenciais ou não?), enquanto os entes federados que as ostentam, como os alemães, são afectados pela tendência homogeneizadora da jurisprudência federal, que sempre decide em derradeira instância.

Outro argumento recorrentemente invocado em nome da substancial distinção entre Estados federais e regionais seria aquele do *controlo exclusivamente jurisdicional* (por parte dos órgãos federais) sobre a actividade legislativa e administrativa dos entes federados, enquanto que os entes periféricos dos Estados regionais beneficiariam apenas de uma *autonomia controlada*, isto é, sujeita inclusivamente ao controlo de mérito político exercido pelo poder central. O argumento, contudo, não fundamenta a distinção proposta. Vejamos o que efectivamente procede: 1) Procede que tanto as Regiões italianas de *estatuto ordinário* (as quais ostentam competências legislativas *concorrentes* ou *delegadas* nas matérias enumeradas no art. 117.º Constituição Italiana), quanto as Regiões italianas de *estatuto especial* (que para além das competências legislativas *concorrentes* e *delegadas* ostentam competências legislativas *primárias ou exclusivas* definidas nos respectivos estatutos aprovados por lei constitucional) estão igualmente sujeitas a um controlo preventivo exercido pelo Governo da República, tendente a evitar a entrada em vigor de *normas ilegítimas* ou eventualmente danosas do *interesse nacional* e do *interesse de outras Regiões* (eis o *controlo sobre o mérito* das escolhas do legislador regional feito com base num conceito indeterminado – *interesse geral* – que não vale a pena diabolizar porque inerente aos ordenamentos compostos: art. 1.º/8 Constituição dos EUA, art. 72.º/2 Lei Fundamental Alemã, art. 150.º/3 Constituição Espanhola, etc.). Nos termos do art.127.º Constituição Italiana, as leis regionais devem ser remetidas ao Comissário do Governo da República em cada Região, que as deve visar num período de trinta dias, salvo se entender que a lei em causa excede as competências regionais ou contraria os interesses supracitados, caso em que reenvia o diploma para o Conselho regional, que o pode confirmar à maioria absoluta de seus membros. O Governo pode então questionar a legitimidade da normativa junto da Corte Constitucional, que exercerá um controlo de constitucionalidade sobre a mesma, ou também pode solicitar ao Parlamento que aprecie a *oposição de interesses* então detectada, exercendo desta forma um controlo de oportunidade sobre a lei regional, muito raro na prática. Em função do princípio do *paralelismo funcional*, as Regiões italianas exercem ainda funções administrativas nas matérias em que ostentem competências legislativas (art. 118.º da Constituição Italiana). Sendo a Região um ente político que adopta direcções políticas alternativas ao poder central, o art. 125.º da Constituição Italiana autoriza o poder central a *controlar a legitimidade dos actos administrativos* das Regiões, especificamente *actos normativos* ou de *indirizzo*, assim como *controlar o mérito dos mesmos* com o único efeito de promover a reexame da deliberação por parte do Conselho regional, salvaguardada a possibilidade de reaprovação que torne o acto eficaz. 2) Também procede que o art. 153.º da Constituição Espanhola, apesar de resumir drasticamente os controlos sobre a actividade autonómica e os remeter quase que inteiramente aos órgãos jurisdicionais, lá dispõe sobre a possibilidade de supervisão exercida pelo Estado central, quando esteja em causa o exercício de faculdades normativas ou executivas delegadas às Comunidades Autónomas nos termos do art. 150.º/2 da Constituição. A supervisão estatal vai servir *à manutenção e integração do sistema jurídico composto*, na medida em que atende aos imperativos de interacção entre normas concorrentes de distinta procedência: não se rege pelo princípio da hierarquia, mas pelo princípio da competência, pois o poder de supervisão é inerente à titularidade da legislação de cuja execução se trata.

Então o que não procede, se nos Estados regionais efectivamente figura *o controlo não estritamente jurisdicional dos actos periféricos*? Não procede tentar vender a falsa ideia da *subordinação dos entes regionais ao Estado central* em contraposição à suposta *paridade entre entes federados e Estado central*: o que está aqui em causa é o *poder de vigilância e supervisão exercido pelo Estado central*, que é comum a Estados federais e regionais[72]. O poder geral de supervisão deriva tanto da *natureza das*

---

[72] Sobre a extensão do poder legislativo das Regiões italianas cfr. Paolo de Camelis (org), *L'autonomia regionele*, Edizioni Kappa, Roma, 1989, págs. 353 e ss;

coisas (argumento a que sistematicamente recorrem as jurisprudências constitucionais para reconhecerem *poderes inerentes* ao poder central dos Estados federais, não obstante o espectro das *cláusulas residuais*), como de específicos preceitos constitucionais nos Estados compostos. Em alguns Estados regionais tal poder de supervisão sequer adquire as amplas dimensões admitidas em alguns Estados federais: no ordenamento jurídico-constitucional espanhol o controlo do poder central sobre os actos autonómicos está limitado ao exercício de faculdades delegadas, isto é, não se estende ao exercício autonómico de funções próprias, enquanto o art. 84.º da Lei Fundamental Alemã reconhece abertamente a faculdade de supervisão sobre o cumprimento do direito federal pelos *Länder, inclusivamente quando estes executem leis federais por direito próprio.* Nos termos daquela disposição constitucional alemã, o Governo federal pode *emitir instrucções administrativas gerais* e *instrucções específicas* às autoridades supremas dos *Länder*; pode *inspeccionar a execução legislativa do direito federal* através do envio de delegados às supremas autoridades periféricas; e pode recorrer ao *Bundesrat* (e depois ao Tribunal Constitucional) na eventualidade de uma ilegalidade detectada não ser corrigida. Ainda mais rigorosa será a supervisão quando os *Länder* executam leis federais por delegação: aqui a fiscalização federal abrange a *legalidade* e a *oportunidade da execução*, podendo o Governo exigir relatórios e a apresentação de documentos, bem como enviar delegados a todas as repartições (art. 85.º/4 da Lei Fundamental Alemã). E sequer nos ocuparemos do exemplo austríaco, que através do conceito de *administração federal indirecta* transforma os órgãos executivos dos *Länder* em órgãos do Estado central e os subordina hierarquicamente! Aqui nem se pode falar em poder de supervisão, ainda que a Constituição Austríaca o refira no art. 15.º/8, mas de um *poder de mando que engloba todos os poderes de fiscalização (García de Enterría)*. Para evitar os rigores da teoria jurídica da supervisão, os Estados federais e regionais tendem actualmente a promover medidas preventivas que, sem desgaste político, permitam excluir a desigualdade na aplicação da lei central e fomentar a integração. É aqui onde os mecanismos cooperativos fazem todo o sentido –

Paolo Caretti/Ugo De Siervo, *Istituzioni di diritto pubblico*, Giappichelli, Torino, 1996, pág. 447; Louis Favoreu (org), *Droit constitutionnel*, ob. cit. pág. 404. Sobre a problemática do poder de supervisão do Estado sobre a execução autónoma das suas normas cfr. Eduardo García de Enterría, *Estudios sobre autonomias territoriales*, ob. cit., págs. 207 e ss.

deliberações conjuntas, conferências sectoriais, órgãos mistos – a fim de assegurar a necessária coerência de actuação dos poderes públicos. Eis a cooperação enquanto denominador comum dos Estados compostos.

Outro dos argumentos invocados em defesa da substancial distinção entre Estados federais e regionais seria aquele do *bicameralismo* – ou o argumento da presença de uma *câmara representativa dos entes federados* vocacionada à ponderação dos respectivos interesses centrais e periféricos e à salvaguarda da autonomia. A ausência de tal órgão territorialmente representativo privaria os governos periféricos dos Estados regionais de intervirem nos circuitos decisórios centrais, ou seja, de sentirem-se implicados e identificados com a direcção do conjunto, o que necessariamente fragilizaria a autonomia periférica. A representação paritária dos entes federados na formação da vontade legislativa central via câmara alta (a par da representação proporcional via câmara baixa) confirmaria a igualdade do *status* jurídico dos entes federados num Estado federal, contrariamente aos entes territoriais de um Estado regional. Julgamos, todavia, que o argumento da segunda câmara não compromete a *identidade qualitativa* entre Estados federais e regionais que autoriza a apreciação de ambos sob o *genus* comum do Estado composto. Desde já, devido ao fenómeno da nacionalização das câmaras altas. Estas foram-se progressivamente afirmando como assembleias parlamentares representativas dos *interesses nacionais* (em detrimento da representação dos interesses de cada ente federado na sua distinta individualidade), nas quais opera a tendência unificadora dos grandes partidos políticos de expressão supra-regional. Assim o demonstram as normas constitucionais que desvinculam os respectivos senadores do chamado mandato imperativo, ou seja, das directivas políticas dos governos federados de cujo território provêm (art. 91.º Constituição Suíça, art. 56.º Constituição Austríaca, etc.). O certo é que as câmaras altas foram-se convertendo em instâncias revisoras dos projectos provenientes das câmaras baixas e acabaram enredadas, seria ingénuo não o admitir, na ciranda das forças político-partidárias – o que manifestamente compromete a função de representação dos interesses regionais para a qual foram concebidas. Isto se torna mais evidente quando a maioria da câmara alta ostenta uma coloração político-partidária oposta àquela da câmara baixa, situação em que a câmara territorial pode ser instrumentalizada pelos interesses partidários da oposição: a factura acaba por ser paga pelo federalismo, visto que a disciplina partidária obstaculiza a criatividade federada e bloqueia a inovação sistémica. Daí que a tendencial aproximação entre a representação assegurada pelos senadores e aquela garantida pelos deputados suscite dúvidas quanto ao próprio sentido do bicameralismo nos dias que correm. Longe de nós a intenção diabolizadora da instituição senatorial! Mas se é certo que a autonomia depende da coesão e estabilidade sistémicas promovidas pela participação dos entes periféricos na definição da direcção política global, não é menos certo que a existência da segunda câmara representa apenas uma das vias pelas quais tal participação se materializa nos Estados compostos. Ou seja, se a participação segue sendo incontornável, as suas manifestações concretas são sempre discutíveis e adaptáveis, e as recentes lições do bicameralismo sequer o recomendam como a alternativa mais idónea, sendo certo que os principais desenvolvimentos da participação – leia-se partilha convencionada das respectivas competências, planeamento e prestação conjunta de serviços, órgãos mistos, etc. – têm sido registados sobretudo na esfera governativo-administrativa.

Além disso, a distinta composição e funções da segunda câmara nos vários ordenamentos federais impõem cautelas quanto ao reconhecimento da substancial distinção entre Estados federais e regionais a partir de tal elemento. Os membros da câmara alta podem ser eleitos por sufrágio universal directo (EUA), podem ser designados pelos governos dos Estados--membros (Alemanha), podem ser escolhidos pelo Governo federal (Canadá), podem ser eleitos por colégios eleitorais (Bélgica). E a distribuição dos lugares pode atender ao princípio da igualdade representativa (dois por cada ente federado nos EUA e Suíça, ou dez por cada qual na Austrália), ou ter em conta a consistência numérica da população (Alemanha, Áustria ou Canadá, onde cada Província pode ter direito a vinte e quatro senadores ou apenas quatro). São, portanto, admissíveis as mais diversas soluções quanto à *composição* da *segunda câmara* (seja no que tange ao recrutamento de seus membros, à designação do número de senadores por ente federado, ao vínculo entre senadores e respectivo ente periférico), quanto às suas *funções* (legislativas, administrativas, de impulso e controlo político do governo, de fomento cooperativo entre entes territoriais), quanto à extensão de seus poderes ou *posição relativamente à câmara baixa* (bicameralismo igualitário: existente nos EUA, Canadá, Suíça, onde a segunda câmara ostenta poderes suplementares relativamente à câmara dos deputados, como seja a ratificação dos tratados internacionais; ou bicameralismo desigualitário: existente na Alemanha, Áustria, Bélgica, onde a segunda câmara exerce um papel decisivo – veto definitivo – apenas nas questões incidentes sobre os interesses periféricos, não estando em pé de igualdade com a câmara baixa). Ora bem, tais especificidades organizatórias produzem resultados integrativos consequentemente distintos. Parece-nos razoável, por exemplo, que uma segunda câmara designada pelos respectivos governos periféricos desempenhe um papel legislativo de âmbito material limitado; mas em compensação estará melhor posicionada para impulsionar as relações cooperativas entre os diversos poderes do que se fosse eleita por sufrágio universal. Por tudo isso a afirmação da igualdade entre os entes periféricos nem sempre passa pela presença de uma segunda câmara onde estejam paritativamente representados. Como veremos *infra*, a igualdade dos entes periféricos significa igual *exercício de posições jurídicas fundamentais* em todo o território do Estado composto (direitos e deveres individuais e colectivos), em consequência da subordinação de todos os entes federados à mesma ordem jurídico-constitucional[73].

Com efeito, a insistência na paridade representativa pode ser integrativamente contraproducente: os entes mais populosos ou marcados pela diversidade histórico-linguístico-cultural sempre exigirão a acentuação da heterogeneidade compensatória. Não será por outra razão que a conversão do Senado espanhol numa *efectiva câmara de representação territorial*, tendente a robustecer as funções senatoriais, ainda resulta embrionária: os nacionalismos históricos temem a configuração simétrica da segunda câmara, isto é, desconfiam de uma nova conformação que atribua o mesmo peso a todas as Comunidades Autónomas e esvazie de conteúdo as singularidades políticas das nacionalidades. Antes insistem na adopção de um estatuto singular para as autonomias diferenciadas: defendem que a igualdade não equivale a medidas uniformes para todos, *mas sim a tratamentos distintos para realidades heterogéneas* (*Leguina Villa*)[74]. A solução encontrada pelo constituinte espanhol de 1978 foi a de senadores eleitos essencialmente no quadro das Províncias: cada Província elege actualmente quatro representantes por sufrágio universal, e as Assembleias Legislativas das Comunidades Autónomas designam, respectivamente, um senador acrescido de outro por cada milhão de habitantes do seu território (art. 69.º CE). O resultado é que os senadores designados pelas Comunidades Autónomas são largamente minoritários no Senado (46 contra 254), o que não autoriza a conclusão de que o Senado espanhol carece de representatividade autonómica: tanto quanto se sabe, as Províncias são entidades locais que

---

[73] Sobre o sentido da igualdade cfr. José Tudela Aranda, *Aproximación a la caracterización jurisprudencial del articulo 149.º/1/1.ª de la Constitución Española*, in Estudios sobre la Constitución Española, Homenaje al Professor Eduardo García de Enterría, tomo IV, Civitas, Madrid, 1991, sobretudo pág. 3487.

[74] Neste sentido cfr. Jesús Leguina Villa, *La reforma del Senado y los hechos diferenciales*, in La participación de las Comunidades Autónomas en las decisiones del Estado, Alberto Pérez Calvo (org), Tecnos, Madrid, 1997.

integram as respectivas Comunidades Autónomas (141.º/1 Constituição Espanhola). Já existe, portanto, uma eleição territorial dos senadores, ainda que de base provincial: como alerta *López Guerra*, resulta duvidoso que qualquer alteração neste sentido possa promover a representação dos interesses próprios de cada Comunidade Autónoma ou alterar as relações entre os grupos parlamentares comparativamente ao que ocorre no Congresso[75]. Isto porque a correcção do défice de integração nos Estados compostos pode não depender da presença de uma segunda câmara, mas sim do empenho político na coesão sistémica, o que transcende a mais perfeccionista cartografia jurídica senatorial. Depende efectivamente daquilo que *Albertí Rovira* entende por *unidade plural*: a legitimidade de qualquer construção composta seria especificamente medida pelo grau de satisfação com que em cada momento se atinge o duplo objectivo de conseguir a unidade e respeitar a pluralidade, isto é, *pelo grau de satisfação com que se realiza a função integradora*[76]. E isto vale para Estados federais e regionais, independentemente da conformação da segunda câmara.

2.4.2. *Da conceptualização jurídica do Estado composto*

Tendo em conta alguns dos argumentos que esgrimimos supra, um amplo sector da doutrina jurídico-constitucional acabaria por admitir a progressiva aproximação das fórmulas organizatórias federais/regionais/ /autonómicas, da qual decorreria a conceptualização do Estado composto. Os primeiros passos desse reconhecimento seriam ensaiados por *Konrad Hesse*, segundo o qual o federalismo experimentaria distintas concretizações que se transformam historicamente, e que sempre dependem dos objectivos prosseguidos pela colectividade em causa: conservar a unidade política, fortalecer a ordem democrática, etc. Não existiria um *conteúdo apriorístico de federação* ou um modelo de Estado federal pré-constitucional: o modelo definir-se-ia a partir das normas jurídico-constitucionais de cada Estado. Por isto o conceito de Estado federal seria sempre normativo: cada Estado federal corresponderia a uma *individualidade concreto-histórica constitucionalmente moldada* nos termos da influência recíproca e de certa

---

[75] Neste sentido cfr. Luis López Guerra, *Algunas notas sobre la igualación competencial*, in Documentación Administrativa, n.º 232-233, Out. 1992/Mar. 1993.

[76] Neste sentido cfr. Enoch Albertí Rovira, *Estado autonómico e integración política*, in Documentación Administrativa, n.º 232-233, Out. 1992/Mar. 1993.

homogeneidade entre os ordenamentos central e periférico. *Hesse* seria o primeiro jurista a abordar descomplexadamente a crescente homogeneização material do Estado federal da actualidade, tendo em conta as exigências de equiparação das condições de vida em todo o território nacional, o combate das assimetrias regionais, e a interdependência decorrente dos imperativos de planificação económica e distribuição de recursos. A progressiva perda de configuração autónoma dos entes periféricos seria compensada pelos mecanismos cooperativos que devolveriam influência aos entes federados na definição da vontade federal. Por isso o processo então descrito no célebre *Der unitarische Bundesstaat* não se confunde com a centralização enfraquecedora da periferia: resulta antes da própria vontade dos *Länder* orientados pela lógica cooperativa. Segundo *Hesse*, a importância da ordem federal alemã na actualidade residiria menos na possibilidade de configuração autónoma/independente dos *Länder*, e mais na repercussão do federalismo na conformação da vida comunitária: na manutenção do pluralismo, no robustecimento da democracia, na coordenação dos poderes. O federalismo reflectiria a ideia de que a vida pública deve assentar mais sobre o *entendimento* e a *cooperação*, do que sobre a *ordem* ou a *coacção*[77]. Julgamos que a plasticidade das concepções de *Hesse*, sempre afinadas com o dinamismo da lógica federal, sugerem não só a rejeição de um modelo estático e preciso de divisão de poderes entre o centro e a periferia, mas também a percepção de algo para além da rigorosa definição jurídico-dogmática dos tipos de Estado.

Nesta mesma ordem de ideias, *González Encinar* desenvolveria o conceito de *Estado unitário-federal*. Todo Estado seria unitário: nisto residiria a essência da forma de organização política a que chamamos Estado. Ou seja, todo Estado, inclusive o federal, seria unitário porque corresponderia a uma unidade organizada de decisão e acção. Dizer que um Estado é unitário seria redundante: se não o fosse, não seria Estado. Unitário significaria *o que propende à unidade* – e unidade corresponderia ao *produto, ao resultado da organização*. A unidade seria portanto coisa distinta da uniformidade. E à luz de tal constatação convinha desterrar os

---

[77] Sobre a ideia de homogeneização nos Estados federais da actualidade cfr. Konrad Hesse, *Elementos de direito constitucional da República Federal da Alemanha*, ob. cit., págs. 180 e ss; Konrad Hesse, *Der unitarische Bundesstaat*, Karlsruhe, 1962. Sobre a ideia de que a cooperação não produziu um autêntico processo de centralização na Alemanha cfr. Constance Greywe-Leymarie, *Le fédéralisme coopératif en Republique Fédéral d'Alemmagne*, Paris, 1981.

usos anacrónicos do termo unitário, sobretudo aquele que contrapõe Estado unitário a Estado federal. Mais: não havia um conceito de Estado federal capaz de abarcar a variedade de estruturas organizativas dos Estados que assim se autodenominam. A estrutura federal do Estado corresponderia em cada caso a circunstâncias e necessidades distintas. A forma particular com que cada um dos chamados Estados federais combinaria a centralização com a descentralização não seria fruto de um desenho pré-concebido nem reflexo de um pretenso modelo, mas uma resposta à concreta circunstância histórica ou político-social. A expressão Estado federal já não corresponderia, em parte alguma, a *Estado composto de Estados* (*Laband*): o adjectivo *federal* referido à estrutura do Estado não teria por quê significar o mesmo – e de facto não significava – no art. 1.º da Constituição suíça, no art. 2.º da Constituição austríaca ou no art. 20.º da Lei Fundamental alemã. Por tais razões, *Encinar* eximir-se-ia de fornecer uma definição de Estado federal, limitando-se a elencar alguns *elementos mínimos* sem rigor categórico, pois como o Autor acabaria por advertir, *uma Constituição que dê ao Estado uma estrutura federal sempre incorpora um compromisso entre forças centrífugas e centrípetas que pode ser muito distinto em cada caso*. Seja como for, eis o *mínimo institucional* de um Estado federal sugerido por *Encinar*: existência de entes periféricos de base territorial com competências legislativas e de direcção política; distribuição dos meios financeiros que responda à repartição das funções estaduais; participação dos entes autónomos na organização central (através da segunda câmara) e na execução das leis centrais; garantias autonómicas não alteráveis por lei ordinária; mecanismos judiciais de solução de conflitos[78]. Bem vistas as coisas, tal *mínimo institucional* também serviria ao Estado autonómico espanhol que o Autor certamente tinha por referência. Se o problema do federalismo seria sempre o mesmo, isto é, *estabelecer uma partilha de poderes que simultaneamente garanta e integre o pluralismo da sociedade que se auto-organiza em Estado* (*González Encinar*), a resposta parece admitir geometria variável e não se limita ao tradicional formato do Estado federal.

Também *Antonio La Pergola* destacaria a relatividade da contraposição Estado federal *versus* Estado regional. Segundo o Autor italiano, as notas tradicionalmente distintivas dos Estados federais tendem a desvanecer: a autonomia organizativa dos Estados federados ter-se-ia reduzido a pouca

---

[78] Neste sentido cfr. José Juan González Encinar, *El Estado unitario-federal*, Tecnos, Madrid, 1985, págs. 59 e ss; 82 e ss.

coisa perante à lei férrea da homogeneidade política entre os diversos ordenamentos periféricos que, similarmente às Regiões, restariam uniformizados pelo padrão institucional do Estado central. E o fenómeno da participação das entidades periféricas no exercício das funções centrais produzir-se-ia, porventura numa escala mais reduzida, também nos ordenamentos regionais. Desde a superação da ideia da soberania/estatalidade dos entes federados estaria demonstrado que as comunidades territoriais dos Estados federais e regionais restam igualmente submetidas – e não justapostas – ao poder central. Estado federal e Estado regional seriam manifestações estruturais da mesma categoria: o Estado descentralizado, cujo necessário ponto de encontro consiste na garantia oferecida à autonomia territorial pela Constituição rígida (a rigidez constitucional é aqui percepcionada como exigência de estabilidade que não compromete a evolução sistémica)[79]. Eis, todavia, o que julgamos ser incoerente no discurso *pergoliano*: La Pergola tentaria encontrar no *distinto sentido da autonomia*, o pretenso fundamento da diferença, não propriamente entre Estado federal e regional, mas entre *autonomia residual* (resíduo da soberania originária dos Estados-membros) e *autonomia outorgada* (resultante do procedimento de dissociação do Estado). Sustentaria que a autonomia territorial e todo o complexo de relações entre o centro e a periferia dependem da génese histórica das distintas experiências constitucionais, ou mais especificamente, do pacto que teria originado o vínculo comunitário – se estipulado na primeira pessoa pelas entidades territoriais ou não. Ou seja, a perspectiva da autonomia seria distinta se a génese do sistema fosse aquela característica do *foedus*, ou contrariamente, aquela da descentralização política: no segundo caso resultaria sempre mais reduzida do que quando reconhecida às comunidades previamente soberanas[80]. Pensamos que a tentativa de transformar a eventual diferença histórica numa distinção ontológica resulta inconsistente: a celebração de um pacto federal pode constituir simplesmente *um pressuposto lógico, mais que um concreto evento histórico* (*Massimo Luciani*)[81]. Ademais, a pretensa distinção desprestigia o percurso das

---

[79] Neste sentido cfr. Antonio La Pergola, *El Estado federal atenuado: descentralización del Estado unitário y autonomia regional*, in Los nuevos senderos del federalismo, ob. cit., págs. 295 e ss (especialmente 322).
[80] Neste sentido cfr. Antonio La Pergola, *El federalismo como proceso*, in Los nuevos senderos del federalismo, ob. cit., págs. 65 e ss.
[81] Neste sentido cfr. Massimo Luciani, *A mo'di conclusione: le prospettive del federalismo in Itália*, in Quale, dei tanti federalismi?, ob. cit., pág. 230.

experiências federais dissociativas, resultantes da vontade do povo soberano que decide transformar um Estado unitário/homogéneo em federal, quando está demonstrado que o resultado jurídico a que se chega é o mesmo, tudo depende da existência de um acordo de vontades e do modo como as esferas de poder interagem na prossecução dos objectivos comuns. O sentido da autonomia é sempre o mesmo e contrapõe-se àquele de soberania: corresponde ao reconhecimento da politicidade, de poderes normativos primários, de orientação política alternativa ao poder central. O que pode diferir é a amplitude desta mesma autonomia política e os mecanismos jurídico-constitucionais que a garantem. Ninguém como *Carl Friedrich* o conseguiu captar tão completamente: a *equivalência entre descentralização e associação descansa na garantia constitucional da autonomia*, cujas dimensões serão sempre transitórias porque adaptáveis à necessidade dos tempos.

Num sentido muito próximo, *Giuseppe De Vergottini* afirmaria que, realisticamente, os argumentos adoptados para indicar uma diferença qualitativa entre modelo de Estado regional e modelo de Estado federal resultam destituídos de fundamento. Os traços distintivos entre ambos já não seriam tão precisos quanto tradicionalmente se sustentava, sendo actualmente numerosos e generalizados os sintomas de convergência entre as referidas fórmulas organizatórias. A atribuição às Regiões políticas de funções de direcção legislativa e administrativa, assim como a sua respectiva participação em algumas funções do Estado central, *aproximariam as Regiões dos Estados habitualmente definidos como regionais, dos Estados--membros dos Estados definidos como federais*. Igualmente comum às soluções formalmente *regionais* e *federais* seria a instituição de um órgão jurisdicional competente para a resolução dos conflitos competenciais entre entidades autónomas e poder central, a partir da interpretação das disposições jurídico-constitucionais consagrantes do compromisso cooperativo. Daqui deriva que a eventual distinção de que nos ocupamos já não recairia sobre a fórmula de descentralização em si mesma, mas sim sobre o *conteúdo da autonomia*, em geral *mais ampla* para os entes que integram ordenamentos tradicionalmente qualificados como *federais*. Tudo resume--se a uma questão de graduação, e não de essência, ensinaria *Vergottini*. A evolução cooperativa do fenómeno federal, essencialmente marcada pela dinâmica de concertação entre os níveis central e periféricos, teria provocado o abandono ou a relativização dos dogmas clássicos do Estado federal, cujos conceitos fundamentais – soberania, distribuição de competências, câmara territorial, etc. – careceriam de revisão à luz das experiências contemporâneas[82].

Seria inútil continuarmos a percorrer outros contributos doutrinários, pois dificilmente acrescentaríamos novos resultados à presente problemática: nas últimas décadas a orientação que afirma a substancial afinidade entre Estados ditos federais e Estados ditos regionais foi progressivamente ganhando terreno até tornar-se prevalecente[83]. O argumento teórico recorrentemente invocado para sustentar a referida *identidade de natureza* seria aquele da *insustentabilidade da dupla soberania*: negada a hipótese da estatalidade do ente federado ou da *pluralidade de soberanias*, ter-se-ia esfacelado a pretensão distintiva entre Estado federal e regional, já que seus respectivos entes autónomos estariam igualmente submetidos ao interesse geral definido pelo poder central, nos termos constitucionalmente definidos. Além disso, a concepção de federalismo teria evoluído: já não serviria à mera garantia das subjectividades políticas independentes do poder central, mas sim à garantia da participação/influência periférica nos processos decisórios federais. Assim, a meditada reconsideração da soberania (livre agora das pressões políticas que condicionaram as construções teóricas oitocentistas, tendentes a garantir a independência periférica frente ao poder central) inspiraria a concepção de *Estado unitário composto – certamente mais alargada, mas comparativamente mais útil e coerente que qualquer pretensa distinção (Raffaele Bifulco)*[84]. Nos termos daquela

---

[82] Neste sentido cfr. Giuseppe De Vergottini, *Stato federal*, in Enciclopédia del diritto, vol. XLIII, Giuffrè, Milano, 1990; Giuseppe De Vergottini, *Diritto costituzionale comparato*, Cedam, Padova, 1999.

[83] A favor da substancial afinidade entre Estados federais e regionais cfr. ainda P. Santolaya Machetti, *Descentralización y cooperación*, Instituto de estudios de administración local, Madrid, 1984, págs. 20 e ss; J. Terron Montero/G. Camara Vilar, *Princípios y técnicas de cooperación en los Estados compuestos: reflexiones sobre su aplicación al caso de España*, in Comunidades Autónomas e instrumentos de cooperación interterritorial, J. Cano Bueso (org), Tecnos, Madrid, 1990, págs. 41 e ss; M. Scudiero, *Il ruolo delle regioni nell'europa di Maastricht*, in Le regioni, 1993, págs. 1039 e ss; Ugo De Siervo, *Ipotesi di revisione costituzionale: il cosiddetto regionalismo "forte"*, in Le regioni, 1995, pág. 32.

[84] A noção de *Estado unitário composto* foi cunhada pela doutrina italiana. A propósito cfr. L. Paladin, *Diritto costituzionale*, Cedam, Padova, 1991, págs. 51 a 56, que considera o Estado federal como uma subespécie do Estado unitário; Raffaele Bifulco, *La cooperazione nello Stato unitário composto*, Cedam, Padova, 1995, págs. 20 a 28. A noção de Estado composto fora utilizada por O. Ranelletti, *Istituzioni di diritto pubblico*, Cedam, Padova, 1934, págs. 99 e 100, mas em contraposição àquela de Estado unitário, e antes disso por P. Laband, como demos conta, no sentido de *Estado de Estados*.

noção engendrada pela doutrina italiana (*Paladin*, *Bifulco*), tanto os *Länder* alemães, como os entes periféricos belgas, espanhóis, austríacos ou italianos, corresponderiam todos ao mesmo género de entes políticos constitucionalmente garantidos e privados do carácter de estatalidade – ainda que gozassem de garantias constitucionais de distinta intensidade e de diversos instrumentos de participação no processo de formação da vontade central. O conceito cunhado pelos italianos não contrapõe Estado composto a Estado unitário (como fizeram *Laband* e *Ranelletti*), antes conjuga aquelas noções aparentemente contraditórias, a partir da premissa de que *a soberania não é pensável senão como categoria absolutamente unitária*, e por isso todo Estado seria unitário. Distintos seriam, isto sim, os circuitos decisórios através dos quais tal soberania manifesta-se num Estado unitário centralizado e num Estado unitário composto. Mais: a categoria do *Estado unitário composto* assimila a aproximação das fórmulas federais e regionais a partir da tendencial conformação cooperativa das relações intergovernamentais naqueles Estados – a *cooperação* seria o fio condutor do referido conceito, donde o nosso interesse.

Julgamos que a integração dos Estados ditos federais/regionais/ /autonómicos sob o *genus* comum do *Estado composto* está em sintonia com a evolução teórica e praxeológica do federalismo que temos descrito, sobretudo porque intui que a condução dos distintos interesses num sistema marcado pelo pluralismo decisório sempre assenta num *compromisso constitucional de cooperação*. O chamado *Estado composto* da teoria federal deixa de ser perspectivado como *Estado composto de Estados* para sê-lo como *Estado composto de entes políticos cooperativamente conformados*. É certamente uma categoria mais ampla e adaptada às vicissitudes de seu tempo: não assenta nos postulados da autonomia/ /independência, mas da autonomia/participação. O reconhecimento da cooperação como fundamento do *Estado composto* livra tal concepção do anacronismo: numa época em que o conceito de soberania sofre profundas alterações, resulta inconsistente fundar qualquer conceptualização em terreno tão movediço. O fundamento da cooperação parece-nos manifestamente melhor posicionado que o da soberania para compor a definição dos Estados compostos. Seja como for, a categoria do *Estado composto* representa uma tentativa genuinamente jurídica de captar a actual estatura dos *Estados politicamente descentralizados* ou *verticalmente estruturados* sem recorrer a uma racionalidade emprestada. Há quem legitimamente invoque conceitos lógico-ontológicos para explicar os Estados compostos: os entes periféricos de um Estado composto seriam séries políticas heterogéneas ou diferenciadas que integrariam um todo atributivo – *o que se diz do todo, não se há-de dizer das partes* – e tal totalidade atributiva seria distributivamente vertebrada pela Constituição. Isto distinguiria os Estados compostos daqueles unitários/homogéneos a cujas partes seria constitucionalmente permitido exercer alguma autonomia distributivamente (*Lopez Ruiz*)[85]. Julgamos que tal explicação denota evidentes resistências periféricas que já não se compadecem com as actuais tendências cooperativas – as quais proclamam a valorização da *interdependência decisória* em detrimento da independência. Eis o risco do apelo a racionalidades não jurídicas quando é de um conceito normativo que se fala.

Não obstante, persiste a perplexidade: a tese que postula o acolhimento do Estado federal e regional sob o *genus* comum do *Estado composto* implicaria a absoluta similitude entre as referidas fórmulas ou seria ainda possível e oportuno individualizar critérios tendencialmente distintivos entre Estado federal e regional? *Raffaele Bifulco* defenderia que se a substancial diferença entre Estado federal e regional seria teoricamente insustentável – porque a forma de Estado em causa seria sempre unitária –, não se pode negar a existência de *institutos jurídico-constitucionais* que, por incidirem directamente sobre a participação periférica na formação da vontade central, *conformariam diferentemente os respectivos circuitos decisórios num Estado federal e noutro regional*. Nesta ordem de ideias, seriam dois os critérios tendencialmente distintivos entre Estado federal e regional: a *competência das competências* (ou o consentimento dos Estados-membros à revisão da Constituição federal) e a *presença de uma câmara de representação dos interesses regionais*. Mas se tais institutos jurídico-constitucionais conformariam diferentemente os circuitos decisórios através dos quais se formula a vontade central nos Estados federais, tal distinção seria apenas tendencial – insistiria *Raffaele Bifulco* –, tendo em conta a substancial afinidade e progressiva aproximação das referidas fórmulas, que seria tanto mais acentuada entre os Estados compostos da União Europeia, porque a integração comunitária operaria num sentido sensivelmente homogeneizador, pondo na ordem do dia a problemática do constitucionalismo europeu – e da interconstitucionalidade, acrescentaríamos.

Julgamos que a distinção entre Estado federal e Estado regional talvez possa ter alguma utilidade na percepção do *federalismo enquanto*

---

[85] Sobre a definição lógico-ontológica de Estado composto cfr. Francisco Lopez Ruiz, *Los conceptos de "todo" y "parte" aplicados ao estudio de los Estados compuestos*, in Revista Española de Derecho Constitucional, n.º 49, 1997.

processo, na medida em que sugere a existência de estágios mais e menos avançados de descentralização – ou de uma *sucessão ininterrupta entre toda uma graduação de figuras possíveis*, como sugeriu Carl Friedrich. Mas tal distinção seria meramente de grau, não de essência, porque a substância é a mesma e sempre reside na *autonomia* constitucionalmente garantida pelas mais variadas vias de participação na vontade central – autonomia presentemente entendida não como independência, mas como participação nos processos decisórios centrais, da qual dependeria a coesão e estabilidade sistémicas. Ou seja, tal graduação não é aferida pelo critério do acometimento de *competências materialmente essenciais* à periferia ou pela presença de *específicos órgãos e poderes*: a eventual distinção de grau depende da capacidade integradora das respectivas estruturas centrais, através de instrumentos político-jurídicos que permitam aos entes periféricos identificarem-se com a direcção do conjunto. Tal abertura partipativa seria tendencialmente mais elaborada e consistente nos Estados tradicionalmente tidos como federais, não obstante os recentes desdobramentos integradores do *compromisso constitucional de cooperação* nos Estados regionais e autonómicos. Seja como for, as pretensas distinções substanciais entre os entes periféricos dos Estados compostos (*Land*, Região, Comunidade Autónoma, Província, Estado-membro) não logram demonstrar um distinto sentido para a autonomia nos respectivos ordenamentos – provavelmente porque não exista. E se a essência autonómica não se altera, nada obsta a apreciação do fenómeno do federalismo numa perspectiva mais alargada do que aquela que necessariamente o identifica com os Estados federais. Os Estados ditos regionais e autonómicos, que igualmente acolhem e funcionam segundo a lógica federativa, contribuem actualmente com genuínas soluções cooperativas não descuráveis por uma investigação que se pretenda intelectualmente honesta. A fenomenologia é a mesma, sobretudo nos Estados compostos da União Europeia: a consagração constitucional do princípio da autonomia periférica, e a necessidade de institutos que garantam a conjugação dos interesses centrais e autonómicos, fez irromper a cooperação no cenário jurídico-constitucional europeu (tornando recorrente o recurso da jurisprudência constitucional dos Estados compostos da Europa ao princípio da lealdade federal ou leal colaboração). É neste sentido que a concepção de *Estado composto*, enquanto *genus* comum dos Estados federais/regionais/autonómicos, estaria em sintonia com os actuais desenvolvimentos da teoria e práxis do federalismo. Os mesmos desdobramentos que levaram Konrad Hesse a definir o Estado federal como *Estado composto de várias organizações e ordenamentos jurídicos reciprocamente influentes* (o que bem serviria para designar tanto o Estado alemão, como o espanhol ou o italiano), e o Tribunal Constitucional espanhol a qualificar o Estado das autonomias como *Estado composto* (Sentenças de 28/1/82, 14/6/82, 20/4/83).

Mesmo quem esteja decididamente empenhado na elaboração de uma *teoria constitucional do regionalismo*, como é o caso de Peter Häberle, não consegue refutar a analogia entre Estado federal e Estado regional. *Häberle* acaba por tortuosamente reconhecer que os *critérios orientadores* de ambos seriam os mesmos (a conexão histórica e cultural, a unidade de fins económicos, a necessidade de uma ordenação territorial e de um planeamento conjunto); os *fundamentos de legitimidade* seriam idênticos (legitimação procedente das liberdades culturais, da democracia, da separação de poderes, da descentralização/subsidiariedade, da política de desenvolvimento económico, da integração e política europeia); as *soluções e o instrumentário jurídico* seriam perfeitamente partilháveis (as construções jurisprudenciais e doutrinais dos Estados federais suportam os Estados regionais e todo o instrumentário da repartição de competências foi aos últimos transladado); e a *lógica de funcionamento cooperativo* seria precisamente a mesma. Ainda assim, *Häberle* insiste na distinção entre federalismo e regionalismo porque teme a menorização do segundo, o qual não deveria ser esvaziado de sentido nem percepcionado como *mera etapa prévia de uma forma acabada que seria o federalismo*: se é certo que muitos Estados constitucionais não desejariam converter-se em Estados federais, todos estariam necessariamente convocados à edificação de uma estrutura constitucional regional que equilibrasse a integração supranacional dos grandes mercados e protegesse as minorias. Daqui decorreria, segundo *Häberle*, a imprescindibilidade da definição dos traços identitários do *regionalismo como um tipo do Estado constitucional* integrado pelos elementos da liberdade cultural, da autonomia, da descentralização/subsidiariedade, da democracia (também nos pequenos espaços), da divisão e controlo dos poderes. A Europa já estaria a caminho de uma estrutura regional comum – a Carta Europeia da Autonomia Local de 1985 e a Carta Comunitária sobre a Regionalização de 1988 indiciariam a construção de um Direito constitucional regional como parte integrante do *jus commune constitutionale* – direito comum constitucional europeu[86].

---

[86] Sobre o regionalismo cfr. Peter Häberle, *Problemas fundamentales de una teoria constitucional del regionalismo en perspectiva comparada*, in Estudios de derecho público, Homenaje a Juan José Ruiz-Rico, vol. II, Tecnos, Madrid, 1997; Peter Häberle, *El regionalismo como princípio estructural naciente del Estado constitucional y como*

Nesta ordem de ideias, *Häberle* vai sugerir a definição de precisos critérios distintivos entre federalismo e regionalismo – *ainda que possam dar-se transições e diversas graduações*, pois *num ponto determinado a quantidade transforma-se em qualidade*, admite – e lá elenca os tradicionais elementos do Estado federal já aqui discutidos: o poder constituinte e o exercício de funções estaduais originárias pelos Estados-membros; a consciência histórica e estadual; a câmara de representação dos interesses federados; a autonomia financeira. Depois conclui que os entes periféricos dos Estados regionais podem ostentar alguns desses elementos mas, *em princípio*, não contariam com todos. Como elementos do Estado regional já surgiriam: a cobertura e garantia jurídico-constitucional; a distribuição de competências legislativas, governativas, administrativas, judiciais; os elementos incipientes de estatalidade/identidade (bandeira, consciência histórica); a presença de cláusulas de homogeneidade e formas de cooperação (lealdade regional); os direitos de intervenção na tomada de decisões que afectem o conjunto do Estado através de uma segunda câmara; a previsão de procedimentos de resolução de conflitos entre poder central e periférico; a autonomia orçamental/financeira e os instrumentos de compensação financeira. Ora, dificilmente algum doutrinador contribuiria tão decisivamente na constatação da substancial afinidade entre os fenótipos organizatórios federal e regional – ainda que a intenção fosse diametralmente oposta!

A defesa *häberliana* da *região* enquanto *conceito central do Estado constitucional* da actualidade e como *máxima da política do direito europeu* é de todo procedente: a construção democrática do edifício europeu em muito depende do reforço da intervenção do Comité das Regiões na definição das políticas públicas, sobretudo no que respeita ao controlo da subsidiariedade (cfr. o *Protocolo relativo à aplicação dos princípios da subsidiariedade e proporcionalidade*, anexo ao Tratado que institui uma Constituição para a Europa, o qual estabelece um sistema de controlo político e jurídico dos referidos princípios, e contempla a possibilidade de que o Comité das Regiões interponha recurso para o Tribunal de Justiça das Comunidades, alegando que um acto legislativo comunitário viola o princípio da subsidiariedade). Não obstante, a argumentação *häberliana*

---

máxima de la politica del derecho europeu, in Retos actuales del Estado constitucional, IVAP, Oñati, 1996; Peter Häberle, *Federalismo, regionalismo e piccoli Stati in Europa, in* Il federalismo e la democrazia europea, Gustavo Zagrebelsky (org), La Nuova Itália Scientifica, Roma, 1995.

confundiria as noções de federalismo e Estado federal, assim como as de regionalismo e Estado regional, sustentando inclusivamente que *o federalismo se apresenta como uma das formas de manifestação do regionalismo* – com o que não podemos concordar. Se alguma conexão existe entre ambos os conceitos, será sempre o federalismo a englobar as concretas manifestações de regionalismo. Nos termos das lapidares construções de *Carl Friedrich*, o federalismo traduz-se num processo dinâmico, voltado ao equilíbrio de forças políticas e à resolução conjunta de problemas comuns, que avança com resultados alternados segundo prevaleçam tendências centrípetas ou centrífugas. O processo assim descrito admite toda uma graduação de figuras possíveis porque há uma continuidade fenomenológica entre as várias experiências constitucionais que reconhecem autonomia governativa às entidades periféricas. Organizar juridicamente o federalismo não significa necessariamente constituir um Estado de Estados, mas sim regular o processo através do qual duas ordens de comunidades – central e periférica – possam coexistir harmonicamente e inclusive transformar-se, independentemente do fenótipo organizatório eventualmente escolhido (federal/regional/autonómico). O regionalismo, por seu turno, transcende a problemática dos Estados compostos porque o conceito de *região* não é necessariamente coincidente com aquele de entes político-territoriais dotados de poderes normativos primários. Nos termos do art. 1.º da Carta Comunitária sobre Regionalização, a *região* corresponde a um território ou conjunto homogéneo de territórios que formam uma *unidade em sentido geográfico caracterizada por elementos comuns*: língua, cultura, tradição histórica, interesses económicos. Ou seja, *territórios geograficamente contíguos e com afinidades económicas* podem ser agrupados numa *unidade territorial quase política* (*Loewenstein*), sem que estejam integrados num Estado regional. Por isso regionalismo não se confunde com Estado regional, nem federalismo com Estado federal. A teoria do federalismo agasalha todas as manifestações concretas de integração entre comunidades que não avançaram para a constituição de um Estado federal (aqui caberiam o Estado regional, o Estado autonómico, a União Europeia, ou qualquer outra modalidade de sistema decisório multinível). Assim o é desde que *Friedrich* rompeu com a concepção estadualista de federalismo.

Título II

TEORIA DA ORGANIZAÇÃO JURÍDICA
DO ESTADO COMPOSTO

Capítulo I

DA PROBLEMÁTICA COMPETENCIAL: PRINCÍPIOS
E ARRANJOS ORGANIZATÓRIOS

1.1. **Da distribuição de competências cooperativamente orientada**

O ponto nevrálgico da organização jurídica do Estado composto localiza-se na distribuição das competências. Não se consegue captar o funcionamento de qualquer ordenamento composto descurando-se das bases sobre as quais assenta a respectiva distribuição de competências entre poder central e periférico. É precisamente aqui onde se vai procurar a fórmula mais idónea à composição dos interesses gerais com aqueles regionais em cada ordenamento concreto, ou noutros termos, a solução técnica que vai informar todo o complexo das relações entabuladas entre as diversas esferas de poder num Estado composto. Em termos genéricos (porque cada distribuição competencial depende de circunstâncias histórico--concretas), o direito comparado nos oferece duas grandes soluções de referência nesta matéria, as quais *García de Enterría* entendeu baptizar como *modelo europeu* e *modelo norte-americano*[1]. Num dos pólos, teríamos

---

[1] Sobre os modelos europeu e norte-americano de distribuição de competências cfr. Eduardo García de Enterría, *El proyecto de Constitución Europea*, in Revista Española de Derecho Constitucional, n.º 45, Set/Dez 1995, págs. 25 e ss. Não deixa de ser curioso que a Comunidade Europeia tenha desde sempre adoptado o modelo de distribuição de competências por objectivos dos norte-americanos, em detrimento

O *modelo europeu* das longas listas competenciais, fundado no concurso de ambos os níveis de poder no tratamento e execução de uma mesma matéria. Aqui restam constitucionalmente elencadas as *competências exclusivas do poder central* (só este pode legislar e adoptar actos juridicamente vinculativos na matéria, não podendo os entes periféricos fazê-lo senão

do modelo das listas competenciais do modelo europeu – provavelmente em função da simplicidade e potencial plasticidade da solução estado-unidense. Actualmente já não é possível reduzir o sistema de competências múltiplas da União à clausura de longas listas competenciais dificilmente consensuais, o que *significaria renunciar ao mecanismo técnico que esteve na base do espetacular desenvolvimento comunitário*, como ensina García de Enterría. Desde o Tratado de Roma que a fonte das competências comunitárias tem sido a *necessidade e oportunidade* da construção do mercado comum, o que tem incessantemente alimentado os poderes de acção supranacionais. Por conta desta tradição, o Tratado que institui uma Constituição para a Europa furtou-se ao estabelecimento de listas competenciais exaustivas (o que efectivamente estaria na contra-mão da dinâmica europeia e tendências federativas da actualidade), e manteve a chamada *cláusula da flexibilidade* (art. 17.º). Muito embora o resultado não tenha agradado a todos, o certo é que se conseguiu lançar alguma luz distintiva entre competências exclusivas e partilhadas (arts. 12.º e 13.º). Corresponde a um avanço no sentido de se encontrar mecanismos institucionais tendentes a definir limites e corrigir excessos, visto que os tratados constitutivos nunca densificaram o sentido e limites do sistema comunitário de competências, nem contemplaram qualquer indicação sobre as competências de cada nível decisório. Em consequência disso, *o sistema comunitário tomou o freio nos dentes*, como bem ilustrou Lucas Pires: não só avançou com crescente autonomia, como alargou a sua fronteira através de mecanismos explicáveis mais pela necessidade de coerência sistémica, do que por demandas de eficácia e especialização que servissem de prótese a insuficiências funcionais específicas do Estado (neste sentido cfr. Lucas Pires, *Competência das competências: competente mas sem competências?*, in Revista de Legislação e Jurisprudência, n.º 130, ano 1997/1998, pág. 356). O certo é que a teoria da distribuição de competências nunca conseguiu captar o dinamismo da construção europeia, sobretudo porque o princípio da subsidiariedade – cujo sentido prende-se com a partilha ideal de responsabilidades – restou aplicado nos termos de uma abordagem meramente formal/técnica (para fundamentar a necessidade do acto comunitário), em detrimento de uma abordagem material/substantiva que justificasse a mais-valia da intervenção europeia ou a ineficácia da intervenção nacional (neste sentido cfr. Antonio Estelle de Noriega, *La paradoja de la subsidiariedad: reflexiones en torno a la jurisprudência comunitária relativa al artículo 3B (2) del Tratado de la Comunidad Europea*, in Revista Española de Derecho Administrativo, n.º 101, 1999). Seria desejável que a subsidiariedade evoluísse num registo marcadamente federal, isto é, que a União justificasse o exercício de competências partilhadas com uma *exigência peremptória* de regulação comunitária (leia-se imprescindibilidade), não bastando a *necessidade* para a avocação federal que afaste a regulação federada (neste sentido cfr. Klaus-Jürgen Nagel, *El federalismo alemán. Más cooperación o nueva asimetría?*, in Revista de Estudios Políticos, n.º 118, Out/Dez 2002, pág. 76).

mediante autorização ou para dar execução aos actos centralmente adoptados); as *competências concorrentes ou partilhadas entre poder central e periférico* (ambos podem legislar e adoptar actos juridicamente vinculativos na matéria, desde e na medida em que o poder central não exerça a sua competência); e as *competências complementares* (exercidas pelos entes periféricos em aplicação das leis federais, seja porque o poder periférico é encarregue de regular os detalhes de uma matéria cujos princípios gerais foram definidos pelo poder central, seja porque o poder central não dispõe de um aparato administrativo próprio e a competência executiva da legislação central recai sobre o poder periférico – eis o *federalismo de execução* dos sistemas alemão e suíço, contrariamente àquele dos sistemas canadiano e estado-unidense, onde a execução das leis federais compete à administração federal).

No pólo oposto, teríamos o enxuto *modelo norte-americano* fundado na exclusividade de regulação e execução de uma mesma matéria. Aqui a atribuição da competência engloba todo o tratamento legislativo, executivo e jurisdicional da matéria. Nos termos da Constituição estado-unidense de 1787, compete integralmente ao poder central o tratamento de matérias como moeda, exército, relações internacionais, nacionalidade e correio, ao que se acresce uma *única competência material concorrente* capaz de alimentar o protagonismo da União: a *cláusula do comércio* (art. I, secção 8), nos termos da qual compete à União *regular o comércio com as nações estrangeiras, assim como entre os distintos Estados-membros e com as tribos indígenas*. A elasticidade com que tal cláusula tem sido interpretada pela Suprema Corte estado-unidense permite-lhe abarcar qualquer medida de política económica – e consequentemente social. O carácter teleológico da *cláusula do comércio* é confirmado tanto pela *cláusula do interesse geral* (art. I, secção 8, segundo a qual o Congresso é competente para *providenciar a defesa comum e o bem-estar geral dos Estados Unidos*), quanto pela *cláusula da necessidade e oportunidade* (art. I, secção 8, nos termos da qual se autoriza poder central a *fazer todas as leis que sejam necessárias e oportunas ao desenvolvimento dos poderes que a Constituição lhe atribui*, o que se afere a partir dos fins que justificaram a atribuição de poderes expressos à União).

Do exposto deriva que mesmo nos ordenamentos compostos em que a distribuição competencial baseia-se na *enunciação taxativa de poderes centrais*, na *exclusividade material* em detrimento da concorrência, e na atribuição de *poderes residuais aos entes periféricos* – como seria o caso do modelo federal estado-unidense – tal conformação aparentemente rígida sempre acaba corrigida e atenuada por outras disposições jurídico-

-constitucionais tributárias da *plasticidade do poder central* a partir da salvaguarda do *interesse geral*, sem que com isto se comprometa o equilíbrio formal das relações entre poder central e periférico. Por conta de uma interpretação teleológica ou orientada à prossecução das finalidades constitucionais, o poder central dos distintos Estados compostos intervém em qualquer âmbito competencial a partir da invocação de imperativos de ordem económica – o que provoca incertezas e perplexidades na definição concreta do limite das suas competências. Ademais, não se pode negar que a crescente complexidade social, aliada à interdisciplinaridade dos conteúdos a regular, dificultam a definição e o cumprimento de regras que determinem, *a priori*, qual esfera de poder deve *fazer o quê e até onde*. Em consequência disso, a distribuição de poderes constitucionalmente plasmada acaba por ser praticamente indicativa: o exercício dos poderes vai depender de um contínuo processo de concertação entre os distintos actores político-administrativos que defina *quem deve actuar e de que maneira*, isto é, qual esfera de poder actua melhor, ou suficientemente, numa específica área, e quando e como deve intervir. Prova disso é que independentemente da expressa consagração de competências legislativas aos entes federados, certos ordenamentos compostos da actualidade (Alemanha, Suíça, Áustria – e em certa medida a própria União Europeia) adoptaram o chamado *federalismo de execução*, através do qual os entes periféricos contribuem decisivamente na formação de uma vontade uniforme que será pluralisticamente executada a partir da adaptação às necessidades e particularidades de cada território.

    Certamente que uma abordagem exclusivamente procedimental ou predominantemente política do sistema de competências teria manifestas fragilidades (não é isto que pretendemos!), pois somente a existência de limites jurídicos, tendentes a controlar a expansão do poder central, pode evitar que uma ocasional conformação de forças dite ilegitimamente os destinos colectivos. Ocorre que, como bem elucidou *Areilza Carvajal*, o grande desafio constitucional que actualmente se põe aos ordenamentos compostos – União Europeia inclusive – é precisamente o desafio da definição de limites jurídicos ao exercício das competências materiais dos poderes centrais. Eis a perplexidade: Quais as fórmulas jurídicas aptas a resolver o problema da expansão das competências centrais nos espaços compostos? Aqui o princípio da subsidiariedade é capaz de fazer alguma diferença porque pode conduzir à revisão do processo político que culmina na intervenção do poder central sobre uma específica área. Para lá do fetichismo das listas competenciais e da distribuição estática de poderes, o princípio da subsidiariedade sugere o exercício não dogmático, mas concertado, daqueles mesmos poderes. É que a práxis federativa veio demonstrar que os níveis de governo não estão naturalmente vocacionados para o exercício desta ou daquela específica tarefa – e que o exercício competencial vai depender do que a natureza transaccional do processo político decida a cada momento. Sendo iniludivelmente assim, a lógica da subsidiariedade vai justificar a adopção de mecanismos de controlo recíproco e de intervenção de uns nos processos decisórios de outros. Será neste preciso sentido que a futura Constituição Europeia devolve o controlo da subsidiariedade das propostas legislativas comunitárias ao Comité das Regiões e respectivos Parlamentos nacionais, com possibilidade de recurso para o Tribunal de Justiça das Comunidades. Tais desdobramentos procedimentais ou predominantemente políticos da distribuição competencial atendem aos insistentes apelos da justiça constitucional dos Estados compostos no sentido de que seja o próprio processo político a corrigir a expansão do poder central e a conduzir concertadamente a partilha de responsabilidades – eis o *padrão jurisprudencial do controlo mínimo da subsidiariedade*[2].

Com efeito, não há realisticamente como conceber um sistema federativo que suponha a existência de níveis governativos completamente independentes e que actuem em âmbitos materiais asséptica e milimetricamente compartimentados. A coexistência sobre o mesmo território e o exercício de poderes sobre os mesmos destinatários obriga à prossecução concertada de interesses e à consideração recíproca de perspectivas. Não há como escapar à interdependência porque muitas das decisões políticas transcendem o âmbito territorial e as potencialidades dos entes periféricos isoladamente considerados – o que aconselha a partilha decisória. Mais: a exigência de um sistema social e economicamente integrado opera no sentido de uma certa *equivalência de condições de vida* que permitam a consolidação de um mercado nacional minimamente equilibrado. Isto afasta a hipótese da prévia definição de esferas competenciais separadas e excludentes: a natureza das coisas fará com que a concreção da distribuição competencial dependa de circunstâncias fácticas, inclusivamente conjunturais, que ditam a amplitude do interesse geral em cada momento histórico. Como sugere *López Guerra*, aqui a racionalidade jurídica não basta para decidir se um específico programa económico ou social é ou

---

[2] Neste sentido cfr. José Areilza Carvajal, *El principio de subsidiariedad en la construcción de la Unión Europea*, in Revista Española de Derecho Constitucional, n.º 45, Set/Dez 1995, pág. 65.

não regionalizável: a possibilidade e a conveniência de se dirigir um programa económico ou social a partir de uma base nacional ou regional é, sem margem de dúvida, uma decisão política. Acresce que a amplitude dos conceitos constitucionais faz com que, em muitos casos, uma mesma actividade ou situação seja integrável em distintas matérias, ou seja, é possível que sobre o mesmo espaço físico e sobre o mesmo sector de actividade concorram títulos competenciais distintos. Isto habitualmente ocorre quando a reserva competencial não recai sobre um sector nitidamente identificável, mas sobre uma matéria de contornos flexíveis e tendencialmente ampliáveis, eventualmente de cariz teleológico[3]. É precisamente nesta inevitável *zona de contacto* e *interferência recíproca* entre poderes formalmente acometidos que a cooperação se revela imperativa.

Não é difícil percepcionar as razões da influência recíproca e interacção nos Estados compostos. Como preconiza *Albertí Rovira*, muitas das decisões centrais só serão plena e satisfatoriamente realizadas se acompanhadas das correspondentes medidas periféricas que lhes impulsionem a eficácia na resolução da problemática então enfrentada, assim como muitas das medidas periféricas só serão plenamente efectivas se harmonicamente inseridas num marco geral que lhes seja propício[4]. Desde que *Konrad Hesse* traçou a distinção entre *necessidade de uniformização*, por uma lado, e *centralização*, por outro, que se sabe que a eventual concentração da capacidade decisória primária na esfera federal não conduz necessariamente à centralização[5]. Enquanto *uniformização* corresponde ao processo de *redução das diferenças territoriais* no tratamento público de certo sector ou matéria, voltado à *progressiva equiparação das situações jurídicas e condições de vida* em todo o território da federação, a *centralização* corresponde ao processo de *esvaziamento* – e em última análise de *liquidação – da capacidade decisória dos níveis periféricos pelo poder central*. Segundo tal ordem de ideias, a centralização não constitui o modo

---

[3] Neste sentido cfr. Luis López Guerra, *Conflictos competenciales, interés general y decisión política*, in Revista del Centro de Estudios Constitucionales, Set/Dez 1988, pág.89 e *El reparto de competencias Estado-autonomías según la doctrina del Tribunal Constitucional*, in Comunidades Autónomas y Comunidad Europea. Relaciones jurídico-institucionales, Cortes de Castilla y León, Valladolid, 1991, pág. 248.

[4] Neste sentido cfr. Enoch Albertí Rovira, *Algunas consideraciones sobre el federalismo de ejecución*, in Revista Vasca de Administración Pública, n.º 25, 1989, pág. 9.

[5] Sobre a distinção entre *necessidade de uniformização* e *centralização* cfr. Konrad Hesse, *Der unitarische Bundesstaat*, Karlsruhe, 1962.

inescusável de se atingir o objectivo de uniformização. Se é certo que através da centralização também lá se chega, *Hesse* vai sugerir o distinto percurso da *cooperação*, o qual prossegue a *concertação do exercício dos poderes das partes*, de modo que estas orientem as suas actividades a partir de um *parâmetro de referência comum, conjunta e livremente acordado*. Graças à via da cooperação foi possível evitar que a necessidade de uniformização se traduzisse automaticamente em centralização.

Isto significa que a organização cooperativa das competências funciona como um fenómeno de compensação à progressiva intervenção do poder central nos processos decisórios, em virtude da pressão uniformista (*Unitarieserung*). Se a criação de uma estreita rede cooperativa de relações intergovernamentais – baptizada pelos germânicos de política conjunta (*Politikverflechtung*) – acarreta a parcial perda de poderes singulares de decisão pelos entes federados, tal privação sempre resta compensada pelo acréscimo de influência na formação da vontade federal unitária, através de mecanismos formais, informais, obrigatórios ou voluntários de participação. Da tradicional organização das competências onde cada esfera exercia a sua quota de poder exclusivamente sobre o âmbito material que lhe fosse formalmente acometido, transitou-se para uma desassombrada e cooperativa organização de competências onde todas as instâncias são *partes integrantes de um único mecanismo de governo* e cujos poderes, considerados como peças complementares, voltam-se à consecução dos objectivos públicos ditados pelo interesse comum. Isto é, os entes periféricos cedem em capacidade autónoma e separada de actuação, em troca do reforço de sua posição conjunta[6].

Tal lógica organizatória cooperativamente informada decorre sobretudo do entendimento de que as decisões que afectam o interesse geral hão--de ser encomendadas aos órgãos centrais. Não será por outro motivo que o poder central vai chamar a si o tratamento de assuntos que não podem ser satis-fatoriamente regulados pelos entes periféricos, ou cuja regulação individualizada possa prejudicar os interesses de uns ou de todos, ou quando assim o exija a manutenção da unidade jurídica e económica – leia-se a equivalência das condições de vida –, por força do princípio da igualdade das posições jurídicas fundamentais em todo o território da organização composta. Todas as Constituições dos Estados compostos

---

[6] Sobre o trânsito para uma nova organização federal de Estado cfr. Edward Corwin, *The Constitution of the United States of America. Analysis and interpretation*, Washington DC, 1952, pág.7.

apontarão neste mesmo sentido, ostentando todas uma *cláusula de necessidade e oportunidade* ou outras de conteúdo similar que autorizam a prossecução do interesse geral pelos órgãos centrais (art. 117.º e 118.º da Constituição Italiana, art. 72.º/2 da Lei Fundamental Alemã, art. I/ /secção 8 da Constituição dos Estados Unidos, arts. 150.º/3 e 155.º/1 da Constituição Espanhola, etc...). Ora bem, se os entes periféricos interagem nos processos decisórios conduzidos pelos órgãos centrais, daqui deriva que a vontade periférica concorre na formação da vontade central que define o conteúdo material do interesse geral em cada situação concreta. E é isto que legitima a eventual incidência da acção central no âmbito de actuação dos entes federados: tal incidência, se necessária, produzir--se-á através da intervenção dos afectados na própria formulação do interesse geral.

Se num Estado composto *será soberano quem decida sobre o interesse geral*, como sugere *López Guerra*[7], isto não significa que o poder central

---

[7] Neste sentido cfr. Luis López Guerra, *Conflictos competenciales, interés general y decisión política*, cit, pág. 83. Parafraseando Carl Schmitt, para quem soberano *seria aquele que decide sobre o Estado de excepção*, López Guerra vai sugerir que *soberano será quem decida sobre o interesse geral*. Eis os motivos de tal afirmação: uma das dimensões essenciais da acção política – senão mesmo a única – seria o enfrentamento de interesses e a consequente decisão sobre quais sejam os interesses predominantes numa situação concreta. Usualmente, a legitimação das decisões sobre os interesses predominantes faz-me mediante a invocação do interesse geral; e tradicionalmente, a atribuição da titularidade dessa decisão tem sido característica do poder soberano. O movimento constitucional dos séc. XVIII e XIX conduziu a que a soberania, entendida como *summa potestas*, deixasse de ser considerada como uma faculdade territorial ligada a um titular concreto, para ser percepcionada como um conjunto de poderes distribuíveis entre os órgãos do Estado. E como os diversos órgãos estatais actuavam segundo as habilitações conferidas pelo ordenamento constitucional, parecia apropriado atribuir a soberania, em último termo, à Constituição. Ora, para o sistema constitucional, baseado no compromisso entre distintas forças e princípios, a ideia de que a soberania residia na Constituição resultava conveniente – isto porque suprimia, ao menos em teoria, a supremacia de um órgão constitucional sobre os demais. Mas a solução dificilmente poderia adaptar-se à realidade. É que o conceito de soberania como *summa potestas* não surge de um mero capricho histórico, mas de uma necessidade concreta: da existência de um interesse geral condicionante e limitador da esfera dos interesses individuais, que exigia a adopção de decisões vinculantes e inapeláveis. Num Estado constitucional descentralizado, a existência dos interesses gerais da Comunidade supõem a necessária adopção de decisões igualmente gerais que condicionem a actuação dos entes territoriais menores. Daí que num sistema territorial baseado na distribuição competencial, e não na subordinação hierárquica, seja soberano quem decida sobre o interesse geral. Assim o comprovam todos os mecanismos de superação do velho esquema do federalismo dual: a aplicação das cláusulas do comércio, do interesse

ostenta o monopólio de tal interesse geral, visto que os entes periféricos são igualmente depositários do interesse geral e por ele responsáveis (ou como bem referiu o Tribunal Constitucional espanhol na Sentença 28/ /1991, *as Comunidades Autónomas também podem defender o interesse geral porque a salvaguarda da supremacia constitucional é uma questão que interessa a todos*). Quando os entes federados exercem suas próprias competências, fazem-no de acordo com o interesse geral do Estado composto: esta deve ser a presunção geral em favor do poder periférico, e não aquela da ordinária prossecução de um interesse egoísta, gravemente daninho ao conjunto do Estado composto. E se os entes periféricos actuam no sentido daquela presunção geral, não o fazem por uma qualquer manifestação de boa vontade, mas porque estão constitucionalmente obrigados a comportarem-se de tal maneira. A actuação periférica em consonância com o interesse geral deriva do *compromisso constitucional de cooperação* subjacente a qualquer Estado composto, que transforma o interesse geral (leia-se comum, ou de todos) no interesse de cada qual. Em abono da existência de tal obrigação jurídico-constitucional, ainda quando não seja expressamente acolhida pelas respectivas Constituições, são invocáveis as graves sanções constitucionalmente previstas para o caso de deliberada violação do interesse geral (veja-se, no limite, o instituto da *coerção federal*), pois como bem lembra Albertí Rovira, *não há sanção jurídica sem a violação prévia de uma obrigação*[8]. O apelo ao conceito de interesse geral conduzirá à consagração do princípio constitucional da *lealdade federal* ou *leal cooperação*. Captemos os seus contornos.

1.2. Do interesse geral e da leal cooperação (contributo jurisprudencial)

A unidade, a coerência de sentido, e a própria sobrevivência de um ordenamento composto sempre dependeram do reconhecimento e

---

geral, e da necessidade e oportunidade nos EUA; as técnicas de legislação concorrente da Lei Fundamental alemã; a primazia do direito central na esmagadora maioria dos sistemas compostos, etc. Sobre o conceito de soberania na filosofia política e no direito público moderno cfr. António Barbosa de Melo, *Soberania e União Europeia*, *in* Temas de Integração, n.º 7, 1.º semestre de 1999.

[8] Neste sentido cfr. Enoch Albertí Rovira, *El interés general y las Comunidades autónomas en la Constitución de 1978*, *in* Revista de derecho político, n.º 18/19, Verão/Outono 1983, pág.118.

salvaguarda de um *interesse geral condicionante e limitador dos interesses periféricos individualmente considerados*, contra o qual não poderiam prevalecer unilateralidades incompatíveis com a noção de conjunto. Tal assertiva informou a evolução teórica e praxeológica dos sistemas federativos. Daqui decorreriam todos os mecanismos de superação do chamado *federalismo dual* (e da insustentável independência entre as esferas de poder com que tal noção se prende): veja-se a técnica de legislação concorrente, o reconhecimento da supremacia do poder central, a primazia do direito federal, etc. O sentido do *interesse geral* nos Estados compostos é inferível das grandes linhas políticas traçadas nas distintas Constituições (desde a formulação do conceito *aristotélico* de Constituição, bem se sabe, é ela quem determina os fins fundamentais da comunidade política). Mas não se pode realisticamente pretender que a Constituição forneça, cartograficamente, os sistemas de projecção e escala do que seja o *interesse geral* em cada específica situação – isto sempre depende de considerações fácticas, contingentes e mutáveis, ou seja, deriva da política geral do Estado definida e adoptada por cada governo. *Se a Constituição fosse um programa de governo, escusavam-se eleições periódicas* – como prelecciona *Gustavo Zagrebelsky* – e o Tribunal Constitucional deduziria todo o ordenamento jurídico da Constituição. Felizmente nada disso ocorre. Por conseguinte, está reservada ao decisor político a qualificação do que, em cada momento, possa entender-se por interesse geral – uma *qualificação tão variável como inclusivamente oposta*, sugere García de Enterría, tendo em conta a diversidade de soluções potenciais decorrentes do pluralismo político dos Estados compostos: *a decisão política consiste, justamente, na escolha sobre o que se entende por interesse geral em cada caso* – e o império normativo da Constituição, como sabemos, não elimina a política, apenas fornece-lhe as regras do jogo.

Seja como for, o imperativo jurídico-constitucional de que os entes periféricos actuem no sentido do *interesse geral* vai obrigatoriamente conduzir-nos à problemática das coordenadas informadoras do sistema de relações entre as distintas unidades governativas num Estado composto, isto é, aos princípios e padrões de comportamento que presidem a condução do exercício competencial e a interacção dos poderes central e periféricos. Tais coordenadas hão-de indicar as garantias recíprocas contra os potenciais perigos da diversidade de poderes e ordenamentos, e simultaneamente promover a indispensável atmosfera de mútua confiança para a prossecução dos objectivos comuns. Respondem, portanto, à perplexidade que atormenta a teoria do federalismo: Como assegurar que a totalidade sistémica funcione como um *workable scheme for governance* (*Roberto Bin*)[9], sem que os diversos decisores frustrem os projectos e metas alheios? Quais providências ou expedientes funcionais seriam capazes de aglutinar, conservar e proteger os Estados compostos contra as ameaças à boa e efectiva governação? Como integrar os poderes constitucionalmente dispersos numa totalidade funcional?

A decifração do enigma decorre da captação do sentido do *compromisso constitucional de cooperação* (*Daniel Halberstam*)[10]. Todo e qualquer Estado composto assenta num compromisso cooperativo que orienta a condução dos interesses interdependentes. Trata-se de um compromisso de solidariedade ou de co-responsabilidade de todos os actores políticos pela sorte de um ordenamento composto – ou pelo destino de uma *unidade diversa, harmónica e justa*. Os contornos do compromisso podem diferir, mas sempre vincula a todas as unidades governativas porque será o fundamento de qualquer ordenamento composto. O compromisso poderá incorporar uma *dimensão activa* (o que requer actores decididamente empenhados em acções concertadas), ou apenas uma *dimensão passiva* (o que implica a moderação recíproca, a abstenção do exercício de poderes formalmente acometidos quando tal ocasionalmente comprometa o sucesso da totalidade sistémica e a proibição de omissão de auxílio). Mas independentemente da inclinação pró-activa ou apenas passiva, o *compromisso constitucional de cooperação* sempre ditará a lógica de funcionamento dos ordenamentos compostos, que será aquela da manutenção do equilíbrio do conjunto. Ainda que a Constituição de um Estado composto não o refira expressamente, o compromisso cooperativo é sempre inferível da teleologia da regulamentação constitucional num ordenamento composto, pois para que o sistema político funcione minimamente, os governos constituídos se hão-de abster de qualquer medida susceptível de pôr em causa os objectivos constitucionalmente acordados, isto é, não podem perturbar nem furtar-se a ajudar. Será precisamente ao serviço da dimensão passiva do *compromisso constitucional de cooperação* (é possível obrigar a cooperar passivamente, mas já não é possível obrigar a cooperar activa-

---

[9] A expressão *workable scheme for governance* é enunciada por Robert Bin, *Il principio di leale cooperazione nei rapporti tra poteri*, in Rivista di diritto costituzionale, Giappichelli, Torino, 2001, pág. 5.

[10] Neste sentido cfr. Daniel Halberstam, *The duty to cooperate in the federal systems: of harmony and voice*, in Workshop multilevel constitutionalism – Transatlantic perspectives. Cooparative federalism: the US and the EU, Faculdade de Direito da Universidade Nova de Lisboa, 2001 (policopiado).

mente, pois a cooperação activa requer actores empenhados em acções concertadas), que se formulará o princípio da *lealdade federal* ou *leal cooperação*, tendente a corrigir os eventuais descompassos da distribuição de competências e optimizar a partilha de responsabilidades prestacionais.

Diz-se que o *princípio da leal cooperação* evoca os estratos mais profundos do edifício constitucional dos Estados compostos: impõe uma obrigação de *fidelidade ao conjunto* a partir da noção de *complementaridade de dois níveis que suportam-se e apoiam-se mutuamente* (*Schwarz-Liebermann*). Tal complementaridade implicaria necessariamente o *dever de recíproca consideração*, que conduz à abstenção de iniciativas que acarretem prejuízo aos interesses do conjunto (ou aos interesses de um ou mais associados abrangidos pela fidelidade federal), assim como o *dever de promoção desses mesmos interesses* (*Hueck*), no âmbito das actividades conduzidas por cada qual. Da *lealdade federal* derivariam deveres jurídicos concretos de conduta amistosa para com o conjunto da Federação, que se podem traduzir não só num dever de não fazer, como num dever de fazer, tendo em conta a *manutenção da ordem constitucional em todas as partes e níveis do Estado conjunto* (*Rudolf*). O princípio postularia, basicamente, que as relações entre as distintas esferas de poder devem inspirar-se na *correcção* e *boa fé*, ou seja, no efectivo respeito das atribuições dos demais intervenientes. E cumpriria à *lealdade federal* reintroduzir o equilíbrio ali onde uma das componentes do Estado composto, impondo--se ilegitimamente às demais por desconsideração do interesse geral, *ameaça romper o delicado sistema constitucional de contrapesos* (*Bayer*)[11]. De tais contributos doutrinários se depreende que a *leal cooperação* atende às exigências de funcionalidade sistémica nos casos em que a distribuição de competências inevitavelmente apresente zonas de contacto e interferência recíproca. Aqui o *juízo da leal cooperação* afere se as partes agiram nos termos de uma *conduta respeitosa* ou resultante da *correcta ponderação entre exigências opostas* (*Roberto Bin*), visto que o leal exercício das competências impõe a consideração das prerrogativas

---

[11] Sobre o sentido da lealdade federal cfr. António Jiménez Blanco, *Las relaciones de funcionamiento entre el poder central y los entes territoriales*, Instituto de Estudios de Administración Local, Madrid, 1985, págs. 103 e 104, cujas considerações decorrem sobretudo dos estudos de A. Hueck, *Der Treugedanke im modernen Privatrecht*, München, 1957; H. Bayer, *Die Bundestreue*, Tübingen, 1961; W. Rudolf, *Die Bundesstaatlichkeit in der Rechtsprechung des Bundesverfassungsgerichts*, Tübingen, 1976; H. A. Schwartz-Lierbermann von Wahlendorf, *Une notion capitale du Droit Constitutionel allemand: La Bundestrue (fidelité fédérale)*, in Revue de droit public, 1979.

alheias com as quais se esteja ocasionalmente a interagir[12]. Por conseguinte, o *juízo da leal cooperação* seria o *juízo da ponderação dos interesses* aplicado aos conflitos competenciais marcados não pela ilegítima invasão, mas por alguma forma de interferência.

Sendo um princípio orientador do relacionamento entre as esferas de poder num sistema federativo, a principal esfera de actuação do *princípio da leal cooperação* será aquela do exercício das competências: é aqui onde o princípio em apreço produz os seus efeitos jurídicos. A *leal cooperação* opera como um limite ao exercício das competências legitimamente acometidas – e à discricionariedade que lhe corresponde –, sempre que o exercício das mesmas prejudique gravemente os interesses de outrem ou de todos, em detrimento dos objectivos constitucionalmente acordados. No limite, como sugere *Bayer*[13], a *lealdade federal* vai impor a abstenção (neste caso afecta a *discricionariedade de actuação* de quem seja competente); ou no mínimo, vai exigir a adopção da solução que acarrete menos sacrifícios aos interesses em concurso (aqui a *lealdade federal* afecta a *discricionariedade de conformação* de quem seja competente). Por conseguinte, o princípio em tela produz o efeito jurídico de obrigar as unidades governativas, no exercício de suas respectivas competências, à consideração do *interesse geral* do Estado composto e dos *interesses concretos* dos demais entes periféricos, sob pena de se comprometer a manutenção e o funcionamento da ordem constitucional global. Como sustenta *Jiménez-Blanco*[14], o princípio fornece um *padrão corrector* dos erráticos resultados decorrentes da *automática aplicação dos critérios constitucionais de distribuição de competências* – que apesar de aparentemente rigorosa, acrescentaríamos, sempre incorpora uma extensa zona gris de sobreposição e interferência. E o descuramento dos deveres e restrições decorrentes do *princípio da leal cooperação* por um acto do

---

[12] Sobre o juízo da leal cooperação enquanto juízo da ponderação dos interesses cfr. Roberto Bin, *Il princípio di leale cooperazione nei rapporti tra poteri*, cit., págs. 7, 8, 12.

[13] A ideia de que a *lealdade federal* afecta a *discricionariedade de actuação*, ou no mínimo a *discricionariedade de conformação* de quem seja competente, foi concebida por H. Bayer, *Die Bundestreue*, cit., págs. 61 e ss.

[14] Sobre a ideia de que a lealdade funciona como um padrão corrector das incoerências da distribuição competencial cfr. António Jiménez Blanco, *Las relaciones de funcionamiento...* cit., pág. 105, a partir das considerações de A. Schüle, *Das Problem der einstweiligen Verfügung in der deutschen Reichsstaatsgerichtbarkeit*, Berlin, 1932.

poder central ou periférico acarreta, como ensina *Konrad Hesse*, a ilegitimidade do mesmo[15].

Se é certo que o *princípio da lealdade federal* funciona como um *limite de legitimidade ao exercício das competências* pelos distintos entes políticos (*Klaus Stern*), é igualmente certo que não fundamenta nenhuma competência, nem subverte a repartição constitucionalmente plasmada. Isto é, o princípio opera como um limite negativo – e por vezes positivo – que afecta o exercício competencial por apelo à noção de interesse geral: obriga os entes políticos a actuarem positivamente quando tal medida se revele necessária para a boa gestão do conjunto federal, assim como limita a discricionariedade dos mesmos impondo-lhes a obrigação de exercer as respectivas competências sem lesionar os interesses alheios ou o interesse geral, e sem que qualquer das partes possa escusar-se de tal dever sob o pretexto do incumprimento da outra[16]. Este *princípio de conduta amistosa* – como lhe chamou *Klaus Stern* – não fundamenta apenas deveres de omissão, mas também deveres positivos de ajuda, assistência ou facilitação do exercício de competências alheias, marcando indelevelmente o modo de proceder e o estilo do comportamento entre os diversos actores políticos de um sistema federativo. Todavia insistimos: se o *princípio da lealdade federal* afecta o exercício competencial por apelo ao interesse geral, em nenhuma hipótese a sua invocação servirá para reordenar a repartição ordinária de competências. A consecução do interesse geral é obtida através da distribuição competencial e não contra ela, ou nos termos da Sentença 146/86 do Tribunal Constitucional espanhol: *a prossecução do interesse geral se materializa através do – e não apesar do – sistema de repartição competencial articulado na Constituição.*

Eis, em definitivo, a essência do princípio: para assegurar a funcionalidade do ordenamento composto, o exercício das competências de cada ente político deve seguir a *lógica da conciliação dos distintos interesses*. A finalidade do princípio consiste, portanto, na delicada ponderação dos

---

[15] Sobre os efeitos do descuramento dos deveres e restrições decorrentes da *lealdade federal* no sistema alemão cfr. Konrad Hesse, *Elementos de Direito Constitucional da República Federal da Alemanha*, Sérgio Fabris Editora, Porto Alegre, 1998, pág. 213; e no sistema de autonomias espanhol cfr. Ana de Marcos, *Jurisprudencia constitucional sobre el principio de cooperación, in* Documentación Administrativa, n.º 240, Out/Dez 1994, pág. 287, onde se lê que *não resulta fácil a declaração de inconstitucionalidade por infração do dever de lealdade constitucional.*

[16] Neste sentido cfr. Klaus Stern, *Das Staatsrecht der Bundesrepublik Deutschland*, I, München, 1977, pág. 547 (Derecho del Estado de la Republica Federal de Alemania, Madrid, 1987).

opostos e imprevisíveis interesses num Estado composto, razão pela qual a jurisprudência constitucional alemã recusa-se a prosseguir o mesmo fim através do mais consolidado *princípio do abuso do direito*, cuja aplicação à hipótese em exame exigiria a clara predeterminação do interesse e da correspondente titularidade jurídica subjectiva, situação dificilmente reproduzível quando está em causa a realização do equilíbrio de interesses de natureza eminentemente política – alerta *Raffaele Bifulco*[17]. É certo que tal modo de interpretar e aplicar o princípio da *lealdade federal* tem como consequência a maior intromissão da justiça constitucional nas *political questions*. Será precisamente no sentido de exortar à auto-limitação da justiça constitucional no tratamento de questões políticas que *Konrad Hesse*, apesar de reconhecer o *princípio da lealdade federal* como *norma constitucional imanente* que acarreta um *dever geral de cooperação*, vai sugerir uma atitude reservada no emprego de tal princípio como critério de decisão de conflitos judiciais.

Hesse sugere que o recurso à *lealdade federal* (*Bundestreue*) seria porventura supérfluo na medida em que o controlo sobre o exercício das respectivas competências poderia ser melhor realizado com base em princípios constitucionais escritos (coisa que no ordenamento alemão a *lealdade federal* não é, sendo antes obra da construção jurisprudencial que lhe atribui significado fundamental para a ordem federal), ou princípios gerais de direito já consolidados, como seria o caso do *princípio da proporcionalidade* ou do *princípio do abuso de direito*. Desta forma seria naturalmente mais difícil que a justiça constitucional resolvesse certos conflitos – que o Autor reputa de natureza política – através de meios jurisdicionais. Eis a preocupação de *Hesse*: o princípio da *Bundestreue* estaria a ser evocado na resolução de controvérsias que não revestem o carácter de conflitos competenciais, mas de simples diferendos políticos entre governo e oposição, que acabam por ser resolvidos judicialmente. Nesses casos a evocação da *lealdade federal* seria de todo equivocada: quando se pede à oposição uma *conduta amistosa* ou *fiel* para com o governo está-se a subverter a ordem constitucional democrática que pressupõe a disputa entre distintas correntes políticas. Ora, as decisões políticas só deveriam ser substituídas pelas decisões judiciais no limite do estritamente necessário, sentencia *Hesse*[18].

---

[17] Neste sentido cfr. Raffaele Bifulco, *La cooperazione nello Stato unitario composto*, Cedam, 1995, págs. 106 e 107.

[18] Sobre as reservas de Konrad Hesse relativamente à utilização abusiva da *Bundestreue* cfr. Konrad Hesse, *Der unitarische Bundesstaat*, ob. cit., págs. 101 e 102;

Subscreveríamos, porventura, a argumentação *hesseniana*, naquelas situações em que, deslealmente, as contendas políticas são remetidas à justiça constitucional sob a forma encapuçada de conflitos competenciais. E o próprio Tribunal Constitucional alemão já reconheceu os perigos de instrumentalização a que está exposto ao admitir que *só pode controlar a observância dos limites mais extremos impostos pelo mencionado princípio* (BVerfGE 4, 115-140; BVerfGE 6, 309-361), e que a *lealdade federal só adquire relevância quando entre Bund* e *Land exista uma relação jurídica concreta* (aqui o princípio determina a extensão e o modo como direitos e deveres já existentes hão-de ser exercidos), *mas não pode ser invocado para criar novos laços jurídicos entre ambos* (BVerfGE 13, 54-75; BVerfGE 21, 312-326; BVerfGE 42, 103-117). Todavia *Hesse* parece ignorar que nem todos os conflitos competenciais implicam uma inequívoca e facilmente detectável invasão da esfera competencial alheia. E são precisamente as situações de interferência, que não configuram uma ilegítima invasão de competências, as que recaem no âmbito de protecção do *princípio da leal cooperação*. Trata-se de um princípio incontestavelmente útil para situações de sobreposição de títulos, nas quais não se pode falar propriamente em abuso de direito – não obstante a fatalidade de que a disputa político-partidária o possa instrumentalizar. Seja como for, o *princípio da lealdade federal* obriga os entes políticos a um comportamento amigável, cooperativo e respeitoso dos interesses recíprocos, sempre que uma norma ou relação jurídica confronte poder central e periférico ou poderes periféricos entre si. Por isso o *princípio da lealdade* desempenha um papel determinante na conformação das relações intergovernamentais nos diversos Estados compostos: a distinta concretização de tal princípio vai inspirar a amplitude da correspondente rede de mecanismos ou instrumentos cooperativos.

1.2.1. *O Tribunal Constitucional alemão e o princípio da lealdade federal*

Desde suas primeiras decisões, o Tribunal Constitucional alemão tem densificado o sentido do *princípio constitucional de lealdade*: dele decorreria *o dever jurídico da observação de uma conduta favorável ao sistema*

Konrad Hesse, *Elementos de Direito Constitucional da República Federal da Alemanha*, ob. cit., págs. 212 e ss.

federal (*BVerfGE* 1, 299-315); *um Estado federal só poderia subsistir se em suas relações recíprocas a Federação e os Länder ponderassem que o exercício das respectivas competências deve ser orientado pela mútua consideração e respeito* (*BVerfGE* 4, 115 141); a lealdade se impunha na adopção de *qualquer tipo de medidas – leis, actos administrativos, actos governativos –* posto que acentuaria *a vinculação das distintas componentes do Estado federal sob o ordenamento constitucional comum* (*BVerfGE* 8, 122-131). Mas foi em Fevereiro de 1961 (*BVerfGE* 12, 205) que o Tribunal Constitucional Federal teve ocasião de sublinhar a relevância de tal princípio no *procedimento e estilo das negociações* entre poder central e periférico. Estava em causa a competência para a instalação de canais televisivos. Os *Länder Hamburg, Bremen, Niedersachsen* e *Hessen*, governados à época pelos sociais-democratas, celebraram um acordo que dispunha sobre a instituição de um órgão comum competente para a gestão de programas televisivos. O governo federal contestou a legitimidade daquela normativa invocando o art. 73.º/7 da Lei Fundamental Alemã, o qual enuncia a competência legislativa exclusiva do poder central em matéria de telecomunicações. A normativa foi entretanto considerada legítima pelo Tribunal Constitucional Federal com base na distinção entre a disciplina dos aspectos técnicos de transmissão (atribuição de frequências, instalação de estações), e a disciplina da organização dos serviços e programas televisivos (definição, conteúdo e produção de pro-gramas) que recairia na competência geral dos *Länder* em matéria cultural. Resolvido o conflito através do critério da delimitação, o Tribunal Constitucional Federal todavia evocou o princípio da *Bundestreue* como orientante do procedimento e do estilo das negociações entre os distintos entes políticos. Ressaltou que em todas as situações nas quais o poder central tenha de negociar com o conjunto dos entes federados em matérias que a todos concernem ou interessem, está obrigado a um comportamento cooperativo que o impede de actuar segundo a prática do *divide et impera* (traduzível na desleal protecção dos *Länder* politicamente próximos do governo federal). Contrariamente a isto, o poder central está obrigado a fomentar soluções compromissórias nas quais todos os entes federados minimamente se revejam, algo que tinha deixado de fazer quando selectivamente consultou e negociou a instalação de um segundo canal de televisão com apenas alguns *Länder* – daí a violação da *Bundestreue*.

Mais recentemente (22 de Março de 1995), e ainda a propósito das questões relativas à televisão e radiodifusão, o Tribunal Constitucional alemão considerou que o governo federal havia desrespeitado o *princípio do comportamento leal* por não se ter insurgido contra a directiva europeia *televisão sem fronteiras* (1990), incidente sobre matérias da competência exclusiva dos *Länder*. Ora, se o governo central representa o conjunto dos *Länder* nas instâncias europeias, *a fidelidade federal o obriga a opor-se à expansão dos poderes comunitários que conduzam ao esvaziamento das competências constitucionalmente reservadas aos entes federados*. Contrariamente a isso, o governo federal havia lesado os interesses e competências dos *Länder* – e nesta medida, violado a Constituição – quando, em sede comunitária, havia abandonado a posição comum elaborada pelo conjunto dos Estados-membros sem tê-lo referido ao *Bundesrat*. A ilegitimidade da conduta do executivo residia no facto de não ter submetido ao exame da câmara de representação dos interesses dos *Länder* a nova posição que seria adoptada pela Alemanha em resultado das negociações com os outros governos europeus. O vício em causa era portanto de ordem procedimental. Embora a justiça constitucional tenha enfatizado a utilidade das regras procedimentais para a salvaguarda dos interesses e faculdades dos entes federados, não acolheu a pretensão dos *Länder* impetrantes – qual seja, a de que a directiva em causa fosse declarada inaplicável nos seus respectivos territórios –, porque o objecto normativo em causa (uma directiva) não havia emanado dos órgãos federais alemães (e sim comunitários), e nesta medida restava subtraída ao poder de desaplicação do Tribunal Constitucional[19].

No mesmo sentido de tal conduta respeitosa, o Tribunal Constitucional Federal ainda decidiu que a concessão de retribuições aos funcionários públicos dos distintos *Länder* (em causa os salários em Renânia do Norte-Westfalia) devia ter em conta a estrutura financeira conjunta na qual estão necessariamente inseridos. Assim o devia ser porque os efeitos de uma disposição normativa nem sempre se limitam ao território do *Land* – o que obriga à consideração dos interesses e possibilidades orçamentais do poder central e demais *Länder*. Dado que a Federação e os remanescentes entes federados também têm funcionários públicos, a regulação dos salários de cada qual deve considerar as circunstâncias salariais dos demais, de modo a evitar a perturbação da estrutura financeira conjunta. A sobrevivência de um Estado federal depende da observância do interesse geral

---

[19] Sobre a decisão do Tribunal Constitucional alemão concernente à directiva *televisão sem fronteiras* cfr. Serena Manzin, *Il governo federale "rappresentante" dei diritti dei Länder. Gli sviluppi del federalismo tedesco alla luce di una recente sentenza del Tribunale Costituzionale Federale*, in Giurisprudenza costituzionale, ano XLI, Janeiro--Fevereiro/1996.

do qual todos os entes políticos são depositários e ao qual estão subordinados. Por isso o exercício das competências formalmente acometidas é sempre filtrado pela consideração recíproca dos interesses – o que pode exigir a ocasional abstenção das mesmas em favor da funcionalidade sistémica (*BVerfGE* 4, 115-140/142). O *princípio da lealdade federal* procura mitigar as consequências adversas da condução do exercício competencial segundo a lógica dos interesses egoísticos (limite negativo), através da exigência de que os entes políticos suportem-se reciprocamente (limite positivo). Isto é, a *leal cooperação* assegura que a repartição de competências pelas distintas esferas de poder não compromete a boa governação da totalidade do sistema político.

Todavia a lealdade federal não cria novos laços jurídicos: apenas determina a extensão e o modo com que direitos e deveres já existentes hão-de ser exercidos. Ou seja, o princípio da *Bundestreue* apenas serve à interpretação de uma relação jurídica preexistente que fundamente uma obrigação cooperativa. Assim entendeu o Tribunal Constitucional Federal em Julho de 1961 (*BVerfGE* 13, 54-75/76) quando rejeitou a invocação do princípio da *Bundestreue* por parte do *Land Hessen*, para sustentar a legitimidade da pretensão periférica à restruturação do território federal, nos termos do procedimento previsto no art. 29.º da Lei Fundamental Alemã, cuja activação fora constitucionalmente remetida à discricionariedade do poder central. O Tribunal Constitucional alemão rejeitou tal pretensão julgando que a *lealdade federal* constitui ou limita direitos e obrigações no âmbito de uma preexistente relação jurídica entre poder central e periférico, mas não serve para fundar autonomamente novas relações. O princípio em causa servia à conservação e defesa do ordenamento constitucional sempre que tal dependesse da concorrência de esforços de distintos poderes – o que não acontecia relativamente ao art. 29.º da Lei Fundamental, que constituía um direito e uma obrigação exclusivo do poder central, que naquelas específicas circunstâncias se encontrava numa situação de supremacia relativamente aos *Länder*. Porque o art. 29.º da Lei Fundamental não estabelecia uma relação jurídica entre os sujeitos em exame, seria improcedente a invocação do *princípio da lealdade federal*.

Por apelo à realização do interesse geral – o qual eventualmente exige a uniformização de certa disciplina normativa –, o princípio da *Bundestreue* seria ainda invocado para restringir a discricionariedade de actuação da *Baviera*. A situação concreta tem origem num acordo celebrado entre os *Länder* em 1972 que disciplinava uniformemente a admissão ao ensino superior através de regras tendentes a atenuar as distintas valorações finais apresentadas pelos vários entes federados. A disciplina acordada foi considerada conforme com o princípio da igualdade pelo Tribunal Constitucional Federal (*BVerfGE* 37, 104), mas ainda assim os tribunais da *Baviera* impediam o governo do *Land* de a aplicar porque a mesma alegadamente violava o sentido da igualdade garantido pelo art. 118.º da Constituição da Baviera. Os restantes *Länder* exigiam o cumprimento do acordo, cujo descuramento por parte da *Baviera* inviabilizava a aplicação da normativa em todo o território federal. O Tribunal Administrativo Federal foi chamado a resolver a controvérsia e decidiu que a *Baviera* tinha de aplicar o acordo por força do *princípio da lealdade federal*. Se a disciplina acordada entre os *Länder* era compatível com determinado preceito da Constituição Federal correspondente àquele da Constituição de um *Land* (princípio da igualdade, no caso concreto), o *Land* estaria obrigado a dar cumprimento à normativa contestada por força da *Bundestreue*, a qual postula a conduta respeitosa para com o interesse geral e a inadmissibilidade da adopção de medidas susceptíveis de comprometer a realização dos objectivos constitucionalmente acordados[20].

Será em nome da prossecução desses objectivos – sobretudo o da equiparação das condições de vida ou da coesão económico-social – que o Tribunal Constitucional Federal vai afirmar a conformidade jurídico-constitucional da primeira lei de compensação financeira (*Finanzausgleich*) com fundamento no *princípio da lealdade federal*, o qual obriga, no entender da justiça constitucional alemã, a que os *Länder* financeiramente mais fortes ajudem àqueles financeiramente mais débeis, ainda que tal compensação tenha de ser necessariamente justa, isto é, não deve propiciar o empobrecimento dos entes federados mais competitivos (*BVerfGE* 1, 117-106). É a lealdade federal quem impele o legislador na procura do equilíbrio ou justa medida entre, por um lado, a autonomia, responsabilidade e singularidades periféricas, e por outro, a solidariedade ou co-responsabilização pelos destinos e condições de vida em todo o território nacional.

Recentemente o Tribunal Constitucional Federal foi mais uma vez chamado a decidir sobre a constitucionalidade da compensação financeira alemã (então regulada por uma lei de 23/06/1993), em virtude de uma acção interposta pelos *Länder* pagadores *Baden-Württemberg*, *Baviera* e *Hesse* (*BVerfGE* 2, 98 de 11/11/1999). O Tribunal Constitucional não se manifestou pela inconstitucionalidade da normativa em causa, mas condi-

---

[20] Sobre o acórdão que, com fundamento no *princípio da lealdade federal*, obrigou a Baviera a aplicar o acordo celebrado com os demais *Länder* cfr. Raffaele Bifulco, *La cooperazione nello Stato unitario composto*, ob. cit., pág. 105.

cionou a sua validade à emissão de uma lei de enquadramento até 31/12/
/2002, que explicitasse o conteúdo dos princípios constitucionais orientantes
da matéria e estabelecesse critérios concretizadores dos muitos conceitos
indeterminados e lacunas da legislação então apreciada. A política jurídica
do acórdão evoca a *salvaguarda da individualidade histórica de cada
Land* e o *carácter inovador da competição entre os Länder* garantida pelo
princípio federal[21]. Mais concretamente, o Tribunal Constitucional alemão
prelecciona que as subvenções adicionais federais – o pomo da discórdia
– não se devem converter na regra, mas sim na excepção, sem que substituam a compensação financeira propriamente dita; e acolhendo os apelos
dos *Länder* pagadores, ainda sustenta que a compensação horizontal deve
sim diminuir as diferenças de capacidade financeira entre os entes federados,
mas não eliminá-las. Apesar da indisfarçável interferência da jurisprudência
constitucional alemã nas *political questions* – patente no acórdão em
questão –, a doutrina mais atenta afirma que, concluídas as negociações
que definiram o perfil da nova compensação financeira (*Finanzausgleich*)
a ser aplicada a partir de 2005, não se pode concluir que o sistema tenha
sofrido uma mudança substancial[22]. É que se é certo que o modelo cooperativo alemão está em crise (muito por conta das exigências ditadas pela
reintegração dos *Länder* orientais e por factores externos e globais), não
é menos certo que os processos de reunificação alemã e integração
europeia conduzem à acentuação das tendências cooperativas – isto é, à
constante invocação dos princípios que as suportam e ao aperfeiçoamento
dos mecanismos que as instrumentalizam.

1.2.2. *A Corte Constitucional italiana e o princípio da leal colaboração*

Também a Corte Constitucional italiana tem concretizado e aplicado
o *princípio da leal colaboração* na solução dos conflitos competenciais

---

[21] Sobre os aspectos de política jurídica do acórdão em questão cfr. Paul Bernd
Spahn, *Da controvérsia sobre a compensação financeira na Alemanha*, in Federalismo
na Alemanha e no Brasil, Wilhelm Hofmeister/José Brasiliense Carneiro (org), Fundação
Konrad Adenauer, Série Debates n.º 22, São Paulo, 2001, pág. 148.

[22] Sobre a crise do modelo cooperativo alemão cfr. Klaus-Jürgen Nagel, *El
federalismo alemán. Más cooperación o nueva asimetría*, cit., pág. 79; e ainda Francesco
Palermo/Jens Woelk, *Una lettura critica della recente dottrina costituzionalistica tedesca*,
in Quaderni costituzionali, ano XXIII, n.º 2, Junho/2003.

por interferência. A partir da ideia de que o juízo da *leal colaboração* recai sobre o concreto comportamento das partes num específico domínio, e que *não pode jamais prescindir da exacta reconstrução do comportamento contestado, dos seus pressupostos, das suas consequências*[23], a Corte Constitucional italiana decidiria que o que deve ser aferido a partir da *leal colaboração* é se as partes agiram com *recíproca correcção* e se produziram um *correcto balanceamento entre as exigências opostas*, isto é, entre as distintas competências que os poderes em conflito são chamados a exercer (Sentença n.º 225/2001). Está aqui subjacente a ideia de que as competências hão-de ser exercidas na medida da consideração respeitosa dos interesses alheios.

O ordenamento composto italiano comporta, todavia, uma particularidade que acentua a necessidade de que ambos os níveis de poder considerem os interesses alheios no exercício das suas respectivas competências normativas: é que o critério de repartição competencial das Regiões ordinárias em Itália é aquele da complementaridade, ou seja, ao poder central compete-lhe a regulação básica ou principiológica de uma matéria, enquanto ao poder periférico cumpre-lhe a disciplina legislativa dos detalhes. A manifesta prevalência das competências complementares em Itália – pelo menos no que concerne às Regiões ordinárias, posto que as Regiões especiais ostentam inclusivamente competências exclusivas – faz com que o *princípio da leal colaboração* sirva, sobretudo, à articulação de duas diferentes ordens de competências sobre uma mesma matéria. Por isso sempre que se verifiquem interferências devidas ao *collegamento obiettivo indissolubile fra i rispettivi ambiti di competenza*, o conflito deverá ser resolvido através do recurso a soluções inspiradas no *princípio da leal colaboração* (Sentença 64/1987).

Há quem sustente que, nestas específicas condições, o *princípio da leal colaboração* acabaria por ser *instrumentalizado* num sentido directivo que manifestamente beneficiaria o poder central (*Raffaele Bifulco*). E que a própria Corte Constitucional de certa forma o confirmaria na Sentença 139/1990, quando refere que a *separação competencial, ainda que opere como a regra ou a pilastra fundamental do sistema de relações intergovernamentais, resta significativamente limitada pelo princípio constitucional*

---

[23] Sobre a ideia de que o juízo da leal cooperação *não pode jamais prescindir da exacta reconstrução do comportamento contestado, dos seus pressupostos, das suas consequências* cfr. P. Verosini, *I poteri davanti alla Corte*, Milano, 1999, pág. 231.

do bom andamento (art. 97.º Constituição Italiana), *o qual impõe a colaboração entre as diversas administrações públicas, traduzida sobretudo no dever de mútua informação, a fim de prevenir sobreposições inúteis*. Ou seja, segundo alguma doutrina, o *princípio da leal colaboração* seria invocado para conciliar os opostos princípios da *separação competencial* e do *bom andamento* – em ostensivo detrimento das competências periféricas. Ocorre que tal entendimento pode incorrer na perigosa descredibilização do *princípio da leal colaboração* – e por isso suscita-nos reservas. É que rejeitamos qualquer indício de absolutização do *princípio da separação competencial* – que sempre há-de ser temperado, corrigido, complementado por outros que garantam o equilíbrio do delicado sistema de distribuição de competências. Julgamos tê-lo esclarecido nos tópicos iniciais do presente capítulo. Ademais, o *princípio da leal colaboração* não modifica as regras constitucionais de repartição competencial – apenas contribui à sua adequada aplicação. Nesta medida, impõe limites ao exercício das competências formalmente acometidas quando assim o exija o interesse geral ou os interesses de outrem. Proíbe que os entes políticos perturbem a prossecução dos interesses alheios e impede que se furtem a ajudar. E desempenha um papel determinante na conformação das relações intergovernamentais nos Estados compostos. Mas nada pode fazer contra as opções político-constitucionais que devolveram tão só competências complemetares às Regiões ordinárias italianas – apesar do legítimo empenho doutrinário no sentido do reforço da autonomia ordinária a partir da concessão de competências concorrentes e eventualmente exclusivas. O *princípio da leal colaboração* pode servir, isso sim, para coibir as deslealdades ou o indevido aproveitamento do poder central – eis a sua precípua utilidade no ordenamento italiano.

1.2.3. O Tribunal Constitucional espanhol e o princípio da cooperação

Também o Tribunal Constitucional espanhol tem advertido que o exercício competencial requer a concepção de mecanismos e alternativas relacionais que permitam o bom funcionamento e a optimização sistémica. Na Sentença 18/1982 de 4 de Maio, relativa ao registo de convénios colectivos de trabalho, o Tribunal Constitucional espanhol pronunciou-se, pela primeira vez, sobre a existência implícita de um *princípio de cooperação que dispensa a justificação em preceitos concretos*, porque inferível da própria *essência da organização territorial do Estado implantada na Constituição*. Deste *princípio de cooperação* derivariam deveres jurídicos concretos para o Estado e as Comunidades Autónomas, dentre os quais a obrigação autonómica de remeter os Boletins Oficiais nos quais fossem publicados o texto dos convénios colectivos de trabalho, no sentido de partilhar informações e proporcionar o auxílio recíproco. Depois desta alusão inicial, seguiram-se várias decisões em que o Tribunal Constitucional evoca a obrigação de abster-se de lesionar os interesses de outrem ou obstacularizar o exercício das competências alheias; a obrigação de exercer as próprias competências em benefício dos demais quando tal se torne necessário à eficaz satisfação das competências alheias; a obrigação de exercer a autonomia de forma a não incidir negativamente sobre os interesses gerais distintos do da própria entidade. A precisão terminológica não é propriamente o forte da jurisprudência espanhola nessa matéria, posto que tais deveres são deduzidos de um princípio por vezes tratado por *cooperação*, noutras por *colaboração*, *solidariedade*, ou ainda *lealdade constitucional*. Seja como for, o Tribunal Constitucional espanhol parece reconhecer a existência de um *compromisso constitucional de cooperação* do qual decorre o dever de que os entes políticos comportem-se em conformidade com os critérios de boa-fé e fidelidade ao sistema; ou seja, um compromisso do qual deriva um princípio de leal cooperação postulante da abstenção, no exercício das próprias competências, de condutas que possam lesionar os interesses de algumas das entidades federadas – e através disso, o próprio interesse geral.

As decisões do Tribunal Constitucional espanhol partem do seguinte postulado: o exercício das competências centrais e periféricas deve realizar-se nos termos da *lealdade ao sistema autonómico instituído pela Constituição*, de modo a facilitar – e nunca obstacularizar – o exercício competencial de outrem. Na Sentença 152/1988 de 20 de Julho, são consideradas constitucionalmente válidas as exigências de informação e justificação das actuações conduzidas pelo País Basco na execução das normas centrais em matéria de financiamento das habitações sociais. O Tribunal Constitucional evoca os princípios de *colaboração*, *solidariedade* e uma *exigível atitude de lealdade constitucional* para decidir que a informação sobre o cumprimento da normativa estatal pelas Comunidades Autónomas, no exercício das suas competências de gestão das ajudas que o Estado faculta ou dos recursos financeiros que mobiliza, ainda que não possa supor qualquer obstáculo ao exercício de tais competências ou converter-se numa forma encapuçada de controlo da sua actividade, constitui uma base de dados cuja justificação e conveniência se prendem com a competência do Estado em matéria de planificação do sector económico da habitação e a correspondente celebração de convénios com entidades financeiras e com as distintas Comunidades Autónomas. O Tribunal Constitucional vai reafirmar tal entendimento na Sentença 201/1988 de 27 de Outubro, e ainda na Sentença 96/1990 de 24 de Maio, onde ressalta que a obrigação de informar, para além de ser conforme com os *princípios de colaboração, solidariedade e lealdade constitucional*, não cria obstáculo algum ao exercício das competências autonómicas e nem se pode considerar atentatória da autonomia financeira. Nas referidas sentenças o Tribunal Constitucional parece atribuir idêntico sentido dos princípios de *colaboração, solidariedade* e *lealdade constitucional* – o que denota alguma ausência de rigor no emprego de tais termos. Seja como for, o que releva é que a *leal cooperação* opera como limite ao exercício da competência central de controlo da informação sobre a gestão periférica das ajudas estatais *que não pode obstaculizar o exercício das competências autonómicas*. Desde que não se invada a esfera competencial autonómica ou prejudique seu exercício, a prestação de informações seria jurídico-constitucionalmente válida em nome da conduta respeitosa e cooperativa que há--de reger as relações intergovernamentais num Estado composto.

E o *princípio da lealdade constitucional* resta entretanto vulnerado – foi o que se decidiu na Sentença 181/1988 de 13 de Outubro – quando o Estado exerce a sua competência legislativa em matéria de cessão de tributos sem ter em conta as exigências concretas da *Disposição Adicional Sexta do Estatuto de Autonomia da Catalunha*, as quais obrigariam o governo central a elaborar tal projecto de lei com base num acordo adoptado pela Comissão Mista paritária criada pelo respectivo Estatuto. A referida disposição estatutária fora expressamente prevista para a elaboração das leis que estabelecessem um *sistema inicial* de cessão de tributos. Ocorre que a lei 30/1983, objecto da impugnação, não era a primeira lei a disciplinar tal matéria relativamente à Catalunha. O Tribunal Constitucional todavia entendeu que a existência de uma lei anterior, tramitada segundo as regras estatutárias, não constituía justificação suficiente para excluir a Catalunha do procedimento negocial do projecto de lei tendente a modificar a normativa em vigor naquela específica Comunidade Autónoma. A *lealdade ou fidelidade constitucional* obriga o Estado a exercer as suas competências de uma forma que não obstaculize as competências autonómicas. Por conseguinte, adopção unilateral da iniciativa legislativa não resulta legítima na medida em que o *princípio da lealdade constitucional* obriga o poder central a respeitar a participação da Catalunha no processo legislativo, ainda que a disposição estatutária estivesse prevista para a configuração inicial do sistema de cessão de tributos, visto que a matéria afecta directamente a autonomia financeira. Havia, portanto, violação do *princípio da lealdade constitucional* por ilegítimo impedimento do exercício de uma competência estatutária.

E a recíproca também é verdadeira. O dever de *lealdade constitucional* proíbe que as Comunidades Autónomas dificultem o exercício das competências estatais através da execução de competências próprias. Neste sentido decidiu o Tribunal Constitucional espanhol quando da apreciação dos recursos de inconstitucionalidade interpostos pelo poder central contra o Parlamento das Canárias, cujos actos normativos (lei 14/1987 e lei 6/ /1989) tencionavam retardar a aplicação no espaço autonómico de certos preceitos da Lei das Águas emitida pelo poder central (Sentença 46/1990 de 15 de Março). Por entender que o legislador canário pretendia adiar indefinidamente a entrada em vigor de uma lei estadual validamente promulgada, através da sucessiva emissão de leis de suspensão, o Tribunal Constitucional declarou a inconstitucionalidade das disposições legislativas autonómicas por violação do *dever de lealdade no exercício das próprias competências de modo a não comprometer o exercício das competências alheias*. A declaração de inconstitucionalidade foi jurídico-constitucionalmente fundamentada no art. 9.º/1 da CE – que dispõe sobre a *submissão de todos os poderes públicos à Constituição e ao restante ordenamento jurídico*. Daqui se depreende que a não observância do *princípio da lealdade entre os entes políticos* corresponde à defraudação do próprio *compromisso constitucional* que justifica a existência do Estado composto. Não será por outro motivo que a justiça constitucional espanhola apregoa que o *dever de cooperação* deriva da essência da própria organização territorial do Estado implantada pela Constituição – o que dispensaria a sua justificação em preceitos concretos do texto constitucional (Sentença 18/1982 de 4 de Maio; Sentença 76/1983 de 5 de Agosto; Sentença 80/ /1985 de 4 de Julho).

Também na Sentença 64/1990 de 5 de Abril, a justiça constitucional espanhola teve a oportunidade de manifestar-se sobre o *princípio de leal cooperação* e correspondente *dever de mútua lealdade* entre as distintas Comunidades Autónomas no exercício de suas competências. Tratava-se de apreciar a alegada violação do *comportamento leal entre os poderes autonómicos* por parte da Comunidade Autónoma da Galiza. O preceito normativo então impugnado era o art. 16.º do Decreto 151/1984, que dispunha sobre a concessão de incentivos à transferência de indústrias para a Galiza – participação nos custos com desmontagem, transporte e montagem de equipamentos – o que supostamente desencorajava a manutenção de tais indústrias em outras partes do território espanhol e afectava interesses de índole supraregional. O Tribunal Constitucional entendeu que não havia *violação do princípio da solidariedade em sua manifestação de comportamento leal*. A expectativa de obter a subvenção prevista no preceito normativo impugnado não constituía um motivo determinante para que as indústrias implantadas noutras partes do território espanhol abandonassem o local onde estivessem radicadas – com o que de negativo isto pudesse acarretar para o volume industrial do local de origem. A ajuda prevista podia incentivar as indústrias já previamente dispostas a transferirem-se, mas não incidia sobre a própria decisão de deslocação geográfica do estabelecimento industrial. O *dever geral de lealdade* requer que as Comunidades Autónomas, no exercício de suas competências, abstenham-se de adoptar medidas que prejudiquem ou perturbem o interesse geral. Ou seja, implica que os entes periféricos considerem a comunidade de interesses que os vincula entre si e que não deve resultar menosprezada pela gestão não solidária dos próprios interesses. E tais obrigações não tinham sido descuradas na situação concreta em apreço.

1.2.4. *O Tribunal de Justiça das Comunidades e o princípio da lealdade comunitária*

Os deveres de lealdade no exercício competencial a que aludia o Tribunal Constitucional espanhol também se impõem às várias instituições e esferas governativas da União Europeia – cujos tratados constitutivos reconhecem a existência de um compromisso cooperativo que a jurisprudência do Tribunal de Justiça das Comunidades está empenhada em densificar (já em 1990 *John Temple Lang* contabilizou cerca de cento e vinte julgamentos nos quais o princípio da lealdade havia sido invocado – muito embora alguns dos seus efeitos práticos estejam decompostos em artigos específicos, e o Tribunal de Justiça nem sempre o refira expressamente). Nos termos do art. 10.º do Tratado da Comunidade Europeia, os Estados-membros comprometem-se a adoptar todas as medidas capazes de assegurar o cumprimento das obrigações derivadas do Tratado ou resultantes dos actos das instituições comunitárias, de modo a facilitar a consecução da missão comunitária, assim como abstêm-se de adoptar medidas que comprometam a realização dos objectivos do Tratado. De todos os sistemas federativos apreciados no presente estudo, será o único a consagrar formalmente tal exigência – uma tradição que terá continuidade no Tratado que institui uma Constituição para a Europa, cujo art. I-5.º/2 consagra o *princípio da cooperação leal*, nos termos do qual a União e os Estados-

-membros respeitam-se e assistem-se mutuamente no cumprimento das missões decorrentes da Constituição. Daí se depreende que tal vínculo de lealdade se estabelece entre os Estados-membros, dos Estados-membros para com a União, e da União para com os Estados-membros. Deste princípio decorrerão obrigações concretas para as autoridades nacionais, nomeadamente a de fortalecer e dar efectividade ao direito europeu – um dever com especiais refracções na função jurisdicional, que fiscaliza e zela pela aplicação daquele direito, nomeadamente através da interpretação conforme do direito nacional e da responsabilização do Estado por violação do direito europeu (*John Temple Lang* diria mesmo que, desde que os tribunais nacionais atendam às obrigações do referido art.10.º, a distinção entre o que é ou não directamente aplicável pode ser menos importante do que parece). E será a partir deste *princípio da lealdade* que o Tribunal de Justiça vai deduzir e recortar alguns dos princípios indispensáveis à própria sobrevivência da ordem jurídica europeia, como sejam o primado e o efeito directo.

Mas o *princípio da leal cooperação* vai repercutir sobretudo na confusa malha de competências partilhadas entre o nível europeu e o nível nacional. Em tal esfera de competências, os Estados-membros regulam a matéria ou o sector da realidade enquanto a União não chamar a si o tratamento da questão – ou quando a União decida deixar de fazê-lo; os Estados-membros continuam a produzir legislação respeitante à matéria em causa, mas não podem adoptar medidas que conflituam ou interfiram com as normas europeias. Aqui a intervenção europeia será sobretudo informada pelos princípios da subsidiariedade e proporcionalidade (que disciplinam a necessidade e a intensidade da actuação), mas a *lealdade comunitária* exige que a competência europeia seja exercida de modo a não comprometer as identidades nacionais dos Estados-membros (art. 6.º//3 do Tratado da União Europeia), o que necessariamente inclui a identidade constitucional. A propósito de tais deveres de lealdade das instituições europeias para com os Estados-membros, refira-se a célebre decisão do Tribunal Constitucional alemão sobre a constitucionalidade do Tratado de Maastricht (*BVerfGE* 89, 189, de 12 de Outubro de 1993), segundo a qual o processo decisório europeu deve ter em conta as eventuais incompatibilidades com as disposições constitucionais dos distintos Estados-membros, e esforçar-se por encontrar uma solução em conformidade com as mesmas. Eis, contudo, o outro lado da moeda: mesmo que da aplicação do princípio da subsidiariedade resulte que a União não deve intervir, a *lealdade comunitária* exige que os Estados-membros ajustem as suas respectivas actuações no sentido da prossecução dos objectivos do Tratado. Ou seja, a actuação dos Estados-membros na esfera das competências partilhadas não é totalmente discricionária, porque os Estados não podem dificultar a alocação de poderes pelas instituições europeias ou o futuro exercício das competências que lhes cabem[24]. Acompanhemos algumas decisões neste sentido.

No Acórdão 11/69 do Tribunal de Justiça das Comunidades, de 10 de Dezembro de 1969 (*Comissão das Comunidades Europeias contra República Francesa*), apreciou-se a conformidade da manutenção e temporária intensificação de certas vantagens na concessão de crédito pelo Banco de França aos exportadores franceses – à revelia das manifestas objecções da Comissão e em detrimento dos demais exportadores oriundos de outros Estados-membros –, com alegado fundamento no exercício de competências reservadas em matéria de política monetária nacional. O Tribunal de Justiça evocou a *solidariedade que está na base de todas as obrigações decorrentes do sistema comunitário*, e com fundamento no então art. 5.º decidiu que *o exercício de poderes reservados não permitia a unilateral adopção de medidas proibidas pelo Tratado*. Desta forma o Tribunal evidenciava a relatividade do exercício das competências, inclusivamente daquelas exclusivas, num sistema informado pela lealdade.

No Acórdão 61/77 do Tribunal de Justiça das Comunidades, de 16 de Fevereiro de 1978 (*Comissão das Comunidades Europeias contra Irlanda*), estava em causa a parcial assunção da competência comunitária relativa à pesca e conservação dos recursos marítimos durante o período transitório previsto no art. 102.º do acto de adesão. O Tribunal de Justiça decidiu que enquanto estivesse a decorrer o período transitório previsto no acto de adesão, e a Comunidade ainda não tivesse exercido em pleno a competência exclusiva na matéria, os Estados-membros podiam adoptar as medidas de conservação apropriadas, mas *sem prejuízo das obrigações de cooperação que lhes incumbem* por força do Tratado, e desde que o regime aplicado *não provocasse diferenças de tratamento em relação aos outros Estados-membros* – obrigações que a Irlanda não havia cumprido.

---

[24] Sobre a obrigação geral de solidariedade na aplicação do direito comunitário cfr. Andreu Olesti Rayo, *Los principios del Tratado de la Unión Europea*, Editorial Ariel, Barcelona, 1998, pág. 95. Sobre o princípio de *lealdade comunitária* cfr. Vlad Constantinesco, *L'article 5 CEE, de la bonne foi à la loyauté communautaire*, in Du droit international au droit de l'integration. Liber amicorum Pierre Pescatore, Baden--Baden, 1987; John Temple-Lang, *Community constitutional law: article 5 EEC Treaty*, in Common market law review, vol. 27, n.º 4, 1990.

Desta forma o Tribunal de Justiça esclarecia que os Estados-membros não podem dificultar a alocação de competências pela Comunidade nem o seu futuro exercício.

No Acórdão 804/79 do Tribunal de Justiça das Comunidades, de 5 de Maio de 1981 (*Comissão das Comunidades Europeias contra Reino Unido*), estava em causa a integral assunção da competência comunitária relativa à pesca e conservação dos recursos marítimos, depois de transcorrido o período transitório previsto no acto de adesão. O Tribunal de Justiça decidiu que a ausência do exercício de tal competência exclusiva da Comunidade não autorizava o Reino Unido a modificar as medidas de conservação existentes *sem obrigatoriamente consultar a Comissão e acatar a sua decisão*. Isto porque o *princípio da leal cooperação* entre as várias instituições e esferas governativas envolvidas no processo de construção europeia limita as respectivas faculdades de actuação, na medida em que *impõe a abstenção de condutas que obstaculizem a consecução dos objectivos da integração*.

No Acórdão 78/70 do Tribunal de Justiça das Comunidades, de 8 de Junho de 1971 (*Deutsche Grammophon Gesellschaft mbH contra Metro--SB-Grobmärkte & Co.* KG), e no Acórdão 2/73, de 12 de Julho de 1973 (*Riseria Luigi Geddo contra Ente Nazionale Risi*), o Tribunal de Justiça apreciou, a título prejudicial, questões estritamente relativas ao mercado comum de irrelevante interesse para a temática que nos ocupa, mas em ambas as sentenças, e isto já nos interessa, ressaltou que o Tratado *enuncia um dever geral de cooperação* entre Estados-membros e Comunidade na aplicação do direito comunitário, tendente a eliminar os conflitos e preservar a funcionalidade do empreendimento europeu, e *cujo conteúdo concreto depende, em cada caso particular, das disposições do Tratado ou das normas que dele resultam*.

No Acórdão 68/88 do Tribunal de Justiça das Comunidades, de 21 de Setembro de 1989 (*Comissão das Comunidades Europeias contra República Helénica*), estava em causa o incumprimento das obrigações decorrentes do Tratado, ou resultantes de actos das instituições comunitárias, por parte da Grécia. O caso concreto prendia-se com a fraudelenta exportação de milho jugoslavo para a Bélgica, como se de milho grego se tratasse, e a consequente livre circulação do milho supostamente grego, sem a cobrança de quaisquer direitos niveladores agrícolas (que seriam aplicáveis ao milho importado de países terceiros). A violação da norma do actual art. 10.º do Tratado da Comunidade (*lealdade comunitária*) fundamentou toda a argumentação da Comissão, isto porque de tal norma decorre o dever de os Estados-membros perseguirem e punirem adequadamente os autores de violações do direito comunitário, de forma a não prejudicar a sua eficácia. O Tribunal de Justiça decidiu que *quando uma regulamentação comunitária não contenha qualquer disposição específica que preveja uma sanção para o caso de ser violada ou remeta, nesse ponto, para as disposições legislativas, regulamentares e administrativas nacionais, a lealdade comunitária impõe aos Estados-membros que tomem todas as medidas adequadas para garantir o alcance e a eficácia do direito comunitário.* Devem, designadamente, *velar para que as violações do direito comunitário sejam punidas em condições análogas às aplicáveis às violações do direito nacional de natureza e importância semelhante, de modo a conferir à sanção um carácter efectivo, proporcionado e dissuasivo.* Ademais, a lealdade comunitária obriga as autoridades nacionais a procederem, no que se refere às violações do direito comunitário, *com a mesma diligência com que actuam na aplicação das normas nacionais correspondentes.*

Foi justamente em nome da relação cooperativa que se deve estabelecer entre instituições europeias e nacionais (ou mais especificamente entre o Tribunal de Justiça das Comunidades e a justiça constitucional dos Estados-membros), que se ouviram vozes críticas contra a sentença do Tribunal Constitucional alemão sobre a constitucionalidade do Tratado de Maastricht (*BVerfGE* 89, 189) a que aludimos supra. Nesta sentença de 12 de Outubro de 1993, o Tribunal Constitucional Federal insurgiu-se contra o perigo da tácita assunção de competências europeias que não fossem especificamente indicadas nem calculáveis, e ressaltou a existência de limites para a extensão das tarefas e competências europeias impostos pelo princípio democrático – que postularia a responsabilização do Parlamento pela transferência de poderes soberanos suficientemente precisos. O Tribunal Constitucional Federal levantou objecções contra uma aplicação não restritiva da *cláusula de flexibilidade* (actual art. 308.º Tratado da Comunidade), cuja interpretação não se podia equiparar a uma apócrifa ampliação do Tratado: *os objectivos do Tratado em si mesmos não bastariam para fundamentar ou estender tarefas e competências.* Qualquer modificação ou ampliação do Tratado pressupunha a aprovação pelos distintos Estados-membros, em conformidade com as suas respectivas disposições constitucionais sobre transferência de soberania. E afirmou rotundamente que *a interpretação das normas de competência que equivalesse, no seu resultado, a uma extensão do Tratado, não produziria efeitos vinculativos na Alemanha* (*BVerfGE* 89, 210). *Os órgãos do Estado alemão teriam de rejeitar o acatamento de eventuais actos jurídicos resultantes de uma manipulação do Tratado* – donde se depreendeu que o Tribunal Constitucional alemão podia deixar de aplicar os actos comunitários que infringissem a distribuição vertical de competências entre Comunidade e Estados-membros vertida no Tratado.

A decisão provocou perplexidade e grande insegurança entre os órgãos alemães de aplicação do direito. Isto porque o exercício das competências jurisdicionais europeias e nacionais é necessariamente regido por um *dever de cooperação recíproca na aplicação do direito comunitário*. Como bem elucida *Albrecht Weber*, se é certo que a transferência de soberania ou de competências deve realizar-se segundo os parâmetros do correspondente *poder jurídico-constitucional de integração*, isto é, no *respeito pela identidade constitucional* (reflectida nos conteúdos estruturantes ou no núcleo essencial de cada ordem jurídico-constitucional), e na *observância do conteúdo irrenunciável da estatalidade* (reflectido nas funções essenciais do Estado, nomeadamente as que se destinam a garantir a integridade territorial e manter a ordem pública), não é menos certo que o controlo dos actos comunitários recai na jurisdição do Tribunal de Justiça das Comunidades, a quem se reservou o papel de derradeiro intérprete da vontade das instituições comunitárias vertida nas normas de direito derivado. E isto vale para aferir, a título prejudicial, se um acto comunitário viola tanto os critérios de repartição competencial, quanto os direitos fundamentais. Ou como já sabiamente ensinou *Cardoso da Costa*[25] a propósito da verificação da conformidade do direito comunitário derivado com a Constituição nacional: *o Tribunal Constitucional português não deve avançar para a emissão de um eventual juízo de desconformidade constitucional das normas comunitárias, sem antes submeter a questão da interpretação das mesmas ao Tribunal de Justiça das Comunidades, utilizando para tanto o mecanismo do reenvio prejudicial. Só depois de percorrido este caminho, e na hipótese de através dele se não chegar a um*

---

[25] A propósito da verificação da conformidade constitucional do direito comunitário derivado cfr. José Manuel Cardoso da Costa, *Tribunal Constitucional Português e Tribunal de Justiça das Comunidades Europeias, in* "AB UNO AD OMNES – 75 anos da Coimbra Editora 1920-1995", Coimbra Editora, Coimbra, 1998, págs. 1376--1377. Sobre o controlo dos actos comunitários contrários aos direitos fundamentais e à repartição competencial cfr. Albrecht Weber, *El control del Tratado de Maastricht por la jurisdicción constitucional desde una perspectiva comparada, in* Revista española de derecho constitucional, n.º 45, Set/Dez 1995. Para ter acesso à versão traduzida do acórdão do Tribunal Constitucional Federal alemão que apreciou a constitucionalidade do Tratado de Maastricht cfr. Revista direito e justiça, vol. VIII, tomo 2, 1994 (tradução de Margarida Brito Correia).

resultado satisfatório, é que o Tribunal Constitucional deverá exercer, em ultima ratio, o seu irrenunciável poder de controlo para impor, no âmbito da ordem jurídica portuguesa, a primazia desse radical básico de princípios cuja inobservância verdadeiramente a desfiguraria. Eis uma leitura bastante mais coerente do *princípio da leal cooperação* que orienta as relações entre a ordem jurisdicional interna e a ordem jurisdicional europeia – mesmo porque, acrescentaríamos, a eventual violação da identidade nacional dos Estados-membros, reflectida nas estruturas políticas e constitucionais fundamentais de cada um deles (cfr. art.6.º/3 do Tratado da União Europeia e art. I-5.º/1 do Tratado que institui uma Constituição para a Europa), implicaria a manifesta ilegitimidade do acto europeu que ao Tribunal de Justiça das Comunidades compete aferir. Não há, portanto, razão para temores desproporsitados traduzíveis na duvidosa reivindicação de autoridade suprema por parte das ordens constitucionais nacionais.

A finalidade do compromisso de cooperação europeu, à semelhança do que ocorre nos Estados compostos, é assegurar que a partilha de poderes (ou a necessariamente incompleta distribuição formal de competências) não impede a boa e harmoniosa governação da totalidade daquele sistema federativo. O *compromisso constitucional de cooperação*, também no sistema europeu, corresponde ao vínculo que aglutina, mantém unidas e protege as várias partes da estrutura composta contra as ameaças à boa governação – e por isso constitui o seu fundamento. O compromisso cooperativo vai exigir a consagração de um princípio que postule a lealdade no exercício das competências de cada qual, de modo a não comprometer o exercício das competências alheias, nem frustrar os projectos e metas de outrem ou do conjunto. É precisamente com tal intuito que o art. I-5.º/2 da futura Constituição Europeia enuncia o *princípio da leal cooperação: a União e os Estados-membros respeitam-se e assistem-se mutuamente no cumprimento das missões decorrentes da Constituição; os Estados-membros facilitam à União o cumprimento da sua missão e abstêm-se de qualquer medida susceptível de pôr em risco a realização dos objectivos enunciados na Constituição*. E na tentativa de densificar o sentido do dever de respeito ou lealdade daí decorrente, a futura Constituição Europeia recorrentemente emprega expressões como *solidariedade mútua, espírito de lealdade, identificação do interesse geral, convergência das acções, actuação conjunta*, etc.[26]. Muito para além da

---

[26] Acompanhemos alguns artigos da futura Constituição Europeia que densificam o compromisso de cooperação. Já no art.I-3.º/3 figuram como objectivos da União *a coesão económica e social e a solidariedade entre os Estados-membros* (o que requer

observância formal das regras de repartição competencial, o dever de lealdade constitui um limite jurídico-constitucional à actuação legítima de cada instância. Assim o é porque uma medida formalmente adoptada em

a manutenção e reforço dos mecanismos de compensação financeira voltados ao combate das assimetrias regionais). O art. I-5.º/2 expressamente enuncia o *princípio da leal cooperação*. O art. I-12.º/5 dispõe sobre a competência da União para o desenvolvimento, em determinados domínios, de *acções destinadas a apoiar, coordenar ou completar a acção dos Estados-membros* sem substituir-lhes a competência (o que na esteira das tendências federativas da actualidade sempre possibilita a assunção de políticas conjuntas ou cooperativamente orientadas). O art. I-16.º/2 dispõe que os *Estados-membros apoiam activamente e sem reservas a política externa e de segurança comum da União, num espírito de lealdade e solidariedade mútua, e respeitam os actos adoptados pela União neste domínio*. Ainda ressalta-se que os *Estados-membros abstêm-se de toda e qualquer acção contrária aos interesses da União ou susceptível de prejudicar a sua eficácia* (o que remete para a defesa do interesse geral). O art. I--40.º/1 dispõe que a política externa e de segurança comum será conduzida pela União com base no *desenvolvimento da solidariedade política mútua entre os Estados-membros*, na *identificação das questões de interesse geral* e na *crescente convergência das acções dos Estados-membros*. No art. I-41.º/7 a Constituição dispõe sobre a cooperação em matéria de defesa mútua e prevê a *prestação de ajuda e assistência por meios militares e outros* se um dos Estados-membros *for alvo de agressão armada*. O art. I--43.º dipõe sobre a *actuação conjunta da União e Estados-membros, num espírito de solidariedade, se um Estado-membro for alvo de um ataque terrorista ou de uma catástrofe material ou humana*. O art. I-53.º/6 institui o dever de cooperação dos Estados-membros para com a União em matéria de execução orçamental, *a fim de assegurar que as dotações inscritas no Orçamento da União serão executadas de acordo com os princípios da boa gestão financeira*. O art. I-59.º dispõe sobre a *suspensão de direitos dos membros da União, incluindo o direito de voto no Conselho (de Ministros), por motivo de violação grave e persistente dos valores da União* (uma suspensão que, à semelhança do *instituto da coerção federal*, sempre decorre da quebra de lealdade ao sistema ou deliberada violação do interesse geral). O art. I-44.º dispõe sobre a instituição de *cooperações reforçadas* entre os Estados-membros, no âmbito das competências não exclusivas da União. Estão abertas a todos os Estados--membros que quiserem e tiverem capacidade e visam o fortalecimento do processo de integração. Em termos mais restritos que a cooperação reforçada, o art. I-41.º/6 institui as chamadas *cooperações estruturadas*, no exclusivo âmbito da política de segurança e defesa comum. Estas dependem do preenchimento de critérios mais elevados em termos de capacidade militar e têm em vista a realização de missões mais exigentes. Em princípio, não estão abertas a todos os Estados-membros, mas apenas àqueles que tenham assumido entre si compromissos mais vinculativos nesta matéria. Na origem de tal preceito está a má memória da fragmentação política europeia por ocasião da guerra do Iraque de 2003. O preceito surge como mecanismo alternativo ao eventual bloqueio da *política de segurança e defesa comum* integrada na *política externa e de segurança comum*, cujas decisões são adoptadas por unanimidade (art. I-41.º/4 e I--40.º/6).

conformidade com o respectivo âmbito de poderes – ou seja, constitucionalmente válida da perspectiva competencial –, pode efectivamente incorrer num vício de legitimidade material se lesionar os interesses gerais do conjunto ou aqueles específicos de outra componente sistémica, isto é, *se atentar contra o vínculo de solidariedade que a todos une e integra* (*Albertí Rovira*)[27].

Inspirado na obrigação que daí decorre (e cujo conteúdo concreto depende em cada caso das disposições do Tratado), o Tribunal de Justiça anularia as conclusões do Conselho Europeu de 25 de Novembro de 2003, aprovadas em relação à República Francesa e à República Federal da Alemanha, que decidiam pela suspensão do procedimento relativo aos défices excessivos e a imposição de sanções previsto art.104.º do Tratado da Comunidade (Acórdão de 13 de Julho de 2004 proferido no âmbito do Processo C-27/04 – *Comissão das Comunidades Europeias versus Conselho da União Europeia*). Apesar de o Conselho considerar que o Tratado não continha qualquer disposição que proibisse a sua forma de proceder (?!), e de o Tribunal não ter evocado a *lealdade comunitária*, não é difícil captar o fundamento cooperativo que terá informado tal juízo de violação do art. 104.º. Isto porque as obrigações cooperativas impostas às instituições e governos que integram a União Europeia transcendem as específicas disposições normativas e são deduzíveis do esquema geral do Tratado – algo que se depreende do referido Acórdão 78/70 do Tribunal de Justiça das Comunidades, de 8 de Junho de 1971 (*Deutsche Grammophon contra Metro*). Este recente posicionamento do Tribunal de Justiça quanto à violação do Pacto de Estabilidade e Crescimento indicia que, numa Europa alargada, o *compromisso constitucional de cooperação* que consubstancia os ordenamentos compostos – ou mais especificamente, o *princípio da lealdade federal* que o concretiza – há-de adquirir progressiva visibilidade nas relações entabuladas entre as distintas esferas de poder e nas decisões judiciais que arbitrem os diferendos então surgidos.

---

[27] Neste sentido cfr. Enoch Albertí Rovira, *Relaciones entre las administraciones públicas*, in La nueva ley de régimen jurídico de las administraciones públicas y del procedimiento administrativos común, Leguina Villa/Sánchez Morón (org), Tecnos, Madrid, 1993, pág. 53; Albertí Rovira, *Federalismo y cooperación en la República Federal Alemana*, Centro de Estudios Constitucionales, Madrid, 1986, págs. 246-259, onde se destacam as obrigações concretas decorrentes do *princípio da lealdade federal* para o poder central e o periférico.

1.2.5. *O Supremo Tribunal estado-unidense e o dever de lealdade sistémica*

Quem tem larga experiência no tratamento de querelas competenciais que se prendem com a violação do dever de lealdade é a justiça constitucional estado-unidense. Muitos dos conflitos competenciais sobre os quais a Suprema Corte dos Estados Unidos foi chamada a pronunciar-se derivam não da invasão, mas da interferência de um poder na esfera de outro. Situações de interferência, no sentido aludido, ocorrem sempre que o legislador federal ou o legislador federado, apesar de moverem-se dentro do seu respectivo âmbito competencial e no uso de poderes legitimamente investidos, afectam o exercício de uma competência acometida a outro poder. Aqui a justiça constitucional depara-se com a dificuldade de formular critérios unívocos e seguros tendentes a separar as matérias assumidas pelo poder central daquelas residualmente atribuídas ao poder federado (ou vice-versa): entre ambas permanece uma extensa zona gris onde as interferências não são apenas frequentes mas inevitáveis. A solução de tais conflitos pela jurisprudência estado-unidense passa pelo *juízo de inconstitucionalidade do exercício de um poder que em si mesmo legítimo redunda ilegítimo pelas consequências que dele se depreendem* (*Antonio La Pergola*)[28]. Ora, a apreciação dos *motivos* e *efeitos* de uma específica intervenção legislativa para a aferição da sua eventual inconstitucionalidade num Estado composto decorre necessariamente da existência de um *compromisso constitucional de cooperação* e de um *vínculo de lealdade* que a todos obriga. Se a justiça constitucional estado-unidense conseguiu sistematizar as relações entre as diversas esferas de autoridade através do critério da primazia do direito federal, sem todavia comprometer o postulado segundo o qual ambos os poderes estão igualmente garantidos pela Constituição, tal só foi possível com fundamento num compromisso cooperativo – ainda que não expresso e largamente contestado – que impede a subversão do equilíbrio federativo e o encapuçado abuso do poder central. Ocorre que o critério da primazia do direito federal não resolve todas as situações conflituosas de interferência. Soluciona, isto sim, as situações

---

[28] Sobre as situações de interferência competencial e a solução perpetrada pela Suprema Corte dos EUA cfr. António La Pergola, *La cooperación entre los Estados miembros: sistema federal y compact clause en la Constitución de Estados Unidos*, in Los nuevos senderos del federalismo, Centro de Estudios Constitucionales, Madrid, 1994, pág. 267.

nas quais o poder periférico, ainda que actuando na sua esfera competencial, esteja a *retardar*, *impedir*, *onerar*, ou de alguma forma a *intervir* nas operações legislativas que estejam constitucionalmente acometidas ao poder central (Sentença *McCulloch versus Maryland*, de 1819), o que decorre da interpretação do art. VI/2 da Constituição dos Estados Unidos: *Esta Constituição e as leis dos Estados Unidos que sejam feitas em conformidade com a mesma (...) constituirão o supremo direito da nação; e os juízes de todos os Estados a ele estarão sujeitos, ainda que a Constituição e as leis dos Estados disponham em contrário*. Mas a primazia federal não serve para solucionar os conflitos ocasionados pela interferência do poder central nos poderes periféricos, nem tampouco a interferência destes entre si – o que vai impor o dever de lealdade sistémica ou a consideração dos interesses alheios na legítima actuação de cada qual.

Não se pode negar que da jurisprudência da Suprema Corte dos Estados Unidos ressoam notas dissonantes ou alguma ambivalência no que respeita à restrição do exercício de poderes por força da consideração dos interesses alheios (de outros entes federados), ou dos interesses do conjunto da federação. Antes de impor a exigência de mútuo respeito, muitas decisões da justiça constitucional estado-unidense apregoam a incondicionada prossecução dos interesses de cada qual dentro de certos domínios material ou funcionalmente definidos. A rejeição da ideia de um princípio de *lealdade federal* que imponha a necessária consideração dos interesses de outros ou de todos buscaria guarida no postulado *madisoniano* segundo o qual os respectivos interesses dos distintos actores políticos funcionam como controlos recíprocos: *a ambição neutraliza a ambição* (*O Federalista* n.º 51). Nesta ordem de ideias, a *leal cooperação* seria defensável apenas quando resultasse da assunção de um compromisso político entre os vários entes envolvidos, ou no âmbito dos chamados *interstate compacts* ou *agreements* (acordos concluídos entre os entes federados com fundamento no art. I, secção 10 da Constituição dos Estados Unidos), isto porque o sistema de pesos e contrapesos asseguraria a separação dos poderes, e não a sua combinação.

Todavia algumas decisões da Suprema Corte sugerem a existência de um *dever de lealdade* decorrente do *compromisso constitucional de cooperação* que controla a condução dos distintos interesses em concurso. Aqui a Suprema Corte afere sobretudo se a actuação do ente político acarreta externalidades ou *amplia os custos alheios* – e também se a medida em causa mina ou *compromete o exercício das competências constitucionalmente acometidas a outrem*. Neste esforço a justiça constitucional estado-unidense vai valer-se predominantemente da *cláusula do comércio* (cujo objectivo assenta na salvaguarda do comércio interestadual ou na eliminação dos obstáculos porventura erigidos pelos Estados federados contra o mesmo) para fundamentar a inconstitucionalidade das leis federadas que discriminam o comércio entre os Estados ou manifestamente o impeçam. Mas mesmo aqui a Suprema Corte é capaz de titubear e admitir que um ente federado discrimine ou impeça o comércio interestadual (Sentença *Reeves versus Stake* de 1980) quando não esteja propriamente a regular uma actividade, mas a actuar enquanto empresa estadual, na medida em que *o mercado exigiria que o Estado-membro empreendedor se comportasse de forma eficaz* – uma decisão que aparentemente ignora que um ente federado *sempre age por motivos políticos, ainda quando actua nas vestes de empreendedor (David Currie)*[29]. Seja como for, o Supremo Tribunal é capaz de proferir considerações autenticamente cooperativas, como aquelas constantes da Sentença *Cooley versus The Board of Wardens of the Port of Philadelphia* de 1851, e da Sentença *Prudential Insurance Company versus Benjamin* de 1946, nas quais a justiça constitucional estado-unidense afirmou que se os Estados-membros não podiam, em princípio, interferir nas matérias nacionais relacionadas com o comércio interestadual porque tal estava constitucionalmente reservado ao Congresso, nada entretanto impedia que o poder central *regulasse tais matérias a partir das propostas que lhe fossem endereçadas pelos vários Estados*, posto que se um assunto requer tratamento centralizado é precisamente porque a todos concerne. Ilustremos a ambivalência da justiça constitucional estado-unidense no que tange ao reconhecimento da *lealdade federal*.

Na Sentença *Nevada versus Hall* de 1979, o Supremo Tribunal rejeitou a existência de um princípio fundamental de lealdade federal que obrigasse a Califórnia a considerar os efeitos eventualmente produzidos no vizinho Nevada pela adopção de certas medidas sucessórias. A Suprema Corte recusou o argumento do Nevada (segundo o qual decorreria implicitamente da Constituição que *os Estado-membros não seriam livres para tratarem-se reciprocamente de forma hostil*, mas sim de uma forma respeitosa da *soberania* de cada qual), e sustentou a inexistência de um princípio geral que obrigasse um Estado federado a observar os interesses de outro. A justiça constitucional concluiu que a íntima união entre os Estados federados e os profundos e vitais interesses que os mantinham

---

[29] Neste sentido cfr. David Currie, *Il federalismo statunitense, in* Quale, dei tanti federalismi?, Atti del convegno internazionale organizzato dalla Facoltà di Giurisprudenza dell'Università "La Sapienza", Alessandro Pace (org), Cedam, Roma, 1997, pág. 38.

congregados conduziam à presunção, na ausência de prova em contrário, de um *elevado grau de cortesia, amizade e gentileza entre os mesmos*. Mas quando o interesse ou política de um específico Estado federado exigisse a restrição desta regra de convivência, não se devia entendê-la como arbitrária, de modo que *nada na Constituição autorizava ou obrigava a Suprema Corte a frustrar a política adoptada pela Califórnia e impor o respeito pelos interesses alheios*. A lógica subjacente a tal decisão é aquela das competências completa e isoladamente exercidas pelo seu titular, à revelia da consideração dos interesses das demais esferas governativas eventualmente afectadas pela regulação em causa – o que de resto constitui a principal tendência jurisprudencial estado-unidense no tratamento dos conflitos competenciais, não obstante o pontual acolhimento de um *compromisso constitucional de cooperação* que imponha alguma moderação no exercício das respectivas competências. E mesmo durante o New Deal de *Roosevelt*, quando a peregrina ideia de *esferas competenciais substancialmente definidas e protegidas contra a interferência externa* foi parcialmente abandonada para robustecer o poder central, a Suprema Corte insistiu em tendencialmente ignorar a existência da lealdade federal, precisamente quando esta mais fazia falta para impor a consideração e o respeito dos interesses periféricos. Assim o foi na Sentença *Missouri versus Holland* de 1920, ocasião na qual a Suprema Corte reconheceu ao poder central plenos poderes para a celebração e implementação de tratados e recusou a existência de um compromisso constitucional que impusesse a consideração dos interesses periféricos no exercício do *federal treaty power*. A justiça constitucional entendeu que da mesma forma que não havia qualquer obrigação formal de consulta dos governos estaduais e locais no processo de legislação federal, também não havia qualquer obrigação de consulta ou cooperação por parte do poder central quando da celebração e implementação de tratados *em áreas que excedessem a competência federal*. A Suprema Corte afastou, portanto, a necessidade de ponderação dos interesses periféricos e admitiu que o Congresso estaria constitucionalmente legitimado para ditar as normas executivas dos acordos internacionais, independentemente de que a matéria regulada recaísse na esfera de competências central ou periférica. Ainda no sentido da recusa da lealdade federal, na Sentença *United States versus Darby* de 1941, a justiça constitucional decidiu que o *motivo* e o *propósito* da regulação do comércio interestadual pertenciam ao *juízo de oportunidade legislativo que a Constituição não restringia e a Corte não controlava*. À justiça constitucional competia apenas *averiguar se uma específica actuação restava incluída nos plenos poderes conferidos ao Congresso por força da cláusula do comércio* – sem manifestar-se sobre o modo como tal poder fora exercido.

Paralelamente à orientação jurisprudencial que recusa o imperativo de *lealdade federal* ou a consideração dos interesses alheios no exercício das competências de cada qual, outra orientação jurisprudencial menos proeminente, é certo, evoca um *compromisso constitucional de cooperação* que se prende com a prossecução do interesse comum. E tal orientação tem memória: remonta à interpretação dos poderes do Congresso perfilada pelo juiz *John Marshall* na Sentença *McCulloch versus Maryland* de 1819. Naquela ocasião, o então Presidente da Suprema Corte dos Estados Unidos decidiu que *a constitucionalidade da actuação do Congresso*, sobretudo quando fundada na controversa *cláusula do comércio*, dependia do *propósito, intenção* ou *boa-fé* que lhe estivesse subjacente, algo que competia à jurisdição constitucional aferir. Ou seja, se o Congresso, sob o pretexto do exercício dos seus poderes, adoptasse legislação voltada à prossecução de objectivos que não lhe foram confiados, tal actuação não estaria conforme a Constituição – ou não corresponderia ao *supreme law of the land* (art. VI/2 Constituição dos Estados Unidos). Esta apreciação jurisdicional da *legitimidade do propósito da medida legislativa* sugere a imposição de constrangimentos jurídico-constitucionais à discricionariedade regulatória das distintas esferas de poder no âmbito das competências que lhe são formalmente acometidas, isto é, esboça o reconhecimento de um *princípio de lealdade e confiança* entre os distintos entes políticos capaz de condicionar o exercício competencial. No rasto da orientação jurisprudencial introduzida pelo juiz *John Marshall*, segundo a qual à justiça constitucional competia *aferir do propósito, boa-fé ou intenção da medida adoptada*, a Suprema Corte apreciaria, por exemplo, o propósito da celebração de um tratado com o Canadá na Sentença *Missouri versus Holland* de 1920, isto é, avaliaria se o tratado para regular a questão das aves migratórias (*migratory birds*) envolvia ou servia ao *interesse nacional* invocado. Lastimavelmente, a justiça constitucional acabaria por decidir pela inexistência de um compromisso constitucional que obrigasse à consideração dos interesses periféricos no exercício do *federal treaty power* – que a Constituição atribui ao governo central e ao Senado. A Suprema Corte admitiria pacificamente a legitimidade do Congresso para ditar normas de execução dos tratados internacionais (independentemente de a matéria regulada recair na esfera de competência dos órgãos centrais ou periféricos), desde que tal não se destinasse a defraudar a Constituição ou deliberadamente invadir a esfera competencial dos Estados – o que manifestamente não conseguiu impedir que o *federal treaty power* e o conexo poder normativo de execução tenham sido instrumentalizados pelo poder central para subverter a repartição competencial[30].

O acolhimento integral da orientação jurisprudencial *marshalliana* supracitada dar-se-ia na Sentença *National League of Cities versus Usery* de 1976, na qual o Supremo Tribunal rejeitaria a aplicação da regulação federal sobre salários e horário de trabalho aos funcionários estaduais e locais, por entender que desta forma o Congresso interferia demasiadamente nos assuntos tradicionalmente concernentes à periferia. A regulação federal em causa (*Fair Labor Standards Act*) buscava fundamento na *cláusula do comércio*, ou seja, na faculdade central de disciplinar o comércio interestadual. A Suprema Corte traçou então a distinção entre actos do Congresso que legitimamente regulam as relações comerciais, e actos do Congresso que ilegitimamente afectam a integridade dos Estados ou sua *ability to function effectively in a federal system*. Tal decisão resultou da *ponderação entre o interesse geral e o grau de interferência nos assuntos federados*, ou noutros termos, fundou-se no *compromisso de mútua consideração e respeito* entre os distintos actores políticos que proíbe a decisão unilateral – ou a tomada de decisão à revelia dos interesses federados – quando a intervenção central acarrete externalidades ou onere demasiadamente a periferia, o que ocorria no caso em questão. Num sentido próximo, na Sentença *South Dakota versus Dole* de 1987, a Suprema Corte decidiria que se a concessão de fundos federais prendia-se necessariamente com a promoção do *interesse geral* no financiamento de um particular projecto ou programa, isto obrigaria a que o Congresso, no execício da sua competência de gestão financeira, considerasse os interesses periféricos então envolvidos.

Nas recentes situações em que a justiça constitucional estado-unidense foi chamada a avaliar a constitucionalidade de uma actuação legislativa fundada em disposições constitucionais tributárias da plasticidade do poder central – como sejam a *cláusula do comércio*, a *cláusula do bem-estar geral* e a *cláusula da necessidade e oportunidade* –, a Suprema Corte esteve tendencialmente voltada à aferição dos reais propósitos do Congresso, tal como o sugerira *Marshall*, em vez de cingir-se à formal demarcação de competências exercidas à revelia dos demais actores políticos. Na Sentença *United States versus Lopez* de 1995, a Suprema Corte entendeu

---

[30] Neste sentido cfr. Antonio La Pergola, *La cooperación entre los Estados miembros: sistema federal y compact clause en la Constitución de Estados Unidos*, in Los nuevos senderos del federalismo, Centro de Estudios Constitucionales, Madrid, 1994, pág. 264.

que os poderes do Congresso em matéria de regulação comércio interestadual seriam inadequados para legitimar o *Gun-Free School Zones Act* de 1990 – que interditava o porte de arma de fogo em zona escolar – por recusar a existência de qualquer vínculo entre a violência armada nas escolas e o comércio entre os Estados. Ou seja, *o propósito da medida* não podia ser razoavelmente integrado na regulação do comércio. E na Sentença *United States versus Morrison* de 2000, a Suprema Corte invalidou a legislação relativa a actos de violência contra as mulheres por entender que a matéria não se conectava com o comércio interestadual nem revestia qualquer natureza económica. O que releva dessas recentes sentenças é que *ao averiguar a intenção do Congresso no tratamento legislativo das matérias*, a Suprema Corte revoca o critério adoptado em *McCulloch versus Maryland*, segundo o qual um dos requisitos determinantes da legitimidade de um acto legislativo é que tenha sido realmente calculado para atingir os objectivos constitucionalmente confiados ao poder central – e não para subrepticiamente interferir nas competências alheias sob o pretexto de legitimamente actuar na sua própria esfera de poderes. Só lá se chega pela assunção de um *dever de lealdade* decorrente do *compromisso constitucional de cooperação* – ainda que não se o admita nestes precisos termos – que autoriza a imposição jurisdicional de constrangimentos ao exercício dos poderes formalmente acometidos, seja em função do *ilegítimo propósito da medida*, seja em função dos *ilegítimos efeitos por ela produzidos na esfera competencial de outrem*.

A Sentença *Printz versus United States* de 1997 bem ilustra a invalidação de medidas legislativas em decorrência dos efeitos perversos produzidos na esfera competencial alheia – seja a ampliação dos custos ou a obstaculização do exercício competencial de outrem. A decisão da justiça constitucional censura as disposições normativas federais relativas ao *controlo da venda de armas de fogo* – que nos termos da legislação em causa seria confiado às autoridades de polícia dos Estados-membros. Como a partilha de poderes no sistema federal estado-unidense impede que o Congresso ordene às autoridades periféricas a execução de uma regulação federal (porque o poder central dispõe de uma administração própria responsável pela execução da sua legislação), a Suprema Corte entendeu que a normativa em tela não poderia prever a aplicação da legislação federal por outros serviços que não fossem os da administração federal (*cooperação passiva* que impede a ampliação dos custos alheios), salvo se as autoridades periféricas voluntariamente concordassem em participar (*cooperação activa* que requer actores decididamente empenhados em acções concertadas). Aqui o efeito produzido sobre a autonomia periférica autorizava a recusa dos Estados federados em participarem no programa federal: sempre que uma medida acarrete externalidade ou amplie os custos alheios à revelia dos demais actores envolvidos *a regulação é absolutamente inválida*. Daqui decorre a imprescindibilidade da ponderação cooperativa dos vários interesses em jogo – quanto mais não seja porque assim o exige a própria funcionalidade sistémica, sob pena da anomia do conjunto. Não é outro o sentido da Sentença *National League of Cities versus Usery* de 1976 acima referida e da Sentença *New York versus United States* de 1992, na qual se decidiu, a propósito da legislação relativa à gestão dos resíduos radioactivos (*Low-Level Radioactive Waste Policy Amendments Act* de 1985), que o poder central não podia impor unilateralmente aos poderes periféricos a execução de um programa federal e a correspondente obrigação de resultados (ou nos precisos termos da decisão, *commandeer the legislative processes of the States by directly compelling them to enact and enforce a federal regulatory program*), pelo que a normativa defraudava a Constituição.

A legitimidade de tais decisões assenta no *compromisso constitucional de cooperação* e no *dever de lealdade* que dele decorre, o qual exige que a apreciação jurisdicional do exercício de poderes pelos distintos entes políticos não se limite a julgar se o actor é ou não competente, mas também se está a exercer coerentemente a sua competência (análise dos propósitos) e se as externalidades eventualmente impostas aos demais actores em consequência daquele exercício seriam justificáveis ou absolutamente ilegítimas (análise dos efeitos). Assim o é porque as disposições constitucionais não se limitam a demarcar as barreiras negativas ao exercício competencial ou à intervenção de cada esfera – se o fizessem, então a jurisdição constitucional porventura cingir-se-ia a vigiar o respeito por tais limites. Mas isto não corresponde à actual ideia de Constituição composta: as disposições constitucionais não disciplinam apenas a contenção, mas fornecem pautas para a actuação dos diversos entes políticos na esfera de responsabilidade que lhes foi constitucionalmente acometida. A jurisdição constitucional que pretenda *ir mais além da mera subsunção do caso às normas há-de ser particularmente imaginativa ao concretizar tais pautas e obrigações de acção (Helmut Simon)*[31].

---

[31] Neste sentido cfr. Helmut Simon, *La jurisdicción constitucional*, in Manual de derecho constitucional, Benda, Maihofer, Vogel, Hesse, Heyde (org), Marcial Pons, Madrid, 1996, pág. 851.

E não se diga que ao apreciar a necessidade, a extensão e o modo de actuação de cada esfera de poder, a justiça constitucional dos ordenamentos compostos estaria a substituir-se ao labor das instituições políticas. À justiça constitucional compete precisamente dizer dos limites jurídicos do exercício competencial e dos parâmetros de actuação de cada esfera, tendo necessariamente em conta o conteúdo marcadamente político dos princípios que funcionalizam a distribuição de poderes, nos quais se fundamentam as decisões judiciais sobre conflitos competenciais. Mas vai fazê-lo limitando-se a questionar a vulneração do espírito constitucional, evitando a recomendação de fórmulas substitutivas de uma regulação inconstitucional, e escusando-se de fixar vinculativamente certa alternativa como a melhor – isto porque os objectivos políticos visados pelo legislador não são controláveis pelos tribunais constitucionais no que toca à sua *oportunidade* – como bem ressaltou *Otto Bachof*. Contudo, o legislador não pode valer-se das competências que lhe são constitucionalmente acometidas para prosseguir objectivos que a norma invocada não lhe autoriza – e desta forma ampliar ilegitimamente a sua esfera de actuação: nisto consiste a análise dos propósitos que cumpre à justiça constitucional efectuar. Deixemos, portanto, de fantasmagorias: a jurisdição constitucional não dispõe de poder normativo, carece de direito de iniciativa, e nem se encontra entre as instituições políticas responsáveis pela activa conformação da comunidade e de seu futuro. Para não ser acusada de activismo judicial, a justiça constitucional dos Estados compostos tem progressivamente devolvido ao processo político a imposição de limites ao exercício competencial, isto é, procede com cautela quando se trata de examinar a coerência das medidas adoptadas por cada ente territorial, e exerce um controlo judicial mínimo ou não dogmático das respectivas actuações – que só excepcionalmente as invalida. Mas não se pretenda que as decisões constitucionais deixem de *transportar dimensões de politicidade* típicas da aplicação de normas constitutivas do estatuto jurídico do político: *sob o manto diáfano da dogmática e metódica constitucionais sempre se escrevem páginas de alta política constitucional*, chegando ocasionalmente a *reinventar-se politicamente a própria Constituição (Gomes Canotilho)*[32] –

---

[32] Sobre a ideia de que os tribunais constitucionais fazem política cfr. J. J. Gomes Canotilho, *Tribunal Constitucional, jurisprudências e políticas públicas*, Intervenção nos 20 anos do Tribunal Constitucional, Lisboa, 28 de Novembro de 2003 (policopiado). Num sentido próximo cfr. Otto Bachof, *Estado de direito e poder político*: *os tribunais constitucionais entre o direito e a política*, Coimbra, 1980, pág. 12, onde o Autor sugere que as normas constitucionais não podem interpretar-se sem o recurso

ou não fosse a Lei Fundamental também *aquilo que a justiça constitucional diz que é (Karl Loewenstein)*[33]. No cômputo geral, a imposição de limites ao exercício competencial pelas respectivas justiças constitucionais dos Estados compostos salda-se por positiva. Se os tribunais constitucionais fazem *política por linhas de direito (Gomes Canotilho)*, ou seja, se discutem temas de grande relevância jurídico-constitucional mas tendencialmente ocultadores da natureza de *political question* dos problemas a decidir, julgamos que o fazem legitimamente no sentido da manutenção do equilíbrio instável de qualquer federação, sobretudo quando o poder político furta-se à responsabilidade de o fazer.

Nos Estados compostos contemporâneos, já o sublinhamos, o exercício competencial adquire caracteres transaccionais, isto é, resulta da cooperação entre os distintos entes políticos ou de processos democráticos de negociação contínua sobre *quem faz o quê*. Por isso o exercício competencial depende, sobretudo, daquilo que o conjunto político decida cooperativamente a cada momento, através de fluidos processos de correcção e renegociação. Mas quando tal desejável articulação não funciona, só a jurisdição constitucional pode possibilitar a solução de querelas competenciais que pesariam indefinidamente sobre a esfera política incapaz de as evitar ou dirimir. Como ensina *Dieter Grimm*, na ausência de jurisdição constitucional, tais conflitos correm o risco de serem resolvidos com base nas *relações de poder entre as partes contendentes* – o que certamente não asseguraria a

---

a valorações políticas, que são sempre, até certo ponto, subjectivas. Assim, verificar--se-á inevitavelmente uma certa *relação de tensão entre o direito e a política*. O juiz constitucional aplica certamente direito; mas a aplicação deste direito acarreta consigo necessariamente que aquele que a faz proceda a valorações políticas. O Autor ainda questiona sobre o perigo de o juiz colocar-se no lugar do legislador, que seria a instância competente para a conformação política. Mas conclui que os tribunais constitucionais ordinariamente respeitam o primado político do legislador e não se arrogam em senhorio da Constituição. Isto não exclui que algumas decisões excepcionalmente invadam a competência do legislador, sendo por isso objecto de veemente crítica. Todavia tal excepcionalidade não logra prejudicar o balanço do conjunto: *as vantagens de um controlo efectivo da actividade legislativa, único que permitiu conferir à Constituição a sua plena eficácia, sobrelevam largamente as desvantagens de alguns raros casos de violação de fronteiras*. Sobre as relações entre o legislador e o tribunal constitucional cfr. J. J. Gomes Canotilho, *A concretização da Constituição pelo legislador e pelo Tribunal Constitucional, in* Nos dez anos da Constituição, Jorge Miranda (org), Lisboa, 1986.

[33] Neste sentido cfr. Karl Loewenstein, *Teoría de la Constitución*, Ariel, Barcelona, 1976, pág. 360.

pacificação social e a integração sistémica. A afinidade entre justiça constitucional e federalismo decorre do facto de que as contendas entre os entes políticos de um Estado composto ameaçam a própria existência do Estado enquanto tal – um risco que os Estados unitários não correm porque os conflitos de interesse entre os seus diversos organismos ou entre o cidadão e o poder público não teriam tal repercussão. Se as questões de que se ocupa a jurisdição constitucional são tendencialmente políticas, tanto mais o serão nos Estados compostos, onde as *decisões constitucionais põem fim a conflitos políticos e são aceites como nova plataforma para a adopção de futuras políticas*[34]. Isto comporta certamente o risco de que a jurisdição constitucional se afaste da devida interpretação jurídico-política e se aventure no terreno político-ideológico. Mas tal risco não é maior nos Estados compostos do que nos Estados ditos unitários. Isto porque as disposições constitucionais relativas à distribuição e exercício competencial, das quais a justiça constitucional dos Estados compostos frequentemente se ocupa, são tendencialmente mais densas do que as disposições normativas que disciplinam os direitos fundamentais – e é aqui onde há mais margem para a judicialização das políticas públicas, independentemente do juízo sobre a sua bondade ou conveniência.

1.3. Do controlo judicial dos princípios orientantes do exercício competencial

A afinidade entre ordem federal e controlo da constitucionalidade tem memória: a concepção de justiça constitucional é genuinamente devida à sagacidade estado-unidense que aferiu da imprescindibilidade de uma instância que arbitrasse as concretas controvérsias eventualmente surgidas entre os distintos actores políticos daquele sistema federativo. A competência não expressamente prevista de controlar a constitucionalidade das leis foi avocada a si e aos demais tribunais pela Suprema Corte, a partir da *linguagem da Constituição dos Estados Unidos*, que confirmaria e reforçaria *o princípio considerado essencial a toda Constituição escrita*, segundo o qual *uma lei contrária à Constituição é nula e os tribunais, assim como os outros poderes, estão vinculados a tal instrumento* (Sentença *Marbury*

---

[34] Sobre a afinidade entre jurisdição constitucional e federalismo cfr. Dieter Grimm, *El federalismo alemán: desarrollo histórico y problemas actuales*, in El federalismo en Europa, Hacer Editorial, Barcelona, 1993, págs. 67 e ss.

versus Madison de 1803). Naquele momento inaugural do sistema estado-unidense de justiça constitucional (*judicial review*), o juiz *John Marshall*, então Presidente da Suprema Corte e federalista convicto, proferiu uma decisão política que afirmou o controlo judicial da constitucionalidade das leis como instrumento indispensável à consolidação do poder federal. *Marshall* intuiu que a unidade federativa dependia do controlo da constitucionalidade: ou a Constituição era uma lei superior não modificável por leis ordinárias, ou estava ao mesmo nível da lei ordinária, sendo alterável quando o legislador julgasse oportuno; ora, se assim fosse, as Constituições escritas seriam *tentativas absurdas de limitar um poder em si mesmo ilimitável*. Ou seja, o sistema federativo não teria a mínima chance de sobrevivência se uma instância judicial não fosse competente para de alguma forma controlar o equilíbrio instável dos distintos poderes em concorrência, ou o respeito pelo *compromisso constitucional de cooperação*. Por isso alguns doutrinadores sugerem que, sem prejuízo do alcance e repercussão da sentença de *Marshall* no que concerne à fiscalização da constitucionalidade, o objectivo político do então presidente do Supremo Tribunal, numas circunstâncias em que a ordem federal se via ameaçada, consistia precisamente em conter o governo anti-federalista de *Thomas Jefferson*, então suportado pela maioria dos congressistas (*Carlos Blanco de Morais* sugere mesmo que *a sentença Marbury versus Madison foi gerada como arma de arremesso de federalistas contra anti-federalistas*)[35].

---

[35] Sobre o modelo estado-unidense da *judicial review* cfr. Carlos Blanco de Morais, *Justiça constitucional*, tomo I, Coimbra Editora, Coimbra, 2002, págs. 292 e ss; Fernando Alves Correia, *Direito constitucional (a justiça constitucional)*, Relatório para a prestação de provas de agregação em Ciências Jurídico-Políticas na Faculdade de Direito da Universidade de Coimbra, Almedina, Coimbra, 2001, págs. 48 e ss, onde são traçados os contornos do problema resolvido pelo juiz John Marshall na decisão de 1803: Marshall era um federalista convicto nomeado para o Supremo Tribunal pelo Presidente dos EUA John Adams. Depois da vitória do anti-federalista Thomas Jefferson, em 1800, Adams teria aproveitado os últimos momentos da sua presidência para nomear juízes inamovíveis reconhecidamente federalistas. A precipitação teria sido tal que a decisão de nomeação de William Marbury não foi a tempo de ser enviada ao seu destinatário. Em face da recusa do novo ministro da justiça (Madison) de dar seguimento àquela decisão e notificar o nomeado, Marbury dirigiu-se ao Supremo Tribunal solicitando que tal instância obrigasse a Administração a instalá-lo nas suas funções, de acordo com o poder que a lei judiciária de 1789 conferia à Suprema Corte. (art. 13.º do *Judiciary Act*). Marshall julgou que a lei judiciária de 1789 era contrária à Constituição: o poder central teria ilegitimamente ultrapassado os limites da sua competência quando autorizou que a Suprema Corte impusesse a nomeação de juízes

Assim, a jurisdição constitucional surge inevitavelmente como política, ou melhor, como instância jurídico-política pacificadora das relações entre os diversos sujeitos que participam na distribuição territorial do poder. As circunstâncias políticas do surgimento da *judicial review*, nitidamente determinadas por imperativos de integração e unidade sistémicas, porventura expliquem porque os mecanismos judiciais estado-unidenses se revelaram *mais eficientes na protecção das liberdades do cidadão, do que nas prerrogativas dos Estados-membros* (*David Currie*)[36].

Por conta do conteúdo político dos contenciosos constitucionais, sobretudo daqueles relativos às controvérsias competenciais, haverá sempre o risco de que o processo de fiscalização da constitucionalidade seja instrumentalizado para a solução de querelas políticas (e não propriamente de autênticos conflitos competenciais) quando as forças intervenientes no *decision making* manifestamente falharam[37]. Tal instrumentalização ocorre

---

federais. O Supremo Tribunal não podia, consequentemente, examinar o pedido de Marbury. Nesta decisão iniludivelmente política – cuja intenção seria sobretudo conter a presidência anti-federalista com maioria no Congresso –, Marshall não impôs a nomeação do federalista Marbury, mas em contrapartida afirmou o controlo judicial da constitucionalidade das leis que considerava um instrumento indispensável à consolidação do poder federal.

[36] Neste sentido cfr. David Currie, *Il federalismo statunitense*, in Quale, dei tanti federalismi?, Atti del Convegno Internazionale organizzato dalla Facoltà di Giurisprudenza dell'Università "La Sapienza", ob. cit., pág. 41.

[37] Neste sentido cfr. Helmut Simon, *La jurisdicción constitucional*, in Manual de derecho constitucional, ob. cit., págs. 833 e 859. Sobre o conteúdo político dos recursos de inconstitucionalidade que resolvem controvérsias competenciais cfr. José Antonio Montilla Martos, *La solución política a las controvérsias competenciales. A propósito de la LO 1/2000, de modificación de la ley orgánica del Tribunal Constitucional*, in Anuario de Derecho Constitucional y Parlamentario, 2002. O Autor refere que muitos dos conflitos de competências nos Estados compostos tramitam e são dirimidos pela via do controlo abstracto de normas, não obstante a Constituição alemã, por exemplo, preveja procedimentos específicos para a composição de controvérsias sobre direitos e deveres da Federação e dos Estados (art. 93.º/3) e para a composição dos demais litígios de direito público entre vários Estados ou entre estes e a Federação, e a Constituição espanhola igualmente distinga o recurso de inconstitucionalidade (art. 161.º/1/a) dos conflitos de competência entre Estado e Comunidades Autónomas ou destas entre si (art. 161.º/1/c). Estima-se que três quartos dos recursos de inconstitucionalidade resolvidos pelo Tribunal Constitucional espanhol sejam conflitos de competência tramitados sob a forma de recurso de inconstitucionalidade. É possível traçar uma diferenciação material tendo em conta a pretensão da demanda: haveria conflito de competências quando dois órgãos se consideram igualmente competentes para disciplinar um determinado assunto e a pretensão consista na reivindicação daquela

porque a jurisprudência constitucional sobre questões federais (*substantial federal questions*, na expressão da Suprema Corte estado-unidense) pode contribuir ao robustecimento do poder periférico frente ao poder central, ou seja, pode permitir que os entes federados influenciem a formação da vontade federal sobre questões politicamente controversas que os afectam ou interessem. Tais tendências se tornam ainda mais evidentes quando diferem as maiorias nas câmaras alta e baixa. Porventura o apelo à continência deva ser dirigido não aos tribunais constitucionais, mas aos entes políticos que recorrem à jurisdição constitucional – eventualmente movidos por razões de oportunismo político ou tentados a confiar medidas impopulares à força coerciva dos tribunais, então enredados na arbitragem de valorações e prognoses opostas sem estarem para isso mais bem qualificados que o governo e o parlamento. Seja como for, quando chamada a solucionar controvérsias competenciais, a justiça constitucional dos Estados compostos resolve, à luz de critérios jurídico-constitucionais, conflitos de interesses políticos. Por isso estamos com *Dieter Grimm* quando, referindo-se ao Tribunal Constitucional alemão, afirma que os *assuntos que mantêm ocupada a justiça constitucional são sempre questões políticas. Mas suas sentenças não são políticas. O perigo advém da análise de questões políticas à luz de critérios políticos* – o que manifestamente não seria o caso. Daqui decorre que a resolução dos conflitos competenciais pela justiça constitucional perturba a linearidade da distinção *dworkiniana* entre *questões de princípio* e *questões políticas*. *Ronald Dworkin* sugere que a justiça constitucional deve tomar *decisões de princípio, não de política*, ou seja, decisões sobre os direitos das pessoas, e não decisões sobre como se promove melhor o bem-estar geral – para

---

competência; haveria controlo da constitucionalidade de normas quando se comprova a validade de uma norma a partir de seu contraste com outra de nível superior, sem que se pretenda o exercício da competência normativa por parte daquele que impugna a validade. Este critério substantivo foi empregue durante algum tempo pelo TC espanhol, mas acabou por ser abandonado (STC 32/1983 e STC 49/1984) em favor de um critério formal que reconduz ao recurso de inconstitucionalidade todas as pretensões que recaiam sobre leis, mesmo que tenham uma fundamentação competencial. O mesmo se passa em relação ao ordenamento alemão, cuja Constituição dispõe que o Tribunal Constitucional Federal decide sobre a *compatibilidade formal e material da legislação federal ou estadual com a Lei Fundamental ou a compatibilidade de uma lei estadual com outras leis federais*. Este elemento formal provoca a introdução do conflito competencial no âmbito do controlo normativo, ainda que sequer exista inconstitucionalidade, mas sim colisão competencial, ou pior, ainda que sequer exista um autêntico conflito competencial, mas sim meras controvérsias de orientação política.

as quais os órgãos políticos seriam mais qualificados. Os juízes constitucionais deveriam basear os seus julgamentos em *argumentos de princípio político* (que apelam aos direitos de cada cidadão), e não em *argumentos de acção política* (através dos quais uma decisão judicial contribui à promoção de uma certa concepção do bem-estar geral ou do interesse público)[38]. Julgamos que tudo seria mais fácil se as Constituições dos Estados compostos não previssem uma série de cláusulas extensivas das competências do poder central que apelam ao juízo político do *bem-estar ou interesse geral*, ou à *necessidade e oportunidade* da medida em causa. A partir de tais cláusulas a Suprema Corte estado-unidense – de resto seguida pelas demais jurisdições constitucionais dos Estados compostos – elaborou o conceito de poderes implícitos ou instrumentais (*implied powers*), que legitimam teleologicamente a intervenção central para além dos limites expressamente previstos na Constituição, desde que a medida em tela esteja orientada a prosseguir finalidades conexas com o espírito da Constituição. Seria portanto irrealista pretender escamotear o conteúdo político de um recurso de inconstitucionalidade quando fundado numa controvérsia competencial, da mesma forma que seria ingénuo ignorar o elemento subjectivo daquela controvérsia.

É certo que o objecto de um recurso de inconstitucionalidade é o contraste de uma disposição normativa com a Constituição, assim como a finalidade do controlo é a defesa da Constituição e a depuração objectiva do ordenamento. Como prelecciona *Zagrebelsky*, o controlo da constitucionalidade se desenvolve *num contexto de direito objectivo* (e não de direito subjectivo), que tende primariamente a *assegurar a coerência do sistema normativo* e só secundariamente, e por consequência, a proteger das eventuais lesões que a norma cometa sobre as posições subjectivas constitucionalmente garantidas[39]. Mas como bem alerta *Montilla Martos*, quando dois órgãos consideram-se igualmente competentes para disciplinar um determinado assunto, não há como negar que a pretensão do recorrente consiste na reivindicação ou reconhecimento de uma titularidade competencial. Isto é, mais do que o afastamento de uma norma viciada por incompetência, o que se pretende é que a justiça constitucional dirima

---

[38] Sobre a distinção entre *questões de princípio* e *questões políticas* cfr. Ronald Dworkin, *Taking rights seriously*, Harvard University Press, Cambridge/Massachusetts, 1977; Ronald Dworkin, *A matter of principle*, Oxford University Press, Oxford, 1996.

[39] Neste sentido cfr. Gustavo Zagrebelsky, *La giustizia costituzionale*, Il Mulino, Bologna, 1977.

quem é o titular da competência controversa. Nada disso significa que os interesses subjectivos suplantam os objectivos, ou que a garantia das posições subjectivas prevalece sobre a depuração do ordenamento no controlo da constitucionalidade. Apenas sugere que o interesse subjectivo do reconhecimento competencial concorre com o interesse objectivo da catarse ou depuração do ordenamento jurídico[40].

Também seria razoável afirmar que a sede genuinamente vocacionada para envidar esforços no sentido da delimitação das competências é aquela dos *órgãos políticos mais directamente tributários da soberania popular (Marc Carrillo)*[41]. A jurisdição constitucional só intervém quando as ambiguidades e indecisões dos actores *políticos* obstaculizam a resolução *política* de diferendos eminentemente *políticos* – e tão só porque as decisões políticas têm necessariamente de ser traduzidas em normas jurídicas. Prova da politicidade das questões competenciais é o facto de que no sistema federal alemão, essencialmente marcado pela interdependência e cooperação intergovernamental, o número de recursos endereçados e decisões proferidas pelo Tribunal Constitucional Federal envolvendo conflitos competenciais é impressionantemente reduzido – em média uma por ano – o que se deve à preferência por soluções políticas na resolução de tais controvérsias, através da celebração de acordos negociados por comissões mistas. Algo semelhante ocorre em Espanha onde o art. 33.º//2 da lei orgânica n.º 1/2000 (lei orgânica do Tribunal Constitucional) amplia o prazo para interposição de recurso de inconstitucionalidade – de três para nove meses a partir da publicação da norma – caso concorram as circunstâncias que denotam o *início de uma negociação política* no seio de uma *comissão bilateral de cooperação* tendente a conciliar as discrepâncias competenciais entre poder central e autonómico. Ou seja, é oferecida uma oportunidade de solução puramente política que culmine num acordo sobre o conteúdo da normativa controversa e evite a formalização de uma acção de inconstitucionalidade. Em detrimento da judicialização dos conflitos de competência, a tendência nos Estados compostos parece ser a da concertação política que impeça a interposição do recurso de

---

[40] Sobre a concorrência de interesses objectivos e subjectivos na interposição do recurso de inconstitucionalidade cfr. José Antonio Montilla Martos, *La solución política a las controversias competenciales...*, cit., pág. 116.

[41] Neste sentido cfr. Marc Carrillo, *Estado de las autonomías y Tribunal Constitucional: una perspectiva a quince años de vigencia de la Constitución*, in Estudios de derecho público, Homenaje a Juan José Ruiz-Rico, vol. II, Tecnos, Madrid, 1997, pág. 1258.

inconstitucionalidade. O que de resto também actua em favor da legitimidade da instância jurisdicional, que desta forma se livra das indesejáveis pressões que a partidocracia indirectamente lhe inflige: como adverte *Montilla Martos*, nos Estados compostos da actualidade a relação dialéctica centro/ periferia tem sido obnubilada pelo conflito maioria/minoria, o que dificulta o reconhecimento de um interesse político-partidário maliciosamente encapuçado num suposto interesse de delimitação competencial[42].

Seja como for, quanto mais se recorre à justiça constitucional, mais se densifica o conteúdo do *compromisso constitucional de cooperação* em cada ordenamento composto. A resolução jurisdicional de controvérsias competenciais nos Estados compostos baseia-se num conjunto de princípios jurídicos que, independentemente das idiossincrasias de cada sistema concreto, prosseguem a promoção/manutenção da unidade política constitucionalmente proposta, através de *soluções pluralisticamente integradoras* (*Konrad Hesse*)[43]. Tratam-se de princípios que fornecem *critérios de*

---

[42] Neste sentido cfr. José Antonio Montilla Martos, *La solución política a las controvérsias competenciales...*, cit., págs. 122-125, onde o Autor sugere a presença de uma componente político-partidária nos conflitos competenciais levados ao conhecimento da justiça constitucional, ainda que não se possa, por dificuldade de prova, determinar em que medida o interesse na delimitação competencial é instrumentalizado pelo interesse político-partidário. Sem embargo, as estatísticas demonstram que a partir de 1996, com a chegada do Partido Popular ao poder central espanhol, são as Comunidades Autónomas governadas pelos socialistas (Andalucía, Castilla-La Mancha e Extremadura) as que mais vezes questionam leis estatais junto do Tribunal Constitucional, independentemente da sua incidência efectiva no âmbito competencial autonómico. A lei n.º 8/2000, que alterava restritivamente a normativa sobre imigração, *mas que não afectava a repartição competencial*, foi recorrida por distintas Comunidades Autónomas governadas pelos socialistas, a partir da ampla interpretação de interesse autonómico acolhida pelo Tribunal Constitucional, qual seja, *a esfera de interesse da Comunidade Autónoma não se identifica com a defesa de suas competências, bastando, para a legítima interposição de recurso, que tais interesses sejam afectados pela regulação estatal de uma matéria sobre a qual a Comunidade em questão disponha também de competências próprias* (STC 84/1982, STC 74/1987); *as Comunidades Autónomas... também podem proteger o interesse geral porque a salvaguarda da supremacia constitucional é uma questão que interessa a todos* (STC 28/1991). O Autor conclui que, por conta da bondade interpretativa do Tribunal Constitucional, os governos autonómicos ideologicamente coincidentes com a oposição parlamentar central reforçam o recurso por ela interposto ou o substituem, enquanto o governo central, por sua vez, parece actuar contra normativas autonómicas em representação dos parlamentares de seu mesmo grupo político que exerçam a oposição numa determinada Comunidade Autónoma.

[43] Sobre o efeito integrador da interpretação jurídico-constitucional, isto é, o postulado segundo o qual na resolução de problemas constitucionais deve dar-se

aferição do alcance material das competências constitucionalmente acometidas aos distintos poderes, e que ditam os *parâmetros de actuação* a ter em conta pelos respectivos entes políticos no exercício de tais competências. Alguns desses princípios são expressamente proclamados pelas respectivas Constituições, enquanto outros a justiça constitucional os deduz da interpretação sistemática dos vários preceitos constitucionais, ou ainda derivam da própria *essência do modelo de organização territorial do Estado implantado pela Constituição* – como entendeu o Tribunal Constitucional espanhol, referindo-se ao *princípio da cooperação* (Sentença 18/1982 e Sentença 80/1985). Independentemente dos contornos que eventualmente adquiram em cada experiência histórico-concreta, os princípios da lealdade, autonomia, unidade, participação, subsidiariedade são continuamente evocados pelas distintas justiças constitucionais no tratamento dos conflitos competenciais, certamente porque fundamentam a convivência harmónica dos distintos poderes e funcionalizam a partilha de responsabilidades em qualquer ordenamento composto. Ou noutros termos, porque concretizam o *compromisso constitucional de cooperação* que traduz a ideia de *solidariedade* ou *co-responsabilidade* de todos os actores políticos pela sorte do sistema – ou pelo destino de uma *unidade diversa, harmónica e justa*[44]. E quando a justiça constitucional interpreta, concretiza e aplica tais princípios na resolução de controvérsias competenciais, faz com que *o acordo do constituinte histórico se mantenha entre aqueles cuja actuação cooperativa dito constituinte tratou de dirigir e coordenar através das normas constitucionais* (*Konrad Hesse*). Se o controlo das regras do jogo federal compete, em última instância, à justiça constitucional, então a melhor maneira de captar a evolução e estatura de qualquer sistema federativo é percorrer a sua respectiva jurisprudência constitucional – eis a sugestão de *Karl Loewenstein*, na sequência da assertiva segundo a qual a Constituição estado-unidense sempre seria *o que a interpretação dos tribunais fizessem dela*. Em certa medida, assim

---

primazia à solução que favoreça a integração político-social, o reforço da unidade política, o esbatimento das conflitualidades – ou em definitiva, às soluções pluralisticamente integradoras – cfr. Konrad Hesse, *La interpretación constitucional*, in Escritos de Derecho Constitucional, Centro de Estudios Constitucionales, Madrid, 1983, pág. 50 e ss; Gomes Canotilho, *Direito Constitucional e teoria da Constituição*, Almedina, Coimbra, 2002, pág. 1208.

[44] Sobre a ideia de solidariedade e co-responsabilidade no ordenamento composto cfr. Jesús Prieto de Pedro, *Unidad y pluralismo cultural en el Estado autonómico*, in Documentación Administrativa, n.º 232/233, Out 1992/Mar 1993, pág. 51.

o é. Façamos então um inventário dos principais problemas controlados pela justiça constitucional dos sistemas federativos, ou seja, tentemos captar as tendências decisórias e os fundamentos jurídico-constitucionais da resolução de controvérsias competenciais.

1.3.1. *Da autonomia e unidade no tratamento dos conflitos competenciais*

O juiz constitucional é o garante do *equilíbrio* e da *unidade* nos Estados compostos – eis o já referido vínculo genético entre ordem federal e controlo da constitucionalidade. Por conta dos imperativos de *unidade* e *integração sistémicas*, a justiça constitucional dos sistemas federativos é tendencialmente acusada de favorecimento do poder central em detrimento do poder periférico. Neste sentido – e a propósito das decisões da Suprema Corte canadiana – os quebequenses costumam evocar a imagem da *torre de Pisa* para sugerir que, assim como a mencionada torre, as decisões constitucionais pendem sempre para o mesmo lado: aquele do poder central[45]. A causticidade do comentário quebequense sugere-nos que a legitimidade de qualquer construção composta é medida pelo *grau de satisfação com que em cada momento histórico se realize a função integradora (Albertí Rovira)*, isto é, pelo nível de consecução do equilíbrio entre unidade e pluralidade. Como convincentemente demonstrou *Rudolf Smend* a partir da função integradora da Constituição, *a integração de uma pluralidade de esferas governativas numa unidade superior que respeite tal diversidade* é a ideia básica que *subjaz a toda construção federal* (enquanto permanente processo de convergência ou unificação política, acrescentaríamos), independentemente deste sistema federativo *prosseguir finalidades técnicas*, como seja o incremento da segurança ou prosperidade de seus membros, ou *prosseguir resultados espirituais*, traduzíveis na corporificação político-organizativa de uma identidade e uns valores comuns anteriores à criação do Estado[46]. Se é certo que a

---

[45] Neste sentido cfr. Louis Favoreu (org), *Droit constitutionnel*, Dalloz, Paris, 2001, pág.383.

[46] Sobre a função integradora do Estado composto cfr. Rudolf Smend, *Constitución y derecho constitucional*, Madrid, 1985 (1928), pág. 176 e ss; Enoch Albertí Rovira, *Estado autonómico e integración política*, in Documentación Administrativa, n.º 232//233, Out 1992/Mar 1993, pág. 224.

função integradora só se realiza se o traçado das grandes normas organizativas do sistema federativo permitirem o equilíbrio entre unidade e pluralidade (*dimensão estática*), não é menos certo que a integração constitui um objectivo que há-de ser diariamente perseguido e conseguido na prática política do sistema institucional (*dimensão dinâmica*). Como preconiza *Albertí Rovira*, nos Estados compostos da actualidade tal *integração dinâmica* realiza-se fundamentalmente através da *cooperação entre as distintas esferas de poder e responsabilidade*, ou seja, por via da estreita inter-relação na abordagem de problemas que a todos afectam – em detrimento de uma nítida e asséptica separação competencial. Esta tendência cooperativa tem se traduzido não apenas na participação dos entes periféricos nas decisões centrais que *condicionam o exercício das suas competências* – ou num sentido ainda mais alargado, nas decisões centrais que *afectam o seu círculo de interesses* –, mas também na participação da instância central na área de actuação do poder periférico, quando os problemas a serem enfrentados excedam as suas possibilidades. Daqui decorre que nos sistemas federativos, o necessário equilíbrio entre unidade e diversidade tem-se dinamicamente perfilado enquanto *equilíbrio entre a co-responsabilidade necessária* e a *responsabilidade individual possível* (*Albertí Rovira*) – e é precisamente na concreta prossecução de tal instável equilíbrio que a justiça constitucional dos ordenamentos compostos tem envidado esforços.

Um exemplo elucidativo seria aquele da jurisdição constitucional estado-unidense, cujas recentes decisões no sentido da preservação do poder periférico face ao poder central têm suscitado perplexidades numa doutrina desorientada com o que parece ser uma *reviravolta jurisprudencial*. Senão vejamos. Sequer havia *secado a tinta do documento constitucional* – ironizou *Karl Loewenstein* –, quando surgiu em 1790 o problema da criação de um banco federal (*First National Bank*). A questão foi resolvida com fundamento na teoria dos chamados poderes implícitos ou instrumentais (*implied powers*), que desterrou definitivamente a ingénua ideia de que as faculdades federais estavam exaustivamente enumeradas no art. I, secção 8 da Constituição dos Estados Unidos. A teoria dos *implied powers*, inferida da disposição constitucional segundo a qual o Congresso poderia adoptar toda a legislação necessária e adequada à prossecução dos poderes enumerados, legitimou a intervenção do poder central em domínios que não lhe foram expressamente reconhecidos (mas que instrumentalizavam a realização das tarefas que efectivamente o foram). As sentenças de *John Marshall* entre 1809 e 1823 celebrizaram a tendência da interpretação teleológica das competências centrais, a partir das cláusulas jurídico-constitucionais autorizadoras da prossecução do interesse geral pela União (*cláusula do bem-estar geral, cláusula da necessidade e oportunidade, cláusula do comércio*, todas constantes do art. I, secção 8), e a Sentença *Mc Culloch versus Maryland* de 1819, recorrentemente referida, assentou as bases da doutrina da supremacia federal: *Os Estados não têm poder para retardar, impedir, onerar ou de qualquer forma interferir nas operações legislativas conduzidas pelo Congresso para levar a termo os poderes de que está constitucionalmente investido*, eis a inevitável consequência da supremacia declarada na Constituição (cláusula da supremacia contante do art. VI/2).

Os imperativos de unidade federal que teriam inspirado as decisões *marshallianas* fizeram escola. Através de uma interpretação teleológica das cláusulas constitucionais potencialmente extensivas do poder central (ou seja, através da aferição dos fins que justificaram a concessão das competências constitucionalmente enumeradas), a Suprema Corte admitiria a intervenção do poder central do domínio social mesmo na ausência de competências expressas que o autorizassem (Sentença *United States versus Butler* de 1936 e Sentença *United States versus Smith* de 1939); assim como rejeitaria a jurisprudência do *duplo standard* (que autorizava o poder periférico a interpretar e dispor dos direitos fundamentais a partir de distintos critérios e permitia a prática da segregação racial nos Estados sulistas) contra a qual afirmaria a competência do poder central no domínio essencial dos direitos e liberdades (Sentença *Brown versus Board of Education* de 1954); e ainda decidiria que a política de discriminação racial praticada por um hotel contra a igualdade dos viajantes afectava o comércio entre os Estados, na medida em que tal discriminação desencorajava as iniciativas de viagem (Sentença *Heart of Atlanta Hotel versus United States* de 1964).

Do exposto decorre que, ressalvadas as pontuais oscilações – sensíveis sobretudo entre 1836 e 1864, quando os conflitos entre as exigências de uma economia nacional/unitária e os ditos *direitos adquiridos* dos Estados-membros foram tendencialmente resolvidos em favor dos últimos (Sentença *Scott versus Sandford* de 1857), o que de certa forma aguçou o enfrentamento final na Guerra de Secessão – a Suprema Corte sempre esteve disposta a legitimar a normativa central ou a fazer recair no domínio da competência federal as matérias que julgava carecerem de tratamento uniforme, mesmo que para isso se promovesse a concentração do sistema por via de um processo interpretativo que gradualmente, e sem subverter a distinção formal de competências, lá foi resultando na extensão do poder central e na correlata compressão do poder periférico. Todavia a jurisprudência mais recente (leia-se a partir de meados da década de noventa do séc. XX) indicia a inversão de tal tendência, porventura devido aos ventos cooperativos que andam a refrescar as relações intergovernamentais estado-unidenses, e que têm inspirado a espontânea uniformização das normativas periféricas em alguns sectores (*cooperação horizontal*) e a voluntária adesão/execução periférica das iniciativas legislativas centrais (*cooperação vertical*)[47].

Na Sentença *Lopez versus United States* de 1995 (pela primeira vez desde o *New Deal*) se insinua a tendência de circunscrição dos poderes centrais através da interpretação restritiva da *cláusula do comércio*: a Suprema Corte decide que as competências centrais em matéria de regulação do comércio interestadual seriam inadequadas para legitimar a *interdição do porte de arma de fogo em zona escolar*. Não havia qualquer vínculo entre a violência armada nas escolas e o comércio entre os Estados ou a economia nacional – e daí a invalidade da normativa federal em causa. O duvidoso raciocínio segundo o qual *onde há armas, há violência*; *onde há violência, não se aprende*; *onde não se aprende, há menos comércio* (donde seria necessário proibir o porte de armas nas escolas para promover o comércio interestadual) foi julgado improcedente. A mesma orientação jurisprudencial tendencialmente restritiva da *cláusula do comércio* restou confirmada na Sentença *United States versus Morrison* de 2000, na qual a Suprema Corte rejeitou a conformidade constitucional da legislação federal que dispunha sobre *actos de violência contra as mulheres* por considerar que os mesmos não produziam efeitos sobre o comércio interestadual nem revestiam qualquer natureza económica.

Ambas as sentenças sugerem a tentativa de *recomposição jurisdicional do equilíbrio de forças* no sistema federal estado-unidense – largamente perturbado, admita-se, desde que em nome do robustecimento do poder central a Suprema Corte deliberadamente recusou o dever de leal consideração e respeito dos interesses periféricos. Julgamos que aquilo que superficialmente possa parecer a retoma da peregrina ideia de *esferas competenciais substancialmente definidas, isoladamente exercidas, hermeticamente protegidas contra a interferência de outrem* – ou seja, uma tentativa de restauração do conceito original de separação/inde-

---

[47] Neste sentido cfr. Nino Olivetti Rason, *Vecchio e nuovo nel federalismo degli Stati Uniti d'America*, in Esperienze federali contemporanee, Nino Rason/Lucio Pegoraro (org), Cedam, Padova, 1996, pág. 89.

pendência vertical de poderes[48] – antes traduz uma releitura actualizada da orientação jurisprudencial de *John Marshall*, segundo a qual a constitucionalidade da actuação do Congresso, sobretudo quando fundada na controversa *cláusula do comércio*, dependeria do *propósito*, *intenção*, *boa-fé* que lhe estivesse subjacente. Ou seja, se o Congresso, sob o pretexto do legítimo exercício de seus poderes, adoptasse legislação orientada à prossecução de objectivos que não lhe fossem confiados, tal actuação não seria conforme a Constituição – ou não corresponderia ao *supreme law of the land* (art. VI/2, *supremacy clause*). A sugerida apreciação jurisdicional do *propósito da medida* só se justifica a partir da assunção de um *dever de lealdade* decorrente do *compromisso constitucional de cooperação* – ainda que não se o admita nesses precisos termos – porque esboça o reconhecimento de um princípio de lealdade, confiança e respeito entre os distintos entes políticos, que informa e condiciona o exercício competencial.

Todavia não nos parece dialecticamente consistente que, ao envidar esforços no sentido da circunscrição dos poderes centrais ou da recomposição de forças no cenário do Estado federal estado-unidense, a Suprema Corte tenha conclamado o fantasmagórico argumento da *dupla soberania* que ela própria em tempos tratara de exorcizar (na Sentença *Sanitary District versus United States* de 1925, a Suprema Corte afirmaria que na esfera dos conflitos entre a regulação federal e estadual *não havia uma controvérsia entre iguais*). A invocação da soberania estadual é retomada na Sentença *Seminole Tribe versus Florida* de 1996, onde foram apreciadas certas disposições legislativas que permitiam às tribos indígenas a abertura de casinos nos territórios que lhes fossem reservados, à condição de negociarem e obterem o acordo governamental do Estado federado em que tais territórios estivessem inseridos (*Indian Gaming Regulatory Act* de 1988). Todavia se as partes se revelassem incapazes de atingirem um

---

[48] No sentido de que as sentenças da Suprema Corte estado-unidense *Lopez versus United States* de 1995 e *United States versus Morrison* de 2000 podem ser interpretadas como uma tentativa de restaurar o conceito original de separação e independência vertical de poderes (o que representaria a antítese de qualquer compromisso cooperativo na medida em que tal *dualidade* proclama que o poder periférico não precisa assistir o poder central no tratamento de seus próprios assuntos e vice-versa) cfr. Larry Lessig, *Translating federalism: United States versus Lopez 1995*, 2000. O Autor entretanto sugere que tais decisões podem também traduzir o reconhecimento de um compromisso constitucional de respeito pelos Estados-membros, ainda que as mesmas operem na tradicional linha da distinção de títulos competenciais e não proclamem a existência de um compromisso de fidelidade.

consenso, a normativa autorizava as tribos a demandarem o respectivo governo estadual junto dos tribunais federais, sob a alegação da ausência de boa fé na condução das negociações – e nisto residia a inconstitucionalidade, entendeu a justiça constitucional. Com o intuito de afastar a hipótese de revisão judicial das decisões governativas estaduais que rejeitassem a solicitação das tribos indígenas, em *Seminole Tribe* a Suprema Corte insistentemente repetiria que o Estado federado é uma *entidade soberana no conjunto estado-unidense* – quando tem sido exaustivamente demonstrado que a pretensão soberana das entidades federadas é absolutamente desprovida de justificação. O argumento foi repetido na Sentença *Printz versus United States* de 1997, na qual foi censurada a legislação federal sobre *controlo da venda de armas de fogo* (*Brady Handgun Violence Prevention Act* de 1993) por entender-se que o poder central não podia impor a execução de legislação federal ao poder periférico (*cooperação passiva* que impede a ampliação dos custos alheios), salvo se as autoridades periféricas voluntariamente concordassem em participar (*cooperação activa* que requer actores decididamente empenhados em acções concertadas).

Em vez de seguir a argumentação cooperativa, que legitimaria o sentido decisório da *anti-commandeering doctrine*, a Suprema Corte erraticamente optou pela evocação do princípio da duplicidade da soberania, que alegadamente constituiria o *próprio fundamento do federalismo* (?!). A Suprema Corte ainda revocou o lastimável argumento da *dual sovereignty* na Sentença *Alden versus Maine* de 1999, e na Sentença *Kimel versus Florida Board of Regents* de 2000, nos quais o conceito de *soberania do Estado federado* (que em termos jurídicos rigorosos seria melhor qualificada como autonomia) foi invocado para alargar a esfera de imunidades dos entes federados relativamente aos processos instaurados com fundamento em leis federais (a doutrina da imunidade estadual busca fundamento na 11.ª Emenda, nos termos da qual o cidadão de um Estado-membro não pode demandar contra outro Estado-membro num tribunal federal, mas desde o séc.XIX tem sido entendida como suprimível pelo Congresso, se tal se revelar necessário à validação ou exercício das faculdades centrais). A desorientação argumentativa da Suprema Corte estado-unidense – ainda que eventualmente bem intencionada – suscita-nos as seguintes perplexidades: tal tendência representaria a emergência de um *princípio da subsidiariedade* à americana, tendente a salvaguardar a integridade do *status* autónomo dos entes federados dentro da sua respectiva esfera de competências? E de que forma o *princípio da autonomia* responde à necessidade de *integração política* num Estado composto?

A dialéctica política da *autonomia enquanto separação* – isto é, da autonomia enquanto reduto isento de influências alheias, ou esfera de acção onde seria possível desenvolver políticas incondicionadas – foi gradativamente perdendo terreno na teoria do federalismo em favor da ideia da *complementaridade entre os ordenamentos central e periférico*. Se o princípio geral que rege o sistema de relações entre o poder central e o periférico nos Estados compostos é o *princípio da separação dos ordenamentos ou princípio da competência*, tal separação não é de modo algum absoluta, posto que ambos os níveis governativos se encontram articulados no *supraordenamento constitucional* enquanto *ordenamento superior de todos os ordenamentos presentes no território nacional* (*Enterría/Rodríguez*)[49]. Isto significa que a distribuição competencial só num plano organizativo estrito pode ser entendida como separação: as actuações centrais e periféricas, mesmo e *sobretudo* no âmbito das competências ditas exclusivas, sempre e tão só complementam a organização da vida comunitária. Assim necessariamente o é porque a unidade do Estado composto é *mais que a soma das partes*, ou seja, *o todo não é a mera justaposição das partes*: tem de haver coerência, harmonia, *unidade*. E esta nada mais é que o *produto de um processo de integração*, ou o resultado do funcionamento de uma estrutura organizada para conseguir a *unidade de acção* de dois ordenamentos que têm idênticos destinatários.

A *unidade de acção* nos Estados compostos – ou a acção conjunta e complementar de uma pluralidade de centros de decisão – é informada pelos preceitos constitucionais que fundam e regulam as relações entre as diversas esferas governativas, entre as quais figura o *princípio da autonomia*, que corresponderia precisamente ao *meio para se atingir o fim da unidade* (*González Encinar*)[50]. Ou noutros termos, *autonomia e unidade, antes de se contraporem, dependem uma da outra*: só há unidade porque há autonomia e só há autonomia porque há unidade, posto que somente pode falar-se em autonomia no marco de um ordenamento mais amplo que comporte o ente autónomo e limite suas faculdades dispositivas – caso contrário teríamos um ordenamento soberano e já não autónomo (*Muñoz*

---

[49] Sobre a ideia de complementaridade entre os ordenamentos central e periférico cfr. Eduardo García de Enterría/Tomás Ramón Fernández Rodríguez, *Curso de derecho administrativo*, vol. I, Madrid, 1983, pág. 291-292.

[50] Sobre a unidade de acção no Estado composto e a ideia de que *a autonomia é um meio para se atingir o fim da unidade* cfr. José Juan González Encinar, *El Estado unitario-federal*, Tecnos, Madrid, 1985, pág. 131.

Machado)[51]. O princípio da autonomia autoriza os entes periféricos a elegerem opções e dirigirem-se política e administrativamente. Mas a condução das políticas periféricas depende em grande medida da direcção e conteúdo da acção estatal no seu conjunto, posto que o princípio da unidade justifica a *recuperação da coerência* e a *reserva de poderes centrais de coordenação e harmonização*, para que se garanta a tendencial equiparação das condições de vida em todo o território nacional e se evite a fragmentação da comunidade política. Ou na lapidar expressão do Tribunal Constitucional espanhol: *é o princípio da unidade do sistema que dá verdadeiro sentido ao autonomismo das suas partes* (Sentença 4/1981 de 2 de Fevereiro).

Do exposto se depreende que a actuação das distintas esferas de poder não pode ser autista ou egoisticamente conduzida: cada ente político há-de estar necessariamente vocacionado à construção de um conjunto harmónico e coordenado, à eliminação das contradições e disfunções que obstaculizam a integração sistémica, à complementaridade e conexão das distintas esferas competenciais, porque como brilhantemente prelecciona *García de Enterría*, os entes autónomos são *subsistemas integrados num sistema superior que representa a recondução do conjunto à disposição de concerto metódico*[52]. Por isso não lemos as recentes decisões da Suprema Corte estado-unidense – no sentido de circunscrever os poderes centrais através da equívoca invocação da dupla soberania – como uma reviravolta jurisprudencial postulante do ostracismo no exercício competencial ou um *revival* da separação e independência. Não depois de décadas de reconhecimento, por vezes exagerado tendo em conta o resultado centralizador então produzido, dos imperativos de interesse geral fundantes da *cláusula do comércio*, da *cláusula da necessidade e oportunidade*, da *cláusula do bem-estar geral*, da *cláusula da supremacia do direito federal*, que arrastaram o tratamento de imensas matérias da esfera periférica para a central. O princípio da unidade que justifica a prossecução do interesse geral não actua – ou não deve actuar – em detrimento da autonomia periférica, antes a salvaguarda e dá-lhe sentido. E não há como pretender que o interesse geral não seja simultaneamente percepcionado como de

---

[51] Neste sentido cfr. Santiago Muñoz Machado, *Los princípios constitucionales de unidad y autonomia y el problema de la nueva planta de las administraciones públicas*, in Revista de Administración Pública, n.º 100-102, Dez/1983, pág. 1840.

[52] Neste sentido cfr. Eduardo García de Enterría, *La primacía normativa del título VIII de la Constitución Española. Introducción al estudio del artículo 149 de la CE*, in Revista Española de Derecho Administrativo, n.º 33, 1982, pág. 285.

todos e de cada uma das componentes da federação, sob pena de se comprometer a coerência e harmonia sistémicas.

Como prelecciona *Albertí Rovira*, o *interesse geral* não deve servir para subverter ou reordenar ilegitimamente a repartição original de competências, nem deve ser confundido com o *interesse do poder central*: ainda que o poder central tenha a obrigação de tutelar o *interesse geral*, isto não significa que ostente o monopólio do mesmo, posto que os entes periféricos também são depositários do *interesse geral* e estão constitucionalmente obrigados a actuar em favor dele. Por conseguinte, o *interesse geral* deve servir para alimentar o espírito das relações quotidianamente entabuladas entre os distintos entes políticos de um Estado composto. Há inclusivamente um princípio, a *lealdade federal*, que regula a convivência dos vários círculos de interesse nos Estados compostos e a Suprema Corte estado-unidense bem o sabe – para voltarmos ao propósito desta incursão pela unidade/integração política nos sistemas federativos –, embora nem sempre o assuma com veemência. Assim como a Suprema Corte também sabe que há efectivos *critérios para a determinação do alcance das competências centrais transversais (López Guerra)*, isto é, das faculdades centrais voltadas à salvaguarda do sistema sócio-económico integrado, e que forçosamente determinam a labilidade da distribuição formal de competências, como seria o caso da *cláusula do comércio*, quais sejam: a averiguação do propósito subjacente à intervenção central, a determinação da finalidade ou objectivo predominante da norma, o exame fáctico da relevância económica real de uma matéria[53]. São critérios que, aparentemente, a Suprema Corte está decidida a implementar – tão simples quanto isso. Escusavam-se, portanto, as bizarrices da dupla soberania que em nada contribuem para com a harmonia sistémica. Bastava a invocação do *compromisso constitucional de cooperação* e dos deveres daí decorrentes – o que seria suficiente e mais adequado à salvaguarda da integridade do *status* autónomo dos entes federados e sua correspondente esfera de competências. É que como veremos *infra* (título 2, capítulo 2, item 2.3),

---

[53] Sobre o interesse geral cfr. Enoch Albertí Rovira, *El interes general y las Comunidades Autónomas en la Constitución de 1978*, in Revista de Derecho Político, n.º 18-19, Verão/Outono 1983, págs. 118 e ss. Sobre os critérios determinantes do alcance das competências centrais transversais cfr. Luis López Guerra, *El reparto de competencias Estado-autonomías según la doctrina del Tribunal Constitucional*, in Comunidades Autónomas y Comunidad Europea – relaciones jurídico-institucionales, Cortes de Castilla y León, 1991, pág. 249.

as recentes decisões da justiça constitucional estado-unidense atendem aos apelos da *lógica da subsidiariedade* que integra o *compromisso constitucional de cooperação* e preside a distribuição de competências num Estado composto – de modo a garantir, tanto quanto possível e oportuno, o tratamento local das questões que afectam o quotidiano do cidadão. Contudo a distribuição vertical de poderes também está necessariamente encarregue de *construir, preservar* e *reforçar a unidade e coesão sistémica* por cima e para além dos particularismos territoriais – o que constitui nada menos que uma *exigência de sobrevivência da ordem jurídica global*. Vejamos como isto se processa.

1.3.2. Da supremacia ou prevalência do direito federal

Já tivemos a oportunidade de advertir que os critérios de distribuição competencial nos ordenamentos compostos *não são homogéneos*, ou seja, não operam por caminhos linearmente talhados *como as porções de uma tarte ou de um queijo* (*García de Enterría*). Pelo contrário, os critérios de distribuição competencial são necessariamente heterogéneos e entrecruzados, posto que as *exigências concretas de cada título competencial em cada particular circunstância* é algo que não se pode milimetricamente precisar – e aqui reside justamente o motivo dos conflitos de competência, qual seja, a necessidade de *sistematizar, articular, harmonizar* tal heterogeneidade funcional[54]. Nos ordenamentos compostos é habitual que sobre uma mesma e indivisível problemática incidam simultaneamente vários títulos competenciais de distintos centros de decisão – todos de alguma forma relacionados com o objecto discutido, caso contrário o conflito não se punha. Isto dá-se porque a infinita riqueza da vida quotidiana não é minimamente reproduzível num esquema de repartição de competências: mesmo o modelo europeu das longas listas competenciais jamais estaria em condições de prever todas as hipóteses presentes e futuras. E ainda que se pretendessem exaustivas – elucida *López Guerra* –, as listagens seriam traídas pela complexidade dos conteúdos materiais a serem distribuídos: se algumas competências recaem sobre *sectores identificáveis ou singularizados da realidade* – como os correios, a moeda, ou o regime de produção e comércio de armas – outras recaem sobre *esferas da reali-*

---

[54] Neste sentido cfr. Eduardo García de Enterría, *Estudios sobre autonomias territoriales*, Civitas, Madrid, 1985, pág. 361.

dade com contornos flexíveis e indefinidamente ampliáveis, o que permite que uma mesma actividade ou situação possa ser integrada em distintas matérias ou títulos competenciais. Assim, quando a justiça constitucional aprecia conflitos competenciais, seu primeiro exercício será precisamente *determinar a qualificação material do objecto do conflito* – ou seja, decidir, por exemplo, *se a produção cinematográfica é integrável na matéria cultura, ou nos espetáculos, ou eventualmente na indústria, e se as medidas para o fomento do cultivo de milho são englobáveis na agricultura ou na ordenação da economia*[55].

É entretanto possível que sobre o mesmo espaço físico, e sobre o mesmo sector da realidade, concorram títulos competenciais diversos. A doutrina costuma assinalar um exemplo elucidativo: se o poder periférico eventualmente ostentasse competências sobre o *ordenamento do território*, o *urbanismo* e a *habitação*, e o poder central estivesse encarregue da matéria de *defesa*, é perfeitamente admissível a hipótese de um conflito competencial entre ambas as esferas de poder se as circunstâncias de defesa exigissem a instalação de quartéis, fortificações ou bases militares numa qualquer parte do território – teríamos aqui um conflito competencial devido à *sobreposição de títulos*, ou seja, um concurso de normas sobre uma esfera da realidade relativamente à qual ambos os contendentes ostentariam distinta titularidade competencial. Isto demonstra que a mesma realidade física e fáctica pode ser objecto de distintas qualificações competenciais – e o certo é que tais competências têm de coexistir. Como a realidade consegue ser ainda mais criativa que a imaginação dos doutrinadores, na Sentença 40/1998 do Tribunal Constitucional espanhol, de 19 de Fevereiro, a hipótese doutrinária supradita acabou por se concretizar. A justiça constitucional espanhola decidiu então que a competência autonómica em matéria de *urbanismo* e *ordenamento do território* havia de coexistir com outras que o Estado eventualmente ostentasse, e cujo exercício pudesse licitamente condicionar a competência das Comunidades Autónomas sobre o mencionado sector material. O Tribunal Constitucional espanhol aproveitou a ocasião para elencar os títulos competenciais do poder central eventualmente incidentes sobre a competência autonómica em matéria de ordenamento do território e urbanismo: a competência

---

[55] Neste sentido cfr. Luis López Guerra, *El reparto de competencias Estado--autonomias según la doctrina del Tribunal Constitucional, in* Comunidades Autónomas y Comunidad Europea – relaciones jurídico-institucionales, Cortes de Castilla y León, Valladolid, 1991, pág. 246.

central de planificação da actividade económica geral (art. 131.º/1 da Constituição Espanhola), a competência central para regular as condições básicas que garantam a igualdade dos espanhóis (art. 149.º/1/1.ª da Constituição Espanhola), ou ainda a competência para ditar legislação básica sobre a protecção do meio ambiente (art. 149.º/1/23.ª da Constituição Espanhola) – que se impõem a todos os entes autónomos. Assim o seria, concluiu o Tribunal Constitucional espanhol, porque o constituinte previu a coexistência de títulos competenciais com distinto objecto jurídico, mas incidentes sobre o mesmo espaço físico – uma concorrência dificilmente evitável nos ordenamentos compostos. É certo que a imensa maioria dos conflitos competenciais constituem uma ilegítima invasão das competências de outrem, ou seja, tratam-se de conflitos de delimitação que se resolvem através da consignação do objecto discutido a apenas um dos pretendentes. Mas também haverá os *conflitos de sobreposição* ou resultantes da legítima incidência de distintos títulos competenciais sobre uma mesma esfera da realidade – e é aqui onde a *cláusula da prevalência, supremacia ou primazia do direito estatal* produz os seus efeitos. Vejamos em que medida.

Em qualquer organização composta *a ordem geral é prevalecente sobre a de todos e cada um dos subsistemas que a integram: não se trata de uma questão dogmática ou ideológica*, mas de uma *necessidade funcional* (*García de Enterría*) da qual depende a própria sobrevivência do sistema enquanto tal. Ninguém melhor do que o juiz *John Marshall* concretizou a ideia da supremacia federal: *Os Estados federados não têm poder para retardar, impedir, onerar, ou de qualquer forma intervir nas operações legislativas que, em conformidade com a Constituição, sejam conduzidas pelo Congresso em função dos poderes que lhe são acometidos* (Sentença *Mc Culloch versus Maryland* de 1819) – eis a inevitável consequência da supremacia federal declarada no art. VI/2 da Constituição dos Estados Unidos da América. Tal densificação da *supremacy clause* confirmou não só que o critério da separação e exclusividade das esferas competenciais era apenas uma das componentes do sistema federal decorrente da Constituição dos Estados Unidos, mas também que a cláusula da supremacia, antes de contrastar com o princípio da separação competencial, constituía um seu corolário, posto que autorizava a desaplicação das normas periféricas que estivessem a obstaculizar o exercício das competências reservadas ao poder central. Tal supremacia – que certamente previne contra qualquer pretensão de igualdade entre poder central e periférico e a suposta duplicidade de soberania – decorre da incontornável constatação de que as competências reservadas ao poder central servem à *construção, preservação e reforço da unidade e coesão sistémicas*, por cima e para além dos particularismos territoriais que não podem prevalecer sobre as necessidades gerais do conjunto. Ou seja, a integração sistémica constitui o fundamento de validade da *supremacia da ordem federal* – contra a qual não pode prevalecer um acto periférico incompatível com o *compromisso constitucional de cooperação* que aglutina e mantém unidas as distintas partes do todo. Não será por outra razão, para além da própria sobrevivência sistémica, que as Constituições dos sistemas federativos lá foram gradativamente integrando disposições que consagram aquela primazia: art. 31.º da Lei Fundamental Alemã, art. 149.º/3 da Constituição Espanhola, art. I-6.º da futura Constituição Europeia, etc.

Foi precisamente a propósito do processo constituinte europeu – ou mais propriamente da constitucionalização formal da *primazia do direito europeu* sobre todo o direito dos Estados-membros da União Europeia – que a problemática do *sentido e utilidade da supremacia federal* teve recentemente a oportunidade de ser rediscutida e reconfirmada entre nós. Não havia nada de essencialmente novo no art. I-6.º do Tratado que institui uma Constituição para a Europa, posto que desde o célebre Acórdão 6//64 do Tribunal de Justiça das Comunidades, de 15/7/1964 (Acórdão Costa/ENEL), que o referido Tribunal já assentara as bases do princípio da prevalência do direito comunitário sobre todo o direito nacional, qualquer que fosse a sua natureza, constitucional inclusive – precisamente para que os Estados-membros não fossem tentados a valerem-se da intangibilidade constitucional para violarem o direito comunitário. Ainda que os tratados não o contemplassem, sabe-se que o princípio da primazia fundamenta a orgânica dos sistemas federativos, e por isso foi jurisprudencialmente assumido como uma exigência de sobrevivência da ordem jurídica comunitária, *contra a qual não poderia prevalecer um acto unilateral ulterior incompatível com a noção de Comunidade*. A hipótese de que cada Estado-membro fizesse prevalecer os seus próprios critérios legais e constitucionais *contra uma ordem jurídica aceite por todos numa base de reciprocidade* minaria os fundamentos jurídicos da Comunidade e comprometeria a fundamental igualdade de seus cidadãos[56].

---

[56] Tal ideia é sucintamente defendida por José Luís da Cruz Vilaça, *Constituição Europeia e Constituição nacional*, Público, 15 de Novembro de 2003. Sobre a narrativa do Tribunal de Justiça das Comunidades acerca do primado do direito comunitário cfr. Miguel Poiares Maduro, *Las formas del poder constitucional de la Unión Europea*, in Revista de estudios políticos, n.º 119, 2003. O primado do direito comunitário é rejei-

Quem se dispuser conhecer a lógica federativa e todo o ideário intersubjectivo/discursivo/cooperativo que a suporta, há-de compreender que o constitucionalismo europeu é o resultado da *amálgama de princípios e valores fundamentais comuns às ordens e tradições constitucionais dos Estados-membros* (*Cruz Vilaça*), que fornece uma desejável *plataforma de entendimento entre as distintas perspectivas nacionais* (*Lucas Pires*). A partir daí já não há-de desconfiar nem temer a primazia da Constituição e do direito adoptado pelas instituições europeias no exercício de suas competências. E não o há-de recear porque compreenderá que a *União respeita a identidade nacional dos seus Estados-membros reflectida nas estruturas políticas e constitucionais fundamentais de cada um deles*, assim como as *funções essenciais do Estado* (cfr. art. 6.º/3 do Tratado da União Europeia e art. I-5.º/1 da futura Constituição Europeia). Ora, daqui se depreende que a violação da identidade constitucional ou do núcleo essencial da Constituição de cada Estado-membro (no caso português, dos princípios que definem a República democrática e o Estado de direito, assim como os direitos fundamentais) por um acto comunitário derivado, acarretaria a necessária invalidade do mesmo. A cláusula constitucional do primado não converte, nos ordenamentos compostos, o poder central em superior hierárquico do poder periférico, posto que a lógica da pluralidade de ordenamentos o impede: a hierarquia só se dá entre normas procedentes do mesmo sujeito – e não numa relação entre dois ordenamentos, onde sequer se fala de invalidade, mas de preferência aplicativa em benefício da própria funcionalidade sistémica. Não obstante, a constitucionalização formal da supremacia do direito comunitário transforma esta problemática numa espécie de *questão interna da mesma unidade política*, isto é, indicia a superação de mais uma etapa no inevitável *processo de redução à unidade de uma ordem jurídica* (*Lucas Pires*)[57], e talvez por isso tenha provocado tantas inquietações.

Nenhuma disposição jurídico-constitucional conseguiu até hoje enunciar com tanta propriedade o *efeito específico da prevalência* quanto o art. VI/2 da Constituição dos Estados Unidos da América, segundo a

---

tado por Carlos Blanco de Morais, *Justiça constitucional*, Tomo I (Garantia da Constituição e controlo da constitucionalidade), Coimbra Editora, Coimbra, 2002, págs. 508 e ss, onde o Autor defende a supremacia constitucional sobre as normas comunitárias.

[57] Sobre o processo de redução à unidade de uma ordem jurídica cfr. Francisco Lucas Pires, *Competência das competências: competente mais sem competências?* in Revista de Legislação e Jurisprudênciam n.º 130, ano 1997/1998, pág. 354.

qual o direito federal (Constituição e leis dos Estado Unidos feitas em conformidade com a mesma) goza de supremacia e vincula os juízes dos Estados federados, independentemente do que disponha a sua respectiva Constituição e leis (*This Constitution, and the laws of the United States which shall be made in pursuance thereof* (...) *shall be the supreme law of the land, and the Judges in every State shall be bound thereby, anything in the Constitution or laws of any State to the contrary notwith-standing*). A técnica da supremacia do direito federal traduz-se, portanto, na *aplicação preferente da norma central*, ou seja, no afastamento ou desaplicação das disposições que lhe sejam eventualmente contrárias, numa situação de colisão de títulos competenciais. Apesar de ser a técnica habitualmente utilizada para dirimir os conflitos de sobreposição, a Constituição Austríaca, por obra e graça *kelseniana*, curiosamente não contempla qualquer preceito que indique a supremacia federal: *Kelsen* julgava que a consagração da superioridade formal do direito federal autorizaria o legislativo central a excepcionar e subverter o sistema constitucional de distribuição de competências. Mas a cláusula da primazia decididamente não opera no temerário sentido conjecturado pelo Professor de Viena. Carece de consistência a interpretação segundo a qual a cláusula da prevalência permitiria que o poder central fixasse livremente o seu próprio âmbito competencial em detrimento do poder periférico, basicamente porque a supremacia não qualifica qualquer lei federal, mas apenas aquelas feitas *em conformidade com a Constituição* – leia-se de acordo com o sistema de competências constitucionalmente definido. Ou seja, a norma do poder central que invade o âmbito competencial periférico definido pela Constituição federal é sempre inválida.

Como ensina *García de Enterría*, a norma da primazia *não legitima qualquer agressão por parte do poder central à substantividade e extensão dos ordenamentos periféricos* garantidos pela respectiva Constituição federal, *nem constitui uma via privilegiada para que o poder central a altere indefinidamente*. Não se trata, portanto, de uma *norma de competência*, mas de uma *norma de colisão*: resolve, isto sim, um conflito decorrente da concorrência de normas de distinta procedência sobre a mesma esfera da realidade, através do reconhecimento de um valor superior a uma das duas normas em conflito, o que afasta a aplicação de uma delas – mas não a invalida, posto que legitimamente produzida em conformidade com a distribuição competencial constitucionalmente plasmada. A supremacia aplica-se tão só às situações de concurso de normas em que não se possa invocar a ilegitimidade da intervenção porque ambos os contendentes operam na sua respectiva esfera competencial – e não às situações onde seja possível uma decisão delimitadora de competências que assinale um espaço distinto a cada título competencial e devolva a regulação do objecto discutido a um dos contendentes.

Todavia o ordenamento austríaco não se rendeu às evidências e optou pelo acolhimento da resistência *kelseniana* à primazia federal – muito embora a justiça constitucional austríaca admita que o legislador federal e o legislador periférico possam adoptar disciplinas reciprocamente contrapostas sem que qualquer delas esteja eivada de incompetência. Mas em consequência da rejeição da primazia federal, tudo se há-de resolver através da *obrigação de recíproca lealdade* e *ponderação dos interesses alheios*, que a Corte Constitucional austríaca deriva do sistema constitucional de distribuição de competências (um dever do qual decorre a proibição de que os entes políticos do sistema federativo ignorem os interesses alheios ou prejudiquem a disciplina normativa de outrem, através das medidas que adoptem). Assim, a tentativa *kelseniana* de evitar a expansão dos poderes centrais através da recusa da primazia federal revelou-se não apenas inconsistente mas ilusória: através do *princípio da aderência* (cujas derivações assemelham-se às do conceito de *implied powers* do sistema estado-unidense), a justiça constitucional austríaca admite a conexão material ou a invasão de âmbitos competenciais não acometidos, isto é, que uma matéria da competência federal não possa ser razoavelmente regulada sem simultaneamente disciplinar outra matéria não expressamente atribuída. E através do *princípio da evolução intra-sistémica* também admite que o legislador amplie o seu âmbito de actuação sempre que assim o justifiquem os desdobramentos da matéria competencial em causa, algo próximo daquilo que no ordenamento alemão se reconhecem como competências legislativas centrais não escritas mas *derivadas da natureza das coisas*[58].

Seja como for, o certo é que, conforme já o decidiu o Tribunal Constitucional alemão, o concurso de normas que redunda na aplicação preferente da disposição federal requer que *ambas as normas sejam*

---

[58] Sobre a interpretação da distribuição constitucional de competências realizada pelo Tribunal Constitucional austríaco cfr. Heinz Schäffer, *Il federalismo austriaco*, in Quale, dei tanti federalismi?, Atti del convegno internazionale organizzato dalla Facoltà di Giurisprudenza dell'Università "La Sapienza", ob. cit., págs. 152 e ss. Sobre as competências legislativas não escritas do poder central alemão cfr. Juan Joaquín Vogel, *El régimen federal de la Ley Fundamental*, in Manual de Derecho Constitucional, ob. cit., págs. 643-644.

aplicáveis à mesma situação concreta e *conduzam a distintas soluções* (*BVerfGE* 36, 342-363), caso contrário não haveria conflito nem a necessidade de um critério que o resolvesse. A partir deste entendimento o Tribunal Constitucional alemão decidiu que as consequências da primazia do direito federal afectavam tão só *o direito federado em directa contradição com o direito federal*, e não as disposições periféricas cujo conteúdo normativo fosse idêntico à correspondente regulação federal – posto que a necessidade prática de que o legislador federado produzisse legislação completa e compreensível advogava no sentido daquela solução. Isto adquire relevância concreta no âmbito das competências complementares – ou nas situações em que o poder central esteja incumbido da regulação básica de um certo sector jurídico –, nas quais resulta habitual que o direito periférico contemple disposições materialmente coincidentes com as do direito federal[59]. Coisa distinta ocorre quando o direito periférico, através da mera repetição das disposições centrais, regula matérias que não são da sua competência. Ainda que o preceito normativo periférico reproduza substancialmente a correlata disposição central e seja por conseguinte desprovido de cáracter inovativo, a *técnica duplicativa* acarreta desnecessárias complicações normativas e insegurança sistémica – quando, por exemplo, as disposições centrais reproduzidas pela regulação periférica sofrem alterações. E em última análise, a norma periférica reiterativa estará eivada de inconstitucionalidade, porque emanada de um poder incompetente. Como explica *Cruz Villalón*, o âmbito competencial de dois poderes distintos *não se altera pelo facto de que uma mesma matéria ou relação seja regulada por ambos em termos idênticos*, pois quem determina a competência é a *matéria* e *não o conteúdo concreto da norma que a regula*[60].

Também é certo que a primazia do direito federal inclina a resolução dos *conflitos de sobreposição* de títulos competenciais na direcção do poder central – seria incoerente não o admitir. Mas isto não significa que todo o conflito em que o poder central invoque a supremacia deva ser

---

[59] Neste sentido cfr. Juan Joaquín Vogel, *El régimen federal de la Ley Fundamental*, in Manual de derecho constitucional, Benda, Maihofer, Vogel, Hesse, Heyde (org), Marcial Pons, Madrid, 1996, pág.632.

[60] Neste sentido cfr. Pedro Cruz Villalón, *La jurisprudencia del Tribunal Constitucional sobre autonomias territoriales*, in Estudios sobre la Constitución Española, Homenaje al Profesor Eduardo García de Enterría, Tomo IV, Civitas, Madrid, 1991, pág. 3353.

resolvido em seu favor, posto que se couber uma solução objectivamente delimitadora é esta que deve ser acolhida. Com o objectivo de integrar a ambos os títulos competenciais colidentes e evitar a aplicação da cláusula de prevalência, o Tribunal Constitucional espanhol já aconselhou que se busquem soluções cooperativas capazes de optimizar o exercício das duas competências em sobreposção (doutrina patente na Sentença 77/ /1984, de 3 de Junho, depois reiterada na Sentença 40/1998, de 19 de Fevereiro, onde restam sugeridas algumas das seguintes técnicas cooperativas: o mútuo intercâmbio de informações, a emissão de informes prévios no respectivo âmbito de competência, a criação de órgãos de composição mista). Não obstante, é possível que tais mecanismos cooperativos resultem insufientes para a resolução dos conflitos concretos, e nestas circunstâncias o Tribunal Constitucional espanhol tem postulado que a decisão final corresponderá ao titular da competência prevalecente, posto que *o Estado não se pode ver privado do exercício de suas competências exclusivas em função da existência de outra competência, ainda que também exclusiva,* de uma Comunidade Autónoma (Sentença 56/1986, de 13 de Maio).

Isto é, se em virtude de um título específico, o poder periférico estiver a *obstaculizar ou dificultar o legítimo exercício dos poderes centrais*, então o resultado do conflito deve ser favorável ao titular da competência preferente, posto que o princípio da unidade sempre actua em favor da prevalência do interesse geral sobre o interesse territorialmente mais restrito – *caso contrário punha-se em causa o próprio equilíbrio sistémico* (*García de Enterría*)[61]. Claro que a prevalência do interesse geral depende da legitimidade do exercício competencial por parte do poder central, ou seja, depende de que a medida adoptada se enquadre perfeitamente no correspondente título competencial do poder central; também depende de que se tenha envidado esforços cooperativos tendentes a contemplar os interesses dos entes periféricos afectados; e ainda depende de que a competência periférica não tenha sido limitada para além do estritamente necessário. Seja como for, a possibilidade de concorrência de títulos competenciais sobre o mesmo espaço ou esfera da realidade obriga a que se busquem fórmulas que, em cada caso, permitam a sua concreta articulação – o que não é tarefa fácil. É que não se está a falar de uma autêntica *concorrência de competências*, dado que a competência de cada qual recai

---

[61] Sobre a prevalência do direito federal cfr. Eduardo García de Enterría, *Estudios sobre autonomias territoriales*, ob. cit. pág. 355 e ss, sobretudo pág. 363.

sobre uma distinta matéria (se a matéria fosse a mesma, o ente competente para a regulação seria aferido pelo critério da delimitação), o que converte a colisão numa questão de interesses. Tal *concorrência de interesses* (*Joaquín Iza*) vai exigir um exercício de articulação para solucionar os possíveis conflitos, e em última análise, impõe que se estabeleça qual é o interesse mais relevante, o geral, o de maior amplitude, para lhe outorgar um carácter prevalecente[62].

1.3.3. Da participação integradora

A busca de soluções convergentes capazes de diminuir a conflitualidade e optimizar o exercício de duas competências em sobreposição (isto é, a concepção de instrumentos cooperativos que permitam articular a actuação das distintas esferas de poder e suas respectivas administrações) revela que as duas dimensões do *compromisso constitucional de cooperação* (passiva e activa) seguem intimamente ligadas. Vimos que todo sistema federativo assenta num compromisso constitucional de solidariedade ou de co-responsabilidade de todos os entes políticos que o integram pela sorte do conjunto. Este compromisso que aglutina e mantém unidas as diversas partes do todo teria uma *dimensão passiva* (que condiciona o exercício das competências formalmente acometidas, na medida em que impede que os integrantes do sistema perturbem o exercício competencial e a prossecução dos interesses alheios, ou furtem-se a prestar auxílio e facilitar as legítimas pretensões de outrem), e uma *dimensão activa* (que sugere o estabelecimento de mecanismos cooperativos tendentes a diminuir a conflitualidade entre os distintos poderes, na medida em que evitam as interferências e a dispersão de esforços, ou no mínimo, atenuam as disfunções derivadas do sistema de distribuição competencial). A justiça constitucional dos Estados compostos encarregou-se de densificar a *dimensão passiva* do *compromisso constitucional de cooperação* através do *princípio da lealdade federal*, de cujo âmbito de protecção decorrem os deveres concretos do sobredito compromisso. Já a *dimensão activa* do *compromisso constitucional de cooperação* não pode ser imposta: se é possível obrigar a cooperar passivamente, não é possível obrigar a cooperar activamente,

---

[62] Sobre o sentido da concorrência de interesses cfr. Joaquín Maria Peñarrubia Iza, *Preferencia, coordinación y prevalencia en el ejercicio de competencias concurrentes*, in Revista de Administración Pública, n.º 149, Maio/Agosto de 1999, pág. 136.

posto que tal depende da voluntariedade das partes, isto é, de actores políticos decididamente empenhados em acções concertadas. Aqui a justiça constitucional limita-se a sugerir que se busquem soluções cooperativas ou que os entes em causa *actuem, tanto quanto seja possível e a eficácia o aconselhe, de maneira conjunta* (Sentença 80/1985 do Tribunal Constitucional espanhol, de 4 de Julho), mas não pode determinar quais devam ser as técnicas de cooperação activa num caso concreto, nem penalizar os entes que dela se abstenham. Enquanto a cooperação activa é necessariamente voluntária, a cooperação passiva, esta sim, pode ser imposta por imperativos de funcionalidade sistémica[63].

Por conseguinte, sempre que a legislação de um Estado composto obriga os níveis governativos a cooperarem, fá-lo com fundamento na *dimensão passiva* do compromisso constitucional, ou seja, naquela dimensão que obriga a prestar informação, assistência, facilitar o exercício competencial de outrem ou actuar em benefício dos demais. Ademais, as competências de coordenação acometidas ao poder central também se fundam nesta *dimensão passiva* do *compromisso constitucional de cooperação*, posto que a coordenação comporta um certo poder de direcção que vai *condicionar o exercício das competências alheias*, em consequência da *posição de superioridade na qual se encontra o que coordena em relação ao coordenado* (Sentença 214/1989 do Tribunal Constitucional espanhol, de 21 de Dezembro). Mas quanto à *dimensão activa* do *compromisso constitucional de cooperação*, é forçoso reconhecê-lo, depende mais de factores políticos que jurídicos – daí as dificuldades da sua imposição ou exigência em juízo. Sempre que as justiças constitucionais dos Estados compostos evocam o *princípio da cooperação* na resolução dos conflitos competenciais (chame-se-lhe lealdade federal, leal colaboração, princípio federativo, etc.), fazem-no no sentido da *dimensão passiva* aqui elucidada. Julgamos que a distinção teórica entre *dimensão activa* e *dimensão passiva* do *compromisso constitucional de cooperação* (ainda que na realidade estejam de tal forma atreladas que o robustecimento da *dimensão activa* depende essencialmente da concretização da *dimensão passiva*) pode efectivamente contribuir à *captação do sentido do conceito jurídico de cooperação nos Estados compostos*, cuja fluidez não raro

---

[63] Para uma revisão crítica da tese dominante sobre o carácter voluntário da cooperação e o reconhecimento da *cooperação obrigatória* cfr. Luis Morell Ocaña, *Una teoría de la cooperación*, in Documentación Administrativa, n.º 240, Out/Dez 1994, pág. 53.

induziu os doutrinadores a equivocadamente questionarem a sua força vinculante.

Já sabemos em que medida a *dimensão passiva* do *compromisso constitucional de cooperação* serve à arbitragem dos conflitos competenciais ou à determinação do alcance das competências atribuídas aos distintos níveis governativos. Ocorre que por vezes a justiça constitucional dos Estados compostos também convoca a *dimensão activa* do compromisso cooperativo para a resolução dos conflitos competenciais, quer se trate de um *conflito por concorrência de interesses* (resultante da incidência de distintos títulos competenciais sobre uma mesma esfera da realidade), quer se trate de um *conflito por autêntica concorrência de competências* (resultante da partilha de competências sobre uma mesma matéria, cuja regulação básica recai sobre uma esfera e seu desenvolvimento sobre outra, ou cuja legislação seja acometida a uma esfera e a execução à outra). Não o faz no sentido da imposição de um dever, mas no sentido de uma sugestão tendente a funcionalizar a repartição competencial constitucionalmente plasmada – o que denota a interacção das duas dimensões do compromisso que nos ocupa. Ilustremos tal assertiva com uma sentença do Tribunal Constitucional espanhol.

Na Sentença 65/1998 do Tribunal Constitucional espanhol, de 18 de Março, foi apreciada a constitucionalidade de uma disposição normativa da *Ley de Carreteras*, segundo a qual os instrumentos de planeamento urbanístico aprovados pela administração periférica deveriam ser previamente submetidos à apreciação do poder central, sempre que fossem afectadas as competências centrais em matéria de estradas estatais. O Ministério competente teria então um mês para emitir as sugestões que estimasse convenientes sobre o conteúdo do projecto em causa. Tal disposição normativa dispunha que o órgão periférico competente para aprovar o acto definitivo, se decidisse efectivamente avançar, estaria obrigado a introduzir o conteúdo proposto pela administração central nas matérias de sua própria competência, o que alegadamente se justificava pela prevalência do interesse geral sobre o interesse territorialmente reduzido. O Tribunal Constitucional espanhol entendeu que a técnica arbitrada pelo legislador era perfeitamente conforme com a distribuição das competências que concorriam no espaço físico objecto do planeamento – e sobre o qual se traçava uma estrada estatal –, na medida em que assegurava a devida ponderação dos interesses eventualmente afectados por tal concorrência, e não impunha a subordinação de uns a outros, apenas obrigava à inclusão das sugestões centrais tendentes a conservar e funcionalizar as estradas estatais. Através do preceito impugnado se pretendia previamente evitar os conflitos que pudessem surgir da actuação de distintos títulos competenciais sobre um mesmo espaço físico, o que obrigava a que se buscassem fórmulas convergentes que promovessem a sua concreta articulação – e a solução cooperativa encontrada, entendeu o Tribunal Constitucional espanhol, em nada defraudava o espírito da Constituição, desde que o poder central não se pronunciasse sobre aspectos alheios à sua competência exclusiva prevalecente.

Do exposto decorre que as dimensões passiva e activa do *compromisso constitucional de cooperação* confluem para a justificação da *participação*, ou seja, da intervenção de um ente não competente na decisão de outro que efectivamente o seja. Nos conflitos competenciais em que a justiça constitucional dos sistemas federativos sugere a articulação de interesses pela via participativa, haverá sempre uma qualquer interferência nas faculdades ou interesses alheios que requer, em nome da integração e equilíbrio sistémicos, a participação de um ente nos processos decisórios de outro. Tal interferência anda habitualmente atrelada às competências centrais de correcção de desequilíbrios económicos regionais e ou à atribuição de subvenções. Aqui a exigência de não se perturbar e sim facilitar o exercício competencial de outrem (*dimensão passiva*), alia-se à conveniência da actuação concertada (*dimensão activa*), donde decorre a abertura orgânica ou meramente procedimental à intervenção alheia. É, portanto, o *compromisso constitucional de cooperação* (e o ideal de consenso que o inspira) que fundamenta a intervenção dos entes periféricos nos processos decisórios centrais que afectem as suas competências ou atinjam o seu círculo de interesses, assim como também é o compromisso de cooperação quem legitima a intervenção da instância central na área de actuação das entidades periféricas, quando os problemas a enfrentar excedam as suas respectivas capacidades ou exijam uma orientação unitária.

É que a lógica de funcionamento dos ordenamentos compostos reclama que os entes periféricos, para além de conduzirem autonomamente as políticas que lhes correspondem, sintam-se implicados e identificados com a direcção do conjunto. A capacidade integradora das estruturas organizatórias centrais pode certamente diferir de um Estado composto para outro, havendo quem inclusivamente defenda que as eventuais diferenças entre Estado federal e regional residiriam *não na autonomia dos entes periféricos*, mas precisamente *na capacidade integradora ou abertura participativa das respectivas estruturas centrais (Trujillo Fernández)*[64].

---

[64] Neste sentido cfr. Gumersindo Trujillo Fernández, *Sobre los fundamentos constitucionales de la participación de las Comunidades Autónomas en las estructuras*

Mas sempre restará salvaguardada alguma possibilidade de implicação das vontades parciais na ordenação fundamental do conjunto, seja em termos político-parlamentares, seja em termos governativo-administrativos, sobretudo quando a definição do interesse geral afecte ou condicione o interesse periférico. Disto depende a integração e estabilidade sistémicas. Nos ordenamentos compostos da actualidade a integração sistémica se realiza fundamentalmente através da participação. Ou mais propriamente, através de mecanismos de participação originados na práxis das relações políticas entre as várias instâncias de poder e na jurisprudência que resolve os conflitos entre elas. As pretensões participativas arrancam, portanto, do conteúdo essencial da autonomia garantida pelo *compromisso constitucional de cooperação* (eis o fundamento de validade da participação), cabendo em cada caso concreto a definição do seu alcance ou limite. Seja como for, a participação governativo-administrativa tem habitualmente um carácter consultivo e não vinculante – ainda que se possa falar de um *carácter vinculante meramente negativo (Pérez Calvo)*, quando a intervenção é capaz de deter ou obstaculizar o processo decisório alheio, ainda que seja o órgão competente na matéria a modificar a decisão atendendo às opiniões manifestadas por quem a bloqueou[65].

Algumas decisões da justiça constitucional espanhola ilustram o tratamento judicial da participação. Na Sentença 146/1992 do Tribunal Constitucional espanhol, de 16 de Outubro, foi apreciada a constitucionalidade de certas disposições da lei de incentivos regionais para a correcção de desequilíbrios económicos. O busílis jurídico dizia respeito à possibilidade da concessão de ajudas financeiras pelo poder central – as controversas transferências específicas fundadas na competência central de zelar pelo *equilíbrio económico adequado e justo entre as diferentes partes do território* (art. 138.º/1 da Constituição Espanhola) –, mormente quando o objectivo do combate às assimetrias regionais autorizasse a

---

centrales del Estado, in La participación de las Comunidades Autónomas en las decisiones del Estado, Tecnos, Madrid, 1997, pág. 32. Sobre a participação ainda cfr. Thomas Bombois, *La participation interfédérée*, in Revue belge de droit constitutionnel, n.º 3, 2002.

[65] Neste sentido cfr. Alberto Pérez Calvo, *Hacia un concepto singular de la participación en el Estado autonómico*, in La participación de las Comunidades Autónomas en las decisiones del Estado, ob. cit., pág. 18. Sobre o carácter não vinculante da participação cfr. também Luciano Parejo Alfonso, *El gobierno de la nación e los gobiernos de las autonomías territoriales: un problema de articulación*, in Documentación Administrativa, n.º 215, Julho/Setembro 1988, pág. 167.

gestão centralizada de recursos relativos a sectores de competência periférica. O Tribunal Constitucional espanhol ressaltou a excepcionalidade de tal intervenção, postulando que as Comunidades Autónomas afectadas não podiam restar marginalizadas dos procedimentos tendentes a dar efectividade ao desígnio de *coesão* que presidia a outorga daquelas ajudas. A inevitável limitação que daí resultasse para as competências autonómicas de desenvolvimento e execução, devia ser compensada por via da abertura orgânica ou procedimental à *cooperação entre poder central e periférico*, que *resultava inescusável na execução de regulações como a que então se ajuizava* – sublinhou o Tribunal Constitucional espanhol. A assunção pelo poder central da gestão de subvenções em matérias acometidas ao poder periférico obrigava ao estabelecimento de mecanismos de participação que permitissem o *acesso de representantes das Comunidades Autónomas aos órgãos do Estado* ou a *integração das mesmas no curso dos procedimentos públicos que executassem a legislação central*.

A mesma argumentação e sentido decisório figuram na Sentença 330/1993 do Tribunal Constitucional espanhol, de 13 de Novembro: num processo no qual se discutia a concessão de bolsas de renovação pedagógica pelo Ministério da Educação e Ciência, a justiça constitucional entendeu que a normativa impugnada se eximira de prever qualquer tipo de participação da Comunidade Autónoma do País Basco na gestão das ajudas em causa, e nesta medida havia descurado do sistema de distribuição competencial consagrado no bloco de constitucionalidade. O Tribunal Constitucional espanhol julgou injustificada a introdução de uma excepção à regra geral da *gestão descentralizada das subvenções* que afectassem matérias nas quais ao poder central estivesse constitucionalmente reservada apenas a regulação das bases do respectivo regime jurídico, e o poder periférico tivesse assumido as funções remanescentes. O que decorre da jurisprudência constitucional espanhola nesta matéria de subvenções é, segundo *Ana de Marcos*[66], esquematicamente o seguinte: as transferências financeiras destinadas a subvencionar ou fomentar uma esfera da realidade sobre a qual o poder central não ostente qualquer título competencial, devem ser directa e incondicionalmente atribuídas à fazenda autonómica; e nas matérias em que o poder central ostente algum título competencial, pode fixar normativamente as condições do seu emprego pelo poder periférico, e excepcionalmente assumir a gestão centralizada dos fundos,

---

[66] Neste sentido cfr. Ana de Marcos, *Jurisprudencia constitucional sobre o principio de cooperación*, cit., pág. 323.

se tal resultar imprescindível para assegurar a plena efectividade da ordenação básica do sector, ou para garantir iguais possibilidades de obtenção e desfrute por parte dos potenciais destinatários em todo o território nacional. Mas sempre que o Estado excepcionalmente assuma a competência de gestão centralizada dos recursos – porque a natureza e o conteúdo da medida de fomento razoavelmente e sem esforço o justifiquem – deve garantir a participação autonómica no exercício daquela competência.

Do exposto facilmente se depreende que a evolução dos sistemas federativos também é marcada pela cadência da gestão dos recursos, ou como diria *Konrad Hesse*, o exercício competencial também é uma *questão de financiamento*[67] – o que explica o bom combate da justiça constitucional de alguns Estados compostos contra a opacidade de transferências financeiras que, sob o manto diáfano da homogeneidade e coesão, tencionem exercer influências indesejáveis. É que a efectiva condução de políticas autónomas depende das correspondentes dotações financeiras, isto é, depende de que cada ente político disponha dos recursos ou receitas sufientes ao financiamento das tarefas que lhe são constitucionalmente acometidas – o que não é tarefa propriamente fácil nos dias que correm. E não o é porque o peso financeiro das respectivas incumbências e seus desdobramentos futuros não se permitem prever cartograficamente, além de estarem necessariamente atreladas ao desenvolvimento económico. Daí a relevância do controlo jurisdicional da conformidade das medidas do poder central com as disposições jurídico-constitucionais concernentes à *distribuição de recursos* e à *compensação financeira*. É que as transferências específicas do poder central ao periférico, destinadas ao financiamento de certos empreendimentos ou ao fomento de determinadas áreas, facultam as mais variadas possibilidades de influência sobre os entes federados – e não raro encobrem voluntarismos e assistencialismos político-partidários sob o véu dos imperativos institucionais. O mais significativo exemplo daquela influência é fornecido pelas contribuições condicionadas do sistema estado-unidense (*conditional grants*). A Constituição dos Estados Unidos da América nada dispõe sobre a subvenção central de específicas actividades ou empreendimentos periféricos – e muito menos que tal financiamento possa ser condicionado – mas autoriza o Congresso a *promover o bem-estar geral* (art. I, secção 8), que o Supremo Tribunal interpreta como

---

[67] Neste sentido cfr. Konrad Hesse, *Elementos de direito constitucional da República Federal da Alemanha*, ob. cit., pág. 193.

sinónimo de *tudo que possa fazer bem aos Estados Unidos*. Por conta disso, a Suprema Corte consideraria constitucionalmente legítimo que o poder central, sem qualquer competência para regular o consumo de bebidas alcoólicas, transfira recursos aos Estados para a construção de auto-estradas, à condição de que os entes federados proíbam o consumo de bebidas alcoólicas até aos 21 anos (Sentença *South Dakota versus Dole* de 1987).

A justiça constitucional alemã andou um pouco melhor no tratamento da questão – não seria difícil consegui-lo. O art.104.°a/4 da Constituição Alemã autoriza a concessão de ajudas financeiras para o combate de desequilíbrios conjunturais e outros que sejam estruturais: *A Federação pode conceder aos Estados auxílios financeiros para investimentos especialmente importantes dos Estados, Municípios, ou associações municipais, que sejam necessários para evitar perturbações do equilíbrio económico geral, para compensar as diferenças de potencial económico no território da RFA, ou que sejam necessários para o fomento do desenvolvimento económico*. Precisamente no sentido de condicionar as faculdades do poder central na eleição de objectivos e na repartição de recursos entre os distintos entes periféricos, o Tribunal Constitucional Federal interpretou restritivamente os conceitos imprecisos do supradito art. 104.°a/4 da Constituição alemã (*BVerfGE* 39, 96). Tratava-se de um recurso interposto pela Baviera contra a Lei de Construção Urbana de 1971, cujas disposições financeiras alegadamente concediam poderes exorbitantes ao *Bund*, com as quais a Constituição não poderia concordar. O Tribunal Constitucional Federal evitou a desautorização do legislador e optou por uma decisão interpretativa, ou seja, evitou a decisão de inconstitucionalidade das normas impugnadas e proferiu uma decisão conducente a uma interpretação conforme a Constituição – que se traduziu numa significativa redução das faculdades centrais. As normas em causa deviam ser interpretadas no seguinte sentido: o *Bund* estava investido numa competência puramente financeira que o autorizava a decidir sobre a concessão de recursos a um *Land* numa certa esfera e dada proporção, *mas não o autorizava a introduzir seus próprios projectos* quando o monopólio de tal iniciativa compete ao poder periférico. Ou seja, as ajudas financeiras não se podem converter numa velada influência sobre a liberdade decisória dos *Länder* no exercício das suas respectivas competências: um Ministério não pode condicionar a concessão de ajudas financeiras a controlos ou instruções que os *Länder* devam aceitar para dispor daqueles recursos. E ainda: a repartição de recursos entre os *Länder* deve obedecer a critérios objectivos legislativamente acordados com os mesmos – como seja o número de habitantes, por exemplo –, sem prejuízo da adopção do critério da renda *per capita* quando a ajuda se destine à superação das desigualdades materiais entre os entes federados. O que o poder central deve eximir-se de fazer é tratar os *Länder* segundo a prática *divide et impera*, traduzível na desleal protecção dos entes periféricos político-partidariamente próximos ao governo federal – algo que o Tribunal Constitucional Federal já havia ressaltado em decisão anterior (*BVerfGE* 12, 205).

Seja como for – e ressalvadas as incoerências da partidocracia –, as transferências específicas são mecanismos de compensação financeira que colhem fundamento de validade nos princípios da *solidariedade* e *coesão* orientantes da convivência entre as várias esferas de poder nos Estados compostos. Tais princípios sugerem a prossecução do equilíbrio financeiro e da *substancial homogeneidade de todas as componentes periféricas* (*González Encinar*)[68]. Homogeneidade neste contexto não significa uniformidade nem igualdade, posto que a heterogeneidade alimenta e enriquece os processos federativos. Homogeneidade demanda, isto sim, a progressiva diminuição das antinomias regionais em favor da tendencial equiparação das condições de vida em todo o território nacional. E são os *princípios da solidariedade* e *coesão* que definem, em cada sistema federativo, os limites entre a heterogeneidade (diferença) e a assimetria (desproporção), ou seja, são eles que fornecem a medida da heterogeneidade desejável. Têm, portanto, um conteúdo irrenunciavelmente económico-financeiro que postula a *manutenção da unidade económica ou da equivalência das condições de vida no território federal* (arts. 72.º/2/3 e 106.º//3/2 da Lei Fudamental Alemã), ou a prossecução do *equilíbrio económico, adequado e justo entre as diferentes partes do território* (art. 138.º//1 Constituição Espanhola), ou a *coesão económica, social e territorial entre os Estados-membros* (art. I-3.º/3 da futura Constituição Europeia). Tratam-se de princípios que decorrem do *compromisso constitucional de cooperação*, e que podem ser percepcionados enquanto manifestação concreta da *dimensão passiva* daquele compromisso, na medida em que se prendem com a viabilização financeira das competências dos entes periféricos menos favorecidos.

Em alguns sistemas federativos onde a *dimensão activa* do compromisso cooperativo esteja mais robustecida, como é o caso do ordenamento alemão, o imperativo da equiparação das condições de vida vai inspirar

---

[68] Neste sentido cfr. José Juan González Encinar, *El Estado unitario-federal*, ob. cit., pág. 165.

a institucionalização de acções concertadas – as chamadas tarefas conjuntas ou competências comuns (*Gemeinschaftsaufgaben*) do art. 91.º/a da Lei Fundamental. Tal instituto possibilita que o planeamento, o processo decisório, e o financiamento de determinadas tarefas ou políticas sejam partilhadas pelo conjunto dos entes periféricos mais o poder central – que financiará pelo menos metade dos custos – e seguidamente implementadas pelos primeiros. Os sectores objecto de tal política conjunta abrangem a *ampliação e construção de estabelecimentos de ensino superior* (inclusive clínicas universitárias), *a melhoria da estrutura económica regional*, e a *melhoria da estrutura agrária e protecção costeira*. Assim, se num certo *Land* se pretenda criar uma universidade, investir num dado sector produtivo, ou construir uma barragem, o poder central e os poderes periféricos podem conjuntamente assumir a responsabilidade pelo planeamento, financiamento, e execução do projecto. Para tanto, hão-de instituir uma comissão de planeamento (integrada pelo ministro federal competente na matéria em causa, o ministro federal das finanças, e um ministro designado por cada *Land*), que delibera sobre a concreta tarefa comum segundo a regra da maioria qualificada de dois terços. O número de votos do poder central corresponde ao da totalidade dos *Länder* (o que permite a tomada de decisões contra a posição da maioria dos entes periféricos), precisamente para que o *Bund* tenha a possibilidade de articular os distintos interesses periféricos naquilo que seja o interesse geral. O instituto das tarefas comuns costuma ser o mecanismo utilizado para acomodar dissensos entre os entes federados, atenuar desequilíbrios regionais, racionalizar a utilização de recursos, e facilitar o atendimento das crescentes demandas de prestação pelos *Länder*. Se é certo que a intervenção do poder central na esfera competencial periférica via tarefas comuns não é isenta de críticas – provenientes sobretudo dos *Länder* mais bem dotados financeiramente, sob a alegação de que a interdependência decisória dilui responsabilidades e projecta a barganha – não é menos certo que a coesão marcou pontos através daquele instrumento cooperativo, se considerada a desastrosa multiplicidade de planos de desenvolvimento regionais anteriores à consagração daquele mecanismo na revisão constitucional de 1969[69].

---

[69] Sobre o instituto jurídico-constitucional das tarefas comuns no ordenamento alemão cfr. Raffaele Bifulco, *La cooperazione nello Stato unitario composto*, ob. cit., págs. 293 e ss.

1.3.4. *Da igualdade entre os entes periféricos*

A solidariedade que autoriza a concepção de instrumentos como o das tarefas comuns do ordenamento alemão, supra referidas, *não se confunde com uma versão da igualdade* aplicada à esfera dos entes periféricos[70]. As Constituições dos Estados compostos não prosseguem a igualdade económico-financeira de todas as componentes sistémicas, mas sim a desaparição das mais graves antinomias regionais e a tendencial equiparação das condições de vida em todo o território da federação. Importa portanto cogitar sobre o *sentido da igualdade dos entes periféricos* (restringimos propositadamente o âmbito de aplicação da igualdade aos entes periféricos porque o poder central, como se sabe, não lhes é paritário, antes goza de incontestável supremacia) e *se a igualdade se lhes aplica da mesma forma que aos cidadãos*. Quando em termos jurídico-constitucionais se fala em *igualdade*, o que está efectivamente em causa não é o combate da diferença: nas sociedades pluralistas e multiculturais da actualidade, a convivência da diferença traduz-se numa mais-valia resultante do funcionamento de instituições livres. Até aqui nada obsta que a igualdade seja aplicada aos entes periféricos na mesma medida que o é aos cidadãos, posto que o elemento da heterogeneidade (diversidade) é tão identitário da lógica federal quanto o é a homogeneidade (unidade). O que está efectivamente em causa quando se fala em igualdade é *desfazer a hierarquização entre pessoas – homens e mulheres, brancos e negros, colonizadores e colonizados, civilizados e primitivos –* ou *combater a supremacia injusta de uns sobre outros (Teresa Beleza)*[71], que alimenta toda espécie de discriminação arbitrária.

Mas aqui o busílis: entre os entes periféricos de um Estado composto não existe hierarquia ou subordinação, posto que estão numa situação paritária. Logo, a afirmação da igualdade dos entes periféricos atende a outros imperativos que não aqueles das relações interpessoais. Persiste a perplexidade: Em que medida o princípio da igualdade se aplica aos entes

---

[70] Neste sentido cfr. José Juan González Encinar, *El Estado unitario-federal*, ob. cit., pág. 162; José Tudela Aranda, *Aproximación a la caracterización jurisprudencial del articulo 149.º/1/1.ª de la Constitución Española*, in Estudios sobre la Constitución Española, Homenaje al Profesor Eduardo García de Enterría, ob. cit., pág. 3489.

[71] Sobre o sentido da igualdade cfr. Teresa Beleza, *Direito das Mulheres* (1.º texto: uma breve introdução; 2.º texto: igualdade e desenvolvimento – com a colaboração do Prof. Adelino Fortunato da Faculdade de Economia de Coimbra), Faculdade de Direito da Universidade Nova de Lisboa, 2000 (policopiado).

periféricos de um ordenamento composto? Aderimos ao entendimento segundo o qual a igualdade se aplica aos entes periféricos enquanto *igualdade de submissão jurídica de todos os entes periféricos ao direito constitucional*, e enquanto *igualdade de posições jurídicas fundamentais dos cidadãos de cada ente periférico* (*Tudela Aranda*). Nada disso implica a igualdade de representação ou a presença paritária dos entes periféricos nos órgãos do Estado federal – a qual pode ser inclusivamente matizada por critérios populacionais ou multinacionais que sobredimensionam a representação de uns em detrimento de outros. Também não implica a igualação competencial – ou seja, que todos os entes periféricos ostentem um idêntico complexo de competências e atribuições –, o que permite a adopção de distintos ritmos competenciais e cooperações reforçadas entre os membros de um sistema federativo. Mas se a igualdade dos entes periféricos não incorpora a identidade de representação e competências, a igualdade do cidadão não seria negativamente afectada por tal heterogeneidade? Não, mas vejamos as razões.

O fenómeno do federalismo é por vezes equivocadamente identificado com igualação competencial dos entes federados – provavelmente porque os entes periféricos de alguns dos mais emblemáticos Estados compostos da actualidade, que sobreviveram exitosamente às labilidades da construção federativa, ostentam um idêntico complexo competencial, nomeadamente os Estados Unidos, a Alemanha, a Austrália. Mas a igualação competencial não é condição *sine qua non* dos Estados compostos – pelo menos neste sentido apontam os dados facultados pela experiência. Como prelecciona *López Guerra*[72], a solução de paridade competencial encontra estabilidade em contextos social e culturalmente homogéneos, ou mesmo naquelas sociedades multiculturais nas quais as distintas colectividades não se definem territorialmente. Todavia a igualação ou equiparação competencial tropeça na problemática do multiculturalismo de base territorial, isto é, nas sociedades onde as peculiaridades étnicas, religiosas, culturais, histórias e linguísticas coincidem com as divisões territoriais. Aqui a paridade competencial vai certamente encontrar obstáculos, na medida em que *situações de facto desiguais exigem tratamentos desiguais* – ou na célebre expressão de *Aristóteles*: *Parece que a justiça consiste em igualdade, e assim é, mas não para todos, apenas para os iguais; e a desigualdade parece ser justa,*

---

[72] Sobre a igualação ou equiparação competencial nos Estados compostos cfr. Luís López Guerra, *Algunas notas sobre la igualación competencial*, in Documentación Administrativa, n.º 232-233, Out 1992/Março 1993.

e o é, com efeito, mas não para todos, apenas para os desiguais (Política, Livro III, capítulo 9).

A solução *assimétrica* vai então sugerir a singularização no plano competencial, ou seja, a dotação de distintos instrumentos de auto-governo ou a assunção de distintas responsabilidades – e responde aos imperativos de um processo de integração ajustado às necessidades e pretensões de cada comunidade federada. Assim o ilustram os exemplos da Espanha (cuja Constituição admite, através do princípio dispositivo, distintos ritmos competenciais que actualmente se traduzem em dois níveis de autonomia); do Canadá (onde o estatuto jurídico das dez Províncias que o integram não é idêntico – ou não tem necessariamente de o ser –, e cuja Constituição inclusivamente prevê uma *cláusula de excepção* no respectivo art. 33.º, que autoriza o legislador periférico a, temporariamente, aprovar normas contrastantes com as disposições constitucionais relativas aos direitos fundamentais, a fim de garantir às Províncias, e em especial ao Quebec que se opôs à refundação constitucional de 1982, um instrumento condicionante das dinâmicas políticas); da Bélgica (cuja Constituição admite duas espécies de entes federados que se sobrepõem, sem serem coincidentes, e que ostentam competências em distintas esferas – as Regiões, que são entidades políticas territoriais, e as Comunidades *francesa*, *flamenca* e *germanófona*, que são entidades políticas sem localização geográfica precisa, às quais os indivíduos podem livremente aderir e submeterem-se)[73]; e recentemente da Alemanha (onde a igualação competencial dos

---

[73] Sobre a assimetria espanhola cfr. José Juan González Encinar, *Lo Stato federale asimmetrico: il caso spagnolo*, in Quale, dei tanti federalismi?, ob. cit., págs. 49 e ss; Luís López Guerra, *Modelo abierto y hecho diferencial*, in Revista Vasca de Administración Pública, n.º 47 (II), 1997, págs. 99 e ss; Gumersindo Trujillo, *Homogeneidad y asimetría en el Estado autonómico: contribución a la determinación de los límites constitucionales de la forma territorial del Estado*, in Documentación Administrativa, n.º 232-233, Out-1992/Março-1993, págs.101 e ss. Sobre o caso canadiano cfr. Claudio De Fiores, *La vicenda costituzionale canadese*, in Quale, dei tanti federalismi?, ob. cit., págs. 290 e ss; Nino Olivetti Rason, *Un federalismo asimmetrico: il Canada*, in Esperienze federali contemporanee, Nino Olivetti Rason /Lucio Pegoraro (org), Cedam, Padova, 1996, págs. 91 e ss; Alejandro Saiz Arnai, *Asimetría y Estado federal en Canadá*, in Revista Vasca de Administración Pública, n.º 47 (II), 1997, págs. 199 e ss; Maurice Croisat, *Le fédéralisme asymétrique: l'expérience canadienne*, in Revue française de droit constitutionnel, 37, Maio/1999. Sobre o caso belga cfr. Michel Leroy, *Il federalismo belga*, in Quale, dei tanti federalismi?, ob. cit., págs. 81 e ss; Giuseppe Lombardi, *Un caso complesso: il Belgio*, in Esperienze federali contemporanee, ob. cit., págs. 23 e ss; Francis Delpérée, *El federalismo en Bélgica*, in El federalismo en

entes periféricos, sobretudo em matéria financeira, foi temporariamente suspensa por força da reunificação – uma situação *assimétrica* que duraria até 1995)[74].

A solução de paridade competencial vai então depender das circunstâncias históricas de cada processo federativo ou da matriz de cada sistema de descentralização territorial: como já referimos (cfr. *infra* Título I), as conformações federativas tanto podem responder às necessidades de protecção da multiplicidade regional, isto é, à salvaguarda das colectividades dotadas de uma identidade própria (garantia da diferença); como podem buscar justificação na optimização das funções públicas e na aproximação entre decisores e destinatários (eficácia da organização). No primeiro caso a configuração composta projecta tratamentos específicos para situações diferenciadas, isto é, serve à acomodação das demandas e exigências de cada colectividade; no segundo caso a configuração composta projecta a funcionalidade sistémica, ou seja, serve menos à defesa das peculiaridades regionais do que ao desenvolvimento sócio-económico e à tendencial equivalência das condições de vida. Genericamente, é a existência de *bases naturais* que engendra as construções compostas (diferenças étnicas, religiosas, culturais, históricas, e particularmente linguísticas). Mas o sistema federativo também pode apoiar-se noutras razões de ser ou *bases artificiais* (promoção da concorrência política, robustecimento da participação nas decisões políticas, acentuação da funcionalidade sistémica e do controlo, ampliação da capacidade de resposta aos problemas comuns, etc). Pode ainda acontecer que o sistema federativo, uma vez estabelecido,

---

Europa, Hacer Editorial, Barcelona, 1993, págs. 128 e ss; Luisa Dominichelli, *Federalismo e recenti sviluppi della forma di governo in Belgio*, in Il Politico, anno LX, n.º 2, 1995, págs. 257 e ss; Pablo Lucas Murillo de la Cueva, *El federalismo asimétrico en Bélgica*, in Revista Vasca de Administración Pública, n.º 47, (II), 1997, págs. 185 e ss.

[74] Sobre a reunificação alemã e a suspensão temporária de algumas disposições jurídico-constitucionais por força do Tratado de Unificação de 31 de Agosto de 1990 cfr. Dieter Grimm, *El federalismo alemán: desarrollo histórico y problemas actuales*, in El federalismo en Europa, ob. cit., pág. 74, onde o Autor explica que como as diferenças de facto entre os novos *Länder* e os antigos eram significativas – os ingressos dos novos correspondiam a apenas 50% da média federal – se algumas normas constitucionais relativas à compensação finaceira horizontal não fossem suspensas, até mesmo o mais débil dos *Länder* antigos teria que ceder uma parte considerável de seus ingressos para sustentar os recém-chegados, pelo que se optou pela constituição de um fundo alimentado a meias pelo poder central e a totalidade dos antigos entes federados.

encontre justificação em bases distintas daquelas que o constituíram – o que parece ser o caso do sistema federal alemão, cuja *justificação teria progressivamente transladado de bases naturais para outras artificiais* (*Dieter Grimm*)[75], ou cuja relevância residiria hoje *não tanto nas possibilidades de configuração autónoma de cada Land, mas nos efeitos da conformação federativa sobre a vida da colectividade toda* (*Konrad Hesse*)[76].

Seja como for, o fundamento de validade dos tratamentos específicos para situações diferenciadas depende da matriz de cada sistema de descentralização territorial e decorre da Constituição de cada Estado composto – cujos conteúdos normativos expressam e respondem a *fenómenos políticos de integração da diferença*. Mas não há qualquer incompatibilidade entre a igualdade dos entes periféricos e ausência de paridade competencial, posto que a igualdade não tem de necessariamente albergar o idêntico estatuto competencial, e sim a idêntica submissão das componentes sistémicas à ordem jurídico-constitucional. Neste sentido manifestou-se o Tribunal Constitucional espanhol na Sentença 76/1983, de 5 de Agosto, na qual se conclui: *Carece de base constitucional a pretendida igualdade de direitos das Comunidades Autónomas* (...), posto que *estas são iguais no que respeita à subordinação à ordem constitucional* (...), *mas podem ser diferentes no que respeita ao procedimento de acesso à autonomia e à determinação concreta do conteúdo autonómico, isto é, de seu estatuto jurídico enquanto complexo competencial*.

E a igualdade do cidadão não resta negativamente afectada pela assimetria competencial, porque o que garante a igualdade no exercício dos direitos é a fixação central de uns padrões mínimos que limitam a diversidade das posições jurídicas nos distintos entes periféricos. Ou seja, o carácter integrador da repartição competencial impõe que ao poder central seja devolvida a regulação das condições básicas que garantam a igualdade de todos os cidadãos no exercício dos direitos e no cumprimento dos deveres constitucionais. Não será por outro motivo que na Sentença *Brown versus Board of Education* de 1954, a Suprema Corte estado--unidense abandonou a jurisprudência do *duplo standard* – segundo a qual os Estados federados podiam interpretar e dispor dos direitos fundamentais

---

[75] Sobre a distinção entre bases naturais e bases artificiais do federalismo cfr. Dieter Grim, *El federalismo alemán: desarrollo histórico y problemas actuales*, in El federalismo en Europa, ob. cit., pág. 45.

[76] Sobre a relevância dos sistemas federais na actualidade Konrad Hesse, *Elementos de direito constitucional da República Federal da Alemanha*, ob. cit., pág. 184.

a partir de distintos critérios, o que teria permitido a prática da segregação racial pelos Estados sulistas –, para afirmar a competência do poder central sobre o domínio essencial dos direitos e liberdades[77]. E também não será por outro motivo que o Tribunal Constitucional alemão, em 16 de Maio de 1995 (*BVerfGE* 93, 1), decidiu que a competência dos *Länder* em matéria de ensino primário e secundário não autorizava que se impusesse a afixação de crucifixos nas salas de aula – mesmo que a Constituição da Baviera atribuísse às escolas públicas a missão de *ensinar a crença em Deus e o respeito pelas convicções religiosas* –, posto que a *liberdade de crença, consciência e confissão* constante do art. 4.º da Lei Fundamental Alemã obrigava a retirar os crucifixos se os pais de um único aluno se opusessem àquela presença.

No rasto deste entendimento que postula a igualdade de posições jurídicas fundamentais na totalidade do sistema federativo, tem-se desenvolvido no âmbito da União Europeia a *doutrina do standard máximo* (ou do *nível de protecção mais elevado*) na protecção dos direitos fundamentais, segundo a qual deve ser aplicado, na esfera europeia, o âmbito de protecção mais alargado de um direito fundamental, quando várias ordens constitucionais nacionais o protejam. Como se sabe, a protecção jurisdicional dos direitos fundamentais na União Europeia ainda assenta, em larga medida, nos princípios gerais do direito e nas tradições constitucionais comuns aos Estados-membros. Por isso o Tribunal de Justiça das Comunidades, a quem compete assegurar o respeito pelos direitos fundamentais ao nível europeu, vai declarar inválida qualquer disposição de direito derivado que resulte contrária aos direitos fundamentais consagrados nas Constituições dos Estados-membros (ou apenas numa delas). O princípio do *standard máximo* também servirá de parâmetro para a apreciação de medidas nacionais de execução do direito europeu, ainda que o Tribunal de Justiça não as possa invalidar, apenas reconhece a eventual desconformidade (ou incumprimento das tradições constitucionais comuns), cabendo às autoridades nacionais actuarem em conformidade[78]. Isto demonstra que

---

[77] Sobre a célebre sentença *Brown versus Board of Education* de 1954 cfr. o número monográfico de Saint Louis University law journal (vol. 48, n.º 3, Primavera de 2004) especialmente dedicado ao 50.º aniversário daquela decisão paradigmática.

[78] Sobre a protecção dos direitos fundamentais no seio da União Europeia cfr. José da Cruz Vilaça, *A protecção dos direitos dos cidadãos no espaço comunitário*, *in* Valores da Europa. Identidade e legitimidade, Álvaro de Vasconcelos (coord), Instituto de Assuntos Estratégicos e Internacionais, Principia, Lisboa; Ana Maria Guerra Martins,

a União Europeia, enquanto sistema federativo que é, provoca necessariamente a homogeneização/harmonização dos conteúdos constitucionais dos seus Estados-membros. Poder-se-ia argumentar que a jurisprudência constitucional em matéria de direitos fundamentais seria um *factor de centralização* nos sistemas federativos, na medida em que resulta difícil encontrar uma matéria incólume ou não afectada pela regulação central das posições jurídicas fundamentais. Não se pode negar que de certa forma assim o seja – o que resulta legítimo na medida em que as soluções hermenêuticas em matéria constitucional devem tentar esbater conflitualidades e contribuir para uma maior integração política e social (*princípio do efeito integrador*) –, muito embora preferíssemos o termo *integração* à *centralização* para traduzir o resultado da afirmação de uma certa uniformidade no tratamento das posições jurídicas fundamentais, ou de um núcleo essencial não perturbável pelo efeito diversificador da autonomia.

Algumas decisões do Tribunal Constitucional espanhol bem o ilustram. Na Sentença 37/1987, de 26 de Março, foi decidido que os preceitos constitucionais *não exigem o tratamento jurídico uniforme dos direitos e deveres dos cidadãos em todo tipo de matérias e em todo o território do Estado, o que seria fundamentalmente incompatível com a autonomia, mas sim a igualdade das posições jurídicas fundamentais*. Na Sentença 71/1982, de 30 de Novembro, a *garantia da uniformidade de condições básicas para o exercício de direitos* foi sugerida como critério hermenêutico da repartição competencial: *As técnicas a utilizar para indagar qual é a regra competencial que deve prevalecer, quando não possam ser aplicadas conjuntamente, terão de ter presente a razão ou fim da regra à luz da distribuição constitucional de competências*, além dos limites ao legislador autonómico derivados da *garantia da uniformidade das condições básicas no exercício dos direitos*, da *unidade do mercado* e da *afectação de interesses que excedam o âmbito autonómico*. Não obstante, na Sentença 37/1987, de 26 de Março, a justiça constitucional espanhola sugere que a desejada *uniformidade no tratamento de posições jurídicas fundamentais* não deve ser tão extensivamente interpretada a ponto de *esvaziar de conteúdo as numerosas competências legislativas atribuídas às Comunidades Autónomas, cujo exercício incida, directa ou indirectamente, sobre os direitos e deveres constitucionalmente garantidos*. E sobre o que sejam *condições básicas ao exercício dos direitos e deveres constitucionais*, na Sentença 32/1983, de 28 de Abril, a justiça constitucional espanhola decidiu que através delas *se proporciona ao sistema normativo um denominador comum a partir do qual cada Comunidade poderá desenvolver suas próprias competências*. Daqui se depreende que, independentemente das idiossincrasias territoriais, as *condições básicas ao exercício dos direitos e deveres constitucionais* correspondem ao núcleo identitário que expressa e garante a unidade do ordenamento composto. Nesta medida apontam para um *mandato de equivalência substancial no resultado, ainda quando as regulações jurídicas não sejam idênticas (Tudela Aranda)*[79].

Assim o é porque os entes periféricos de um Estado composto hão--de proteger homogeneamente os seus respectivos cidadãos, ou seja, hão--de lhes facultar as mesmas imunidades e privilégios garantidas pelo direito federal, não estando inclusivamente afastada a hipótese de que tal protecção ultrapasse o mínimo centralmente exigido. Isto desmente a suposta existência de uma *contradição insanável entre igualdade e federalismo*[80] – ou noutros termos, refuta que o federalismo implica e necessariamente gera desigualdade –, posto que sempre haverá um limite para a distinta posição jurídica dos cidadãos dos diversos territórios federados. Se, ilustrativamente, o direito penal competir aos entes federados, como acontece nos Estados Unidos, a definição dos crimes, penas e procedimentos serão certamente diversos de um Estado para outro; se os entes federados gozarem de amplas competências na esfera fiscal, como ocorre na Suíça, certamente que as rendas e os bens serão diversamente taxados; se a educação pública recair na competência dos entes federados, como acontece na Alemanha, é possível que os programas, a duração da escolaridade obrigatória e das férias escolares variem de um ente periférico para outro. Mas a sobrevivência de um Estado composto depende de que seus entes periféricos sejam suficientemente homogéneos, isto é, depende de que os princípios que concretizam o *compromisso constitucional de cooperação*, assim como o direito federal, sejam respeitados na totalidade do território. E se entre *liberdade e federalismo* existe ainda um nexo incindível, nos dias que correm a relevância da configuração autónoma dos entes periféricos vai gradativamente cedendo espaço aos imperativos

---

Curso de direito constitucional da União Europeia, Almedina, Coimbra, 2004, págs. 226 e ss; Meinhard Hilf, *Os direitos fundamentais na Constituição Europeia*, in Uma Constituição para a Europa, Almedina, Coimbra, 2004, págs. 179 e ss.

[79] Neste sentido cfr. José Tudela Aranda, *Aproximación a la caracterización jurisprudencial del articulo 149.º/1/1ª de la Constitución Española*, in Estudios sobre la Constitución Española (Homenaje al Profesor Eduardo García de Enterría), ob. cit., págs. 3506 e 3507.

[80] Sobre as relações entre federalismo e igualdade cfr. Massimo Luciani, *A mo'di conclusione: le prospettive del federalismo in Italia*, in Quale, dei tanti federalismi?, ob. cit., págs. 253 e ss.

da tendencial equiparação das condições de vida – não fossem os argumentos enomómico-financeiros aqueles que mais pesaram na vitória do NÃO (50,6%) quando da consulta referendária sobre o acesso do Quebec à soberania e a consequente separação do Canadá, em 30 de Outubro de 1995[81].

[81] Sobre o referendo de acesso à soberania da Província canadiana do Quebec cfr. Claudio De Fiores, *La vicenda costituzionale canadese tra federalismo e secessione*, in Quale, dei tanti federalismi?, ob. cit., págs. 302 e ss; José Woehrling, *L'avis de la Cour suprême du Canada sur l'eventuelle sécession du Québec*, in Revue française de droit constitutionnel, 37, Maio/1999; Louis Favoreu (org), *Droit constitutionnel*, Dalloz, Paris, 2001, pág. 391, onde o Autor refere que, depois do referendo de 1995, o governo federal recorreu à Corte Suprema com o intuito de que se declarasse que uma secessão unilateral não aprovada pelo resto do Canadá seria contrária tanto ao direito interno quanto ao direito internacional. Em 20 de Agosto de 1998, a Corte proferiu uma decisão salomónica. Considerou que, substancialmente, a Constituição canadiana não permitia uma secessão unilateral, que de resto também não resultava do direito à autodeterminação dos povos colonizados ou oprimidos reconhecido pelo direito internacional. Não obstante, se uma *maioria clara* dos quebequenses exprimissem a *inequívoca vontade* de não mais integrar o Canadá, o governo federal e as demais Províncias estariam constitucionalmente obrigadas a negociarem com o Quebec as condições da sua soberania – obrigação que decorria de princípios não escritos na Cons-tituição. Em 29 de Junho de 2000, um acto legislativo precisaria as condições de acesso à soberania: a secessão de uma Província exigiria a alteração formal da Constituição e das negociações de secessão participariam o governo federal e todos os governos provinciais, os quais deveriam endossar a repartição do activo e do passivo, as eventuais modificações das fronteiras da Província separatista, a protecção dos povos autóctones, e a protecção dos direitos das minorias – condições destinadas a desencorajar os soberanistas quebequenses.

Capítulo II

DA PLURALIDADE DE ORDENAMENTOS ARTICULADOS
NO SUPRAORDENAMENTO CONSTITUCIONAL

2.1. **Da cooperação entre as distintas esferas de poder e correspondentes ordens normativas (das competências complementares)**

Quando se afirma que os Estados compostos integram uma pluralidade de ordenamentos jurídicos, isto transporta a ideia da convivência de várias organizações autónomas das quais as normas são expressão e instrumento. Cada distinto ordenamento de um Estado composto está separado dos demais – uma separação que se expressa num sistema privativo de fontes de direito, próprias da organização específica da qual decorre o ordenamento. Estas fontes de direito, ensina *García de Enterría, não estão hierarquicamente subordinadas às fontes de nenhuma outra organização, nem sequer às fontes da organização geral que engloba a todas as particulares.* Daqui decorre que a posição de cada ordenamento no sistema não é explicável a partir da integração hierárquica noutro ordenamento. Esta seria precisamente a etimologia ou a origem do termo *autonomia*: *a capacidade de autonormar-se.* E o fundamento de validade de tal capacidade repousa na norma fundamental que *definiu a estrutura das distintas organizações e delimitou a esfera material das suas respectivas actuações.* As relações entre tais distintas organizações são disciplinadas pelo *princípio da competência* e não pelo princípio da hierarquia – daí que no âmbito de cada esfera competencial, a norma autónoma correspondente possa afastar as normas de qualquer outro ordenamento que a invadam, a não ser que se trate de uma norma constitucionalmente capacitada para modificar dito âmbito. Por isso o problema nuclear nos ordenamentos compostos é, justamente, a *delimitação do âmbito competencial – a partir do qual a autonomia, e as normas que a expressam, hão-de produzir-se*[1].

Contudo, a separação entre os distintos ordenamentos de um Estado composto não exclui a presença de inevitáveis interdependências, posto que os ordenamentos separados se encontram articulados numa única Constituição que funciona como *norma normarum*, isto é, como um supraordenamento que goza de supremacia sobre todos os demais ordenamentos existentes no território do Estado composto. Se os ordenamentos central e periférico restam separados – o que significa que as suas respectivas fontes de direito não estão hierarquicamente subordinadas às fontes de qualquer outra organização –, nada obsta que a relação de cada um deles com o supraordenamento constitucional seja precisamente a de subordinação hierárquica, visto que a Constituição funciona como o tronco comum do qual partem ambos os ordenamentos. A partir disso – e para resolver teoricamente o problema das relações entre o poder central e os periféricos –, a doutrina germânica desenvolveria a tese segundo a qual a Constituição de um Estado composto ostentaria a competência das competências (*Kompetenz-Kompetenz*). Nesta ordem de ideias, *García de Enterría* explica que a primordial função de uma Constituição global, enquanto supraordenamento, seria *distribuir os espaços onde cada organização autónoma exerce as suas próprias competências normativas* –, donde decorre que a validade de todo o direito produzido no território do Estado composto depende da sua conformidade com a Constituição global. Aqui reside a *unidade jurídico-política de um ordenamento composto: na subordinação de cada ordenamento parcial* (central e periférico) *à Constituição global*.

Ora bem, se o ordenamento central e os periféricos articulam-se num supraordenamento que a ambos organiza e condiciona, então a exclusão recíproca que deriva do *princípio da separação* (ou princípio das competências distintas) não pode ser absoluta: para que o sistema funcione harmoniosamente, hão-de se estabelecer relações cooperativas que imprimam alguma interdependência entre ambos os ordenamentos. E não há aqui qualquer incoerência, posto que o *compromisso constitucional de cooperação* (e os princípios que o densificam) é prévio e informa a distribuição competencial, ou seja, *sem cooperação nem sequer há separação*. As

---

[1] Sobre a pluralidade de ordenamentos num Estado composto cfr. Eduardo García de Enterría, *Estudios sobre autonomias territoriales*, Civitas, Madrid, 1985, pág. 289 e ss.

razões da impraticabilidade de uma separação incondicional e irrestrita, todos as vêem sem esforço e pena: ambos os ordenamentos são igualmente dependentes do supraordenamento constitucional, além de coincidirem quanto aos destinatários e território de aplicação. Desde que em finais do séc. XVIII, a sagacidade estado-unidense engendrou o que viria a ser o moderno entendimento de Estado composto, as normas centrais e periféricas aplicam-se, sem intermediários, sobre o mesmo território e idênticos governados. Ora, tal substancial identidade exige que ambos os ordenamentos tenham-se reciprocamente em conta e entabulem relações cooperativas – sob pena de que os *cidadãos* a que simultaneamente se destinam as normas centrais e periféricas, os *tribunais* que hão-de aplicar a ambos os direitos, e a *administração executora* que será a mesma (ou melhor, *eventualmente a mesma*, em se tratando do modelo norte-americano de repartição de competências, e *substancialmente a mesma*, em se tratando do modelo prevalecente nos Estados compostos europeus), sejam todos vítimas de *esquizofrenia jurídica*, isto é, do *fraccionamento da personalidade em função do ordenamento que os afecte* (*García de Enterría*). A cooperação entre os distintos ordenamentos dar-se-á sobretudo no âmbito do concurso de ambas as esferas territoriais de poder na regulação global de uma mesma matéria, e no âmbito da execução periférica da legislação central (*federalismo de execução*). O presente tópico procura desvendar os meandros jurídicos de ambas as situações (ou das chamadas competências complementares), enquanto soluções constitucionais para a inevitável interdependência dos ordenamentos num sistema federativo.

2.1.1. *O concurso das esferas de poder na regulação de uma mesma matéria*

A teoria da distribuição competencial explica que as *competências complementares* são aquelas exercidas pelos entes periféricos em aplicação de uma lei central – seja porque ao poder central compete definir as bases de uma matéria cuja regulação dos detalhes recairá sobre o poder periférico, seja porque a execução das leis emanadas do poder central resta devolvida aos entes regionais. Nos ordenamentos compostos em que se adopta o modelo de distribuição competencial europeu – Alemanha, Áustria, Suíça, Espanha, Itália, etc. –, as técnicas de complementaridade serão as que predominantemente informam a actuação periférica. No âmbito do *concurso das esferas de poder na regulação de uma mesma matéria*, a competência normativa central não esgota a regulação da matéria, posto que ao poder periférico compete o ulterior desenvolvimento normativo da mesma esfera da realidade. Ou seja, a *regulação global da matéria nutre-se de normas das duas procedências*. O problema específico que atormenta doutrina será, precisamente, aquele da articulação destas duas frentes, posto que na globalidade da regulação operam dois subsistemas cujas normas devem restar ajustadas, o que vai exigir um concurso harmónico de vontades.

O certo é que a legislação central deve cingir-se ao estabelecimento do *denominador comum normativo* a partir do qual seja *constitucionalmente possível a diversidade de regulações autónomas*. Ou seja, se a regulação central vai delinear o espaço próprio da regulação periférica e o integra numa estratégia global, não lhe pode esvaziar o conteúdo: o enquadramento central deve permitir a prossecução de políticas próprias pelo poder periférico, o que definitivamente não se confunde com o mero exercício regulamentar. A concepção da técnica constitucional da concorrência complementar supõe a coerente articulação do interesse geral traduzido na legislação de enquadramento, com o interesse periférico traduzido na legislação de desenvolvimento. Mas tal desenvolvimento não se traduz em subalternização – apenas refere a necessidade sistémica de que a norma periférica resulte articulada na política global que ao poder central compete fixar. Tudo se processa, portanto, nos termos da *dimensão passiva* do *compromisso constitucional de cooperação*, na medida em que as políticas periféricas não podem obstaculizar ou comprometer – mas sim servir – à política global que o poder central formulou, assim como este não pode, sob a duvidosa invocação do interesse geral, absorver toda a regulação da matéria.

Em presença de uma pluralidade de ordenamentos, cumpre ao ordenamento central a função elementar de *assegurar ao conjunto uma unidade de sentido e funcionamento*. É por isto que se devolvem competências exclusivas, concorrentes e outras complementares ao poder central, sendo as duas últimas exercidas na medida em que o exija o *interesse geral*. E é o legislador central quem, em conformidade com a respectiva Constituição, *determina livremente quais são esses interesses, os define e precisa seu alcance*. Uma das dimensões essenciais da acção política é, precisamente, o confronto de interesses e a consequente decisão sobre quais devam ser os preponderantes numa situação concreta – e a legitimação das decisões sobre os interesses predominantes faz-se mediante a invocação do interesse geral. Mas a qualificação de uma matéria como sendo de interesse geral, para efeitos de enquadramento, não é algo que se determine fixa e permanentemente, posto que depende do que circunstancialmente decida o poder político, a partir de conjunturas variáveis e opções políticas plurais. A este propósito, *García de Enterría* traz um exemplo elucidativo: quando a Constituição Espanhola devolve a regulação das *bases da actividade económica* ao poder central (art.149.º/1/13.ª), a definição do que isto seja dependerá essencialmente da situação económica (depressão, expansão; desemprego, pleno emprego, etc.) e do enfoque político-económico que se pretenda empregar (liberal, *keynesiano*, nacionalizador, etc.), donde decorre que tais bases não possam ser estáveis, mas variáveis no tempo. Tal variação seria a essência mesma do poder normativo do Estado – e ressalvada a observância dos limites constitucionais, bem se sabe, o legislador tem legitimidade para adoptar as mais distintas orientações políticas e definir a sua concreta extensão. O que por hora nos interessa é que a circunstancialidade de tais escolhas vai necessariamente mover a linha divisória da repartição competencial entre as duas esferas de poder – porque altera o conteúdo concreto do que seja básico. Isto não só justifica que se dispense alguma atenção à abordagem procedimental ou predominantemente política da distribuição de competências (que incorpora elementos transaccionais/cooperativos na repactuação conjuntural do exercício competencial), como sugere algum comedimento quando se trata de juridicizar a matéria incandescente da política.

Na tentativa de evitar eventuais disfunções, a Lei Fundamental Alemã estabeleceu critérios que determinam a legitimidade da produção de *normas-padrão* (ou *normas de enquadramento*) pelo poder central: este só dispõe da faculdade de ditar disposições de enquadramento nas matérias elencadas no art. 75.º/1, e *sob as condições previstas no art.* 72.º/2. Ou seja, o poder central poderá sim emitir normas-padrão sobre o estatuto dos funcionários públicos ao serviço dos *Länder*, municípios, ou outras entidades de direito público; ou sobre o ordenamento do território e o regime hidrográfico; ou que estabeleçam o estatuto geral da imprensa e do cinema, etc. Mas para tanto o poder central precisa comprovar a *imprescindibilidade* de uma lei de enquadramento naqueles domínios. E isto só se configura se a matéria não puder ser satisfatoriamente regulamentada pela legislação dos diversos entes periféricos; ou se a regulamentação de um *Land* puder prejudicar os interesses de outros entes periféricos ou o interesse geral; ou ainda se assim o exigir a manutenção da unidade jurídica e económica ou a equivalência das condições de vida (art. 72.º/2 Lei Fundamental). Todavia a Constituição Alemã não define o que se deva entender por norma-padrão. Foi o Tribunal Constitucional Federal que se encarregou de o fazer em 1.º de Dezembro de 1954 (*BVerfGE* 4, 115-128): esclareceu que a faculdade federal de ditar disposições de enquadramento pressupunha o exercício de competências complementares pelo legislador federado, ou seja, a legislação de enquadramento não seria autosuficiente, antes dependeria dos desdobramentos periféricos. E só excepcionalmente o poder central poderia esgotar a regulação dos aspectos pontuais de uma matéria através de normas-padrão, mas desde que globalmente não restasse prejudicado o âmbito de actuação reservado aos *Länder*[2].

À excepção do federalismo belga, que adopta um modelo *sui generis* de repartição competencial pautado na exclusividade, os ordenamentos compostos europeus largamente admitem o concurso de ambas as esferas de poder na regulação global de uma mesma matéria. O sistema suíço reconhece a possibilidade de *complementaridade* na matéria relativa à caça e pesca (art. 25.º Constituição suíça), na matéria relativa à naturalização dos estrangeiros (art. 44.º/2), naquela relativa à harmonização fiscal (art. 42.º), na matéria relativa ao ordenamento do território (art. 22.º), ou às florestas (art. 24.º), etc. Aqui as autoridades centrais limitam-se a emitir leis que definam os princípios da respectiva disciplina jurídica, competindo aos Cantões a competência igualmente limitada da regulação dos detalhes. Também o sistema federal austríaco admite a técnica a legislação de princípio, com efeitos em tudo semelhantes aos da lei de enquadramento alemã. A aplicabilidade de tais leis de princípio no sistema austríaco depende da correspondente lei de desenvolvimento emitida por cada *Land*; mas se transcorrido o prazo que a lei de princípio lhe faculta, o *Land* eximir-se da disciplina complementar da matéria, então provoca a temporária devolução da competência de detalhe ao poder central. É que se os entes federados adoptam uma atitude passiva e se demoram no tempo, a matéria que o poder central dotou de regulação básica resulta gravemente afectada por insuficiência normativa – o que legitima a intervenção do poder central para assegurar a aplicabilidade da política global então eleita. Mas desde que o *Land* adopte a própria legislação de detalhe, aquela do *Bund* deixa de vigorar. E se for o legislador central quem se exime da adopção da normativa de princípio, os *Länder* podem disciplinar livremente os correspondentes objectos[3].

---

[2] Sobre as normas-padrão ou normas de enquadramento no ordenamento alemão cfr. Juan Joaquín Vogel, *El régimen federal de la Ley Fundamental*, in Manual de Derecho Constitucional, Benda, Maihofer, Vogel, Hesse, Heyde (org), Marcial Pons, Madrid, 1996, págs. 642-643.

[3] Sobre as normas-padrão ou normas de enquadramento no ordenamento suíço cfr. Giorgio Malinverni, *Il federalismo svizzero*, in Quale, dei tanti federalismi?, Atti del convegno internazionale organizzato dalla Facoltà di Giurisprudenza dell'Università "La Sapienza", Alessandro Pace (org), Cedam, Roma, 1997, pág. 129. Sobre as chamadas leis de princípio do ordenamento austríaco cfr. Heinz Schäffer, *Il federalismo austriaco*, in Quale, dei tanti federalismi?, ob. cit., pág. 159.

Nesta mesma ordem de ideias, o sistema espanhol vai devolver ao poder central o tratamento das bases da actividade económica, da saúde, da segurança social, do regime jurídico das administrações públicas e seus funcionários, do regime de imprensa, rádio e televisão, além da protecção do meio ambiente (art. 149.º Constituição Espanhola). Todavia no ordenamento espanhol a legislação básica desempenha uma função supletiva que se prende com a assimetria competencial dos entes autonómicos: quando se trata da regulação de matérias relativamente às quais nem todas as Comunidades Autónomas assumiram competências legislativas (algo que teve relevância nos primeiros tempos da construção do Estado autonómico espanhol), o poder central incorpora à regulação básica um conteúdo mínimo que complete a regulação, tendo em conta a inexistência, em alguns territórios, da competência periférica correspondente. Mas tal possibilidade só resta aplicável por defeito da norma autonómica – seja porque não existe a competência para a ditar, seja porque o ente periférico não a exerceu ou exerceu incompletamente – e sempre em decorrência da cláusula da suplência do direito do Estado constante do art. 149.º/3 da Constituição Espanhola[4].

---

[4] Sobre o conteúdo da norma básica e o círculo de suplência aplicável por defeito da regulação autonómica cfr. Eduardo García de Enterría, *Estudios sobre autonomias territoriales*, ob. cit., págs. 315 e ss. Sobre a cláusula de suplência do art. 149.º/3 da Constituição Espanhola cfr. Paloma Biglino Campos, *La clausula de supletoriedad: una cuestion de perspectiva*, in Revista española de derecho constitucional, n.º 50, Maio//Agosto de 1997; Francisco Balaguer Callejón, *La constitucionalización del Estado autonómico*, in Anuario de derecho constitucional y parlamentario, n.º 9, 1997, págs. 137-138, onde se aborda a jurisprudência do Tribunal Constitucional espanhol sobre a questão da suplência. Segundo o Autor, da jurisprudência do Tribunal Constitucional espanhol sempre se depreendeu que o poder central teria uma competência *geral* e *ilimitada* para regular qualquer matéria se as Comunidades Autónomas não tivessem assumido a correspondente competência ou não quisessem dela fazer uso – caso em que a norma central seria aplicada supletivamente em virtude da disposição normativa constante do art. 149.º/3 da Constituição Espanhola: *o direito estatal será, em todos os casos, supletivo do direito das Comunidades Autónomas*. Na Sentença 61/1997 do Tribunal Constitucional espanhol, produz-se, segundo o Autor, uma viragem jurisprudencial sobre o entendimento da regra da suplência. A sentença declara a inconstitucionalidade de todas as normas ditadas pelo poder central, com vocação supletiva, em matéria de urbanismo, sob a alegação de que a cláusula da suplência não seria uma fonte atributiva de competências estatais. A sentença em causa incorporaria *uma chamada de responsabilidade* às Comunidades Autónomas: que deixassem de considerar a autonomia como um simples direito e começassem a entendê-la como uma responsabilidade que lhes obriga a assumir plenamente as respectivas faculdades normativas – e não deixá-las nas mãos do poder central por recurso à suplência.

E quanto ao sistema italiano, o critério de repartição competencial adoptado para as Regiões de autonomia ordinária é precisamente o da complementaridade (mas não para as Regiões de estatuto especial, cuja repartição competencial é fundada no critério da exclusividade das competências materiais regionais). Isto significa que na maioria das Regiões italianas a produção legislativa é complementar: ao poder central compete-lhe a definição da legislação de princípio, enquanto às Regiões cabe-lhes o tratamento legislativo dos detalhes (art. 117.º Constituição Italiana). Alguma doutrina atribui a precariedade da cooperação intergovernamental em Itália à ordinariedade do critério da complementaridade de duas fontes normativas sobre a mesma matéria. Tal complementaridade teria conduzido à *supremacia do poder central* fundada na ausência de limites à legislação de princípio e no consequente esvaziamento da actividade legislativa periférica: o legislador central, ao delimitar a sucessiva actividade legislativa regional, fa-lo-ia sem critérios ou medidas, ao abrigo da elasticidade da cláusula do interesse geral. Assim, a norma periférica restaria subalternizada por uma norma de princípio extremamente detalhada (*Raffaele Bifulco*)[5]. Julgamos que o problema reside no facto de as Regiões ordinárias em Itália ostentarem tão só competências complementares – e não competências exclusivas, concorrentes e complementares, como habitualmente ocorre com os entes periféricos dos Estados compostos europeus. Por conta disso, o discurso do reforço das autonomias ordinárias em Itália postula as virtualidades do critério de exclusividade no tratamento de uma matéria – que contrariamente ao actual critério da complementaridade, alegadamente obrigaria as duas esferas de poder a cooperarem. Todavia entendemos que nada disto perturba – ou não deve perturbar – o reconhecimento da bondade das competências complementares e da salvaguarda do interesse

---

[5] Neste sentido cfr. Raffaele Bifulco, *La cooperazione nello Stato unitario composto*, Cedam, Roma, 1995, págs. 187 e ss. A crítica da complementaridade deve--se, em Bifulco, ao facto de que as Regiões ordinárias em Itália ostentam tão só competências complementares – diferentemente das Regiões especiais ou dos *Länder* alemães, que ostentam competências exclusivas, concorrentes, e também complementares. Há aqui uma tentativa de demonstrar a bondade teórica da exclusividade no tratamento de uma específica matéria, em detrimento da ordinária complementariadade existente em Itália. Bifulco não rejeita a complementaridade, apenas defende que se for efectivamente necessária a intervenção do legislador central, o ideal é que a disciplina lhe seja integralmente remetida – algo que não acontece com as Regiões ordinárias em Itália. Por isso o Autor vai ao encontro do que julga serem as soluções realmente cooperativas do critério complementar – detendo-se sobretudo no sistema alemão.

geral que as justificam, posto que o critério da complementaridade deve ser conjugado com outros que lhe atribuam funcionalidade – o que manifestamente não ocorre em Itália.

Ademais, a esfera das competências complementares (ou mais especificamente, o espaço de inter-relação entre duas normativas, uma básica e outra particular, de distintos ordenamentos) oferece visibilidade às técnicas que explicam a vinculação das normas de um ordenamento pelas normas procedentes de outro, quais sejam, a *preclusão* (ou preempção), a *desaplicação*, e a *condição de integração*. Note-se que se fala em vinculação e não em hierarquia – não apenas porque a hierarquia só se dá entre normas de um mesmo ordenamento, mas também em função do carácter originário da normativa periférica em causa, que decorre directamente da respectiva Constituição, e que pode ser exercida ainda que o poder central não tenha ditado a normativa básica. O efeito de *preclusão* ou fecho é aquele que se produz quando o poder central define os termos da política global sobre uma específica matéria – isto é, delimita qual seja o conteúdo da sua competência de enquadramento numa dada esfera da realidade –, e exclui a possibilidade de que o poder periférico regule basicamente o sector. A partir de então, o ente periférico terá de se mover dentro dos limites ou do espírito daquelas bases, que reproduzem o interesse geral. Para além do efeito de preclusão que as normas centrais produzem na competência normativa periférica, a emissão de uma norma central de enquadramento implica a *desaplicação* ou afastamento da norma periférica que eventualmente estivesse a ocupar-se da regulação básica da matéria. Nestas circunstâncias não se fala em derrogação, enquanto efeito de uma eventual *incompetência superveniente* do poder periférico. Assim é, explica *García de Enterría*, porque para além das dificuldades de delimitação prévia do conteúdo de ambas as esferas competenciais em matéria complementar, ainda seria *tecnicamente duvidoso que a norma de um ordenamento fosse derrogada pela norma de outro*. Em vez disso, fala-se de *primazia, prevalência, aplicação preferente* – que produz o efeito da *desaplicação* das disposições periféricas contrárias, sejam anteriores ou posteriores. A primazia ou prevalência seria uma técnica flexibilizadora que resolveria com simplicidade o problema das oscilações dos limites competenciais em matéria complementar – *oscilações que seriam, de certa forma, a respiração do sistema*, e que por isso deveriam ver-se facilitadas e não prejudicadas pela rigidez de um critério derrogatório[6]. E

---

[6] Sobre as técnicas que explicam a vinculação das normas de um ordenamento pelas normas procedentes de outro (preclusão, desaplicação e integração) cfr. Eduardo

finalmente, ainda que não se possa falar em relação hierárquica entre a normativa central básica e a normativa periférica de desenvolvimento (o que contradiria o carácter originário das competências normativas regionais na matéria), o exercício legítimo das competências complementares resta condicionado à *integração* das disposições periféricas nas bases promanadas do poder central. Nesta medida, e ainda que de distintos ordenamentos se tratem, o enquadramento central condiciona a validade das disposições periféricas, posto que a complementaridade competencial postula a articulação dos distintos ordenamentos numa regulação basicamente unitária.

García de Enterría, *Estudios sobre autonomias territoriales*, ob. cit., págs. 317 e ss. O Autor sugere uma razão adicional para se preferir a ideia de desaplicação ou preferência à de derrogação: é que a entrada do direito central numa esfera até então regulada pelo poder periférico pode ser circunstancial e provisória (o exemplo seria o de uma medida económica excepcional e temporariamente definida). Se a norma central tivesse derrogado as periféricas que lhe fossem contrárias, a circunstancialidade da norma central obrigaria os entes periféricos a voltar a promulgar as mesmas normas antigas para reocupar o espaço temporariamente ocupado, e em seguida abandonado, pela legislação central. As técnicas de desaplicação ou prevalência, para as quais o Autor resolutamente se inclina, dispensariam a artificiosa necessidade de uma nova promulgação das antigas normas, as quais recuperariam automaticamente o espaço abandonado pelo poder central. Num sentido contrário, favorável portanto à derrogação, cfr. Juan Joaquín Vogel, *El régimen federal de la Ley Fundamental, in* Manual de derecho constitucional, ob. cit., pág. 632, onde o Autor refere que no sentido do art. 31.º da Constituição alemã, a promulgação de uma lei federal derroga o direito regional preexistente que regule de forma distinta o mesmo objecto, e supõe a impossibilidade de toda nova legislação regional que contradiga a legislação federal. Assim a lei federal actua para o passado, como derrogação, e para o futuro, como barreira. Em consequência disto a norma regional anulada por tal razão não revive nem sequer no caso de que a correspondente regulação federal seja também ela derrogada. Num sentido próximo, mas agora relativamente ao ordenamento austríaco, cfr. Heinz Schäffer, *Il federalismo austriaco, in* Quale, dei tanti federalismi?, ob. cit., pág. 160, onde o Autor explica que se um *Land* tivesse disciplinado livremente a matéria de competência complementar, e ao termo do prazo concedido pela posterior legislação de princípio ainda não tivesse procedido às devidas adaptações, tal passividade conduziria à inconstitucionalidade superveniente das normas constantes da preexistente lei periférica. Esta permaneceria entretanto válida até que o Tribunal Constitucional a declarasse nula com efeitos *erga omnes*. É que os austríacos, muito influenciados pelo complexo *kelseniano* da primazia federal, partem do princípio de que o contraste entre uma lei central e uma lei periférica indicia que pelo menos uma das duas esferas de poder exorbitou das próprias competências – e tudo se resolve em termos de inconstitucionalidade por terem sido defraudadas as normas constitucionais que as regulam. Sobre a técnica de preclusão (preempção) cfr. António Goucha Soares, *Repartição de competências e preempção no direito comunitário*, Cosmos, Lisboa, 1996.

Temo-nos gradativamente familiarizado com tais técnicas (que explicam a vinculação das normas de um ordenamento pelas normas procedentes de outro) em consequência da adesão de Portugal ao processo de integração europeia. Desde que em 15 de Julho de 1964, através do Acórdão 6/64 (Costa/ENEL), o Tribunal de Justiça das Comunidades precisou que o Tratado da Comunidade, diversamente dos tratados internacionais tradicionais, instituía uma *ordem jurídica própria*, dissiparam-se as dúvidas sobre a existência de um *sistema normativo autónomo*, distinto tanto da ordem jurídica interna como da ordem jurídica internacional, não tributário das ordens internas dos Estados-membros ou subordinado às suas respectivas normas constitucionais ou ordinárias, e cujas relações com tais ordens jurídicas seriam definidas segundo critérios próprios do direito comunitário. Isto é, esclareceu-se que as normas comunitárias emanavam de uma fonte autónoma e resultavam integradas na ordem jurídica interna dos Estados-membros sem que fossem necessárias quaisquer medidas nacionais de recepção – nos mesmos termos, portanto, da convivência entre distintas ordens jurídicas num Estado composto. E também aqui a eventual contradição entre uma norma de origem interna e uma norma de origem comunitária (desde que legitimamente concebidas, isto é, em conformidade com a distribuição constitucional de competências), teria de ser resolvida através da aplicação preferente da segunda – sob pena de que o direito comunitário *fosse condenado a não sobreviver senão como categoria residual, só tolerada pela ordem jurídica interna na medida em que não se lhe opusesse* (*Mota de Campos*). A acção global exigida pela empresa comum europeia havia de ser disciplinada por um conjunto de normas jurídicas que se impusessem nos mesmos termos a todos os Estados participantes e respectivos cidadãos, isto é, o pleno acatamento de tais normas e a aceitação da sua primazia sobre normas internas contrárias seria uma condição irrecusável do processo de integração em que se envolveram Estados *iguais*. A manutenção de tal igualdade dependia justamente da *primazia do direito comunitário*.

Com efeito, o supracitado Acórdão Costa/ENEL inaugura o desenvolvimento de uma teoria geral das relações entre o direito comunitário e o direito interno. A propósito da incompatibilidade entre a lei italiana da nacionalização da energia eléctrica e certas disposições do Tratado da Comunidade, o Tribunal de Justiça das Comunidades veio deduzir e impor às jurisdições dos Estados-membros o primado do direito comunitário, com fundamento na *natureza específica* e nas *exigências próprias* da ordem jurídica comunitária. Decidiu-se que o Tratado da Comunidade instituía uma ordem jurídica própria, integrada na ordem jurídica dos

Estados-membros, e que se impunha às suas respectivas jurisdições. Na medida em que emanava de uma fonte autónoma, o direito comunitário não poderia, em razão da sua natureza originária específica, ceder a um texto de direito interno, qualquer que este fosse, sem que se pusessem em causa os fundamentos jurídicos da própria Comunidade. A força normativa do direito comunitário não poderia variar de um Estado-membro para outro ao sabor das legislações internas, sem que se pusesse em perigo a realização das finalidades do Tratado ou se provocassem discriminações por ele proibidas[7]. Logo, a exigência de sobrevivência da ordem jurídica comunitária, enquanto ordem jurídica autónoma, impunha que contra a mesma *não pudesse prevalecer qualquer acto unilateral incompatível com a noção de Comunidade*.

Alguns anos volvidos, no Acórdão Internazionale Handelsgesellschaft, de 17 de Dezembro de 1970, o Tribunal de Justiça das Comunidades apreciou a questão da primazia do direito comunitário sobre a ordem constitucional interna e afirmou, resolutamente, que o recurso a regras e noções jurídicas de direito nacional, para julgar a validade de actos emanados das instituições comunitárias, atenta contra a unidade e a eficácia do direito comunitário. A validade dos actos normativos europeus não poderia ser apreciada senão em função do direito europeu. Emanado de fonte autónoma, o direito comunitário não poderia ser oposto em juízo a regras de direito nacional, *quaisquer que elas fossem*, sob pena de ser posta em causa a base jurídica da Comunidade. E no Acórdão Simmenthal, de 9 de Março de 1978, o Tribunal de Justiça das Comunidades teve a ocasião de precisar que, por força do primado do direito comunitário, as disposições do Tratado e os actos das instituições que fossem directamente aplicáveis teriam por efeito, nas suas relações com o direito interno dos

---

[7] Sobre a ideia de que a força normativa do direito comunitário não pode variar de um Estado-membro para outro ao sabor das legislações internas, sob pena de se pôr em perigo as finalidades do Tratado ou provocar discriminações por ele proibidas cfr. João Mota de Campos, *Manual de direito comunitário*, Fundação Calouste Gulbenkian, Lisboa, 2000, págs. 367 e ss. Na pág. 257 o Autor discorre sobre as discriminações proibidas pelo Tratado por força do princípio da igualdade: *a igualdade dos Estados-membros* implica que nenhum deles possa reivindicar uma situação de privilégio em face dos seus parceiros fora dos casos excepcionais admitidos pelos Tratados, ou seja, durante o período de transição que se segue à adesão de um Estado à Comunidade e no caso de sérias perturbações económicas ou sociais num Estado--membro; *a igualdade dos agentes económicos privados* implica que o direito comunitário atribui os mesmos direitos e obrigações aos nacionais de qualquer Estado--membro, enquanto agentes económicos da Comunidade.

Estados-membros, não apenas *tornar inaplicável de pleno direito qualquer norma de direito interno que lhes seja contrária*, mas também *impedir a emissão de novos actos legislativos nacionais incompatíveis com as normas comunitárias*. Ficava assim manifesta a absoluta e incondicional primazia do direito comunitário e a consequente desaplicação, pelo juiz nacional, de qualquer disposição interna anterior ou posterior que lhe seja contrária, *pois só se todo o direito comunitário prevalecer sobre todo o direito interno é que se respeita a natureza própria do direito comunitário*[8] –, um entendimento ao qual o art.8.º/4 da Constituição Portuguesa veio dar guarida.

Quando se rejeita a absoluta primazia do direito europeu sobre as ordens constitucionais internas, sob a alegação da salvaguarda das identidades constitucionais e a existência de princípios internos intangíveis, tal excesso de zelo nos parece desprovido de sentido na medida em que o próprio direito europeu ressalva tais dimensões: se um acto emanado das instituições europeias desrespeitasse a *identidade nacional dos Estados-membros, reflectida nas estruturas políticas e constitucionais fundamentais de cada um deles e nas funções essenciais do Estado* (cfr. art.6.º/3 do Tratado da União Europeia e art.I-5.º/1 do Tratado que institui uma Constituição para a Europa), tal defraudamento acarretaria antes de mais a violação do próprio direito europeu, a ser declarada pelas instâncias europeias competentes. As normas europeias contrárias aos princípios materialmente constitutivos das ordens constitucionais internas são absolutamente inválidas à luz do próprio direito da União. Neste caso seria porventura supérfluo falar-se na *preeminência das normas da constituição constituinte*[9] ou nacional, porque a Constituição Europeia reconhece as identidades constitucionais como limite ao legislador comunitário. Ademais, a preeminência

---

[8] No sentido do primado supraconstitucional do direito comunitário cfr. Gonçalves Pereira/Fausto Quadros, *Manual de direito internacional público*, Almedina, Coimbra, 1993, págs. 132 e ss.

[9] No sentido de que *a constituição constituinte impõe-se ao processo constituinte europeu* e que as *normas europeias contrárias aos princípios materialmente constituintes da ordem constitucional portuguesa* estariam *sujeitas ao princípio da preeminência das normas da constituição constituinte* cfr. J. J. Gomes Canotilho, *Direito constitucional e teoria da Constituição*, Almedina, Coimbra, 2002, págs. 820-821, onde estão enunciados os principais argumentos contra o primado supraconstitucional do direito comunitário, mas se reconhece que *se o processo constituinte colectivo europeu é, simultaneamente, um processo constituinte dos Estados-membros, o direito primário dos Tratados acaba, de facto e de direito, por se impor ao direito constitucional interno*.

de um ordenamento sobre outro só tem lugar quando ambas as normativas sejam jurídico-constitucionalmente válidas. A teoria do federalismo prelecciona que o direito federal sempre deriva da amálgama de princípios e valores fundamentais comuns aos entes federados que resolvam constituir uma unidade política (algo que também se aplica ao *federalismo funcional* do processo de integração europeia), e por isso a primazia daquele direito não serve para subverter as ordens internas, mas para garantir a desejada sobrevivência do todo.

2.1.2. *A execução periférica da legislação central*

Vimos que a complementaridade entre os distintos ordenamentos de um sistema federativo ocorre sobretudo no âmbito do concurso de ambas as esferas de poder na regulação global de uma mesma matéria, e no âmbito da execução periférica da legislação central. Pois centremo-nos nesta segunda possibilidade. A técnica em virtude da qual o ente periférico executa normas total ou parcialmente procedentes de outro ordenamento – o chamado *federalismo de execução* – foi cunhada em meados do séc. XIX pelo federalismo suíço, donde seria exportada para as demais federações europeias. O modelo norte-americano ou anglosaxónico de distribuição de competências (Estados Unidos, Canadá, Austrália) não comportaria, ao menos formalmente, a técnica do federalismo de execução, posto que segundo tal modelo a instância competente para legislar também o seria para executar, não sendo portanto habitual a previsão de regras sobre a distribuição de faculdades executivas entre os dois níveis políticos. É que se aos anglo-saxónicos não lhes repugna que o poder central requeira ao poder periférico *que caucione e execute* um esquema regulatório federal claramente identificável como tal, já é mais problemático que o poder central legisle genericamente e requeira aos entes federados *que adoptem todas as medidas necessárias, legislativas e executivas*, à prossecução de uma dada política. É que vigora nos sistemas federativos anglo-saxónicos a lógica da integral responsabilização pelos próprios actos face ao eleitorado – por isso o poder periférico reluta em desenvolver uma legislação pré-formatada cuja responsabilização partilhada com o poder central o possa afectar eleitoralmente. Todavia na prática (e porque as recentes releituras de *O Federalista* sugerem que a competição dificilmente seria a única e muito menos a principal virtualidade do arranjo estrutural então proposto) a execução da maior parte dos programas nacionais nos Estados compostos anglo-saxónicos é feita por intermédio dos poderes federados, seja a partir da celebração de convénios cooperativos, seja por invocação da cláusula da supremacia federal que autoriza o poder central a encarregar os funcionários periféricos da execução das leis federais[10].

Os melindres do modelo norte-americano de repartição de competências não repercutem nos ordenamentos compostos europeus: a possível dissociação legislação/execução em duas esferas políticas de decisão é formalmente acolhida, e traduz a normalidade com que o modelo europeu de distribuição competencial integra as *técnicas de complementaridade na gestão global de uma mesma matéria*, o que põe em causa o *mito da exclusividade e da separação como correlato necessário da autonomia*. É que se por um lado a execução periférica não se pode *independentizar* da legislação central a que corresponde (visto que a uniformidade da regulação central não se pode romper no momento da sua aplicação, resultando em tantos regimes quantas administrações separadas actuem), por outro lado a execução periférica manifestamente não se pode confundir com subordinação hierárquica ou submissão às ordens e instruções da administração central. Por isso o modo como o *federalismo de execução* logra compatibilizar a ambas as dimensões (vinculação à legislação central sem prejuízo da autonomia executiva) revela mais uma das nuances do *compromisso constitucional de cooperação*, na medida em que traduz a exigência de co-responsabilização de todas as unidades do sistema pela sorte do conjunto. O que se pretende com tal fórmula, ensina *García de Enterría*, é que a execução da legislação central uniforme seja uma questão própria das populações de cada ente periférico, isto é, que seja *realizada por uma administração controlada pelos órgãos representativos periféricos e atenta às suas necessidades específicas*, algo que as alienantes e frequentemente ineficazes *tecnoestruturas burocráticas nacionais* não estariam em condições de garantir[11].

---

[10] Para uma releitura de *O Federalista* onde a competição não figura como única nem maior virtualidade do arranjo estrutural então proposto cfr. Paul Peterson, *The price of federalism*, Brookings Institution, Washington DC, 1995. Para uma perspectiva actualizada dos ordenamentos compostos anglo-saxónicos cfr. Ann Bowman, *American federalism on the horizon*, in Publius – The journal of federalism, vol. 32, n.º 2, Primavera/2002; David Cameron/Richard Simeon, *Intergovernmental relations in Canada: the emergence of collaborative federalism*, in Publius, vol. 32, n.º 2, Primavera/ /2002; Brian Galligan/JohnWright, *Australian federalism: a prospective assessment*, in Publius, vol. 32, n.º 2, Primavera/2002.

[11] Sobre os objectivos prosseguidos pelo federalismo de execução cfr. Eduardo García de Enterría, *Estudios sobre autonomias territoriales*, ob. cit., págs. 171 e ss.

Os sistemas federativos suíço e alemão bem ilustram o que seja o *federalismo de execução* – ou a hipótese cooperativa que se traduz na execução periférica do *corpus* normativo global resultante da integração de normas de duas procedências. Ainda que não exista uma disposição constitucional que preveja a execução cantonal da generalidade das leis federais suíças, a Constituição o prevê especificamente no que concerne à protecção civil (art. 22.º/2) ou à protecção da natureza (art. 24.º/2), por exemplo. Não obstante a ausência de uma previsão constitucional genérica, a doutrina é unânime em reconhecer – e a prática o confirma – que o legislador federal pode delegar aos Cantões a competência de execução das leis federais, ainda quando a Consituição não o preveja expressamente. Por conta disso o aparato executivo próprio do poder central resta sumamente reduzido – controlo fronteiriço, ferrovias, correio... – donde deriva que amplos sectores cuja regulação recai no domínio federal não estão inteiramente subtraídos da influência cantonal, posto que a correspondente actividade executiva e judiciária compete ao poder periférico. A legislação civil e penal emanada dos órgãos centrais, por exemplo, são aplicadas pelos tribunais cantonais segundo leis executivas e procedimentais ditadas pelos respectivos Cantões. Daqui resulta que o direito federal aplicado na resolução de controvérsias civis e penais em primeira e segunda instância pode ser distintamente interpretado e conduzir a diversas soluções dependendo do Cantão em causa, posto que o tribunal federal só será competente para apreciar as decisões proferidas pelas autoridades judiciárias cantonais em última instância.

Também na Alemanha a administração federal directa será rigorosamente excepcional, visto que requer um título constitucional específico previsto sobretudo no art. 87.º Lei Fundamental Alemã – relações exteriores, administração financeira, caminhos-de-ferro, correio, administração das vias fluviais... – para além, naturalmente, das equipes ministeriais que não gestionam serviços, antes planeiam, coordenam e controlam a execução periférica. Na ausência daquela específica previsão constitucional em favor do poder central, todas as tarefas administrativas serão realizadas pelos *Länder* – ou nos precisos termos jurídico-constitucionais: *os Länder executam as leis federais como competência própria, salvo disposição em contrário prevista ou permitida pela Lei Fundamental* (art. 83.º da Constituição Alemã). Sem prejuízo dos poderes directivos resultantes da extensão das faculdades legislativas centrais na Alemanha, o protagonista executivo será inequivocamente o poder periférico. Existe naquele sistema federativo uma espécie de *divisão vertical do trabalho* em virtude da qual a formulação das políticas está concentrada no nível central, enquanto a execução das mesmas é conduzida pelos níveis periféricos. Isto não significa que o poder periférico se limite a executar uma vontade alheia: uma vez formada centralmente a vontade unitária ou comum, com a devida participação dos *Länder*, a aplicação de tal vontade se periferiza, no sentido de que será conduzida por cada ente periférico segundo suas específicas circunstâncias e necessidades, isto é, plural e diversificadamente, como recomenda a lógica federal. Conforme elucida *Albertí Rovira*, os *Länder contribuem decisivamente para com a formação da vontade uniforme à escala federal, por um lado, e por outro, executam dita vontade como tarefa própria, modelando-a às suas específicas necessidades*[12].

O grosso da actividade administrativa dos *Länder* alemães recai sobre a *execução própria de leis federais* (ainda que também se ocupem da *execução própria de leis periféricas* e da *execução de leis federais por encomenda*), o que abarca, por exemplo, o regime jurídico dos alimentos e medicamentos, a protecção ambiental, a política da juventude, a urbanização, os subsídios sociais, etc. Em princípio, a regulação de todas as questões que se prendem com a execução de leis federais corresponde aos *Länder*, nomeadamente a determinação dos órgãos competentes e o procedimento a seguir – não obstante o art. 84.º da Lei Fundamental Alemã conceda ao poder central certas faculdades de intervenção, entre as quais *regular a criação de órgãos administrativos e o correspondente procedimento administrativo*, mediante lei aprovada pelo *Bundesrat* (câmara representativa dos *Länder*), e *na medida em que tal seja necessário para garantir a eficácia da execução da lei* (BVerfGE 22, 180-210). Ainda nos termos do art. 84.º Lei Fundamental, o Governo federal pode ditar, com a devida aprovação do *Bundesrat*, *disposições administrativas de carácter geral*, na medida em que tenha sido para tanto habilitado por uma lei igualmente aprovada pelo *Bundesrat*. E o Governo federal poderá ainda ser autorizado, novamente por lei carecida de aprovação do *Bundesrat*, a

---

[12] Sobre a aplicação das leis federais pela administração dos *Länder* alemães cfr. Enoch Albertí Rovira, *Algunas consideraciones sobre el federalismo de ejecución*, in Revista vasca de administración pública, n.º 25, 1989, págs. 11-12; Dieter Grimm, *El federalismo alemán: desarrollo histórico y problemas actuales*, in El federalismo en Europa, Hacer, Barcelona, 1993, págs. 58 e ss. Sobre a distribuição das competências administrativas e jurisdicionais no sistema federal suíço cfr. Giorgio Malinverni, *Il federalismo svizzero*, in Quale, dei tanti federalismi?, ob. cit., pág. 131. Sobre a distribuição das competências administrativas e jurisdicionais no sistema federal alemão cfr. Juan Joaquín Vogel, *El régimen federal de la Ley Fundamental*, in Manual de derecho constitucional, ob. cit., págs. 647 e ss.

ordenar *instruções específicas às autoridades de um Land* em casos considerados especiais. A finalidade das referidas reservas de aprovação em favor do *Bundesrat* seria a de *evitar que pela via da legislação ordinária se pudessem operar transferências competenciais em detrimento dos Länder* (*BVerfGE* 48, 127-178), preterindo-se, desta forma, a vontade constitucional de que a administração periférica não reste subordinada à central nem sequer quando execute leis federais.

No seu conjunto, a exigência da aprovação do *Bundesrat* é suficientemente adequada para evitar intromissões desproporcionadas do poder central no âmbito administrativo dos *Länder*. Assim o concluiu a Comissão de trabalho n.º 1 sobre o *Reforço do federalismo na Alemanha e na Europa*, criada pela *Comissão de reforma constitucional do Bundesrat* (1991), segundo a qual as competências administrativas da Federação e suas possibilidades de incidência na administração periférica, tal como as prevê a Lei Fundamental, resultam imprescindíveis. A referida comissão de estudo pronunciou-se pela intacta manutenção do art. 84.º da Lei Fundamental e rechaçou a proposta de concessão de competências legislativas em matéria de procedimento administrativo geral ao poder central, uma iniciativa que pretendia assegurar que tanto o poder central quanto o periférico executassem as leis federais segundo um regime procedimental uniforme. Apesar de admitir que para a implantação das equivalentes condições de vida em todo o território nacional seriam tão importantes a igual execução da lei quanto o igual trato material da própria lei, a comissão entendeu que para a consecução da igual aplicação de uma certa regulação material bastaria que se cumprissem as disposições federais especificamente desenhadas em atenção a uma concreta lei federal, razão pela qual pronunciou-se pela manutenção do modelo actual[13].

Seja como for, a incidência federal particularmente intensa só se revela no âmbito da *execução periférica de leis federais por encomenda*, prevista fundamentalmente para a administração de estradas e auto-estradas federais (art. 90.º/2 Lei Fundamental Alemã), certos aspectos da defesa militar e da protecção civil (art. 87.º/b/2 Lei Fundamental), energia nuclear (art. 87.º/c Lei Fundamental), tráfego aéreo (art. 87.º/d/2 Lei Fundamental), vias navegáveis federais (art. 89.º/2 Lei Fundamental), e certos aspectos das finanças federais (art. 108.º/3 e 120/a/1 Lei Fundamental). No âmbito

---

[13] Sobre as conclusões da Comissão de trabalho n.º 1 sobre o *Reforço do federalismo na Alemanha e Europa*, criada pela *Comissão de reforma constitucional do Bundesrat* (1991) cfr. Juan Joaquín Vogel, *El régimen federal de la Ley Fundamental, in* Manual de derecho constitucional, ob. cit., págs. 649 e 653.

da administração por encomenda o poder central já não carece da aprovação do *Bundesrat* para regular o procedimento administrativo correspondente, mas apenas para a criação de órgãos administrativos, posto que a organização administrativa continua a ser da competência dos *Länder* (art. 85.º//1 Lei Fundamental); o Governo federal pode estabelecer, mediante a aprovação do *Bundesrat*, disposições administrativas de carácter geral e regras que uniformizem a formação dos funcionários públicos (art. 85.º//2 Lei Fundamental); os ministérios federais competentes podem dirigir instruções particulares às autoridades federadas, cuja execução deve ser assegurada pela autoridade suprema do *Land* em causa (art. 85.º/3 Lei Fundamental), *que há-de acatar a instrução federal ainda que a considere ilegal ou inconstitucional (BVerfGE 81, 310)*.

Em tudo distinto será o caso austríaco. Ainda que a Constituição de 1920 reduza a administração federal directa a matérias expressamente previstas e encomende a execução das demais leis federais aos *Länder* (art. 102.º/2), tal execução periférica será considerada administração federal indirecta, ou seja, os órgãos executivos periféricos transmutam em órgãos hierarquicamente submetidos às autoridades centrais, as quais podem emanar instruções vinculantes, resolver recursos contra as decisões dos órgãos de execução e inclusivamente exigir-lhes responsabilidade disciplinar. Nestas condições, a execução descentralizada da legislação federal perde sentido, posto que se elimina a autonomia da execução. Na origem daquela esdrúxula solução federal estaria a polémica em torno da *democratização administrativa* – isto é, da execução descentralizada de leis levada a efeito por órgãos eleitos –, que *Kelsen* ter-se-ia encarregado de diabolizar com a alegação de que a *democracia administrativa arrasaria a democracia legislativa*. Segundo *García de Enterría*, *Kelsen* julgava que o sentido imanente da administração seria executar a vontade popular formulada pela lei, por isso a organização administrativa seria tanto mais democrática quanto melhor assegurasse a execução da lei enquanto expressão da vontade popular. Somente a administração autocrática constituiria o órgão administrativo na simultânea independência do povo administrado, e na dependência dos órgãos administrativos superiores. A organização administrativa autocrática ofereceria garantias de imposição da vontade do grupo popular mais amplo, enquanto a organização administrativa democrática favoreceria a vontade do grupo mais reduzido[14].

---

[14] Sobre a polémica científica entre administração autocrática e administração democrática em que se destacaram Kelsen e Merkl cfr. Eduardo García de Enterría, *Estudios sobre autonomias territoriales*, ob. cit., págs. 175-176.

Ainda que não pretendamos enveredar por discussões filosóficas para as quais o presente capítulo não estaria vocacionado, não podemos concordar com os critérios pelos quais *Kelsen* afirmaria a bondade da democracia central em detrimento daquela periférica. É que o Autor perfila a duvidosa ideia de que a proximidade entre poder decisório e destinatários desfuncionalizaria o desenvolvimento da liberdade. Estão aqui subjacentes duas aspirações do pensamento político e jurídico ocidental, já ressaltadas por *Massimo Luciani*: 1) que as decisões públicas prosseguiriam uma racionalidade transcendente das exigências de satisfação dos interesses particulares (o que conduziria à convicção da necessidade do Estado enquanto suprema expressão institucional da comunidade, cujo interesse não seria calculável pela simples somatória dos interesses individuais); 2) e que tal racionalidade seria atingível através da imposição da *objectividade do governo das leis* em detrimento da *arbitrariedade do governo dos homens* (uma ideia *aristotélica* que o juspositivismo alemão conduziria às últimas e inimagináveis consequências)[15]. A partir das construções hegelianas concluiu-se que somente no Estado e graças ao Estado a liberdade do espírito teria a oportunidade de se afirmar. Ora bem, perante uma construção filosófica que tinha feito da transcendência dos

---

[15] Sobre o federalismo e a proximidade entre governantes e governados cfr. Massimo Luciani, *A mo'di conclusione: le prospettive del federalismo in Italia*, in Quale, dei tanti federalismi?, ob. cit., págs. 244 e ss. Sobre a *aspiração do governo das leis* levada às últimas consequências cfr. Gustavo Zagrebelsky, *A lei, o direito e a Constituição*, Conferência comemorativa do XX aniversário do Tribunal Constitucional, Lisboa, Novembro/2003 (policopiado), onde se lê que *A lei é o instrumento para todas as aventuras do poder, seja este qual for, democrático ou antidemocrático, liberal ou totalitário (...) O fascismo e o nazismo condecoraram-se inclusive com o título "científico" de estados de direito, e foi-lhes possível fazê-lo porque a força de lei, em si mesma, não distingue direito de delito (...) Isto, no entanto, não nos instiga de modo algum a uma demolição crítica da lei enquanto tal e, como reacção, a uma exaltação acrítica do direito. Não é lícita uma apologia incondicionada do direito contra a lei. Do mesmo modo que não é lícito o contrário*. O Autor ilustra as suas afirmações com as absurdidades jurídicas do nazismo, onde o *paroxismo legislativo teria transformado o delito em direito supremo* e, paradoxalmente, ter-se-ia esboçado, por obra de Carl Schmitt, uma *doutrina jurídica baseada na desvalorização da lei do parlamento e na absolutização do ius do povo alemão*. O que prova que *não é só a pura força legisladora que é capaz de delito, mas também o direito. Portanto, é necessária prudência. Todos os apelos ao carácter indiscutível da lex ou à sacralidade do ius deverão sempre pôr-nos alerta. Entre Antígona e Creonte não devemos jamais escolher a priori. Teremos de manter a autonomia do nosso juízo e suspendê-lo enquanto não for possível ver o que contêm os seus decretos.*

interesses locais ou privados o pressuposto da liberdade do espírito, a exaltação da proximidade entre decisores e destinatários, enquanto expressão e desenvolvimento da liberdade, seria algo absolutamente despropositado. Felizmente a concepção democrático-pluralística do Estado está-lhe nos antípodas. A ideia de que o federalismo surge necessariamente atrelado à liberdade é alimentada pela premissa da subsidiariedade: o modelo da repartição de competências entre vários entes governativos aproximaria as decisões públicas dos seus destinatários, incrementaria o grau de liberdade política na escolha dos governantes e na influência sobre a agenda político--administrativa, potenciaria a ordenação de preferências autonomamente definidas e não impostas pelas istâncias centrais de governo. Isto nos leva a reconhecer no federalismo e na subsidiariedade dois dos elementos – entre muitos outros – de um harmónico desenho constitucional democrático--pluralista; e a compreender que a justificação do *federalismo de execução* recai precisamente na aproximação entre administração e administrados e na possibilidade de controlo então operado a partir dos órgãos políticos de representação periférica. Mas *Kelsen* sequer o suspeitava – caso contrário não concluiria que a *administração democrática punha em perigo a própria democracia*.

Todavia, qualquer técnica suscita perplexidades – e o dilema da técnica que articula dois entes políticos na gestão de uma mesma matéria (*federalismo de execução*) será o de precisar qual o alcance da competência executiva periférica, e ainda se o poder central dispõe de um recurso, e em que medida, para assegurar a unidade da execução das próprias normas. Quanto ao alcance da competência executiva periférica, *García de Enterría* o esclarece irrepreensivelmente: *a estratégia da execução legal, a organização interna mais adequada para tanto, a disposição concreta dos distintos meios pessoais e financeiros para se atingir o fim da execução de uma norma abstrata, o controlo da eficácia e do rendimento a partir desse fim, a plena disponibilidade dos poderes discricionários que da norma resultem, e portato, as apreciações de oportunidade para as quais a norma remeta, tudo isto são competências próprias do ente periférico, que de resto estão submetidas ao controlo político da respectiva assembleia regional.* Se o ente periférico executa a norma central por competência própria e a organização administrativa lhe compete, isto significa que as instâncias executivas são organizadas, dirigidas e tuteladas pelo mesmo – e tal administração, ainda que submetida à lei central, não é de modo algum dependente ou hierarquicamente subordinada à administração central. Contudo, a autonomia na execução não pode implicar liberdade relativamente à lei que se executa. Se a legislação é do interesse geral, o resultado da execução dessa legislação também é, forçosamente, do interesse geral. O poder central não pode desinteressar-se desse resultado porque legisla para ele e em função dele – e o facto de que a execução seja regionalizada não afasta tal consequência.

Daqui decorre que a instância periférica não está autorizada a destruir a essencial identidade entre a legislação e o resultado da sua aplicação. É esta identidade que vai fundamentar e sustentar um poder central de vigilância ou supervisão, tendente a manter o equilíbrio fundamental do sistema global e a igualdade das condições básicas em todo o território federal. Todavia a unidade prosseguida pelo *federalismo de execução* não implica uniformidade – nem esta pode ser imposta ou rigidamente postulada pela supervisão federal, que se limita a manter a observância da lei a que a fase executiva está obrigada, sem comprometer a autonomia da execução. Ao contrário do sistema federal estado-unidense – onde a execução periférica da legislação federal resulta formalmente excepcionalizada em decorrência do temor de que os funcionários dos Estados federados percam a sua suposta independência ao cumprirem tarefas federais –, no sistema suíço, ao qual cabem os louros do instituto da supervisão federal, julga--se que a *execução cantonal retira à legislação federal o que possa ter de excessivamente uniforme*. Isto é, postula-se que distinta prática aplicativa não implica desigualdade jurídica substancial e intolerável, ainda que sejam admitidas medidas de supervisão federal para a atenuar, se for caso disso[16].

Tal poder de vigilância certamente que não se confunde com poder hierárquico – e por isso mesmo não anula os actos periféricos, mesmo os ilegais, nem julga a oportunidade de ditos actos, antes limitando-se ao exame da legalidade (art. 102.º/2 da Constituição Suíça). Entre as medidas de vigilância admitem-se instruções gerais indicativas da maneira como se deve executar o direito federal, a denúncia de irregularidades e o correspondente *convite* para que sejam corrigidas, o envio de inspectores federais ou a apresentação de questionários tendentes a satisfazer as dúvidas da autoridade de vigilância. Para que as medidas sejam rechaçadas pelo Cantão, terá de o reclamar judicialmente, sendo que o indeferimento é pressuposto para a execução federal. A limitação do poder de supervisão à aferição da legalidade é também a fórmula adoptada pelo sistema alemão para a *execução própria de leis federais* (art. 84.º Lei Fundamental

---

[16] Neste sentido cfr. J. F. Aubert, *Traité de droit constitutionnel suisse*, tomo I, Neuchâtel, 1967.

Alemã). Mas já no que concerne à *execução de legislação federal por encomenda* (art. 85.º Lei Fundamental Alemã), os poderes de controlo são mais acentuados, estendendo-se não só à legalidade da execução, mas também à sua oportunidade ou acerto, para cujo efeito o governo federal pode exigir a prestação de informações, aceder aos expedientes ou documentos, e enviar delegados às instâncias periféricas. Já o exemplo austríaco teria menos interesse, na medida em que tal inusitado *federalismo de execução* transforma os órgãos periféricos encarregados da execução das leis federais em órgãos da administração federal indirecta, o que impede que se fale em poder de supervisão ou vigilância (ainda que a Constituição Austríaca o faça no art. 15.º/8), mas sim numa espécie de subordinação hierárquica que certamente engloba os correspondentes poderes de fiscalização.

No ordenamento espanhol, por sua vez, o poder central de supervisão limita-se ao estrito controlo da legalidade – sendo certo que o poder de supervisão não se pode estender a todas e cada uma das infinitas questões de legalidade eventualmente surgidas por motivo da execução periférica das leis centrais, posto que *não se pode erigir numa espécie de juiz de ofício contencioso-administrativo (García de Enterría)*. A legalidade que o poder central está autorizado a fiscalizar, através da faculdade de supervisão, é a que se refere aos *critérios gerais da interpretação ou aplicação que possam afectar o interesse geral* prosseguido pela legislação central e, em última análise, a *igualdade dos cidadãos perante a mesma lei*. O objecto da supervisão federal, ou seja, o que efectivamente se pretende com tal vigilância, é fiscalizar o *igual ou unitário manejo das leis* que assegure o *equilíbrio global do sistema* ali onde a *actuação periférica incide sobre o interesse geral do conjunto (García de Enterría)*. A faculdade de supervisão – aqui entendida enquanto poder ordenado à manutenção e integração do sistema global, que não se compadece com a oficiosa intromissão ou a tutela da actuação periférica – prende-se com a observância do *princípio da lealdade federal* ou *leal cooperação*, na medida em que tal princípio proíbe que os entes políticos de um sistema federativo impeçam, através do exercício de suas respectivas competências, a consecução dos objectivos de outrem ou de todos. Não será necessário grande esforço ou pena para constatarmos que as problemáticas federativas ordinariamente remetem para o *compromisso constitucional de cooperação* subjacente aos Estados compostos.

Quando às distintas unidades periféricas de um Estado composto restam devolvidas competências de execução da legislação central, a vinculação da administração executora à correspondente lei executada será reforçada pela exigência da manutenção da igualdade dos cidadãos perante a mesma lei, em qualquer parte do território. Para impedir a ruptura da legislação central unitária numa panóplia de regimes jurídicos particularistas e contraditórios, os ordenamentos compostos prevêem não só mecanismos de supervisão da actuação periférica, mas de efectiva coerção (intervenção ou execução federal), tendentes a impor o cumprimento dos deveres de articulação no sistema global que tenham sido eventualmente ignorados pelo ente federado (cfr. art. 34.º da Constituição Federal Brasileira, art. 37.º da Lei Fundamental Alemã; art. I/secção 8 da Constituição dos Estados Unidos; art. 85.º/8 da Constituição Suíça; art. 155.º da Constituição Espanhola, etc.). Nos termos do art. 37.º da Lei Fundamental Alemã, por exemplo, *quando um Land não estiver a cumprir as obrigações federais que lhe cabem em decorrência do disposto na Constituição ou numa lei federal, o Governo Federal, mediante aprovação do Conselho Federal, pode tomar as providências necessárias para impor ao Land faltoso o cumprimento das suas obrigações* – o que se traduz na faculdade de dar instruções vinculantes às autoridades periféricas. Isto supõe uma excepção ao sistema ordinário da separação entre os dois ordenamentos, e só se justifica em nome da manutenção da unidade do conjunto político e da protecção do interesse geral. Registe-se, todavia, que ao longo da história da República Federal da Alemanha tal possibilidade jamais foi utilizada. E não o foi porque para a resolução dos conflitos entre os entes políticos tem bastado o apelo ao Tribunal Constitucional, que através do princípio não escrito da *Bundestreue* (lealdade federal), lá vai impondo o exercício das respectivas competências pautado na cooperação ou consideração recíproca. Certo é que os institutos da supervisão e coerção federal comprovam a existência de uma obrigação cooperante nos sistemas federativos – caso contrário a correspondente sanção, por incumprimento, não teria qualquer sentido ou justificativa.

2.2. **Da coordenação entre as distintas esferas de poder e correspondentes ordens normativas (da integração dos subsistemas na totalidade do conjunto)**

Todo Estado necessita de um suficiente grau de coesão interna, isto é, pressupõe unidade política – donde decorre a já denunciada incoerência distintiva entre Estado federal *versus* Estado unitário (*Konrad Hesse*, *González Encinar*), porque qualquer Estado seria necessariamente unitário. Tal coesão interna revela-se sobretudo em termos institucionais – coesão institucional aqui entendida como o conjunto de princípios, regras e condutas que orientam as relações entre as distintas instituições públicas e permitem o regular e ordenado funcionamento das mesmas, sempre no sentido da consecução dos fins a que estão constitucionalmente vinculadas. Como sugere *Sánchez Morón*, esta coesão interna será tanto mais difícil de se conseguir quanto mais vasto e complexo seja o sistema institucional, isto é, lá onde os vários governos constituídos actuam como forças centrífugas na defesa de seus respectivos interesses. Do exposto deriva que nos Estados compostos, o aperfeiçoamento do referido sistema de relações entre os governos e suas respectivas administrações – e a consequente coesão interna – constituirá um permanente desafio. Sobretudo porque aqui as técnicas jurídicas relacionais que remetem aos conceitos de hierarquia e tutela administrativa deixam de ter utilidade, na medida em que não se compadecem com a autonomia política dos entes periféricos[17]. Entendemos que os recursos para enfrentar o dilema da coesão interna nos Estados compostos derivam todos do *compromisso constitucional de cooperação*, cuja finalidade se prende com a manutenção do equilíbrio do conjunto contra as unilateralidades que lhe sejam incompatíveis, ou noutros termos, cuja destinação é assegurar que a partilha das competências não impeça a boa governação da totalidade sistémica. Deste compromisso de solidariedade ou de co-responsabilidade de todos os actores políticos pela sorte do sistema federativo (ou pelo destino de uma *unidade diversa, harmónica e justa*) decorre a *coordenação* entre as distintas esferas de poder – aqui percepcionada enquanto *mecanismo de recondução à unidade* (*Luis Ortega*), tendente a evitar que *os excessos da autonomia comprometam a coerência do conjunto*, e em última análise, *a prossecução dos fins do Estado composto*[18]. Diante da pluralidade de ordenamentos que caracteriza

---

[17] Sobre a ideia da coesão interna nos Estados compostos cfr. Miguel Sánchez Morón, *La coordinación administrativa como concepto jurídico*, in Documentación administrativa, n.º 230-231, Abril-Set/1992.

[18] No sentido de que a coordenação se apresenta como um dos mecanismos clássicos de recondução à unidade cfr. Luis Ortega, *La coordinación de la administración del Estado*, in Documentación administrativa, n.º 230-231, Abril-Set/1992, pág. 35. Sobre a temática da coordenação ainda cfr. Enoch Albertí Rovira, *La coordinación entre el Estado y las Comunidades Autónomas*, in Documentación administrativa, n.º 230-231, Abril-Set/1992, págs. 57-65; Enoch Albertí Rovira, *Las relaciones de colaboración entre el Estado y las Comunidades Autónomas*, in Revista española de derecho constitucional, n.º 14, Maio-Agosto/1985; Alberto Pérez Calvo, *Actuaciones de cooperación y coordinación entre el Estado y las Comunidades Autónomas*, in Revista de estudios de la aministración local y autonomica, Novembro de 1985; Klaus

os sistemas federativos, ao poder central cumpre assegurar a unidade de sentido e funcionamento da totalidade sistémica. O presente tópico procura descortinar o sentido e utilidade da coordenação nos sistemas federativos, ou seja, a forma como as Constituições logram promover a integração dos distintos subsistemas através da devolução de competências coordenadoras ao poder central.

Resulta pacífico o entendimento doutrinário segundo o qual a coordenação está essencialmente vocacionada a evitar disfuncionalidades, ou seja, a impedir que as decisões de duas instâncias em relação resultem incompatíveis com a consecução de uma finalidade que a ambas incumbe prosseguir. Pressupõe, portanto, o reconhecimento de âmbitos autónomos de decisão que se projectam sobre o mesmo sector material – ou eventualmente sobre o mesmo espaço físico –, o que demanda a harmonia ou ausência de contradição entre as respectivas actuações. O pressuposto jurídico da coordenação nos ordenamentos compostos seria, por conseguinte, a existência de distintas competências que devam ser articuladas porque incidem ou condicionam relevantemente as competências alheias ou lhe são complementares. Isto é, a coordenação pressupõe interdependência competencial. E se é certo que a faculdade coordenadora reduz a liberdade decisória do coordenado (que fica necessariamente condicionado por outra decisão obrigatória que se lhe sobrepõe), em caso algum poderá suprimir o exercício da autonomia e a margem de discricionariedade que esta comporta, isto é, a coordenação não pode resultar na encapuçada tranferência de faculdades decisórias periféricas ao poder central. Por isso as potencialidades da coordenação (ou das faculdades decisórias do poder central no exercício de competências coordenadoras) restam adstritas à finalidade de integração das diversas acções num esquema global e harmónico de actuação no mesmo sector, donde a legitimidade da coordenação deverá ser aferida nos termos da proporcionalidade. Daqui deriva que os condicionalismos impostos pela coordenação ao livre exercício das faculdades periféricas só serão lícitos na medida em que o requeira o fim da coesão interna e coerência de sentido que os justifica.

Como a coordenação opera através da limitação da autonomia decisória das partes e em função do interesse geral na funcionalidade sistémica, não será difícil identificá-la com a *dimensão passiva* do *compromisso constitu-*

König, *El problema de la coordinación en un sistema de gobierno basado en la división del trabajo. El caso alemán*, in Documentación administrativa, n.º 230-231, Abril-Set/1992.

cional de cooperação, aquela que proíbe as condutas impeditivas ou obstaculizadoras da prossecução dos fins do conjunto. Mas na medida em que toda relação de coordenação acarreta uma limitação da autonomia decisória das partes, insistimos, tal relação será legítima apenas se restar constitucionalmente habilitada, isto é, na medida em que o poder central ostente títulos competenciais próprios na regulação de uma matéria, independentemente de tratar-se de uma competência específica ou inespecífica para a coordenação (em ambas as hipóteses teríamos *coordenação forçosa*, aquela apoiada num título competencial central). Para a distinção entre competências coordenadoras específicas e inespecíficas, valem os apontamentos de *Albertí Rovira*: no primeiro caso, a Constituição outorga ao poder central um título competencial de coordenação das correspondentes competências periféricas; no segundo caso, a faculdade de coordenação deriva dos títulos competenciais centrais que devam ser articulados com aqueles periféricos na gestão de uma mesma matéria (regulação das bases e *federalismo de execução*). Ou seja, o poder central ostenta faculdades de coordenação desde que suportado pelo correspondente título competencial, isto é, naquelas matérias em que a vontade constitucional aponta para a definição central de um tratamento coerentemente unitário. Se não for possível apoiar a faculdade de coordenação num título competencial central (específico ou não), a relação de coordenação apenas poderá estabelecer-se por mútuo acordo dos entes envolvidos (aqui teríamos *coordenação voluntária*, aquela surgida a partir do livre acordo das partes, no sentido de que uma delas coordene o exercício competencial das demais), sem que resulte vulnerada a distribuição de competências constitucionalmente consagrada, na medida em que as partes gozam de disponibilidade sobre o exercício de suas competências e podem optar por realizá-lo de comum acordo com as demais – e aqui já estaríamos no âmbito da *dimensão activa* do *compromisso constitucional de cooperação* que fundamenta os ordenamentos compostos.

Com efeito, a coordenação visa assegurar a actuação coerente dos coordenados – e destes com o coordenador. Implica, como assinalámos, um certo poder de direcção em consequência da posição de superioridade daquele que coordena em relação ao coordenado – donde deriva que a coordenação deva estar ancorada num pertinente título competencial. Quando entre o coordenador e o coordenado não existe uma relação de hierarquia (caso dos Estados compostos, onde os governos periféricos e suas respectivas administrações são dotados de autonomia político-legislativa), a coordenação opera segundo critérios respeitosos daquela autonomia política, o que impede o coordenador de assumir a vontade do coordenado ou rever os seus actos. Tratam-se de critérios certamente distintos dos que servem para definir a coordenação produzida entre órgãos pertencentes à mesma administração e vinculados pela subordinação hierárquica. E se é certo que a coordenação amparada por um título competencial independe do acordo entre as partes em relação – isto é, o poder central pode unilateralmente fixar os objectivos prosseguidos pelo sector, os instrumentos que devam empregar-se para tal fim, ou o parâmetro comum orientante do exercício das competências centrais e periféricas, *até onde alcance a sua respectiva competência* (*Albertí Rovira*) –, nada obsta a conveniência de se procurar uma solução consensual ou pelo menos debater previamente com os coordenados as medidas a adoptar, quanto mais não seja para ponderar os distintos interesses públicos em concorrência. A tendência nos Estados compostos é precisamente a de que o poder central, no exercício dos poderes substantivos que ostente numa específica matéria, possibilite a participação dos entes periféricos na formação da sua vontade decisória, na medida e com os efeitos que entenda oportunos ou convenientes, posto que a responsabilidade jurídica da actuação permanece na órbita da instância a que pertence a competência (não se vá defraudar o princípio da indisponibilidade das titularidades competenciais que orienta os sistemas federativos), sem prejuízo de que se possa imputar alguma responsabilidade política às entidades periféricas que tenham participado no processo decisório. Do exposto se depreende que *o coordenador só o é se ostenta poderes decisórios*, sem prejuízo de que tal decisão seja tomada a partir da prévia ponderação de todos os argumentos e interesses em presença, *posto que justamente nisto radica a essência da coordenação – ordenar o conjunto* (*Menéndez Rexach*)[19]. Não obstante, a seguinte perplexidade ainda atormenta a doutrina: De que forma as faculdades de coordenação conseguem respeitar as competências periféricas a coordenar, se a coordenação condiciona a autonomia?

Para tal inquietação, *Albertí Rovira*[20] encontra resposta num *sentido procedimental da coordenação*, cujo objectivo seria estabelecer um parâ-

---

[19] Sobre a ideia de que a essência da coordenação radica na ordenação do conjunto cfr. Angel Menéndez Rexach, *Coordinación de la ordenación del territorio con políticas sectoriales que inciden sobre el medio físico*, in Documentación administrativa, n.º 230-231, Abril-Set/1992, pág. 230.

[20] Sobre o sentido procedimental ou formal da coordenação cfr. Enoch Albertí Rovira, *La coordinación entre el Estado y las Comunidades Autónomas*, cit., págs. 64- -70, onde o Autor explica que a coordenação apresentar-se-ia como uma competência basicamente formal, sobre o procedimento e o modo como são exercidas as com-

metro comum orientante do exercício das competências que a ambos correspondem, ou seja, uma orientação comum para o exercício das competências num mesmo sector. Neste empenho, poderia o poder central estabelecer requisitos e parâmetros técnicos a que se devam sujeitar os entes periféricos nas suas actuações; poderia definir o conteúdo mínimo dos planos a serem adoptados pelos entes periféricos nos sectores onde recai a competência coordenadora central; poderia delimitar as zonas onde se devam aplicar planos especiais de desenvolvimento para os quais concorram as duas instâncias, etc. A coordenação traduzir-se-ia na elaboração de planos e programas por parte do poder central, os quais condicionariam o modo pelo qual os entes periféricos poderiam somar--se às acções previstas, sem que tal impeça que os mesmos levem a efeito suas próprias actuações na matéria. Desta forma restaria salvaguardada a articulação de uma pluralidade de acções públicas que se projectam num determinado sector, a fim de que as mesmas sejam integradas num esquema unitário de actuação que permita a consecução dos objectivos comuns. Do exposto decorre que não há espaços de actuação periférica à margem dos mecanismos de coordenação legitimamente estabelecidos, posto que tal acarretaria a vulneração da competência central em que a coordenação se apoia – e em última análise, a defraudação do próprio *compromisso constitucional de cooperação*, na medida em que este orienta

---

petências periféricas, mas que em nenhum caso permite que a capacidade decisória sobre as mesmas seja transladada ao poder central. Que a coordenação deva ser entendida num sentido essencialmente formal ou procedimental não implica, no entendimento do Autor, que as faculdades centrais limitem-se à mera previsão de um procedimento coordenador dentro do qual o poder periférico deva actuar. É que tudo depende do conteúdo de cada título competencial de coordenação, isto é, a capacidade central de condicionamento material do exercício de competências periféricas resta determinada pelas competências substantivas do poder central. Seja como for, o condicionamento das competências periféricas deve afectar, em geral, o modo como estas são exercidas, a fim de se lograr a finalidade integradora prosseguida pela coordenação. O sentido formal ou procedimental da coordenação defendido por Albertí é aparentemente distinto daquele defendido por García de Enterría, *Estudios sobre autonomias territoriales*, ob. cit., pág. 345-346. Para Enterría, influenciado pelas conclusões do suíço Karl Huber, a coordenação formal se baseia na informação recíproca e tende a buscar acordos consentidos ou a autocoordenação, enquanto a coordenação material supõe um poder directivo de operações globais por parte da unidade superior. Ora, a coordenação formal em Albertí vai bem mais longe do que a coordenação formal em Enterría, donde decorre que a aparente contradição é devida ao emprego do mesmo termo para definir coisas distintas.

a condução dos interesses interdependentes a partir dos imperativos da manutenção do equilíbrio da totalidade composta, contra a qual não podem prevalecer unilateralidades incompatíveis com a noção de conjunto.

Uma vez fornecidos os elementos mais relevantes para a determinação do sentido e limites da coordenação enquanto conceito jurídico, ocupemo-nos brevemente das modalidades básicas de coordenação nos ordenamentos compostos. *García de Enterría* sustenta que as faculdades coordenadoras do poder central não se confundem com a mera fixação das bases de um específico sector jurídico, posto que incluem *medidas não normativas de articulação do exercício conjunto das competências a coordenar*. Nesta perspectiva, haveria instrumentos de coordenação com *carácter normativo* (que consistem na aprovação de normas jurídicas com finalidade coordenadora), enquanto outros mecanismos teriam *carácter executivo* (que consistem na adopção de decisões coordenadoras para casos concretos com fundamento na correspondente disposição normativa que fixa as condições da coordenação). Poderíamos todavia ser levados a concluir que todas as técnicas de coordenação são normativas – na medida em que carecem da correspondente previsão ou fundamento jurídico. Mas a diferença que se pretende destacar aqui é que em certas circunstâncias a coordenação é levada a efeito mediante a mera aprovação de certas normas, enquanto noutras situações demanda a adopção de decisões concretas em aplicação da norma que atribui tal faculdade.

Dentre as técnicas normativas destacam-se aquelas de *planeamento ou programação mista*. Quando o poder central ostenta faculdades coordenadoras específicas ou inespecíficas (porque os distintos títulos competenciais do poder central e daquele periférico incidem sobre o mesmo sector, sendo portanto complementares ou de alguma forma coincidentes, o que demanda a articulação de ambas as actuações sob as mesmas finalidades, objectivos, e instrumentos para os atingir, isto é, a integração num esquema comum e harmónico), pode recorrer à técnica do planeamento ou programação mista, vocacionada sobretudo para o fomento de uma certa actividade ou sector. Será precisamente por conta desta virtualidade desenvolvimentista que a técnica do planeamento conjunto foi, no ordenamento composto alemão, transladada da esfera das competências complementares para aquelas exclusivas dos *Länder*, dando origem a exitosas experiências de desenvolvimento regional ao abrigo do instituto das *tarefas comuns* (previsto no art. 91.º a da Lei Fundamental Alemã).

E dentre as técnicas executivas destacam-se os *procedimentos mistos* e os *órgãos de coordenação*. No caso dos procedimentos mistos, a coordenação decorre da concorrência de títulos competenciais num mesmo sector ou espaço físico, e está particularmente vocacionada para preservar as distintas competências em presença, que apesar de se projectarem sobre objectos juridicamente diferenciados, acabam por produzir um resultado incompatível. Nestas circunstâncias, o processo decisório de cada qual deve incluir um trâmite de audiência ou consulta prévia da instância cujas competências possam restar afectadas. A razão de ser de tal condicionamento é precisamente a preservação consensual das competências centrais em causa, posto que na ausência de tal procedimento misto, isto é, quando não se consiga ou deseje coordenar as actuações, a solução litigiosa penderá forçosamente para a competência prevalecente – ou para a prevalência do interesse mais amplo, comum ou geral, o que manifestamente favorece o poder central[21]. Já quanto aos órgãos de coordenação, tratam-se de organismos ou reuniões periódicas e institucionalizadas entre o governo central e representantes dos governos periféricos, voltados à discussão e exame em conjunto dos problemas de um ou vários sectores, assim como das acções projectadas para os enfrentar e resolver (Conferência Estado-Regiões italiana, Conferências sectoriais espanholas, Conselho assessor para as relações intergovernamentais australiano, Conferências regionais e Oficinas de assessoria e ajuda canadianas, Comissão assessora para as relações intergovernamentais estado-unidense, etc.).

Ainda que o rigor terminológico aconselhe a reserva do termo *órgãos de coordenação* apenas àqueles organismos intergovernamentais que ostentem faculdades decisórias, o efeito coordenador produzido por muitos órgãos consultivos onde são fixadas linhas comuns de actuação posteriormente formalizadas via convénio (ou outro instrumento), não nos permite ignorá-los. Mesmo porque tais mecanismos estão em constante evolução: veja-se em Espanha o caso da CARCE (Conferência para assuntos relacionados com as Comunidades Europeias), que se ocupa dos problemas jurídicos derivados da participação dos entes periféricos espanhóis na elaboração e execução do direito comunitário, e desempenha um papel reforçado frente às demais conferências sectoriais. A diferença entre a CARCE (regulada pela lei n.º 2/97) e as demais conferências sectoriais

---

[21] Sobre a prevalência do interesse mais amplo, comum ou geral cfr. Joaquin Maria Peñarrubia Iza, *Preferencia, coordinación y prevalencia en el ejercicio de competências concurrentes*, in Revista de administración pública, n.º 149, Maio-Agosto/ /1999, págs. 140-143, onde o Autor refere que a prevalência competencial resta determinada pelo respectivo interesse que representem as administrações concorrentes, sendo o interesse geral, em caso de conflito, o prevalecente.

(reguladas pela lei n.º 30/92, alterada pela lei n.º 4/99) reside no facto de que enquanto as últimas constituem órgãos de encontro onde são fixadas linhas comuns de acção posteriormente formalizadas via convénios, a CARCE adquire a natureza de um órgão colegiado – órgão de composição multilateral que expressa uma vontade colectiva –, cujas decisões são tomadas mediante a prévia votação da maioria de seus membros, que são igualmente responsáveis pela decisão tomada, ainda que dela discordem, o que reforça a sua natureza *orgânica*[22].

A propósito – e nem de propósito – deste mecanismo espanhol de articulação interna para fins da elaboração e execução do direito comunitário, cumpre-nos cogitar sobre a *coordenação no ordenamento composto europeu*. Antes porém, uma palavra sobre a natureza jurídica da União. A doutrina jurídica dominante prelecciona que a União Europeia não é um Estado constitucional soberano baseado no monopólio da decisão política e da força física, e que os órgãos comunitários não foram criados pela vontade dos cidadãos europeus unidos; ainda assim, tais órgãos criam direito vinculativo para os Estados-membros e seus cidadãos, isto é, exercem poderes soberanos originariamente reservados ao Estado, na concepção moderna[23]. As razões do prolatado défice democrático europeu

---

[22] Sobre as técnicas de coordenação cfr. Enoch Albertí Rovira, *Las relaciones de colaboración entre el Estado y las Comunidades Autónomas*, cit., págs. 148-154; Enoch Albertí Rovira, *La coordinación entre el Estado y las Comunidades Autónomas*, cit., págs. 71-73; Angel Menéndez Rexach, *Coordenación de la ordenación del territorio con políticas sectoriales que inciden sobre el medio físico*, cit., págs. 237-241. Sobre as Conferências sectoriais espanholas cfr. Joaquín Tornos Más, *Las conferencias sectoriales*, in Documentación administrativa, n.º 240, Out-Dez/1994; Humberto Gosálbez Pequeño, *Los actos de la conferencia para asuntos relacionados con las Comunidades Europeas: naturaleza y régimen jurídico*, in Revista vasca de administración pública, n.º 59, 2001.

[23] Contra a convicção da doutrina jurídica dominante, segundo a qual as Comunidades Europeias seriam algo absolutamente novo e insusceptível de ser enquadrado nas categorias dogmáticas estaduais cfr. Sergio Ortino, *Introduzione al diritto costituzionale federativo*, Giappichelli Editore, Torino, que se afirma convicto da natureza estadual das Comunidades, na medida em que os tratados comunitários teriam dado vida a um ordenamento estadual preciso, em tudo muito próximo do que teria ocorrido nos Estados Unidos da América. O Autor prelecciona que as Comunidades Europeias correspondem a uma forma de Estado relativamente rara na história constitucional da cultura jurídica europeia: aquela dos ordenamentos federativos. A moderna ciência do direito constitucional europeu teria nascido e se desenvolvido em conexão com o modelo centralístico e unitário das instituições monárquicas, e por conseguinte, a dinâmica dos regimes federativos teria sido tendencialmente excluída dos grandes

já foram magistralmente decantadas por *Barbosa de Melo*: a União careceria dos fundamentos tradicionais da democracia, na medida em que o grosso das deliberações comunitárias não resultariam de um *debate racional entre iguais, teleologicamente ordenado à tomada de um decisão suficientemente ajustada aos valores, princípios e interesses publicamente argumentados, contra-argumentados e criticados pelos intervenientes*[24].

---

temas do direito constitucional, à excepção da época precedente e sucessiva à fundação do Reich alemão em 1871. Prova disto seria o facto de que o fenómeno das Comunidades Europeias foi prevalecentemente estudado pela ciência do direito internacional – e não pelo direito constitucional – razão pela qual o Autor exorta a ciência do Direito Constitucional a ampliar os seus princípios gerais a fim de abarcar esta particular forma de Estado. Sobre a contraditória situação político-constitucional da União Europeia cfr. Jürgen Habermas, *Necesita Europa una Constitución? Observaciones a Dieter Grimm*, in La inclusión del otro. Estudios de teoría política, Paidós Ibérica, Barcelona, 1999, pág. 137. Neste texto Habermas comenta criticamente as conclusões de Dieter Grimm publicadas com o mesmo título *in* European Law Journal, n.º 1, 1995, segundo as quais enquanto não existisse um povo europeu suficientemente homogéneo capaz de configurar uma vontade democrática *não deveria haver qualquer Constituição*. Habermas contesta Grimm alegando que a espera ou a manutenção do *statu quo* europeu apenas congelaria o défice democrático: enquanto faltasse uma sociedade civil europeia ou uma cultura política comum, os processos decisórios supranacionais continuariam autonomizando-se, as competências nacionais seriam progressivamente esvaziadas e o direito comunitário democraticamente deficitário robusteceria. Convinha portanto abandonar o albergue seguro do Estado-nação e ocupar-se da regulação das instâncias supranacionais, as únicas capazes de salvar a substância do Estado social – ou as dimensões básicas de socialidade do modelo europeu de desenvolvimento. Perigo mesmo seria aquele que advém da autonomização das redes e mercados globalizados: se nenhuma instituição supranacional enfrenta tais desdobramentos, abre-se espaço ao fatalismo dos grandes impérios. Habermas rejeita o conceito concreto e aparentemente homogéneo de *povo constituinte* reclamado por Grimm. Acredita que as instituições políticas eventualmente criadas pela Constituição Europeia teriam um efeito indutor, qual seja, o de criar um contexto de comunicação pública que transcenda as fronteiras nacionais. Através da Constituição seria possível criar uma cultura política comum: uma sociedade civil com associações de interesses, organizações não governamentais, movimentos de mobilização cidadã e um sistema de partidos apropriado ao cenário europeu. A Constituição produziria o efeito indutor de criar um contexto de comunicação pública que transcende as fronteiras nacionais, ou noutros termos, a Constituição pro-moveria unidade comunicativa. Neste exercício Habermas percorre o caminho constituinte da pós-modernidade, qual seja, aquele que parte da Constituição para a sociedade civil europeia, e já não o caminho da modernidade, que parte do povo para a Constituição.

[24] No sentido do défice democrático europeu cfr. António Goucha Soares, *O défice democrático da União Europeia: alguns problemas conexos*, in Análise social,

Há, todavia, quem sustente que a democracia supranacional não tem de reproduzir os mecanismos da democracia nacional – de resto, algo desacreditada –, e prefira ressaltar a aparição de elementos alternativos de legitimação no sistema europeu, como sejam a intervenção dos distintos interesses organizados no processo decisório (legitimidade de origem), e a produção de resultados justos e adequados (legitimidade pelo resultado, isto é, aquela baseada nos *outputs* ou na *eficiência funcional resultante da interacção entre as numerosas redes estruturadas ao redor do policy--making comunitário* – como costumam definir os politólogos). A ideia aqui subjacente é a de que a legitimação democrática pode provir de fatores alternativos à legitimação eleitoral, nomeadamente da capacidade de *problem solving* ou de resolução dos problemas colectivos através da procura do consenso. E que a complexidade do sistema europeu não se compadece com a suposta simplicidade dos sistemas políticos domésticos – por isso a mera transposição das instituições e técnicas largamente ensaiadas e testadas a nível nacional não resultaria. Há inclusivamente quem defenda a tese do *superavit democrático europeu* (*Miguel Poiares Maduro*), em favor de um constitucionalismo democrático mais amplo do que aquele nacional. E outros que rejeitam o défice democrático a partir da existência de um *monismo de legitimação democrática* (*Andrea Manzella*): tanto o Estado de soberania autolimitada quanto o sistema comunitário buscariam fundamento de validade na *soberania popular*, e tal legitimação actuaria através do controlo dos respectivos governos nacionais, através da representação política em assembleias parlamentares supranacionais, e através da activação de instrumentos jurisdicionais para a tutela dos direitos na esfera supranacional. A legitimação do sistema europeu resultaria da coordenação das várias legitimidades parciais, ou seja, as legitimidades estaduais concorreriam para a legitimação supraestadual – o que conceptualmente autorizaria a comum referência à soberania popular. E o sistema federativo europeu, enquanto ordenamento constituído, seria fonte de legitimação do Estado naquela dimensão ultra-estadual que já não lhe compete regular. A interpretação sistémica do ordenamento europeu impediria que se considerasse sectorialmente o problema da sua legitimação.

---

vol. XXXII, n.º 142, 1997; António Barbosa de Melo, *Legitimidade democrática e legislação governamental na União Europeia*, in Boletim da Faculdade de Direito da Universidade de Coimbra, Estudos em homenagem ao Prof. Doutor Rogério Soares, Coimbra Editora, 2001.

Seria a idêntica raiz de legitimação (soberania popular) que permitiria conferir unidade política ao processo decisório europeu[25].

Todas estas hipóteses ou conjecturas científicas são tentativas de encontrar novos suportes para explicar o *fenótipo organizatório* europeu, na medida em que o instrumentário e os modelos da modernidade não se lhe adaptam perfeitamente. Seja como for, o que nos interessa para fins de apreciação da coordenação no espaço europeu é que a União Europeia representa uma nova espécie de governação política que se traduz, conforme preconiza *Francesc Morata, na emergência das formas de subgoverno, no predomínio dos grupos de interesse relativamente aos legisladores, no papel central dos experts, no estabelecimento de umas regras do jogo democrático distintas das tradicionais*, posto que ao sistema parlamentar se sobrepõe um *sistema de autorepresentação de interesses sectoriais*. Tal governação política se expressa através *de uma complexa rede de actores, de uma enorme variedade de comités públicos e privados especializados na regulação de políticas complexas (telecomunicações, biotecnologia, resíduos, alimentação, medicamentos, etc.), de uma infinidade de grupos transnacionais e empresas multinacionais*, que restam todos implicados no processo de formação de vontade europeu e constituem um *sistema decisório policêntrico, fragmentado* e *interdependente, caracterizado pela ausência de hierarquias claras*. A União Europeia não constitui, por conseguinte, um sistema de governo em sentido estrito, mas sim aquilo que os politólogos percepcionam como um *complexo emaranhado de*

---

[25] Sobre a ideia de um *monismo de legitimação democrática* que rejeita a existência de um défice democrático porque as decisões europeias buscariam fundamento de validade na *soberania do povo europeu* (ou *na união sempre mais estreita dos povos da Europa*, art. 1.º do Tratado da União Europeia) destinatário das decisões produzidas no território trans-estadual da União cfr. Andrea Manzella, *Lo Stato "comunitário", in* Quaderni costituzionali, XXIII, n.º 2, Junho/2003. Na pág. 284 o Autor critica o oportunismo político do argumento democrático, ou seja, a afirmação de que com a defesa da integridade da soberania estadual se defenderia também a integridade do único contentor possível das práticas e valores democráticos. O Autor afirma que está por demonstrar que a autolimitação da soberania do Estado acarrete défice democrático no ordenamento interno. Ocorreria precisamente o contrário: o nível de democracia efectiva do Estado-membro há-de ser adequado, se deficitário, ao tipo ideal definido pelo ordenamento constitucional supranacional, isto é, ao *standard* de qualidade democrática supranacional. A autolimitação da soberania produziria um Estado reforçado comparativamente àquele de plena soberania, na medida em que participaria num processo de legitimação circular mais amplo do que aquela doméstica, e ainda conservaria, através da subsidiariedade, as competências que pudesse exercer eficazmente.

redes de governação multinível, no qual a *coordenação interinstitucional e intergovernamental desempenha um papel fundamental*[26]. A metáfora das redes bem representa o esquema decisório comunitário, porque a ausência de liderança que o caracteriza demanda uma combinação de procedimentos formais e informais de mediação entre representantes públicos, por um lado, e entre estes e os representates de interesses privados, por outro. Por isso a Comissão se apoia numa densa rede composta por setecentos grupos de *experts* e comités consultivos, integrados por representantes das administrações dos Estados-membros e grupos de interesses estabelecidos em torno de políticas específicas – *lobbies* económicos, ambientalistas, consumidores, etc. –, encarregues de discutir as proposições, recolher informações, e gerar um consenso inicial. A proposta legislativa assim elaborada (em se tratando do procedimento de co-decisão, que tende a converter-se no procedimento decisório ordinário) será submetida ao Parlamento e posteriormente ao Conselho, que por sua vez é assessorado por cerca de duzentos e cinquenta grupos de trabalho permanentemente constituídos ou *ad hoc*. Toda esta cultura europeia de conciliação, forjada para uma estrutura pulverizada de poder, funciona como um *sistema de pesos e contrapesos* voltado ao controlo recíproco e ao ajuste de posições em busca do consenso.

Ocorre, todavia, que a condução das políticas europeias ultrapassa em larga medida as instituições europeias, porque depende das administrações dos Estados-membros directamente implicadas na implementação daquelas políticas – e aqui as deficiências devido à falta de informação, de comunicação entre as distintas organizações, assim como a ausência de vigilância e avaliação dos efeitos, vai prejudicar e por vezes comprometer todo o processo. Os problemas não decorrem apenas da complexidade interorganizativa de que a implementação se reveste, mas sobretudo da atitude dos próprios implementadores – como explica *Francesc Morata* –, que não raro obstaculizam a aplicação da normativa comunitária eventualmente contrária à nacional e aos interesses estabelecidos. Ora, como os mecanismos de execução nacional da legislação europeia não diferem

---

[26] Sobre o *policy-making* comunitário cfr. Francesc Morata, *Gobernanza multinivel en la Unión Europea*, *in* Documentos del VII Congreso Internacional del CLAD sobre la reforma del Estado y de la administración pública (Lisboa, 8-11 Out/2002), Caracas, Set/2002; Francesc Morata, *La Unión Europea: actores, procesos y políticas*, Ariel, Barcelona, 1999; Helen Wallace/William Wallace (org), *Policy-making in the European Union*, Oxford University Press, Oxford, 1997, sobretudo págs. 3-36.

essencialmente daqueles previstos nos Estados compostos (*federalismo de execução*), seria de esperar que a Comissão dispusesse das adequadas medidas de supervisão tendentes a garantir a aplicação uniforme dos *standards*/padrões estabelecidos, mas as coisas não se processam necessariamente assim. Ainda que à Comissão cumpra *velar pela aplicação do direito comunitário*, sendo por isso reconhecida como a *guardiã dos Tratados*, o certo é que à excepção da política relativa ao mercado interno – onde a Comissão ostenta poderes de fiscalização e de sanção contra Estados e operadores económicos incumpridores das obrigações impostas pelos Tratados, o que lhe permite exigir informações, assim como impor a adopção de comportamentos restauradores da legalidade e sanções pecuniárias[27] –, a Comissão só actua indirectamente através da propositura de uma *acção por incumprimento* junto do Tribunal de Justiça das Comunidades (arts. 226.º a 228.º Tratado da Comunidade Europeia). Do exposto decorre que o sistema federativo europeu carece dos meios de gestão e coordenação que lhe permitam garantir a execução das disposições normativas europeias. Como constata *Francesc Morata*, os serviços jurídicos do executivo europeu apreciam a pertinência das medidas de implementação adoptadas pelos Estados-membros a partir das informações que os próprios lhe facultam – que por regra restam inadequadas, insuficientes ou simplesmente inexistentes, de modo que o frágil acompanhamento da implementação acaba por depender das informações procedentes das denúncias, petições, perguntas orais e escritas do Parlamento Europeu, dos particulares, das ONGs, dos meios de comunicação, ou dos demais Estados.

Nestas circunstâncias, o défice de implementação tem sido combatido pela Comissão através do reforço das vantagens cooperativas, ou mais propriamente, através da promoção das redes de cooperação interadministrativa. No programa estratégico *Aproveitar ao máximo o mercado interno* (1993), a Comissão propunha o desenvolvimento de uma rede de comunicação e intercâmbio de dados entre as administrações da União, assim como a intensificação dos programas de intercâmbio de funcionários, evocando a obrigação de assistência mútua entre administrações e de transparência dos mecanismos nacionais de aplicação e cumprimento do direito comunitário. Trata-se de um discurso que evoca o imperativo de *lealdade sistémica* ínsito no *compromisso constitucional de cooperação*

---

[27] Sobre os poderes de fiscalização e sanção da Comissão cfr. João Mota de Campos, *Manual de direito comunitário*, Fundação Calouste Gulbenkian, Lisboa, 2000, págs. 84-87.

subjacente a qualquer sistema federativo (e que no ordenamento europeu adquire a inédita condição de princípio escrito – art. 10.º do Tratado da Comunidade Europeia –, enquanto noutros ordenamentos decorre do empenho interpretativo das respectivas justiças constitucionais). Contudo, a mensagem não repercutiu, posto que o federalismo (e a lógica cooperativa em que assenta) não raro afugenta os que dele pouco sabem. Passados longos onze anos, a propósito do trágico 11 de Março de 2004 em Madrid, e diante da premente necessidade da troca de informações independentemente da correlata contrapartida, o então Comissário *António Vitorino* teve de pedagogicamente insistir na mais elementar lição do federalismo, qual seja, a de que *num espaço interdependente o sucesso ou fracasso de um membro corresponde ao sucesso ou fracasso de todos*. Os politólogos já nos ensinaram que *a gestão das políticas europeias traduz-se num processo interorganizacional que depende mais das redes multiníveis que das hierarquias convencionais* – e que a *função primária da Comissão, enquanto organização-rede, é precisamente reforçar a vantagem cooperativa*[28]. Por isso a tónica da *cooperação multinível* insiste em revisitar o discurso dos comissários, na tentativa de resgatar o *elo perdido* da coordenação de que o sistema europeu ainda se ressente.

2.3. Do controlo da expansão competencial do poder central

2.3.1. Tendências jurisprudenciais da mais antiga ordem constitucional federativa (Estados Unidos da América)

No capítulo 1 do presente título nos propusemos surpreender o sentido dos princípios jurídico-constitucionais orientantes do exercício competencial nos Estados compostos. E no capítulo 2 nos propusemos captar a medida com que o exercício necessariamente interdependente daquelas competências afecta as relações entabuladas entre os distintos entes políticos. Tal abordagem pareceu-nos útil porque ajudaria a perceber o modo como as jurisprudências dos diversos ordenamentos compostos têm interpretado e concretizado as cláusulas jurídico-constitucionais que autorizam a prossecução do *interesse geral* pelo poder central sem com-

---

[28] Sobre as fragilidades coordenadoras da Comissão Europeia e o seu funcionamento enquanto organização-rede voltada ao reforço das vantagens cooperativas da União cfr. Francesc Morata, *Gobernanza multinivel en la Unión Europea*, cit., pág. 8.

prometer o equilíbrio formal das relações entre poder central e periférico. Se admitíssemos que todas as competências dos órgãos centrais de um Estado composto estão explícita e taxativamente previstas (a célebre fórmula estado-unidense do *government of enumerated powers* da X Emenda), ainda assim, entre os poderes expressamente configurados, sempre restariam alguns instrumentalmente conexos com outros e tendentes a estender a possibilidade de intervenção central para além dos limites prescritos pela Constituição. Daqui deriva que os efeitos produzidos pela enumeração taxativa das competências serão em grande medida atenuados pelo *engenhoso expediente da elasticidade do poder central* (*Antonio La Pergola*), que tem sido jurisprudencialmente interpretado como legítimo sempre que voltado à prossecução de *finalidades conexas com a letra e o espírito da correspondente Constituição* – finalidades que, em última análise, justificariam a própria existência do Estado composto. Nos Estados compostos da actualidade o *princípio da separação das competências* resta corrigido e limitado por outros enunciados jurídico-constitucionais. É que, como já vimos, qualquer sistema federativo corresponde a um ordenamento fundamentalmente unitário, ainda que se articule e decomponha numa pluralidade de ordenamentos parciais derivados todos da mesma Constituição – isto porque tais ordenamentos parciais não funcionam isolados e muito menos em contraposição, sendo antes partes integrantes de um único sistema no seio do qual os distintos poderes se compenetram institucionalmente.

Ocorre que a referida leitura teleológica das competências centrais, se levada às últimas consequências, pode conduzir ao progressivo esvaziamento das faculdades periféricas – o que nos leva a interrogar das suas virtualidades e necessários limites. Nesta matéria da *plasticidade do poder central*, a jurisprudência constitucional estado-unidense suscita perplexidades quanto bastem. *David Currie*[29] as equaciona: 1) O poder central não

---

[29] Sobre a tutela jurisdicional e a interpretação das competências no sistema federal estado-unidense cfr. David Currie, *Il federalismo statunitense*, in Quale, dei tanti federalismi?, ob. cit., págs. 41-43. O Autor explica que no sistema jurisdicional estado-unidense o Estado federado não pode objectar quando o poder central usurpa das suas competências, isto é, em geral, os tribunais não têm competência para resolver as controvérsias competenciais entre o poder periférico e o poder central, nos termos em que isto ocorre na Alemanha (art. 93.º/1/3 da Lei Fundamental alemã) ou na Itália (art. 127.º e 134.º da Constituição italiana), posto que não existe, nos EUA, qualquer procedimento abstracto para julgar a legitimidade das leis. Os tribunais só podem agir quando exista uma controvérsia concreta entre duas partes interessadas: se, por exemplo,

tem competência para disciplinar a produção de bebidas alcoólicas, e sim para regular o recrutamento e manutenção do exército; se não se produzem bebidas, sobram grãos para alimentar os soldados; se os operários da indústria armamentista estão embriagados, não produzem bom armamento; logo, o Congresso pode proibir a produção de bebidas alcoólicas com o intuito de manter o exército (Sentença *Hamilton versus Kentucky Distilleries & Warehouse Co* de 1919); 2) O poder central não tem competência para regular a agricultura e a pecuária, e sim para disciplinar o comércio interestadual; mas se um Estado não cultiva o alimento dos seus animais, tem de comprá-lo a outro Estado; logo, o Congresso pode estabelecer limites à produção agrícola, isto é, disciplinar as actividades económicas periféricas, porque tal afecta directa ou indirectamente o comércio interestadual cuja regulação lhe compete (Sentença *Wickard versus Filburn* de 1942); 3) O poder central não tem competência para regular o consumo de bebidas alcoólicas, mas pode despender recursos tendentes a prover o bem-estar geral dos Estados Unidos (*spending power – power to spend for the general welfare*); então é legítimo que o poder central conceda fundos aos Estados para que construam auto-estradas à condição de que

---

o poder central pretendesse punir certo cidadão pelo porte de arma de fogo numa escola, este poderia defender-se argumentando que o Congresso não tinha competência para disciplinar e vetar o porte de armas, e ao resolver a questão assim posta, o tribunal ordinário, com possibilidade de recurso para a Suprema Corte, assegura minimamente a observância da repartição competencial prevista na Constituição. Acresce que a doutrina das *political questions* limita os poderes jurisdicionais na resolução dos conflitos competenciais, mesmo quando haja duas partes interessadas numa controvérsia concreta. Ao abrigo daquela doutrina, os tribunais estado-unidenses escusaram-se de decidir, por exemplo, se o governo de um Estado efectivamente ostentava a forma republicana como o exige o art. IV, secção 4 da Constituição (*Pacific States Telephone & Telegraph Co versus Oregon*, 1912) e se o Senado poderia delegar numa comissão a competência de conduzir um processo de *impeachment*, isto é, a condução de um processo que visa a destituição de um funcionário ou juiz acusado da prática de um crime (*Nixon versus Unites States*, 1993). Nestes casos a Suprema Corte entendeu que não lhe competia, e sim ao Senado, decidir, posto que se tratavam de questões políticas não apreciáveis judicialmente – o que prejudica, no entendimento do Autor, o controlo sobre a plena observância da Constituição. Afirma, conclusivamente, que os instrumentos judiciários estado-unidenses tem se demonstrado suficientes à protecção das liberdades do cidadão, mas insuficientes à protecção das prerrogativas dos Estados--membros. O posicionamento da Suprema Corte relativamente às *federal questions* e à doutrina da dupla soberania pode ser conferido em *The Oxford companion to the Supreme Court of the United States*, Kermit Hall (org), Oxford University Press, New York/Oxford, 1992, págs. 278-287 e 830-835.

proíbam o consumo de bebidas alcoólicas até os 21 anos de idade (Sentença *South Dakota versus Dole* de 1987).

Mas nada certamente se compara à repercussão da Sentença *Garcia versus San Antonio Metropolitan Transit Authority* de 1985. Em causa estava o *Fair Labor Standards Act* de 1938, isto é, a normativa federal que ao abrigo da *cláusula do comércio* interestadual regula a matéria do salário mínimo nacional e horário de trabalho. Tais disposições normativas foram inúmeras vezes apreciadas por uma Suprema Corte que, desde o *New Deal*, se recusava a fazer frente à plasticidade do poder central. Todavia em 1976, na célebre Sentença *National League of Cities versus Usery*, e a partir da ponderação entre o interesse geral e o grau de interferência nos assuntos periféricos (ou noutros termos, a partir do compromisso de mútua consideração e respeito entre os distintos entes políticos), a Suprema Corte corajosamente rejeitaria a extensão da regulação federal sobre salários e horário de trabalho aos funcionários públicos estaduais e locais, por entender que tal medida afectava a integridade dos Estados ou a sua *ability to function effectively in a federal system*, na medida em que tal extensão os onerava demasiadamente. Era como se a Suprema Corte de alguma forma tivesse resgatado a sua neutralidade institucional. Nada portanto indicava a inversão de marcha que se seguiria: na referida Sentença *Garcia versus San Antonio* de 1985, a Suprema Corte não só abandonaria a distinção entre actos do Congresso que legitimamente regulam as relações comerciais e actos do Congresso que prejudicam a integridade dos Estados, como também demitir-se-ia da incumbência de pronunciar-se sobre as limitações impostas pela ordem constitucional à competência central de regulação do comércio interestadual. Seria a quadratura do círculo: o Supremo Tribunal decidiria que cumpre fundamentalmente ao Congresso, e não ao poder judicial, o tratamento das *federalism questions*, nomeadamente a ponderação entre os fins da *cláusula do comércio* e o peso da *X Emenda* (que dispõe sobre a enunciação taxativa dos poderes centrais e a residualidade do poder periférico, e cujas disposições tem dado azo às mais variadas e radicalmente opostas interpretações: *the powers not delegated to the United States by the Constitution, nor prohibited by it to the States, are reserved to the States respectively, or the people*)[30]. Em *Garcia versus San Antonio* a Suprema Corte enviava

---

[30] Sobre as distintas interpretações da X Emenda cfr. Antonio La Pergola, *La cooperación entre los Estados miembros: sistema federal y compact clause en la Constitución de Estados Unidos*, in Los nuevos senderos del federalismo, Centro de

a seguinte mensagem: os Estados tinham efectivamente como exercer influência sobre o Congresso e o Presidente para que os mesmos não exorbitassem das suas competências, entretanto se os Estados não restassem bem sucedidos nessa empreitada, seria escusado esperar que a Suprema Corte lhes fizesse o trabalho de casa através da invalidação das respectivas disposições normativas. A decisão parecia sugerir que o princípio da *judicial review* não se aplicava às *federalism questions*, sobretudo quando o Congresso actuasse ao abrigo da *cláusula do comércio*. Ou seja, a decisão parecia sugerir que a Suprema Corte tinha de alguma forma repudiado *Marbury versus Madison* em favor da regra da supremacia parlamentar nas situações em que estivesse em causa a definição das fronteiras competenciais – o que levou a doutrina juspublicista a anunciar a *morte do federalismo* estado-unidense[31].

---

estudios constitucionales, Madrid, 1994, págs. 258 e ss, onde o Autor refere que a X Emenda foi o preço imposto pelos Estados-membros, entretanto zelosos dos seus poderes, para consentir nas limitações introduzidas na Constituição (*general welfare clause*, *necessary and proper clause*, *commerce clause*). Daqui deriva que a X Emenda não esgota toda a previsão normativa das relações entre o poder central e o periférico, isto é, o critério da separação e exclusividade das esferas competenciais seria apenas uma das componentes do sistema federal estado-unidense – ainda que importante, é certo, posto que traduz um princípio de organização que, na ausência de explícita previsão constitucional, seria deduzido por obra de interpretação.

[31] Sobre a repercussão da Sentença *Garcia versus San Antonio Metropolitan Transit Authority* de 1985 cfr. William Van Alstyne, *The second death of federalism*, in Michigan law review, n.º 7, vol. 83, Junho/1985. Com o intuito de questionar o conteúdo devastador da sentença em tela, o Autor transcreve fragmentos dos discursos proferidos na Convenção Constitucional da Filadélfia, em 15 de Agosto de 1787, e depois relatados por Madison. Naquela oportunidade discutia-se sobre o poder de *judicial review* contra actos do Congresso incidentes sobre *federalism questions*, um controlo relativamente ao qual alguns dos delegados presentes se insurgiam. Alguns deles entendiam que mesmo que o Congresso não tivesse actuado de acordo com os poderes enumerados, e tivesse, em lugar disso, emitido uma norma que invadisse a reserva de poderes de vários Estados, ou tivessse actuado de forma a dirigi-los ou restringi-los nas suas próprias operações, num sentido manifestamente não autorizado pela Constituição, ainda assim a revisão de tal conduta devia ser meramente política, ou seja, inteiramente excluída da apreciação judicial. Diante de tais resistentes sensibilidades, e definitivamente convencido de que nenhum outro corpo, senão o judicial, estaria em condições de salvaguardar todas as disposições constitucionais, Madison formulou uma proposta intencionalmente provocatória. Se a Constituição não declarava o poder de *judicial review* tão bem quanto deveria – ainda que tal estivesse implícito no art. III, na medida em que se vinculava o poder judicial à Constituição

A sentença proferida em *Garcia versus San António* relançou o debate em torno do controlo da expansão do poder central, na medida em que sugeriu que *a escolha sobre qual esfera política reúne as melhores condições para actuar num dado momento* é algo que não pode ser judicializável. A mensagem resultava inequívoca: ainda que a Constituição tivesse genericamente enumerado as matérias que demandam tratamento homogéneo, e devolvido tudo o que seja remanescente aos Estados, o controlo sobre as determinações do plano constitucional seriam melhor apreciadas não pela Suprema Corte, mas pelo Congresso, onde os distintos interesses estariam em condições de encontrar a devida acomodação. Se os *Estados* ou o *povo* afectado pelas decisões políticas não conseguia (ou demitia-se de) manter o Congresso nos limites do plano, não deveriam ser os tribunais a declarar que *o rei* (ou o Congresso) *vai nu*, posto que o papel do judiciário nas chamadas *federalism questions* seria o de reforçar o veredicto da maioria – e não opor-se ao mesmo a partir das suas próprias percepções. A sentença presta tributo ao processo político e apela ao bom senso do legislador central – nada obsta; todavia depreende (erraticamente) da Constituição uma faculdade central que dela não consta, porque sequer se compadece com a modernidade constitucional, qual seja, a faculdade de unilateralmente decidir sobre a extensão dos seus próprios poderes, seja a regulação do comércio interestadual ou qualquer outro. Porventura a Suprema Corte apenas tencionasse exorcizar as eventuais instrumentalizações políticas, bem se sabe que as há, e não propriamente malbaratar o legado *marshalliano* – o que se veio a confirmar durante o mandato do *chief justice* William Rehnquist (década de noventa do século XX), quando a Suprema Corte rompeu com o manifesto endossamento da extensão das competências centrais e dedicou-se ao sistemático escrutínio

---

– talvez resultasse oportuno deixar claro que nenhum Estado ou tribunal poderia considerar judicializável uma *federalism question*, pelo que Madison propunha os seguintes aditamentos à consideração dos delegados: art. I, secção 8, cláusula 9 – *o Congresso tem a autoridade final sobre a interpretação do sentido dos seus poderes enumerados*; art. III, secção 4 – *nenhum acto do Congresso será apreciável por qualquer tribunal, federal ou estadual, sob a alegação de que se excedeu dos poderes enumerados, de que se usurpou da reserva de poderes dos Estados, ou de que os Estados foram dirigidos ou restringidos num sentido não autorizado pela Constituição, sempre que a Suprema Corte entenda que as salvaguardas políticas do federalismo são em si mesmas suficientes*. A proposta madisoniana foi de tal forma dissuasiva que até mesmo alguns dos mais resistentes adversários acabaram por admitir que a *judicial review* dos actos do Congresso traduzia uma evidente expectativa de conservação do Congresso dentro das fronteiras da autoridade propostas pelo arranjo constitucional.

da conformidade dos actos congressuais com a Constituição, nomeadamente com as disposições constitucionais autorizadoras da prossecução do *interesse geral* pelo poder central, depois de um período de sessenta anos durante os quais o Supremo Tribunal raramente as invocava para fundamentar a invalidação de leis federais[32]. Recordemos alguns momentos jurisprudenciais ilustrativos de tal viragem.

Perante a estupefacção de uma assistência habituada à extrema deferência da justiça constitucional estado-unidense para com o juízo parlamentar relativo à extensão da *cláusula do comércio* (uma tendência que conduziu, por exemplo, à Sentença *Heart of Atlanta Hotel versus United States* de 1964, na qual a Suprema Corte decidiu que a política de discriminação racial praticada por um hotel contra a igualdade dos viajantes negros afectava negativamente o comércio interestadual, na medida em que desencorajava as iniciativas de viagem!), na Sentença *United States versus Lopez* de 1995, a justiça constitucional inesperadamente decidiu que o Congresso havia excedido dos seus poderes de regulação comercial no *Gun-Free School Zones Act* de 1990, que proibia o porte de armas de fogo nas áreas escolares, porquanto a normativa em tela não disciplinava qualquer actividade comercial nem comportava quaisquer elementos que permitissem conectar o porte de armas com o comércio interestadual. Na Sentença *Seminole Tribe versus Florida* de 1996, foram julgadas inconstitucionais as disposições normativas do *Indian Gaming Regulatory Act* de 1988, as quais autorizavam as tribos indígenas a demandarem os governos estaduais junto dos tribunais federais, sob a alegação de ausência de boa-fé, se tais governos se recusassem a negociar e concordar com a abertura de casinos no espaço das reservas indígenas

---

[32] Sobre as decisões proferidas pela Suprema Corte estado-unidense durante a década de noventa do século XX cfr. John Dinan, *The Rehnquist Court's federalism decisions in perspective*, in Journal of law and politics, 15, Primavera/1999; Ronald Krotoszynski, *Listening to the "sounds of sovereignty" but missing the beat: does the new federalism really matter?*, in Indiana law review 32, 1999; Susan Gluck Mezey, *The U. S. Supreme Court's federalism jurisprudence: Alden v. Maine and the enhancement of State sovereignty*, in Publius: the journal of federalism, 30, Inverno-Primavera/2000; David Walker, *The rebirth of federalism*, Chatam House, New York, 2000; Charles Wise, *The Supreme Court's new constitutional federalism: implications for public administration*, in Public administration review, 61, Maio-Junho/2001; John Dinan, *Congressional responses to the Rehnquist Court's federalism decisions*, in Publius: the journal of federalism, 32, Verão/2002; Mitchell N. Berman, *Guillen and gullibility: piercing the surface of commerce clause doctrine*, in Iowa law review, n.º 89, 2004.

entretanto inseridas no território do correspondente Estado-membro. O peregrino argumento da *soberania dos entes federados* restou entretanto acolhido pela Suprema Corte, afastando a hipótese da revisão judicial das decisões governativas estaduais que rejeitassem a proposta das tribos indígenas – o que suscita perplexidade na medida em que a bizarria da duplicidade soberana havia sido afastada pela Suprema Corte já em 1925, na Sentença *Sanitary District versus United States*, quando se decidira que na esfera dos conflitos entre a regulação federal e estadual *não havia uma controvérsia entre iguais* em função da manifesta supremacia federal.

Todavia o controverso argumento da *dual sovereignty* seria ainda albergado na Sentença *Printz versus United States* de 1997, na qual foi censurada a legislação federal sobre controlo da venda de armas de fogo pelas autoridades policiais dos Estados federados (*Brady Handgun Violence Prevention Act* de 1993), por entender-se que o sistema constitucional de dupla soberania impedia o Congresso de impor a execução da legislação federal ao poder estadual, quando tal ampliasse substancialmente os custos dos Estados-membros, salvo se as autoridades estaduais voluntariamente concordassem em participar na execução do programa (*anti-commandeering doctrine*, que como a ressaltamos *infra*, busca justificação no *compromisso constitucional de cooperação*, e não no inconsistente argumento da soberania do Estado-membro, que em termos jurídicos rigorosos seria melhor qualificada como autonomia). E nas Sentenças *Alden versus Maine* de 1999 e *Kimel versus Florida Board Regents* de 2000, a alegada soberania do ente federado seria novamente evocada para rejeitar a supressão das imunidades estaduais por leis federais, isto é, para rejeitar a suposta congruência e proporcionalidade de certas normativas federais que fundamentavam a instauração de processos contra os Estados-membros, particularmente o *Age Discrimination in Employment Act* de 1967 e o *Americans with Disabilities Act* de 1990. Tais leis federais perturbavam a *doutrina das imunidades estaduais* fundada na 11.ª Emenda (ou na proibição de que o cidadão de um Estado-membro possa demandar a outro Estado-membro num tribunal federal), uma doutrina que desde o séc.XIX vinha sendo entendida como suprimível pelo Congresso se tal se demonstrasse necessário ao exercício das competências centrais (entre as quais figura a regulação do domínio essencial dos direitos e liberdades, algo que a Suprema Corte havia esclarecido na Sentença *Brown versus Board of Education* de 1954).

E finalmente, a propósito da *cláusula do comércio*, na Sentença *Jones versus United States* de 2000, a Suprema Corte unanimemente decidiria que a normativa federal sobre fogo posto não poderia ser invocada para processar o suposto incendiário de uma habitação, porque tal matéria não estava directamente conectada com o comércio interestadual, e logo, o poder central seria incompetente para a disciplinar. Assim como na Sentença *United States versus Morrison* de 2000, a *cláusula do comércio* serviria à fundamentação da inconstitucionalidade das disposições normativas do *Violence Against Women Act* de 1994, as quais previam remédios jurídicos para as vítimas de violência relacionada com o género. O liame entre tal violência e o comércio interestadual – ainda que a ofensa de género pudesse interferir na actividade comercial ou noutras actividades económicas nas quais a vítima estivesse integrada no momento da conduta – foi considerado demasiadamente ténue para legitimar a medida legislativa federal.

A tentativa de circunscrição dos poderes centrais ou de recomposição de forças no cenário no Estado federal estado-unidense – promovida pelas várias decisões da Suprema Corte que invalidaram os actos do Congresso durante a década de noventa – levou alguns analistas norte-americanos a suspeitarem de uma tímida reinstalação dos Artigos de Confederação[33] e temerem pela estabilidade do sistema de governo. *Muito barulho por nada*! (ou seja, não era caso para dramatização), posto que se é certo que as invalidações judiciais servem para desencorajar as ultrapassagens do poder central, não é menos certo que o próprio sistema constitucional de poderes outorga aos decisores centrais uma série de mecanismos tendentes a mitigar os efeitos daquelas decisões desfavoráveis, o que lhes permite evadir-se dos constrangimentos judiciais e prosseguir o mesmo objectivo por outros meios, mormente através da concessão de incentivos financeiros condicionados[34]. Acresce que a linha traçada pela justiça constitucional estado-unidense com base nas implicações negativas da cláusula do comércio não é absoluta, porquanto depende de que o Congresso posteriormente explicite o poder que lhe cabe sob tal cláusula, ou noutros termos, o julgamento judicial baseado nas implicações negativas do ditado

---

[33] Sobre a suspeita, entre os analistas americanos, de uma tímida reinstalação dos Artigos de Confederação cfr. Linda Greenhouse, *Focus on federal power*, in New York Times, 24 de Maio de 1995.

[34] Sobre os expedientes centrais tendentes a mitigar os efeitos das decisões judiciais desfavoráveis, nomeadamente a concessão de incentivos financeiros condicionadas cfr. Thomas Odom, *Foreword: introduction to the symposium on the federalism decisions of the Supreme Court's 1999 term*, Oklahoma City University law review, 25, Outono/2000; Robert Nagel, *Judicial power and the restoration of federalism*, Annals of the American Academy of Political and Social Science, 574, Março/2001.

constitucional resta subordinado ao posterior julgamento legislativo sobre as implicações positivas do poder central. É que os mecanismos de fiscalização judicial das relações entabuladas entre o poder central e as demais componentes de uma mesma ordem jurídico-constitucional diferem de um sistema federativo para outro. E diversos são também os significados atribuídos aos pronunciamentos judiciais fiscalizadores da ordem federal, assim como a latitude com que os legisladores aproveitam tais pronunciamentos (*Koen Lenaerts*). Relativamente ao sistema federal estado--unidense, a sensibilidade dominante seria aquela primorosamente traduzida nas palavras de *Oliver Wendell Holmes*: *não penso que os Estados Unidos colapsassem se porventura perdêssemos o poder de julgar um acto do Congresso inválido. Mas penso que a União estaria em perigo se não pudéssemos fazê-lo em relação às leis dos vários Estados federados*[35].

E tal sensibilidade tem memória: a postura judicial de deferência à avaliação parlamentar das suas próprias competências remonta à doutrina dos *implied powers* perfilhada por *John Marshall* e encontra esteio no princípio da separação dos poderes. Esta solução foi de resto constitucionalizada na Suíça, onde o Tribunal Federal não pode, por força do art. 113.º/3 da Constituição, julgar inválido um acto da legislatura nacional, ao passo que pode fazê-lo relativamente aos actos dos vários Cantões – o que no mínimo contamina a coerência da prolatada *soberania cantonal*. Seja como for, quando se trata de aferir da bondade e repercussão dos *mecanismos de controlo dos princípios federativos* e da *repartição de competências* num ordenamento composto, particularmente dos mecanismos de fiscalização judicial, interessa avaliar em que medida os decisores centrais submetem-se aos constrangimentos impostos por tais decisões judiciais – isto é, importa averiguar quais as consequências ou efeitos destas decisões na conduta do legislador central e em que circunstâncias elas estariam aptas a exercer maior influência. Cingindo-nos ao laboratório federal estado-unidense, onde as vicissitudes do federalismo costumam antecipar-se a qualquer outro sistema (não fora por acaso ali forjado o federalismo moderno), recentes estudos demonstram que o Congresso muito limitadamente acata ou aproveita aqueles pronunciamentos judiciais,

---

[35] Sobre os distintos mecanismos de fiscalização judicial da ordem constitucional nos sistemas federativos cfr. Koen Lenaerts, *Constitutionalism and the many faces of federalism*, in The american journal of comparative law, XXXVIII, Primavera/1990, págs. 253 e ss, donde consta a referência a Oliver Wendell Holmes, *Collected legal papers*, 1920.

isto é, na maioria dos casos o Congresso tem demonstrado dificuldades em formular uma resposta constitucionalmente adequada e contenta-se com uma limitada versão da normativa julgada inconstitucional – eventualmente porque as decisões da Suprema Corte alteram a composição de forças dentro do Congresso, concedem outra oportunidade aos opositores da medida em causa, e demandam uma complexa construção de novas alianças com resultados nem sempre exitosos.

A resposta forjada pelo Congresso dos EUA ao julgamento de inconstitucionalidade proferido pela Suprema Corte em *United States versus Lopez* de 1995 redunda ilustrativa. A medida federal então em causa – qual seja, a proibição do porte de armas de fogo em zonas escolares – colhia forte apoio junto da opinião pública. Na sequência da decisão de inconstitucionalidade que lhe era desfavorável, o então Presidente *Bill Clinton*, convicto daquele apoio popular e do suporte político que lhe correspondia, argumentou que *a decisão da Suprema Corte condenaria as crianças norte-americanas a frequentarem escolas onde havia armas*; mas *o Presidente estava determinado em conservar as armas fora das escolas*; *era isto que o povo americano desejava, era esta a coisa certa a fazer*[36]. A questão que se punha era apenas *qual a melhor forma para se atingir aquele objectivo*. Clinton optou por encorajar o Congresso a redesenhar a disposição normativa em causa de forma a contemplar a exigência jurisdicional, isto é, esclarecer que a normativa em questão aplicar-se-ia apenas aos indivíduos que portassem uma *arma de fogo cuja produção tenha movido ou de qualquer forma afectado o comércio interestadual* (*that has moved in or that otherwise affects interstate or foreign commerce*), posto que a jurisprudência da Suprema Corte relativa à cláusula do comércio tradicionalmente não se opunha à regulação federal de objectos que tivessem de algum modo movimentado o comércio interestadual[37].

---

[36] Sobre a reacção de Bill Clinton à decisão da Suprema Corte em *United States versus Lopez* cfr. *Clinton seeks way to retain gun ban in school zones*, New York Times, 30 de Abril de 1995, onde se lêem as palavras do então Presidente dos Estados Unidos: "*Supreme Court decision could condemn more of our children to going to schools where there are guns* (...) *I am determined to keep guns out of our schools. That's what the American people want, and it's the right thing to do.*"

[37] Sobre a mensagem do presidente Bill Clinton ao Congresso dos EUA, a propósito da decisão de inconstitucionalidade da normativa sobre armas de fogo nas zonas escolares cfr. John Dinan, *Congressional responses to the Rehnquist Court's federalism decisions*, cit., pág. 5.

O que o Presidente propunha, e o Congresso acabou por o acolher, era que se contornasse a questão constitucional das competências com o argumento de que *qualquer arma de fogo virtualmente comportava elementos de comércio interestadual* – matéria cuja regulação competia ao poder central. Entretanto tal maquilhagem legislativa em nada alterava o facto de que a medida do Congresso buscava fundamento na generosa interpretação das faculdades centrais de regulação do comércio interestadual com a qual a Suprema Corte durante muito tempo condescendera. Que a justiça constitucional já não estivesse disposta a fazê-lo era um elemento novo cujas consequências ainda estavam por equacionar. Mas o que resulta deste caso é que a decisão de inconstitucionalidade não foi suficiente para que o Presidente dos EUA deixasse de prosseguir o que entendia ser politicamente correcto: em 30 de Setembro de 1996 *Bill Clinton* assinava a legislação revista nos termos em que ele próprio propunha ao Congresso, e o poder central confirmava a proibição do porte de armas de fogo em áreas escolares com fundamento numa competência que duvidosamente lhe autorizava a actuar. Isto demonstra que os mecanismos de protecção jurisdicional das competências periféricas no sistema federal estado-unidense se revelam insuficientes – o que porventura terá motivado o inesperado reposicionamento da Suprema Corte no que concerne à tendencial expansão dos poderes centrais. Mas também indicia que a repartição original de competências tem na prática um valor sobretudo indicativo, que as necessidades e apelos evoluem, que o controlo judicial das competências deve ser conjugado com o controlo político das mesmas, isto é, que o exercício das competências depende de um contínuo processo de correcção e negociação entre os entes políticos sobre *quem faz o quê e até onde*.

Em nenhum momento a Suprema Corte se pronunciou sobre qual esfera política reunia as melhores condições para regular o sector da realidade em causa – nem teria legitimidade para o fazer. A justiça constitucional apenas considerou que o legislador central havia exorbitado dos limites da sua competência de regulação do comércio interestadual, isto é, que o fundamento jurídico-constitucional invocado para a regulação do porte de armas de fogo em áreas escolares restava improcedente porque o *propósito da medida* não podia ser razoavelmente integrado na disciplina do comércio. Está aqui subjacente a releitura actualizada da orientação jurisprudencial de *John Marshall* inaugurada na Sentença *McCulloch versus Maryland* de 1819, segundo a qual a constitucionalidade da actuação do Congresso, sobretudo quando fundada na controversa cláusula do comércio, dependia do *propósito, intenção ou boa-fé* da medida adoptada, algo que competia à jurisdição constitucional aferir. Ou seja, se o Congresso, sob a alegação do legítimo exercício das suas competências, adoptasse legislação voltada à prossecução de objectivos que não lhe foram confiados, tal actuação não se saldaria conforme a Constituição. A legitimidade do acto legislativo dependia de que tivesse sido efectivamente calculado para atingir os objectivos cuja prossecução restasse constitucionalmente devolvida ao poder central. Esta apreciação jurisdicional do propósito da medida legislativa sugere a imposição de constrangimentos jurídico-constitucionais à discricionariedade regulatória dos distintos entes políticos no âmbito das competências que lhes são formalmente acometidas, isto é, esboça o reconhecimento de um *compromisso constitucional de cooperação* entre as componentes de um sistema federativo capaz de condicionar o exercício competencial. O *compromisso constitucional de cooperação* – e o dever de lealdade que dele decorre – impõe que a apreciação jurisdicional do exercício dos poderes não se limite a julgar a legitimidade da actuação a partir da formal demarcação de competências, mas sim que se considere se a competência está a ser devidamente exercida (análise dos propósitos) e se as externalidades eventualmente impostas aos demais actores em consequência daquele exercício seriam ou não justificáveis (análise dos efeitos). Assim o é porque as disposições constitucionais não se limitam a demarcar as barreiras negativas ao exercício competencial ou à intervenção de cada esfera, mas fornecem as pautas para a actuação dos diversos entes políticos nas suas respectivas esferas de responsabilidade. A jurisdição constitucional que pretenda *ir mais além da mera subsunção do caso à norma* – já o referimos, no rasto de *Helmut Simon* – há-de ser particularmente imaginativa ao concretizar tais pautas ou obrigações de acção.

É certo que a decisão proferida em *United States versus Lopez* não implica que a matéria em causa esteja constitucionalmente vetada a qualquer espécie de interferência central – seria ingénuo pretendê-lo. O poder central podia, por exemplo, invocar a *spending clause doctrine* (o *spending power* corresponde ao poder de gastar em nome do bem-estar geral) e disponibilizar recursos para a educação à condição de que os Estados-membros proibissem as armas de fogo nas áreas escolares. *Bill Clinton* chegou mesmo a ponderar tal possibilidade quando equacionou as alternativas de que dispunha para a prossecução do objectivo político que o movia[38], mas aparentemente optou pela alternativa menos dispendiosa.

---

[38] Sobre a hipótese da utilização do *spending power* em resposta à Sentença *United States versus Lopez* de 1995 cfr. Lynn Baker, *Conditional federal spending*

De qualquer forma, o *spending power* busca fundamento constitucional na cláusula do *general welfare* (art.I, secção 8) e goza da bênção da Suprema Corte – que através de uma interpretação bem pouco restritiva daquela disposição constitucional, acaba por condescender com um Congresso que, através da concessão de fundos federais condicionados, consegue circunscrever as restrições que a Constituição lhe impõe no que concerne à regulação directa dos Estados-membros, ou seja, consegue em certa medida esquivar-se do chamado *anti-commandeering principle* (veja-se a este propósito a já referida Sentença *South Dakota versus Dole* de 1987, quando a justiça constitucional admitiu a concessão de fundos para a construção de auto-estradas condicionados à proibição do consumo de bebidas alcoólicas até os 21 anos). E ao que parece os norte-americanos não vêem aqui nada de escandalosamente ilegítimo: o *spending power* corresponde a um dos mecanismos que o sistema constitucional estado-unidense outorga ao poder central para a prossecução do que entenda ser do interesse geral – uma apreciação política judicialmente insindicável, posto que *a justiça constitucional não se deve imiscuir nas escolhas políticas do legislador nem decidir sobre a promoção do bem-estar geral* (*Ronald Dworkin*).

Seja como for, se em *United States versus Lopez* a convicção do apoio popular levou o Congresso a insistir na conexão entre o porte de armas e o comércio interestadual, de modo a não alterar substancialmente a natureza das disposições normativas então pretendidas pelo poder central, já no que tange ao juízo de inconstitucionalidade com fundamento na violação da mesma cláusula do comércio proferido pela Suprema Corte na Sentença *United States versus Morrison* de 2000, é possível concluir que a decisão judicial efectivamente abalou as pretensões regulatórias centrais. Os remédios jurídicos contra a violência de género constantes da normativa revista (na sequência da decisão de inconstitucionalidade) aplicam-se a uma mera fracção das ofensas originariamente cobertas pela legislação, posto que o Congresso não conseguiu suportar politicamente as pretendidas conexões entre violência contra as mulheres e comércio interestadual. Apesar de o controlo judicial das competências ter desejavelmente funcionado, talvez não seja despropositado constatar que o ónus pelo zelo competencial da Suprema Corte na decisão *United States*

---

after Lopez, in Columbia law review 95, Dezembro/1995, pág. 1913; Laura Jensen, *Federalism, individual rights, and the conditional spending conundrum*, in Polity XXXIII, Inverno/2000, pág. 262-263.

versus Morrison de 2000 recaiu sobre as mulheres norte-americanas, posto que, conforme demonstram estudos recentemente publicados, os mecanismos de protecção suprimidos à regulação central não foram compensados pela legislação periférica[39]. Os distintos efeitos legislativos provocados pelas decisões judiciais de inconstitucionalidade respectivamente em *Lopez* e *Morrison* suscitam-nos algumas perplexidades no que concerne à repercussão do controlo judicial das competências pautado na *lógica da subsidiariedade*, isto é, pautado na exigência de justificação das medidas legislativas centrais, com vistas à salvaguarda do *status* autónomo dos entes periféricos e de sua esfera de competências (aquilo que a Suprema Corte estado-unidense insiste em confundir com dupla soberania). Importa surpreendermos tal temática da subsidiariedade porque dela derivam os recentes impulsos decisórios da justiça constitucional estado-unidense – ainda que não se o reconheça nestes precisos termos.

2.3.2. A subsidiariedade enquanto elemento do compromisso constitucional de cooperação

A *lógica da subsidiariedade* integra o *compromisso constitucional de cooperação* subjacente aos sistemas federativos. Tal conceito de compromisso, já o referimos, há-de ser entendido não no seu sentido vulgar – isto é, enquanto o resultado de concessões mútuas numa negociação – mas no específico sentido da *determinação de não se desviar de um certo curso de acção*[40]. O *compromisso constitucional de cooperação* aponta para a optimização das alternativas que permitem atingir o resultado da harmoniosa convivência dos distintos entes políticos – um resultado inatingível na ausência daquele compromisso. A dimensão subsidiária de tal *compromisso constitucional de cooperação* sugere que a intervenção regulatória da esfera central há-de cingir-se aos domínios estritamente necessários à prossecução dos fins ou ao desenvolvimento dos objectivos que justificam a existência do sistema composto. Isto é, a subsidiariedade

---

[39] Para uma análise crítica da Sentença *United States versus Morrison* de 2000 e suas consequências legislativas cfr. John Dinan, *Congressional responses to the Rehnquist Court's federalism decisions*, cit., pág. 6-7.

[40] Sobre a ideia de subsidiariedade enquanto compromisso cfr. Antonio Estella de Noriega, *La paradoja de la subsidiariedad: reflexiones en torno de la jurisprudencia comunitaria relativa al artículo 3B (2) del Tratado de la Comunidad Europea*, in Revista española de derecho administrativo, n.º 101, Jan-Mar/1999, págs. 80-81.

enuncia uma pauta de comportamento segundo a qual as decisões que afectam a vida comunitária *devem ser tomadas o mais próximo possível dos cidadãos*[41], de forma que não se devolva à responsabilidade da esfera central aquilo que os entes periféricos estão em condições de desempenharem satisfatoriamente. A *lógica da subsidiariedade* atrela a intervenção central a um determinado curso de acção, qual seja, o de *actuar se e na medida do indispensável à sobrevivência da totalidade sistémica*. Desta forma o *princípio da subsidiariedade* (que integra o *compromisso constitucional de cooperação* dos sistemas federativos) transporta a *prescrição de um valor de contenção*, que afecta o relacionamento entre o poder central e o periférico, e que se revela em plenitude quando da *alocação, re-alocação* e *exercício* das respectivas competências. Daqui deriva que o *princípio da subsidiariedade* fornece as coordenadas para o tratamento do problema jurídico-político das competências nos ordenamentos compostos, que traduzir-se-ia nas seguintes perplexidas: Quais competências

---

[41] Sobre o histórico do princípio da da subsidiariedade cfr. Jose Areilza Carvajal, *El principio de subsidiariedad en la construcción de la Unión Europea*, in Revista española de derecho constitucional, n.º 45, Set-Dez/1995, págs. 65 e ss, onde o Autor refere que as origens do princípio hão-de ser rastreadas na filosofia escolástica e mais recentemente na doutrina social da Igreja Católica, sobretudo na Encíclica *Quadragesimo Anno* (1931), na qual o Papa Pio XI, alertado pelos efeitos do corporativismo fascista, defenderia a subsidiariedade da sociedade frente ao Estado: a subsidiariedade enquanto princípio ético demandava a protecção do indivíduo, da família, das associações e unidades mais elementares da organização política frente ao intervencionismo estatal. Até então a doutrina da Igreja não distinguia entre actores políticos (municípios, regiões) e actores sociais (indivíduo, família, associações), porque tratava-se de limitar o poder cada vez mais acentuado do Estado, através da restrição de sua actuação àquelas áreas em que fosse efectivamente necessária a sua intervenção, isto é, às matérias em que através da actuação do Estado se atingiriam mais eficazmente os fins pretendidos. Desta forma a subsidiariedade católica não pretendia fornecer um critério para o desenvolvimento dos modelos políticos: apenas derivava da particular defesa e compreensão da dignidade e liberdade humana com que a Igreja iluminava os problemas sociais daquele tempo. Uma noção de subsidiariedade próxima da enunciada por Pio XI, mas certamente com matizes próprios e fins políticos, seria empregue no desenvolvimento do federalismo alemão a partir de 1949. A subsidiariedade alemã, enunciada nos anos cinquenta como um princípio eminentemente jurídico, contribuiria à manutenção do equilíbrio instável da partilha de responsabilidades ou poderes verticais naquele Estado federal, justificando a intervenção do poder central sempre e na medida que assim o exigisse o interesse geral. O Autor ainda traça a evolução do princípio no âmbito da construção europeia. Para uma ampla bibliografia sobre o princípio da subsidiariedade cfr. Iñigo Cavero Lataillade, *El principio de subsidiariedade en el marco de la Unión Europea*, in Revista de la Facultad de Derecho de la Universidad Complutense, n.º 18, 1994.

devem ser devolvidas ao poder central? Em que circunstâncias deve a instância central exercer as faculdades que lhe foram acometidas? Em que medida deve a instância central exercer as suas competências? Tais inquietações denotam que a subsidiariedade não orienta apenas a alocação original de competências ou a partilha inaugural de responsabilidades entre centro e periferia, mas também informa a questão de *se* e *com que medida* o poder central pode intervir na regulação da vida comunitária[42]. Funciona como um princípio jurídico tendente a aplacar os temores da usurpação política central – e simultaneamente intensificar a disponibilidade periférica para a eventual devolução de competências em nome do sucesso da totalidade sistémica[43].

Apesar de a noção de subsidiariedade ter despertado as atenções jurídico-constitucionais europeias apenas a partir da década de cinquenta do séc.XX (quando os alemães trataram de enunciar o princípio da subsidiariedade como eminentemente jurídico), e de tal interesse ter sido reforçado pela inclusão da subsidiariedade no Acto Único Europeu de 1986 (particularmente no que concerne à política de protecção do ambiente), o certo é que a subsidiariedade não representa um novo conceito das ideias políticas, mas um *elemento básico dos movimentos federais, antigos e recentes* (Vlad Constantinesco)[44]. Importa, portanto, referir que a *lógica da subsidiariedade* não resta adstrita à esfera das competências concorrentes – como não raro se pretende fazer crer – posto que a subsidiariedade é anterior e informa a alocação de todas as competências, concorrentes ou não. E quando o poder central actua, ainda que no âmbito das suas competências exclusivas, sempre tem de justificar a intervenção ou demonstrar que o interesse geral exige a *adopção de medidas harmonizadas* ou tendentes a *realizar a uniformidade* – algo que só o poder central está

---

[42] Para a captação do significado do princípio da subsidiariedade num sentido amplo cfr. P. Kapteyn, *Community law and the principle of subsidiarity*, in Revue des affaires européennes, n.º 2, 1991, pág. 38.

[43] Sobre a ideia de subsidiariedade enquanto *Leitmotiv* ou princípio informador da re-alocação de competências ou da partilha de responsabilidades nos sistemas federativos, particularmente aquele australiano, cfr. Deborah Cass, *The word that saves Maastricht? The principle of subsidiarity and the division of powers within the European Community*, in Common market law review, 29, 1992.

[44] No sentido de que a subsidiariedade constitui um elemento básico dos movimentos federais antigos e recentes cfr. Vlad Constantinesco, *Who's afraid of subsidiarity?*, in Yearbook of european law, 11/1991, Clarendon Press, Oxford, 1992, pág. 36, onde se lê que não resta dúvida de que a subsidiariedade expressa uma particular espécie de cultura política – aquela dos Estados federais.

naturalmente em condições de conseguir. O princípio da subsidiariedade funciona como um *requerimento de justificação* imposto sobre o poder central e tendente a legitimar as suas intervenções – na medida em que o obriga a fazer prova de que prossegue efectivamente os objectivos do fundamento jurídico invocado para actuar.

Ocorre que certos ordenamentos compostos incorporam, para além do *princípio da subsidiariedade* (que independe de consagração expressa posto que integra o *compromisso constitucional de cooperação* dos sistemas federativos), também uma *regra de subsidiariedade* fundada naquele princípio, e que resta aplicável ao domínio das competências concorrentes (*Theodor Schilling*). Tal regra de subsidiariedade, aplicável à esfera das *potenciais* competências do poder central, impõe que a invocação e o exercício das mesmas dependa da prova do preenchimento de certos pressupostos constitucionalmente definidos. Isto significa que a disposição normativa do art. 72.°/2 da Lei Fundamental Alemã (segundo a qual *no domínio da legislação concorrente cabe aos Estados a faculdade de legislar desde e na medida em que a Federação não faça uso da sua faculdade legislativa*; *cabe à Federação legislar desde que haja necessidade de uma regulação federal em virtude de*: 1) *um assunto não poder ser satisfatoriamente regulado pela legislação dos diversos Estados*, 2) *a regulação de um assunto por lei estadual poder prejudicar os interesses de outros Estados ou o interesse geral*, 3) *assim o exigir a manutenção da unidade jurídica e económica, especialmente a manutenção da equivalência das condições de vida para além do território de um Estado*), ou a disposição normativa do art. 5.° do Tratado da Comunidade Europeia (segundo a qual *nos domínios que não sejam das suas atribuições exclusivas, a Comunidade intervém apenas, de acordo com o princípio da subsidiariedade, se e na medida em que os objectivos da acção encarada não possam ser suficientemente realizados pelos estado-membros, e possam pois, devido à dimensão ou aos efeitos da acção prevista, ser melhor alcançados ao nível comunitário*), correspondem ambas a *regras* de subsidiariedade (em sentido *dworkiniano*), as quais buscam fundamento de validade no correlato *princípio da subsidiariedade*[45].

---

[45] Sobre o entendimento de subsidiariedade que se revela como princípio e como regra cfr. Theodor Schilling, *A new dimension of subsidiarity: subsidiarity as a rule and a principle*, in Yearbook of european law, 14/1994, Clarendon Press, Oxford, 1995.

Nos termos da distinção perfilada por *Ronald Dworkin*, recordamos, as normas de um sistema jurídico-constitucional tanto podem revelar-se sob a forma de princípios como sob a forma de regras: os princípios transportariam a prescrição de um valor, não disciplinariam uma situação jurídica específica, e seguiriam a *lógica da optimização/harmonização* numa situação de conflito; enquanto as regras transportariam a prescrição de uma exigência, disciplinariam uma situação jurídica específica, e obedeceriam à *lógica do tudo ou nada* numa situação de conflito. Enquanto a *regra da subsidiariedade* dos ordenamentos alemão e comunitário restringem a esfera de actuação normativa às competências concorrentes, o *princípio da subsidiariedade* que as fundamenta resta bem mais abrangente e informa toda a construção federal alemã e europeia. *Tomar a subsidiariedade a sério* implica basicamente não restringi-la ao papel de uma regra tecnicamente limitada à esfera das competências não-exclusivas do poder central e exposta às contingências políticas, mas reconhecê-la como um padrão de conduta orientante das relações entabuladas entre poder central e periférico desde a primeira hora, cujo postulado não apenas legitima a intervenção central como salvaguarda a integridade da autonomia periférica. Tomando exemplificadamente o ordenamento composto europeu, a *regra da subsidiariedade* do art. 5.º do Tratado da Comunidade *reflecte o princípio da subsidiariedade* expresso no preâmbulo e depois plasmado nos arts. 1.º e 2.º do Tratado da União, segundo o qual as *decisões devem ser tomadas o mais próximo possível dos cidadãos*. Se a lógica da subsidiariedade restasse tecnicamente limitada à esfera das competências concorrentes, o poder central alemão poderia incondicionalmente valer-se das suas competências exclusivas em matéria de unidade comercial (art. 73.º/5 da Lei Fundamental Alemã), assim como as instituições comunitárias poderiam irrestritamente valer-se da sua competência exclusiva em matéria de estabelecimento e funcionamento do mercado interno (arts. 14.º e 95.º do Tratado da Comunidade), posto que sem muito esforço quase todos os domínios de actividade restariam albergados em tão abrangentes competências exclusivas! Felizmente nada disso ocorre: num ordenamento composto nenhuma competência é absoluta e o seu exercício sempre está sujeito a condicionamentos de lealdade e subsidiariedade e, em última análise, à fiscalização judicial exercida sobre as condições objectivas para a adopção das medidas – visto que não basta atingir um compromisso, é preciso torná-lo credível.

Assentada a ideia de que o princípio da subsidiariedade fundamenta a regra da subsidiariedade nos ordenamentos compostos – e portanto vai muito para além dela – interessa aferir da judiciabilidade da subsidiariedade, isto é, se a subsidiariedade pode ser apreciada judicialmente. A lógica da subsidiariedade prende-se com a definição de *quem faz o quê e até onde*, ou seja, com a eterna disputa política sobre qual esfera de poder deve actuar ou responsabilizar-se por um dado sector da vida comunitária. Acontece que não há como defini-lo para todo o sempre. Não existe uma maneira neutra e apriorística de conhecer e comparar os custos e benefícios da actuação de cada nível governativo. E mesmo que houvesse, a interdependência e a globalização das economias e mercados acabaria por ditar a rápida obsolescência da atribuição original. Quando se testa judicialmente a subsidiariedade de uma medida central não se avalia *quem faz melhor* ou *reúne as melhores condições* para actuar num certo sector num dado momento histórico – basicamente porque tal decisão compete ao poder político. Não existe qualquer *teste de eficácia comparativa* entre as potenciais acções do poder central e do poder periférico que possa ser aplicado judicialmente. A propósito refira-se a perplexidade do Advogado--Geral *Nial Fennelly* no processo C-376/98, tramitado no Tribunal de Justiça das Comunidades[46], expressa nos seguintes termos: *Como é que, em particular, se avaliam as vantagens comparativas de uma acção de harmonização comunitária para a prossecução do mercado interno*, em oposição às *regulamentações individuais dos Estados-membros relativas a preocupações nacionais de fundo com carácter completamente distinto?* Certamente não é deste exercício de probabilidades que se trata quando se avalia judicialmente a subsidiariedade de uma medida. Então o que estaria efectivamente em causa?

Ora bem, o apuramento do *interesse geral* conducente à regulação central não é judicialmente controlável: ao legislador central, e não à justiça constitucional, compete decidir sobre a promoção do bem-estar geral e a conveniência das medidas. Assim o é porque os órgãos políticos estão mais bem preparados para estabelecer os objectivos e tomar as decisões colectivas que demandam apreciações político-económicas exorbitantes da função judicial (cfr. *BVerfGE* 2, 213 – onde o Tribunal Constitucional alemão devolve ao legislador central o juízo sobre a necessidade de uma regulação federal). Sendo certo que o juiz constitucional

---

[46] A ideia da inexistência de um *teste de eficácia comparativa* entre as potenciais acções dos Estados e da Comunidade Europeia é sugerida nas conclusões do Advogado--geral Nial Fennelly apresentadas em 15 de Junho de 2000 no âmbito do Processo C--376/98 (República Federal da Alemanha versus Parlamento e Conselho da União Europeia) constante da Colectânea da Jurisprudência do Tribunal de Justiça e do Tribunal de Primeira Instância, Parte I, 2000-10 (A), Luxemburgo, pág. I-8484.

não se pode substituir ao legislador, nem indicar (e ainda menos prescrever) a medida a tomar em consonância com o seu próprio julgamento, é igualmente certo que a justiça constitucional pode e deve avaliar se estão cumpridos os pressupostos constitucionalmente definidos para a actuação legislativa central. Ou seja, ao legislador central compete fazer prova de que cumpriu as condições previamente definidas para a sua intervenção – e à justiça constitucional compete apreciar se o legislador interpretou pertinentemente as disposições que condicionam a actuação central, e se conservou-se dentro das fronteiras constitucionalmente definidas. Se tomarmos exemplificadamente as regras de subsidiariedade dos ordenamentos alemão e comunitário supracitadas, e as correspondentes decisões judiciais nas quais se questionou a validade de um acto normativo com fundamento na violação da subsidiariedade, logo se percebe que a apreciação judicial recai predominantemente sobre o fundamento jurídico do acto impugnado. O controlo do fundamento jurídico ou competência invocada resulta determinante porque se a intervenção central puder fundar-se em duas distintas disposições, o legislador pode ser tentado a optar pela competência exclusiva com o intuito de livrar-se do apertado controlo da subsidiariedade em matéria de competência concorrente. A escolha do fundamento jurídico não depende meramente da convicção do legislador a partir dos objectivos supostamente prosseguidos, mas baseia-se, isto sim, em factores objectivos apreciáveis judicialmente, particularmente o propósito ou intenção da medida (a recorrente sugestão *marshalliana*).

Quando se aprecia a subsidiariedade de uma medida não se trata de escolher quem reúne melhores condições para prosseguir um certo objectivo, mas verificar se o acto cuja validade se contesta prossegue efectivamente os objectivos autorizados pelo fundamento jurídico invocado. E além disso, se o legislador apresentou elementos circunstanciados que permitam formular um juízo positivo quanto à observância das condições constitucionalmente definidas em termos de subsidiariedade, as quais determinam a legitimidade da actuação central. No sentido da clarificação dos referidos elementos circunstanciados, o Protocolo relativo à aplicação dos princípios da subsidiariedade e proporcionalidade anexo ao *Tratado que institui uma Constituição para a Europa* prevê a inclusão, em cada proposta legislativa comunitária, de elementos demonstrativos do impacto financeiro da medida, e no caso de leis-quadro, das respectivas implicações para a posterior regulação dos Estado-membros e eventual regulação regional. Ademais, as razões que permitam concluir que determinado objectivo da União pode ser mais adequadamente alcançado se prosseguido ao nível europeu, devem ser corroboradas por indicadores qualitativos e sempre que possível quantitativos. Isto demonstra ser efectivamente possível fazer prova da observância da subsidiariedade e afasta as dúvidas quanto à judiciabilidade da subsidiariedade[47]. Se assim não fosse, teríamos de atestar a inutilidade do art. 93.º/1/2a da Lei Fundamental Alemã, no qual figura, entre as competências do respectivo Tribunal Constitucional, aquela de decidir em caso de divergência de opinião sobre se uma lei respeita os requisitos do referido art.72.º/2, seja sob iniciativa do Conselho Federal, do governo de um *Land*, ou ainda da assembleia representativa de um *Land*.

É evidente que a garantia da subsidiariedade é uma questão fundamentalmente política (estranho seria se não fosse, na medida em que o direito constitucional fornece o *estatuto jurídico do político*), cujas repercussões jurídicas hão-de ser cautelosamente ponderadas, sem o ânimo de converter os tribunais em instâncias resolutórias de debates políticos pouco consensuais – ou das chamadas *political hot potatoes* de difícil apreciação judicial[48]. Não será por outra razão que a justiça constitucional

---

[47] Contra a judiciabilidade da subsidiariedade cfr. P. Kapteyn, *Community law and the principle of subsidiarity*, cit., págs. 41-42, onde o Autor revela preocupações quanto à objectividade do princípio, que deveria ser entendido em termos sócio--políticos (em combinação com outros relevantes princípios de acção social, posto que se volta à protecção da autonomia individual e colectiva contra a desnecessária intervenção do Estado) e não em termos jurídico-constitucionais, sujeito a *judicial review*. Para uma posição menos reservada sobre a judiciabilidade da subsidiariedade cfr. A. G. Toth, *Is subsidiarity justiciable*?, in European law review, 19, n.º 3, Junho/1994, que conclui pela judiciabilidade do princípio mas apenas numa certa medida e sujeita às limitações jurisdicionais em casos que envolvem *judicial review* (sobretudo a impossibilidade do juízo sobre a conveniência da medida). Num sentido favorável à judiciabilidade e à invalidação de medidas legislativas com fundamento na inobservância da subsidiariedade cfr. Jose Areilza Carvajal, *El principio de subsidiariedad en la construcción de la Unión Europea*, cit, sobretudo págs. 91-92.

[48] Sobre a temática das *political hot potatoes* no contexto da distinção entre garantias políticas e judiciais da subsidiariedade cfr. Ricardo Alonso Garcia/Daniel Ramírez-Escudero, *Efectos colaterales de la convención sobre el futuro de Europa en la arquitectura judicial de la Unión: hacia una jurisdicción auténticamente constitucional europea?*, in Revista de estudios políticos, n.º 119, Jan-Março/2003, págs. 115-120. Os Autores dão conta de que em função do carácter fundamentalmente político da subsidiariedade, o *Informe Final* do Grupo de Trabalho I da Convenção sobre o Futuro da Europa (que se ocupou precisamente das questões relativas à subsidiariedade), acabou por descartar a possibilidade de um controlo jurisdicional *ex ante* da subsidiariedade, ao estilo do controlo preventivo da constitucionalidade, dado que a introdução de um controlo jurisdicional na fase legislativa equivaleria a reconhecer que o controlo da subsidiariedade perdera o seu carácter eminentemente político. Ademais o Grupo de Trabalho I considerou as dificuldades de se levar a efeito o

dos sistemas federativos, actuando nos termos de um controlo mínimo, tem progressivamente deixado aos cuidados do poder político o encargo de estabelecer limites às competências do poder central. É que os ordenamentos compostos contemporâneos já não se guiam pelo postulado de que certas competências são *a priori* mais bem conduzidas por dado nível governativo (o que inspirava a distribuição estática e estrita de competências), antes pautam-se pela ideia de que a distribuição e o exercício das competências verticais depende da contínua renegociação entre os distintos actores políticos e sociais relativamente a *quem faz o quê e até onde*. Só um debate político aberto e transparente permitiria saber *qual nível de governo actua melhor* ou suficientemente numa área e *quando e como* deve intervir. A ideia aqui subjacente é a de que a repartição original de competências não esgota as possibilidades de assunção de responsabilidades. Isto é, a distribuição e o exercício das responsabilidades têm natureza transaccional, baseiam-se cada vez mais na conciliação e cooperação entre os distintos níveis, dependem definitivamente daquilo que o processo político decida a cada momento. Segundo tal *perspectiva procedimental* ou *predominantemente política* da repartição de competências (*Areilza Carvajal*), em vez de se determinar definitiva e rigorosamente a actuação de cada nível, é a *lógica da subsidiariedade* quem deve orientar a prossecução da partilha ideal de responsabilidades, através da instituição dos suficientes controlos políticos que permitam a influência do nível periférico no processo decisório central.

O ideal seria esse. Mas o real funcionamento dos Estados compostos nos sugere que tal perspectiva procedimental transporta debilidades – e porventura a mais evidente é que a existência de limites jurídicos mais ou menos estritos e a correspondente fiscalização judicial da sua observância tem ela própria virtualidades democráticas de limitação dos abusos de poder, venha de que nível governativo vier[49]. Portanto, desde que os critérios da partilha de responsabilidades entre poder central e periférico

---

controlo jurisdicional do princípio da subsidiariedade num momento distinto daquele em que resta controlada a observância de outros princípios como o da atribuição de competências e da proporcionalidade. Não obstante, o Informe não descarta a possibilidade de criar no seio do Tribunal de Justiça das Comunidades uma câmara *ad hoc* encarregada das questões de subsidiariedade, cuja programação e responsabilidade em termos de composição e funcionamento recairia sobre o próprio Tribunal.

[49] Sobre a perspectiva procedimental ou predominantemente política da distribuição e exercício de competências cfr. Jose Areilza Carvajal, *El principio de subsidiariedad en la construcción de la Unión Europea*, cit., págs. 65, 77, 81, 87, 90, 91.

estejam minimamente definidos – e acentuamos o *minimamente* porque a delimitação de competências responde a concretas necessidades políticas e circunstâncias históricas que por vezes dificultam a definitiva assunção de um sistema competencial completo e coerente – repetimos, desde que se clarifiquem os critérios que presidem à repartição competencial e se definam as zonas de actuação de cada nível governativo, o princípio da subsidiariedade pode dar lugar a um controlo judicial efectivo, isto é, *pode converter-se num parâmetro de valoração jurídico-constitucional do exercício das competências* (*Albertí Rovira*). Este é, de resto, o grande desafio jurídico-constitucional que hoje se põe à Europa: a resolução do problema da expansão competencial comunitária passa necessariamente pela delimitação mais precisa das respectivas competências da União e Estados-membros. Tendo em conta que os tratados constitutivos não densificaram o sentido e limites do sistema comunitário de competências e sequer contemplaram qualquer indicação sobre a natureza das competências de cada nível decisório, não admira que as zonas de actuação ainda restem mal arbitradas pelo princípio da subsidiariedade! É que em tão nebulosas circunstâncias tal princípio definitivamente não se pode converter num adequado parâmentro de controlo jurisdicional[50]. Não seria despropositado ocuparmo-nos brevemente da questão – porque a teoria das competências demonstra alguma dificuldade em captar o dinamismo europeu; ademais, a União Europeia corresponde ao mais intrigante laboratório composto da actualidade.

---

[50] Sobre a ideia de que a subsidiariedade pode dar lugar a um controlo judicial efectivo – isto é, que pode converter-se num parâmetro de valoração jurídica do exercício das competências – mas desde que se definam as zonas de actuação de cada nível governativo cfr. Enoch Albertí Rovira, *La delimitación de las competencias entre la Unión y los Estados miembros*, in Revista de estudios políticos, n.º 119, Jan-Março/ /2003, págs. 94-96. Sobre a alegada irrelevância da distinção entre competências exclusivas e concorrentes no sistema europeu porque em *todas as matérias transferidas à Comunidade a sua competência seria em princípio exclusiva* cfr. A. G. Toth, *The principle of subsidiarity in the Maastricht Treaty*, in Common market law review, 29, 1992, págs. 1080-1081, na qual o Autor sugere que onde a competência da Comunidade começa, aquela dos Estados necessariamente termina. Sobre a temática da repartição de competências cfr. Andrea Manzella, *La ripartizione di competenze tra Unione Europea e Stati membri*, in Quaderni costituzionali, ano XX, n.º 3, Dezembro/2000; Adele Anzon, *La delimitazione delle competenze dell'Unione Europea*, in Diritto pubblico, n.º 3, 2003.

2.3.3. Tendências jurisprudenciais da mais recente ordem constitucional federativa (União Europeia)

O sistema comunitário tomou o freio nos dentes – em tempos já o diagnosticava o saudoso Professor *Lucas Pires*. Para muitos subsiste ainda uma diferença sintomática entre titularidade nacional de competências e mero exercício comunitário. Só que entre ambas – titularidade e exercício – há a passagem de um sistema a outro e, para lá da fronteira, a possível apropriação do título pelo utente fica em parte fora do controlo, se é que já não prescreveu a seu favor, depois de quase meio século de uso consensual indiscutido. E com a passagem da decisão por unanimidade à maioria qualificada, após o Acto Único, as possibilidades de controlo efectivo da delegação diminuíram ainda mais, posto que sem veto, ou com um poder de veto mais escasso, as brechas do controlo nacional sobre a delegação alastram. O Autor inclusivamente questiona se o *princípio da competência das competências dos Estados-membros* não se tornou um grande envelope quase vazio. Afinal para haver competência das competências tem de haver competências para atribuir. Ora, como já acontece no domínio económico e monetário, o *baú do tesouro esvaziou-se consideravelmente*[51].

O dignóstico de *Lucas Pires* remonta ao ano de 1997, e já revelava, com propriedade, a dinâmica de apropriação de competências pelos órgãos comunitários, tendencialmente instrumentalizada pela *doutrina dos poderes implícitos* e pela *técnica da flexibilidade*. A primeira sustenta a possibilidade de competências adicionais, ou não expressamente previstas nos tratados, mas deduzíveis ou necessariamente atreladas àquelas que efectivamente o são[52]. Já a *técnica da flexibilidade* traduz-se na previsão de mecanismos

---

[51] Sobre a expansão das competências comunitárias cfr. Francisco Lucas Pires, "*Competência das competências": competente mas sem competências?*, in Revista de legislação e jurisprudência, 130, n.º 3885, 1997/1998, págs. 356-357.

[52] Sobre o papel da doutrina dos *implied powers* na ordem jurídica comunitária cfr. Koen Lenaerts, *Constitutionalism and the many faces of federalism*, cit., pág. 216, onde o Autor inclusivamente transcreve um excerto da célebre Sentença McCulloch versus Maryland de 1819: "*Let the end be legitimate, let it be within the scope of the Constitution, and all means which are appropriate, which are plainly adapted to that end, which are not prohibited, but consistent with the letter and spirit of the Constitution, are constitutional.* " Entre nós, cfr. Maria Luísa Duarte, *A teoria dos poderes implícitos e a delimitação de competências entre a União Europeia e os Estados-membros*, Lex, Lisboa, 1997.

que permitem a ampliação das faculdades de intervenção da Comunidade para além das atribuições específicas realizadas pelos tratados, sempre que tal seja necessário à prossecução dos objectivos definidos nos mesmos. Tais mecanismos corresponderiam, respectivamente, às *cláusulas competenciais abertas* dos arts. 94.º e 95.º do Tratado da Comunidade (que permitem a adopção de medidas de harmonização das legislações nacionais com vistas ao estabelecimento e funcionamento do mercado comum), e à *cláusula de extensão competencial* do art. 308.º do Tratado da Comunidade (que permite ampliar os poderes de acção comunitários a partir do acordo unânime dos governos representados no Conselho de Ministros, ou seja, quando uma acção comunitária resulte necessária ao funcionamento do mercado comum, sem que os tratados prevejam os poderes de acção requeridos para o efeito, é possível suprir tal lacuna e adoptar as disposições pertinentes à revelia dos respectivos procedimentos nacionais para a aprovação de tratados).

Em termos quantitativos não seria desproposado afirmar – e *García de Enterría* fá-lo rotundamente – que a maior parte das competências hoje exercidas pelas instâncias europeias *não foram directamente atribuídas pelos tratados constitutivos, mas resultam, em vez disso, da técnica de flexibilidade*[53]. Isto porque tem sido feita uma *leitura teleológica dos poderes comunitários que alimenta endogenamente a expansão competencial* (*Andreu Rayo*): os objectivos comunitários (ou as necessidades funcionais da organização) são a verdadeira fonte de competência, e os Estados já não são tão *donos do tratado* quanto se pretende fazer crer – ainda que o voluntarismo de *Karlsruhe* proclame que os objectivos do tratados constitutivos em si mesmos não bastam para fundamentar ou estender tarefas e competências comunitárias[54]. É certo que se a Comuni-

---

[53] A ideia de que a maior parte das competências hoje exercidas ao nível europeu não foram directamente atribuídas via tratados constitutivos (antes resultam da técnica da flexibilidade) é defendida por Eduardo García de Enterría, *El proyecto de Constitución Europea*, in Revista española de derecho constitucional, 15, n.º 45, Set-Dez/1995, pág. 27. Para a ilustração jurisprudencial da cláusula da flexibilidade cfr. Acórdão 45/86 do Tribunal de Justiça das Comunidades, de 26 de Março de 1987 (*Comissão das Comunidades Europeias versus Conselho das Comunidades Europeias*), sobretudo fundamento 13; e ainda Acórdão 242/87, de 30 de Maio de 1989 (*Comissão das Comunidades Europeias versus Conselho das Comunidades Europeias*).

[54] Sobre a leitura teleológica dos tratados que alimenta endogenamente a expansão competencial comunitária cfr. Andreu Olesti Rayo, *Los principios del tratado de la Unión Europea*, Editorial Ariel, Barcelona, 1998. No sentido da afirmação de que os Estados-membros são os donos dos tratados constitutivos e que os objectivos dos

dade não tivesse sido capaz de autonomamente definir a extensão de seus poderes e os efeitos do respectivo exercício, não tínhamos processo de integração. Mas é inegável que a possibilidade de justificar qualquer medida de regulação social e económica com o objectivo de realizar o mercado comum, permitiu o largo avanço das instituições comunitárias em áreas dantes sujeitas à jurisdição nacional.

E dificilmente as competências da União deixarão de ser condicionadas pelas finalidades a prosseguir: não só porque esta é a tendência nos sistemas federativos (a partir das cláusulas de prossecução *interesse geral*), mas sobretudo porque não se vai renunciar a um dos mecanismos técnicos que esteve na base do espectacular desenvolvimento comunitário. Como prelecciona *Albertí Rovira*, a construção europeia foi sendo justificada pelos *objectivos que lhe competiam prosseguir* e sua *legitimidade política foi sendo medida pela capacidade de consecução de tais metas*. Daí que se diga que o sistema comunitário de competências funciona segundo uma *lógica funcionalista*, isto é, as competências comunitárias são basicamente concebidas em termos de *redes decisórias* para as quais releva a participação de tantos mais actores quanto for possível na definição dos projectos comuns (instituições comunitárias, governos nacionais, regiões, entidades locais, associações representativas de interesses, etc.). A exacta delimitação dos âmbitos materiais sobre os quais recaem tais decisões resta secundarizada, posto que o que efectivamente importa em termos de legitimidade comunitária é a comparticipação ou partilha de responsabilidades na definição das actuações comuns e sua realização. O risco de tal enfoque funcionalista é precisamente o da diluição de responsabilidades, visto que

---

tratados em si mesmos não bastam para fundamentar ou estender tarefas e competências cfr. o acórdão do Tribunal Constitucional Federal alemão de 12 de Out/1993 sobre a constitucionalidade do tratado de Maastricht, no qual o Tribunal alemão chama a si a competência de decidir sobre os limites da delegação de poderes caso o Tribunal de Justiça das Comunidades não fizesse uma interpretação adequada do âmbito de competências comunitárias depois de Maastricht. Felizmente nada neste sentido se confirmou e a cooperação entre a jurisdição nacional e a comunitária continua estreita, mesmo porque não se pode prever em que medida a deslegitimação do Tribunal de Justiça afectaria (negativamente) a própria legitimidade do tribunal nacional. Para uma tradução portuguesa do acórdão em causa cfr. Margarida Brito Correia, *Da constitucionalidade do Tratado de Maastricht sobre a União Europeia*, in Direito e justiça, vol. VIII, tomo 2, 1994, sobretudo págs. 291-292, 294 (onde se lê que *a Alemanha é um dos senhores do tratado*) e págs. 311 e ss. Para uma apreciação positiva do acórdão cfr. Matthias Herdegen, *Maastricht and the german Constitutional Court: constitutional restraints for an "ever closer Union"*, in Common market law review, vol. 31, n.º 2, 1994.

dificulta a identificação e distinção das responsabilidades que correspondem a cada instância. Mas é precisamente nesta originalidade decisória, organizada nos termos de uma *rede de governação multinível*, onde reside o código genético desta nova forma de organização do poder político – donde decorre a imprescindibilidade de uma *teoria da democracia constitucional europeia*, como já o reclamou *Gomes Canotilho*, para oferecer explicação aos seus fenómenos pós-modernos.

Em alternativa a tal *enfoque funcionalista* se perfila o *enfoque federal de competências* (*Albertí Rovira*), o qual implicaria definir, com tanta precisão quanto fosse possível, os âmbitos de actuação ou esferas de responsabilidade da União e Estados-membros (tal como decorre nos Estados compostos, sobretudo para que o eleitorado possa discernir e identificar *quem faz o quê* no complexo federativo, e possa desta forma proceder a um adequado juízo valorativo das correspondentes prestações). Não necessariamente em termos de exclusividade, posto que tal estaria na contra-mão das experiências federativas da actualidade, nas quais avulta a concorrência de responsabilidades. De resto a definição de competências exclusivas dos Estados-membros contradiria a flexibilidade da construção europeia, desde sempre pautada na ausência de um núcleo de soberania que os Estados-membros pudessem invocar contra a Comunidade – algo que o Tribunal de Justiça das Comunidades esclareceu no Acórdão 153//78, de 12 de Julho de 1979 (*Comissão das Comunidades Europeias versus República Federal da Alemanha*), quando decidiu que a norma do então art. 36.º do Tratado da Comunidade (que autorizava a imposição de reservas *não arbitrárias* à livre circulação interestadual por razões de ordem, segurança e saúde pública) *não tinha o propósito de reservar certas matérias à exclusiva jurisdição dos Estados-membros*, e por isso não devia ser interpretada enquanto protecção constitucional dos poderes reservados aos Estados-membros que pudessem ser soberanamente exercidos[55]. Parece evidente que o Tribunal de Justiça pretendia afastar as ilegítimas invocações de soberania contra aquilo que corresponde ao *interesse geral*. Seja como for, o respeito pelas identidades nacionais dos Estados-membros por parte das instâncias europeias (aqui contemplada a respectiva identidade constitucional) está certamente salvaguardado pelo art. 6.º/3 do Tratado da União.

---

[55] Sobre a ausência de um núcleo de soberania que os Estados-membros pudessem invocar contra a Comunidade cfr. Koen Lenaerts, *Constitutionalism and the many faces of federalism*, cit., págs. 220-222.

Quanto à evolução do sistema de competências da União Europeia, o mais provável é que se encontre uma alternativa intermédia entre aquilo que a doutrina reconhece como modelo funcionalista e modelo federal, através de uma solução que salvaguarde a capacidade adaptativa da União frente aos desafios globalitários, sem prescindir de uma delimitação mais precisa das responsabilidades de cada nível. Isto porque a exclusiva adopção o modelo federal de competências implicaria abandonar o *federalismo de execução* como técnica típica da integração europeia (segundo a qual a União regula e Estado-membro implementa, executa) – ou pelo menos atenuar o emprego daquela técnica –, e avançar para a institucionalização de uma administração federal e de uma jurisdição federal. Antes de mais, implicaria converter o Tribunal de Justiça das Comunidades numa instância de recurso das decisões nacionais – a fim de aferir da legitimidade das actuações federadas, à luz da repartição competencial constitucionalmente consagrada, e determinar a inconstitucionalidade das disposições nacionais. Nada indicia que se avance formalmente neste sentido, posto que as resistências são ainda muitas. Tudo se complica quando as conceptualizações não convergem: o federalismo, que está nos antípodas da centralização, é não raro percepcionado por britânicos e franceses (e agora também holandeses, pasme-se!) como sinónimo de uniformidade e hierarquia. Nas actuais circunstâncias ainda resulta difícil declinar do enfoque funcionalista – pelas mesmas razões que determinaram a sua consagração. Os acordos funcionais que permitiram a integração europeia não foram forjados para enganar a opinião pública e impor subrepticiamente soluções impopulares: simplesmente reflectem que *por vezes é mais fácil atingir-se um compromisso sobre propostas concretas*, cujos custos e benefícios sejam minimamente antecipados, e que possam ser objecto de distintas concessões, *do que alcançar um consenso sobre uma definição abstracta de bem público e sobre os modos de o atingir* (Renaud Dehousse)[56].

Todavia enquanto não se estabelecer uma *tipologia geral das competências comunitárias* (Albertí Rovira), isto é, enquanto não se precisar qual o conteúdo funcional dos diversos títulos competenciais da União (são competências legislativas, executivas, ou de coordenação?), e enquanto

---

[56] Sobre a dificuldade de se abandonar o método funcional de Monnet que permitiu a gradual integração europeia cfr. Renaud Dehousse, *Quimeras constitucionales? Algunos comentarios escépticos sobre la Convención Europea*, in Revista vasca de administración pública, n.º 65 (II), 2003, págs. 14-17.

não se definir que espécie de relação se estabelece entre União e Estados-membros em cada tipo competencial (são competências exclusivas, concorrentes, ou complementares?), definitivamente não há como exigir que os princípios ou critérios que tendencialmente disciplinam a delimitação de competências – entre os quais a subsidiariedade –, funcionem como um adequado parâmetro de controlo político e judicial do exercício competencial. O problema do controlo judicial das competências europeias não reside nos instrumentos contenciosos previstos para tal fiscalização (o recurso de anulação dos arts. 230.º e 231.º e o reenvio prejudicial do art. 234.º do Tratado da Comunidade são, em princípio, suficientes), mas sim *no parâmetro a partir do qual tal controlo é exercido*. As deficiências de que padece o sistema de distribuição de competências comunitário impedem que dele decorra um parâmetro de controlo minimamente seguro sobre os limites do exercício das respectivas faculdades[57].

Urge definir as regras que determinam as competências de cada nível decisório, seu respectivo funcionamento, e a forma como as mesmas se articulam – isto é, importa incorporar aos tratados constitutivos a definição do sentido e limites do sistema comunitário de competências, cuja ausência fez recair sobre a jurisprudência do Tribunal de Justiça o encargo de deduzir o desenho dos regimes competenciais. O Tratado que institui uma Constituição para a Europa ordena, minimamente, o emaranhado competencial europeu e respectivos mecanismos de controlo[58], sobretudo porque

---

[57] Sobre as insuficiências de que padece o sistema de distribuição de competências comunitário, as quais impedem que dele se derive um parâmetro de controlo minimamente seguro sobre os limites do exercício das respectivas faculdades cfr. Enoch Albertí Rovira, *La delimitación de las competencias entre la Unión y los Estados miembros*, cit., págs. 98-110, onde o Autor defende a ideia de um compromisso entre o enfoque funcionalista e o enfoque federal de competências.

[58] O protocolo relativo à aplicação dos princípios da subsidiariedade e proporcionalidade anexo ao Tratado assinado em Roma em 29 de Outubro de 2004 institui um sistema de controlo político e judicial da aplicação dos referidos princípios que reforça o papel dos Parlamentos nacionais (ou de qualquer das câmaras desses parlamentos) e do Comité das Regiões. Note-se que as reivindicações das entidades regionais e locais em matéria de controlo da subsidiariedade nunca dantes fora acolhida – o actual protocolo sobre subsidiariedade e proporcionalidade apenas prevê que a Comissão deve apresentar um relatório anual relativo à aplicação do princípio da subsidiariedade ao Comité das Regiões. O futuro protocolo não só define um procedimento de controlo político das propostas legislativas da União a ser efectuado pelos Parlamentos nacionais – que pode conduzir à obrigatória reapreciação da proposta legislativa se os pareceres fundamentados sobre a inobservância do princípio da subsidiariedade representarem

projecta alguma luz distintiva entre competências exclusivas e concorrentes, o que funcionaliza a subsidiariedade enquanto critério de actuação competencial. É já um avanço no sentido de encontrar mecanismos institucionais tendentes a definir limites e corrigir excessos – não fosse esta a preocupação revelada durante o Conselho Europeu de Laeken em 14 e 15 de Dezembro de 2001, onde se decidiu sobre a convocação da Convenção Europeia sobre o Futuro da Europa, que restou encarregada da formulação de propostas sobre as mais fecundas questões constitucionais europeias, entre as quais o *estabelecimento e fiscalização de uma mais precisa distribuição de competências entre União e Estados-membros*, necessariamente orientada pelo *princípio da subsidiariedade* (que é como quem diz: uma mais transparente partilha de responsabilidades, tendente a evitar a sigilosa ampliação das faculdades da União, mas sem comprometer a dinâmica europeia). O desenvolvimento lógico do princípio da subsidiariedade há--de conduzir à revisão do processo político que culmina na intervenção da Comunidade numa específica área – mas isto sempre depende do desenvolvimento de uma cultura cooperativa que oriente o exercício competencial, o que demanda algum tempo de maturação.

Face à indefinição ainda em vigor, não admira que a subsidiariedade se revele pouco operativa no controlo dos eventuais excessos competenciais europeus. Também é certo que os Estados-membros resistem em invocar a subsidiariedade quando da submissão de questões competenciais ao Tribunal de Justiça, basicamente porque temem a judicialização da construção europeia, isto é, receiam uma política judicial activa acerca da subsidiariedade que incorpore o controlo de oportunidade da acção do legislador comunitário. Excesso despropositado de zelo, julgamos nós, posto que nas nebulosas circunstâncias em que resta mergulhado o sistema competencial comunitário, o Tribunal de Justiça tem evitado pronunciar--se sobre a subsidiariedade – o que de certa forma até indicia alguma sensatez[59]. Não deixa entretanto de ser preocupante, na medida em que

---

um terço do total dos votos atribuídos aos Parlamentos nacionais dos Estados-membros – como também contempla a possibilidade de que os Parlamentos nacionais ou o Comité das Regiões interponham recursos de anulação dos actos legislativos comunitários para o Tribunal de Justiça das Comunidades sob a alegação de violação do princípio da subsidiariedade.

[59] Em defesa de um controlo judicial mínimo efectuado pelo Tribunal de Justiça das Comunidades (que só muito excepcionalmente anularia uma norma comunitária por não respeitar a subsidiariedade) cfr. P. Kapteyn, *Community law and the principle of subsidiarity*, cit.; Koen Lenaerts/P. van Ypersele, *Le principe de subsidiarité et son*

introdução da subsidiariedade nos tratados, enquanto requerimento de justificação imposto ao legislador comunitário, é devida sobretudo à percepção de uma crise de legitimidade democrática no processo decisório europeu. Sem afinarmos pelo diapasão do prolatado défice democrático, por julgarmos que o sistema federativo europeu não tem de reproduzir os circuitos decisórios nacionais (de resto algo desacreditados), não há dúvidas de que a subsidiariedade tende a aproximar, ao menos territorialmente, decisores e destinatários das decisões. Todavia a julgar pela ausência de desenvolvimento procedimental da subsidiariedade, nada sugere que ela esteja a corresponder ao objectivo que determinou a sua inclusão nos tratados, qual seja, o de ampliar a base de legitimação democrática das actuações comunitárias – antes servindo para justificar a expansão dos poderes europeus[60].

Dois exemplos jurisprudenciais bastam para ilustrar a contenção com que o Tribunal de Justiça tem abordado a questão da subsidiariedade. O Acórdão C-84/94, de 12 de Novembro de 1996 (*Reino Unido versus Conselho da União Europeia*), constitui a primeira grande decisão do Tribunal de Justiça acerca da subsidiariedade. Neste processo, o Reino Unido requeria a anulação da Directiva 93/104 – a qual disciplinava determinados aspectos da ordenação do tempo de trabalho, como sejam as questões relativas ao descanso semanal e a duração máxima do tempo de trabalho semanal, com fundamento no então art. 118.ºA, que autorizava o Conselho a adoptar medidas de harmonização tendentes a melhorar a protecção da segurança e saúde dos trabalhadores –, por entender que a directiva regulava aspectos mais relacionados com o emprego do que com a segurança e saúde dos trabalhadores. O recorrente acabou por criar alguma confusão ao não invocar o princípio da subsidiariedade como fundamento de nulidade, como o fez relativamente à utilização de base jurídica errónea ou ao desvio de poder (receio de uma política judicial activa?), mas como o Reino Unido invocou a subsidiariedade por várias

---

contexte, in Cahiers de droit européen, 30, 1994. Sobre o estilo *self-restraint* que caracteriza o Tribunal de Justiça das Comunidades cfr. Antonio Estella de Noriega, *El dilema de Luxemburgo. El Tribunal de Justicia de las Comunidades Europeas ante el principio de subsidiaridad*, Centro de estudios Ramón Areces, Madrid, 2000.

[60] No sentido de que a crise de legitimação do processo europeu teria conduzido à introdução da subsidiariedade nos tratados cfr. Renaud Dehousse, *Does subsidiarity really matter?*, in EUI Working paper in law, n.º 92/32, Florence, 1993, sobretudo pág. 6, onde o Autor explica como a falta de desenvolvimento procedimental da subsidiariedade pode servir para justificar a expansão dos poderes comunitários.

vezes na sua argumentação, o Tribunal parece ter tratado a questão como sido levantada. Como consta do fundamento 46 do acórdão em causa, o Reino Unido argumentou que o legislador comunitário não efectuara um exame completo, nem demonstrara satisfatoriamente *se tal matéria ostentava carácter transnacional que a impedisse de ser adequadamente regulada através de medidas nacionais, se tais medidas nacionais restavam incompatíveis com as exigências dos tratados, se prejudicavam sensivelmente os interesses dos Estados-membros*, e ainda *se a acção empreendida à escala comunitária oferecia claras vantagens se comparada com uma acção empreendida pelos Estados-membros* – ou seja, a Comunidade não actuara à luz do princípio da subsidiariedade porque o legislador comunitário dava por demonstrado o que havia por demonstrar.

O Tribunal de Justiça deu-se entretanto por satisfeito com a *enunciação das razões que levaram o legislador comunitário a adoptar a medida em causa* – isto é, com a *necessidade da medida comunitária* – e rechaçou o argumento britânico. Entendeu que se o Conselho havia verificado a necessidade de melhorar o nível existente da protecção da segurança e da saúde dos trabalhadores e harmonizar as condições existentes neste domínio, então *a realização desse objectivo implicava necessariamente uma actuação de envergadura comunitária*. E ainda recordou que não competia ao Tribunal de Justiça *controlar a oportunidade das medidas adoptadas pelo legislador*. Não era todavia isto que se lhe pedia, mas sim que apreciasse a observância das condições juridicamente definidas para a actuação comunitária – de cujo cumprimento, no entender do requerente, as instituições comunitárias não haviam feito suficiente prova. Daqui se depreende que o Tribunal de Justiça empregou a subsidiariedade num sentido meramente formal/técnico (que afirma a necessidade da medida comunitária) e não num sentido material/substantivo (que demonstra a ineficácia da actuação nacional e justifica a mais-valia da intervenção comunitária).

E no Acórdão C-376/98, de 5 de Outubro de 2000 (*República Federal da Alemanha versus Parlamento Europeu e Conselho da União Europeia*), apesar de o Tribunal de Justiça ter decidido pela integral anulação da directiva em causa com fundamento na escolha de base jurídica errónea, é de lastimar o prejuízo da apreciação dos demais fundamentos invocados pelo requerente, entre os quais figurava o desrespeito do princípio da subsidiariedade. Estava em causa a Directiva 98/43 que, com fundamento no então art. 100.°A do Tratado da Comunidade (o qual autorizava a adopção de medidas voltadas à melhoria das condições do estabelecimento e funcionamento do mercado interno), proibia a publicidade e patrocínio dos produtos do tabaco, uma medida em grande parte inspirada por objectivos de política de saúde pública. O legislador comunitário constatou que a existência de divergências entre as regulamentações nacionais nessa matéria podiam prejudicar o funcionamento do mercado interno, e ao Tribunal competia portanto verificar se a directiva contribuía efectivamente para a eliminação dos entraves à livre circulação de mercadorias, à livre prestação de serviços, e à supressão das distorções de concorrência – isto é, avaliar se o acto cuja validade era posta em causa prosseguia efectivamente os objectivos invocados pelo legislador comunitário. O Tribunal de Justiça concluiu que a base jurídica invocada não autorizava a proibição geral da publicidade nos termos previstos na directiva, ou seja, o artigo invocado não constituía uma base jurídica adequada para a directiva.

Mas o que efectivamente nos interessa (e lastimamos que o Tribunal não se tenha debruçado sobre a questão) é que o recorrente invocou o princípio da subsidiariedade como fundamento de nulidade da medida, *mesmo que a Comunidade fosse competente para agir com fundamento na base jurídica escolhida* – algo que o requerente contestava. Isto é, mesmo que o Tribunal entendesse que a melhoria do funcionamento do mercado interno (então art. 100.ºA) constituía uma base jurídica adequada para a directiva, e mesmo que tal competência fosse entendida como exclusiva da Comunidade (e portanto isenta dos rigores da regra da subsidiariedade que se aplica tão só às competências que não sejam exclusivas), ainda assim, no entender do requerente, o princípio da subsidiariedade fora defraudado porque *a não-aplicação do princípio da subsidiariedade às medidas adoptadas com base no art. 100.ºA reduzia à nada a importância desse princípio*. O legislador comunitário não referira o princípio da subsidiariedade nas considerações do preâmbulo da directiva, não adiantara prova alguma (quer qualitativa quer quantitativa) da necessidade da acção comunitária, nem apresentara um elemento além-fronteiras minimamente significativo – razões pelas quais, no entender do recorrente, a regulação da publicidade devia ter sido deixada à competência dos Estados-membros. O argumento invocado pela Alemanha confirma a distinção entre princípio da subsidiariedade e regra da subsidiariedade de que demos anteriormente conta – e seria doutrinariamente interessante que o Tribunal se tivesse pronunciado sobre a questão. Tomar a subsidiariedade a sério, como referimos, implica não a restringir à esfera das competências não-exclusivas, mas sim reconhecê-la como princípio orientante das distribuição e exercício competencial – ou das relações entabuladas entre os distintos níveis de poder – cuja observância não apenas legitima a intervenção central como salvaguarda a autonomia periférica.

Julgamos estar em condições de refazer a conexão com os recentes impulsos da justiça constitucional estado-unidense que inspiraram a nossa incursão teórica e praxeológica pelo universo da subsidiariedade. A tentativa de captar o sentido e tendências decisórias da mais antiga justiça constitucional federativa (Estados Unidos da América) à luz da ainda imberbe jurisprudência constitucional europeia (União Europeia) não foi propriamente aleatória: procurávamos não só aprender com as experiências compostas mais recentes, mas também surpreender a *intemporalidade da lógica da subsidiariedade*, isto é, a invariabilidade da exigência de justificação das medidas legislativas centrais, com vistas à salvaguarda do *status* autónomo dos entes periféricos e sua respectiva esfera de competências. Será assim em qualquer lugar e momento da história dos ordenamentos compostos, mesmo que o conceito de subsidiariedade esteja decomposto em institutos e doutrinas de nome esquisito e que por vezes induzem em erro, como *anti-commandeering doctrine* e *dual sovereignty*. A ideia que está subjacente ao princípio que na Europa se convencionou chamar subsidiariedade emerge invariavelmente no marco dos debates intelectuais relativos às formas de se estabelecer limites à actuação do poder central em benefício das unidades territoriais inferiores, ou de salvaguardar a autonomia dos grupos menores frente à tentacularidade dos grupos maiores. Como postula *Eslella de Noriega*, desde *Aristóteles* até *Hayek*, todos os autores que a partir de diversas orientações filosóficas trataram de forma mais ou menos directa o conceito de subsidiariedade, fizeram-no animados pela mesma espécie de preocupação, qual seja, a de estabelecer as condições necessárias à protecção da liberdade, entendida em termos individuais ou colectivos, frente aos eventuais abusos externos. Esta ideia geral de *subsidiariedade como limite*[61] sempre se há-de reflectir nas diversas declinações funcionais do princípio, seja no contexto jurídico-constitucional estado-unidense, naquele europeu, ou em qualquer outro de inspiração federativa. É que na medida em que engendra um sistema de poderes partilhados, *o federalismo deriva da mesma essência do constitucionalismo* (*Koen Lenaerts*), qual seja, a de um governo limitado que opera de acordo

---

[61] Sobre a ideia geral de subsidiariedade como limite cfr. Antonio Estella de Noriega, *La paradoja de la subsidiariedad: reflexiones en torno a la jurisprudencia comunitaria relativa al artículo 3B (2) del tratado de la Comunidad Europea*, cit., págs. 73-74, com referências a Aristóteles, *Política*, Madrid, 1933 e Hayek, *Law legislation and liberty: a new statement of the liberal principles of justice and political economy*, London, 1973.

com normas e procedimentos jurídicos[62]. Ora, se a subsidiariedade representa um elemento básico dos movimentos federais antigos e recentes, não é difícil perceber o liame entre a ideia de subsidiariedade e aquela de moderação, igualmente cara ao federalismo e ao constitucionalismo.

Desta forma, as recentes decisões de inconstitucionalidade proferidas pela Suprema Corte dos Estados Unidos não devem ser fantasmagoricamente interpretadas para além do que em si mesmas representam: a reconfirmação da lógica da subsidiariedade. Ou já não é a justiça constitucional estado-unidense a guardiã dos princípios federais? Ou já não é o Supremo Tribunal o árbitro das relações entre o poder central e o periférico nos termos da ordem constitucional que lhes é comum? Pois é. E por conta disso o Congresso não pode afectar a *integridade do status autónomo dos Estados* reflectida na sua respectiva esfera constitucional de competências. Ou noutros termos, o poder central não pode interferir na ordem normativa dos Estados-membros para além daquilo que no entender da justiça constitucional é tolerável pelo esquema federal – mesmo que o propósito central seja o de intensificar o nível de protecção dos direitos fundamentais. Não será por outro motivo que em *Boerne versus Flores* de 1997 e em *United States versus Morrison* de 2000, a protecção do exercício da religião e das mulheres vítimas de violência, respectivamente, não foram suficientes para legitimar a intervenção central nos termos em que a justiça constitucional considerou intoleráveis para a integridade da autonomia periférica – o que resultou em novas legislações significativamente limitadas em muitos aspectos.

É interessante notar que no ordenamento comunitário as coisas se processam em termos algo distintos. Como preconiza *Koen Lenaerts*, a *lógica da justiça comunitária*, ao contrário daquela estado-unidense, é a da *salvaguarda da esfera de poderes da Comunidade contra as possíveis intromissões dos Estados-membros*, ou seja, é impedir que os Estados--membros utilizem o seu direito de participação no processo decisório comunitário para recuperar poderes outrora transferidos. É por isso que, comparativamente à Suprema Corte estado-unidense, o Tribunal de Justiça das Comunidades tem se revelado mais condescendente para com o juízo do legislador comunitário sobre a extensão das suas próprias competências

---

[62] Sobre a ideia de que federalismo e constitucionalismo derivam da mesma essência, qual seja, a de um governo limitado que opera de acordo com normas e procedimentos jurídicos cfr. Koen Lenaerts, *Constitutionalism and the many faces of federalism*, cit., pág. 205.

(incluindo os implícitos aspectos de tais faculdades), excepto quando a apreciação do legislador resulte manifestamente incompatível com o espírito constitucional dos tratados. A recente jurisprudência daqueles dois tribunais revela que enquanto a Suprema Corte zela pela integridade periférica, o Tribunal de Justiça zela pela integridade comunitária. Daqui se depreende que a fiscalização judicial das competências tende a proteger a esfera de poder que circunstancialmente se encontre em situação de vulnerabilidade: enquanto na Europa a mensagem de contenção da lógica subsidiária é ainda endereçada aos Estados-membros, nos Estados Unidos já resta endereçada ao poder central[63].

A explicação do fenómeno reside certamente no facto de que o processo decisório estado-unidense é organicamente independente dos Estados, enquanto na União Europeia tal independência ainda não se revela em pleno e os Estados-membros ainda *jogam nos dois campeonatos*. Acresce que os Estados-membros da União Europeia podem requerer a anulação dos actos legislativos comunitários sem demonstrar qualquer concreto interesse na acção (diferentemente dos EUA). E além disso o Tribunal de Justiça das Comunidades não funciona como instância de recurso dos tribunais nacionais, nem tem competência para julgar a validade da legislação produzida pelos respectivos Estados-membros (diferentemente dos EUA), apenas interpreta e diz da validade do direito europeu a requerimento dos tribunais nacionais. Mas na medida em que o processo decisório europeu (ou a formação da vontade europeia) se for autonomizando dos Estados, o *compromisso constitucional de cooperação* (e necessariamente todos os princípios que o decompõem) tende a projectar-se ou repercutir mais evidentemente, em função das próprias exigências do processo de integração. É contudo provável que o controlo judicial das competências do sistema europeu adquira novos contornos a partir da anunciada assunção de um mais preciso parâmetro de valoração do exercício competencial (através do Tratado que institui uma Constituição para a Europa), quanto mais não seja por impulso dos próprios particulares, que certamente não se vão eximir de levantar as questões competenciais que os beneficiem. De resto desde finais de 1993, e não obstante o estilo *self--restraint* que o caracteriza, o Tribunal de Justiça tem comedidamente

---

[63] Sobre a defesa da integridade periférica por parte da Suprema Corte dos EUA e a defesa da integridade comunitária por parte do Tribunal de Justiça das Comunidades cfr. Koen Lenaerts, *Constitutionalism and the many faces of federalism*, cit., págs. 260--261.

sinalizado a disposição de tomar a sério a necessidade de traçar limites materiais à actuação europeia – uma tendência jurisprudencial que alguma doutrina logo reconheceu como sendo a *Revolução de Novembro* do Tribunal de Justiça das Comunidades[64]. Resta-nos aguardar pelo novo estágio de integração que se avizinha.

---

[64] Neste sentido cfr. Norbert Reich, *The "November Revolution" of the European Court of Justice: Keck, Meng and Audi revisited*, *in* Common market law review, 31, 1994.

Título III

TEORIA DA COOPERAÇÃO

Capítulo I

A COOPERAÇÃO E A TEORIA SISTÉMICA

Antes de avançarmos com o sentido e objectivos da cooperação enquanto conceito jurídico-normativo, propomos o seguinte exercício discursivo: afivelemos a máscara da teoria sistémica e constatemos a inevitabilidade da cooperação intergovernamental numa perspectiva sociológica – já não por imperativos normativos, portanto, mas sim por imperativos de funcionalidade. Não é despropositadamente que o fazemos, posto que andamos a cuidar precisamente de *sistemas políticos complexos*. E julgamos que o exercício interdisciplinar não compromete nossa racionalidade jurídica – ao contrário, amplia os horizontes científicos. Como prelecciona *Gomes Canotilho*, se o direito constitucional *não recuperar o impulso crítico que é hoje fornecido pelas teorias filosóficas da justiça e pelas teorias sociológicas do direito ficará definitivamente prisioneiro da sua aridez formal e do seu conformismo político*. Estar *in* em matéria constitucional significa *testar as normas jurídico-constitucionais na sua interacção com outros subsistemas sociais*. O desenvolvimento constitucional toma hoje em consideração o *arranjo das novas formas organizativas* e as *novas soluções para os problemas nascidos nos distintos subsistemas*. Ou seja, a teoria da constituição tem de lidar com *problemas de complexidade sistémica, adaptabilidade, auto-organização* – e estar atenta a tudo que sejam *contributos tendentes a complementar as suas funções clássicas*[1]. Só assim o

---

[1] Sobre a necessidade de o direito constitucional recuperar o impulso dialógico e crítico que é hoje fornecido pelas teorias filosóficas da justiça e teorias sociológicas do direito cfr. J.J. Gomes Canotilho, *Direito constitucional e teoria da constituição*, Almedina, Coimbra, 1998, pág. 17.

idealismo do direito constitucional consegue recuperar o contacto com a realidade que pretende conformar.

Num texto de *Niklas Luhmann* relativo à honestidade na política[2], o Autor faz alusão a um conto de *Hoffmann* no qual dois leões se enfrentam com tal ferocidade que ao final restam somente as suas caudas. Mas a quem poderia interessar escolher entre duas caudas? Nenhuma metáfora adaptar-se-ia tão bem ao discurso sociológico *luhmanniano*, cujo ponto de partida e de chegada já não seria a *unidade* dos modernos, mas precisamente a *diferença*[3]. A sociedade em *Luhmann* é descrita como um sistema funcionalmente diferenciado, caracterizado tanto pela desigualdade quanto pela simetria das relações entre seus subsistemas parciais[4]. Há no discurso *luhmanniano* um manifesto desencantamento com a hierarquia como princípio de ordem. A sociedade teria perdido o centro e ter-se-ia convertido numa constelação policontextual. Em consequência disso, a unidade como sistema já não podia ser pensada a partir de um consenso moral acerca do bem. A integração sistémica não resultaria doutra coisa que da autovinculação dos subsistemas parciais que articulados em torno de uma série de abstractos códigos binários (legal/ilegal, verdadeiro/falso, governo/oposição) operariam indiferentemente ao código moral bom/mau, mas permitiriam a construção e coordenação de condutas e expectativas com uma elevada complexidade. A complexidade é teorizada por *Luhmann* como a superabundância de relações, possibilidades, conexões, que

---

[2] Sobre a alusão ao conto de Hoffmann cfr. Niklas Luhmann, *La honestidad en política*, in Leviatán – Revista de hechos e ideas, n.º 65/1996, pág. 43.

[3] Para uma abordagem não funcional mas principialista da crise da unidade cfr. Gustavo Zagrebelsky, *El derecho constitucional del pluralismo*, in Anuario de derecho constitucional y parlamentário, n.º 11/1999, onde o Autor refere que a unidade, nas sociedades pluralistas e multiculturais da actualidade, deixou de ser um dado: tem de ser construída. E seria uma unidade distinta da de outros tempos, posto que já não representa a ideia de homogeneidade popular que se organiza politicamente, mas talvez corresponda à ideia habermasiana de *unidade comunicativa* baseada na partilha de entendimento possível.

[4] Sobre a teoria dos sistemas e as noções de complexidade e funcionalidade sistémica cfr. Niklas Luhmann, *Legitimação pelo procedimento*, Editora Universidade de Brasília, Brasília, 1980; Niklas Luhmann, *Sociedad y sistema: la ambición de la teoría*, Paidós Ibérica, Barcelona, 1990; Niklas Luhmann, *Teoría política en el Estado de bienestar*, Alianza Universidad; Niklas Luhmann, *Complejidad y modernidad. De la unidad a la diferencia*, Editorial Trotta, Madrid, 1998; Alejandro Navas, *La teoría sociológica de Niklas Luhmann*, Ediciones Universidad de Navarra, Pamplona, 1989; Benjamin Zymler, *Política, direito e reforma do Estado: uma visão funcional-sistémica*, in Revista de informação legislativa, n.º 147, Jul-Set/2000, Brasília/DF.

impossibilitam a correspondência linear de cada elemento sistémico com os demais. Ora, a existência de possibilidades superiores àquelas que efectivamente se podem realizar exigiria alguma espécie de selecção entre elas. Por isso os sistemas constituem uma espécie de filtro selectivo tendente a estabelecer alguma ordem no caos de acontecimentos contingentes – sem nunca aceder a uma ordem completa, mas a meras estratégias para estabelecer relações selectivas entre as partes. Isto explicaria porque umas sociedades resolvem certos problemas de modo distinto de outras[5].

Todo o projecto teórico de *Luhmann* dispõe-se a repensar a complexidade – não se trata de aniquilar a complexidade, mas de entendê-la para poder tratá-la. É evidente que em tal discurso funcional não há espaço para os conceitos normativos de democracia, justiça, liberdade, igualdade, posto que a teoria sistémica renuncia a explicar a realidade social a partir dos sujeitos humanos. A sociedade não seria composta por seres humanos, mas por comunicações – a comunicação seria a operação através da qual a sociedade se produz e reproduz autopoieticamente –, pese embora a repetida afirmação *luhmanniana* de que poucas teorias concederiam tanta importância ao sujeito humano como a teoria da *autopoiesis*. *Habermas* diria que tal concepção tem o mérito de sugerir uma alternativa à polémica entre a primazia do social e a primazia do indivíduo – ou entre o velho debate em torno da liberdade dos antigos e a liberdade dos modernos, que tanta tinta já fez correr. Seja como for, as selecções sistémicas em *Luhmann* não são mediadas pela *razão específica do ser humano*, mas pela *razão observativa do sistema*, sempre em nome da continuidade das suas operações (*Bruno Romano*). E a *conexão de sentido que liga as acções do sistema social não coincide com a conexão de sentido das acções do ser humano concreto*, posto que o ser humano está excluído do sistema social, fazendo parte do seu ambiente ou mundo circundante (*Tércio Ferraz*). Daí que a democracia em *Luhmann* não seja *o domínio do povo sobre o povo* e tampouco o princípio segundo o qual todas as decisões devem ser tomadas participativamente, posto que a consequência dessas premissas, para o Autor, seria a acumulação ilimitada

---

[5] Sobre o sentido da complexidade e o processo decisório que selecciona a possibilidade utilizável cfr. Fernando Vallespín, introdução à obra de Niklas Luhmann, *Teoria política en el Estado de bienestar*, ob. cit., pág. 14. Sobre a selectividade, ou a ideia de que a sociologia deve oferecer uma teoria da selectividade de todas as operações da sociedade, voltada à observação dessas operações e das estruturas que as determinam cfr. Niklas Luhmann, *Sociologia del rischio*, Edizioni Bruno Mondadori, Milano, 1996, pág. 14.

de cargas decisórias e a falta de transparência das relações de poder em benefício dos *insiders capazes de nadar nessa água turva*. O pressuposto de que o povo possa *governar-se a si próprio* não tem para Luhmann qualquer utilidade teórica. Luhmann insurge-se contra um conceito de democracia que ignora os condicionamentos da diferenciação funcional e se lhes impõe. Contra o postulado normativo de democracia, *Luhmann* propõe uma concepção funcional ou tecnocrática, segundo a qual a democracia corresponderia à manutenção da complexidade, apesar do contínuo trabalho decisório; ou noutros termos, corresponderia à manutenção do âmbito mais amplo possível para a tomada de decisões sempre novas e diversas. Ou seja, a democracia serviria à conservação da identidade de um sistema, cada vez mais plural e complexo, contra as constantes ameaças de monopolização provenientes da economia e da política[6].

A obra *luhmanniana* acarreta, por certo, perplexidades e polémicas proporcionais à radicalidade das suas proposições. Mas resulta incontornável no estudo dos Estados compostos. Mais: a teoria dos sistemas revelou--se decisiva para a captação da complexidade dos fenómenos e práticas

---

[6] Sobre o sentido luhmanniano de democracia cfr. Niklas Luhmann, *El futuro de la democracia*, in Teoría política en el Estado de bienestar, ob. cit., págs. 161-170. Sobre a ideia de que Luhmann concebe a sociedade como um sistema estruturado de acções significativamente relacionadas que não inclui, mas exclui do sistema social o homem concreto, que passa a integrar o seu mundo circundante cfr. Tércio Ferraz Júnior, apresentação à obra luhmanniana *Legitimação pelo procedimento*, cit., pág. 1. Sobre a ideia de que nos termos da razão procedimental, as selecções sistémicas não são mediadas pela razão específica do ser humano, mas pela razão observativa do sistema cfr. Bruno Romano, *Terzietà del diritto e società complessa*, Bulzoni Editore, Roma, 1998, pág. 53. Bruno Romano acabaria criticamente por concluir (pág. 138) que a diferenciação funcional, ao negar qualquer orientação/princípio que não seja produzido pela própria concretização da diferenciação funcional, é indiferente a uma ordem social que assimetriza homens e mulheres, porque coincide com a afirmação da faticidade, produzida e definida como condição sistémica. Para uma crítica ainda mais acentuada à teoria autopoiética cfr. Boaventura Sousa Santos, *Crítica da razão indolente. Contra o desperdício da experiência*, Edições Afrontamento, Porto, 2000, págs. 148 a 151, onde o Autor sustenta que a discussão sobre a reflexividade do direito é, em grande parte, uma falsa questão. Seria pouco convincente, segundo o Autor, atribuir a ineficácia do direito regulatório ao facto dele sobrestimar as limitações inerentes ao processo de regulação, como sugere Teubner. Essas limitações existiriam, mas não seriam nem estruturais, nem sistémicas, nem ditadas pela organização auto--referencial do subsistema regulador ou regulado. São sim estratégicas, e dependem do poder político.

governamentais e administrativas, seja nos sistemas federativos ou não[7]. Para tanto concorreu a insuficiência dos meios tradicionais de descrição das instituições político-administrativas (entre os quais aqueles fornecidos pelas normas jurídicas), donde decorreu o recurso aos contributos sociológicos capazes de descodificar o processo político e a forma pela qual os governos respondem às exigências e expectativas dos cidadãos. Com efeito, a análise sistémica em muito contribui para com a explicação das transacções e das interacções num Estado composto. Isto é, o papel das entidades periféricas num esquema federativo pode ser mais facilmente compreendido sob o enfoque da teoria sistémica – nesta ordem de ideias as componentes da federação seriam percepcionadas enquanto subsistemas do sistema global que as congrega a todas. E ninguém foi tão longe no estudo dos sistemas sociais auto-organizativos quanto *Luhmann* – sistema aqui entendido como o todo composto por partes ou o conjunto de partes de alguma forma dependentes umas das outras. Ninguém acentuou com tanta veemência a diversidade intrínseca das componentes integradas num sistema, nem foi tão longe nas proposições teóricas acerca da funcionalidade e redução da complexidade sistémica.

A unidade em *Luhmann* cede lugar à diferença – de tal forma que a unidade é concebida como *unidade de diferenças* ou *unidade múltipla* – e neste particular confunde-se com os postulados da teoria do federalismo. Toda a obra *luhmanniana* é perpassada pela obsessão de dissolver essências estáticas em relações e diferenças – e nessa reivindicação radica a força de seu método funcional, que não é mais que o triunfo da diferença sobre qualquer outra perspectiva estática. Abordar as componentes da federação como subsistemas autopoiéticos e auto-organizativos não significa afirmar que ignoram o seu meio-ambiente (o sistema sócio-económico federal e o sistema político-governamental federal). Mas significa reconhecer que se todo subsistema é de alguma forma dependente do seu meio (caso contrário não sobreviveria), não será obstáculo, senão condição, que reproduza as suas operações e determine o que considera relevante e o que lhe é indiferente. Daqui deriva que o subsistema não está condicionado a responder a todo o estímulo proveniente do seu meio, e quando o faz, pode dizer-se que as mudanças sistémicas então resultantes, ainda que

---

[7] Sobre o contributo da teoria dos sistemas na compreensão dos fenómenos e práticas político-administrativas cfr. Diogo Lordello de Mello, *O papel dos governos municipais no processo de desenvolvimento nacional*, in Revista de administração pública, n.º 3, Jul-Set/1988.

desencadeadas por dito estímulo, restam determinadas pela estrutura do subsistema, isto é, pela pauta relacional (selectiva) a partir da qual o subsistema concatena as suas operações[8]. Desta complexa combinação de independência e dependência ambiental se constata que cada subsistema segue suas próprias distinções e as selecciona autonomamente – daí derivariam as dificuldades da ordem constitucional em impor o respeito pela dimensão passiva do *compromisso cooperativo* que impede a frustração dos interesses alheios. A formação e contínua reprodução dos distintos subsistemas dependeria da clausura operativa dos mesmos, isto é, o contacto recíproco submeter-se-ia a condições selectivas de expressão e compreensão das informações. *Luhmann* sustenta que a constituição e reprodução dos sistemas sociais não é prova da abertura de consciência, mas sim da clausura operativa. A socialidade da consciência não poderia ser entendida como unidade, mas deve sê-lo enquanto diferença, que de resto constitui condição para que a consciência se possa reconhecer (ou afirmar a sua identidade).

Ora bem, as proposições da teoria sistémica relativas à ausência de sobredeterminação de uns sistemas sobre outros, e à impossibilidade de que o sistema regulativo central produza um conjunto unitário de respostas adaptáveis à complexidade dos distintos subsistemas, desafiam-nos a procurar uma explicação já não jurídico-normativa, mas funcional, para a cooperação intergovernamental nos sistemas federativos. É que a teoria sistémica põe em causa a teoria da constituição concebida com teoria normativa da política que oferece as coordenadas da organização comunitária. O direito constitucional foi concebido como um complexo normativo hierarquicamente superior, cujas normas transportam respostas predefinidas para os vários problemas surgidos na arquitetura e funcionamento da *polis*. Isto é, as normas constitucionais seriam suficientes para regular, dirigir e decidir os problemas jurídicos levantados numa comunidade juridicamente organizada. Ora, esta *perspectiva auto-suficiente e transformadora do direito constitucional* está hoje *numa encruzilhada* – como alertou *Gomes Canotilho*. E uma das razões desse *mal-estar* foi enunciada pela teoria dos sistemas. Uma sociedade cindida em sistemas funcionais – ensinaria *Luhmann* – não dispõe de nenhum órgão central, é uma *sociedade sem vértice nem centro*, em que cada subsistema mantém a sua

---

[8] Sobre as relações entre o sistema e seu ambiente na teoria luhmanniana cfr. Josetxo Beriain/José Maria García Blanco, introdução à obra de Niklas Luhmann *Complejidad y modernidad. De la unidad a la diferencia*, ob. cit., págs. 12-13.

própria autodeterminabilidade. Não há uma perspectiva central da sociedade como um todo, mas apenas uma multiplicidade de perspectivas correspondentes aos diferentes subsistemas. A diferenciação funcional da sociedade não se compadece com a hierarquização: implica a renúncia à dominação e à autoridade como forma de imposição de descrições universais. Tínhamos que a teoria da constituição se baseava na *intencionalidade construtivista da política*; agora temos que a complexidade sistémica gera diferenciações funcionais que reproduzem a auto-organização – donde decorre a *impossibilidade de um código unitarizante dos vários subsistemas sociais* (*Gomes Canotilho*). Eis um novo elemento com que a teoria da constituição tem agora de conviver[9].

As noções de funcionalidade sistémica em *Luhmann* privilegiam radicalmente o conceito dinâmico de função sobre qualquer outro conceito de estrutura. O dinamismo, a problematicidade, os mecanismos relacionais, e a reivindicação da diferença surgem como elementos centrais do método funcional *luhmanniano*. Tal método serve à identificação de uma multiplicidade de circunstâncias de facto e de uma pletora de comportamentos possíveis que orientam a selecção da possibilidade utilizável por via da exclusão das alternativas menos consistentes – o que contribui à redução da complexidade sistémica. Segundo *Luhmann*, só se reduz a complexidade apostando na complexidade, isto é, investindo na produção das mais variadas alternativas que serão adequadamente seleccionadas. Cada subsistema social especializa o âmbito das suas comunicações e selecções, no sentido de resolver um dado segmento de complexidade (que nos Estados compostos corresponderia sobretudo à questão das competências constitucionalmente acometidas a cada unidade governativa). Por esta ordem de ideias, a tendência nos Estados compostos (aqui entendidos como um todo sistémico integrado por distintos entes políticos ou subsistemas) seria a de adaptar as disposições jurídico-constitucionais relativas à distribuição competencial às necessidades funcionais que se forem revelando. Assim, se a teoria sistémica revela as dificuldades da ordem jurídico-constitucional em impor a observância da dimensão passiva do *compromisso constitucional de cooperação* (que demanda o exercício ponderado das competências formalmente acometidas e impede a frustração dos interesses alheios), por

---

[9] Sobre a ideia de que a teoria da constituição baseava-se na intencionalidade construtivista da política cfr. J.J. Gomes Canotilho, *Direito constitucional e teoria da constituição*, Almedina, Coimbra, 2002, pág. 1335, onde o Autor aborda as questões de complexidade entre os problemas básicos da teoria da constituição.

outro lado fornece a justificação para o desenvolvimento da dimensão activa do *compromisso constitucional de cooperação* (que depende de actores decididamente empenhados em acções concertadas e tendentes a optimizar a prestação de serviços às populações).

Nos Estados compostos da actualidade a ideia de que há níveis de governo que estão naturalmente vocacionados para actuar numa específica matéria tem sido substituída pelo entendimento de que a distribuição, e sobretudo o exercício das competências verticalmente repartidas entre os distintos subsistemas, têm natureza transaccional. Ou seja, os diferendos competenciais hão-de ser resolvidos através da permanente concertação entre as componentes sistémicas, e dependem daquilo que o processo político entenda por necessário e oportuno a cada momento – eis a perspectiva procedimental ou predominantemente política da distribuição de competências no Estado composto, que se revela refractária à heteroregulação jurídica das questões relativas ao bem-estar das populações. Nessa perspectiva, em vez de se determinar *a priori* os custos e benefícios de que o subsistema União ou o subsistema Estado-membro actue numa dada matéria, há-de se garantir a existência de suficientes controlos políticos verticais e mútuos entre os distintos níveis de poder, que facultem às unidades periféricas alguma forma de intervenção nos processos decisórios centrais, de modo que a permanente tensão entre centralização e descentralização reste neutralizada pelo próprio sistema de negociação política[10].

Eis a explicação *luhmanniana* para que as coisas se processem necessariamente assim: a política não precisaria de impulsos externos para resolver as questões que lhe são afectas; as ideias regulativas estariam fora do mundo da experiência política. Buscar respostas na Constituição *seria uma empresa vã* – alertaria *Luhmann*, num absoluto desdém pelas questões normativas: o mundo das ideias converte-se em ideologia se não oferece uma resposta às questões prementes e impede que os problemas alcancem a solução que lhes deve corresponder[11]. Não é uma ideia propriamente

---

[10] Sobre a dimensão procedimental ou predominantemente política da repartição de competências (que incorpora elementos transaccionais/cooperativos na repactuação do exercício competencial) cfr. Jose Areilza Carvajal, *El principio de subsidiariedad en la construcción de la Unión Europea*, in Revista española de derecho constitucional, n.º 45, Set-Dez/1995, págs. 80 e ss.

[11] Sobre as manifestas resistências luhmannianas à heteroregulação da política cfr. Niklas Luhmann, *Teoría política en el Estado de bienestar*, ob. cit., pág. 149.

nova: já no século XIX *Ferdinand Lassalle* afirmava que o documento chamado Constituição *não passava de um pedaço de papel* que teria de sucumbir diante dos factores reais de poder dominantes no correspondente país. E que o poder da força afigura-se sempre superior à força das normas jurídicas, e por conseguinte, a normatividade há-de submeter-se à realidade fáctica. Isto porque as forças políticas movem-se consoante as suas próprias leis, e actuam independentemente das formas jurídicas[12]. Pois *Luhmann* recuperou e aprimorou tal ideia. E não há como negar que fê-lo com maestria, posto que as construções *luhmannianas* conseguem captar e explicar a relutância do sistema político à heteroregulação. No que tange aos sistemas federativos, por exemplo, isto traduz-se na resistência em se admitir o carácter jurídico-normativo da *subsidiariedade*, e na consequente insistência em se lhe atribuir natureza essencialmente política (veja-se o caso da integração europeia: nos trabalhos da Convenção encarregue de elaborar uma Constituição para a Europa, muito se discutiu se a subsidiariedade deveria ser robustecida a ponto de constituir um limite jurídico estrito à esfera de actuação comunitária; apesar de se reconhecer a judiciabilidade da subsidiariedade, os órgãos político--parlamentares acabariam por ser reconhecidos como os mais bem apetrechados para zelar pela transparência do processo decisório e a limitação competencial europeia)[13].

Mas não podemos obviamente concordar com o absoluto descrédito jurídico-constitucional revelado por *Luhmann*. Sobretudo quando afirma que valores fundamentais como a dignidade humana, liberdade, igualdade, solidariedade e justiça já não oferecem uma suficiente orientação para a acção política, posto que em nada contribuem para com o equacionamento das dificuldades. Enquanto ideias regulativas, sustentaria o Autor, estariam

---

[12] Sobre as ideias de Ferdinand Lassalle relativas à Constituição enquanto *mera folha de papel* cfr. Konrad Hesse, *A força normativa da Constituição*, Sérgio Fabris Editor, Porto Alegre, 1991.

[13] Sobre os trabalhos da Convenção sobre o futuro da Europa em matéria de subsidiariedade cfr. Ricardo Alonso García/Daniel SarmientoRamírez Escudero, *Efectos colaterales de la Convención sobre el futuro de Europa en la arquitectura judicial de la Unión: hacia una jurisdicción auténticamente constitucional europea?*, in Revista de estudios políticos, n.º 119, Jan-Março/2003, págs. 115-120, onde os Autores referem que o Informe final do grupo de trabalho I, denominado *Subsidiariedade*, destaca a todo momento que a garantia da subsidiariedade é uma questão fundamentalmente política, cujas repercussões jurídicas devem ser analisadas com cautela e sem o ânimo de converter os tribunais em instâncias resolutórias de debates políticos.

fora do mundo da experiência; e para a realidade da comunicação política, simbolizariam boas intenções e más experiências: as ideias fundamentais da revolução burguesa ainda não teriam sido realizadas. Não se trata de declarar tais valores como superados e substituí-los por algo distinto, esclarece *Luhmann*; mas a teoria política deveria estar em condições de oferecer um diagnóstico da realidade social em que aqueles valores cumprissem um papel efectivo. Porém *Luhmann* acabaria por admitir que tais ideias continuam a oferecer *um indubitável fundamento para o consenso e continuam a representar o referente de sentido da política para a sociedade*[14]. Tal concessão *luhmanniana* busca fundamento na própria teoria autopoiética: como decorre da *autopoiesis*, embora o fluxo dos eventos extrasistémicos jamais possa funcionar como fonte de informação directa para o sistema de referência, ele estimula os processos evolutivos internos de selecção que operam a partir de um critério de relevância básico intrasistémico. E este critério é, em último termo, determinado pela *autopoiesis* específica do próprio sistema, ou seja, pela sua clausura[15]. Seja como for, e pese embora as resistências *luhmannianas*, não se pode negar que foi a partir do ideário da revolução burguesa que se conseguiu engendrar a forma moderna de autodescrição do sistema político: o Estado constitucional de direito, para cuja legitimação somos todos quotidianamente chamados. Por tratar-se de uma construção histórica, está fadada a conviver com outras formas pós-modernas de agregação do poder político. Mas independentemente do fenótipo organizatório em causa, não conseguimos recusar que *a sociedade diz respeito aos homens e são os homens quem faz o direito e quem o sofre*[16], e por isso nenhum daqueles valores revolucionários nos pode ser indiferente.

Eis o que a funcionalidade sistémica nunca há-de captar: que a meta da ciência do Direito Constitucional é precisamente a concretização da *força normativa da Constituição* – e que tal ciência cumpre o seu mister *quando envida esforços para evitar que as questões constitucionais se convertam em meras questões de poder* (*Konrad Hesse*). A primeira tarefa

---

[14] Neste sentido cfr. Niklas Luhmann, *Teoría política en el Estado de bienestar*, ob. cit., págs. 149-150.

[15] Sobre a ideia de clausura sistémica que não implica necessariamente uma espécie de autismo sistémico cfr. José Engracia Antunes, prefácio a Gunther Teubner, *O direito como sistema autopoiético*, Fundação Calouste Gulbenkian, Lisboa.

[16] Sobre a legitimidade do direito em Luhmann cfr. Pedro Bacelar de Vasconcelos, *Teoria geral do controlo jurídico do poder público*, Cosmos, Lisboa, 1996, pág.166.

de quem zela pela constitucionalidade é a de *transferir progressivamente a Constituição da área da decisão política que divide, para a área consensual da cultura política difusa que recompõe fracturas* (*Gustavo Zagrebelsky*). As normas constitucionais valem como a *força constitutiva de um sentir político difuso em todos os estratos ou subsistemas sociais* (*Gustavo Zagrebelsky*), algo que a teoria autopoiética sempre rejeitará em defesa da circularidade e auto-referência sistémica. Por mais que *Luhmann* priorize a diferença em detrimento da unidade, o certo é que as Constituições, nos dias que correm, servem para *manter unidas as várias partes da sociedade pluralista*, precisamente porque os princípios constitucionais (aqueles que segundo *Luhmann* estariam fora do mundo da experiência) *transportam conteúdos de justiça* nos quais todos os cidadãos minimamente se revêem[17]. E tal se torna ainda mais evidente nos Estados compostos, enquanto sistemas nos quais os princípios federativos (que decompõem o *compromisso constitucional de cooperação*) aglutinam, conservam, e protegem a totalidade sistémica contra as ameaças à boa governação.

Ainda assim, admitimos que a tendência nas federações da actualidade é aquela da progressiva substituição da *rigidez da repartição competencial* constitucionalmente consagrada pela *flexibilidade da cooperação intergovernamental*: eis a vitória da dimensão procedimental ou preponderantemente política da repartição de encargos e responsabilidades, que incorpora elementos transaccionais/cooperativos na repactuação do exercício competencial, sem que com isso resulte comprometida a organização constitucional dos poderes públicos nos Estados compostos. Ou seja, a condução das políticas públicas nem sempre coincide com a repartição competencial ou com as demarcações em que actuam os entes políticos num sistema federativo – e para isso a teoria sistémica tem efectivamente explicação. Isto demonstra que também numa perspectiva eminentemente funcional – e não apenas numa perspectiva normativa –, a cooperação intergovernamental se revela inevitável à subsistência dos sistemas federativos.

---

[17] Sobre a tarefa de fazer valer a Constituição como *força constitutiva de um sentir político difuso em todos os estratos sociais* cfr. Gustavo Zagrebelsky, *A lei, o direito e a Constituição*, Conferência comemorativa do XX aniversário do Tribunal Constitucional, Lisboa, Nov/2003 (policopiado). Sobre a autopoiesis do social e a proposta teorética de um direito circular e auto-referente cfr. Gunther Teubner, *O direito como sistema autopoiético*, ob. cit.

Capítulo II

O CONCEITO JURÍDICO DE COOPERAÇÃO

Naveguemos agora pelos nossos conhecidos mares jurídicos – e tentemos captar o sentido do conceito jurídico da cooperação. Trata-se manifestamente de um conceito esquivo cuja descodificação ainda perturba e confunde a doutrina. A *metáfora do xadrez* bem ilustra a perplexidade da ciência jurídica diante do tema[1]. Diz-se que a captação do sentido de termos dificilmente apreensíveis por seu elevado grau de abstracção (mas que entretanto penetram por todos os poros dos ordenamentos jurídicos compostos), seria comparável a uma interminável partida de xadrez, onde cada autor se encontra com as peças numa dada posição, a partir da qual teria de realizar uma única jogada – e ceder lugar ao jogador seguinte. Cada doutrinador tenciona deixar a partida em melhores condições, que talvez permitam dar xeque (ainda que não *mate*) ao arisco conceito jurídico de cooperação. Não é certamente empresa fácil. Com *John Rawls* já aprendemos que os conflitos sobre a natureza da tolerância e da cooperação têm persistido na tradição democrática – e podemos por isso supor que se tratam de conflitos profundos. Ora, quanto mais profundo for o conflito, maior será o nível de abstracção a que devemos aceder para obter uma perspectiva clara e descomprometida das suas raízes. Para ligarmos esses conflitos às coisas conhecidas e básicas, devemos olhar para as ideias fundamentais da cultura política pública e procurar descobrir

---

[1] Na apresentação de um número monográfico da revista *Documentación administrativa* especialmente dedicado à cooperação (sem que os contributos reunidos conseguissem resolver seu problema conceitual), Angel Menéndez Rexach evoca a *metáfora do xadrez* e augura que os contributos doutrinários então reunidos possam ter deixado a partida em melhores condições de dar xeque (ainda que não *mate*) ao fugidio conceito de cooperação (cfr. Documentación administrativa, n.º 240, Out-Dez/ /1994).

como e por que motivos os cidadãos e povos concebem a sua sociedade como um sistema equitativo de cooperação ao longo do tempo[2]. Não foi por outra razão que percorremos nos títulos precedentes a *teoria do federalismo* e a *teoria da organização jurídica do Estado composto*. Tudo para que estivéssemos em condições de captar o sentido jurídico da cooperação – ou equacionar juridicamente aquele específico conflito profundo.

A grande perplexidade doutrinária no que respeita à cooperação reside no problema da compatibilidade entre o *carácter voluntário da cooperação* e sua configuração como *dever jurídico* que preside as relações entre os entes político-administrativos num Estado composto. A questão tem efeitos práticos relevantes no que concerne ao controlo judicial da recusa em cooperar: se é voluntário, qual o significado desse dever jurídico de cooperação? Haveria aparentemente aqui uma contradição insanável entre o dever jurídico de cooperar e o carácter voluntário de seu conteúdo. É que se aceitássemos a voluntariedade como nota distintiva da cooperação, não encontraríamos qualquer fundamento para a previsão constitucional dos instrumentos de coerção ou intervenção federal (que perfilam-se como sanções ao incumprimento de um dever cooperativo), nem qualquer justificativa para a imposição judicial da lealdade entre as componentes sistémicas (amplamente invocada pelas justiças constitucionais dos Estados compostos, ainda quando não expressamente prevista), ou qualquer explicação para a devolução de competências cooperativas aos entes políticos do sistema federativo (que só podem ser exercidas cooperativamente, independentemente da vontade do titular). Ora, ao insistir-se na voluntariedade como elemento identificatório da cooperação está-se a promover uma restrição injustificada do seu conceito e conteúdo, do qual manifestamente decorrem deveres jurídicos de lealdade (prestação de informação, prestação de assistência, facilitação do exercício competencial de outrem, consideração dos interesses alheios), cujo cumprimento é judicialmente exigível, ainda que não seja fácil determinar o alcance desse controlo. Por conseguinte, se a cooperação afigura-se como um dever a que todas as componentes do sistema federativo restam vinculadas, resulta incoerente que as manifestações concretas de tal dever dependam da discricionariedade ou vontade dos distintos partícipes, posto que isso equivaleria a negar a existência da obrigação de cooperar. É possível que

---

[2] Neste sentido cfr. John Rawls, *O liberalismo político*, Editorial Presença, Lisboa, 1997, págs.68-69.

o tratamento da questão cooperativa tenha sido excessivamente condicionada pelo facto de que a técnica típica da cooperação intergovernamental seja desde sempre o convénio – cuja celebração anda associada à voluntariedade dos partícipes. Todavia, a legislação ordinária dos Estados compostos nos proporciona inúmeros exemplos em que a celebração do convénio entre as entidades públicas não é propriamente voluntária, porque decorre de uma norma jurídica que obriga a cooperar, ainda que devolva às partes a definição dos seus concretos termos – donde decorre que a cooperação admite distintos graus de discricionariedade, no limite dos quais estaria a *cooperação forçosa* (*Morell Ocaña*)[3].

Atingido o presente ponto da investigação, estamos em condições de afirmar que a abordagem conceptual da cooperação enquanto fundamento dos Estados compostos tem sido largamente descurada pela doutrina jurídico-constitucional. A amostragem dos contributos doutrinários espanhóis e alemães (para tomarmos dois ordenamentos compostos em distintos estágios cooperativos) é suficiente para ilustrar tal défice. Uma larga parcela da doutrina espanhola tenta solucionar as aparentes contradições da teoria da cooperação a partir de um esforço distintivo entre as técnicas de colaboração, coordenação e cooperação intergovernamental. Ou seja, restringe-se a uma abordagem estritamente procedimental do problema e não raro segundo critérios que induzem em erro, senão vejamos. A *colaboração* teria o sentido de contribuição ou assistência no exercício de competências que originariamente competem a outro ente; a *cooperação* caracterizar-se-ia pela voluntariedade e por estarem equiordenadas as entidades cooperantes – ou seja, em pé de igualdade jurídica –, o que impediria que qualquer das entidades impusesse a outrem a sua vontade unilateral; e a *coordenação* pressuporia a superioridade do coordenador relativamente aos coordenados, isto é, alguma capacidade directiva ou decisória tendente a garantir o resultado coerente ou eficaz do conjunto institucional. As conclusões de *Menéndez Rexach* (no número monográfico da Revista *Documentación Administrativa* dedicado ao tema da cooperação) são ilustrativas daquele afã distintivo convertido no *alfa e ómega* da problemática cooperativa. O sistema de relações intergovernamentais do Estado composto espanhol apoiar-se-ia naqueles três termos – sugere *Menéndez Rexach* –, alegadamente caracterizados por um *elevado grau de abstracção e, por conseguinte, uma grande pobreza de conteúdo*. Na

---

[3] Sobre a ideia de cooperação forçoza cfr. Luis Morell Ocaña, *Una teoria de la cooperación*, in Documentación administrativa, n.º 240, Out-Dez/1994, págs. 53 e ss.

regulação das relações interadministrativas engendrada pelo legislador, *sinonímia e polissemia* conjugar-se-iam para acentuar a equivocidade de tais termos, o que dificultaria a sua apreensão enquanto conceitos jurídicos. O Autor inclina-se então para a inexistência de um conceito jurídico abstracto de cooperação: tal conceito seria alegadamente tão abstracto (e por conseguinte tão pobre) que englobaria uma variada gama de elementos heterogéneos cujo *único denominador comum* seria a *pretensão de acentuar a visão de conjunto do sistema institucional na actuação das entidades que o integram*[4].

Ora bem, a ideia da inexistência de um conceito jurídico abstracto de cooperação está nos antípodas do que temos defendido sobre o *compromisso constitucional de cooperação*. E não podemos concordar com a suposta relação entre o *elevado grau de abstracção* e a *pobreza de conteúdo* – o que significaria admitir a morte dos princípios enquanto normas jurídicas dotadas precisamente de um elevado grau de abstracção comparativamente às regras. Tomar o sentido ou o âmbito de protecção de um princípio pelo modo como o mesmo tem sido incoerentemente aplicado pelo legislador e mesmo pelo juiz constitucional é definitivamente um erro. Ademais, por aquela via de delimitação fronteiriça entre termos muito próximos, alguma doutrina espanhola corre o risco de cair num *conceptualismo estéril* e contribuir muito restritivamente para com uma teoria da cooperação de pretensões universalizantes. O mais provável é lograr comprometer a avaliação categórica da cooperação enquanto fundamento dos sistemas federativos. Não se pode dizer que a preocupação distintiva da doutrina espanhola resulte completamente despropositada, mas focaliza apenas a perspectiva procedimental da problemática, e resta condicionada por temores de ingerência central na esfera de actuação periférica, isto é, pela ideia de que a cooperação pressupõe temíveis limitações às competências dos entes chamados a cooperar. Acaba por ser a mesma perplexidade que impede a federação brasileira de dar o salto qualitativo no que concerne às competências comuns e à prestação conjunta de serviços sugerida pela própria Constituição Federal brasileira (como

---

[4] Sobre a suposta inexistência de um conceito jurídico abstracto de cooperação no ordenamento espanhol – conceito jurídico abstracto então entendido no sentido metodológico que lhe atribui *Karl Larenz*, isto é, como *um geral de objectos que se realiza em todo objecto particular no qual se demonstram todas as características do conceito como propriedades existentes* – cfr. Angel Menéndez Rexach, *La cooperación, un concepto jurídico?*, *in* Documentación administrativa, n.º 240, Out-Dez/1994, pág. 48.

constatámos na Parte I da presente dissertação). As preocupações doutrinárias espanholas ainda deixam transparecer um entendimento dominante de cooperação pouco amigo das autonomias periféricas – e por isso excessivamente cauteloso. Há obviamente contributos doutrinários empenhados em desmistificar a falsa incompatibilidade entre cooperação e autonomia, entre os quais se destacam os de *Albertí Rovira, Santolaya Machetti, Muñoz Machado, García de Enterría*[5]. Seja como for, uma distinção tendencialmente universal entre as categorias da *coordenação, colaboração*, e *cooperação em sentido restrito* exige que se abandone o critério da natureza das relações existentes entre os entes cooperantes (se a cooperação demandasse equiordenação não teríamos qualquer hipótese de cooperação vertical, posto que o poder central e o periférico não estão propriamente equiordenados), e que se trace a distinção com base no resultado que se pretende atingir através do emprego de cada uma delas, seja a harmonia das actuações (coordenação), seja o êxito de uma competência alheia (colaboração), seja a produção de um resultado comum (cooperação em sentido restrito)[6].

Por sua vez a doutrina alemã, donde procederam os mais profícuos contributos para a concretização do sentido e dos deveres jurídicos decorrentes da *Bundestreue* ou lealdade federal (para cuja despolitização e consequente juridicização em muito tem contribuído a jurisprudência do Tribunal Constitucional de *Karlsruhe*), não se tem demonstrado particularmente interessada na conceptualização jurídica da cooperação enquanto fundamento dos Estados compostos – e muito menos naquilo que procedimentalmente a difere da coordenação e da colaboração, como ocorre com a doutrina espanhola. É que no ordenamento composto alemão a doutrina jurídico-constitucional foi atropelada por uma práxis intergovernamental que elegeu a cooperação como trama procedimental fundamental. Ora,

---

[5] Sobre os contributos doutrinários espanhóis tendentes a desconstruir a falsa incompatibilidade entre cooperação e autonomia cfr. sobretudo Enoch Albertí Rovira, *Las relaciones de colaboración entre el Estado y las Comunidades Autónomas*, in Revista española de derecho constitucional, n.º 14, Maio-Agosto/1985 e *Federalismo y cooperación en la Republica Federal alemana*, Centro de estudios constitucionales, Madrid, 1986; Santolaya Machetti, *Descentralización y cooperación*, Instituto de estudios de administración local, 1984; Muñoz Machado, *Derecho público de las Comunidades Autónomas*, Madrid, I (1982), II (1984).

[6] Sobre a concepção finalista das categorias coordenação, colaboração e cooperação cfr. Raffaele Bifulco, *La cooperazione nello Stato unitario composto*, ob. cit., pág. 219-221.

nessas circunstâncias a doutrina alemã viu-se arrastada para outras discussões prementes de cunho marcadamente instrumental, como seja a problemática da legitimidade dos órgãos mistos (ou inter-regionais) para a prestação de serviços comuns[7], ou a problemática da repercussão da reunificação sobre os mecanismos cooperativos (sobretudo financeiros), ou ainda a questão dos instrumentos cooperativos tendentes a salvaguardar as competências periféricas no âmbito da integração europeia, e mais recentemente a temática da crise no funcionamento da ampla e complexa malha cooperativa[8]. A abordagem conceptual da cooperação (ou a sua problematização enquanto categoria fundante dos sistemas federativos) ficou por isso prejudicada. Para tal resultado, porventura tenha concorrido uma leitura restritiva das construções de *Konrad Hesse* segundo as quais

---

[7] Não são poucas as dúvidas que a doutrina alemã tem expressado sobre a legitimidade constitucional dos órgãos mistos de carácter administrativo, que habitualmente decorrem de um acordo celebrado ao abrigo de uma previsão legislativa. É que a criação de tais órgãos provoca alterações na conformação original da repartição de competências – o que supostamente afectaria o princípio constitucional da separação de competências e o princípio de responsabilidade pelo exercício das mesmas. Por isso a doutrina alemã está empenhada na racionalização justificatória do fenómeno (de proporções cada vez mais alargadas, ressalte-se), no sentido de o desdramatizar. Sobre a polémica questão da legitimidade jurídico-constitucional da cooperação horizontal orgânica no ordenamento alemão (ou a instituição de órgãos mistos voltados à prestação de serviços comuns), que desde a década de sessenta do séc. XX tem alimentado um acalorado debate doutrinário, cfr. Karl Heinrich Friauf, *Zur Problematik des verfassungsrechtlichen Vertrages*, in Archiv des öffentlichen Rechts, 88/1963, págs. 257-313, onde o Autor esgrime os argumentos contra e a favor dessas entidades de terceiro grau que pairam entre a União e o Estado-membro; Gunter Kisker, *Kooperation in Bundesstaat*, 1971, pág. 237, onde o Autor considera admissível a criação dos órgãos inter-regionais independentemente da prévia autorização da Constituição federal ou estadual, e que as normas editadas por tais entidades mistas não constituiriam direito federal nem direito estadual, mas sim de terceiro plano; e mais recentemente cfr. Raffaele Bifulco, *La cooperazione nello Stato unitario composto*, Cedam Padova, 1995, págs. 269-271, onde o Autor elenca os argumentos doutrinários tendentes a oferecer justificação a tais órgãos mistos.

[8] Sobre a crise no funcionamento dos mecanismos cooperativos alemães e a recente polémica sobre a revisão dos critérios de compensação financeira cfr. Paul Bernd Spahn, *Da controvérsia sobre a compensação financeira na Alemanha*, in Federalismo na Alemanha e no Brasil, Série Debates, n.º 22, Fundação Konrad Adenauer Stiftung, São Paulo, 2001; Horst Zimmermann, *Guerra fiscal e federalismo competitivo*, in Federalismo na Alemanha e no Brasil, ob. cit; Francesco Palermo/Jens Woelk, *Un lettura critica della recente dottrina costituzionalistica tedesca*, in Quaderni costituzionali, ano XXIII, n.º 2, Junho/2003.

não haveria um modelo apriorístico de Estado federal, porque o modelo seria definido a partir das normas jurídico-constitucionais de cada ordenamento composto. O que não deixa de ser correcto, posto que só assim se consegue percepcionar o conceito de Estado federal enquanto conceito jurídico-normativo. Mas da inexistência de um modelo apriorístico de Estado federal não decorre a inexistência de um conceito abstracto de cooperação que sirva de fundamento jurídico-constitucional aos sistemas federativos, mantendo unidas as diversas partes do todo sistémico e orientando o seu funcionamento interdependente e interactivo. Ainda que os diversos modelos de federação dependam efectivamente das respectivas ambiências concreto-históricas, não podemos declinar do desafio de efectuar uma avaliação categórica da cooperação, ou seja, de tentar captar os meandros da racionalidade operativa que presidem (ou devem presidir, porque de uma abordagem normativa se trata) as relações intergovernamentais nas distintas experiências ou arranjos compostos.

O certo é que só conseguimos deslindar a principal perplexidade jurídica suscitada pela temática que ora nos ocupa (qual seja, o problema da compatibilidade entre o *carácter voluntário da cooperação* e sua simultânea configuração como *dever jurídico* que preside as relações entre os entes político-administrativos de um Estado composto), se captarmos o sentido do *compromisso constitucional de cooperação* que nos remete à pureza ou essência da concepção federativa. Como demonstrámos no decorrer da presente dissertação, este compromisso que aglutina e mantém unidas as diversas partes do todo incorpora necessariamente uma *dimensão passiva* – e pode incorporar uma *dimensão activa*. A *dimensão passiva* implica a moderação recíproca, a abstenção do exercício de poderes formalmente acometidos quando tal eventualmente comprometa o sucesso da totalidade sistémica, a proibição da omissão de auxílio. Ou seja, a *dimensão passiva* do *compromisso constitucional de cooperação* impõe aos entes político-administrativos de um sistema federativo a proibição de perturbar a prossecução dos interesses alheios e de furtar-se a ajudar. Aqui estamos manifestamente diante de um dever de cooperação – o tal dever que segundo o Tribunal Constitucional espanhol é escusado precisar em preceitos concretos porque deriva da essência da organização territorial do Estado composto (Sentença 18/1982 e Sentença 80/1985). E sempre que o legislador imponha a obrigação concreta de prestar auxílio, ou facilitar o exercício das competências alheias, é nesta *dimensão passiva* em que se está a mover. Será precisamente ao serviço da *dimensão passiva* do *compromisso constitucional de cooperação* que as jurisprudências constitucionais tratarão de revelar o princípio da *lealdade federal* ou da *leal colaboração*, essencialmente voltados à correcção dos eventuais descompassos da distribuição de competências e à optimização da partilha de responsabilidades prestacionais, e cuja aplicação em muito tem contribuído para a definição dos deveres concretos derivados daquela *dimensão passiva*.

Além disso, o *compromisso constitucional de cooperação* pode também incorporar uma *dimensão activa*, mas esta já requer actores decididamente empenhados em acções concertadas, porque aqui efectivamente avulta a voluntariedade dos partícipes. Ora, daqui deriva que se é possível obrigar a cooperar passivamente, já não é possível obrigar a cooperar activamente, posto que tal afectaria as faculdades de auto-organização dos entes político-administrativos de um Estado composto – ou a sua autonomia no que concerne ao planeamento, gestão e prestação dos serviços que lhes competem. Mas quando a Constituição obriga os entes políticos a actuarem cooperativamente num determinado sector, então as instâncias em causa só poderão exercer as suas competências conjuntamente – como bem ressalta *Albertí Rovira* –, independentemente da apreciação que façam sobre a necessidade de tratamento uniforme de uma dada matéria ou sector. Neste caso a cooperação se converte numa obrigação juridicamente inalterável pelos entes envolvidos, porque o constituinte predeterminou os sectores em que os mesmos devem necessariamente cooperar – com a consequente vinculação recíproca de seus poderes e capacidade decisória[9]. Já relativamente à *dimensão activa* do compromisso de cooperação, a Constituição se limita a sugerir ou autorizar a prestação conjunta de serviços – mas daqui não deriva qualquer conduta juridicamente exigível. O robustecimento da dimensão activa do *compromisso constitucional de cooperação* depende certamente do desenvolvimento de uma cultura cooperativa (e nesta medida seria correcto afirmar que a *dimensão activa* decorre da inequívoca assunção da *dimensão passiva* por parte dos responsáveis pela ordem constitucional), isto é, depende do reconhecimento de interesses comuns para cuja prossecução se devam engendrar mecanismos relacionais cooperativamente orientados. Mas independentemente da inclinação pró-activa ou apenas passiva, o *compromisso constitucional de cooperação* sempre dita a lógica de funcionamento dos sistemas federativos, que será aquela da manutenção do equilíbrio do conjunto. Mesmo que a Constituição de um Estado composto não o refira

---

[9] Sobre a obrigação de os entes políticos actuarem conjuntamente num dado sector por imposição constitucional cfr. Enoch Albertí Rovira, *Federalismo y cooperación en la República Federal alemana*, ob. cit., pág. 563.

expressamente, o compromisso cooperativo é sempre inferível da teleologia da regulação constitucional dos sistemas federativos, posto que para que o sistema político funcione minimamente, os governos constituídos devem abster-se de qualquer medida susceptível de pôr em causa os objectivos constitucionalmente acordados (*dimensão passiva*), e tanto quanto possível empenhar-se na voluntária conjugação de esforços (*dimensão activa*). E já não há incoerências insanáveis entre *dever* e *vontade* de cooperar.

Por tudo isso seria incorrecto falarmos nas *consequências da introdução da cooperação nos Estados compostos* – tema pelo qual a doutrina juspublicista revela predilecção –, salvo se estivéssemos a focalizar a problemática cooperativa numa perspectiva estritamente procedimental, ou seja, se estivéssemos a tratar da *dimensão activa* da cooperação intergovernamental nos Estados compostos, na qual avulta a voluntariedade. Isto porque a cooperação não se introduz nas ordens federativas – ela precisamente as fundamenta, ou seja, não há Estado composto sem cooperação. Quando a doutrina alemã questiona o seu específico sistema cooperativo – alegadamente porque o mesmo não se tem demonstrado capaz de gerir a complexidade do período pós-reunificação –, e avança com propostas de reforma estrutural tendentes a adequar o modelo federal às exigências de uma nova fase constitucional, é numa perspectiva procedimental que o faz, e não numa perspectiva fundamental. Importa impedir que a instrumentalidade das propostas doutrinárias ameacem a fundamentalidade da problemática cooperativa. Isto é, importa impedir a confusão teórica entre aquilo que eventualmente corresponde à crise no funcionamento da ampla e complexa rede de mecanismos e procedimentos cooperativos (*dimensão activa*) e, coisa distinta, aquilo que corresponde ao dever de não perturbar a prossecução dos interesses alheios/do conjunto e de não furtar-se a ajudar (*dimensão passiva*). A avalancha de críticas doutrinárias de que tem sido alvo o modelo cooperativo alemão não deve perturbar o entendimento de cooperação enquanto fundamento jurídico-constitucional dos sistemas federativos – sob pena de indevidamente fragilizar-se o ideal de consenso que os inspira.

Seja como for, é precisamente a abordagem procedimental da cooperação (ou a ideia de cooperação em sentido restrito) que tem recebido maior atenção doutrinária – e consequentemente maior visibilidade. Mesmo nos ordenamentos compostos carentes de qualquer habilitação constitucional expressa para o desenvolvimento de práticas cooperativas – o que certamente acirra a controvérsia sobre a legitimidade ou admissibilidade das mesmas –, os mecanismos e procedimentos cooperativos sempre se impõem como resposta a imperativos de tratamento concertado e actuação conjunta.

Ainda que a Constituição do Estado composto não fixe o marco normativo básico das relações cooperativas (por vezes a Constituição apenas faz sugestões impulsionantes da *dimensão activa* do compromisso cooperativo e seguidamente devolve aos entes políticos a livre decisão sobre o *se*, o *onde*, o *quando*, e o *como* da actuação cooperativa – mas noutras circunstâncias nem isso faz), nada impede o desenvolvimento de uma densa e complexa rede de instrumentos cooperativos tendentes a optimizar a prestação de serviços às comunidades federadas. A República Federal da Alemanha é disso o mais retumbante exemplo: naquele ordenamento composto, a habilitação constitucional expressa para a cooperação procedimental nunca veio, pese embora a miríade de órgãos inter-regionais voltados à prestação de serviços comuns. O que certamente reforça a ideia da existência de um *compromisso constitucional de cooperação* não escrito do qual deriva não só a lealdade federal (*dimensão passiva*), como a mais robusta malha de mecanismos cooperativos de que se tem notícia (*dimensão activa*).

    Concentremo-nos na dimensão activa do compromisso – aquela dependente da vontade das componentes sistémicas. Qual seria o sentido e utilidade dos mecanismos cooperativos nos Estados compostos? A cooperação intergovernamental aponta para a resolução pactuada de uma problemática que respeite a dois ou mais entes políticos num Estado composto. Neste caso a cooperação atende aos *imperativos de discursividade e participação* que legitimam os projectos compostos. Aqui as técnicas cooperativas evitam a unidimensionalidade porque promovem a participação dos entes periféricos nos processos decisórios centrais que os afectam ou interessam – e noutra medida também patrocinam a harmonização das vontades parcelares a partir da intervenção homogeneizadora do poder central. A cooperação intergovernamental ainda atende a *imperativos de eficiência* naquelas situações em que as componentes sistémicas resolvam gerir interesses e competências concertadamente, através da prestação conjunta de serviços às populações. Sucintamente, a cooperação intergovernamental (numa perspectiva procedimental) serve à resolução pactuada de controvérsias competenciais, à criação de procedimentos de participação global dos entes periféricos nos processos decisórios centrais, à prossecução de soluções concertadas para a gestão de interesses e competências comuns, à instituição de órgãos mistos para a gestão e prestação de serviços. Ou seja, através de instrumentos cooperativos o poder central e os periféricos (ou estes entre si) assumem *voluntariamente* compromissos relativos ao exercício de suas respectivas competências: compromissos de planificação conjunta de certas actividades administrativas, compromissos de actuação conjunta em certas obras e serviços, compromissos de delegação de funções entre as partes, compromissos voltados à elaboração de certas normas jurídicas, etc[10]. Com tão amplas virtualidades ou utilidades, a exigência judicial de tais compromissos depende do mecanismo cooperativo então adoptado e de seu objecto. Quando duas instâncias político-administrativas celebram um convénio sobre matéria administrativa estão certamente a contrair obrigações judicialmente exigíveis. Ocorre que muitos dos compromissos assumidos não cuidam de questões propriamente administrativas, mas sim de actuações de governo. A linha que separa o administrativo e o governamental é no mínimo tortuosa. Eis o busílis: *abordar questões de governo ou condução política com instrumentos de direito administrativo* – o que se revela pouco operativo (*Jiménez Blanco*)[11].

Portanto, numa perspectiva procedimental, a cooperação aponta para um modelo concertado de planeamento e gestão das políticas públicas, que incorpora esforços de conjugação dos interesses em concorrência, e que tem como resultado soluções discursivamente validadas. Trata-se de uma dimensão do *compromisso constitucional de cooperação* que depende da disponibilidade dos actores políticos para engendrarem soluções concertadas. Há quem defenda que a presença de certos institutos jurídico-constitucionais podem revelar-se positivamente determinantes no concreto desenvolvimento da malha cooperativa, nomeadamente o critério da exclusividade competencial e a presença de uma câmara de representação dos interesses regionais (*Rafaelle Bifulco*)[12]. É duvidoso que assim seja. Que uma clara repartição competencial favorece o robustecimento cooperativo, disto não temos dúvida, posto que a cooperação depende da confiança mútua, coisa que só se conquista quando se sabe tanto quanto

---

[10] Para a sistematização dos compromissos assumidos pelos entes políticos via convénio cfr. Tejadura Tejada, *El principio de cooperación en el Estado autonómico*, in Revista vasca de administración pública, n.º 46, 1996, pág. 232.

[11] Sobre a natureza e exigência judicial dos compromissos assumidos cfr. Antonio Jiménez Blanco, *Convenios de colaboración entre el Estado y las Comunidades Autónomas*, in Documentación administrativa, n.º 240, 1994; Enoch Alberti Rovira, *Los convenios entre Comunidades Autónomas*, in Documentación administrativa, n.º 240, 1994; Tejadura Tejada, *El princípio de cooperación en el Estado autonómico*, in Revista vasca de administración pública, n.º 46, 1996.

[12] Sobre a hipótese teórica de que o critério da exclusividade competencial e a presença de uma câmara de representação dos interesses regionais determinariam positivamente o desenvolvimento do modelo cooperativo cfr. Raffaele Bifulco, *La cooperazione nello Stato unitario composto*, ob. cit.

possível *quem faz o quê e até onde*. Mas o critério da exclusividade de matérias e funções está fadado ao desaparecimento nos sistemas federativos da actualidade – onde se torna cada vez mais improvável que um só nível governativo esteja em condições de regular um dado sector e satisfazer as correspondentes demandas prestacionais. Ademais, a mítica das câmaras de representação dos interesses regionais tem perdido algum encanto nos últimos tempos, por força da crescente instrumentalização das segundas câmaras pelas forças políticas opositoras do governo central – o que as tem descaracterizado enquanto sedes de intervenção cooperativa dos entes periféricos no processo decisório central.

A perspectiva procedimental da cooperação não é certamente isenta de críticas. Alega-se que provocaria a *desparlamentarização* ou a deslocação da capacidade decisória para as instâncias executivas centrais e periféricas. As redes cooperativas seriam essencialmente integradas por órgãos e instituições de carácter governativo-administrativo, muito por conta da função de planeamento/programação a que a cooperação fundamentalmente serve, para a qual estariam vocacionadas as sedes executivas, em detrimento das sedes parlamentares. Mais: o encargo das complexas negociações cooperativas sequer seria suportado pelos governos democraticamente eleitos, mas pelas altas burocracias e comités. Além disso, a cooperação demandaria a predisposição ao consenso: a independência decisória de cada instância periférica seria substituída pela participação em complexos mecanismos centrais, onde a responsabilização e a oposição democráticas restariam negativamente diluídas. E a exigência de consenso entre interesses por vezes contraditórios poderia conduzir à inércia e à indesejável manutenção do *statu quo*, ou porventura redundar na falta de flexibilidade para responder prontamente às demandas contingentes. E no mais temível dos cenários, a cooperação promoveria a imposição da vontade da instância financeiramente mais forte (o poder central, obviamente) sobre as autonomias periféricas, acarretando desta forma a *desconstitucionalização* ou *transformação clandestina* do equilíbrio de poderes constitucionalmente gizado.

Afinamos, todavia, por outro diapasão: a cooperação intergovernamental produz o efeito da garantia da liberdade política. A exigência do consenso reforça a estabilidade do sistema político, amplia a sua base de legitimação, substitui a confrontação e a unilateralidade pelo diálogo, faculta a intervenção dos entes periféricos nos processos decisórios centrais, promove a integração de todas as componentes sistémicas. Mais: permite, como já o elucidou *Konrad Hesse*, que se satisfaçam as exigências de *unitarização* das sociedades complexas da actualidade sem recorrer à centralização. E fornece aos entes periféricos uma hipótese de assunção eficiente das responsabilidades constitucionalmente acometidas. Tudo certamente depende da disponibilidade e circunstâncias histórico-concretas de cada Estado composto. Isto é, através da concreta combinação de cada mecanismo ou procedimento cooperativo, as ordens compostas hão-de encontrar, em cada momento histórico, o seu ponto de equilíbrio. E teoricamente ainda não foi engendrada nem testada outra alternativa capaz de permitir às ordens compostas a *compatibilização de toda a unidade necessária com toda a pluralidade possível* (*Albertí Rovira*). Por isso quando um modelo cooperativo de robustas proporções como o alemão entra em crise, aconselha-se prudência. No presente momento todas atenções doutrinárias estão voltadas para o caso alemão, ainda atordoado com os custos da reunificação e as novas exigências ditadas por factores comunitários e globais – relativamente aos quais um sistema que sempre apostou na tendencial equiparação do nível de vida e situação jurídica em todo o território nacional, não consegue formular respostas razoáveis nem individualizar responsabilidades políticas. E se aconselha prudência porque a readaptação da malha cooperativa às contingências do percurso federal não deve comprometer a percepção da cooperação enquanto fundamento do próprio sistema. Um fundamento que aponta necessariamente para o consenso – ou para a optimização das alternativas que permitam atingir o resultado da harmoniosa convivência dos distintos entes políticos.

CAPÍTULO III

O IDEAL DE CONSENSO NOS ESTADOS COMPOSTOS

No intróito da presente dissertação afirmámos que se as Constituições têm naturalmente um carácter compromissório (e se servem primariamente para salvaguardar o pluralismo, criar a unidade, evitar o conflito civil), tanto mais compromissórias o seriam quando se propusessem organizar um Estado composto. A ideia se torna mais clara a partir da distinção entre *comunidades de identidade* e *comunidades de associação*, enunciada por *Robert Howse*[1]. As primeiras decorrem da existência de um substrato histórico-cultural comum (ou da partilha da mesma língua, cultura, etnia, religião). As segundas decorrem do reconhecimento de interesses comuns e da vontade de os prosseguir conjuntamente (ou da partilha de valores, fins e projectos). A comunidade federal não seria mais que uma comunidade democrática de associação fundada na lealdade aos valores, fins e projectos partilhados. Ora, não é difícil concluir que a necessidade de lealdade cidadã será ainda maior numa *comunidade de associação* do que numa *comunidade de identidade*. Isto porque uma *comunidade de associação*, diferentemente de uma *comunidade de identidade*, baseia-se essencialmente na *partilha de entendimento possível*, como sugere a teoria do discurso *habermasiana*. E cumpre à Constituição federal organizar o contexto de comunicação pública que transcende as fronteiras de cada *comunidade de identidade*. Ou seja, é a Constituição que fornece os fundamentos para a construção da *unidade comunicativa*, através dos princípios que estruturam o processo político-democrático e a lealdade no discurso político. Por isso uma *comunidade de associação* pode desenvolver-se como genuína comunidade democrática sem ameaçar as *comunidades de identidade* que

---

[1] Sobre a distinção entre comunidades de identidade e comunidades de associação cfr. Robert Howse, *Association, identity and federal community*, Workshop multi-level constitutionalism – transatlantic perspectives. Cooperative federalism: the US and the EU, Faculdade de Direito da Universidade Nova de Lisboa, 2001 (policopiado).

a integram. Isto não garante a inexistência de conflitos entre a *comunidade de associação* e as distintas *comunidades de identidade* que a compõem. Mas tais conflitos sempre restam saneados a partir do ideal de consenso inspirador do *compromisso constitucional de cooperação* que as aglutina e mantém unidas. Para captarmos o sentido de tal *ideal de consenso* que informa os Estados compostos, importa percorrermos os mais recentes e consistentes contributos teóricos relativos ao tema: o *consenso de sobreposição* de *John Rawls*[2] e a *legitimidade pelo consenso* de *Jürgen Habermas*[3].

Segundo *John Rawls*, a democracia constitucional deve dar resposta ao problema central do liberalismo político, qual seja: *Como é possível a existência ao longo do tempo de uma sociedade justa e estável de cidadãos livres e iguais, que se mantêm profundamente divididos por doutrinas razoáveis, sejam filosóficas, religiosas ou morais? Quais os fundamentos da tolerância atendendo ao facto de que o pluralismo razoável é o resultado inevitável do funcionamento de instituições livres?* Será a partir de tais perplexidades que *Rawls* lançará os fundamentos de uma *sociedade bem ordenada*, que será aquela regulada por uma *concepção política de justiça*. Segundo tais proposições, uma sociedade poderá ser bem ordenada por uma concepção política de justiça, desde que os cidadãos que afirmam doutrinas razoáveis opostas pertençam a um *consenso de sobreposição*. Isto é, desde que subscrevam uma concepção de justiça que conforme o conteúdo dos seus juízos políticos sobre as instituições básicas. E além disso, é preciso que as doutrinas não razoáveis (*Rawls* supõe que nunca sejam eliminadas) não obtenham um apreço suficiente para minarem a justiça essencial da sociedade. Essas condições não impõem o requisito irrealista de que todos os cidadãos afirmem a mesma doutrina abrangente – mas apenas a mesma concepção pública de justiça.

Rawls acredita que tal concepção de justiça pode soçobrar se não cativar o apoio de um *consenso de sobreposição* razoável. A necessidade de tal consenso assenta na ideia de que a cultura política de uma sociedade democrática se caracteriza pela diversidade de doutrinas religiosas, filo-

---

[2] Sobre os conceitos de consenso de sobreposição, concepção política de justiça e razão pública John Rawls, *O liberalismo político*, Editorial Presença, Lisboa, 1997.

[3] Sobre as ideias de legitimidade pelo consenso e a democracia discursiva cfr. Jürgen Habermas, *Between facts and norms*, The Mit Press, Cambridge/Massachusetts, 1996; *La inclusión del outro*, Paidós Ibérica, Barcelona, 1999; e mais recentemente *L'éthique de la discussion et la question de la vérité*, Grasset, Paris, 2004 (*A ética da discussão e a questão da verdade*, Martins Fontes, São Paulo, 2004).

sóficas e morais razoáveis – eis o produto inevitável do livre exercício da razão humana. Num regime democrático duradouro e estável, a concepção política de justiça deve ser livremente apoiada por pelo menos uma maioria substancial dos seus cidadãos politicamente activos. Uma concepção política de justiça, para servir de base pública de justificação de um regime constitucional, há-de ser subscrita por doutrinas razoáveis acentuadamente diferentes e opostas entre si. Nenhuma doutrina abrangente razoável é capaz de assegurar os fundamentos da unidade social, assim como não pode prover o conteúdo da razão pública nas questões políticas fundamentais. Uma sociedade bem ordenada só consegue preservar a unidade e a estabilidade através do *consenso de sobreposição* de doutrinas abrangentes razoáveis.

Seriam três as condições aparentemente suficientes para que a sociedade seja um sistema equitativo e estável de cooperação entre cidadãos livres e iguais que estão profundamente divididos pelas doutrinas razoáveis que afirmam: 1) que a estrutura da sociedade seja regulada por uma concepção política de justiça; 2) que essa concepção política seja o foco de um *consenso de sobreposição* de doutrinas abrangentes razoáveis; 3) que quando se arbitram os elementos constitucionais essenciais e as questões de justiça básica, a discussão pública seja conduzida nos termos da concepção política de justiça. Toda a proposta *rawlsiana* é fundada numa perspectiva de justiça como equidade que procura responder à questão fundamental do liberalismo político – aquela que se prende com os justos termos da cooperação e da tolerância entre os cidadãos. Só uma concepção política da justiça, com a qual todos os cidadãos concordem e apoiem, pode constituir a base da razão e justificação públicas. Todas as questões referentes aos elementos constitucionais essenciais, estruturas básicas, políticas públicas devem apresentar-se como justificadas a todos os cidadãos – eis a exigência da legitimidade político-pública.

Numa sociedade democrática, a razão pública será a razão dos cidadãos iguais que, como corpo colectivo, exercem poder político e coercivo uns sobre os outros, por intermédio da produção legislativa corrente e do melhoramento da sua Constituição. O conteúdo da razão pública é fornecido pela concepção política de justiça. Mas por que é que os cidadãos hão-de respeitar os limites da razão pública no decurso das discussões? *Rawls* apela ao dever de civilidade, que inclui a disponibilidade para ouvir as razões de outrem e o espírito de lealdade e equidade quando se trata de promover ajustamentos integradores das perspectivas alheias. Os cidadãos devem estar prontos para explicar uns aos outros os fundamentos das suas acções, de modo que cada qual possa razoavelmente esperar que os outros as subscrevam. Assimilar a conduta adequada de um cidadão democrático inclui a compreensão de um ideal de razão pública – segundo o qual os cidadãos orientam e governam-se a si próprios a partir de preceitos que cada qual acredita serem passíveis de aceitação pelos demais.

O sentido ideal da razão pública seria portanto duplo: por um lado, que os cidadãos regulem e conduzam as suas discussões fundamentais nos termos daquilo que entendam como uma concepção política de justiça minimamente partilhada por todos; por outro lado, que cada cidadão esteja preparado para defender a sua concepção, ouvir as opiniões alheias, e aceitar os ajustamentos ou alterações razoáveis à sua própria perspectiva. Duas seriam as inovações trazidas pela concepção da razão pública em *Rawls*: a primeira prende-se com a defesa do dever de civilidade como um ideal de democracia; a segunda prende-se com a exigência de que o conteúdo da razão pública seja obtido a partir dos valores políticos e parâmetros de orientação de uma concepção política de justiça. O conteúdo da razão pública não é fornecido pela moralidade política enquanto tal, é antes provido por uma concepção política adequada ao regime constitucional.

Também *Habermas* está sensivelmente preocupado com os problemas de coordenação e boa convivência nas sociedades pluralistas e multiculturais da actualidade – ou com a iniludível multiplicidade de doutrinas filosóficas, religiosas, morais que as caracterizam. E defende que apenas um enfoque inclusivo sensível às diferenças estaria apto a garantir a necessária coesão social. As soluções fundamentais hão-de ser partilhadas por todos os cidadãos, independentemente das crenças que professem e do modo de vida que eventualmente sigam. E isto seria possível através da *utopia realizável* da intersubjectividade, segundo a qual só se consegue um acordo quanto àquilo que é do igual interesse de todos se cada qual se dispuser a adoptar o ponto de vista do outro, a fim de realizar o que *Piaget* entendia por *descentração progressiva do ego* ou do *eu etnocêntrico*, isto é, a descentração de uma dada compreensão do mundo. Eis a questão essencial da convivência pluralista. A partir da teoria do discurso, *Habermas* vai esclarecer *quais as condições da intercompreensão*, e identificar os termos de uma *fundamentação intersubjectiva e racional das normas* (*Patrick Savidan*)[4]. Importa notar que tanto em *Habermas* quanto em *Rawls*, a possibilidade de consenso converge com a aprendizagem ou o

---

[4] Sobre a ideia de que a teoria do discurso fornece as pistas para a identificação das bases da normatividade cfr. Patrick Savidan, introdução à obra de Jürgen Habermas, *A ética da discussão e a questão da verdade*, ob. cit.

desenvolvimento cognitivo dos indivíduos (da perspectiva egocêntrica para a social, tal como em *Piaget*), e a racionalidade não depende directamente do sujeito, mas da intersubjectividade, ou do confronto com as posições alheias que conduza à descentração das próprias.

A partir dessa racionalidade intersubjectiva, *Habermas* vai apelar a um novo registo de legitimidade normativa pautado no consenso. Nos termos da legitimidade consensual *habermasiana*, não haveria apenas um, mas três modelos normativos de democracia (o liberal, o republicano e o discursivo, que a ambos ultrapassa), e o conceito de direito decorrente desses três registos democráticos seria igualmente distinto. Enquanto que para a concepção *democrático-liberal* o sentido de um ordenamento jurídico consistiria na determinação individualizada dos direitos de cada qual, para a concepção *democrático-republicana* o sentido do ordenamento jurídico corresponderia à garantia da integridade comunitária com base na igualdade de direitos e no respeito recíproco (e já não apenas a integridade individual/ /liberdades subjectivas). A concepção liberal vincularia a legitimidade das normas jurídicas a um direito superior racional ou revelado, mas sempre de carácter suprapolítico. A concepção republicana vincularia a legitimidade das normas jurídicas ao procedimento democrático do qual derivam, e perspectivaria os direitos enquanto determinações da vontade política predominante.

Na perspectiva liberal, os direitos fundados suprapoliticamente proporcionariam as estruturas fundamentais e os freios ao poder, indispensáveis à prossecução pluralista de interesses conflitantes. A política seria essencialmente concebida como luta de posições pela disposição do poder administrativo – e o processo de formação da opinião e da vontade política (nos espaços formal/parlamentar e informal/público) derivaria da interacção estratégica entre actores políticos voltados à conquista ou manutenção das posições de poder. Contrariamente, na concepção republicana, o objectivo da comunidade seria o bem-comum, que traduzir-se-ia na definição, realização, sustentação de um conjunto de direitos que melhor se adequassem aos padrões de conduta e justiça da comunidade. O processo de formação da opinião e da vontade política não atenderia à lógica estratégica do mercado (de ganhos de escala e *output*), e a política seria essencialmente concebida como um mecanismo de reflexividade ética através do qual os membros da comunidade revelar-se-iam solidariamente responsáveis uns pelos outros. Os fins colectivos não derivariam apenas de um compromisso entre interesses privados contrapostos, mas dependeriam, idealisticamente, da autocompreensão ética e das virtudes dos cidadãos.

Habermas vai sugerir uma nova abordagem democrática e de legitimação do *law making* que ultrapassa a ambos os registos precedentes porque redescobre o sentido do debate público – e das normas jurídicas daí decorrentes. O *modelo normativo de democracia discursiva* inova porque supera a concepção republicana de *Estado enquanto comunidade ética* e a concepção liberal de *Estado enquanto guardião da sociedade mercantilizada*: a democracia discursiva não faz do cidadão mero consumidor de serviços, nem depende de uma cidadania capaz de actuar eticamente, mas sim da institucionalização de procedimentos adequados à transformação do poder comunicativo em poder administrativo. *Habermas* procedimentaliza o conceito *rousseauniano* de *soberania popular* porque o reinterpreta intersubjectivamente: a *soberania popular* surgiria das interacções entre a formação da vontade institucionalizada pelo Estado de direito e os espaços públicos informais espontaneamente mobilizados. Isto é, a *soberania popular* só existiria enquanto poder gerado comunicativamente e integrado pelo subsistema político na tomada de decisões colectivamente vinculantes. À assertiva republicana segundo a qual *o procedimento democrático empresta sua força legitimadora ao procedimento legislativo*, *Habermas* acrescentaria que só podem reclamar legitimidade as normas jurídicas nas quais todos os afectados minimamente se revejam, porque participantes nos discursos racionais que as precederam.

Mas tal presunção de racionalidade tem de apoiar-se num primoroso aparato comunicativo – e aqui *Habermas* vale-se dos juristas comprometidos com a legitimação do direito, aos quais compete, segundo o Autor, *determinar as condições sob as quais as formas de comunicação necessárias à produção legítima do direito podem ser institucionalizadas juridicamente*. Ou seja, *Habermas* incita os juristas a satisfazerem a exigência de institucionalização jurídica da *prática cidadã do uso público das liberdades*, que equilibre a *liberdade dos antigos* (autonomia política) e a *liberdade dos modernos* (autonomia privada). Se o direito moderno busca legitimidade na *autonomia igualmente garantida a cada cidadão* (autonomia pública e privada pressupondo-se reciprocamente), tal autonomia exige que os destinatários das normas jurídicas se possam reconhecer como autores das mesmas – o que sempre depende da artesania institucional dos juristas.

O que *Habermas* efectivamente pretende é legitimar a produção normativa do Estado constitucional. Apela a um registo discursivo da legitimidade segundo o qual a norma cumpre a sua função de *estabilizar expectativas* (*Luhmann*), apenas se estiver conectada à força socialmente integradora da acção comunicativa. E o Estado constitucional representa o aparato de mecanismos e instituições capazes de converter o poder comunicativo dos cidadãos em acção administrativa eficiente e legítima. A legitimidade da norma depende da sua *submissão a um teste discursivo* (*William Regh*) que incorpora elementos morais, éticos e pragmáticos em concorrência nas sociedades pluralistas[5]. E se o conflito de valores e interesses não permitir o consenso – ou que todos os envolvidos se revejam minimamente nas soluções normativas adoptadas e por elas se responsabilizem –, que pelo menos subsista a convicção de que a regulação resultou de compromissos honestos (*dissenso razoável*). Não se pretende que os cidadãos atinjam um consenso relativamente a todos os *dossiers*, e tampouco se espera que a diversidade seja abolida: o objectivo do discurso é tão só *criar entendimento onde há desentendimento*[6], e que todos os interesses envolvidos tenham a igual e efectiva oportunidade de se fazerem conhecer. A racionalidade discursiva (ou o *diálogo de todos com todos*) oferece legitimidade às soluções políticas/normativas porque desenvolve a capacidade de apreciação crítica dos participantes, relativamente a si próprios e aos outros. *Habermas* propõe a revitalização dos circuitos democráticos por via da intervenção institucionalizada não de um cidadão virtuoso atormentado pelo bem comum (é o próprio *Habermas* quem insurge-se contra a sobrecarga ética da concepção democrático--republicana), mas de um cidadão disposto a assumir compromissos e a atingir resultados por todos aceitáveis, ainda que por distintas razões.

Desta forma *Habermas* oferece a *solução democrática para o problema democrático* do desgaste legislativo nas sociedades pluralistas e multiculturais da actualidade, nas quais a unidade popular deixou de ser um dado, e tem agora de ser construída (*unidade comunicativa*). Como sugere *Gustavo Zagrebelsky*, a ordem constitucional democrática serve precisamente para criar tal unidade e possibilitar a convivência da diversidade. Mas seria uma unidade distinta da de outro tempo: já não representaria uma pretensa homogeneidade popular, e sim um espaço comunicativo onde exista lugar para todos. Esta seria a função primária da ordem constitucional democrática nos dias que correm: *manter unidas as diversas*

---

[5] Sobre a ideia de que para Habermas a legitimidade da norma depende da sua submissão a um teste discursivo cfr. William Regh, introdução à edição norte-americana de Jürgen Habermas, *Between facts and norms*, ob.cit., pág.XXVI.

[6] Sobre a ideia de que o discurso serve para criar entendimento onde há desentendimento cfr. Mark Warren, *The self in discursive democracy*, in The Cambridge companion to Habermas, Cambridge University Press, New York/Oxford, 1995, pág. 171; e ainda Simone Chambers, *Discourse and democratic practices*, in Cambridge companion to Habermas, ob. cit., pág. 249.

partes da sociedade pluralista, evitando a anomia e o conflito civil[7]. *Habermas* ajuda-nos a perceber por que motivo isto tem de ser assim. Nas actuais sociedades complexas, a resolução dos conflitos atravessa cada vez mais um sem número de subgrupos e interesses organizados (a chamada *subpolítica*), cada qual com distintas auto-referências, valores, tradições, mundividências. Tal pluralização societal teria fragmentado identidades e perturbado o recurso ao consenso no mundo da vida: em condições de pluralismo, os objectivos politicamente relevantes convivem com uma panóplia de interesses e valorações que já não constituem a identidade comunitária partilhada intersubjectivamente – antes conflituam sem qualquer perspectiva de atingir-se uma solução consensual.

Não obstante, subsiste a necessidade de um compromisso que já não se alcança mediante discursos éticos, mas sim através da mútua disposição cooperativa, ou seja, da vontade de atingir resultados minimamente aceitáveis para todas as partes envolvidas. Tal compromisso, traduzido em normas jurídicas legitimadas discursivamente, teria um carácter dual: por um lado, providencia um estável ambiente social onde o cidadão possa desenvolver a própria identidade de acordo com a sua respectiva tradição e prosseguir os seus interesses individuais (*autonomia privada*); e por outro, a regulação deve resultar de um processo discursivo que a torne racionalmente aceitável pelos interessados que nela se hão-de minimamente rever (*autonomia pública*) – ou pelo menos reconhecê-la como o resultado de um compromisso legítimo. O registo *habermasiano* de legitimação política e normativa acaba por ser mais realista do que aquele *rawlsiano*: enquanto *Rawls* apela ao *dever de civilidade* (disponibilidade para ouvir as razões de outrem e lealdade na integração das distintas perspectivas) para justificar a condução dos debates segundo os limites da *razão pública*, *Habermas* reconhece no *compromisso* e no *entendimento* a única hipótese de sobrevivência das sociedades pluralistas e multiculturais[8]. Eis o tal *compromisso de não se desviar de um certo curso de acção* que garante da convivência harmoniosa – e que será ainda mais indispensável

---

[7] Neste sentido cfr. Gustavo Zagrebelsky, *El Derecho Constitucional del pluralismo*, *in* Anuario de Derecho Constitucional y Parlamentario, n.º 11, 1999.

[8] Sobre as muitas proximidades e poucas divergências no discurso de Rawls e Habermas cfr. Kenneth Baynes, *Democracy and the Rechtsstaat: Habermas's Faktizitat und Geltung*, *in* Cambridge companion to Habermas, ob. cit., pág. 206; Jürgen Habermas/ /John Rawls, *Debate sobre el liberalismo político*, Ediciones Paidós, Barcelona, 1998, em cuja introdução Fernando Vallespín reconhece o debate Rawls/Habermas como uma *disputa em família*.

nas *comunidades de associação* do que nas *comunidades de identidade*, como julgamos ter demonstrado na presente dissertação.

A democracia procedimental *habermasiana* (que em nada contrasta com um conceito substantivo de democracia, mas apenas ultrapassa as clássicas versões democráticas liberal e republicana) sugere que a deliberação formalmente institucionalizada e a decisão política/normativa seriam qualitativamente legitimáveis se sensíveis aos *inputs* das esferas públicas informais. Isto significa que o sistema político – e a administração pública em particular – *não se deve encastelar nos seus próprios critérios de eficiência, indiferentes aos interesses dos cidadãos, nem se demonstrar subserviente aos ditames privados (Gomes Canotilho)*[9]. A proposta *habermasiana* depende tão só da institucionalização dos procedimentos adequados à consecução de compromissos aceitáveis por todos. Trata-se de uma solução pragmática, em nada irrealista ou voluntarista, assente na cuidadosa observação do mundo da vida: o homem *habermasiano* não é o ilhéu utópico de *Thomas More*, é apenas o cidadão comum das sociedades complexas que já não tem alternativa de sobrevivência senão interagir com a alteridade, com a diferença, com o outro.

Todas as construções *habermasianas* relativas à mútua disposição cooperativa e ao dissenso razoável relevam para os sistemas federativos e particularmente para a integração europeia (designadamente no que respeita à tentativa de formalização da Constituição Europeia). Isto porque a *democracia discursiva* vai sugerir uma nova forma de se conceber a identidade colectiva, isto é, vai propor um novo registo de coesão social onde a *autocompreensão ético-política dos cidadãos pode ser construída* e *reproduzida comunicativamente*. Tudo depende da institucionalização jurídica da comunicação cidadã – e não da existência de um povo aparentemente homogéneo. E aqui a Constituição Europeia poderá ter um efeito indutor: os princípios constitucionais republicanos, que são *directivos de qualquer comunidade inclusiva*[10], podem sim contribuir à superação

---

[9] Neste sentido cfr. J. J. Gomes Canotilho, *Direito Constitucional e teoria da Constituição*, ob. cit., pág. 1262.

[10] Sobre a visão principialista do direito (sobretudo do Direito Constitucional) cfr. Gustavo Zagrebelsky (org), *Il futuro della Costituzione*, Einaudi, Torino, 1996. O Autor tem defendido o principialismo jurídico como uma terceira via entre o direito das regras e o direito natural: seria uma alternativa funcional, ou mais que isto, uma exigência das sociedades pluralistas da actualidade, porque os princípios ressoam para todos e fundamentam as regras. O direito natural seria caótico numa sociedade pluralista, porque alguém o teria de impor. No direito principialista, contrariamente, a legislação

das perplexidades devidas ao trânsito para fórmulas supranacionais de organização política, porque fornecem uma *plataforma de entendimento entre as distintas perspectivas nacionais* (*Lucas Pires*). Ou noutros termos, a Constituição Europeia é capaz de produzir o *efeito indutor de criar um contexto de comunicação pública que transcenda as fronteiras nacionais.* Como sugere *Habermas,* através da Constituição Europeia seria possível criar uma *cultura política comum:* uma sociedade civil com associações de interesses, organizações não governamentais, movimentos de mobilização cidadã, e um sistema de partidos apropriado ao cenário europeu. Bem vistas as coisas, há aqui a sugestão de que o caminho constituinte da pós--modernidade já não será percorrido a partir do povo para a Constituição, mas sim da Constituição para a sociedade civil europeia. *Habermas* prelecciona que a construção da *unidade na diversidade nacional* decorrerá da *partilha de entendimento possível num contexto de interacção discursiva.* A integração social pós-nacional não dependerá do substrato histórico-cultural de um povo europeu que não existe, mas de uma rede comunicativa à escala europeia que suporte uma sociedade civil com interesses organizados e movimentos democráticos transnacionais. A lógica da *interconstitucionalidade*[11], que talvez corresponda ao novo paradigma do constitucionalismo pós-moderno, sugere isto mesmo: a articulação das Constituições numa densa rede de influências recíprocas – a tal ponto que o cidadão possa beneficiar-se do nível de protecção mais elevado, ou seja,

---

funciona porque todos se revêem nos princípios, os quais proporcionariam substancialidade ao sistema jurídico. A lógica da subsunção das regras é então substituída pela ponderação/optimização dos princípios (Alexy). Os princípios não seriam o produto de uma revelação ou de uma moral universal, seriam antes obra do artifício humano, numa tentativa de positivação de conteúdos de justiça. Sobre tal visão principialista do direito cfr. Jacinto Nelson de Miranda Coutinho (org), *Canotilho e a Constituição dirigente,* Editora Renovar, Rio de Janeiro/São Paulo, 2003, págs. 23 e 24.

[11] Sobre a ideia de que o constitucionalismo europeu fornece uma plataforma de entendimento entre as distintas perspectivas nacionais cfr. Francisco Lucas Pires, *Introdução ao Direito Constitucional Europeu,* Almedina, Coimbra, 1997. Sobre a lógica da interconstitucionalidade cfr. Paulo Castro Rangel, *Uma teoria da interconstitucionalidade (pluralismo e Constituição no pensamento de Francisco Lucas Pires),* in Themis, ano I, n.º 2, 2000; e ainda J. J. Gomes Canotilho, *Direito Constitucional e teoria da Constituição,* 5.ª edição, Almedina, Coimbra, 2002, págs. 1407 e ss, onde o Autor explica que a teoria da interconstitucionalidade estuda as relações interconstitucionais, ou seja, a concorrência, convergência, justaposição e conflito de várias Constituições e de vários poderes constituintes no mesmo espaço político – uma rede de Constituições de Estados soberanos.

do parâmetro constitucional cuja protecção se revele mais alargada (veja--se o princípio do *standard* máximo para a proteccção dos direitos fundamentais no âmbito da União Europeia). Desta forma as construções *habermasianas* contribuem para a resolução do grande desafio da ciência do direito constitucional da actualidade: superar a ideia de que o poder político e as Constituições estão necessariamente vinculadas a um território e a um conceito de povo aparentemente homogéneo[12]. *Habermas* faz mais: fornece as coordenadas para que os constitucionalistas transfiram progressivamente a Constituição *da área da decisão política que divide, para a área consensual da cultura política difusa que recompõe fracturas (Zagrebelsky)*[13].

No decorrer da dissertação que ora finda, tentámos captar o funcionamento dos sistemas federativos a partir da teoria da cooperação – e demonstrar a inelidível existência de um *compromisso constitucional de cooperação* decomposto em vários princípios constitucionais e inspirado num ideal de consenso. A lógica de funcionamento dos sistemas federativos não é aquela do conflito e da competitividade que gera fracturas, mas sim a lógica do consenso que provoca *entendimento onde há desentendimento*. *Rawls* e *Habermas* são os teóricos da actualidade que trabalham mais fecundamente esta questão do consenso. *Rawls* com o seu *consenso de sobreposição* e *Habermas* com a sua *legitimidade pelo consenso* actualizam a filosofia política dos *Federalist Papers*. Como prelecciona Viriato Soromenho-Marques, a política federativa é percepcionada em *Publius* como o mínimo denominador que traça a rota dos interesses comuns, dos valores partilhados, da inter-relação – e que transforma a pulsão para o conflito em cooperação[14]. Como demos conta, o federalismo corresponde a um processo de reconhecimento mútuo, aprendizagem recíproca, concertação contínua, sempre resultante da existência de um acordo de vontades, ou de uma comunidade de interesses voltada à prossecução dos mais variados objectivos. O êxito/estabilidade de um sistema federativo depende do modo como as esferas de poder interagem para a prossecução destes

---

[12] Sobre os desafios do direito constitucional da actualidade cfr. Gustavo Zagrebelsky, *El Derecho Constitucional del pluralismo*, cit.

[13] Sobre as relações entre *lex* e *ius* cfr. Gustavo Zagrebelsky, *A lei, o direito e a Constituição*, Conferência comemorativa do XX aniversário do Tribunal Constitucional, Lisboa, Nov/2003 (policopiado).

[14] Sobre a filosofia política dos *Federalist Papers* cfr. Viriato Soromenho-Marques, *A revolução federal (filosofia política e debate constitucional na fundação dos EUA)*, Edições Colibri, Lisboa, 2002.

objectivos. E os elementos orientadores da interacção estão todos decompostos na correspondente Constituição. Pois *Rawls* e *Habermas* resgatam o que a filosofia política do federalismo moderno tem de melhor: a convivência de interesses divergentes a partir de soluções políticas/normativas tendencialmente conciliatórias e discursivamente validadas. Ambos propõem, à sua maneira, a revitalização dos circuitos democráticos por via da intervenção institucionalizada de um cidadão disposto a assumir compromissos e a atingir resultados por todos aceites. Não foi por outra razão que a ideia de consenso actualizada por *Rawls* e *Habermas* despertou o nosso interesse: ambos olham para as ideias fundamentais da cultura política (e especialmente da cultura política federativa) e tentam descobrir como e por que razão os povos engendram sistemas equitativos de cooperação ao longo do tempo. Será este o eterno empenho das sociedades políticas – seja nos quadrantes do constitucionalismo estadual, do constitucionalismo europeu, ou do constitucionalismo global.

BIBLIOGRAFIA

ABRUCIO, Fernando Luiz, *Os barões da federação – os governadores e a redemocratização brasileira*, Editora Hucitec, Departamento de Ciência Política da USP, São Paulo, 1998.

ABRUCIO, Fernando Luiz/COSTA, Valeriano Mendes Ferreira, *Reforma do Estado e o contexto federativo brasileiro*, Pesquisas n.º 12, Fundação Konrad Adenauer Stiftung, São Paulo, 1998.

ABRUCIO, Fernando Luiz/SAMUELS, David, *A nova política dos governadores*, in Lua Nova – Revista de Cultura e política, n.º 40/41, 1997.

ACKERMAN, Bruce, *We the people 1. Foundations*, Harvard University Press, Cambridge/Massachusetts, 1993.

ALFONSO, Luciano Parejo, *El gobierno de la nación e los gobiernos de las autonomías territoriales: un problema de articulación*, in Documentación Administrativa, n.º 215, Julho/Setembro 1988.

ALONSO-NÚÑEZ, José Miguel, *En la prehistoria del federalismo griego*, in Federazioni e federalismo nell'Europa antica, Vita e Pensiero (Pubblicazioni dell'Università Cattolica del Sacro Cuore), Milano, 1994.

ALSTYNE, William Van, *The second death of federalism*, in Michigan law review, n.º 7, vol. 83, Junho/1985.

AMARAL, Diogo Freitas do, *História das ideias políticas*, vol. I, Almedina, Coimbra, 1998.

ALTHUSSER, Louis, *Montesquieu a política e a história*, Editorial Presença, Lisboa, 1972.

ANZON, Adele, *La delimitazione delle competenze dell'Unione Europea*, in Diritto pubblico, n.º 3, 2003.

ARANDA, José Tudela, *Aproximación a la caracterización jurisprudencial del articulo 149.º/1/1ª de la Constitución Española*, in Estudios sobre la Constitución Española, Homenaje al Professor Eduardo García de Enterría, tomo IV, Civitas, Madrid, 1991.

ARON, Raymond, *As etapas do pensamento sociológico*, Publicações Dom Quixote, Lisboa, 1994.

AZEVEDO, Eurico de Andrade, *Institucionalização das regiões metropolitanas. A lei complementar n.º 14, de 8 de Junho de 1973*, in Justitia, ano XXXVI, vol. 84, 1.º trimestre/1974.

BACHOF, Otto, *Estado de direito e poder político*: os tribunais constitucionais entre o direito e a política, Coimbra, 1980.
BAKER, Lynn, *Conditional federal spending after Lopez*, in Columbia law review 95, Dezembro/1995.
BARACHO, José Alfredo de Oliveira, *Teoria geral do federalismo*, Forense, Rio, 1986.
BARBOSA, Rui, *A Constituição de 1891*, Ministério da Educação e Cultura, Rio de Janeiro, 1946.
BARBOSA, Rui, *Comentários à Constituição federal brasileira* (corrigidos e ordenados por Homero Pires), vol. I, Saraiva, São Paulo, 1932.
BARBOSA, Rui, *Excursão eleitoral*, Ministério da Educação e Cultura, Rio de Janeiro, 1965.
BARROSO, Luís Roberto, *Dez anos da Constituição de 1988* (*Foi bom pra você também?*), in Revista de direito administrativo, 214, Out-Dez/1998.
BARROSO, Luís Roberto, *Direito constitucional brasileiro: o problema da federação*, Forense, Rio de Janeiro, 1982.
BARROSO, Luís Roberto, *O direito constitucional e a efectividade das suas normas*, Renovar, Rio de Janeiro, 1993.
BASSANI, Luigi Marco/STEWART, William/VITALE, Alessandro, *I concetti del federalismo*, Giuffrè Editore, Milano, 1995.
BASTOS, Aureliano Cândido de Tavares, *A província* (edição fac-similar), Memória brasileira, Senado Federal, Brasília, (1870) 1997.
BASTOS, Celso Ribeiro, *A federação e o sistema tributário*, in Por uma nova federação, Celso Bastos (org), Editora Revista dos Tribunais, São Paulo, 1995.
BASTOS, Celso Ribeiro, *Comentários à Constituição do Brasil*, Saraiva, São Paulo, 1988.
BAYNES, Kenneth, *Democracy and the Rechtssstaat*: Habermas's Faktizitat und Geltung, in The Cambridge companion to Habermas, Cambridge University Press, 1995.
BEARZOT, Cinzia, *Un'ideologia del federalismo*, in Federazioni e federalismo nell'Europa antica, Pubblicazioni Vita e Pensiero, Milano, 1994.
BELLAMY, Richard, *Regime without a polity? The role of European Constitutionalism*, Workshop multi-level constitutionalism – transatlantic perspectives. Cooperative federalism: the US and the EU, Faculdade de Direito da Universidade Nova de Lisboa, 2001 (policopiado).
BELLAMY, Richard/CASTIGLIONE, Dario, *A constituição da União Europeia*: alternativa republicana ao liberalismo, in Análise social, vol. XXXIV, n.º 151/152, Janeiro-Março/2000.
BENZ, Arthur, *Le relazione intergovernative nella Germania federale degli anni ottanta*, in Governo decentralizzato e federalismo, Giorgio Brosio (org), Il Mulino, 1995.
BERCOVICI, Gilberto, *Constituição e superação das desigualdades regionais*, in Direito constitucional – Estudos em homenagem a Paulo Bonavides,

Eros Roberto Grau/Willis Santiago Guerra Filho (org), Malheiros Editores, São Paulo, 2000.
BERMAN, Mitchell N., *Guillen and Gullibility*: piercing the surface of commerce clause doctrine, in Iowa law review, n.º 84, 2004.
BIFULCO, Raffaele, *La cooperazione nello Stato unitario composto*, Cedam, Padova, 1995.
BIN, Roberto, *Il principio di leale cooperazione nei rapporti tra poteri*, in Rivista di Diritto Costituzionale, Giappichelli, Torino, 2001.
BLANCO DE MORAIS, Carlos, *Justiça constitucional*, Tomo I (Garantia da Constituição e controlo da constitucionalidade), Coimbra Editora, Coimbra, 2002.
BLANCO, Antonio Jiménez, *Convenios de colaboración entre el Estado y las Comunidades Autónomas*, in Documentación administrativa, n.º 240, 1994.
BLANCO, António Jiménez, *Las relaciones de funcionamiento entre el poder central y los entes territoriales*, Instituto de Estudios de Administración Local, Madrid, 1985.
BOMBOIS, Thomas, *La participation interfédérée*, in Revue belge de droit constitutionnel, n.º 3, 2002.
BONAVIDES, Paulo, *Reflexões*: política e direito, Forense, Rio de Janeiro, 1978.
BONAVIDES, Paulo, *Curso de direito constitucional*, Malheiros Editores, São Paulo, 1994.
BONAVIDES, Paulo, *Teoria do Estado*, Malheiros Editores, São Paulo, 1995.
BONAVIDES, Paulo, *O planejamento e os organismos regionais como preparação a um federalismo das regiões*, in A Constituição aberta: temas políticos e constitucionais da actualidade, Malheiros Editores, São Paulo, 1996.
BONAVIDES, Paulo/PAES DE ANDRADE, Antônio, *História constitucional do Brasil*, Editora Paz e Terra, Rio de Janeiro, 1991.
BONAVIDES, Paulo/AMARAL, Roberto (org), *Textos políticos da história do Brasil*, Senado Federal – Subsecretaria de Edições Técnicas, Brasília, 1996.
BOWMAN, Ann, *American federalism on the horizon*, in Publius, The journal of federalism, vol. 32, n.º 2, Primavera/2002.
BRASIL, Assis, *A república federal*, Leroy King Bookwalter, São Paulo, 1888.
BRASIL, Assis, *Do governo presidencial na república brasileira*, Companhia Nacional Editora, Lisboa, 1896.
BRASILEIRO, Ana Maria, *O federalismo cooperativo*, in Revista brasileira de estudos políticos, 39, Julho/1974.
BRETON, Albert, *Towards a theory of competitive federalism*, in European journal of political economy, n.º 3, 1987.
BRITO, José de Sousa, *Jurisdição constitucional e princípio democrático*, in Legitimidade e legitimação da justiça constitucional, Colóquio no 10.º aniversário do Tribunal Constitucional, Coimbra Editora, Coimbra, 1995.

Brosio, Giorgio, *Equilibri instabili. Politica ed economia nell'evoluzione dei sistemi federali*, Editora Bollati Boringhieri, Torino, 1994.

Buckler, John, *Il federalismo in Grecia e in America*, in Federazioni e federalismo nell'Europa antica, Pubblicazioni Vita e Pensiero, Milano, 1994.

Burgess, Michael, *Federalism as political ideology: interests, benefits and beneficiaries in federalism and federation*, in Comparative federalism and federation: competing traditions and future development, Michael Burgess/Alain Gagnon (org), Harvester Wheatsheaf, New York, 1993.

Calhoun, John, *A discourse in the constitutional government in the United States*, Gordon Post, New York, 1953.

Callejón, Francisco Balaguer, *La constitucionalización del Estado autonómico*, in Anuario de Derecho Constitucional y Parlamentario, n.º 9, 1997.

Calmon, Pedro, *A federação e o Brasil*, Irmãos Pongetti, Rio de Janeiro, 1933.

Calvo, Alberto Pérez, *Actuaciones de cooperación y coordinación entre el Estado y las Comunidades Autónomas*, in Revista de estudios de la aminvestración local y autonomica, Novembro de 1985.

Camargo, Aspásia, *A reforma-mater: os riscos (e os custos) do federalismo incompleto*, in Parcerias Estratégicas, n.º 6, Centro de Estudos Estratégicos, Brasília, Março/1999.

Camargo, Aspásia, *Federalismo cooperativo e o princípio da subsidiariedade: notas sobre a experiência recente no Brasil e Alemanha*, in Federalismo na Alemanha e no Brasil, Wilhelm Hofmeinter/José Brasiliense Carneiro (org), Série Debates, n.º 22, Fundação Konrad Adenauer Stiftung, São Paulo, 2001.

Cameron, David/Simeon, Richard, *Intergovernmental relations in Canada: the emergence of collaborative federalism*, in Publius, vol. 32, n.º 2, Primavera/2002.

Campos, João Mota de, *Manual de direito comunitário*, Fundação Calouste Gulbenkian, Lisboa, 2000.

Canotilho, José Joaquim Gomes, *A concretização da Constituição pelo legislador e pelo Tribunal Constitucional*, in Nos dez anos da Constituição, Jorge Miranda (org), Lisboa, 1986.

Canotilho, José Joaquim Gomes, *Da Constituição dirigente ao direito comunitário dirigente*, in Colectânea de estudos em memória de Francisco Lucas Pires, Universidade Autónoma de Lisboa, Lisboa, 1999.

Canotilho, José Joaquim Gomes, *Direito constitucional e teoria da Constituição*, Almedina, Coimbra, 2002.

Canotilho, José Joaquim Gomes, *Estilo e norma constitucional. A propósito de direito constitucional técnico*, in Legislação n.º 16, Abril-Junho/1996.

CANOTILHO, José Joaquim Gomes, *Tribunal Constitucional. Jurisprudências. Políticas públicas*, Conferência comemorativa do XX aniversário do Tribunal Constitucional, Lisboa, 2003 (policopiado).

CARDOSO DA COSTA, José Manuel, *Tribunal Constitucional Português e Tribunal de Justiça das Comunidades Europeias*, in "AB UNO AD OMNES – 75 anos da Coimbra Editora 1920-1995", Coimbra Editora, Coimbra, 1998.

CARETTI, Paolo/DE SIERVO, Ugo, *Istituzioni di diritto pubblico*, Giappichelli, Torino, 1996.

CARNEIRO, Levi, *O federalismo. Suas explosões. A confederação do Equador*, in Revista do Instituto Histórico e Geográfico Brasileiro, III, 1914.

CARRILLO, Marc, *Estado de las autonomías y Tribunal Constitucional: una perspectiva a quince años de vigencia de la Constitución*, in Estudios de derecho público, Homenaje a Juan José Ruiz-Rico, vol. II, Tecnos, Madrid, 1997.

CARVAJAL, Jose Areilza, *El principio de subsidiariedad en la construcción de la Unión Europea*, in Revista española de derecho constitucional, n.º 45, Set-Dez/1995.

CARVALHO, Orlando, *Relações financeiras da União com as outras órbitas de governo – perspectivas do federalismo brasileiro*, Belo Horizonte, 1958.

CASS, Deborah, *The word that saves Maastricht? The principle of subsidiarity and the division of powers within the European Community*, in Common market law review, 29, 1992.

CAVALCANTI, Amaro, *Regime federativo e a república brasileira*, Imprensa Nacional, Rio de Janeiro, 1900.

CAVALCANTI, João Barbalho Uchoa, *Do município – art. 68.º*, in Constituição federal brasileira, F. Briguiet & Cia Editores, Rio de Janeiro, 1924.

CHAMBERS, Simone, *Discourse and democratic practices*, in Cambridge companion to Habermas, Cambridge University Press, 1995.

COMPARATO, Fábio Konder, *Planejar o desenvolvimento: a perspectiva institucional*, in Para viver a democracia, Brasiliense, São Paulo, 1989.

CONSTANTINESCO, Vlad, *L'article 5 CEE, de la bonne foi à la loyauté communautaire*, in Du droit international au droit de l'integration. Liber amicorum Pierre Pescatore, Baden-Baden, 1987.

CONSTANTINESCO, Vlad, prefácio a Jörg Gerkrath, *L'emergence d'un droit constitutionnel pour L'Europe*, Institut d'Etudes Europeennes, Editions de l'Université de Bruxelles, 1997.

CONSTANTINESCO, Vlad, *Who's afraid of subsidiarity?*, in Yearbook of european law, 11/1991, Clarendon Press, Oxford, 1992.

CONSTANTINESCO, Vlad, *Valeurs et contenu de la Constitution Europeenne*, in Uma Constituição para a Europa, Almedina, Coimbra, 2004.

CONTI, José Maurício, *Federalismo fiscal e fundos de participação*, Editora Juarez de Oliveira, 2001.

CORREIA, Fernando Alves, *Direito constitucional (a justiça constitucional)*, Relatório para a prestação de provas de agregação em Ciências Jurídico--Políticas na Faculdade de Direito da Universidade de Coimbra, Almedina, Coimbra, 2001.

CORWIN, Edward, *National-State cooperation. Its present possibilities*, in Yale Law Journal, XLVI, 1937.

CORWIN, Edward, *The Constitution of the United States of America. Analysis and interpretation*, Washington DC, 1952.

COUTINHO, Maurício, *Finanças federativas: uma abordagem conceitual*, in Revista paranaense de desenvolvimento, n.º 90, Jan-Abril/1997.

CRISAFULLI, Vezio, *Lezioni di Diritto Costituzionale*, vol. I, Cedam, Padova, 1970.

CROISAT, Maurice, *Le fédéralisme d'aujourd'hui: tendances et controverses*, in Revue française de droit constitutionnel, 19, 1994.

CROISAT, Maurice, *Lé fédéralisme dans les démocraties contemporaines*, Montchrestien, Paris, 1995.

CROISAT, Maurice/Quermonne, JEAN-LOUIS, *L'Europe et le fédéralisme*, Montchrestien, Paris, 1996.

CUNHA, Paulo Pitta, *Os impulsos federais na construção europeia*, in Revista da Faculdade de Direito da Universidade de Lisboa, vol.XLI, n.º 1, 2000.

CURRIE, David, *Il federalismo statunitense*, in Quale, dei tanti federalismi?, Atti del convegno internazionale organizzato dalla Facoltà di Giurisprudenza dell'Università "La Sapienza", Alessandro Pace (org), Cedam, Roma, 1997.

DALLARI, Dalmo de Abreu, *Auto-organização do município*, in Revista de direito público, n.º 37/38, 1976.

DE CAMELIS, Paolo (org), *L'autonomia regionale*, Edizioni Kappa, Roma, 1989.

DE LA CUEVA, Pablo Lucas Murillo, *El federalismo asimétrico en Bélgica*, in Revista Vasca de Administración Pública, n.º 47, (II), 1997..

DE PEDRO, Jesús Prieto, *Unidad y pluralismo cultural en el Estado autonómico*, in Documentación Administrativa, n.º 232/233, Out 1992/Mar 1993.

DE SIERVO, Ugo, *Ipotesi di revisione costituzionale: il cosiddetto regionalismo "forte"*, in Le regioni, 1995.

DE VERGOTTINI, Giuseppe, *Diritto Costituzionale Comparato*, Cedam, Padova, 1999.

DE VERGOTTINI, Giuseppe, *Stato federal*, in Enciclopédia del diritto, vol. XLIII, Giuffrè, Milano, 1990.

DEGNI, Marcello/IOVINELLA, Gennaro (org), *Federalismo modello Germania*, Ediesse, Roma, 1995.

DEHOUSSE, Renaud, *Does subsidiarity really matter?*, in EUI Working paper in law, n.º 92/32, Florence, 1993

DEHOUSSE, Renaud, *Quimeras constitucionales? Algunos comentarios escépticos sobre la Convención Europea*, in Revista vasca de administración pública, n.º 65 (II), 2003.
DELPÉRÉE, Francis, *El federalismo en Bélgica*, in El federalismo en Europa, Hacer Editorial, Barcelona, 1993.
DIAMOND, Martin, *On the relationship of federalism and decentralization*, in Cooperation and conflict: readings in American federalism, Daniel Elazar (org), Peacock Publisher, Itasca, 1969.
DINAN, John, *Congressional responses to the Rehnquist Court's federalism decisions*, in Publius: the journal of federalism, 32, Verão/2002.
DINAN, John, *The Rehnquist Court's federalism decisions in perspective*, in Journal of law and politics, 15, Primavera/1999.
DI RUFFIA, Paolo Biscaretti, *Contributo alla teoria giuridica della formazione degli Stati*, Milano, 1938.
DI RUFFIA, Paolo Biscaretti, *Le scelte costituzionali fondamentali dell'Italia e della Germania nel 1947/49 considerate dopo un quarantennio di attuazione*, in Rivista trimestrale di diritto pubblico, 1990.
DOMINICHELLI, Luisa, *Federalismo e recenti sviluppi della forma di governo in Belgio*, in Il Politico, anno LX, n.º 2, 1995.
DUARTE, Maria Luísa, *A teoria dos poderes implícitos e a delimitação de competências entre a União Europeia e os Estados-membros*, Lex, Lisboa, 1997.
DWORKIN, Ronald, *A matter of principle*, Oxford University Press, Oxford, 1996.
DWORKIN, Ronald, *Taking rights seriously*, Harvard University Press, Cambridge/Massachusetts, 1977.
ECHAVARRÍA, Juan José Solozábal, *Constitución y ordem constitucional en la Unión Europea*, in Revista de estudios políticos, 119, Jan-Março/2003.
ELAZAR, Daniel, *American federalism: a view from the States*, Crowell, New York, 1966.
ELAZAR, Daniel, *Exploring federalism*, University of Alabama Press, Tuscaloosa, 1987.
ELAZAR, Daniel, *The American partnership: intergovernmental coordination in the United States*, Chicago University Press, Chicago, 1962.
ENCINAR, José Juan González, *El Estado unitario-federal*, Editora Tecnos, Madrid, 1985.
ENTERRÍA, Eduardo García, *El ordenamiento estatal y los ordenamientos autonómicos: sistema de relaciones*, in Revista de administración pública, n.º 100-102, 1983.
ENTERRÍA, Eduardo García, *El proyecto de Constitución Europea*, in Revista Española de Derecho Constitucional, n.º 45, 1995.
ENTERRÍA, Eduardo García, *Estudios sobre autonomias territoriales*, Editorial Civitas, Madrid, 1985.

ENTERRÍA, Eduardo García, *La primacía normativa del título VIII de la Constitución Española. Introducción al estudio del artículo 149 de la CE*, in Revista Española de Derecho Administrativo, n.º 33, 1982.

ENTERRÍA, Eduardo García/RODRÍGUEZ, Tomás Ramón Fernández, *Curso de derecho administrativo*, vol. I, Madrid, 1983.

ENTERRÍA, Eduardo, prólogo a Leopoldo Tolivar Alas, *El control del Estado sobre las Comunidades Autónomas*, Instituto de estudios de administración local, Madrid, 1981.

ESTELLA DE NORIEGA, Antonio, *El dilema de Luxemburgo. El Tribunal de Justicia de las Comunidades Europeas ante el principio de subsidiariedad*, Centro de estudios Ramón Areces, Madrid, 2000.

ESTELLA DE NORIEGA, Antonio, *La paradoja de la subsidiariedad: reflexiones en torno de la jurisprudencia comunitaria relativa al artículo 3B (2) del Tratado de la Comunidad Europea*, in Revista española de derecho administrativo, n.º 101, Jan-Mar/1999.

FAGUNDES, Seabra, *Novas perspectivas do federalismo brasileiro*, in Revista de direito público, n.º 10, 1969.

FALCÃO, Alcino Pinto, *Aspectos da cooperação horizontal no federalismo*, in Revista de direito público, ano VII, n.º 33, 1975.

FAVOREU, Louis (org), *Droit constitutionnel*, Dalloz, Paris, 2001.

FERNANDES, Jorge Ulisses Jacoby, *Convênios administrativos*, in Fórum de contratação e gestão pública, ano 1, n.º 3, Março/2002.

FERNÁNDEZ, Gumersindo Trujillo, *Sobre los fundamentos constitucionales de la participación de las Comunidades Autónomas en las estructuras centrales del Estado*, in La participación de las Comunidades Autónomas en las decisiones del Estado, Alberto Pérez Calvo (org), Editorial Tecnos, Madrid, 1997.

FERRARI, Regina Maria Macedo Nery, *Elementos de direito municipal*, Editora Revista dos Tribunais, São Paulo, 1993.

FERREIRA FILHO, Manoel Gonçalves, *Comentários à Constituição brasileira de 1988*, Saraiva, 1990.

FERREIRA FILHO, Manoel Gonçalves, *O Estado federal brasileiro na Constituição de 1988*, in Revista de direito administrativo, Jan-Junho/1990.

FERREIRA, Pinto, *O regime dos Estados na federação brasileira*, in Revista de informação legislativa, n.º 1, Brasília/DF, 1964.

FIGUEIREDO, Lúcia Valle, *Competências administrativas de Estados e Municípios*, in Revista de direito administrativo, n.º 207, Jan-Março/1997.

FLEINER, Thomas, *Recent developments of swiss federalism*, in Publius, vol. 32, n.º 2, Primavera/2002.

FLEINER-GERSTER, Thomas, *La democrazia semidiretta nel sistema federale elvetico*, in Il federalismo e la democrazia europea, Gustavo Zagrebelsky (org), La Nuova Itália Scientifica, Roma, 1995.

FORESTI, Luciana Aigner, *La lega etrusca*, in Federazioni e federalismo nell'Europa antica, Pubblicazioni Vita e Pensiero, Milano, 1994.
FRIEDRICH, Carl, *Constitucional government and democracy*, Ginn, Boston, 1950.
FRIEDRICH, Carl, *Federal constitutional theory and emergent proposals in federalism*, in Federalism: mature and emergent, New York, 1955.
FRIEDRICH, Carl, *Trends of federalism in theory and practice*, Frederick Praeger Publishers, New York, 1968.
FUHR, Harald, *O sistema federal da Alemanha: algumas reflexões sobre sua função para o desenvolvimento político e económico*, in 50 Anos da Lei Fundamental, José Mário Brasiliense Carneiro/Ivette Senise Ferreira (org), Editora da Universidade de São Paulo, São Paulo.
GALLIGAN, Brian/WRIGHT, John S. F., *Australian federalism: a prospective assessment*, in Publius, vol. 32, n.º 2, Primavera/2002.
GARCÍA, Ricardo Alonso/ESCUDERO, Daniel SarmientoRamírez, *Efectos colaterales de la Convención sobre el futuro de Europa en la arquitectura judicial de la Unión: hacia una jurisdicción auténticamente constitucional europea?*, in Revista de estudios políticos, n.º 119, Jan-Março//2003.
GARCÍA-PELAYO, Manuel, *Derecho constitucional comparado*, Alianza Editorial, Madrid, 1984.
GASPARINI, Diógenes, *Direito administrativo*, Saraiva, São Paulo, 1992.
GIANNETTI, Daniela, *Modelli teorici di federalismo*, in Rivista italiana di scienza politica, n.º 2, ano XXV, Agosto/1995.
GOUVEIA, Jorge Bacelar, *As Constituições dos Estados da União Europeia*, Vislis Editores, Lisboa, 2002.
GRAU, Eros Roberto, *Convénio e contrato*, in Enciclopédia Saraiva de direito, Saraiva, São Paulo, 1977.
GREYWE-LEYMARIE, Constance, *Le fédéralisme coopératif en Republique Fédéral d'Alemmagne*, Paris, 1981.
GRIMM, Dieter, *El federalismo alemán: desarrollo histórico y problemas actuales*, in El federalismo en Europa, Hacer Editorial, Barcelona, 1993.
GRODZINS, Morton, *American federalism: a working outline*, Center for the Study of Federalism, Filadelfia, 1984.
GRODZINS, Morton, *Centralization and decentralization in the american federal system*, in A nation of States, Robert Goldwin/Rand McNally (org), Chicago, 1961.
GRODZINS, Morton, *The American system: a new view of government in the United States*, Rand McNally, Chicago, 1966.
GUERRA, Luis López, *Algunas notas sobre la igualación competencial*, in Documentación Administrativa, n.º 232-233, Out.1992/Mar.1993.
GUERRA, Luis López, *Conflictos competenciales, interés general y decisión política*, in Revista del Centro de Estudios Constitucionales, Set-Dez/1988.

GUERRA, Luis López, *El reparto de competencias Estado-autonomias según la doctrina del Tribunal Constitucional, in* Comunidades Autónomas y Comunidad Europea – relaciones jurídico-institucionales, Cortes de Castilla y León, Valladolid, 1991.
GUERRA, Luís López, *Modelo abierto y hecho diferencial, in* Revista Vasca de Administración Pública, n.º 47 (II), 1997.
HÄBERLE, Peter, *El regionalismo como princípio estructural naciente del Estado constitucional y como máxima de la politica del derecho europeu, in* Retos actuales del Estado constitucional, IVAP, Oñati, 1996.
HÄBERLE, Peter, *Federalismo, regionalismo e piccoli Stati in Europa, in* Il federalismo e la democrazia europea, Gustavo Zagrebelsky (org), La Nuova Itália Scientifica, Roma, 1995.
HÄBERLE, Peter, *Problemas fundamentales de una teoria constitucional del regionalismo en perspectiva comparada, in* Estudios de derecho público, Homenaje a Juan José Ruiz-Rico, vol. II, Tecnos, Madrid, 1997.
HABERMAS, Jürgen, *Between facts and norms*, The Mit Press, Cambridge//Massachusetts, 1996.
HABERMAS, Jürgen, *L'éthique de la discussion et la question de la vérité*, Grasset, Paris, 2004.
HABERMAS, Jürgen, *Más allá del Estado nacional*, Editorial Trotta, Madrid, 1997.
HABERMAS, Jürgen, *La inclusión del outro*, Ediciones Paidós Ibérica, Barcelona, 1999.
HABERMAS, Jürgen/RAWLS, John, *Debate sobre el liberalismo político*, Ediciones Paidós, Barcelona, 1998.
HALBERSTAM, Daniel, *The duty to cooperate in the federal systems: of harmony and voice, in* Workshop multi-level constitutionalism – transatlantic perspectives. Cooperative federalism: the US and the EU, Faculdade de Direito da Universidade Nova de Lisboa, 2001 (policopiado).
HALL, Kermit (org), *The Oxford companion to the Supreme Court of the United States*, Oxford University Press, New York/Oxford, 1992.
HAMILTON, Alexander/MADISON, James/JAY, John, *The Federalist*, The Everyman Library, Londres, (1787-1788) 1996; (*O Federalista*, Edições Colibri, Lisboa, 2003).
HERDEGEN, Matthias, *Maastricht and the german Constitutional Court: constitutional restraints for an "ever closer Union", in* Common market law review, vol. 31, n.º 2, 1994.
HESSE, Konrad, *A força normativa da Constituição* (trad. Gilmar Ferreira Mendes), Sérgio Fabris Editor, Porto Alegre, 1991.
HESSE, Konrad, *Constitución y derecho constitucional, in* Manual de derecho constitucional, Benda/Maihofer/Vogel/Hesse/Heyde (org), Marcial Pons, IVAP, Madrid, 1996.
HESSE, Konrad, *Der unitarische Bundesstaat*, Karlsruhe, 1962.

HESSE, Konrad, *Elementos de direito constitucional da República Federal da Alemanha*, Sérgio Fabris Editora, Porto Alegre, 1998.
HESSE, Konrad, *La interpretación constitucional*, in Escritos de Derecho Constitucional, Centro de Estudios Constitucionales, Madrid, 1983.
HOMO, Leon, *La Italia primitiva y los comienzos del imperialismo romano*, Cervantes, Barcelona, 1926.
HORTA, Raul Machado, *Repartição de competências na Constituição Federal de 1988*, in Revista trimestral de direito público, n.º 2.
HORTA, Raul Machado, *Tendências do federalismo brasileiro*, in Revista de direito público, n.º 9 (texto também publicado *in* Revista brasileira de estudos políticos, n.º 28, Jan/1970).
HOWSE, Robert, *Association, identity and federal community*, Workshop multi-level constitutionalism – transatlantic perspectives. Cooperative federalism: the US and the EU, Faculdade de Direito da Universidade Nova de Lisboa, 2001 (policopiado).
IGLESIAS, Juan, *Instituciones de derecho romano*, Ariel, Barcelona, 1965.
IZA, Joaquin Maria Peñarrubia, *Preferencia, coordinación y prevalencia en el ejercicio de competências concurrentes*, in Revista de administración pública, n.º 149, Maio-Agosto/1999.
JARDIM, Torquato, *A tridimensionalidade da descentralização do Estado brasileiro*, in Revista de informação legislativa, n.º 122, Maio-Julho//1994.
JENSEN, Laura, *Federalism, individual rights, and the conditional spending conundrum*, in Polity XXXIII, Inverno/2000.
KAPTEYN, P., *Community law and the principle of subsidiarity*, in Revue des affaires européennes, n.º 2, 1991.
KELSEN, Hans, *Teoria geral do Estado*, Arménio Amado Editor, Coimbra, 1938.
KÖNIG, Klaus, *El problema de la coordinación en un sistema de gobierno basado en la división del trabajo. El caso alemán*, in Documentación administrativa, n.º 230-231, Abril-Set/1992.
KROTOSZYNSKI, Ronald, *Listening to the "sounds of sovereingnty" but missing the beat: does the new federalism really matter?*, in Indiana law review 32, 1999.
KUGELMAS, Eduardo, *A evolução recente do regime federativo no Brasil*, in Federalismo na Alemanha e no Brasil, Wilhelm Hofmeister/José Mário Brasiliense Carneiro (org), Série Debates n.º 22, Fundação Konrad Adenauer Stiftung, São Paulo, 2001.
LA PERGOLA, Antonio, *Los nuevos senderos del federalismo*, Centro de Estudios Constitucionales, Madrid, 1994.
LAMOUNIER, Bolívar, *O nascimento do federalismo no Brasil: herança de Rui Barbosa*, in Revista Federalismo, Brasília, Set/2000.
LAMOUNIER, Bolívar/FIGUEIREDO, Rubens, *A era FHC – um balanço*, Cultura Editores Associados, São Paulo, 2002.

LATAILLADE, Iñigo Cavero, *El principio de subsidiariedade en el marco de la Unión Europea*, in Revista de la Facultad de Derecho de la Universidad Complutense, n.º 18, 1994.
LE FUR, Louis, *La confédération d'Etats et l'Etat fédéral*, Paris, 1896.
LEMOS, João Gonçalves, *Municípios e regiões metropolitanas (antes de depois da Carta Magna de 1988)*, in Revista de administração pública, n.º 23, Agosto-Outubro/1989.
LENAERTS, Koen /YPERSELE, P. van, *Le principe de subsidiarité et son contexte*, in Cahiers de droit européen, 30, 1994.
LENAERTS, Koen, *Constitutionalism and the many faces of federalism*, in The american journal of comparative law, XXXVIII, Primavera/1990.
LIMA, Hermes, *Federalismo e presidencialismo*, in Revista brasileira de estudos políticos, 7, Nov/1959.
LIMONGI, Fernando Papaterra, *O Federalista: remédios republicanos para males republicanos*, in Os Clássicos da Política, Francisco Weffort (org), Série Fundamentos, Editora Ática, São Paulo.
LOEWEINSTEIN, Karl, *Teoría de la Constitución*, Editorial Ariel, Barcelona, 1976.
LOEWENSTEIN, Karl, *Brazil under Vargas*, New York, 1942.
LORDELLO DE MELLO, Diogo, *O papel dos governos municipais no processo de desenvolvimento nacional*, in Revista de administração pública, n.º 22//3, Julho-Set/1988.
LORDELLO DE MELLO, Diogo, *Os Estados e os Municípios na Constituição de 1967*, in Estudos sobre a Constituição de 1967, Themístocles Brandão Cavalcanti (org), Fundação Getúlio Vargas, Rio de Janeiro, 1968.
LUCIANI, Massimo, *A mo'di conclusione: le prospettive del federalismo in Itália*, in Quale, dei tanti federalismi?, Alessandro Pace (org), Cedam, Roma, 1997.
LUHMANN, Niklas, *Complejidad y modernidad. De la unidad a la diferencia*, Editorial Trotta, Madrid, 1998.
LUHMANN, Niklas, *La honestidad en política*, in Leviatán, Revista de hechos e ideas, n.º 65/1996.
LUHMANN, Niklas, *Legitimação pelo procedimento*, Editora Universidade de Brasília, Brasília, 1980.
LUHMANN, Niklas, *Sociedad y sistema: la ambición de la teoría*, Paidós Ibérica, Barcelona, 1990.
LUHMANN, Niklas, *Teoría política en el Estado de bienestar*, Alianza Universidad.
LUHMANN, Niklas, *Sociología del rischio*, Edizioni Bruno Mondadori, Milano, 1996.
MACHADO, Santiago Muñoz, *Derecho público de las Comunidades Autónomas*, Madrid, I (1982), II (1984).
MACHADO, Santiago Muñoz, *Los princípios constitucionales de unidad y autonomia y el problema de la nueva planta de las administraciones públicas*, in Revista de Administración Pública, n.º 100-102, Dez/1983.

MACHETE, Pedro, *Os princípios de articulação interna de ordenamnetos complexos no direito comparado*, in O direito, ano 124, Jan-Junho/ /1992.
MACHETTI, Santolaya, *Descentralización y cooperación*, Instituto de estudios de administración local, Madrid, 1984.
MACMAHON, Arthur, *Problems of federalism*, in Federalism: mature and emergent, New York, 1955.
MADURO, Miguel Poiares, *Las formas del poder constitucional de la Unión Europea*, in Revista de estudios políticos, n.º 119, 2003.
MALINVERNI, Giorgio, *Il federalismo svizzero*, in Quale, dei tanti federalismi?, Atti del convegno internazionale organizzato dalla Facoltà di Giurisprudenza dell'Università "La Sapienza", Alessandro Pace (org), Cedam, Roma, 1997.
MANCINI, Federico G., *The making of a Constitution for Europe*, in Common market law review, vol.26, n.º 4, 1989.
MANZELLA, Andrea, *La ripartizione di competenze tra Unione Europea e Stati membri*, in Quaderni costituzionali, ano XX, n.º 3, Dezembro/2000.
MANZELLA, Andrea, *Lo Stato "comunitário"*, in Quaderni costituzionali, XXIII, n.º 2, Junho/2003.
MANZIN, Serena, *Il governo federale "rappresentante" dei diritti dei Länder. Gli sviluppi del federalismo tedesco alla luce di una recente sentenza del Tribunale Costituzionale Federale*, in Giurisprudenza costituzionale, ano XLI, Janeiro-Fevereiro/1996.
MARCOS, Ana, *Jurisprudencia constitucional sobre el principio de cooperación*, in Documentación Administrativa, n.º 240, Out/Dez 1994.
MARINHO, Josaphat, *Rui Barbosa e a federação*, Revista de informação legislativa, 33, n.º 130, Abril-Junho/1996.
MARINS, Carlos Eduardo Garcez, *Breves considerações sobre o transitório resguardo da autonomia política local em face da geral no Brasil*, in Revista de direito público, 96.
MARTINS, Ana Maria Guerra, *Curso de direito constitucional da União Europeia*, Almedina, Coimbra, 2004.
MARTOS, José Antonio Montilla, *La solución política a las controvérsias competenciales. A propósito de la LO 1/2000, de modificación de la ley orgánica del Tribunal Constitucional*, in Anuario de Derecho Constitucional y Parlamentario, 2002.
MÁS, Joaquín Tornos, *Las conferencias sectoriales*, in Documentación administrativa, n.º 240, Out-Dez/1994.
MATTOS, Aroldo Gomes de, *A naturaza e o alcance dos convênios em matéria de ICMS*, in Revista dialética de direito tributário, n.º 79, Abril/2002.
MEDAUAR, Odete, *Convénios e consórcios administrativos*, in Boletim de direito administrativo, Agosto/1995.

MEIRA, Sílvio, *Federalismo e centralização*, *in* Revista de direito público, n.º 32.
MEIRELLES, Hely Lopes, *Direito administrativo brasileiro*, Malheiros Editores, São Paulo, 1993.
MEIRELLES, Hely Lopes, *Direito municipal brasileiro*, Malheiros Editores, São Paulo, 1994.
MELO, António Barbosa de, *Legitimidade democrática e legislação governamental na União Europeia*, *in* Boletim da Faculdade de Direito da Universidade de Coimbra, Estudos em homenagem ao Prof. Doutor Rogério Soares, Coimbra Editora, 2001.
MELO, António Barbosa de, *Soberania e União Europeia*, *in* Temas de Integração, n.º 7, 1.º semestre de 1999.
MENDES, Gilmar Ferreira, *Controle da constitucionalidade das leis municipais em tese – doutrina e jurisprudência*, *in* Revista de direito público, n.º 90, Abril-Junho/1989.
MENDES, Gilmar Ferreira, *O apelo ao legislador (Appellentscheidung) na práxis da Corte Constitucional Federal alemã*, *in* Revista da Faculdade de Direito da Universidade de Lisboa, vol. XXXIII, 1992.
MENDES, Marcos, *Descentralização da educação fundamental: avaliação de resultados do Fundef*, Instituto Fernand Braudel de Economia Mundial, São Paulo, 2001.
MEZEY, Susan Gluck, *The U.S. Supreme Court's federalism jurisprudence: Alden v. Maine and the enhancement of State sovereignty*, *in* Publius: the journal of federalism, 30, Inverno-Primavera/2000.
MIONI, Federico, *James Madison tra federalismo e repubblicanesimo*, *in* Il Politico, Rivista Italiana di Scienze politiche, ano LVI, n.º 4, 199.
MIRANDA, Jacinto Nelson (org), *Canotilho e a Constituição dirigente*, Renovar, Rio de Janeiro/São Paulo, 2003.
MIRANDA, Jorge, *Teoria do Estado e da Constituição*, Coimbra Editora, Coimbra, 2002.
MIRANDA, Pontes de, *Comentários à Constituição de 1946*, 3.ª edição, 1960.
MONTERO, J. Terron/VILAR, G. Camara, *Princípios y técnicas de cooperación en los Estados compuestos: reflexiones sobre su aplicación al caso de España*, *in* Comunidades Autónomas e instrumentos de cooperación interterritorial, J. Cano Bueso (org), Tecnos, Madrid, 1990.
MORAES, Marcos Ribeiro, *As relações intergovernamentais na República Federal da Alemanha*, Pesquisas n.º 22, Fundação Konrad Adenauer Stiftung, São Paulo.
MORATA, Francesc, *Gobernanza multinivel en la Unión Europea*, *in* Documentos del VII Congreso Internacional del CLAD sobre la reforma del Estado y de la administración pública (Lisboa, 8-11 Out/2002), Caracas, Set/2002.

MORATA, Francesc, *La Unión Europea: actores, procesos y políticas*, Ariel, Barcelona, 1999.

MORATA, Francesc, *Políticas públicas y relaciones intergubernamentales*, in Documentación administrativa, n.º 224/225, Out/1990-Março/1991.

MORÓN, Miguel Sánchez, *La coordinación administrativa como concepto jurídico*, in Documentación administrativa, n.º 230-231, Abril-Set/1992.

MOUSKHELI, Michel, *Teoria jurídica del Estado federal*, Aguilar, Madrid, 1931.

MUKAI, Toshio, *Competências dos entes federados na Constituição de 1988*, in Revista de direito administrativo, n.º 184, Abril-Junho/1991.

NAGEL, Klaus-Jürgen, *El federalismo alemán. Más cooperación o nueva asimetría?*, in Revista de Estudios Políticos, n.º 118, Out/Dez 2002.

NASCIMENTO, Vânia Barbosa, *Interdependência e autonomia na gestão pública da saúde*, in Lua nova, Revista de cultura e política, n.º 52, 2001.

NAVAS, Alejandro, *La teoría sociológica de Niklas Luhmann*, Ediciones Universidad de Navarra, Pamplona, 1989.

NETO, Diogo de Figueiredo Moreira, *Coordenação gerencial na administração pública*, in Revista de direito administrativo, n.º 214, Out-Dez/1998.

NETO, Floriano Azevedo Marques, *Gestão do sistema único de saúde por Município: poder-dever de convalidação dos actos praticados pela União*, in Revista dos Tribunais – Cadernos de direito constitucional e ciência política, Instituto brasileiro de direito constitucional, n.º 15, Abril-Junho/1996.

NEVES, Marcelo, *A constitucionalização simbólica: uma síntese*, in 20 anos da Constituição de 1976, Boletim da Faculdade de Direito da Universidade de Coimbra, Coimbra Editora, Coimbra, 2000.

NICE, David, *Conclusions: federalism as a setting for politicies*, in Federalism, the politics of intergovernmental relations, Saint Martin's Press, New York, 1987.

NUNES, José de Castro, *Do estado federado e sua organização municipal*, Leite Ribeiro & Maurillo Editores, Rio de Janeiro, 1920.

O'BRIAN, David M., *The changing faces of federalism: the United States, the European Union, and comparative federalism*, Workshop multi-level constitutionalism – transatlantic perspectives. Cooperative federalism: the US and the EU, Faculdade de Direito da Universidade Nova de Lisboa, 2001 (policopiado).

OATES, Wallace, *Federalism and government finance*, in Modern public finance, Oates/Quingley/Smolensky (org), Harvard University Press, 1994.

OATES, Wallace/SCHWAB, Robert, *The allocative and distributive implications of local fiscal competition*, in Competition among States and local governments, Daphne Kenyon/John Kincaid (org), The Urban Institute Press, Washington D.C., 1991.

OCAÑA, Luis Morell, *Una teoria de la cooperación*, in Documentación administrativa, n.º 240, Out-Dez/1994.

ODOM, Thomas, *Foreword: introduction to the symposium on the federalism decisions of the Supreme Court's 1999 term*, Oklahoma City University law review, 25, Outono/2000.

OPPERMANN, Thomas, *Il processo costituzionale europeo dopo Nizza*, in Rivista trimestrale di diritto pubblico, n.º 2, 2003.

ORTEGA, Luis, *La coordinación de la administración del Estado*, in Documentación administrativa, n.º 230-231, Abril-Set/1992.

ORTINO, Sergio, *Introduzione al diritto costituzionale federativo*, Giappichelli Editore, Torino.

PADDISON, Ronan, *Il federalismo: diversità regionale nell'unione nazionale*, in Governo decentralizzato e federalismo, Giorgio Brosio (org), Il Mulino, 1995.

PALERMO, Francesco/WOELK, Jens, *Una lettura critica della recente dottrina costituzionalistica tedesca*, in Quaderni costituzionali, ano XXIII, n.º 2, Junho/2003.

PALLIERI, G. Balladore, *Diritto costituzionale*, Giuffré, Milano, 1972.

PATTERSON, James, *The New Deal and the States: federalism in transition*, Princeton University Press, Princeton, 1969.

PEQUEÑO, Humberto G., *Los actos de la conferencia para asuntos relacionados con las Comunidades Europeas: naturaleza y régimen jurídico*, in Revista vasca de administración pública, n.º 59, 2001.

PEREIRA, Gonçalves/QUADROS, Fausto, *Manual de direito internacional público*, Almedina, Coimbra, 1993.

PETAK, W. J., *O federalismo creativo e as relações intergovernamentais*, in Revista de administração municipal, 108, Setembro-Outubro/1971 (*Creative federalism and intergovernmental relations*, Univ. Southern Califórnia, Los Angeles, 1967).

PETERSON, Paul, *The price of federalism*, Brookings Institution, Washington DC, 1995.

PIÇARRA, Nuno, *A Separação dos poderes como doutrina e princípio constitucional*, Coimbra Editora, Coimbra, 1989.

PIRES, Francisco Lucas, *A caminho de uma constituição política europeia?*, in Análise social, vol.XXVII, n.º 118/119, Dezembro/1992.

PIRES, Francisco Lucas, *Introdução ao direito constitucional europeu*, Almedina, Coimbra, 1997.

PIRES, Lucas, *Competência das competências: competente mas sem competências?*, in Revista de Legislação e Jurisprudência, n.º 130, ano 1997//1998.

PIZZETTI, Franco (org), *Federalismo, regionalismo e riforma dello Stato*, G. Giappichelli Editore, Torino, 1998.

PIZZETTI, Franco, Intervenção no Convegno Internazionale organizzato dalla Facoltà di Giurisprudenza dell'Universitá "La Sapienza" (Roma, 31/

/Jan-1/Fev de 1997), publicado *in Quale, dei tanti federalismi?*, Cedam, Roma, 1997.
POLETTI, Ronaldo, *Contratos e convénios*, *in* Revista Forense, n.º 78, Out--Dez/1982.
POUND, Roscoe, *Law and federal government*, *in* Federalism as a democratic process, New Brunswick, 1942.
PRADO, Sérgio/CAVALCANTI, Carlos Eduardo, *A guerra fiscal no Brasil*, Edições Fundap, São Paulo.
RAMOS, Rui Manuel Gens de Moura, *Das Comunidades à União Europeia. Estudos de direito comunitário*, Coimbra Editora, Coimbra, 1999.
RAMOS, Rui Manuel Gens de Moura, *Direito comunitário (Programa, conteúdos e métodos de ensino)*, Coimbra Editora, Coimbra, 2003.
RANGEL, Paulo Castro, *Uma teoria da interconstitucionalidade (pluralismo e Constituição no pensamento de Francisco Lucas Pires)*, *in* Themis, ano I, n.º 2, 2000.
RASON, Nino Olivetti, *Un federalismo asimmetrico: il Canada*, *in* Esperienze federali contemporanee, Nino Olivetti Rason/Lucio Pegoraro (org), Cedam, Padova, 1996.
RASON, Nino Olivetti, *Vecchio e nuovo nel federalismo degli Stati Uniti d'America*, *in* Esperienze federali contemporanee, Nino Rason/Lucio Pegoraro (org), Cedam, Padova, 1996.
RAWLS, John, *O liberalismo político*, Editorial Presença, Lisboa, 1997.
RAYO, Andreu Olesti, *Los principios del Tratado de la Unión Europea*, Editorial Ariel, Barcelona, 1998.
REAGAN, Michael, *The new federalism*, New York, 1972.
REICH, Norbert, *The "November Revolution" of the European Court of Justice: Keck, Meng and Audi revisited*, *in* Common market law review, 31, 1994.
REXACH, Angel Menéndez, *Coordinación de la ordenación del territorio con políticas sectoriales que inciden sobre el medio físico*, *in* Documentación administrativa, n.º 230-231, Abril-Set/1992.
REXACH, Angel Menéndez, *La cooperación, un concepto jurídico?*, *in* Documentación administrativa, n.º 240, Out-Dez/1994.
REZENDE, Fernando, *Compensações financeiras e desequilíbrios fiscais na federação brasileira*, *in* Federalismo na Alemanha e no Brasil, Wilhelm Hofmeister/José Brasiliense Carneiro (org), Série Debates, n.º 22, Fundação Konrad Adenauer Stiftung, São Paulo, 2001.
REZENDE, Fernando, *Descentralização e eficiência: a tomada de decisões para o desenvolvimento sob a Constituição de 1988*, *in* Políticas de desenvolvimento para a década de noventa, Programa das Nações Unidas para o Desenvolvimento, Brasília, 1990
RIBEIRO, Manoel, *O município na federação*, Livraria Progresso Editora, Salvador, 1959.

RIKER, William, *Federalism*, in A companion to contemporary political philosophy, R. Goodin/P. Pettit (org), Cambridge/MA, 1993.
RIKER, William, *Federalism: origin, operation, significance*, Little Brown and Co., Boston, 1964.
RIKER, William, *The development of American federalism*, Kluwer Academic Publisher, Boston, 1987.
ROCHA, Lincoln Magalhães da, *A Constituição americana – dois séculos de direito comparado*, Edições Trabalhistas, Rio de Janeiro.
ROGEIRO, Nuno, *Constituição dos EUA. Estudo sobre o sistema constitucional dos Estados Unidos*, Gradiva, Lisboa, 1993.
ROVIRA, Enoch Albertí, *Algunas consideraciones sobre el federalismo de ejecución*, in Revista vasca de administración pública, n.º 25, 1989.
ROVIRA, Enoch Albertí, *El interes general y las Comunidades Autónomas en la Constitución de 1978*, in Revista de Derecho Político, n.º 18-19, Verão/Outono 1983.
ROVIRA, Enoch Albertí, *Estado autonómico e integración política*, in Documentación Administrativa, n.º 232-233, Out.1992/Mar. 1993.
ROVIRA, Enoch Albertí, *Federalismo y cooperación en la República Federal Alemana*, Centro de estudios constitucionales, Madrid, 1986.
ROVIRA, Enoch Albertí, *La coordinación entre el Estado y las Comunidades Autónomas*, in Documentación administrativa, n.º 230-231, Abril-Set//1992.
ROVIRA, Enoch Albertí, *La delimitación de las competencias entre la Unión y los Estados miembros*, in Revista de estudios políticos, n.º 119, Jan--Março/2003.
ROVIRA, Enoch Albertí, *Las relaciones de colaboración entre el Estado y las Comunidades Autónomas*, in Revista española de derecho constitucional, n.º 14, Maio-Agosto/1985.
ROVIRA, Enoch Albertí, *Los convenios entre Comunidades Autónomas*, in Documentación administrativa, n.º 240, 1994.
ROVIRA, Enoch Albertí, *Relaciones entre las administraciones públicas*, in La nueva ley de régimen jurídico de las administraciones públicas y del procedimiento administrativos común, Leguina Villa/Sánchez Morón (org), Tecnos, Madrid, 1993.
RUIZ, Francisco Lopez, *Los conceptos de "todo" y "parte" aplicados ao estudio de los Estados compuestos*, in Revista Española de Derecho Constitucional, n.º 49, 1997.
RUSSOMANO, Rosah, *O princípio do federalismo na Constituição brasileira*, Livraria Freitas Bastos, Rio de Janeiro/São Paulo, 1965.
SAIZ, Alejandro, *Asimetría y Estado federal en Canadá*, in Revista vasca de administración pública, n.º 47 (II), 1997.
SALMON, Pierre, *Decentralization as an incentive scheme*, in Oxford review of economic policy, n.º 2, 1987.

SALMON, Pierre, *The logic of pressure groups and the structure of the public sector*, in European journal of political economy, n.º 1-2, 1987.
SANTOS, Boaventura de Sousa, *Democracia e participação*, Edições Afrontamento, Porto, 2002.
SANTOS, Boaventura de Sousa, *A crítica da razão indolente: contra o desperdício da experiência*, Edições Afrontamento, Porto, 2000.
SANTOS, Lenir, *Consórcio administrativo intermunicipal. Aspectos gerais – suas especificidades em relação ao sistema único de saúde*, in Boletim de direito muncipal, ano XVII, n.º 1, Jan/2001.
SARAIVA, Paulo Lopo, *Federalismo regional*, Saraiva, São Paulo, 1982.
SARI, Mariza Abreu/TIMM, Marisa, *Colaboração entre União, Estados/DF e Municípios na área da educação*, in Cadernos aslegis, vol. 3, n.º 8, Maio-Agosto/1999.
SCHWARTZ, Bernard, *Los poderes del gobierno – comentario sobre la Constitución de los Estados Unidos*, vol.I (*Poderes federales y estatales*), Facultad de Derecho, Universidad Nacional Autónoma de México, 1966.
SCHILLING, Theodor, *A new dimension of subsidiarity: subsidiarity as a rule and a principle*, in Yearbook of European law, 14/1994, Clarendon Press, Oxford, 1995.
SCUDIERO, M., *Il ruolo delle regioni nell'europa di Maastricht*, in Le regioni, 1993.
SELCHER, Wayne, *O futuro do federalismo na Nova República*, in Revista de administração pública, n.º 1/90, Nov/1989-Jan/1990.
SHEEHAN, Colleen A., *Madison versus Hamilton: the battle over republicanism and the role of public opinion*, in American political science review, vol.98, n.º 3, Agosto/2004.
SILVA, Carlos Medeiros, *Evolução do regime federativo*, in Cinco estudos, Fundação Getúlio Vargas, Rio de Janeiro, 1955.
SILVA, José Afonso, *Curso de direito constitucional positivo*, Editora Revista dos Tribunais, São Paulo, 1990.
SIMON, Helmut, *La jurisdicción constitucional*, in Manual de derecho constitucional, Benda/Maihofer/Vogel/Hesse/ Heyde (org), Marcial Pons, Madrid, 1996.
SKINNER, Quentin, *As fundações do pensamento político moderno*, Companhia das Letras, São Paulo, 1996.
SMEND, Rudolf, *Constitución y derecho constitucional*, Madrid, (1928) 1985.
SOARES, António Gaucha, *O défice democrático da União Europeia: alguns problemas conexos*, in Análise social, vol. XXXII, n.º 142, 1997.
SOARES, António Goucha, *Repartição de competências e preempção no direito comunitário*, Edições Cosmos, Lisboa, 1996.
SOROMENHO-MARQUES, Viriato, *A revolução federal. Filosofia política e debate constitucional na fundação dos EUA*, Edições Colibri, Lisboa, 2002.

Souto, Marcos Juruena Villela, *Convénios e protocolos administrativos*, in Repertório IOB de jurisprudência. Tributário, constitucional e administrativo, n.º 10, 2.ª quinzena de Maio/1998.

Souza, Celina Maria de, *Gestão local e gestão metropolitana*: um falso dilema?, in Espaço & debates, ano X, n.º 30, 1990.

Souza, Celina Maria de, *Brazil*: the prospects of a center-constraining federation in a fragmented polity, in Publius: the journal of federalism, 32, Primavera/2002.

Souza, Celina Maria de, *Constitutional engineering in Brazil*: the politics of federalism and decentralization, Macmillan Press, London/St.Martin's Press, New York, 1997.

Spahn, Paul Bernd, *Da controvérsia sobre a compensação financeira na Alemanha*, in Federalismo na Alemanha e no Brasil, Wilhelm Hofmeister/ José Brasiliense Carneiro (org), Fundação Konrad Adenauer, Série Debates n.º 22, São Paulo, 2001.

Stein, Ekkehart, *Derecho político*, Aguilar, Madrid, 1973.

Stern, Klaus, *Derecho del Estado de la Republica Federal de Alemania*, Madrid, 1987.

Szklarowsky, Leon Frejda, *Convénios, consórcios administrativos, ajustes – outros instrumentos congéneres*, in Boletim de direito municipal, ano XVI, n.º 11, Nov/2000.

Tavares, Íris Eliete Teixeira Neves de Pinho, *O município brasileiro*: sua evolução histórico-constitucional, in Revista de direito administrativo, 209, Julho-Set/1997.

Tejada, Tejadura, *El princípio de cooperación en el Estado autonómico*, in Revista vasca de administración pública, n.º 46, 1996.

Temple-Lang, John, *Community constitutional law*: article 5 EEC Treaty, in Common market law review, 1990.

Teubner, Gunther, *O direito como sistema autopoiético*, Fundação Calouste Gulbenkian, Lisboa, 1989.

Tiebout, Charles, *A pure theory of local expenditures*, in Journal of political economy, Outubro/1956.

Tocqueville, Alexis, *A democracia na América. Leis e costumes*, Martins Fontes, São Paulo, 1998.

Torres, Heleno Taveira, *Isenções do ICMS – limites formais e materiais. Aplicação da LC n.º 24/75. Constitucionalidade dos chamados convénios autorizativos*, in Revista dialética de direito tributário, n.º 72, Set/ /2001

Torres, João Camillo de Oliveira, *A formação do federalismo no Brasil*, Companhia Editora Nacional, São Paulo, 1961.

Toth, A. G., *Is subsidiarity justiciable?*, in European law review, 19, n.º 3, Junho/1994.

TOTH, A. G., *The principle of subsidiarity in the Maastricht Treaty*, in Common market law review, 29, 1992.

TRIGUEIRO, Oswaldo, *A evolução do regime federal brasileiro* (1980), in Antologia luso-brasileira de direito constitucional, Paulo Lopo Saraiva (org), Editora Brasília Jurídica, Brasília/DF, 1992.

TRUJILLO, Gumersindo, *Homogeneidad y asimetría en el Estado autonómico: contribución a la determinación de los límites constitucionales de la forma territorial del Estado*, in Documentación administrativa, n.º 232--233, Out-1992/Março-1993.

VALVO, Alfredo, *Modalità del giuramento romano a conclusione di un trattato o di un'alleanza*, in Federazioni e federalismo nell'Europa antica, Pubblizazioni Vita e Pensiero, Milano, 1994.

VANDELLI, Luciano, *L'ordinamento regionale spagnole*, Bologna, 1979.

VASCONCELOS, Pedro Carlos Bacelar de, *Teoria geral do controlo jurídico do poder público*, Cosmos, Lisboa, 1996.

VELLOSO, Carlos Mário da Silva, *Controlo da constitucionalidade na Constituição brasileira de 1988*, in Revista de direito público, n.º 92, Out--Dez/1989.

VELLOSO, Carlos Mário da Silva, *Estado federal e Estados federados na Constituição brasileira de 1988: do equilíbrio federativo*, in Revista de direito administrativo, n.º 187, Jan-Março/1992.

VERDÚ, Pablo Lucas/DE LA CUEVA, Pablo Lucas Murillo, *Manual de derecho político*, vol. I, Editorial Tecnos, Madrid, 1987.

VILAÇA, José Luís da Cruz, *A protecção dos direitos dos cidadãos no espaço comunitário*, in Valores da Europa, Álvaro de Vasconcelos (coord), Instituto de Estudos Estratégicos e Internacionais, Principia, Lisboa.

VILLA, Jesús Leguina, *La reforma del Senado y los hechos diferenciales*, in La participación de las Comunidades Autónomas en las decisiones del Estado, Alberto Pérez Calvo (org), Tecnos, Madrid, 1997.

VILLAAMIL, Oscar Alzaga (org), *Comentarios a la Constitución Española de 1978*, Cortes Generales Editoriales de Derecho Reunidas, 1996.

VILLALÓN, Pedro Cruz, *La jurisprudencia del Tribunal Constitucional sobre autonomias territoriales*, in Estudios sobre la Constitución Española, Homenaje al Profesor Eduardo García de Enterría, Tomo IV, Civitas, Madrid, 1991.

VOGEL, Juan Joaquín, *El régimen federal de la Ley Fundamental*, in Manual de derecho constitucional, Benda/Maihofer/Vogel/Hesse/Heyde (org), Instituto Vasco de Administración Pública, Marcial Pons, Madrid, 1996.

VOLPI, Mauro, *Stato federale e Stato regionale: due modelli a confronto*, in La riforma delle autonomie regionale. Esperienze e prospettive in Italia e Spagna, G. Rolla (org), Giappicchelli, Torino, 1995.

WALKER, David, *The rebirth of federalism*, Chatam House, New York, 2000.

WALLACE, Helen/WALLACE, William (org), *Policy-making in the European Union*, Oxford University Press, Oxford, 1997.
WARREN, Mark, *The self in discursive democracy*, in The Cambridge companion to Habermas, Cambridge University Press, 1995.
WEBER, Albrecht, *El control del Tratado de Maastricht por la jurisdicción constitucional desde una perspectiva comparada*, in Revista española de derecho constitucional, n.º 45, Set/Dez 1995.
WEICHERT, Marlon Alberto, *O sistema único de saúde no federalismo brasileiro*, in Revista de direito constitucional e internacional, n.º 32, 2000.
WHEARE, Kenneth, *Federal Government*, Oxford University Press, London, 1963.
WISE, Charles, *The Supreme Court's new constitutional federalism: implications for public administration*, in Public administration review, 61, Maio-Junho/2001.
WOEHRLING, José, *L'avis de la Cour suprême du Canada sur l'éventuelle sécession du Québec*, in Revue française de droit constitutionnel, 37, Maio/1999.
WRIGHT, Benjamin Fletcher, Introdução a Alexander Hamilton/ James Madison/ /John Jay, *O Federalista*, Pensamento Político n.º 62, Editora Universidade de Brasília, Brasília.
WRIGHT, Deil, *Models of national State and local relationship*, in Understanding intergovernmental relations, Brooks/Cole Publishing Company, 1988.
ZAGREBELSKY, Gustavo (org), *Il futuro della Costituzione*, Einaudi, Torino, 1996.
ZAGREBELSKY, Gustavo, *A lei, o direito e a Constituição*, Conferência comemorativa do XX aniversário do Tribunal Constitucional, Lisboa, Novembro/2003 (policopiado).
ZAGREBELSKY, Gustavo, *El derecho constitucional del pluralismo*, in Anuario de derecho constitucional y parlamentario, n.º 11, 1999.
ZAGREBELSKY, Gustavo, *La giustizia costituzionale*, Il Mulino, Bologna, 1977.
ZYMLER, Benjamin, *Política, direito e reforma do Estado: uma visão funcional-sistémica*, in Revista de informação legislativa, n.º 147, Jul-Set/2000, Brasília/DF.

ÍNDICE

Apresentação da tese ao júri 9

Intróito 19

Parte I

COORDENADAS TEÓRICO-PRÁTICAS PARA A COMPREENSÃO DA PROBLEMÁTICA COOPERATIVA BRASILEIRA

Capítulo I

O compromisso constitucional de cooperação nos distintos períodos da história federativa brasileira (1891-1988)

1.1. O federalismo ideal que antecedeu o Estado federal brasileiro e motivou a proclamação da República 43
1.2. O modelo autonomista da Constituição de 1891 50
1.3. As tendências centrípetas do modelo federal de 1934 64
1.4. A federação nominal da Constituição de 1937 70
1.5. O modelo federal de 1946 e os legados autoritários do Estado Novo 71
1.6. A Constituição de 1967/69: o regime militar e a exaltação do centripetismo 75
1.7. O Município enquanto protagonista da intriga federal tetramembre: evolução constitucional do papel das municipalidades 80

Capítulo II

As manifestações concretas do compromisso constitucional de cooperação na Constituição de 1988

2.1. O Município como ente federado 100

2.2. As competências comuns 106
2.3. A integração das regiões em desenvolvimento 110
2.4. As regiões metropolitanas 113
2.5. Os consórcios e convénios de cooperação 117
2.6. A compensação financeira 128
2.7. O sistema único de saúde (SUS) 136
2.8. A cooperação intergovernamental no ensino fundamental. 139

Parte II

COORDENADAS TEÓRICAS PARA A COMPREENSÃO
DO COMPROMISSO CONSTITUCIONAL DE COOPERAÇÃO
NOS ESTADOS COMPOSTOS

Título I

TEORIA DO FEDERALISMO E DAS RELAÇÕES
INTERGOVERNAMENTAIS

Capítulo I

Do ideário federativo – recuo às origens do federalismo

1.1. O legado clássico 145
    1.1.1. Dos gregos 146
    1.1.2. Dos etruscos 152
    1.1.3. Dos romanos 153
1.2. O esboço teórico: contributo de Althusius e Montesquieu
     à teoria do federalismo 156
1.3. O moderno federalismo inaugurado pela Constituição dos
     EUA de 1787 168

Capítulo II

A ciência jurídica e o enfoque interdisciplinar do federalismo

2.1. Génese e natureza jurídica do Estado federal 179
2.2. A doutrina do federalismo enquanto processo (federalizing
     process) 203

2.3. Da justificação teórica do federalismo: enfoque económico, enfoque político, enfoque neo-institucionalista 215
    2.3.1. Do enfoque económico 216
    2.3.2. Do enfoque político 225
    2.3.3. Do enfoque neo-institucionalista 233
2.4. Do conceito de Estado composto 238
    2.4.1. Dos tradicionais elementos distintivos do Estado federal 241
    2.4.2. Da conceptualização jurídica do Estado composto. 254

Título II

TEORIA DA ORGANIZAÇÃO JURÍDICA DO ESTADO COMPOSTO

Capítulo I

Da problemática competencial: princípios e arranjos organizatórios

1.1. Da distribuição de competências cooperativamente orientada 267
1.2. Do interesse geral e da leal cooperação (contributo jurisprudencial) 275
    1.2.1. O Tribunal Constitucional alemão e o princípio da lealdade federal 282
    1.2.2. A Corte Constitucional italiana e o princípio da leal colaboração 287
    1.2.3. O Tribunal Constitucional espanhol e o princípio da cooperação 289
    1.2.4. O Tribunal de Justiça das Comunidades e o princípio da lealdade comunitária 293
    1.2.5. O Supremo Tribunal estado-unidense e o dever de lealdade sistémica 302
1.3. Do controlo judicial dos princípios orientantes do exercício competencial 312
    1.3.1. Da autonomia e unidade no tratamento dos conflitos competenciais 320
    1.3.2. Da supremacia ou prevalência do direito federal.... 329
    1.3.3. Da participação integradora 338
    1.3.4. Da igualdade entre os entes periféricos 348

Capítulo II

Da pluralidade de ordenamentos articulados no supraordenamento constitucional

2.1. Da cooperação entre as distintas esferas de poder e correspondentes ordens normativas (das competências complementares) 357
    2.1.1. O concurso das esferas de poder na regulação de uma mesma matéria 359
    2.1.2. A execução periférica da legislação central 370
2.2. Da coordenação entre as distintas esferas de poder e correspondentes ordens normativas (da integração dos subsistemas na totalidade do conjunto) 380
2.3. Do controlo da expansão competencial do poder central. 394
    2.3.1. Tendências jurisprudenciais da mais antiga ordem constitucional federativa (Estados Unidos da América) 394
    2.3.2. A subsidiariedade enquanto elemento do compromisso constitucional de cooperação 408
    2.3.3. Tendências jurisprudenciais da mais recente ordem constitucional federativa (União Europeia) 418

Título III

TEORIA DA COOPERAÇÃO

Capítulo I

A cooperação e a teoria sistémica

Capítulo II

O conceito jurídico de cooperação

Capítulo III

O ideal de consenso nos Estados compostos

Bibliografia 471